Treasures for Scholars Worldwide

国家社会科学基金重大招标项目

中国西南少数民族地区濒危文字文献调查研究丛书
赵丽明 主编

川滇达巴文献整理与解读

赵丽明 许多多 编著

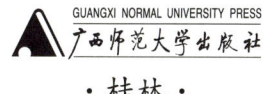

CHUANDIAN DABA WENXIAN ZHENGLI YU JIEDU

项目统筹：鲁朝阳	助理编辑：陈振林
项目管理：肖爱景 肖承清	责任校对：尚玉清
责任编辑：刘隆进 马艳超	责任技编：王增元
徐良妍 黄婷婷	书籍设计：徐俊霞
刘 扬	王玲芳［广大迅风艺术］

图书在版编目（CIP）数据

川滇达巴文献整理与解读 / 赵丽明，许多多编著. —桂林：广西师范大学出版社，2021.10
（中国西南少数民族地区濒危文字文献调查研究丛书 / 赵丽明主编）
ISBN 978-7-5598-4016-5

Ⅰ．①川… Ⅱ．①赵… ②许… Ⅲ．①纳西语－文献－研究－西南地区 Ⅳ．①H257

中国版本图书馆 CIP 数据核字（2021）第 141178 号

广西师范大学出版社出版发行

（广西桂林市五里店路 9 号　邮政编码：541004　）
　网址：http://www.bbtpress.com
出版人：黄轩庄
全国新华书店经销
广西广大印务有限责任公司印刷
（桂林市临桂区秧塘工业园西城大道北侧广西师范大学出版社
集团有限公司创意产业园内　邮政编码：541199）
开本：880 mm × 1 240 mm　1/16
印张：38.5　　　　字数：900 千字
2021 年 10 月第 1 版　2021 年 10 月第 1 次印刷
定价：1200.00 元

如发现印装质量问题，影响阅读，请与出版社发行部门联系调换。

清华大学中国西南地区濒危文化研究中心

编委会

赵丽明　孙宏开　宋兆麟　许多多　徐可可　刘　晶

李文山　赖静如　赵锡明　达　瓦　阿窝·偏初

何鲁佐　阿鲁左·品初　阿洪生　曹建平　尔　青

尼　玛　杨金学　格则次汝二车

总　序

清华大学赵丽明教授和我共同主持了国家社会科学基金2010年度立项的重大招标项目"中国西南地区濒危文字抢救、整理与研究"（批准号10&ZD123）。[1] 此项目的子课题由纳西族东巴文民间文书译注、普米族韩规经书译注、羌族释比经书《刷勒日》译注、彝族他留经书译注、壮族八宝歌书译注、水族水书文献译注、尔苏沙巴经书译注、木雅经书译注、纳木依帕孜经书译注、贵琼公麻经书译注等十多个子项目组成。

早在20世纪50年代，中国科学院和中央民族事务委员会组织了七个工作队，对少数民族语言文字进行全国性大规模的普遍调查，当时的主要任务是通过对全国的少数民族语言文字调查研究，在掌握大量第一手资料的基础上，为无文字的民族创制文字，为文字不完备的民族改革或改进其文字。其中第七工作队主要调查研究藏族以及周边的羌、普米（当时称"西番"）、嘉绒、门巴、珞巴等族群的语言。在此次调查过程中，我们就已经在四川西部和云南西北部发现了这一带宗教活动者手里有一些经书。这些经书是民主改革时期未被没收、焚烧的遗留。在那个时代，人们往往把这些经书当作宗教祭祀者从事迷信活动的"道具"加以歧视，并"不屑一顾"。

"文革"中，这些保存经书的祭祀者们再一次遭受劫难，他们往往被当成"牛鬼蛇神"加以批斗，他们正常的宗教活动往往被当成"迷信"而加以禁止，他们手里残存的经书往往被当成"四旧"加以没收、焚烧，以至于一些祭祀者们不得不将这些经书藏在山洞里、阁楼上，有的甚

---

[1] 孙宏开提出因中国社科院创新工程，退出项目。全国哲学社会科学规划办公室2012年11月6日《关于重大项目变更事项的批复》："经研究，同意孙宏开同志不再担任该项目首席专家，由赵丽明一人主持。"

至深埋地下。

粉碎"四人帮"以后,通过拨乱反正,各条战线陆续清算了极左路线。过去被当成"四旧"的东西,包括宗教活动时使用的经书在内,也陆陆续续恢复了名誉。人们从山洞里、阁楼上把这些长期不见天日的珍贵文献又请了出来,恢复了正常的祭祀活动,使我们这些民族语文调查研究者们能够一睹为快。

差不多与此同时,结合改革开放以后国家开展的民族识别工作,自1976年至1982年,我们在这一带新发现了九种过去少数民族语言普查时期未发现或者未深入调查的语言(它们是贵琼语、木雅语、尔苏语、扎巴语、却域语、纳木依语、史兴语、尔龚语、拉乌戎语),更深入调查研究了这些语言内部的方言差异。费孝通先生高度评价了这一带新发现的语言和族群,他在《关于我国民族的识别问题》(《中国社会科学》1980年第1期)一文中说:"我们以康定为中心向东和向南大体上划出了一条走廊。把这走廊中一向存在着的语言和历史上的疑难问题,一旦串联起来,有点像下围棋,一子相联,全盘皆活。这条走廊正处在彝藏之间,沉积着许多现在还活着的历史遗留,应当是历史与语言科学的一个宝贵的园地。"费先生根据语言学和民族学调查研究的新成果总结出的"藏彝走廊"理论,成为近十多年地区研究的一个热点,成为境内外人类学、民族学、考古学、历史学、宗教学、语言学研究者们的乐园。

通过少数民族语言调查研究取得的初步成果所提供的线索,我们从这一带操各语种的祭师们手里保存的经书入手,请他们讲解经书的基本内容,然后用国际音标原原本本记录下来,进行对译和意译,以保持该经书原汁原味的面貌。通过初步研究,我们认识到这项研究的意义在于:

语言学方面的价值。我们在这一带发现的经书,大都是祭祀者祖祖辈辈许多代人保存流传下来的。有的说有20多代,有的说有10多代,还有的说他们与诸葛亮打仗的时候就有了。有的像图画,有的已经步入文字门槛,还有不少是用藏文符号记录的当地少数民族语言,其中有的也夹杂着许多图画。在记录和翻译各族群经书过程中,首先我们要了解这种语言和方言的基本特点,记录2000—3000个常用词,在这个基础上整理出这个调查点的语音系统,并大体了解这种语言的基本语法特点,否则无法翻译这种语言经书的意义。这样我们就基本上掌握了这种语言各子系统的结构特点,揭示了这种语言语音、词汇、语法的基本面貌,为语言学提供了一份新鲜的资料。

文字学方面的价值。文字是记录语言的符号,历史上各民族的祭师们为了将自己认识到的各种自然现象和社会现象记录下来,以便从事祭祀活动的时候提示自己,开始用图画来帮助自己的记忆,久而久之,图画逐渐简化,形成了图画文字。本项目涉及的语言文字有彝语支、藏语支和羌语支的语言文字,记录宗教活动的文献有藏文、彝文、纳西东巴文等已知文字,新发现的文种有尔苏沙巴文、彝族铎系文字等比较原始的文字,还有羌族的释比图经等。这些文字有的有悠久的历史,如藏文、彝文、纳西东巴文等,有的是近几年才陆续被解读,性质也比较原始。从文字的性质来看,多样性显而易见:有比较完善的拼音文字,如藏文;有比较系统的表意文字,如原有彝文(或称老彝文)。更多的是比较原始的图画性质的文字,如纳西东巴文和尔苏沙巴文等,还有完全图画性质的长卷羌族释比图经《刷勒日》。从图画到图画文字再到表意文字和拼音文字,我们看到了一条丰富多样的文字产生、发展和演变链，它展现了一幅文字从表形到表意再到表音的学术画卷，成为研究文字产生普遍规律的一个明显的例证。此外，从文字学的角度看，什么样的图经算文字，什么样的情况只能够算图画，也就是说图画与文字的界限与区别在哪里，这一带的许多文献也向我们提供了许多研究的实例。

宗教学方面的价值。执行这个项目，开展广泛调查研究过程中，课题组接触到的有藏传佛教和藏族的苯教，更多的是原始多神教和大量的自然崇拜，包括彝族的毕摩、羌族的释比、纳西的东巴、普米的韩规、尔苏的沙巴、纳木依的帕孜、贵琼的公麻等等以及他们保存的大量经书。我们接触到许多祭师们的宗教活动，这些宗教活动许多带着一定的神秘性。拨开某些迷信色彩的东西，我们不难发现大量通过宗教祭祀活动所表现出来的对自然界的敬畏和崇拜，驱鬼祭神的各种活动又展现出一些民间治病的技艺和秘方。几千年来，他们就是依靠这种活动慰藉人们的心灵，医治人们的疾病，抚慰人们的伤痛。在仔细研究他们古老经典的过程中，我们不难发现，许多经典包含了一些模糊的哲理、人生的经验和度人苦难的精神安慰。这些经典反映的仪轨既受藏传佛教尤其是苯波教的影响，也有许多汉族佛教的渗透，尤其受汉族六十甲子思想的深刻影响。

历史学方面的价值。我们从祭师们娓娓道来的送魂经中，从许多包含在经典释读的历史故事中，分析出他们经历过大量族群迁徙、征战以及与自然界灾难的抗争。虽然这些文字中包含着一些荒诞不经的情节，但是，剥去一些离奇古怪的神话后留下的一些耐人寻味的史料，与正史记载的史实相印证，为我们打开了了解这一带族群历史来源的另一扇窗户，尤其从分析这些族群使用语言的分化情况、远近关系的情况、互相接触的情况，我们可掌握大量解开这一带族群历史来源的重要证据。

考古学方面的价值。本项目调查研究的是居住在岷江、大渡河、雅砻江、金沙江、澜沧江、怒江流域各族群所保留的文字及其文献。在这一地区，近几十年发掘了许多遗址，其中包括三星堆遗址、金沙遗址、营盘山遗址……这一地区还是古蜀道的必经之地，也是藏缅各民族迁徙的走廊。目前居住在这一带的族群多数是使用羌语支语言的族群，根据正史记载，他们应该就是周秦以来在这一带定居的古氐羌的后裔，经过了大浪淘沙，保留到现在，他们与早先居住在这一带的人群是什么关系？纵观西南地区的族群，基本上是汉族与藏缅语族两大族系，而藏缅族系是这一带最古老的族系之一，他们曾经通过这条民族走廊向南、向西迁徙，一直到喜马拉雅南麓，形成现在定居在喜马拉雅南麓的200多个藏缅语族各支系。因此对这一带语言文字及其文化的调查研究，为解开许多考古之谜提供了许多新的线索。

文学方面的价值。在记录和解读文字和文献的过程中，我们记录了大量诗歌、故事、寓言、神话、历史传说、唱词……有些神话故事，情节曲折动人，引人入胜，不亚于《西游记》；有的叙事长诗不亚于藏族的《格萨尔》，有描写征战的，有描写爱情的，有弘扬战胜邪恶的，有歌颂真善美的；有的寓言，哲理丰富，令人回味无穷……我们边调查，边感慨，这些文学素材，也许是制作动漫的好思路、好素材。创作这些文学素材的，是根植于民间并经历了千千万万个苦难的劳苦大众，他们仅仅依靠自己最原始的记录方式——图画或类似图画的文字，有的靠口耳相传，一代一代延续至今。今天，发掘这些埋没了多少代的文学作品，是我们这一代学人义不容辞的责任。

民族学、人类学方面的价值。分布在这一带的族群，其中多数是依附于人口数量大的民族的一些小族群。费孝通1980年发表的关于民族识别的那篇重要文章，以及同时期国家民委一系列有关民族识别的文件，没有能够把他们推上中华民族之林的舞台。但是他们的历史、文化是无法也是不应该被埋没的，近几年大量境内外民族学与人类学学者的调查研究，陆续揭开了蒙在他们头上几千年的面纱。他们的建筑、他们的服饰、他们的音乐舞蹈、他们的风俗习惯、他们的节日、他们的喜怒哀乐……一切的一切，受到了学者们的关注。他们也是中华民族灿烂文化的一个"小小的"组成部分，有权利在中华民族多彩文化大家庭这个园地中占有一席之地。

保护非遗方面的价值。语言文字与非物质文化遗产有密切关系，根据联合国教科文组织的看法，语言本身就是非物质文化遗产的重要组成部分。我们所要记录的这些文献承载着这一带族群大量非物质文化遗产的口头作品、表演艺术以及大量记忆遗产。我们把这个课题叫作濒危文字及其文献保护研究，主要出自两个基本事实：第一，我们要调查研究的对象基本上都是新发现的小语种，使用人口不多，而且越来越少，有的已经处在极度濒危状态；第二，几乎所有的宗教文献都是中华人民共和国成立以前就已经存在，经过多次劫难，保留至今，已经实属不易。原文献持有者几乎都已经过世，他们的后代中，能够释读这些文献的祭师已经越来越少，有的文献已经无人能够解读。因此，记录、释读这些经典已经是十分迫切的事情了。否则记录该文献的语言消失了，能够释读这些文献的祭师过世了，这些文献也就成了废纸一堆。

要说的话还有很多，最好由读者来评判吧！

开展此项调查研究的基本队伍主要是清华大学的师生及广西师范大学出版社派出的编辑，也包括地方院校和科研机构的一些学者，尤其是一些本民族的学者。他们从接受记录少数民族语言的专业培训，到深入实地寻访各种文献的持有者，动员他们将文献公之于世，开展解读和记录工作，经历了难以想象的困难，克服了许多意想不到的阻力。能够完成这样一套抢救性记录的丛书，而且从一开始的数种增加到现在的十多卷，个中酸甜苦辣，只有亲身经历过的人才能够切实地感受到。我对这样一支边训练、边工作，在实际工作中不断提高自己专业素质的队伍感到由衷的钦佩，他们完成了一项在中国文化史上具有重要历史意义的工作。我对他们能够完成这样一件重大的文化工程给予高度评价，对他们付出的艰辛表示崇高的敬意！

广西师范大学出版社的领导和编辑们，独具慧眼，对此项调查研究和丛书出版给予了有力的支持。更难得的是亲自组织队伍，深入山区与课题组一道开展调查研究。初稿完成后，编辑们对书稿进行了细致的校核，对书稿质量的提高起到了重要的作用。本套丛书最终能够与读者见面，与他们付出的劳动和财力上的支持是分不开的。他们无愧于出版家（而不是出版商）的称号。在此，向他们表示衷心的感谢！

中国社会科学院荣誉学部委员　孙宏开

序于安贞桥寓所

2013年1月15日

内容提要

达巴教是川滇交界地区的民间信仰，其信众自称"纳恒"、"纳兹"等，与纳西族的自称"纳西"相近；因此近年来多被认为是纳西族的支系，而不再是俗称的"摩梭"或是民族识别时划分的"蒙古族"。他们的语言则为纳西语的东部方言。

此前学者对这一信仰及相应族群的语言调查、研究已有所涉及。但本卷旨在对川滇交界地带的纳西语东部方言做一个较为全面的描写，并在此基础上记录、解读目前所见的达巴教文献。

本卷涉及川滇交界地区屋脚村、利家嘴村、前所村的语言调查。附有三个村的词汇对照，以屋脚村语料为主的语法说明，以及长篇语料。搜集的文献有历书、印棒、水井挂图、打卦图等。此外还有与之相邻的永宁温泉村的历书。

达巴教更多的经典是口诵经，即口耳相传的经典。由于篇幅长且难于翻译，之前尚未有音标、汉译对照的解读。在对其语言较为了解的基础上，本卷解读其中一部分，为更进一步了解达巴教和这一地区的语言做一些准备。

文字文献都有其使用的社会背景、文化土壤，本卷也用亲自调查的第一手资料，专门介绍了达巴葬礼和摩梭母系社会的家庭结构。

目 录

前　言　走进泸沽湖深处 ………………………… 1
　一、寻找东巴圣地，走进川滇摩梭人家 ………… 4
　二、达巴文是东巴文的前身？ …………………… 21
　三、泸沽湖深处的学术与民生 …………………… 34

第一章　川滇摩梭达巴文化概况 …………………… 39
　一、自然地理 ……………………………………… 41
　二、人口民族 ……………………………………… 42
　三、宗教信仰 ……………………………………… 45
　四、习俗节日 ……………………………………… 47
　五、民谣歌曲 ……………………………………… 52

第二章　语言调查与描写 …………………………… 57
　一、语音 …………………………………………… 59
　二、词汇与词法 …………………………………… 73
　三、句法 …………………………………………… 115
　四、词汇表 ………………………………………… 121
　五、语料 …………………………………………… 178
　六、语言系统小结 ………………………………… 183

第三章　达巴文献解读 ······ 187
　　一、历书 ······ 189
　　二、印棒 ······ 263
　　三、水井图 ······ 293
　　四、打卦图 ······ 303
　　五、壁画 ······ 306

第四章　达巴口诵经选译 ······ 309
　　一、口诵经概况 ······ 311
　　二、全篇解读：《新年烧香经》 ······ 312
　　三、屋脚村口诵经选段：《创世纪》 ······ 371

第五章　达巴基本字符统计 ······ 373
　　一、二十八星宿 ······ 375
　　二、七符 ······ 379
　　三、喇嘛教符号 ······ 380
　　四、印棒符号 ······ 381
　　五、小结 ······ 415

第六章　家庭结构调查 ······ 417
　　一、阿窝家支 ······ 420
　　二、撒达布家支 ······ 421
　　三、瓦力瓦汝家支 ······ 422

第七章　达巴的葬礼 ······ 425
　　一、参加葬礼概况 ······ 427
　　二、葬礼准备 ······ 428
　　三、葬礼第一天（7月25日） ······ 431
　　四、葬礼第二天（7月26日） ······ 442
　　五、葬礼第三天（7月27日） ······ 459
　　六、骨灰安葬处 ······ 464
　　七、家家驱鬼 ······ 465

第八章　口述史 ····· 467
一、阿窝·偏初达巴（四川屋脚村）····· 469
二、格帕·拉措喇嘛（四川前所村）····· 476
三、阿鲁左·品初喇嘛（四川前所村）····· 478
四、何鲁佐达巴（四川前所村）····· 480
五、刘高左达巴（四川前所村）····· 482
六、阿兆全（四川前所村土司后裔）····· 484
七、木帕达巴（四川利家嘴村）····· 487
八、次儿·都基（四川利家嘴村）····· 487
九、格荣·德西（四川利家嘴村）····· 488
十、纳卡·德西（四川利家嘴村）····· 488
十一、阿窝达巴（云南温泉村）····· 489
十二、阿洪生老师（云南永宁村）····· 492

第九章　整理与初探 ····· 495
一、调查报告：村落与达巴现状 ····· 497
二、达巴历书解读与符号性质初探 ····· 500
三、达巴与东巴星宿字符比较 ····· 510
四、最后的母系社会 ····· 521

第十章　清华学子，走进川滇 ····· 535
一、探秘民族文化瑰宝 ····· 538
二、前期准备工作及支队管理 ····· 542
三、田野调查整理 ····· 545
四、考察笔记 ····· 558
五、实践感言 ····· 571
六、2011年1月滇北摩梭话田野调查笔记 ····· 572
附录：学术成果 ····· 576

主要参考文献 ····· 597

后　记 ····· 599

前言

走进泸沽湖深处

书稿整理好了,为了简明,就在封面上写了"摩梭卷"。当把书稿拿给屋脚、利家嘴老乡看时,他们老大不高兴,什么摩梭?是说摸摸索索!是对我们的污蔑!可是又有个年轻人问我:"老师,我们是什么民族?"我说你们自己认为自己是什么民族?"我们也不是蒙古族啊!语言、服装什么都不一样。"他满脸困惑。

最后,我们还是尊重当地人对自己的认同,书名简称就叫"川滇达巴卷"。因为无论是云南的永宁、泸沽湖畔的纳西族摩梭人,还是四川屋脚、利家嘴、前所、左所(今泸沽湖镇)的蒙古族,生活在滇川交界地区、泸沽湖两岸的这些人,都信仰达巴教,都说跟丽江不太一样的纳西语东部方言,有着共同的达巴文化。

关注川滇摩梭达巴文化,这要从坡芽歌书说起。2006年,当地文化干部发现、整理云南文山富宁的坡芽歌书时,问到我,那81个代表81首歌的图形符号是不是文字?是什么文字?我自然想到要比对东巴文。2007年,我从西宁讲完学(清华大学为青海大学对口支援学校,清华大学老师经常要去讲课)后,便来到西昌。从四川进入泸沽湖镇,看到旅游景点的墙上,画了许多符号,似东巴文,又不像。服务员自豪地说:"这是我们摩梭人的文字!""那你们是从东巴文借来的?"得到的回答是不清楚。那是我第一次见到摩梭人还有自己的文字!

美丽而神秘的泸沽湖、格姆女神山,吸引着无数人来到这里。

泸沽湖畔的摩梭人,因女儿国而出名。那么,他们说什么话,写什么字呢?

走进这部书,就是走进泸沽湖深处,帮助我们揭开川滇达巴文化的神秘面纱。

这是谁家的图经?

2009年,我带着国家博物馆宋兆麟先生交给清华的几十本五颜六色的图经复印件,来寻找这些图经的主人,希望能解读出来,否则这些只是一堆画册而已。首先来到丽江东巴研究院[1],请教赵世红院长、李静生、王世英研究员,还有李德静副院长。

丽江东巴研究院的老专家们都摇摇头,不是纳西族的,不是东巴文。于是我把复印件留在东巴研究院,并请他们帮忙打听,每次来都把调查情况和他们交流。

在丽江还见到了"摩梭女王"曹建平。"摩梭女王"很有范儿。虽然她说那些图经不是摩梭人的,但聊起"血浓于水"的摩梭人,她总是侃侃而谈:没有犯罪,没有财产争执;介绍摩梭人的风俗;愤愤地抗议有些人误解歪曲了她们的走婚传统;旅游走偏了;等等。

特别是见到永宁摩梭学者拉他咪·达石,并来到了他永宁的家。稍后,他给了我一套他刚主编

---

[1] 丽江东巴研究院全称为"丽江市东巴文化研究院",其前身为1981年成立的云南省社会科学院东巴文化研究室,1991年改为东巴文化研究所,2004年更名为丽江市东巴文化研究院。本书行文及口述中,多称为"(丽江)东巴研究院",特此说明,后不赘述。

出版的《摩梭社会文化研究论文集（1960—2005）》[1]。他在探索本民族的历史文化。并得知他正在和法国学者合作，调查研究摩梭语言，而国内还很少有人研究。我常常跟做项目的同学说，你们即使不是"数一数二"，也是"数三数四"啊！

2010年底，我们经过竞标承担了国家重大社科基金项目"中国西南地区濒危文字抢救、整理与研究"后，每逢寒暑假，甚至五一、十一小长假，都经过那一汪深沉而静谧的碧绿湖水，绕着神圣的女神山，穿梭于川滇之间。有时，一个假期要四过金沙江、泸沽湖！

寻找图经的主人！寻找象形文字！

一 寻找东巴圣地，走进川滇摩梭人家

2009年，在李静生教授的引导下，第一站我们便来到了东巴圣地——中甸的白地。

李静生教授是我走进川滇的第一位向导，在学术上也是我走近纳西东巴文的"导师"。我和赵

图0-1　东巴研究院的赵世红院长、李静生教授拜访季羡林先生

---

[1] 拉他咪·达石主编：《摩梭社会文化研究论文集（1960—2005）》，昆明：云南大学出版社，2006年。

图0-2 季羡林90大寿收到一份最宝贵的礼物

世红院长、李静生教授算是老朋友了。2001年,他们为了申报东巴文为世界记忆遗产,来到北京请我帮他们联系季羡林先生写推荐信。刚好季老回山东老家过90大寿,给父母扫墓归来。他们用东巴文写了祝寿的字画送给季老,季老非常高兴。后来我们又请赵世红、李静生给清华学生做了一次讲座,引起清华学子对民族文化的关注。有了季老等大家的力荐,很快,东巴古籍文献于2003年获选《世界记忆遗产名录》,丽江也因此拥有了世界文化遗产(1997年)、自然遗产(2003年)、记忆遗产(2003年)三名录。

在白地，生活着纳西族的一支——"汝卡"。我们拜访了这里的汝卡东巴学校和树荣校长、和树昆东巴，看到吴树湾的年轻人劳动一天，晚饭后在东巴学校的昏暗灯光下坚持学习东巴文，传承东巴文化，很是感动。

图0-3　静谧神秘的泸沽湖

图0-4　落水老村长和老妈妈、舅舅在祖母屋

接着我们又来到泸沽湖畔的落水村,拜访摩梭人的老村长次汝尔车。在火塘旁,和老祖母度过了一个个温馨的早上、晚上。我们给老村长留下几本图经复印件,请他帮忙问一问。

图0-5 落水老村长的老妈妈,每天摇着转经筒祈福。后来走了

在落水，我们认识了尔青，看了他们刚刚建起来的摩梭博物馆。尔青开着车，送我们走向泸沽湖深处。老村长很是认真，我们走后他又找到普米族大学生胡文明，把复印件交给了他。这为我们后来的调查研究提供了新的线索。

终于来到永宁！这个久负盛名的茶马古道重镇，也是摩梭人的聚居重镇。泸沽湖，原来属于永宁乡。走在100米可到头的永宁街上，我们在寻找当年茶马古道的痕迹。皮匠街、土司府，街上不时来往的披着红袈裟的喇嘛，偶尔会碰到几个马帮带着的"驴友"。

永宁还有一个扎美寺，据说是格鲁派佛教寺庙。摩梭人除了信仰达巴教，还信仰黄教（格鲁派俗称黄教）。从相邻的四川木里屋脚、盐源前所，到摩梭人生活的中心永宁坝，都有格鲁派寺庙。泸沽湖对岸的左所（今泸沽湖镇）还有个黑教（苯教俗称黑教）大经堂。

图0-6　永宁扎美寺

图0-7 永宁土司府遗址

图0-8 永宁土司府内的一块石碑

尔青带我们找到永宁街上的阿洪生。他退休后就专心做起了达巴。

刚好碰到一家办丧事。几位扎美寺的喇嘛在屋内念经，阿洪生达巴在院子里做法事。两边互不干扰，各做各的事情。这里的达巴教、藏传佛教都是当地摩梭人需要的。阿洪生老师就有一个儿子去当喇嘛，这是当地摩梭人家常见而且很光荣的事。

在永宁有两条路进山，一条路进湖。进山的路，一条去拉伯乡，走进加泽大山；一条要过一条河，进四川盐源前所乡、木里屋脚乡。这是泸沽湖摩梭母系大家庭的地域延伸。那条进泸沽湖的路，沿着河滩走只有8公里。

去拉伯乡的路，过了乡政府，就没有"路"了，要在石头和倒木之间颠簸跳跃。英雄司机开着英雄农用车，同时要带着工具，随时开路、修路。到加泽行政村公所之后，一般要过一夜。第二天要翻越4000多米的加泽大山。然后就只有步行了，没有公路，甚至连马走的路都没有，马蹄只能踩在石头缝里。那里油米村、树枝村小组的纳西族居民身份证上写的是"摩梭人"，他们自称则是"汝卡人"。

沿着拉伯这条路，一路坍方、泥石流，一直向北，我们去向三江口拜访一位老达巴阿布高若。半路听说他正在拉斯科给一家做法事。主人心里"不干净"，请来达巴念"口舌"经。我和学生徐可可、刘晶，亲见了用各种法器做摩梭法事的全过程。后来，"摩梭女王"曹建平、永宁乡的妇联主任，和阿布高若老达巴一起到北京，参加了"清华百年——西南地区濒危文字文献展暨研讨会"。

从宁蒗到永宁的班车，俨然是个调研座谈会，热情的各族老乡提供了非常重要的线索。有位英俊的普米族小伙子雍中，本身就是韩规（祭司），还主动给我们带路，不仅找到了那些图经的主人，还有许多意外惊喜和新的收获。原来雍中就是后来见到的偏初里韩规的弟子。

一条逗乐河，隔开了云南与四川。一天一次唯一一辆开进泸沽湖深处的跨省跨县班车，涉水过开基河，一直开到尽头，即是四川木里县屋脚乡。再走过逗乐河桥，向西北，徒步涉过几条小河，翻过几座山就是利家嘴。

后来几年，利家嘴越来越出名，成了"最后的母系部落"网红打卡地。从利家嘴沿着山路再徒步向前十几公里，又绕回云南宁蒗境内的温泉村。这一带的摩梭人家都是原生态的真正的母系大家庭！

在泸沽湖深处，我们找到了八本摩梭达巴历书！

达巴文与东巴文一样吗？近10年多来，我们予以了关注。自2010年底承担了国家社科重大招标项目"中国西南地区濒危文字抢救、整理与研究"以来，我们数十次穿越于川滇交界地区，深入到永宁及附近讲纳西语东部方言的古村老寨。在横断山脉的高山峡谷之间，在金沙江的支脉之间，我们调查了不同于丽江大研镇纳西语西部方言的纳西语东部方言这几个村寨，寻访到了川滇交界一带8个达巴文的文献版本。我们在老达巴们的帮助下，逐字逐篇翻译并解读了这些神秘的符号。

图0-9　白庚胜和摩梭人曹建平、阿布高若等参加"清华百年——西南地区濒危文字文献展暨研讨会"后合影

图0-10　过了逗乐河，去利家嘴

前　言　走进泸沽湖深处

图0-11 与利家嘴毗邻的温泉村

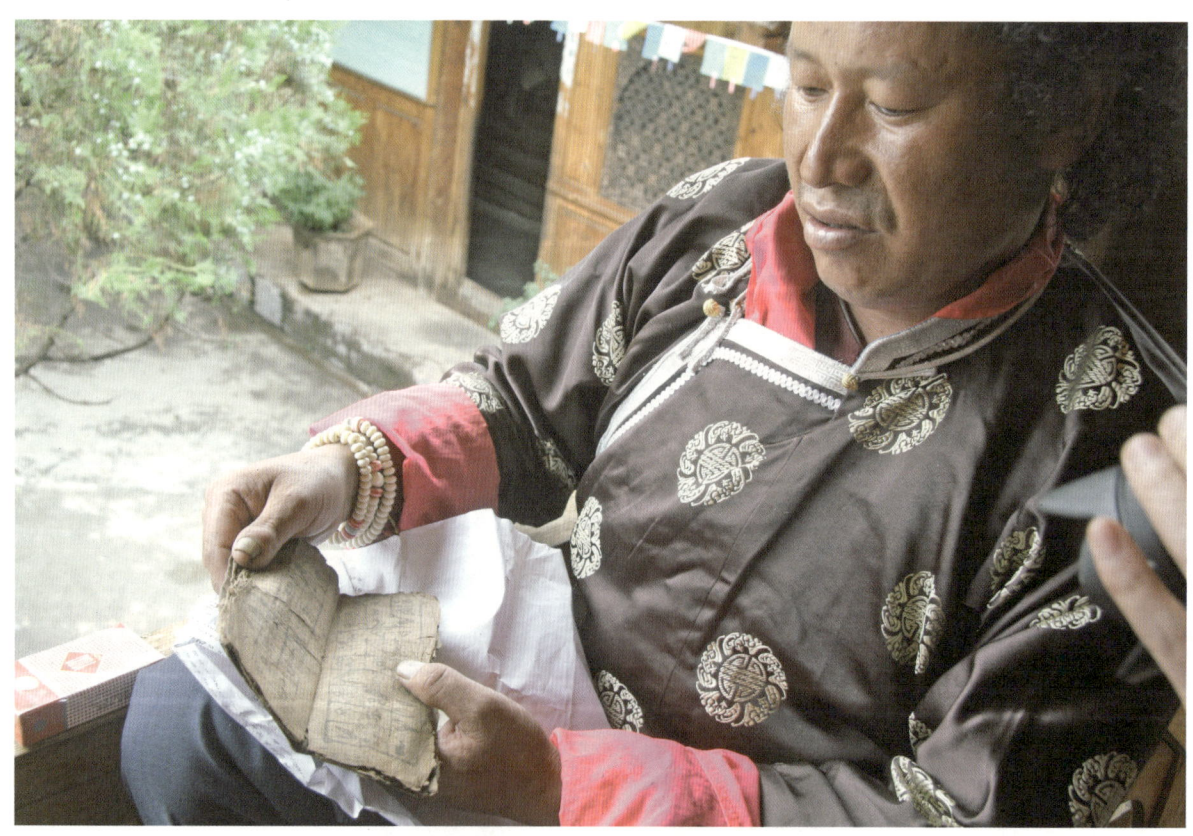

图0-12 温泉达巴轻易不拿出他的宝贝老历书

泸沽湖深处

李静生教授是丽江大研镇人，他试着和汝卡人交谈，和摩梭人交谈，都有很多听不懂。说要过一段时间，慢慢熟悉，慢慢沟通，才可以大致交流。

我们看到，传承使用达巴文的是纳西族摩梭人、川西蒙古族人，他们都说纳西语东部方言，有相同的信仰、相同的风俗习惯。使用达巴文的不仅有达巴，还有本族群的喇嘛。达巴文主要用于记录历法，是"看日子的书"，但与我们调查的纳木依、木雅、普米、尔苏等其他族群360天图经历书不一样。那些历书常常是每天一格，一组符号，每面15格，半个月。而摩梭达巴文，一天只有一两个符号，一面便有一两个月，符号更加简单抽象，在形态和功能上都不如纳西东巴文成熟。摩梭达巴文不但存在，而且至今还活跃在说纳西东部方言的川滇人的生活中！

班车涉水开过了永宁开基河，先到了前所，我们找到前所老达巴何鲁佐。他有个自己的小经堂，在楼上的一角，只有四五个平方米，除了老达巴起居处，再放个小火塘，就只能进去一两个人了。我们聊天时，老人不停地给我们烧水做酥油茶，又不停地给我们拿他们最好的蜂蜜，小碗里还有蜜蜂。火塘的火烟很大，熏得我眼泪哗哗不停地流。

老人说他已经传给儿子何国光，历书在他那里，他走婚去了还没回来。等了一会儿，何国光带着历书来了。只见封面上正儿八经地写着书名"哥里木"[1]，翻开后，一个个图符之间，还有用圆珠笔写的数字、汉字。何国光有点不好意思地说，那是他年纪大了（42岁），记不住，用汉字标注。何鲁佐老达巴指着那些符号，一个一个讲给我们听。到了中午，我们在街上的小餐馆，请他们父子一起吃饭，边吃边聊。

何国光告诉我们，这本是从他舅舅那里抄来的。下午他带着我们去找他舅舅刘高佐。原来他舅舅和父亲都是跟爷爷学习达巴。后来他父亲何鲁佐的哥里木丢了，就去舅舅那里抄了回来。

前所还有彝族，我们过了河，到山上的彝族家。女主人手臂上有文的一些圈圈。问她，说这是彝族女孩的风俗，出嫁前文的。父母希望有钱花。宁蒗是小凉山，后来我们在宁蒗街上、西昌街上到处可见这种文身。随便去彝族餐馆吃饭，女服务员们的小臂上都可以见到她们文的圈圈点点。

前所摩梭喇嘛也有达巴历书

晚上回来，前所乡政府的老干部杨金学带我们去了老喇嘛格帕·拉措（1926年出生）家。他也有一本历书。现在他的历书也传给了他的侄子（可能就是外甥）阿鲁左·品初（1980出生）。他们看着我们带来的图经复印件，连连摇头，不是他们的，不知道是哪里的、谁的。

过了一会儿，小喇嘛阿鲁左·品初倒是说了一句"可能是大坝那边的"。他去那边做法事时，

---

[1] 哥里木，又称"格里木"，为川滇达巴摩梭人看日子的历书。需要说明的是，本书序言及正文中，经常出现这两种称呼并用的情况，为尽量保持文献原始性，只在少数地方略作调整，其余均一仍原貌。特此说明，后不赘述。

图0-13　盐源县前所村的老达巴何鲁佐

好像见过。"大坝在哪儿？""木里。"小喇嘛给我们看他叔叔（可能是舅舅）的历书，有一些图符，但主要是藏文。老喇嘛说这是抄自达巴的。

第二天，我们在街上又见到了小喇嘛。问他历书到底是喇嘛抄达巴的，还是达巴抄喇嘛的。他也搞不清，后来干脆躲着我们，在家里睡觉。

第二年，当我们课题组又来到前所，许多多专门负责摩梭达巴文字调查，跟小喇嘛一字一句地翻译解读老喇嘛的这本历书。小喇嘛又拿出一本没有藏文的历书，说是老喇嘛抄自他达巴舅舅的，也就是说，这是他们前所的达巴们曾使用的历书。已经当了喇嘛的摩梭人，从达巴那里抄来历书，有的还加上藏文解释说明，更加方便使用和传承。这些喇嘛抄写的达巴历书有多重意义，涉及宗教学、民俗学、文字学等诸多学科领域。

小喇嘛后来拿出的这本很像屋脚乡利家嘴的历书，也是一种双符本，即28宿之外，又有7个符号，加以排列组合，配合着用。

图0-14 前所老喇嘛有一本藏文加图符的《哥里木》

图0-15 前所小喇嘛阿鲁左·品初

图0-16　86岁老达巴达瓦总是笑眯眯，满脸阳光

图0-17　清华学子和老达巴达瓦、杨金学在屋脚

老达巴达瓦

前所的老干部杨金学，用摩托带我们去了屋脚。因为一天只有一辆班车路过永宁，往返于屋脚和盐源。为了节省时间，老杨用他的摩托带我们跑来跑去。老杨在前所乡政府可是元老了，书记、乡长换了又换，他一直住在乡政府，每天24小时全天候在岗。他还负责为全乡机关做饭，特别是兼管水文测量，每小时一报。曾见过他工作，"拐洞幺，我是三幺洞拐！"下面报告降雨量……等等。"啊！还这么原始？""有先进的。"他带我去乡政府房后一块空地，有气象水文工作仪器。"我们是两个方法都用。"后来每次去木里，往返路过前所，我至少要请司机停一下，看看老杨。一路上，老杨总是身兼摩托司机、向导和翻译。

在老干部杨金学的帮助下，我们在屋脚找到了老达巴达瓦。他总是笑眯眯，满脸阳光，性格活泼。他们家住在半山高坡上，很陡，有45度。80多岁的老达瓦灵活地跑上跑下。我们这边聊着聊着，还没说完，他不见了，跑到下面去看年轻人打台球。他手里有一本很久的历书哥里木。坐在火塘边，他给我们讲怎么用，每个符号什么意思。后来我们又来过两次，他身体很好。可是，2012年7月，一个电话："赵老师，老达瓦走了。已经定了，7月25日举行葬礼。"

阿窝·偏初是老达瓦的亲生儿子，已经有了自己的家庭，有两个儿子。他没读过书，从小跟父亲学习达巴。阿窝·偏初自己盖了新房，心灵手巧，到处是他画的壁画。他从老达瓦那里抄来一本哥里木，自己刻印棒。更多的是，他给我们讲解历书。清华百年校庆，因为屋脚没有信号，半年也没有打通电话，他没去成。但是，2012年秋天，他来到北京清华大学和我们一起工作，和许多多做最后的核实补充，还到课堂上给学生介绍了摩梭人的生活。去了雍和宫，去了天安门、鸟巢、水立方，他很高兴。老达瓦去世后的法器、历书等，按摩梭人的习俗，留给了外甥。

我们每次来都住在路边的尼玛客栈。尼玛是西南民族大学藏语专业的毕业生，现在在屋脚中学当老师，他也给了我们很大的帮助。

后来，阿洪生老师带我们从逗乐河徒步进入利家嘴，在那里还碰见前所老喇嘛格帕·拉措在参与一家丧事。访问了利家嘴老达巴都基·次儿。我们从利家嘴再往西走了几十里，就是温泉村，又转回永宁。结果绕着摩梭文化地区走了一圈。

后来，清华课题组许多多、李文山搭乘摩托，又去过利家嘴，翻译解读了双符本的历书格里木。

图0-18　屋脚达巴阿窝·偏初

图0-19　达巴阿窝·偏初有自己的家

图0-20 屋脚最早的"尼玛客栈"的尼玛老师全家

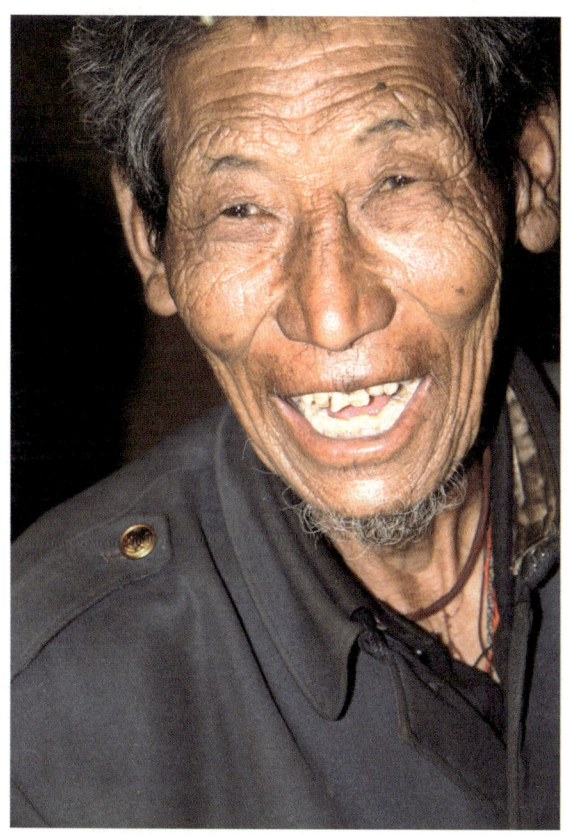

图0-21 利家嘴老达巴都基·次儿

达巴文《格里木》版本

迄今为止,加上以前的学者收集,达巴文《格里木》大概有15个版本。据文献及我们课题组调查所见,川滇达巴历书的简要信息如下:

编号	发现地	持有者(生年)	传承简况	发现人	时间	现存地
1	云南宁蒗县永宁乡温泉村	达巴阿乌(1902)	"算日子的书"或"天书"	杨学政	1978	原地
2	四川盐源县前所乡逗乐河村	达巴瓦布(1906)	"算日子的书"或"天书"	杨学政	1978	原地
3	云南宁蒗县永宁乡达坡村	某位达巴	占卜的小书	宋兆麟	1963	国博
4	四川盐源县前所乡三家村	达巴苦泽迟尔(1956)	祖传,"格木",简称星书	宋兆麟	2000	不详
5	四川木里县屋脚乡利家嘴村	达巴木帕·多吉(1932)	看日子的书,新抄本	宋兆麟	2000	不详
6	四川木里县屋脚乡利家嘴村	某民办教师	彩绘老抄本	宋兆麟	2000	不详
7	四川木里县屋脚乡屋脚村	不详	摩梭象形文字,藏文注释	宋兆麟	2000	不详
8	四川木里县屋脚乡屋脚村	达巴达瓦·荣布(1929)	师傅传授,自称"格尔木"	赵丽明	2010	原地
9	云南宁蒗县永宁乡温泉村	达巴阿窝(1972)	祖传,自称"哥里木"	赵丽明	2010	原地
10	四川盐源县前所乡前所村	达巴何鲁佐(1933)	传抄本,封面其子书《哥里木》	赵丽明	2010	原地
11	四川盐源县前所乡前所村	达巴刘高左(1932)	传抄本	赵丽明	2010	原地
12	四川盐源县前所乡前所村	喇嘛格帕·拉措(1926)	传抄本,有藏文注释	赵丽明	2010	原地
13	四川木里县屋脚乡屋脚村	达巴阿窝·偏初(1967)	传抄本	赵丽明	2011	清华
14	四川盐源县前所乡前所村	喇嘛阿鲁左品初(1980)	传抄本	许多多	2011	原地
15	四川木里县屋脚乡利家嘴村	达巴木帕·都基(1934)	祖传	李文山	2011	原地

十五个版本的达巴历书分布在川滇交界摩梭人聚居地的七个村寨，符号的读音、外形上几乎相同，含义解读也有极大的相似性，并且持有者均为达巴教祭司或摩梭喇嘛，由此可见达巴历书的宗教社会性。

但以上版本不排除有重叠的，例如：杨学政先生1978年找到的温泉达巴阿乌的"算日子的书"是否就是我们2010年看到的温泉"阿窝"家支的古本呢？"阿乌""阿窝"的历书是否为同一个家传本？宋兆麟2000年找到的利家嘴的达巴木帕·多吉（1932）的格里木，是否就是我们2011年在利家嘴看到的达巴木帕·都基的本子？"多吉"即"都基"？

 达巴文是东巴文的前身？

就这样，我们在泸沽湖深处，找到了20多位达巴，8本《格里木》！

从云南宁蒗的永宁乡，到四川盐源的前所乡，再到四川木里的屋脚乡（屋脚村、利家嘴村），再到宁蒗的温泉村，一路走来，访问调查到：

屋脚乡，全称四川省凉山彝族自治州木里藏族自治县屋脚蒙古族乡，地处两省三县（四川省、云南省，盐源县、木里县、宁蒗县）交界处。乡政府驻屋脚村，海拔2850米。屋脚乡下辖2个行政村，12个村民小组，居住着蒙古族、彝族、藏族、汉族、纳西族等5种民族，共415户，2237人，其中划归蒙古族的有747人。

屋脚村，村民为蒙古族、彝族。蒙古族自称/nɑ˩hĩ˩/，约300多人。至2010年，全村29户，基本为祖母大家庭。村里有6位达巴，7位喇嘛。

利家嘴村，全村均为摩梭人，自称/nɑ˩zu˧/，27户，约400多人。保持着走婚习俗，以及祖母屋等传统母系文化。村里有10位达巴，10位喇嘛。

前所村，自称/nɑ˩/，为四川省凉山州盐源县前所乡中村，距县城81公里。下辖四个行政村小组，居住着蒙古族、彝族、汉族、纳西族等民族，总计10462人，其中蒙古族有3000多人。乡政府驻前所中村（本书简称为前所村），村民主要是蒙古族、彝族、汉族，约300多人，其中蒙古族200多人。村里有3位达巴，7位喇嘛。

摩梭达巴文记录的语言

摩梭达巴文记录的语言是纳西语东部方言，使用区域为以永宁坝子为中心的滇川交界地区，包括毗邻的四川盐源前所乡、木里屋脚乡的蒙古族。"永宁摩梭话"属于汉藏语系，又叫"永宁纳语"或"纳西语东部方言"。按照云南省政府确定的族群称呼为"摩梭人"，并将此语言称为"永宁摩梭话"。

从元朝直至上个世纪五十年代，永宁土司一直是摩梭人，所以摩梭话在永宁占重要地位。永宁坝是周边川滇各少数民族经济、文化的集会地，周边的彝族、普米族等经常来永宁做生意。至今，毗邻的如四川木里县的依吉、屋脚乡，盐源县的前所乡等地的老乡，看病、买东西、打工等，也要跑到永宁，这里是离他们最近、最方便的地方。以普米语或其它语言为母语的族群都必须学习摩梭话，而摩梭人却多半不是双语者。所以，摩梭话虽整体上也受到了其它语言的影响，但相对而言，永宁摩梭话受其它语言的影响应算是相当少的。因此，较其他方言地区而言，永宁还是属于较单纯的摩梭话地区。

纳西语属于藏缅语族的彝语支，但也受到羌语支的影响。近年来学术界多从族称、历史的角度，认为与纳西同为纳人的分支，川滇交界地区蒙古族人的语言应属于纳西语的东部方言。

这次配合调查达巴文献文字符号，我们选取了屋脚村、利家嘴村、前所村三个方言点进行语言调查和描写。调查研究结果表明，屋脚村、利家嘴村、前所村的音位系统十分相似，声母均为42个，声调均为4种：3个单字调（中调、低升、高调）和1个多音节词中变调产生的低降调。

在今日永宁，语言转用现象（从摩梭话到汉语）非常明显。如永宁坝扎美寺附近的摩梭话，声调系统与落水、左所、拉伯等地的方言有较大的区别。

从达巴文到东巴文

星宿是早期原始文字最早关注的物象和概念。正是二十八星宿图符构成了达巴文的基本文字体系。达巴历书格里木是目前发现的达巴文化中唯一一种以文字书写的经文，亦即与东巴文书面文献的唯一交集。我们尝试仅就达巴文和东巴文的星宿符号体系进行比对分析，来看达巴文和东巴文的关系。

通过具体分析川滇达巴文格里木的文字系统，我们看到，达巴文二十八宿均为单字。而东巴文的星宿多为多个单字的合成，在这些"合文"中，部分构件用于表音。例如，"马星"在达巴和东巴星宿体系中第一个音节均为"马"的单字音/ʐwæ˧/，如：达巴星宿中音/ʐwæ˧kuɯ˩/，东巴星宿中音/ʐuɑ˧tomtseɭkuɯ˩/（李霖灿）、/ʐuɑ³³tse³³/（李国文）。达巴历书中，"马星"由四个圆圈构成：（屋脚、利家嘴）；或加上连线：（前所达巴本）、（前所喇嘛抄本）。东巴文中，在表示星宿、由圆圈组成的符号之外，加入"马"的单字，用于标音，如：（李霖灿）、（朱宝田）、（李国文）。

合文是汉语古文字研究中的术语，在东巴文的语境中，又称为"字组"，指"几个独立的字在记录语言（词、词组、语句）时构成的组合"（喻遂生2003：25）[1]。例如，以犏牛身体部位命名的星宿，达巴文皆为单字，而东巴文则为代表犏牛星宿的单字与标记身体部位名称的单字之

---

[1] 喻遂生：《纳西东巴文研究丛稿》，成都：巴蜀书社，2003，第25页。注：下文引用此书材料时，仅在人名后括注年份及页码，不再出注。

组合。犏牛眼星，在达巴历书中以眼睛的象形文字表示：⚭（屋脚）、⚭（利家嘴）、⚭（前所）；在东巴文中则为眼睛的象形文与犏牛星宿的合文：⚭（俄亚）、⚭（鲁甸）。在不同版本中，东巴文写法亦各具特色。与李国文（2006）呈现的占星图材料[1]对比，李霖灿（1972）的东巴文[2]有时在字符周围标注代表星星的圆圈以明确字符代表的是星宿名称。现从单字及合文构件与音节的对应关系出发，对达巴文与东巴文中月宿字符进行分类、讨论：

（一）达巴文字类型

达巴的二十八宿文字均为单字，而星宿名称则为二到四个音节。以较为古老的利家嘴、屋脚版本为基础，二十八宿达巴文的字形可分为三类：（1）星象符号；（2）与名称读音相关的象形符号；（3）似是而非、介于二者之间的单字。各版本的达巴历书字符基本一致，但存在细微差别，详情如下：

（1）星象符号，8个：

⚭ /zwˠkɯ˧/"马星"；○（屋脚、利家嘴本）、⊙（前所本），音 /pa˧kɯ˩pʰɯ˧/，"白青蛙"星；⚭ /kʰɯ˧tʂʰæ˧ʂɯ˧mɯ˧/"科扎"身体；⚭ /so˧tʰɭo˥˩/"三星"的头；⚭ /so˧tʰɭo˥˩/"三星"的手；⚭ /so˧tʰɭo˧ʂɯ˧mɯ˧/"三星"的戳米；⊚ /so˧tʰɭo˧pʰɭo˥˩/"三星"的一颗白星；⚭（屋脚本）/zuɯ˧zɯ˩/、⚭（前所本）/zuɯ˧kʰɯ˧/、/he˧çi˧zɯ˩/。

（2）与名称读音相关的象形符号，16个：

⚭ /pa˧kʰwa˧/"青蛙嘴"（屋脚、利家嘴本）；⚭ /pa˧dzi˩/"青蛙尿"；⚭（利家嘴本）、⚭（前所达巴本），音 /dzi˩kɯ˧/，"水星"；⚭ /kʰɯ˧tʂʰæ˧ʂɯ˧kʰɯ˧/"科扎"角；⚭ /hu˧kɯ˧/"野鸡星"；⚭ /pʌ˧lʌ˧/"鹰星"；☽ /bo˧kʰwa˧/"猪嘴"；⚭ /bo˧dzi˩/"猪尿"；⚭ /bo˧ma˧/"猪油"；⚭ /zuɯ˧kʰɯ˧/"犏牛角"；⚭ /zuɯ˧nɯ˩/"犏牛耳"；⚭ /zuɯ˧nja˩/"犏牛眼"；⚭ /zuɯ˧gɯ˧/"犏牛躯"、⚭ /zuɯ˧gɯ˧/"犏牛掌"（屋脚本）、⚭ /zuɯ˧gɯ˧/"犏牛身体"；⚭ /la˧hũ˧kʰwa˧/"虎嘴星"；⚭ /ʂwæ˧kʰwa˧/"头星"；⚭ /mæ˧kʰwa˧/"尾星"。

（3）似是而非、介于二者之间的单字，4个：

⚭ /pʰæ˧mi˧/"人星"；⚭ /ni˩hu˧/"人星"；⚭ /nja˧hũ˧/；⚭ /ʌ˧dzuɯ˧du˧/。

相比之下，前所村的版本更为象形，如："青蛙嘴"写作⚭，象青蛙头部之形。而在屋脚、利家嘴本中归入形态不明的 /pʰæ˧mi˧/"帕米"人星，写作⚭，象人头之形。

可以看出，第一类抽象符号类似于星图，反映了达巴对于星象的观察和总结。第二类象形符号

---

[1] 李国文：《纳西族象形文字〈二十八宿值日星占图〉研究》，载《云南民族大学学报》2006年第5期。注：下文引用此书材料时，仅在人名后括注年份及页码，不再出注。

[2] 李霖灿：《麽些象形文字字典》，台北：文史哲出版社，1972年。注：为行文方便，《麽些象形文字字典》下文均简称为《字典》，引该书材料时仅在人名后括注年份及页码，不再出注。

在第一类的基础上，用象形的文字表达星宿名称，进一步起到提示读音的作用。第三类则是达巴们不能给出解释，而从外观上又难以猜测其所象之形。各版本达巴星宿字符见第五章的表格。

"格里木"，意为"看星星的书"，又用如此抽象的文字书写，可称得上是名副其实的"天书"。在解读过程中，据笔者观察，达巴们能够参照其念诵星宿名称，更多的是依靠对这按固定顺序排列的二十八宿的记忆。

达巴文字符号的特点

一、达巴文相比东巴文更原始。数量少，图符主要取形二十八星宿名称，图形原始。同形异义，同义异形。表意不明确，功能有限，不能准确记录语言，靠专职人员达巴解释，联想阐发。

二、基本符号形、音、义相对稳定，已简单化、抽象化、概念化。起到关键词的作用，开始具备文字的基本特征和功能。

三、符号系统相对固定，有传承、传播，既有坚守，又有调整。如从佛教借来的后加七个符号（与七曜相关），与二十八个符号配伍循环，使信息更加丰富，适应社会需求。

四、这跟川滇地区不仅信仰原始达巴教，也接受了格鲁派等佛教的影响有关。甚至许多摩梭人家庭要有男孩到庙里当喇嘛，这是个光荣体面的事。前所当了喇嘛的借鉴达巴格里木，有加藏文加以补充说明。

因此，川滇达巴文是一种较为原始的图符文字，主要用于达巴教。文字系统字符数量少，概念简单。形、音、义已相对固定，表达关键词概念明确，由专业人员解读，引申为相关一段话。达巴文是与当地群众生产生活密切相关，仍在使用中的一种原始文字。

（二）东巴星宿文字类型

东巴文的星宿名称则多为合体字，即由数个单字构成的合文。这些单字多起到记录星宿名称音节的作用。这些合体字根据其构成可分为三类：星象符号、星象符号+标音单字、标音单字。其中，第二类根据星象符号与标音单字的功能，又可以分为两个次类：星象符号为主，单字标注星宿名称的一部分；单字记录星宿名称音节，星象符号为指事标记。下面举例介绍分类依据：

（1）星象符号

星象符号指的是摹画星宿的形态的文字，类似达巴文的第一类。例如：李霖灿《字典》中的 "六星"、 "三星角"；朱宝田材料中的 "六星身"、 "三星身"。

（2）星象符号+标音单字

①星象符号提示发音

标音单字的基本功能是表音，有些象形文字与星宿名称中音节的意思相同。例如李霖灿《字典》中的 "三星手"，是在 "三星角"的基础上加入"手"的象形文字，用于标记星宿名称中"手"的读音。再如李国文占卜图中 ❋❋ "六星角",是在"六星"的形象符号旁边用单字标识星名。此外,三个版本中的 ⚹ 星,也多是在星象符号 ⚹ 的基础上增加身体各部位的标音单字。由于身体部位多数有对应的象形文,因此单字义与所标记的音节统一。

少数标音单字只是借同音字标音。如李国文占卜图中的 ❋❋ "六星身"是用"熊"标记"身体"的音节,❋❋ "蕊胃星"用 ❋ "鬼名"标记"胃"的音节;朱宝田材料[1]中的 ❋❋ "织女嘴"是用"黄豆"标记"嘴"的音节。这是由于本义的象形文字不能够很好地对应星宿名称中的音节。例如:"嘴"的象形文字,需要加上"黄豆"为之标音[2];"胃"的象形文字,民族语词汇中读作/hoʅ/,而非/dvʅ/。

朱宝田整理的俄亚村星宿中,标音单字较为接近指事符号的性质。例如"六星角"是在"六星身" ❋❋ 的基础上标记"角" ❋。换言之,六个圆圈构成的星宿表示六星的"身体",而上方标记表示"角"的含义。相似的情况出现在 ○○○ "三星身"与 ❋ "三星角",后者是在前者之上加注"角"的标记。此外,"织女角"(❋)、"织女耳"(❋)、"织女眼"(❋)的合文字符均属此类。其它版本的资料中的例证如:洛克[3](1972)的"⚹之角"(❋)和"⚹之耳"(❋),李国文(2006)中的"蕊星耳"(❋)。各版本东巴星宿研究资料中,对于犏牛星群的翻译各不同。朱宝田(1985)将 ⚹ 译为"织女星",李国文(2006)将 ⚹ 音译为"蕊星"。洛克(1972)的 ⚹ 和李霖灿(1972)的 ⚹ 在注释宿名中保留东巴文而不作翻译。

②星象符号为指事标记

在这个类型中,星宿名称由与之意义相关的单字或意义无关的同音单字记录,星象符号仅作为提示这是星宿名称的文字,是一种指事标记,而无标音功能。

如李霖灿《字典》中的"豪猪星"/pyˈboʅ/,写作 ❋,左侧单字音/pyˈ/"升",右侧动物单字音/boʅ/"猪",用圈标记二者合文构成"豪猪星"的名称。"青蛙星" ❋ /paˈkˈoʅ/ "蛙嘴星"、❋ /paˈpyˈ/ "蛙肢星",❋ /paˈ/、❋ /kˈoʅ/、❋ /pyˈ/分别标记名称音节,三个圆圈标识这个字表示星宿。又如"鬼宿" ❋ /tʂˈuˈkˈoʅ/,上部 ❋ 象形,下部两个单字 ❋ /tʂˈuˈ/、❋ /kˈoʅ/标音。再看三颗猪星: ❋ /boʅkˈoʅ/ "猪嘴"、❋ /boʅoʅ/ "猪"、❋ /boʅlamoʅ/ "猪油",也都是两个单字标音,再以圆圈标记这个合文星宿。类似的情况还有朱宝田材料中的 ❋ "牛郎星"、❋ "马星"、❋ "猪嘴星",李国文材料中的 ❋ "苗衡糯格星"、❋ "丝妥枯星"、❋ "丝妥姑星"、❋ "富更星"。

洛克(1972)的月宿字符,均在上方以单字"星"([ˈgkü])[4]标记其为星宿名称。而②类

---

[1] 朱宝田、陈久金:《纳西族的二十八宿与占星术》,载郭大烈、杨世光主编《东巴文化论集》,昆明:云南人民出版社,1985年。注下文引用朱宝田材料时,即出自此文,不再出注。
[2] 详见李霖灿《字典》词条"嘴"的注解。
[3] [美]洛克编:《纳西语英语百科辞典》(两卷),意大利罗马东方学研究所出版,第一卷1963年,第二卷1972年。注:下文引用该书时,仅在人名后括注年份页码,不再出注。
[4] 洛克(1963:132)。

型其它版本的东巴合文中，作为指事标记的星象符号各不相同。鉴于此，笔者对洛克（1972）月宿合文的分类基于字符的主体。

（3）标音单字

这一类为单纯由标音单字构成星宿名称。单字可以与音节意思相符，也可以仅是同音而不同义。

以"时尾星"/t'ɑ˧kɯ˩/为例，李国文解读的占卜图中写作 ❀，两个单字都是用于标音的同音词，意思分别为"塔""鹰"。李霖灿《字典》收录的版本，写作 ❀，右侧单字是音义相符的标音单字："星"。

有些星宿的东巴文与音节并非一一对应，但是起到标记音节的作用。例如李国文本"水头星"/kɯ²¹p'ə²¹dʑi²¹k'o³³/写作 ❀，四个单字依次记录四个音节；而"水尾星"/kɯ²¹p'ə²¹dʑi²¹mæ³³/写作 ❀，省略了记录第三个音节的单字 ❀。朱宝田材料中的 ❀ /gə˧kɯ˩/"鹰星"较为特殊，只有一个"鹰"的象形文字，标记星名中的第一个音节。但它的性质也类似于达巴文的第二类，起的是提示星宿名称的作用。

另一个需要区别的问题是，各类型合文中的单字与宿名中的语素同音且同义或是同音而不同义。在表0-1中，笔者试将此两种类型分列出。现就分类细节做一点说明：

其一，一些东巴文在长期的使用过程中形成了固定的引申义。譬如，红眼星中的单字 ❀ /mi˧/（No. 1357）本义为"火"的象形字。由于经常用于代表"红"和"低矮"，这两个义项已成为这个单字的引申义。又如，单字 ❀ /²gkv/在洛克（1963：134）中意为"头"，而在李霖灿（1972：84, No. 1039）中解释作"蒜"的象形。再如，东巴文 ❀ 在星宿字符 ❀ 中代表"肢"，而它本身也是合文：由 ❀（/bʏ˩/，"面粉"）和 ❀（/tʂʌr˩/，"关节"）构成。此外，犏牛颈宿中的单字（/²tgkye/）依据洛克（1963：431）的解释为表音符号（phonetic）。而与之形音相近的单字 ❀（/kɛ˧/）在李霖灿（1972：51，No. 617）中解释为"颈"。

其二，一些月宿名称中音节语义不详。通过考察，已知犏牛阴宿（❀）中的"花"是"女阴"的讳称，水头星的合文 ❀ 亦是婉称——以 ❀ "天"与 ❀ "大"表达"头、上游"之意。然而，还有一些星宿合文的造字机制令人较为费解。譬如，鬼宿/tʂ'v˩k'o˧/[1]，字形如 ❀（李霖灿1972），❀（洛克1972），❀（李国文2006）。标音的两个单字中，右侧为"门"，左侧尚不确定，可能是李霖灿（1972：20）的 ❀ "硝水"，也可能是洛克（1972：460）的 ❀ "泉"。因此难以判断其与宿名首音节同音且同义或是同音而不同义。

其三，合文的构件中，可以部分为同音不同义的单字，部分为同音且同义的单字。譬如，相当一部分以动物身体部位命名的月宿合文是由动物名称的单字与身体部位的同音词单字构成的，如：❀、❀、❀、❀、❀。

基于上述分类标准，四个版本的东巴二十八宿可以归类如下：

---

[1] 对应于朱宝田（1985）中的 ❀ ./fv˧kɯ˩/"野鸡星"。

表0-1 东巴二十八宿字符分类

星象符号				星象符号 + 标音单字								标音单字				字义
				星象符号为主，单字标注星宿名称的一部分				单字记录星宿名称音节，星象符号为指事标记								
鲁甸	俄亚	大东	丽江	鲁甸	俄亚	大东	丽江	鲁甸	俄亚	大东	丽江	鲁甸	俄亚	大东	丽江	
															☒	豪猪尾
							☒									马
															☒	蛙尾
☒																六星
					☒	☒									☒	六星角
	☒															六星身
☒	☒															三星
		☒		☒							☒					三星角
				☒												三星手
															☒	水头
															☒	水尾
															☒	野鸡
						☒						☒		☒		鹰
						☒										猪嘴
						☒						☒		☒		猪油

[1] "骗牛肩"星☒ /1zü-2ds'ï/ 的变体。

续表

星象符号				星象符号 + 标音单字								标音单字				字义
				星象符号为主，单字标注星宿名称的一部分				单字记录星宿名称音节，星象符号为指事标记								
鲁甸	俄亚	大东	丽江	鲁甸	俄亚	大东	丽江	鲁甸	俄亚	大东	丽江	鲁甸	俄亚	大东	丽江	
					✦	✦	✦									犏牛角
					✦											犏牛嘴
				✦	✦	✦	✦									犏牛耳
				✦	✦											犏牛眼
						✦										犏牛颈
						✦										犏牛油
				✦	✦	✦	✦									犏牛肩
				✦	✦		✦									犏牛胃
				✦												犏牛身
				✦	✦	✦	✦									犏牛阴
				✦												犏牛尾
				✦	✦	✦	✦									犏牛掌
字符构件中存在星宿名称音节之同音词																
						✦	✦									豪猪
														✦	✦	豪猪头

[1] 三星 ᭟᭟᭟ /suɪ˩ 'o˩/ 的变体。

续表

星象符号				星象符号 + 标音单字								标音单字				字义
				星象符号为主，单字标注星宿名称的一部分				单字记录星宿名称音节，星象符号为指事标记								
鲁甸	俄亚	大东	丽江	鲁甸	俄亚	大东	丽江	鲁甸	俄亚	大东	丽江	鲁甸	俄亚	大东	丽江	
															▨	豪猪尾
									▨				▨		▨	马星
							▨						▨	▨	▨	蛙嘴
							▨						▨	▨	▨	蛙肢
												▨	▨	▨	▨	蛙尾尖
												▨	▨	▨	▨	时尾
							▨								▨	六星身
										▨					▨	红眼
															▨	三星角
										▨					▨	三星身
											▨		▨	▨	▨	水头
							▨						▨	▨	▨	水尾
							▨						▨	▨	▨	野鸡
															▨	鹰
							▨						▨	▨	▨	猪嘴

星象符号				星象符号 + 标音单字								标音单字				字义
				星象符号为主，单字标注星宿名称的一部分				单字记录星宿名称音节，星象符号为指事标记								
鲁甸	俄亚	大东	丽江	鲁甸	俄亚	大东	丽江	鲁甸	俄亚	大东	丽江	鲁甸	俄亚	大东	丽江	
																猪腰
																猪油
																犏牛头/犏牛嘴
																犏牛颈
																犏牛肩
																犏牛胃
																犏牛身
																头星
																尾星
2	2	0	2	10(1)	10	11	10(1)	10	3	4	0	6	12	13	19	总计

（三）发展历程构拟

达巴和东巴的星宿字符读音存在明显的对应关系，多数星宿名称相似，且排序相同。表0-2以利家嘴的达巴字符、俄亚的东巴字符为例，将两种星宿字符对应比较，并以屋脚达巴字符（写作WJ）、鲁甸东巴字符（写作LD）进行一定的补充。

可以看到，达巴和东巴星宿字符在形态上也具有一定的相似度。例如：马宿、昴宿（达巴的"科扎"、东巴的"六星"）、三星宿、野鸡宿、鹰宿、犏牛宿。达巴星宿字符较多星象（或"星图"）符号，但犏牛星座的数个字符，达巴字符表示犏牛身体部位，东巴字符在表示身体部位的字符上加注星座符号。

表0-2 达巴、东巴星宿字符对比[1]

	28	1	2	3	4	5	6	
达巴								
	"帕米"	"尼支"	马星	蛙嘴星	蛙尿星	水星	白蛙星	
	22	23	24	25	26	27	28	
东巴								
	豪猪星	马星	蛙嘴星	蛙肢星	蛙尾星	蛙尾尖星	时尾星	

	7	8	9	10	11	12	13	
达巴								
	"科扎"角	"科扎"身	红眼星	三星头	三星手	三星"戳咪"	三星白星	
	1	2	3	4	4-b (LD)	5	6	7
东巴								
	六星角	六星身	红眼星	三星角	三星手	三星身	水头星	水尾星

	14	15	16	17	18	19-b		
达巴								
	野鸡星	鹰星	猪嘴星	猪尿星	猪尾星	猪油星		

---

[1] 达巴字符、序号可参照第三章《达巴文献解读》。

续表

	8	9（22-b）	10	11		12	
东巴							
	野鸡星	鹰星	猪嘴星	猪腰星		猪油星	
	19	20-b	20(WJ)	21	22	23	
达巴							
	犏牛四	犏牛四角	犏牛角	犏牛耳	犏牛眼	犏牛掌	
	13		14	15	16	17	18
东巴							
	织女嘴		织女角	织女耳	织女眼	织女脖	织女身
达巴							
	19	19-b	20	21	21-b		
东巴							
	织女肚（胃）	星之腰	织女阴	织女脚掌	织女尾		
	24	25	26	27			
达巴							
	虎嘴星	肉食星	头星	尾星			
			11-b（LD）	12-b（LD）			
东巴							
			吉星	"虚跨"			

根据文字和语言的对应关系，达巴文可以分为三类：（1）星象符号；（2）与名称读音相关的象形符号；（3）似是而非、介于二者之间的单字。东巴文可以分为三大类、四个小类：（1）星象符号；（2）星象符号+标音单字；（3）标音单字。其中，第二大类又分为：①星象符号提示发音；②星象符号为指事标记。

对比两个分类系统，可以看出，第一类是相同的，都是象形符号。达巴文的第二类相当于东巴星宿文字的第三类。然而，达巴文均为单字，虽然有个别与星宿名称中音节对应的象形文字，其本质上更多的是一种小范围内（达巴教祭司）的约定符号，起到提示读音的作用，而不同于东巴星宿文中单字逐个记录音节的功能。这可以从一些文字并非象形、而是十分抽象甚至无法看出原形的符号标记看出。

较之达巴文，构成东巴文星宿名称的文字中，在星象符号之外，多出了具有标记音节功能的单字。标音单字中，象形文字占大多数，其余极少数属于指事符号。象形的单字又分为两种情况，音节本身的单字、与音节同音的单字。

依据东巴星宿文字四个分类中星宿象形文与标音单字的功能，笔者推测其发展过程为：（1）→①→（3）→②。即最初是提示读音功能最弱的星宿象形文，之后开始有星宿象形文与标记部分音节的单字结合的合文，再其后运用单字逐个记录音节，随着词汇量的增加，需要在单字标音的基础上加入指事标记，区分词义。

文字性质演变链条之外，还可以观察到各个版本东巴星宿文字地域性的渐变。李国文（2006）解读的占卜图中，星宿名称的东巴文均为两到三个单字的合文，而没有单纯的形象符号。朱宝田（1985）、李霖灿（1972）、李国文（2006）记录整理的东巴星宿分别来自四川木里县的俄亚、云南迪庆州的中甸、丽江大东乡，在地理上由北向南分布。丽江地区东巴文记录音节的功能较其它地区更为发达，在一定程度上暗示了东巴文发展的趋势：象形文字由最初的记录多音节词汇逐渐发展出记录单个音节的标音功能，其记录语言的能力在逐渐增强。

李霖灿（1984：61-83）曾注意到东巴文的地域差异，将无量河至澜沧江流域分为四个区域：一、无量河与金沙江交汇处；二、金沙江北岸左侧；三、丽江附近；四、丽江以西维西地区。从区域一至区域四，东巴文呈现出从图画到文字、从形字到音字，与语言的联系从疏散到紧密的态势。周寅（2015）[1]系统比较了白地、丽江、鲁甸的东巴文，地理上跨越了上述区域划分中的二至四，比较结果亦印证了上文三方面的观点：从距离汉文化较近的鲁甸地区到较远的白地地区，东巴文系统中借用的汉字有增加的趋势。本文比较的东巴星宿文字所在的区域则可对应上述地理划分中的一、三、四：俄亚；丽江西北、大东乡；鲁甸。

各区域东巴文的共时差异与历史上麽些族人的迁徙路线相吻合：愈接近起点的区域，文字形态愈缺乏表音功能。文字与语言的对应关系之外，单字本身的形态也呈现地域差别。譬如，鲁甸地区的"蛙"写作，较之丽江西北部的字形简洁。

基于不同版本东巴与达巴月宿文字之间共时差异分析文字发展历程，构拟的最远点可追溯至东巴和达巴口耳相传的文化形态。在口头传统社会，祭司依靠的是记忆而非文书。在漫长的历史中，亦是由于语言的变化，后辈祭司在记诵星宿名称的同时（可能依然保留古音读法[2]），逐渐丢失了星宿名称的解释，或是不能够将其与日常词汇对应。

为更为准确地记录和传承星宿名称，东巴祭司采用更多的单字标记音节。同音词单字的选取和运用可能是依据其常用性，也可能是某个音节尚无相应的象形文字。随着字符的增加，标记字符义类的指事符号（或部首）逐渐产生。

东巴文在区域差异之外，还呈现历时变化。早期发现的东巴文献中，东巴文字符更接近图画文

---

[1] 周寅、杨亦花：《东巴文借用汉字机制及原用探析》，载《大理学院学报》（社会科学版）2015年第3期。
[2] 和志武解释了辨别麽些古音的方式：1）明显区别于现代口语；2）可以发现语音对应规律。

字。数个字符构成的经文诗行表达一定的含义，却可以有不同的读法（周有光）。之后，东巴文逐渐向象形文字转变，一个字符对应一个词或一个音节（傅懋勣）。而达巴文在形态上更为图形化，数量极为有限（仅二十八个单字），且各个字符记录的语言单位皆为多音节合成词，并非与音节逐一对应。

反观此处对于达巴文到东巴文发展过程的推测，可以看到，达巴文呈现了东巴文创制之初的特点。达巴文处于祭司之间传统约定符号，专用于宗教占卜。东巴文则发展出记录语言的功能，且不限于宗教经文的书写，而可运用于世俗文献。

文字被认为是人类最伟大的发明之一，它使得人类信息的传递突破了时间与空间的限制。世界的文字有多个源流，如汉字、玛雅文、楔形文。而在近东地区，考古发现多种形态的史前陶烧刻符。有学者论证指出，这些公元前八千年由锥形、线、动物头颅等组成的刻符，乃是楔形文字的前身，而它们的主要功能是用于计数。[1]这提示我们，文字的演化过程何其漫长，最初的形态稚拙得或许让我们不认为它是文字。

纳西族人，或曰古麽些人，在历史发展过程中，逐渐形成了独具风格的象形文字——东巴文。这也是被誉为世界上唯一存活和使用的象形文字。而它最初被创制时是怎样的形态，依然是个谜。

目前发现的达巴历书"格里木"是达巴教仅有的书面文献，通过解读以及查阅资料，可以感受到其与东巴星宿文字之间千丝万缕的联系。观察天象纪时与计数都是人类生活当中的基本需求，这解释了星宿符号、数字刻符在文字演化初期被创造的原因。

 泸沽湖深处的学术与民生

这些远离城市的横断大山深处的人们，依然按着祖祖辈辈的习惯过着淳朴的生活，物质的，精神的。我们走进泸沽湖深处，调查、研究，不是猎奇、探险，也不是驴友，而是做国家立项的重大课题。这说明国家在关心大山深处他们的文化、他们的传统如何融入今天的社会。"一个都不能少！"国家在帮助大山里的人，让他们走出大山，也让外面的人走进去。全国人民一道，过上幸福生活。近年来的扶贫脱贫战略，正是大家期盼的。

泸沽湖深处也在悄然改变

2012年，没到暑假，突然接到屋脚达巴阿窝·偏初的电话，告知86岁的达瓦老达巴过世了！"赵老师，来参加他的葬礼吧！"听到这个震惊的消息，简直不敢相信。此前两年我们第一次见

---

[1] Denise Schmandt-Besserat: *How Writing Came About*. University of Texas Press, Austin, 1996: 7.

图0-22 2016年再见拉姆,她有了自己的客栈,还承包了工程

到达瓦老达巴时,他住在村子的高头,我们上去很费力,可他敏捷地跳上跳下。一年之后我们再次来,他依然身体硬朗,不时到村子下面和人家玩。怎么会说走就走了呢?真的要和时间赛跑!文献濒危,文献的主人更濒危!要抢在懂这些残存文字文献的老人离世前,把他们残存的记忆留下来!

"我们买了冰箱,老达巴用过,以后我们村里再有人去世都可以用。"阿窝在电话里告诉我。啊?!不仅走婚习俗、母系大家庭面临解体,连最神圣的达巴葬礼也要"现代化"!

我们开始去木里依吉乡,要走拉伯,翻加泽大山,徒步到依吉。后来下飞机直奔三江口,沿无量河乘船,绕过加泽大山,从树枝到油米,再骑马或步行跋涉到依吉。再后来通车了,便宁可多绕路,取道屋脚上依吉。

乘车绕行,屋脚是必经之路。

"老师,您下来看看!这是我盖的房子!这是我的客栈!"一位抱着孩子的青年妇女,指着摩梭传统两层花楼,对我自豪地大声说道。啊,是拉姆!"我分家出来了!"祖母大家庭还是开始解体了!

2010年我第一次来到屋脚时,拉姆跟几个舅舅、姨妈们住在一起,那是个传统大家庭。那天刚巧她们家正在剪羊毛。她指着满院子忙活的人,一一告诉我:大舅、二舅、三舅……;这位是大姨妈、二姨妈、三姨妈……;这位是我爸爸,他是来帮忙的(她爸爸不是她们家的人);指着忙着喂猪的健壮的姨妈告诉我,这是我妈妈。拉姆和姐姐在村口开了一个烧烤小店,一张桌子,有个简陋的烤具。也没什么客人,但是她是先行者!这次迈的步子更大!

2016年再次路过屋脚时,拉姆正在带领几个人修路!"这是我承包的工程!"

这次还见到从天安门国旗班退伍的英俊屋脚小伙子,以及年轻的屋脚乡干部!

滇川摩梭人正与时俱进!

图0-23 越来越多的人走进泸沽湖深处

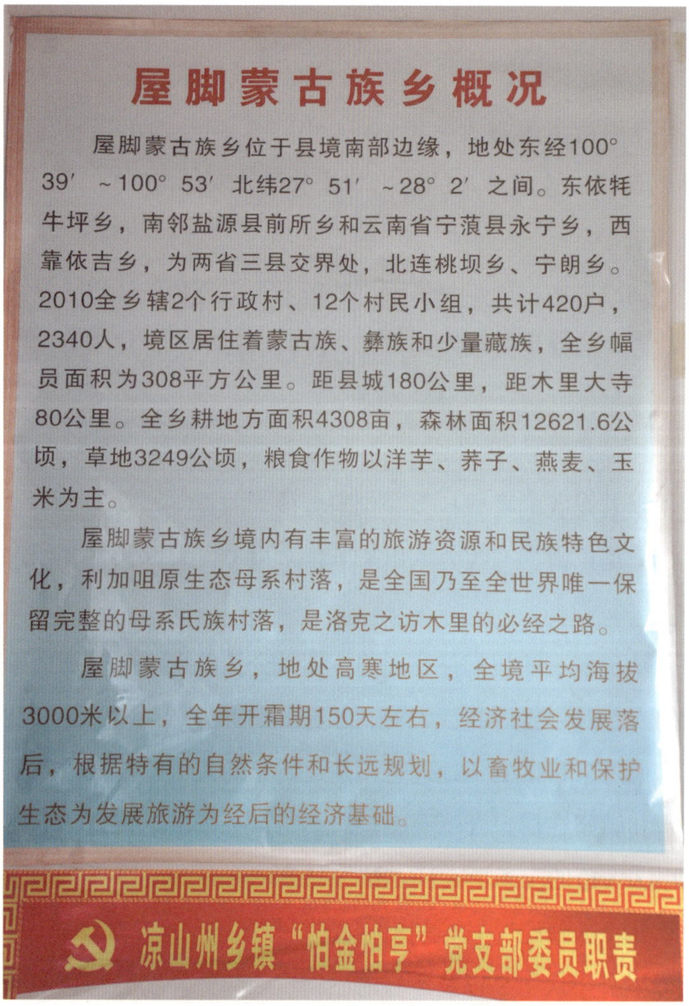

屋脚蒙古族乡概况

屋脚蒙古族乡位于县境南部边缘，地处东经100°39′~100°53′北纬27°51′~28°2′之间。东依牦牛坪乡，南邻盐源县前所乡和云南省宁蒗县永宁乡，西靠依吉乡，为两省三县交界处，北连桃坝乡、宁朗乡。2010全乡辖2个行政村、12个村民小组，共计420户，2340人，境区居住着蒙古族、彝族和少量藏族，全乡幅员面积为308平方公里。距县城180公里，距木里大寺80公里。全乡耕地方面积4308亩，森林面积12621.6公顷，草地3249公顷，粮食作物以洋芋、荞子、燕麦、玉米为主。

屋脚蒙古族乡境内有丰富的旅游资源和民族特色文化，利加咀原生态母系村落，是全国乃至全世界唯一保留完整的母系氏族村落，是洛克之访木里的必经之路。

屋脚蒙古族乡，地处高寒地区，全境平均海拔3000米以上，全年开霜期150天左右，经济社会发展落后，根据特有的自然条件和长远规划，以畜牧业和保护生态为发展旅游为经后的经济基础。

凉山州乡镇"怕金怕亨"党支部委员职责

图0-24 2017年的屋脚

千难万险，一直向前

我们的项目是西南濒危文字，在东巴文之外，又挖掘发现了十几种发展程度不同的原始文字符号。即使在东巴文字的挖掘上，我们也开创了一个新时期：挖掘活材料。之前，基本上是半个多世纪前前辈学者们收集的。东巴研究院请了十位老东巴，到了2003年前后，老东巴们先后去世，令人担忧。原生态东巴文化还有吗？老东巴还有吗？当我们到了丽江古镇，看到几位东巴跟游客，很是惊喜。马上有人告诉我，这是假的！那么真的呢？还有吗？当我们深入到大山里，白地、鲁甸、宝山、宁蒗、富宁、广南、怒江、永胜、大小凉山、雅安、甘孜、阿坝、川东、甘南等地，那么多沉淀在角落里的文明遗珠在默默闪光，等待着人们去挖掘、整理，为中华发声。

开题会上，专家们建议做6个案例即可，专家有王福堂（北大）、唐钰明（中山大学）、麦耘（社科院语言所）、周庆生（社科院民族所）。实际上，我们已经做了近20个，基本完成书稿十几种。并且每一种文字符号都是首先进行当地语言调查，记2000～6000个词，整理出音系，作为翻译解读文献的基础工作。为此我们做了专业培训。开了五门课："发音语音学"（SRL赖静茹，开两次）、"音系学"（孙宏开）、"国际音标"（江荻）、"藏语文与藏文化"（安才旦），还有"世界古文字体系"（外教）等，培养了项目骨干。

做这样一个重大国家社科项目，有各地子课题参与，如曾经合作过的有中国社科院民族与人类学研究所、国家博物馆、国家民族图书馆、东巴研究院、西昌学院、文山学院、阿坝师范学院、贵州大学民族研究所、普米文化研究会、摩梭文化研究会、他留文化研究会，有的签了子课题合作协议。但由于各种原因，效果参差不齐。有的从始至终完成了相应的负责部分，有的"若即若离"，有的"闹独立"退出另报项目。基本队伍、主力是清华学生，涵盖本、硕、博等各学历层次。从2010年至2015年，先后有几十位同学参与，并各自基本完成了子课题。

濒危文字文献调查点多在横断大山深处、悬崖边。前些年多为无路、无电、无信号，极端恶劣的自然环境。非马帮，不收获。还有人为的干扰，会碰到"我的地盘，你侵占"的叫板，对来京、来清华的人进行威胁，项目组要冒着行政、甚至生命风险。我们有个原则，当工作和安全冲突时，后撤！安全第一！遭遇风雨、塌方、泥石流，路断了，徒步翻山，"已经约好，前方有老乡在等我们！"同学感叹"出生入死"，"终于活着回来了！"有的插手内部，搞破坏，挑唆私自篡改课题，剽窃清华成果，私自发表出版。一路艰辛，一路前行。

主要负责本卷的许多多，作为清华文科"学霸"，之前和其他同学一起，跟着我做过水书、傣族文身，成果均已出版。2009年，我带她和张宗分别以"傣族布朗族文身""彝族撮泰吉"课题参加过世界人类学大会。在昆明民族园，访问过独龙族最年轻的文面女董翠莲。邀请联合国教科文语言组织的赖静如老师开课，许多多也是老师最喜欢的学生。

期末考试，各系同学先后七批到达丽江汇集。先到，先调查。我带着许多多，先在丽江访问宝山老东巴和茂春，对他女儿做调查，记了一下宝山纳西语。然后又到了玉龙县宝山乡吾木村，访问和继泉老人。她先后做过丽江大研、玉龙宝山、油米、屋脚、前所、利家嘴、温泉等的语言调查和文本解读，几乎做遍了纳西语东西部方言带，为纳西语言的整体研究获取了第一手新资料，积累了学术财富。她后来的博士论文课题还是摩梭。本卷的纳西东部方言，调查点多，原件文献版本多，难度大。但是在许多多的逐个梳理下，给读者呈现的是可靠、清晰的翻译解读。许多多还注意到对口诵经的收集整理，并在本卷中做了尝试。丽江东巴研究院还几次请她去培训东巴、达巴们，用国际音标记录自己的纳西语。她还参与了《油米卷》的调查、撰写、修订等工作。赖静如、孙宏开、盖兴之、姜竹仪、周德才以及黄成龙、尹蔚彬、江荻等都是她的老师。现在，她已经成为研究纳西语的为数不多的学者之一，相信她会有更多成果陆续问世。

学术与民生

人类文明不断进步，不断有新创造、新发明、新认识。同样，每代人都有继承、传承、开创，既要对前人的文明成果有记录，继承文化遗产，又要将其变为财富，造福今天。

学术分两种，一种是"无用"的基础研究，没有急功近利，一时看不到有什么作用，但需要有人潜心研究，因其对将来人类社会之进步发展作用不可估量；一种是"有用"的研究，近期可以看到成果功效。语言文字等人文学科，常常属于前者。

我们做田野工作，调查时要跟当地人解释为什么。过了几年又去，人家会问，对我们有什么好处？有时无语。有的确实大见成效，例如女书，例如坡芽歌书。最近，常常思考一个问题：学术与民生。作为高校学者，如何使自己的研究与民生联系起来，即如何通过自己的劳动，给当地群众生活改善带来效益。在当下，即是在精准扶贫、乡村振兴上做点工作，做点贡献。

西南濒危文字文献的抢救，去的都是偏远、极度贫困的少数民族地区，甚至都是跨越几个社会形态的直过民族。但也正是由于偏远，交通不便，沉淀着的早期文明成果才得以保存，没有完全消失。

达巴文和东巴文的关系还有待于深入探讨与研究。这些原始文字记录了人类早期对自然的认知，是人类文明史上了不起的成果，而这些原始文字的价值也等待着我们去进一步挖掘。

赵丽明、许多多
2021年5月于北京清华园、新加坡南洋理工大学云南园

第一章

川滇摩梭达巴文化概况

一、自然地理

本书涉及的历书采集点有四川木里县屋脚乡的屋脚村和利家嘴村，四川盐源县前所乡的前所村，以及云南宁蒗县永宁乡的温泉村。

屋脚乡全称四川省凉山彝族自治州木里藏族自治县屋脚蒙古族乡，位于县境南部边缘，地处东经100°44′36″~100°53′，北纬27°51′~28°2′之间，东依牦牛坪乡，南面以盐源县前所乡逗乐河村为界邻靠盐源县前所乡和云南省宁蒗县永宁乡，西接依吉乡，北连桃巴乡（今瓦镇）、宁朗乡，为两省三县（四川省、云南省，盐源县、木里县与宁蒗县）交界处。距木里县城174公里。

屋脚乡立体气候明显，森林植被呈明显垂直状态分布，具有以灌木林为主的丰富的森林资源，占全乡总面积的65%。屋脚乡属木里县畜牧业区划中木里河中下游猪、禽、奶牧业区。这里主要为高寒灌丛草地和亚高山疏林草地，属温带、暖温带气候，年均气温14℃，降雨量900毫米，无霜期150天左右。屋脚乡内有一条屋脚河，乡内流域长度28公里，流域面积120平方公里，年平均流量5700立方米，可供开发梯级小型电站。

屋脚乡有全县最神秘的一座神山——巴丁娜姆神山。"巴丁娜姆"是一位女神，其名称已于2000年在青海省佛教协会上确认为"巴丁娜姆"。"巴丁娜姆"梵文读"达维"，汉译"吉祥天母"，是藏传佛教万神殿中位居首席的密宗女性护法大神。因为她吉祥，受到人们的爱戴，故又称"功德天母"。

屋脚乡有一座寺庙叫仁江寺，是木里县三大寺、十八小寺之一。相传，屋脚神山的女神巴丁娜姆是莲花生的三大弟子之一，仁江寺为巴丁娜姆的起居之所。每月的初五、十五、二十五，女神周游四方后都要回来，佛教信徒都点上酥油灯迎接女神，祈求女神保佑风调雨顺、四方平安。仁江寺原建在老经堂（原遗址仍在）。相传，当时的住持的木棉袈裟神秘失踪，后经寻找发现，是一只狐狸盗走放在了现仁江寺的柏香树下，占卜后，决定将寺庙搬迁至现址。时至今日，寺内主体建筑及诵经阁内拉萨画师绘制的文殊菩萨像、巴丁娜姆神像等壁画都保存完好。

屋脚蒙古族乡利家嘴村，是原生态母系氏族社会村落，是洛克[1]三访木里的必经之路，是各界人士了解和观赏摩梭习俗的最佳去处，因而吸引着众多专家学者慕名前来。利家嘴是全省乃至全国目前为止保持得最为完整的母系氏族社会活化石。

---

[1] 即约瑟夫·洛克（Joseph Charles Francis Rock，1884—1962），美籍奥地利人，人类学家、植物学家、纳西文化研究专家。从1922年起曾六次到中国，深入到滇、川、康一带民族地区活动。自1929年起以较多时间和精力研究纳西族东巴仪式、经文、历史、语言、文化和文献资料。被誉为"纳西学之父"。

前所乡[1]的行政全称为四川省凉山彝族自治州盐源县前所乡，距县城81公里，位于云南省宁蒗县永宁乡和四川省木里县屋脚乡之间。

温泉村隶属云南省宁蒗县永宁乡，而永宁乡位于云南与四川的交界处，在历史上是著名的滇、川、藏茶马古道的重要驿站和商品物资集散地，在区域经济发展中具有重要地位。全乡面积642平方公里，平均海拔2664米。

二 人口民族

（一）来源迁徙

达巴教信仰者俗称"摩梭人"。"摩梭"现在通常表示泸沽湖畔的一支族群，以走婚的习俗闻名于世。历史文献中对中国西南这个族群的称谓曾经使用过多种写法：

《华阳国志校补图注·蜀志》："定筰县。筰，筰夷也。汶山曰夷，南中曰昆明，汉嘉、越巂曰筰，蜀曰邛，皆夷种也。县在郡西。渡泸水，宾刚徼，曰摩沙夷。"[2]《华阳国志校补图注》注释曰："晋时称金沙江为泸水，雅砻江流入金沙江，昔人以为正流，故亦名泸水。……摩沙即摩些（沙与些并读如莎），即今之纳西族，主要分布地在丽江与其附近。曾经扩展东到冕宁、泸定，西入维西、中甸、德钦诸县地方。由常《志》知其晋世已入定筰西界。"[3]定筰县即今四川省盐源县。根据洛克的观点，定筰包括今天的盐源县，汉代时丽江也属于定筰。

唐代樊绰《蛮书》[4]卷一："台登城直西有西望川，行一百五十里入曲罗。泸水从北来，至曲罗萦回三曲。每中间皆有磨些部落，以其负阻深险，承上莫能攻讨。"卷二："（犛牛河）环绕弄视川，南流过铁桥上下磨些部落，即谓之磨些江（即今丽江地区的金沙江）。"卷六："其铁桥上下及昆明、双舍至松外已东，边近泸水，并磨些种落所居之地。"[5]

五代后晋时期刘昫、张昭远等撰《唐书·地理志》云："贞观中，诸蛮求徒莫祗、俭望二种落内附，置傍、望、览、丘、求五州。按：些莫徒、摩些、求徒莫祗、俭望，皆一名之别也。"[6]

---

[1] 据2020年6月12日《四川省人民政府关于同意凉山州调整盐源县等5县部分乡镇行政区划的批复》（川府民政〔2020〕7号）意见，撤销前所乡，将原前所乡和原盖租乡盖租村、阿石村、回项村、马扎村所属行政区域划归泸沽湖镇管辖。本书为照顾到写作时间及整体行文，仍沿用前所乡，特此说明。
[2] ［晋］常璩撰．任乃强校注：《华阳国志校补图注》，上海：上海古籍出版社，1987年，第210页。
[3] ［晋］常璩撰．任乃强校注：《华阳国志校补图注》，上海：上海古籍出版社，1987年，第214页。
[4] ［唐］樊绰：《蛮书》，北京：中国书店，1992年。
[5] 和即仁、姜竹仪编著：《纳西语简志·序》，北京：民族出版社，1985年，第1页。
[6] 牛鸿斌等点校：《新纂云南通志·七》，昆明：云南人民出版社，2007年，第612页。

清代余庆远《维西见闻录》："麽些，即《唐书》所载麽些兵是也。元籍丽江。明土知府木氏攻取吐蕃六村、康普、叶枝、其宗、喇普地，屠其民，徙麽些戍之。"[1]

民国时期，这个族群仍被称为"麽些"。

在中华人民共和国成立后的民族划分中，云南境内的摩梭人属于纳西族的分支，而四川境内的摩梭人被划为蒙古族。

除上述"摩沙夷""摩些""磨些"之外，中国西南部的这支族群在书面记载中还有诸多发音相似但写法不同的名称。譬如："末些"[2]"摩娑"[3]"麽些"[4]"摩荻"[5]"摩梭"[6]。

方国瑜先生《麽些民族考》[7]一文中曾将历代文献用字总结如下：

表1-1 摩梭族群名用字统计

名称	第一音	第二音	所见书（略举）
摩沙	摩	沙	《华阳国志·蜀志》、《元史·地理志》
磨些	磨	些	樊绰《云南志》，新、旧《唐书》
摩些			《秋涧大全集》
			《经世大典·叙录》
末些	末		《云南志略》（说郛本）
末岁		岁	王沂诗（景泰《云南志》七引）
摩娑		娑	《元史·世祖纪》牛焘诗（丽郡诗征引）
摩㱔			《元史·兀良合台传》、《罪惟录·列传》
麽㱔			《明一统志》卷八十六、正德《云南志》
磨㱔			谢肇淛《滇略》卷九
麽些			《元史·地理志》、清修诸本《云南通志》
麽㕚		㕚	《徐霞客游记》七《滇游日记》
㺼㕚	㺼		《张允随奏折》（《史料旬刊》第十七期）
㺼猇		猇	《张允随奏折》
麽廖		廖	嘉庆《四川通志》九七、《清史稿》五一六
廖廖	廖		杜昌丁《藏行纪程》
摩荻		荻	《南诏野史》卷上（胡蔚本）
谟苏	谟	苏	英国密斯耨《探路日记》译本
獏些	獏		杨松年编《盐边乡土志》
摩梭		梭	《盐边乡土志》
獏狨		狨	曲木藏尧撰《西南夷族考察记》

针对摩梭人的族群划分，周汝诚、李绍明、木仕华等人及《纳西族简史》等论著进行了探究。

---

[1] 王崧编：《云南备征志·故实十八》，宣统二年（1910），一零三五。
[2] [元]郭松年撰，王叔武校注；[元]李京撰，王叔武校注：《大理行记校注 云南志略辑校》，昆明：云南民族出版社，1986年，第93页。
[3] [明]宋濂：《元史·本纪第四·世祖一》。
[4] [清]顾祖禹：《读史方舆纪要》，卷七十四·四川九。
[5] [清]顾祖禹：《读史方舆纪要》，卷一百十七·云南五。
[6] [清]段鹏瑞：《盐井乡土志》。
[7] 方国瑜：《方国瑜纳西学论集》，北京：民族出版社，2008年，第7-8页。

通过梳理这些研究成果，总结如下："摩梭"和"纳西"是他们共同的祖先"麽些"的后裔。他们通过不同的迁徙路线来到今天的居住地，即川滇交界金沙江沿岸的山区，并各自发展出自己的风俗。长期地理上的隔绝，以及由此带来的政治、宗教环境的区别，使他们最终分化成为两支族群。"摩梭"系列的名称，是这个族群的他称名，而"纳西"以及以"纳"为开头音节的名称，是他们的自称名。

（二）村落民族构成[1]

根据2010年全国第六次人口普查数据，屋脚乡下辖2个行政村：屋脚村、利家嘴村，共有12个村民小组，居住着蒙古族、彝族、藏族、汉族、纳西族等5个民族，共575户，总计2429人。其中，信仰达巴教，自称"纳恒"/na³¹hĩ⁴³/、"纳兹"/na³¹zi⁴³/的民众划归蒙古族，有779人，占全乡总人口的32.07%；藏族12人，占全乡总人口的0.49%；彝族1626人，占全乡总人口的66.94%；汉族10人，占全乡总人口的0.41%；其余为纳西族人。乡政府驻屋脚村，海拔2850米。[2]屋脚村的蒙古族自称"纳恒"，20余户，约200人。村里有6位达巴，7位喇嘛。利家嘴村全村均为摩梭人，自称"纳兹"或"纳姆阿甲"/na³¹mʏ⁴³æ⁴³dʐʌ³¹/，27户，约400人。保持走婚习俗以及祖母屋等传统母系文化。村里有10位达巴，10位喇嘛。

根据2010年第六次人口普查数据，前所乡下辖4个行政村小组，居住着蒙古族、彝族、汉族、纳西等民族，总计10462人。[3]其中蒙古族有3000多人。乡政府驻前所中村，本文简称为前所村。前所中村村民主要是蒙古族、彝族、汉族，约300多人，其中蒙古族有200多人。村里有3位达巴，7位喇嘛。

截至2005年，永宁乡全乡辖6个村委会，72个村民小组，3626户，18623人，居住着摩梭人、汉族、彝族、普米族、壮族、纳西族、藏族等12个族群与民族。温泉村全村有70多户，300多人，均为摩梭人，自称"纳"/na¹³/，保持走婚习俗及祖母屋等传统母系文化。村中有2位达巴、6位喇嘛。

自喇嘛教传入泸沽湖地区后，当地相继有了黑、红、黄3个教派的寺庙，俗称大经堂。较大的经堂有永宁、前所黄教喇嘛经堂和左所"喇踏"/la⁴³tʰa⁴³/黑教喇嘛经堂。前所乡的喇嘛教属于黄教，即格鲁教派。

---

[1] 数据来自调查问卷九。
[2] 统计数据摘自《木里藏族自治县屋脚乡年鉴》和屋脚蒙古族乡网。
[3] 统计数据摘自前所乡金农网。

三 宗教信仰

（一）传说

四川境内的摩梭人坚持称自己是蒙古族的后裔，他们认为自己的祖先是从蒙古迁徙而来。忽必烈征战时，士兵走散留在这里。他们过年、丧葬时用糌粑捞饭坨，叫做哈士/χa⁴³sɿ¹³/。这是因为忽必烈打仗时被包围了，把求救的信放在饭坨里送出去，所以现在还要做这个以示纪念。另外，蒙古族人家有两道门，但原先也是没有的，因为打仗时被包围，有办法的人就开一个后门逃走。所以现在家家户户都安装两道门。

不过，达巴经中也有关于人类起源的传说：

洪水滔天以前，有一个神人阿巴睹/a⁴³pɑ⁴³dɔ³¹/。他对后代初直鲁依依/tʂʰo³¹dʑi³¹lo⁴³ʁɯ⁴³ʁɯ⁴³/说了哪些可以做，哪些不可以做，但人类没遵守，于是洪水滔天。初直鲁依依宰了一头黄牛，把皮缝起来，就只剩下了他一个人。只剩一种蒿枝，叫"几卡兹"/dʑi³¹qʰa³¹tsi⁴³/，还有几只水鸭子。他去天上找了采红吉吉米/tsʰɛ³¹hõ³¹tɕi³¹tɕi³¹mi⁴³/做妻子，他们就是人类的祖先，可以得到天神的护佑。后来就分出蒙古族、汉族、藏族，等等。

在温泉村的达巴那里，关于人类起源还有一种说法：

纳人/nɑ¹³/里面分有很多支系，原先主要有三个：瓦儿粒纳紫/ŋwʌ³¹ɻ¹³ɖi⁴³na³¹dzɯ³¹/，指路时用石头的；次粒兹瓦睹/tsʰi⁴³ɖi⁴³zu⁴³ŋwʌ³¹dɔ⁴³/，指路时拴草绳的；红粒斯帕久/hv⁴³ɖi⁴³sɯ⁴³pʰæ⁴³dzo³¹/，指路时片木片的。用石头的有点笨，天天抱着石头。另外两个聪明，用轻的材料。但火灾之后，拴草绳和片木片的被烧掉了，灵魂回家的路线就有些绕。

后来有两个男人，上天告诉他们要来灾难，让他们将犁地的两头牛杀掉。两个人中一个用粗针细线把自己缝里面，另一个用细针粗线把自己缝里面。之后洪水滔天，粗针细线的那个淹死了，只剩下一个男人，就是初直鲁依依/tsho⁴³dʑi³¹lo⁴³ʑi³¹zo³¹/。地球上没人了，他很难过。水退之后，来了七个月亮，九个太阳。有人把九个太阳射了。他找不到妻子，去找阿巴睹，那是天和地的神。阿巴睹告诉他有一种树，叫"刷日"/swa⁴³ɻ⁴³/，让他埋在沙里九年，但他九天就去了。阿巴睹又告诉他一种树，让他埋七年，但他七天就去了。结果生不出孩子，生出很多动物。他后来到天上找妻子，没找到竖眉毛的，找了横眉毛的。以前摩梭人交通不便，他就跟这个妻子在井里生孩子，孩子长大成丁了才请客吃饭。天神发现他们女儿七姊妹少了一个，就找过来了，要杀掉这个女儿。初直鲁依依骗他们说，他们住的地方，养的有牛羊，产的有金银，但没有带来。横眉毛的妻子的父母说要考察他的能力，让他在很冷的地方捕鱼，让他很累的时候上山打猎，让他砍树烧山，让他去喝虎奶。最后一项他觉得难。横眉毛的妻子教他九天九夜大雪之后，去把小虎杀掉，然后喝虎奶。终于完成了所有的任务，得到了妻子父母的同意。这就是人类先祖的故事。

关于屋脚村和利家嘴村的名称也有一些传说。屋脚村的村名为"呃就"/ʁɯ⁴³dʑo⁴³/。相传一位女神走到这里，觉得风景宜人，就用藏语说了一句"就是这里"/ʁi⁴³dʑo⁴³/，之后就住在此地，于是"哩就"/ʁi⁴³dʑo⁴³/就成为了这里的地名。后来蒙古族人迁徙过来，久而久之，音变成了"呃就"/ʁɯ⁴³dʑo⁴³/。利家嘴地理位置偏僻，在历史上叫做"哩者哼"/li⁴³dʑʌ³¹hĩ⁴³/，意思是藏匿恶人的地方。后来蒙古族人迁徙过来，时间久了，音变成了"里加子"/li³¹tɕa⁴³tsɿ³¹/。

（二）达巴教的神灵

主要的神灵有：天神"姆葛拉"/mɯ³¹gʌ³¹ɬa⁴³/，地神"地葛拉"/di³¹gʌ³¹ɬa⁴³/，山神"日则"/zɿ³¹tsi⁴³/，火神"冉巴拉"/za³¹pa⁴³ɬa⁴³/（盖房子用）。

天神有山菩萨、水菩萨。初直鲁依依和采红吉吉米是人神。

地上"拉启滴壁舍"/(la⁴³tɕʰi³¹)ti⁴³pi³¹ʂʌ³¹/，是达巴教最大的神。人有困难时都要请他来，请他派天神下来买通各路的鬼。这些鬼包括："以都插纳都基"/ʑi³¹do⁴³tʂʰwa⁴³na⁴³do³¹dʑɯ⁴³/，是在有人犯头昏、高血压等病时请；"紫气噶尔"/dzi³¹tɕʰi³¹kæ⁴³ɹ̩³¹/，是在有人犯风湿痛、生疮等病时请；"以都巴以吾尔玛"/ʑi³¹do⁴³pa⁴³ji³¹wo³¹ɹ̩⁴³ma⁴³/，是在人晕厥、得妇科病、生小孩等病状时请。他们可以联系到山菩萨、水菩萨，请他们做好事。

（三）达巴文献

达巴教的文献多为口传经典，称为口诵经。种类繁多，用于不同的仪式。此外还有一些书面文献，如看日子的历书，做法事时印面偶的印棒，念经时的挂图。达巴教是一种信奉万物有灵的原始宗教，在历史上也不断吸收周边宗教文化的一些元素，如藏传佛教的图符、藏文等。

（四）达巴的传承

现在（2013年）屋脚村只有五位达巴，有三个年轻人刚开始学。过去村子没通车路，没有物资，人们还穿麻布衣服。那时候能够学习唱歌是很有趣的事情，所以还愿意学达巴。现在年轻人看见外面的世界，就想赚钱、玩耍。阿窝达巴说，如果自己有钱，就做一点生意，培养几个小孩学达巴。永宁、前所那边能够念经的已经没有了，水平跟毕摩·都基差不多。毕摩·都基是个喜欢编故事的跛脚老头儿。水平同他相似，也就是摆摆龙门阵、吹吹牛皮的意思。屋脚、利家嘴这边还有几个能学习的年轻人。2010年，曾有过一个学生绛初/dʑʌ³¹tsʰi⁴³/，十四五岁，是村里一个听话的小孩，可是后来觉得太难，就逃跑了。十五六岁了，在家里做事，有时出去打工。村里有个达巴，属狗，今年三十一岁，叫做格荣·偏初/kɯ⁴³zu⁴³pʰi³³tsʰo⁴³/，学到一半，原先的老师去世了，转来跟阿窝达巴学成出师。此外还有一个达巴叫苏纳·偏初/so⁴³na⁴³pʰi³³tsʰo⁴³/，属龙，四十九岁，原先的老师去世了，与阿窝（1967年生，属羊）一同跟达瓦学成。苏纳上过小学四五年级，现在开车做生意，达巴的东西忘记很多了。二车·次儿/ʐ̩³¹tʂʰi⁴³tʂʰi⁴³ʐ̩⁴³/，属猴，四十三岁；二车·次儿/ʐ̩³¹tʂʰi⁴³tʂʰi⁴³ʐ̩⁴³/，属马，三十三岁。这两人在阿窝之后跟达瓦学习。阿窝之外的四位，差不多是从九岁、十岁开始学。这些达巴中，苏纳/so⁴³nɑ⁴³/是小学教育之后，大约十一二岁开始学。苏纳记性很好，可是后来开车去了，他二十七八岁就可以做小事，到三十岁可以做大事。

在课题组调查走访期间，上一辈的老达巴就只有达瓦/dɑ³¹wɑ⁴³/了，是阿荣/æ⁴³zʏ³¹/家的。他跟村里一位阿扎/æ⁴³tʂæ³¹/家的达巴学，名叫洼之都基/ŋwɑ⁴³ʈi⁴³du³¹tʂi⁴³/。达瓦八九岁去学，学到接近三十岁，十七八岁时就能做些小事（丧葬、请祖先算大事，驱鬼算小事）。可惜他在2012年7月去世了。本书屋脚村的发音合作人阿窝达巴是达瓦的亲生子。他小时候住在达瓦家四年，帮忙放猪、放羊。七岁开始学达巴，学到二十七八岁基本可以做小的法事，到三十多岁就都能做了。他一直在屋脚本地做法事。

（五）当地其他宗教

达巴教之外，当地人们还信仰藏传佛教。藏传佛教的僧侣称为喇嘛，基本准则是行善不行恶。喇嘛追求简朴的生活，亦不成家生子，理由是不能保证自己的孩子将来不做坏事。他们的工作就是在经堂里面念经，领取固定工资。村里寺庙的喇嘛会被请到家里做法事，但在木里大寺出家学习的喇嘛一般就不会去做。

当地另一大聚居民族是彝族，其巫师称为"毕摩"。达巴做法事的酬劳随主人家定价，若是主人家过于困难，达巴也可以不收谢金。但是毕摩给人念经，各种类型都有定好的价格。

四 习俗节日

（一）节日

川滇交界地区蒙古族人的历法跟汉族的阴历一样。过年前有个小年，叫"子扎"/dzɿ³¹tʂæ⁴³/，农历十一月十二日。这天要送山菩萨，送祖先，请客。

大年三十晚上就是"库布"/kʰʏ³¹pʏ⁴³/，意译为"送年"。那天要做法事，将一年的好事、坏事都送走。做的法事也叫"库布"。很多位达巴一起做法事，所以很盛大。这个仪式要给那些去世的先人送饭，包括送天神、地神、山神、水井神。其中最重要的是天、地神。第一个要送的是天神，第二个是地神，第三个是山神，第四个是水井神，第五个就是祖先神。全村的人聚集到达巴的家里去。这天要准备猪肉、羊肉等肉食，或者家里有的食物，其他还要水果、糖等食品。初一"库是"/kʰɤ³¹ʂi⁴³/，意译"新年"，这一天要记录过去一年的好的事情。敬好的菩萨，如山菩萨、水菩萨等。初一这天要跳舞、唱歌，请老人来，大家聚一聚。在家烧香、点灯，不做法事。

二月没有固定的节日。

三月份要过清明节，要算日子来决定。从布谷鸟开始叫的时候就可以算日子了。一般在家里做法事，敬祖先神。另外还有敬水井的节日，叫"几库古哈布"/dʑɯ⁴³qʰɤ⁴³kʋ⁴³χɑ³¹pɤ⁴³/，家家户户都要请达巴选择三月的吉日，在花开的时候祭祀。在天上的水井菩萨有三位，人间的水井神则无处不在，山上、水里、井里、花里等地方都住着水井神。三月的时候花都开了，天上、地下、水里、山上的水井神就要住到花里来了，所以要念经接他们来入住，保佑大家。法事要在村里的水井旁边进行。

四月没有节日。

五月初五是端午节，叫"瓦力米瓦尼"/ŋwɑ³¹ɬi³¹mi⁴³ŋwɑ⁴³n̠i⁴³/。端午节的时候要到山里烧香，敬山神、医神（"苏几咪器甲布"/so⁴³dʑi³¹mi⁴³tɕʰi⁴³dʑʌ³¹pɤ⁴³/）。在那一天要喝黄酒、白酒，无害的树叶、树根都可以吃。因为医神是天神的一种，掌管治病。五月初五这天，医神会给人间降药，如树叶、草药。在过去没有医生的时代，他学会了医术，给人类医药。

六月、七月、八月没有固定的节日。

三月里迎请了水井神，等到九月份的时候要把他们从居住的岩石、山顶等地方送走，送他们回各自原来的家，所以念送菩萨的经。三月和九月的经都叫水井经，不需要太多人，有三四个人来帮忙做法事（做面偶、挂旗之类）就可以了。法事从早上六点多开始做，晚上十二点之前结束。晚上九点以后可以请老人和他的家人来家里吃饭。

十月要杀猪，叫做"补阔"/bo³¹qʰo⁴³/，给老人（祖先）、山神、井神、天神、地神都要送饭（祭祀）。在十月和十一月两个月当中算日子，选最好的日子。跟春节的法事基本一样，给所有的神送饭。每家每户都要杀猪，做排骨、腊肉等。人吃之前要送给菩萨、祖先。一年的猪肉都在这天宰好。

十一月有求平安节，叫"睹纳布"/do³¹nɑ⁴³pɤ⁴³/。一年里不好的鬼都在这天送走。叫做"睹纳哇刷"/do³¹nɑ⁴³ŋwɑ³¹ʂwɑ⁴³/，意思是喊魂，然后给鬼送饭。这一天任何东西都不能丢魂，也就是不能生病。

此外还有一些小的节日，如十月份的"木咔补"/mɯ⁴³qʰɑ³¹pɤ³¹/，要打口嘴。人做事情都会招来评论，有好有坏，称作"口嘴"。也是算日子来做。再如农历一月，占卜选日子，家家户户做法事送山菩萨饭，叫"匝布"/tsɑ⁴³pɤ⁴³/。这个节日九月份还要过一次。但是一月份隆重些，九月份简单些。

（二）成丁礼

传统上，摩梭人的小孩只能穿长衫，到十三岁那年才能穿裤子，意思是长大成人了。现在，小孩一岁多就可以穿裤子，但到十三岁时该做的仪式都还要做。要请达巴在山菩萨面前烧香，在水菩萨、天菩萨面前点灯、磕头。成丁的人家准备猪膘肉、猪油，去老人面前磕头，老人祝福小孩平安无事、长命百岁。

ŋʌ⁴³ʁɣ⁴³tɑ⁴³mʌ⁴³di³¹　不是在我的面前磕头，

gʌ¹³mɯ³¹ʁɣ⁴³tɑ³¹di¹³　是在天菩萨面前磕头，

m̩¹³di³¹ʁɣ⁴³tɑ³¹di¹³　是在地菩萨面前磕头，

pʰʌ⁴³ʁɣ⁴³tɑ³¹di¹³　是在普神面前磕头，

ɬɑ⁴³ʁɣ⁴³tɑ³¹di¹³　是在拉神面前磕头，

d̥o⁴³ʁɣ⁴³tɑ³¹di¹³　是在睹神面前磕头，

si³¹ʁɣ⁴³tɑ³¹di¹³　是在新神面前磕头，

tʰo³¹dzɨ¹³gwʌ¹³tʰo³¹nɑ³¹tsi⁴³kʰɯ³¹　小松树长大可以长成大树，

zo³¹hɣ̃³¹gwʌ¹³hĩ³¹d̥i³¹tsi⁴³kʰɯ³¹　小孩长大可以长成大人，

zɯ³¹zɯ³¹tɣ³¹kʰɣ³¹d̥ɨ⁴³kʰɯ³¹　寿命能活一千年，

zɻʌ³¹zo⁴³ɕɯ⁴³bɑ³¹di³¹kʰɯ³¹　庄稼能收一百年，

ti⁴³bɣ⁴³dʐʌ³¹kʰɯ³¹　万事如意。

念经行礼之后，孩子领压岁钱。晚上家里要请客、跳舞。

（三）婚俗

在屋脚地区，据阿窝达巴讲述，蒙古族以前没有走婚习俗，而是两口一家，像汉人一样结婚的。当时官府收租子，不按人头，按家户。人们穷，就合住在一家，后来才有了走婚的习俗。大家族住在一起，按家户就可以少交租子。大约是从爷爷辈才开始走婚，大概有一百多年的历史。

结婚的习俗是：父母去提亲，带黄牛一头、鞋子九双、拐棍九根、一驮骡子和一驮马的粮食等物品到女方家上门。之后要请达巴来念经，为女孩改姓随男家。那天要送各路神仙。唱歌、跳舞等仪式也要做。一共要请四五位达巴。

在前所地区，据阿兆全讲述，过去走婚，也有一定的仪式。男女在外面先恋爱，但未通过父母前，不敢公开。然后男方找个介绍人，到女方家坐到火塘前借机会说说这个男方，看女方的态度。要是女方家人对这家有好感，男方就要请这个介绍人拿三神礼物——酒、盐、茶，放到女方家的火神菩萨前。说某家男孩喜欢你家某个女孩了。一般女方家要面子，第二天才回复。然后，男方要准备女孩全身的打扮，从帕子、裙子，还要加上一根腰带，作为他们的爱情信物。女方家招待一顿饭，算作欢迎。女方家也要给男方准备一套衣服，也要有一根带子，一定是自家绣的花，同时也是展现手艺。如果女孩自己会，那么自己打最好。如果自己不会，那么家人会帮忙做，或是去别人那儿买一根来。双方往来，都是在鬼神头上跨。所以一定要准备三神礼物，祭献各家鬼神。人随便吃点就行，但一定要先尊重鬼神、老人。这里的规矩是吃东西前先敬鬼神，如果小孩不懂事，先吃了，那么这东西就不能要了，另换一份新的，从头开始。这是恋爱第一步的习惯。这个仪式相当于征得双方家长同意。之后，双方开始走婚。

等双方有了孩子，要做第二个仪式。这个仪式比较隆重。男方要给孩子准备三年的生活物资，女方更是需要照顾，不能出门受风。小孩出生半个月内，外人不作兴来看，因为怕见生，背不起口嘴。刚生下来的时候，女方准备烧酒、黄酒、甜酒等，男方会知道分娩的日子，也要准备食物。有钱人家杀牛的都有。一般油炸粑粑、水果、水果糖这些小吃都要准备。家家户户都要请来聚会。聚会时男人坐上火塘，女人坐下火塘或者外面。主人家先给老妈妈献饭。每人一个盘子，里面三个粑粑，不能多不能少。然后还有鸡蛋、土豆、炒肉，甜酒是一人一碗必须要吃。之后分发小孩的礼品，一人一份带回家。男方带来的若是够了最好，不够的话，女方家填补。这一批走了之后，下一批来就吃啤酒、黄酒了，吃多吃少都随意。男方若是其他村子的，要在这里住一两天，挨家挨户拜访这个村子里的亲朋好友。等他要走的时候，这些人家要商量好，分头准备礼物送他回家。

第三个重要的仪式，是入住。若是男方家人口多，女方家缺少人口，那么就不分彼此，男方就可以留在女方家了。若是女方家人多，男方人口少，那么女方就要嫁到男方家。这个比较麻烦。女方家会卖关子，说：同意你们交往了，怎么还要带走？男方要好好地求，要通过她家邻居、她的家族一起帮忙劝说。古时候，要上门七次，穿坏七双草鞋，女方才能答应。现在简化了，就是让媒人来。但还是要受些罪。要带酒来求，用传统的土罐，装上五斤十斤的酒，蒙上红布。有银币的话，放上一两个。没有的话，现在一般用人民币。女方碍于面子，先不答应。媒人就向神台、火铺上磕三个头。女方邀他坐下，说些客套话，只好同意了。家里人将酒开了，喝一碗。到了离家的日子，女方少不得说几句，还要将酒拿到火塘前，敬祖先，请他们保佑女方到了男方家幸福平安。

这些都是有规矩的。否则会遭到领主的惩罚。但随着现代文明的传播与推广，这里的人们开始意识到夫妻双方共同抚养孩子的优越性，所以走婚习俗渐渐淡出了。

（四）丧葬

当地的传统是采用火葬。人去世之后，在上火塘背后的小房间内挖一个深约一米、直径约一米的洞，存放尸体，并供奉逝者遗物。（洞在火葬之后填回。）之后请达巴算出殡的日子，有这样几个日子要算："哥之"/kɯ⁴³tʂɿ⁴³/，"夯之"/hɑ̃³¹tʂɿ⁴³/，"库之"/kʰɤ³¹tʂɿ⁴³/，"煞之"/zɑ⁴³tʂɿ⁴³/，"恒改拟古库之"/hĩ⁴³qɛ³¹ȵi³¹gɤ³¹kʰɤ⁴³tʂɿ¹³/，"恒改拉莫库之"/hĩ⁴³qɛ³¹lɑ⁴³mʌ⁴³kʰɤ³¹tʂɿ⁴³/，"只达甲呢改沽"/dʑi³¹tɑ¹³dzʌ³¹nɯ⁴³ qɛ³¹kɤ¹³/。然后是送人上路的法事，要请喇嘛在正房念经，达巴则进入存放尸体的内室诵经，为逝者指路。

葬礼第一天是在半夜时分取出尸体，天亮后亲友前来吊唁。这一天要进行"洗马"（让逝者骑马到祖先那里去）、"指路"、请喇嘛诵经、跪拜的仪式，并在家中宴请来宾，晚间载歌载舞。第二天也要进行相同的仪式，达巴们合作完成火葬的准备工作。火葬当天，亲属们凌晨开始清理灵堂，黎明时将灵柩抬去火葬地点。喇嘛主持火葬仪式，达巴们在逝者家中做法事，一直持续到次日凌晨。法事结束后，家人将骨灰安葬。晚间在各亲属家中举行驱鬼的仪式。葬礼期间，亲属邻居要和睦相处，不可打架生事。

（五）进新房

进新房的仪式叫做"伊兹"/ʑɯ⁴³dzi⁴³/。达巴需要做的法事有："哇击鼓"/wã³¹tɕi⁴³gɤ³¹/，"牧可补"/mɯ⁴³kʰʌ³¹pɤ³¹/，"朽里无毒咖达拉"/ɕo³¹li⁴³ʁɤ⁴³do³¹kʰa⁴³da⁴³la³¹/。"哇击鼓"是祈求好的东西进来，譬如金银；"牧可补"的作用是打口嘴，给那些恶鬼送饭；"朽里无毒咖达拉"是请所有欢乐都进来，做这个法事时要拿一些树枝，比如松树枝"凸紫"/tʰo⁴³dzi³¹/、"凸葛优杜拉促"/tʰo⁴³kʌ⁴³ʐo⁴³ɖo⁴³ɬa⁴³tsʰo³¹/，放在门框上，用来挡住坏的东西，迎接好的东西。还有小旗子"卢哒"/lo⁴³ta⁴³/、"姆骨黍器"/mɯ³¹gɤ³¹ʂɤ³¹tɕʰi⁴³/（代表他的武器），以及用糌粑捏的"以士士铺德卡"/ʑi³¹ʂʅ⁴³si⁴³pʰɤ⁴³do⁴³kʰʌ⁴³/。树枝和小旗子每年初一都要更换。在房梁上要放用铁做的"卡嗒"/qʰa⁴³twa⁴³/，来挡住不好的东西。做完这个法事，就可以入住新房了。

（六）服饰

四川境内蒙古族常用的服装包括：帽子"都堵"/tɤ⁴³ tɤ³¹/，衣裳"把拉"/ba³¹ɬa¹³/，丝绸衣裳"把拉郭可迪"/ba³¹ɬa³¹qo⁴³kʰɯ³¹di¹³/，裤子"粒阔"/ɬi³¹qʰwʌ¹³/，鞋子"组阔"/dzo³¹qʰwʌ¹³/。头巾的样式有麻线做的"鲁处"/lo³¹tʂʰɤ⁴³/，布做的"垮赤"/qʰwa³¹tʰɨ⁴³/，丝绸做的"布克鲁处"/bɯ³¹kʰɯ³¹lo³¹tʂʰɤ⁴³/，还有一种其他材料的叫做"塞克鲁处"/si⁴³kʰɯ³¹lo³¹tʂʰɤ⁴³/。腰带根据材质分为几种："几给"/dʑɯ³¹ki¹³/（羊毛线），"粒姆子白"/ɬi³¹m³¹dzɨ³¹bæ¹³/（皮带），"插恩子白"/tʰæ⁴³ŋ³¹dzɨ¹³bæ¹³/（系裙子的羊毛腰带）。常见的鞋子有：布鞋"褐至组阔"/hɯ⁴³ tʂi⁴³ ʐɤ³¹qʰwa⁴³/，皮鞋"鄂组阔"/ʁɯ³¹ʐo³¹qʰwʌ⁴³/，皮靴"组巴"/dzo³¹bʌ⁴³/，靴子/ɕye⁴³ tsi⁴³/，凉鞋"帕匣"/pʰʌ³¹ɕjʌ¹³/。

达巴的饰品有活佛"郭若"/ko⁴³ʐo⁴³/开光的"苏杜"/sɤ⁴³tɤ⁴³/，戴在脖子上。做法事时要戴五佛冠"尔那"/ɻ̩¹ŋʌ⁴³/，上有五个神："拉启滴壁舍"/la⁴³tɕʰi⁴³ti⁴³pi³¹ʂʌ³¹/，"以都莫布子汝"/ji³¹do⁴³mʌ⁴³pɤ⁴³dzi⁴³ʐɤ⁴³/，"以都巴以吾尔玛"/ji³¹do⁴³pʌ⁴³ji³¹wo³¹ɻ̩⁴³ma⁴³/，"汝二紫气噶尔"/ʐɤ³¹ɻ̩⁴³dzi³¹tɕʰi³¹kæ⁴³ɻ̩³¹/，"以都插纳都基"/ʑi³¹do⁴³tsʰwa⁴³na⁴³do³¹dʑɯ⁴³/。

五 民谣歌曲

村中的老人还记得一些过去的歌谣。这些歌谣多为吟唱式的曲调，保留了古风。下面两首歌谣分别由屋脚村的毕摩·都基老人和前所村的阿兆全老人提供。

（一）屋脚村歌谣

lo^{43}	ʁɯ^{43}	zo^{43}	so^{43}	kɣ^{43},	dzʌ^{31}	ʁa^{31}	zo^{43}	so^{43}	kɣ^{43}。
鲁依依	子	三	个，	好	富	子	三	个。

鲁依依有三子，好且富有的三个。

ʂʌ^{43}	pʰo^{43}	bi^{43}	zɛ^{31}	bi^{31},	gwa^{31}	lo^{43}	ʁɯ^{43}	mʌ^{31}	ɖi^{13},
庄稼	种	FUT.	了	FUT.	教	的	牛	不	得，

要种庄稼去，耕牛教不好，

tɕi^{43}	lo^{31}	dʑi^{43}	mʌ^{31}	ɖɨ^{43}。	pʰɣ^{43}	lo^{31}	ʁo^{43}	dʑi^{31}	ʑi^{31},
泡	的	水	不	得。	藏族				家，

泡地水不得。藏族家，

zɿ^{31}	ʁi^{43}	bɯ^{13}	ʁe^{31}	gwa^{43}。	dʑi^{43}	ʑi^{31}	æ^{43}	χæ^{31}	ʑi^{43},
犏牛		牦牛		教。	汉族				家，

驯化犏牛和牦牛。汉族家，

dzi^{43}	ʁi^{43}	ɬo^{31}	ɕjʌ^{43}	gwa^{43}。	na^{13}	mu^{31}	a^{43}	dzʌ^{31}	ʑi^{43},
水牛		曲折	下	教。	蒙古族				家

驯化有曲折角的水牛。蒙古族家，

ʁe^{43}	ʂwa^{43}	qʰʐ^{43}	pʰʌ^{31}	gwa^{43},	ʁi^{43}	na^{43}	ɬa^{43}	ʐ^{43}	gwa^{43}。
牛	棕色	角	白	教，	牛	黑	花纹		教。

教有白角的棕色牛，教有花纹的黑色牛。

ʑi^{43}	ʁe^{43}	zo^{43}	so^{43}	kɣ^{43},	dza^{31}	ʁa^{31}	zo^{43}	so^{43}	kɣ^{43},
鲁依依	子	三	个，	好	富	子	三	个，

鲁依依有三子，好且富有的三个。

gwa^{31}	lo^{43}	ʁɯ^{43}	ɖi^{43}	zɛ^{31},	ʑi^{43}	lo^{13}	ʁɯ^{43}	ɖi^{31}	zɛ^{43}。
教	的	牛	得	了，	耕	的	牛	得	了。

教成了牛，耕地的牛有了。

ʥi³¹	lo⁴³	dzʌ³¹	mʌ⁴³	dɨ⁴³,	lo⁴³	mi⁴³	wã³¹	kɣ¹³	di⁴³	dɨ⁴³	tsa³¹	qe⁴³	ȵi³¹
耕	的	犁头	不	得,	紫金杉树		翻地	制作	地		大	犁	是。

没有耕地的犁头,用紫金杉树做大犁头翻地。

la⁴³	qʰa⁴³	ʐwæ³¹	pʰʌ³¹	tʂʰi⁴³,	di⁴³	dɨ⁴³	tɕʰʌ³¹	ti³¹	ȵi⁴³
水杉树		辕[1]	白	这,	地	大	耕[2]		是。

这水杉树的白辕,是大地的犁头。

tsʰɛ⁴³	hɣ̃¹³	zʌ³¹	dzo̩¹³	tʂʰi⁴³,	di⁴³	dɨ⁴³	mi³¹	tʰɣ³¹	ȵi¹³
万岁树[3]		牵牛鼻		这,	地	大	拐杖		是。

这万岁木做的牛鼻环,是大地的拐杖。

ʂi⁴³	pʰɣ⁴³	tʂʰɣ⁴³	kɣ³¹	tʂi¹³,	di⁴³	dɨ⁴³	ʂʌ⁴³	pa³¹	ȵi³¹
铁	白	铧口		这,	地	大	箭		是。

这白铁铧口,是大地的箭。

ʂi⁴³	pʰɣ⁴³	tsʰi³¹	tʰi³¹	tʂi¹³,	di⁴³	dɨ⁴³	ba³¹	ba³¹	ȵi⁴³
铁	白	犁片		这,	地	大	花		是。

这白铁犁片,是大地的花。

lo⁴³	mi⁴³	wã⁴³	kɣ³¹	po¹³,	di⁴³	dɨ⁴³	ɬæ⁴³	bi³¹	bi⁴³
紫金杉树		翻地	制作	拿,	地	大	平	做	去(将来助词)。

拿紫金杉树翻地,将大地平整。

di⁴³	dɨ⁴³	ɬæ⁴³	mʌ³¹	tʂʌ¹³,	mi⁴³	dzʌ³¹	tʰæ⁴³	pʰʌ⁴³	ki⁴³
地	大	平	不	能够,	女人	好	裙子	白	穿。

大地不能平整,好女人穿白裙子,

ʂi⁴³	pʰɣ³¹	tsi³¹	huɯ⁴³	po³¹,	tɕʰo⁴³	ji⁴³	tʂʌ³¹	ji³¹	ʥi⁴³
铁	白	锄头		带,	松土	做	抹平	做	(名化)。

带上白铁锄头,去松土、抹平(大地)。

di⁴³	dɨ¹³	ɬæ⁴³	bi³¹	ho¹³,	ɬa⁴³	ji⁴³	zi³¹	ɣ³¹	pʰʌ⁴³
地	大	平	做	去(将来助词),	好	做	耕牛	个	白,

大地平整之后,一条好的白耕牛,

---

[1] 拴两头牛的辕架。
[2] 来回翻地。
[3] 常青树。

bo⁴³	gʌ³¹	dɑ³¹	zɛ³¹	gʌ¹³,	zʌ³¹	bɤ⁴³	ʝi³¹	mʌ³¹	bi¹³。
坎	上	到	了	上，	路	的	耕	不	去（将来助词）。

到了坎上，不去耕路面。

ȵi⁴³	mi³¹	ʂwɑ³¹	ȵi⁴³	mi⁴³，	ʂwɑ⁴³	bɤ³¹	lo³¹	bi³¹	ho¹³。
太阳	高	太阳，		高	的	落	做	去（将来助词）。	

太阳高照，向高处落去。

no⁴³	tʂʰɨ⁴³	bʌ³¹	tʂʰɨ³¹	ȵi⁴³,	mæ³³	tʂʰɨ⁴³	to⁴³	lɛ³¹	tɕi⁴³。
你	种[1]	牦牛	种	是，	尾巴	稍	背上	（动助）	翘。

你的骨肉是牦牛的骨肉，尾巴稍翘到背上。

no⁴³	tʂʰɨ⁴³	tʂʰwɑ³¹	tʂʰɨ³¹	ȵi⁴³,	qʰɻ̩⁴³	tʂʰɨ⁴³	bʌ¹³	lɛ³¹	tɕi⁴³。
你	种	马鹿	种	是，	角	稍	肩胛	（动助）	翘。

你的骨肉是马鹿的骨肉，角稍翘到肩胛上。

tʂʰwɑ⁴³	si³¹	lɛ³¹	ʝo³¹	mo⁴³,	bʌ⁴³	si³¹	lɛ³¹	zo³¹	mo⁴³,
马鹿	走	（动助）	回	那样	牦牛	走	（动助）	回	那样，

像马鹿那样快走，牦牛走回那样，

tʂʰwɑ⁴³	nɑ⁴³	ʁɤ⁴³	dzo³¹	dʐo⁴³,	dzo⁴³	ʝi³¹	lɛ³¹	ʁo³¹	mo⁴³。
珍珠	黑	头	回转，		转	的	（动助）	回	那样。

像黑珍珠一样转过头来，那样转回来。

mi⁴³	dʐʌ³¹	tʰæ³¹	pʰʌ⁴³	ki⁴³,	si³¹	pʰʌ¹³	po¹³	dɑ³¹	po⁴³,
女人	好	裙子	白	穿，	木	白	桶		拿，

好女人穿了白裙子，拿了白木桶，

no⁴³	zʌ³¹	ɻ̩¹³	ʝi³¹	zɛ⁴³。
你[2]	路	望	做	了。

望着你的路。

---

[1] 骨肉。
[2] 指耕地的牛。

全文通译：

鲁依依有三个儿子，又好又富有。要种庄稼去，牛教不好，就得不到灌溉田地的水。藏族家教犏牛和牦牛，汉族家教有曲折角的水牛，蒙古族家教有白角的棕色牛，教有花纹的黑色牛。

鲁依依有三个儿子，又好又富有。教成了牛，有了耕地的牛。没有耕地的犁头，用紫金杉树做大犁头。这水杉树做的白辕，是大地的犁头。这万岁树做的牛鼻环，是大地的拐杖。这白铁铧口，是大地的箭。这白铁犁片，是大地的花。

拿紫金杉树翻地，大地平整。大地不能平整，好女人穿白裙子，带上白铁锄头，松土、抹平。大地平整之后，一条好的白耕牛，到了坎上，不去耕路面。太阳高照，向高处落去。

你的骨肉是牦牛的骨肉，尾巴翘到背上。你的骨肉是马鹿的骨肉，角稍翘到肩胛上。像马鹿那样快走，牦牛走回那样。像黑珍珠转过头那样转回来。好女人穿了白裙子，拿了白桶，望着你的路。

（二）前所村歌谣《耗子骂青蛙》

ŋʌ³¹	zo³¹	ʐa³¹	ta³¹	dzi⁴³,	ʐa³¹	la⁴³	sa⁴³	la³¹	dzɛ³¹。
我	儿子	荞麦	只	吃，	勤勤快快				（肯定）。

我儿子只吃荞麦，勤勤快快麻溜得很。

no³¹	zo³¹	ma³¹	ta³¹	dzi⁴³,	ma³¹	la⁴³	pʌ⁴³	dzi³¹	dzɛ³¹,
你	儿子	酥油	只	吃，	不	打	瘪塌塌		（肯定），

你儿子只吃酥油，不打都瘪塌塌的，

mʌ⁴³	ŋɣ³¹	ȵjʌ³¹	pi⁴³	wã⁴³。
不	哭	眼睛		肿。

不哭眼睛肿。

全文通译：

我家儿子只吃荞麦，勤勤快快麻溜得很。你家儿子只吃酥油，不打他都瘪塌塌的，不哭眼睛都是肿的。

第二章
语言调查与描写

根据前人的研究，纳西语属于藏缅语族的彝语支，但也受到羌语支的影响。近年学术界多从族称、历史的角度，认为这一支系与纳西同为纳人的分支，故川滇交界蒙古族人的语言应属于纳西语的东部方言。但目前对这一方言还没有较为系统的描写。本章选取了屋脚村、利家嘴村、前所村三个方言点进行语言调查和描写。

一 语音

（一）屋脚村

1. 语言环境

四川省凉山彝族自治州木里藏族自治县屋脚蒙古族乡屋脚自然村，海拔3000多米，交通闭塞，保留着高山游牧民族的生活习惯。屋脚村的蒙古族人自称"纳恒"/nɑ³¹hĩ³³/，与云南纳西族在族称上相近。但很多村民坚持称自己是成吉思汗的后代，这与历史上蒙古族曾驻兵横断山区有关。

屋脚村词表发音人为世居屋脚村的达巴阿窝·次儿·偏初，蒙古族，1967年生。信仰达巴教。母语为四川省屋脚乡蒙古族话，四川话能够达到日常沟通水平。屋脚村有彝族及少量壮族聚居，各民族不杂处，纳、彝之间能够用彝语、纳语交流，对外来人、壮族则使用四川话。调查日期：2011.1.21—1.22（丽江鑫安宾馆），2011.7.19—7.28（屋脚村偏初家），2012.5.9—5.16（丽江百岁园宾馆），2013.4.2—4.16（北京清华大学）。

2. 语音

（1）声母（共42个）

表2-1屋脚村声母表

发音方法		发音部位						
		双唇音	舌尖齿龈	舌尖底硬腭	舌面龈腭	舌根软腭	小舌	声门
塞音	清	p pʰ	t tʰ	ʈ ʈʰ		k kʰ	q qʰ	
	浊	b	d	ɖ		g		
鼻音		m	n	ɳ	ȵ	ŋ		
擦音	清	f	s	ʂ	ɕ		χ	h
	浊		z	ʐ	ʑ		ʁ	
边音			ɬ l					
近音		w		ɻ				
塞擦	清		ts tsʰ	tʂ tʂʰ	tɕ tɕʰ			
	浊		dz	dʐ	dʑ			

例词

单辅音声母	例词		例词	
p	pæ⁴³	劝	pɣ⁴³	豪猪
pʰ	pʰæ⁴³	拴	pʰɣ⁴³	雄性
b	bæ⁴³	种类	bɣ⁴³	粗
m	mæ⁴³	捡到	mɯ⁴³	天
f	fɣ⁴³	高兴	fæ̃⁴³ tɕʰi³¹	番茄
t	tɑ⁴³	只，仅	tɤ⁴³	直
tʰ	tʰɑ¹³	锋利	tʰi⁴³ tʰɣ⁴³	到
d	dɑ¹³	织	dɤ⁴³	山猫
n	nɑ¹³	黑	nɤ⁴³	少
ȵ	ȵi¹³	是	ȵo⁴³	喇叭
ɬ	ɬi⁴³	月	ɬo⁴³	肋骨
l	li⁴³	看	lo¹³	厚
ʈ	gʌ³¹ʈi⁴³	起	lɛ⁴³ ʈi³¹	编
ʈʰ	ʈʰi⁴³	累	ʈʰɨ⁴³	喝
ɖ	ɖæ⁴³	短	ɖɨ⁴³	一
ɳ	gi¹³ɳɨ³¹	觉得		
ɻ	ɻæ⁴³	平	ɻɨ⁴³	个
k	kɣ⁴³	大蒜	kɯ⁴³	星
kʰ	kʰɣ⁴³	狗	kʰɯ⁴³	线

续表

单辅音声母	例词		例词	
g	gɣ⁴³	九	suɯ³¹guɯ⁴³	狮子
ŋ	ŋɣ⁴³	哭	ŋʌ⁴³	我
q	qɑ¹³	帮忙	quɯ⁴³	真
qʰ	qʰɑ⁴³	苦	qʰɣ¹³	啄
χ	χæ⁴³	汉族	χɣ⁴³	野鸡（短尾）
ʁ	ʁɑ⁴³	力量	ʁɣ⁴³ dɑ⁴³	首先
ts	tsɑ⁴³	忙	ɑ⁴³ tso⁴³	什么
tsʰ	tsʰɑ⁴³	白菜	tsʰo⁴³	跳
dz	dzɑ⁴³	差	dzo⁴³	冰雹
s	sɑ⁴³	麻	so⁴³	三
z	zɑ⁴³	煞星	zo⁴³	儿子
tʂ	tʂi⁴³	土	lɛ⁴³ tʂæ⁴³	派遣
tʂʰ	nɑ³¹qʰɛ⁴³ tʂʰi³¹	黑颜色	tʂʰæ⁴³	洗
dʐ	dʐi⁴³	钱	dʐæ⁴³	骑
ʂ	ʂi⁴³	找	ʂæ⁴³	长
ʐ	ʐi⁴³	箭	ʐæ⁴³	笑
tɕ	tɕi⁴³	小	tɕuɯ⁴³	云
tɕʰ	tɕʰi⁴³	刺	tɕʰuɯ⁴³	甜
dʑ	dʑo⁴³	生	dʑuɯ⁴³	水
ɕ	ɕi⁴³	百	ɕuɯ⁴³ ɻ̍³¹	水稻
ʑ	ʑi⁴³	来到	ʑuɯ⁴³	拿
h	hĩ⁴³	人	huɯ⁴³	去（完成）
w	wɣ⁴³	锅	wɣ⁴³ wɣ⁴³	啃

说明：

①伴随颤音。唇颤音：双唇塞音/p/、/pʰ/、/b/拼/ɣ、ɯ/时，齿龈塞音/t/拼/ɣ/时，双唇颤动。舌颤音：小舌辅音/q/、/qʰ/、/χ/、/ʁ/拼韵母时，小舌带有颤动。

②/f/多出现在汉语借词中，本族语中仅与/ɣ/拼。

③卷舌声母/t/、/tʰ/、/d/、/ɭ/、/ɳ/、/tʂ/、/tʂʰ/、/dʐ/、/ʂ/、/ʐ/与/æ/拼，不与/ɑ/拼。齿龈声母/ts/、/tsʰ/、/dz/、s、z与/ɑ/拼，不与/æ/拼。

④/ʑ/与/i、o、ʌ/拼时，实际音值为/j/。

（2）韵母（共23个）

8个单元音韵母：i、ɛ、æ、ɑ、o、ɨ、ɯ、ʌ

3个辅音自成音节韵母：ɣ、m̩、ɻ̍

7个鼻化韵韵母：ĩ、õ、ỹ、ɻ̃、ɑ̃、wɑ̃、wʌ̃

5个带介音的韵母：jɛ、jɑ、jʌ、wʌ、wɑ

例词

韵母	例词		例词	
i	dzi⁴³	糖	li¹³	茶
ɛ	dzɛ¹³	倒塌	χɛ¹³	石灰
æ	tæ⁴³ ɻ̍⁴³	喉结	χæ⁴³	汉
ɑ	dzɑ⁴³	差	χɑ⁴³	饭
o	dzo³¹	桥	qʰo¹³	杀
ɣ	tɣ⁴³	直	qʰɣ¹³	啄
ɿ	tsɿ³³	辣	dzɿ⁴³	城
ɯ	tsɯ³³	封	dzɯ⁴³	讨厌
ʌ	tɕʌ¹³	煮	dzʌ⁴³	楼梯
ɻ̍	tʂʰɻ̍³¹ ɻ̍¹³	蚂蚁	qʰɻ̍⁴³	角
m̩	a⁴³ m̩³¹	哥哥	m̩³¹bʌ⁴³	蹄子
ĩ	hĩ⁴³	人	hĩ⁴³	的（名化助词）
õ	õ¹³	自己		
ɣ̃	hɣ̃⁴³	毛	hɣ̃⁴³	红
ɻ̍̃	ʂæ³¹ɻ̍̃⁴³	骨头	hĩ⁴³ hɻ̍̃³¹	疯子
ʌ̃	ŋʌ̃¹³	羽毛	ŋʌ̃⁴³	知道
ɑ̃	hɑ̃⁴³	打哈欠	ɑ̃¹³	鹅
wɑ̃	wɑ̃⁴³	光	wɑ̃³¹pʰɣ⁴³	呕吐
wʌ̃	hwʌ̃⁴³	慢	hwʌ̃⁴³	鹇
jɛ	tʰjɛ³¹zɯ¹³	躺	ljɛ³¹dzi¹³	吃
jɑ	ɲjɑ³¹tsi⁴³	鱼		
jʌ	ɲjʌ¹³	早	a⁴³ ɕjʌ³¹	走婚配偶（女）
wʌ	ɖɿ⁴³ kʰwʌ⁴³	块、片	lo³¹qʰwʌ⁴³	手
wɑ	ɖwɑ¹³	怕	dzi³¹qwɑ⁴³	钥匙

说明：

①/i/拼卷舌声母时舌位略低，实际音值为/e/。

②韵母/æ/带鼻化色彩，但鼻化与不鼻化的/æ/不形成对立。

③/ɻ̍/即卷舌近音，但声母中有同部位的/ɻ/，为减少音位符号，将其写为辅音自成音节的形式。

④/ɻ̍̃/仅出现在/ŋ/后面，可视为受到鼻音影响而发生的鼻化。

⑤本民族词汇中/j/介音的韵母/jɛ/、/jɑ/、/jʌ/仅出现在声母/ɲ/、/l/、/tʰ/之后。

⑥韵母/jɔ/、/wɛ/、/oŋ/仅出现在汉语借词中，如/mjɛ̃³¹tʰjɔ¹³/ "面条"，/tʂoŋ⁴³ kwɛ³¹/ "中国"，因此不列入韵母中。

舌位图：图中为各个音标符号实际音值的位置。

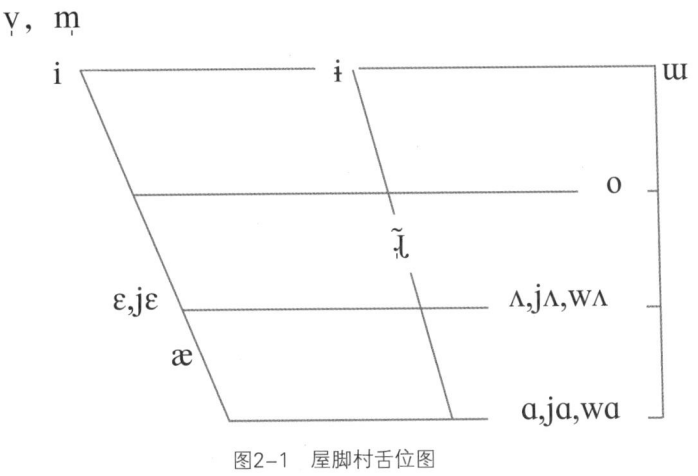

图2-1 屋脚村舌位图

（3）声调（共3种）

调类	中调	低升	低降
调符	˧	˩˧	˧˩
调值	33/43	13	31

例词

例词		例词		例词	
kɣ⁴³	大蒜	kɣ¹³	会	kɣ³¹tʂɿ¹³	指甲
qʰæ⁴³	沟	qʰæ¹³	打枪	hɣ̃⁴³ na³¹qʰæ³¹	打猎
mɯ⁴³	名字	mɯ¹³	女儿	qʰɣ⁴³ mɯ³¹	斗笠

说明：

①中调的53和33为自由变体。

②尚未发现低降调的单音节词，仅出现在多音节词中，视为声调变体。

（4）音节结构（共5种）

音节结构	例词		例词	
CVT	gɣ⁴³	九	tɣ³³	直
CGVT	gwʌ¹³	唱歌	ɖwa¹³	怕
VT	æ¹³	鸡	ã¹³	鹅
GVT	wo⁴³	硬	jʌ⁴³	融化
CVCT	tʂoŋ⁴³ kwɛ³¹	中国		

说明：

以上5种音节结构，最后一种仅出现在汉语借词中，即固有词中只有鼻化韵，而无鼻韵尾。

（二）利家嘴村

1. 语言环境

四川省凉山彝族自治州木里藏族自治县屋脚蒙古族乡利家嘴自然村。海拔3000多米，交通闭塞，保留着高山游牧民族生活习惯。利家嘴村的蒙古族人自称"纳兹"/nɑ³¹zɿ⁴³/，还有一种说法，叫做"纳姆阿甲"/nɑ³¹mɣ⁴³æ⁴³dʐʌ³¹/，两者在口诵经中都有出现。利家嘴村420余口人，均为摩梭人。

利家嘴村词表发音人为纳卡·德西，蒙古族，1977年生。信仰藏传佛教、达巴教。母语是摩梭语，四川方言、藏康方言、普米语、彝语都能够日常交流。调查日期：2011.1.18—1.20，1.23—1.25（丽江古城五一街）。词汇标记为L1。后由于开始做口诵经解读，发音合作人改为世居利家嘴村的达巴次儿·都基，蒙古族，1978年生。信仰达巴教。母语为四川省屋脚乡蒙古族话，四川话尚不能很好地日常沟通。调查日期：2011.9.5—9.10（丽江曹家客栈）、2012.5.24—5.29（丽江东巴研究院）、2012.10.8—10.17（丽江）。词汇标记为L9。二人语音差别不大。下文例词为次儿达巴发音。

2. 语音

（1）声母（共42个）

表2-2 利家嘴村声母表

发音方法		双唇唇齿	舌尖齿龈	舌尖底硬腭	舌面龈腭	舌根软腭	小舌	声门
塞音	清	p pʰ	t tʰ	t tʰ		k kʰ	q qʰ	
	浊	b	d	ɖ		g		
鼻音		m	n	ɳ	ɲ	ŋ		
擦音	清	f	s	ʂ	ɕ		χ	h
	浊		z	ʐ	ʑ		ʁ	
边音			ɬ l					
近音		w			j			
塞擦	清		ts tsʰ	tʂ tʂʰ	tɕ tɕʰ			
	浊		dz	dʐ	dʑ			

例词

例词		例词	
ɬi³¹pæ⁴³	耳环	sɨ⁴³ pɣ³¹	膀胱
pʰæ⁴³	拴	æ³¹pʰɣ⁴³	公鸡
bæ¹³	扫	bɣ⁴³	粗
mæ⁴³	尾巴	mɣ⁴³	天
fɣ⁴³	喜欢	fæ⁴³ dzẹ³¹	反正
bo³¹ti⁴³	动物		
tʰi¹³	刨	tʰo¹³	靠
di¹³	追	do¹³	看见
nɑ⁴³	奶	no⁴³	你
ɬi⁴³	月	ɬo³³	肋骨
li⁴³	看	lo¹³	厚
se³¹dʌ¹³	锯	tʰi⁴³ tæ³¹	闭
tʰɨ³³	喝	tʰo³³qʷʌ³³	裙子
dɨ³³	得	dæ⁴³	短
ŋɣ⁴³	知道		
ɭæ⁴³	们（复数标记）		
ki⁴³	给	kʌ¹³	鹰
kʰi⁴³	门		
gi⁴³	熊	go¹³	痛
ŋʌ⁴³	我	ŋɣ⁴³	哭
qɑ¹³	骗	qo⁴³	火塘
qʰɑ⁴³	苦	qʰo¹³	杀
χɑ⁴³	饭	χo³³	贴
ʁɑ⁴³	力气	ʁo⁴³	头
tsɯ⁴³	绑	æ³¹tso⁴³	什么
tsʰɯ¹³	山羊	tsʰo⁴³	跳
dzɯ⁴³	吃	dzo⁴³	雹
sɯ⁴³	懂	so⁴³	教
zɯ⁴³	草	zo⁴³	儿子
tʂɨ⁴³	爪	tʂæ¹³	抢
tʂʰɨ⁴³	这	tʂʰæ⁴³	洗
dʐɨ⁴³	城	dʐæ⁴³	骑
ʂɨ⁴³	七	ʂæ⁴³	长
ʐɨ⁴³	重	ʐæ⁴³	豹
tɕɯ⁴³	放	tɕʌ¹³	煮
tɕʰɯ⁴³	麂子	tɕʰʌ⁴³	尖
dzɯ³¹	水	dzo³¹	在

续表

例词		例词	
ɕɯ⁴³	稻子		
ʑɯ⁴³	房子	jo⁴³	羊
hu⁴³	牙齿	zo⁴³ hỹ⁴³	男孩
wo⁴³	硬		

说明：

①伴随颤音。唇颤音：双唇塞音/p、pʰ、b/拼/ɣ、ɯ/时，齿龈塞音/t/拼/ɣ/时，双唇颤动。舌颤音：小舌辅音/q、qʰ、χ、ʁ/拼韵母时，小舌带有颤动。

②/f/多出现在汉语借词中，本族语中仅与/ɣ/拼。

③卷舌声母/ʈ、ʈʰ、ɖ、ɭ、ɳ、tʂ、tʂʰ、dʐ、ʂ、ʐ/与/æ/拼，不与/ɑ/拼。齿龈声母/ts、tsʰ、dz、s、z/与/ɑ/拼，不与/æ/拼。

④/ʐ/与/i、o、ʌ/拼时，实际音值为/j/。

（2）韵母（共23个）

8个单元音韵母：i、ɛ、æ、ɑ、o、ɨ、ɯ、ʌ

2个辅音自成音节韵母：ɣ、m̩

7个鼻化韵韵母：ĩ、õ、ỹ、ʌ̃、ɑ̃、wɑ̃、wʌ̃

6个带介音的韵母：jɛ、jʌ、jɑ、jo、wʌ、wɑ

例词

韵母	例词		例词	
i	li¹³	茶	bi⁴³	浅
ɛ	hɛ¹³	石灰	qɛ¹³	烧
æ	bæ¹³	扫	χæ⁴³	风
ɑ	bɑ¹³	开花	qɑ⁴³	骗
o	bo¹³	猪	χo⁴³	雉
ɣ	bɣ⁴³	粗	qʰɣ¹³	六
ɨ	sɨ⁴³	柴	dɨ¹³	一
ɯ	kʰɯ⁴³	线	tɕɯ⁴³	云
ʌ	bʌ¹³	撒	gʌ¹³	扛
m̩	æ⁴³ m̩³¹	姐姐		
jɛ	bo³¹mi⁴³ɕjɛ³¹lɛ³¹	蟋蟀	ɲjʌ³¹tsi⁴³	席子
jɑ	bo³¹mæ³¹po³¹ɕjɑ⁴³	斗笠		
jʌ	ɲjʌ¹³	眼	tɕʌ¹³	煮
jo	ɲjo³¹ɲjo⁴³	叽叽		

韵母	例词		例词	
wʌ	ʐwʌ⁴³	说	ŋwʌ⁴³	五
wɑ	ʐwæ⁴³	马	ɻwɑ⁴³	喊
ĩ	hĩ⁴³	人	hĩ¹³	站
õ	hõ⁴³	低	hõ¹³	八
ỹ	zo⁴³ hỹ⁴³	男孩	hỹ⁴³	低
ʌ̃	ʌ̃⁴³	骨头		
ɑ̃	hɑ̃¹³	宿，住	zɑ̃³¹bɑ̃³¹	火神
wɑ̃	wɑ̃¹³	光		
wʌ̃	hwʌ̃⁴³	慢		

说明：

①韵母/æ/带有鼻化色彩，但鼻化与不鼻化的/æ/不形成对立。

②本民族词汇中/j/介音的韵母/jɛ/、/jɑ/、/jʌ/仅出现在声母/n̠/、/l/、/tʰ/之后。

③韵母/jɔ/、/wɛ/、/oŋ/仅出现在汉语借词中，如/mjɛ̃³¹tʰjɔ¹³/"面条"，/tʂoŋ⁴³ kwɛ³¹/"中国"，/tɕʰi³¹kʰwɛ⁴³/"勤快"，因此不列入韵母中。

舌位图：图中为各个音标符号实际音值的位置。

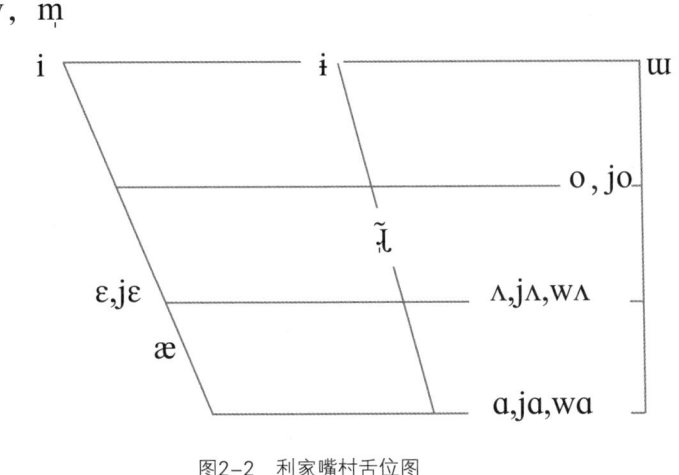

图2-2　利家嘴村舌位图

（3）声调（共3种）

调类	中调	低升	低降
调符	˧	˩˧	˧˩
调值	33/43	13	31

例词

例词	例词		例词	
sɿ⁴³	sɿ¹³	剃	sɿ⁴³ sɿ³¹	活的
mɣ⁴³	mɣ¹³	女儿	mɣ³¹zo¹³	女人

说明：

①中调的43和33为自由变体。

②尚未发现低降调的单音节词，仅出现在多音节词中，视为声调变体。例如：/gi¹³/ "后" 在 /gi³¹zɿ⁴³/ "弟弟" 中，/ʐwæ⁴³/ "马" 在 /ʐwæ³¹tɕi⁴³/ "马鞍" 中。

（4）音节结构（共5种）

音节结构	例词		例词	
CVT	bɑ¹³	开花	zo⁴³	儿子
CGVT	ʐwæ⁴³	马	hwÃ⁴³	慢
VT	æ¹³	鸡	æ⁴³ m̩³¹	哥哥
GVT	wɑ³¹tsɿ⁴³	袜子		
CVCT	sʌŋ³¹tɕɑŋ³¹	姜		

说明：

CVCT的结构仅在汉语借词中出现。

（三）前所村

1. 语言环境

四川省凉山彝族自治州盐源县前所乡前所中村。前所村的蒙古族人自称"纳"/nɑ¹³/。全村300多人，蒙古族有200多人，占到70%。此外有彝族及少量汉族聚居。当地人信仰达巴教、喇嘛教（黄教）。离此地不远的左所地区，还有黑教。

前所村词表发音人为世居前所中村的阿兆全，蒙古族，1949年生。土司后裔。母语为当地摩梭话，年轻时外出赶过马，四川话非常流利。调查日期：2011.7.31—8.8（前所中村阿文兰客栈）。

2．语音

（1）声母（共42个）

表2-3 前所村声母表

发音方法		发音部位						
		双唇唇齿	舌尖齿龈	舌尖底硬腭	舌面龈腭	舌根软腭	小舌	声门
塞音	清	p pʰ	t tʰ	ʈ ʈʰ		k kʰ	q qʰ	
	浊	b	d	ɖ		g		
鼻音		m	n	ɳ	ɲ	ŋ		
擦音	清	f	s	ʂ	ɕ		χ	h
	浊		z	ʐ	ʑ		ʁ	
边音			ɬ l					
近音		w			ɻ			
塞擦	清		ts tsʰ	tʂ tʂʰ	tɕ tɕʰ			
	浊		dz	dʐ	dʑ			

例词

单辅音声母	例词		例词	
p	pæ⁴³	劝	pɣ³³	晒干
pʰ	pʰæ⁴³	拴	pʰɣ⁴³	价钱
b	bæ³³	种类	bɣ³³	粗
m	mæ⁴³	下首	mɣ⁴³	穿
f	fæ¹³tɕʰyɛ³¹	番茄	fɣ¹³	网
t	tɑ³³	只	tɣ³³	直
tʰ	tʰɑ¹³	锋利	χæ⁴³ tʰɣ⁴³	吹风
d	dɑ¹³	织	dɣ³³	山猫
n	nɑ¹³	摩梭	no⁴³	你
ɬ	lɛ⁴³ ɬɑ¹³	西藏	ɬo³³	肋骨
l	lɑ⁴³	虎	lo¹³	深
ʈ	ʈæ⁴³	短的	ʁɛ³¹ʈɣ⁴³	项
ʈʰ	ʈʰæ⁴³	发痒	lɛ⁴³ ʈʰɨ³¹	喝
ɖ	ɖæ¹³	灰尘	a⁴³ pɑ⁴³ ɖo³¹	阿巴睹
ɳ	ɳwa⁴³	奶	ɳɯ⁴³	少的
ɻ	ɻæ⁴³	们（复数标记）	ɻi⁴³	震动
k	ki⁴³	给	kɣ⁴³	会
kʰ	kʰi⁴³	门	kʰɣ¹³	年
g	gi⁴³	熊	mɣ⁴³ gɣ⁴³	雷

单辅音声母	例词		例词	
ŋ	ŋa¹³	自己	ŋɣ¹³	哭
q	qa⁴³	帮忙	kʰwa³¹qɣ⁴³	篱笆
qʰ	qʰa⁴³	苦，咸	qʰɣ¹³	啄
χ	χa⁴³	饭	χɣ⁴³	野鸡
ʁ	ʁa⁴³pɣ⁴³	胸脯	ʁo⁴³	下蛋
ts	tsa⁴³	用	bɛ³¹tso³¹	永宁
tsʰ	tsʰa³¹pʰʌ¹³	白菜	tsʰo³¹hĩ¹³	细的
dz	dza⁴³	差	dzo¹³	住
s	ɬa⁴³sa⁴³	休息	mo⁴³so³¹	空气
z	za¹³	下	zo³¹tɑ⁴³	模样
tʂ	tʂɨ⁴³	爪	lo³¹tʂa¹³	腕
tʂʰ	tʂʰɨ⁴³kʰɣ³¹	这年		
dʐ	dʐɨ⁴³qo³¹	城市	dʐo⁴³	冷
ʂ	ʂɨ⁴³	死	qʰa⁴³ʂæ⁴³gɣ⁴³	多长
ʐ	ʐɨ⁴³	酒	mɣ⁴³ʐæ³¹	火花
tɕ	hi⁴³tɕi⁴³	诅咒	lo³¹tɕo⁴³	手镯
tɕʰ	tɕʰi¹³	吐	gi¹³tɕʰo⁴³	跟
dʑ	dʑi¹³	有，过	dʑo⁴³	有
ɕ	mɣ³¹ɕi¹³	火焰	ɕɯ⁴³	百
ʑ	ʑi¹³	猴子	gʌ³¹ʑɯ³¹	拿
h	hã⁴³	打哈欠	hỹ⁴³	毛
w	wɣ⁴³wɣ⁴³	嚼	wɣ⁴³la³¹	生意

说明：

①伴随颤音。唇颤音：双唇塞音/p、pʰ、b/拼/ɣ、ɯ/时，齿龈塞音/t/拼/ɣ/时，双唇颤动。舌颤音：小舌辅音/q、qʰ、χ、ʁ/拼韵母时，小舌带有颤动。

②/f/多出现在汉语借词中，本族语中仅与/ɣ/拼。

③卷舌声母/ʈ、ʈʰ、ɖ、ɭ、ɳ、tʂ、tʂʰ、dʐ、ʂ、ʐ/与/æ/拼，不与/ɑ/拼。齿龈声母/ts、tsʰ、dz、s、z/与/ɑ/拼，不与/æ/拼。

④/ʑ/仅与/ɯ/拼，/j/与/i、u、ʌ/拼，因此/ʑ、j/存在互补关系，但本文暂时仍记录其实际音值。

（2）韵母（共31个）

10个单元音韵母：i、y、e、ɛ、æ、ɑ、o、ɨ、ɯ、ʌ

3个辅音自成音节韵母：ɣ、m̩、ɻ̍

8个鼻化韵韵母：ĩ、õ、ỹ、ɻ̃、ʌ̃、ã、wã、wʌ̃

10个带介音的韵母：jɛ、jæ、jɑ、jʌ、jo、wʌ、wɛ、wɑ、yo、yɛ

例词

韵母	例词		例词	
i	gʌ³¹tsi⁴³	漂起来	gi⁴³	熊
y	hĩ⁴³ tɕʰy⁴³	骗		
e	tse¹³	脾	tʂe⁴³	钱
ɛ	bo³¹tsɛ⁴³	鬏	qɛ¹³	油
æ	tæ⁴³ ɻ̍¹³	喉结	dʑi³¹qæ⁴³	打扮
ɑ	tɑ¹³	退	qɑ⁴³	帮忙
o	dʐʌ³¹tsʰo⁴³	跳舞	ɬi³¹qo⁴³	中间
ɤ	tʰi⁴³ tʰɤ⁴³	到	qʰɤ¹³	六
ɨ	lɑ³¹tsɨ⁴³	辣椒	tʂɨ⁴³	爪
ɯ	ʂwɑ⁴³ kɯ⁴³	山茶花	kɯ⁴³	星星
ʌ	bʌ⁴³	牦牛	χʌ¹³	湖，海
ɻ̍	bɤ³¹ɻ̍⁴³	苍蝇		
m̩	æ⁴³ m̩³¹	姐姐	m̩³¹bʌ⁴³	脚底
jɛ	tʰjɛ⁴³ tʂʰwɑ⁴³	藏	bjɛ⁴³	但是
jæ	lɛ³¹ɻ̍⁴³ lɛ³¹ɲjæ³¹	避难所	tɕjæ⁴³ jæ³¹	酸菜
jɑ	ɲjɑ¹³	早	tʰi³¹ɲjɑ¹³	沾
jʌ	kʌ⁴³ tʰjʌ³¹	上面	tɕʰjɑ³¹ɲjʌ⁴³	经常
wɛ	tʂʰwɑ³¹wɛ¹³	很快		
wʌ	tɕʰwʌ⁴³	糠	wʌ¹³	又
wɑ	twɑ¹³	语气词（吃惊）	tʂʰwɑ⁴³	鹿
yo	tɕʰyo¹³qʰwɑ⁴³	勺子（大）		
yɛ	dʑɨ³¹lyɛ¹³	冰，冰水	fæ̃¹³tɕʰyɛ³¹	番茄
ĩ	hĩ⁴³	人	nɑ³¹qʰɛ⁴³ tʂʰĩ³¹	黑的
õ	hõ¹³	八	dɨ³¹hõ¹³	等一下
ɤ̃	hɤ̃⁴³	毛		
ɻ̩̃	ʂɑ³¹ɻ̩̃⁴³	骨头		
ɑ̃	hɑ̃⁴³	打哈欠	tɕʰɑ³¹hɑ̃³¹ɲi⁴³	经常
wɑ̃	mɤ⁴³ wɑ̃¹³	燃火	wɑ̃³¹ɬi⁴³	灵魂
wʌ̃	lɛ⁴³ hwʌ̃³¹	慢的		

说明：

①韵母/æ/带有鼻化色彩，但没有鼻化元音那么明显。且鼻化与不鼻化的/æ/不形成对立。

②韵母/ɨ/、/e/有自由变体的关系，如"起来"说成/gʌ³¹tɛ⁴³/、/gʌ³¹tɨ⁴³/都可以。/i/、/e/也有类似情况，如"漂起"一词，/gʌ³¹tsi⁴³/、/gʌ³¹tse⁴³/均可。

③这位发音人开口度较大，使得/ɯ/有时变为/ʌ/，并失去前面的辅音。

④/ɻ̍/即卷舌近音，但声母中有同部位的/ɻ/，为减少音位符号，将其写为辅音自成音节的形式。

⑤/ə/仅出现在词缀中，如动词前缀/lə/、/tʰə/、人称前缀/ə/，实际音质根据后面的音节发生变

化，变为/lɛ/、/tʰɛ/、/ljɛ/、/tʰjɛ/、/æ/、/ɑ/等。

⑥本民族词汇中j介音的韵母/jɛ/、/jæ/、/jɑ/、/jʌ/仅出现在声母/n̻/、/l/、/tʰ/、/tɕʰ/之后。

⑦韵母/jɔ/、/oŋ/、/ɑŋ/仅出现在汉语借词中。如/mjẽ³¹tʰjɔ¹³/面条，/tʂoŋ⁴³ kwʌ³¹/"中国"，/sʌŋ⁴³ tɕjaŋ⁴³/"生姜"、/tɕjaŋ³¹jo³¹/"酱油"，因此不列入韵母中。

舌位图：图中为各个音标符号实际音值的位置。

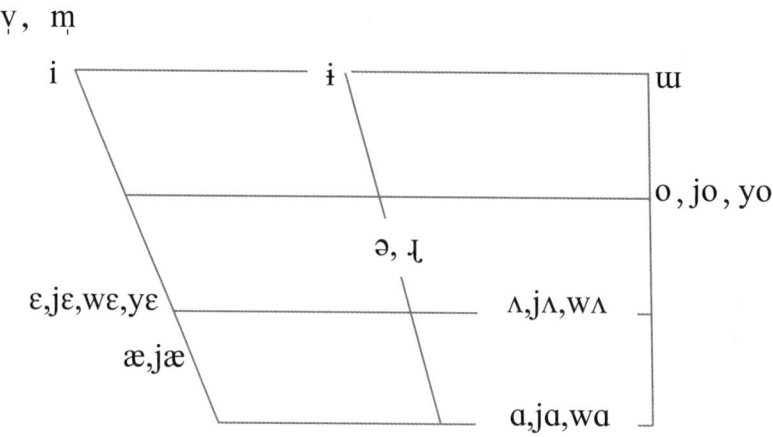

图2-3　前所村舌位图

（3）声调（共3种）

调类	中调	低升	低降
调符	˧	˩˧	˧˩
调值	33/43	13	31

例词

例词		例词		例词	
dze⁴³	糖	dze¹³	花椒	dɿ⁴³ dze³¹	一对
mɣ⁴³	穿	mɣ¹³	吹	ɑ⁴³ ʁo⁴³ mɣ³¹	家名

说明：

①中调的53和33为自由变体。

②尚未发现低降调的单音节词，仅出现在多音节词中，视为声调变体。

（4）音节结构（共5种）

音节结构	例词		例词	
CVT	bæ^{13}	跑	dɑ^{13}	砍
CGVT	dʐwa^{43}	池塘	dzwæ^{43}	锄头
VT	ɑ^{13}	鹅	æ^{43} m̩^{31}	姐姐
GVT	wã^{31}ɬi^{43}	灵魂		
CVCT	tʂoŋ^{43} kwʌ^{31}	中国		

说明：

以上5种音节结构，最后一种仅出现在汉语借词中，即固有词中只有鼻化韵，而无鼻韵尾。

 词汇与词法[1]

（一）词汇

1．构词

（1）单纯词

①单音节单纯词：

mɣ^{43}	kɯ^{43}	ʐwæ^{43}	lɑ^{43}
天	星	马	虎

②多音节单纯词：

bɑ^{31}ɬɑ^{13}	ɑ^{43}pɑ^{31}dɯ^{31}
衣服	阿巴睹

（2）合成词

①偏正

A.领属偏正：

æ^{31}ʁɯ^{13}	bu^{31}χɑ^{43}	mɯ^{31}ɕi^{43}
鸡蛋	猪饭	火舌
鸡蛋	猪食	火焰

---

[1] 词汇、词法、句法部分的语料主要来自屋脚村，部分来自利家嘴村的有标注说明。

B.修饰偏正：

kʰɤ³¹sɨ⁴³ 年新	ʁwʌ⁴³ʂwɑ³¹ 山高	ɬi⁴³ bi³¹hɤ̃⁴³ 萝卜红
新年	高山	红萝卜

lu³¹ʁwɑ⁴³ 手左	lu³¹tʰɑ¹³ 手右
左撇子	右手

nɤ⁴³ mi³¹tɕɯ¹³ 心小	hĩ³¹mu⁴³ 人老	ʐʌ³¹ʂæ⁴³ 路长
胆小	年迈	远

C.名量偏正：

ȵɯ³¹ʨi⁴³ 豆粒	ɕɯ⁴³ʨi⁴³ 谷粒	ȵjʌ³¹ʨi⁴³ 眼粒
黄豆	稻谷	眼睛

②动宾[1]

χɑ⁴³ mi⁴³ 饭要	kʰɤ³¹pɤ⁴³ 年送	kʰɤ³¹ʂæ⁴³ 狗牵
乞讨	过年	打猎

dzi⁴³ dzu³¹ 钱有	ʐwæ⁴³ ʐʌ⁴³ 马阉
富有	阉马

③主谓

ȵi⁴³ mi⁴³ tʰɤ⁴³ 太阳　出	ȵi⁴³ mi⁴³ gɤ³¹ 太阳　落	mɤ⁴³ tʰɤ⁴³ 天 出
东	西	天晴

dzu⁴³ lɑ³¹ 冰雹　打	ɬæ⁴³ tʰɤ⁴³ 风到
下冰雹	刮风

---

[1] 纳恒话为 SOV 语序，故动宾结构的表达为宾语在前，动词在后。

| n̻i⁴³ mi⁴³ qu³¹
太阳　烤
向日葵 | ʁɯ³¹ʈi¹³
牛耕
犁 |

④并列

| ɑ³¹dɑ¹³ɑ⁴³ mi⁴³
父亲母亲爷爷
父母 | æ⁴³ pʰɣ⁴³ æ⁴³ sɨ⁴³
曾祖
祖先 |

| bɣ³¹t̻⁴³ ũ⁴³ tʂwʌ⁴³
苍蝇　蚊子
虫 | mʌ⁴³ ɬu³¹mʌ³¹dzu⁴³
不热　不冷
温暖 |

⑤附加

A.前缀

亲属：/ə/→æ⁴³ –/ɑ⁴³ –

| æ⁴³ ʐɯ¹³
祖母 | æ⁴³ mi⁴³
母亲 | æ⁴³ pʰɣ⁴³
爷爷 |

| ɑ⁴³ m³¹
姐姐 | ɑ⁴³ ʑʌ³¹
姑妈 | ɑ³¹dɑ⁴³
父亲 |

方位：m̩⁴³ –/gʌ¹³ –

| m̩³¹qu⁴³
下火塘 | m̩³¹zɑ⁴³
下去 | tʰi³¹m̩³¹ʁʈ¹³
吞下 |

| gʌ³¹qu⁴³
上火塘 | gʌ³¹ti⁴³
起来 | gʌ³¹hĩ⁴³
站 |

B.后缀

名化：– hĩ⁴³

| pʰʌ³¹hĩ⁴³
白的 | tʂæ⁴³ hĩ⁴³
勤劳 |

雌性：–mi⁴³

| ʐwæ³¹mi⁴³
母马 | æ³¹mi⁴³
母鸡 |

小称后缀：– zu⁴³ /– zu⁴³ pɑ⁴³

sɯ⁴³ tʰi³¹zu⁴³ pɑ⁴³ 小刀	kʰi⁴³ zu⁴³ 窗子（小门）	sɯ³¹ɻɑ³¹zu⁴³ pɑ⁴³ 小桌子

dʐɯ³¹zu⁴³ pɑ⁴³ 小水坑	ȵi⁴³ zu⁴³ 小鱼	ɣ³¹dze³¹zu⁴³ pɑ⁴³ 小鸟

kʰɣ³¹zu⁴³ /kʰɣ³¹mi³¹zu⁴³ /kʰɣ³¹mi³¹zu⁴³ pɑ⁴³ 小狗

C.四字格

ABAB：

dɿ³¹tʂʰæ¹³dɿ⁴³ tʂʰæ³¹ 一　代　一　代
一代一代

AABB：

dɿ⁴³ dɿ³¹tɕi⁴³ tɕi⁴³ 大大小小	ʂwɑ⁴³ ʂwɑ³¹hɣ̃⁴³ hɣ̃⁴³ 高高矮矮	fɣ⁴³ fɣ⁴³ sɑ³¹sɑ³¹ 欢欢喜喜

bɣ⁴³ bɣ⁴³ tsʰɿ⁴³ tsʰɿ⁴³ 粗粗细细	dʐwæ³¹dʐwæ¹³χwʌ³¹χwʌ¹³ 吵吵闹闹	qʰɑ³¹qʰɑ¹³dɑ³¹dɑ¹³ 刺　　砍
		砍砍杀杀

ABAC：

tʂʰɣ³¹ji⁴³ tʂʰɣ⁴³ gɣ³¹ 顺顺利利	tʂʰɣ⁴³ dzɿ³¹tʂʰɣ⁴³ dʑʌ³¹ 万事如意

ABCB：

gɣ³¹pʰu⁴³ bɑ³¹pʰu¹³ 耕种开垦	tʂe⁴³ ɻæ³¹di⁴³ ɻæ⁴³ 平原

（3）习语

kʰɣ³¹ʂæ¹³ɕi³¹di¹³ 狗牵网撒	dzi³¹kɣ¹³tɣ⁴³ su³¹ 飞会千种
打猎撒网	鸟类

qʰwʌ⁴³ di³¹ɕi⁴³ su³¹ 蹄有百种	pʌ³¹di⁴³ ɕi⁴³ su³¹ 趾有百种
畜类	兽类

zɯ⁴³ ʂæ³¹ χɑ⁴³ ji⁴³	ti⁴³ bʌ⁴³ dʑʌ³¹ kʰɯ⁴³
寿长福有	永远好能
长命百岁	永远健康

2. 音译汉词

fæ⁴³ tɕʰi³¹	番茄	jɛ³¹ zɿ⁴³	土豆（洋芋）	jʌ⁴³	香烟
pʰɣ³¹ tʰɔ⁴³	葡萄	hwɑ⁴³ sĩ⁴³	花生	tsʰu⁴³ tsɿ⁴³	葱
zɛ³¹ hwʌ⁴³	火柴（洋火）	lɑ³¹ tʂʅ⁴³	蜡烛	mĩ³¹ hwʌ⁴³	棉花
ŋwʌ⁴³ pʰæ⁴³	瓦片	tʂʰwã¹³	床	wɑ³¹ tsɨ¹³	袜子

（二）词法[1]

1. 名词

（1）数范畴

①双数

| hĩ⁴³ pæ⁴³ tʰɯ⁴³ zɯ³¹ lɛ⁴³ hɯ³¹ zɛ³¹ nɯ³¹ mʌ⁴³ hɯ⁴³ sɯ³¹ ?
人 客 这 俩（伴随） 去（完成）（主助）不 去 还 |
|---|
| 这俩客人走了没有？ |

②复数

| hĩ³¹ bæ³¹ ɭæ⁴³ qu⁴³ qwʌ³¹ qu³¹ nu⁴³ li³¹ tʰɨ⁴³ bi⁴³ zɛ⁴³ 。
人 客（复数）（处所） 火塘 （强调） 茶 喝 做（完成）|
|---|
| 客人们在火塘边吃茶呢。|

代词的复数后缀：-su⁴³ kɣ³¹

| tʰɯ⁴³ su⁴³ kv³¹ lɛ⁴³ mʌ⁴³ tsʰi⁴³ 。
他 （复数）（伴随） 不 来 |
|---|
| 他们不来。|

---

[1] 纳西语东部方言的数、格、时、体、趋向等语法范畴通过词汇、助词、变调等形式表达，故在词法部分介绍。

③全数

ŋʌ⁴³　　nu⁴³　　tʰɯ⁴³ 我家　　你家　　他家

一般名词在后面加dʑ³¹lɛ¹³/dʑ³¹tɑ¹³表示全部：

dzu⁴³　dʑ³¹lɛ¹³　lɛ⁴³　tsʰɿ⁴³　zɛ³¹。 朋友　　都　　（随同）　来（完成）
朋友们都来了。

ʂi³¹la³¹pu⁴³tʂi³¹，si³¹gv⁴³pu³¹tʂi³¹，tæ⁴³pʌ⁴³dʑ³¹tɑ¹³hu⁴³zɛ⁴³。 铁打工匠，木整工匠，喇嘛都去（完成）
铁匠、木匠、喇嘛全都走了。

（2）定指范畴

kʰv⁴³　dʑ⁴³　ʁɛ¹³　hĩ⁴³　qu⁴³　kʰɤ³¹mi³¹ʁɑ¹³　tʰɯ⁴³　jʌ³¹　tʰi⁴³　mʌ⁴³　ɬi³¹zɛ³¹。 狗　一　群（定指）里　狗　花　那　条（持续）不　吠（完成）
那群狗里的那只花狗不叫了。

2．方位词

（1）基本方位词

gʌ³¹bi⁴³ 上面	mæ³¹tʰæ⁴³ 下面	ʁu⁴³tɑ⁴³ 前面	ʁu⁴³tʰɯ³¹ 后面
qwɑ³¹ki⁴³ 中间	ɬi³¹qu⁴³ 中心	ʁwɑ³¹zwʌ⁴³ 左边	zu³¹zwʌ¹³ 右边

（2）民俗特征方位词

qwʌ⁴³mi⁴³ʁu⁴³ 火塘上首	qwʌ⁴³zu⁴³ʁu⁴³ 火塘左席	hwʌ⁴³li⁴³pɤ⁴³ʁu⁴³ 火塘右席	sɿ⁴³li³¹bɤ³¹zɤ⁴³ 两个火塘之间

例句：

一般形式：

tʰɯ⁴³　　ʁu⁴³tɑ⁴³　　dzɿ³¹dzu³¹。 他　　　前面　　　坐在
他坐在前面。

比较副词修饰方位词形式：

| ŋʌ³¹ æ⁴³ m̩³¹ʁu³¹ʈ⁴³ ŋʌ⁴³ ʁu³¹tɑ⁴³ dzɨ⁴³ dzu³¹。 |
| 我（领）哥哥 还 我 前面 坐 在 |
| 我哥哥坐得比我还靠前。 |

3. 代词

（1）人称代词

| ŋʌ⁴³ | ŋʌ⁴³ zɨ³¹ | ŋʌ⁴³ su⁴³ kɣ⁴³ |
| 我 | 我俩 | 我们 |

| nu⁴³ | nu⁴³ zɨ³¹ | nu⁴³ su⁴³ kɣ⁴³ |
| 你 | 你俩 | 你们 |

| tʰɯ⁴³ | tʰɯ⁴³ zɨ⁴³ | tʰɯ⁴³ su⁴³ kɣ⁴³ |
| 他 | 他俩 | 他们 |

（2）自身代词

自身代词由人称主格变调而来，第三人称自身代词还需加一个音节。

| ŋʌ¹³ | nu¹³ | tʰɯ⁴³ nu¹³ |
| 我自己 | 你自己 | 他（它）自己 |

例如：

| ŋʌ¹³ dʑɨ³¹ɣ⁴³。 |
| 我自己一个 |
| 我一个人。 |

| tʰɯ⁴³ nu¹³ gɣ³¹ gɣ⁴³。 |
| 他 自己 整 |
| 他自己做的。 |

| ʐwæ⁴³ nu¹³ zu⁴³ dzu⁴³。 |
| 马 自己 草 吃 |
| 马自己吃草。 |

强调单独的后缀：-tɑ⁴³ n̠i³¹

ŋʌ¹³tɑ⁴³ n̠i³¹ 我自个儿	ŋʌ³¹zu⁴³ ŋʌ³¹zɨ³¹tɑ⁴³ n̠i⁴³ 我俩自个儿	nu³¹tɑ⁴³ n̠i³¹ 你自个儿
tʰɯ⁴³ nu³¹zɨ⁴³ tɑ⁴³ n̠i⁴³ 你俩自个儿	tʰɯ⁴³ tɑ⁴³ n̠i³¹ 他自个儿	tʰɯ⁴³ zɨ³¹nu³¹zɨ⁴³ tɑ⁴³ n̠i⁴³ 他俩自个儿
ŋʌ⁴³ su⁴³ kɣ⁴³ tɑ⁴³ n̠i³¹ 我们自个儿	nu³¹su⁴³ kɣ⁴³ tɑ⁴³ n̠i³¹ 你们自个儿	tʰɯ⁴³ su⁴³ kɣ³¹tɑ⁴³ n̠i³¹ 他们自个儿

（3）物主代词

bɣ⁴³ 表示领属关系。主助为代词时常通过主助变调表示领属关系。并且，第一、二、三人称单数及一般名词在变为领格时，都变成31调。

ŋʌ⁴³ 我	ŋʌ³¹ tɣ⁴³ tɣ³¹ 我的帽子	ŋʌ³¹æ⁴³ m̥³¹ 我的哥哥

加bɣ³¹则主助不变调。如：

ŋʌ⁴³ bɣ³¹ tɣ⁴³ tɣ³¹ 我　的　帽子
我的帽子

nu⁴³ 你	nu³¹æ⁴³ m̥³¹ 你的哥哥	nu⁴³ bɣ³¹æ⁴³ m̥³¹ 你的哥哥

tʰɯ⁴³ 他		tʰɯ³¹æ⁴³ m̥³¹ 他的哥哥

ʐwæ⁴³ 马	ʐwæ³¹mæ³¹qɣ¹³ 马的尾巴	ʐwæ³¹bɣ¹³ 马厩

（4）人称代词的变调

①第一人称

A.主格　ŋʌ⁴³

主格现在时　ŋʌ⁴³

ŋʌ⁴³ nu³¹lɑ¹³。 我打你。

ŋʌ⁴³ nu³¹ki⁴³。 我给你。

ŋʌ⁴³ nu³¹ki⁴³ pʰĩ³¹ku⁴³ ʐɯ³¹bi⁴³。
我给你一个苹果，接下。

ŋʌ⁴³ ba³¹ɬa³¹χwa⁴³ bi⁴³。
我去买衣服。

主格过去时　ŋʌ³¹

ŋʌ³¹ba³¹ɬa¹³æ⁴³ n̪i⁴³ lɛ³¹χwa⁴³ zɛ⁴³。
我昨天买了衣服。

ŋʌ³¹æ³¹n̪i⁴³ nu³¹ki⁴³ ki³¹。
我昨天给你。

主格将来时　ŋʌ⁴³

ŋʌ⁴³ ba³¹ɬa³¹χwa⁴³ bi⁴³ zu⁴³ hu⁴³。
我将要去买衣服。

ŋʌ⁴³ su³¹n̪i⁴³ nu³¹ki⁴³ ki³¹bi⁴³。
我明天给你。

B.宾格　ŋʌ³¹

nu⁴³ ŋʌ³¹la¹³。
你打我。

C.属格　ŋʌ³¹

tʰɯ⁴³ ŋʌ³¹bɣ⁴³ n̪i³¹。
这是我的。

②第二人称

A.主格　nu⁴³

主格现在时　nu⁴³

nu⁴³ ŋʌ³¹ki⁴³ ki³¹。
你给我。

nu⁴³ kʰi⁴³ pʰu⁴³。
你开门。

nu⁴³ ʁa³¹ʂi⁴³ kʰi⁴³ pʰu⁴³。
请你开门。

主格过去时　nu⁴³

> nu⁴³ pi⁴³ zɛ³¹qu⁴³ dzɨ⁴³ bi⁴³？
> 你过去在哪儿住？

> tʂʰɨ⁴³ qu⁴³ dzɨ³¹hĩ³¹si⁴³ tʂʰɨ⁴³（地方），nu⁴³ lɛ⁴³ ʈi³¹（曾经）zɨ³¹qu⁴³ dzɨ⁴³ bi³¹。
> 这是你曾经住的地方。

主格将来时　nu⁴³

> nu⁴³ zɨ³¹qu⁴³ bi⁴³？
> 你要去哪儿？

> nu⁴³ lɛ³¹qa⁴³ zɨ³¹qu⁴³ pi⁴³？
> 你要搬去哪儿？

B.宾格　nu³¹

> tʰɯ⁴³ nu³¹ki⁴³ ki³¹。
> 他给你。

③第三人称

A.主格　tʰɯ⁴³

主格一般现在时　tʰɯ⁴³

> tʰɯ⁴³ ʐu³¹ʈɨ⁴³。
> 他放羊。

> tʰɯ⁴³ kʰi³¹pʰu¹³。
> 他开门。

> tʰɯ⁴³ nu³¹ki⁴³ ki³¹。
> 他给你。

主格正在进行时　tʰɯ⁴³

> tʰɯ⁴³ ʐu³¹ʈɨ³¹dʐu⁴³。
> 他正在放羊。

主格过去式　tʰɯ⁴³

> tʰɯ⁴³ ʐu³¹ʈɨ³¹hɯ⁴³。
> 他过去放羊。

主格表能愿　tʰɯ⁴³

> tʰɯ⁴³ ʐu³¹ʈʂɨ³¹bi³¹n̩i³¹kɣ⁴³。
> 他想放羊。

> tʰɯ⁴³ ʐu³¹ʈʂɨ³¹kɣ⁴³。
> 他会放羊。

> tʰɯ⁴³　tʰɯ⁴³ ʁɑ³¹ʂi⁴³ kʰi⁴³ pʰu⁴³。
> 请他开门。

主格将来时　tʰɯ⁴³

> tʰɯ⁴³ ʐu³¹ʈʂɨ³¹bi³¹hu³¹zɛ⁴³。
> 他要去放羊了。

B.宾格　tʰɯ⁴³

> lɑ⁴³ nɯ⁴³ tʰɯ⁴³ tʰæ¹³。
> 老虎咬他。

④一般有生名词

A.主格　ʐ̩wæ⁴³

> ʐ̩wæ⁴³
> 马

主格　ʐ̩wæ³¹

> ʐ̩wæ³¹zu⁴³ dzɯ⁴³。
> 马吃草。

B.宾格　ʐ̩wæ³¹

> ʐ̩wæ³¹zu⁴³ tʰi³¹ki¹³。
> 给马草料。

对比：

> ʐ̩wæ⁴³ zɯ⁴³
> 马草

> ʐ̩wæ³¹zu⁴³　tʰi³¹　ki¹³。
> 马　草（持续）给
>
> 给马草料。

u⁴³ æ³¹ tse¹³ ŋʌ³¹ zwæ³¹ mæ³¹ qɣ⁴³ hæ³¹?
你 为什么 我 马 尾巴 割
你为什么要割我的马尾巴？

"马草"是凝固词汇，因此不变调。而"给马草料"中，"马"是宾语，因此变为宾格的31调。例句中"我的马尾巴"是宾语，"我"和"马"都变为宾格的31调。

（5）泛称代词

dɨ³¹ta¹³ 大家	bi³¹ʑʌ¹³hĩ⁴³ 别人	dɨ⁴³ɣ⁴³dɨ⁴³ɣ⁴³ 某人	bi³¹ʑʌ¹³ 别的

（6）指示代词

tʂʰɨ³¹ 这	tʂʰɨ³¹bæ⁴³ 这个	tʰɨ³¹ 那	tʰɨ³¹bæ⁴³ 那个

（7）处所代词

tʂʰɨ³¹qu⁴³ 这里	tʰɨ³¹qu⁴³ 那里

（8）疑问代词

①人（who）：ȵi¹³

nu⁴³ hĩ⁴³ ki⁴³ ʑwʌ³¹ zɛ⁴³?
你 别人（受事）说（完成）
你告诉谁了？

ȵi¹³ ȵi⁴³?
谁 是
哪位？

ȵi¹³ χɑ³¹ dzɯ⁴³ bi⁴³?
谁 饭 吃（将）
谁要吃饭？

tʰɯ⁴³ ȵi³¹ qɑ³¹ nu⁴³ dzɯ⁴³ bi⁴³?
他 谁（偕同）（主助） 吃（将）
他跟谁吃饭？

②事物（what）：æ³¹tsu³¹

nu⁴³ æ³¹ tsu³¹ χwɑ³¹ zɛ⁴³?
你 什么 买（完成）
你买什么了？

tʰɯ⁴³	dzɯ³¹	di⁴³	æ³¹	tsu⁴³	fɣ⁴³ ?
他	吃	的	什么	喜欢	

他喜欢吃什么？

③处所（where）：zɛ³¹qu⁴³

u⁴³	su⁴³	kɣ³¹zɛ³¹	di³¹	qu⁴³	dzɿ³¹ ɲi⁴³ ?
你	（复数）	哪里	地	里	住　是

你们是什么地方的人？

tʰɯ⁴³	tʂʰwʌ⁴³	zɛ³¹qu³¹	dzɯ⁴³ ?
他	晚饭	哪里	吃

他在哪里吃晚饭？

④时间（when）：zɛ³¹/qʰɑ³¹tsʰi⁴³

tʰɯ⁴³	qʰɑ³¹tsʰi³¹	qu⁴³	tʂʰwʌ³¹	dzɯ¹³ ?
他	什么时候	里	晚饭	吃

他什么时候吃晚饭？

qʰɑ⁴³ tsʰi⁴³	qu⁴³	nɯ⁴³	dʑʌ³¹	ji⁴³ ?
什么时候	里	（主助）	好	做

什么时辰好？

zɛ³¹	kɯ⁴³	zɛ³¹	ɲi⁴³	dʑʌ¹³ ?
哪	星	哪	日	好

哪天哪日好？

⑤数量（how many）：qʰɑ³¹jʌ³¹/ qʰɑ⁴³

tʰɿ⁴³	dzɿ⁴³	ʈi⁴³	qʰɑ³¹jʌ³¹	tʰi⁴³ dzɯ³¹ ?
那里	板凳	多少	（持续）	有

那里有多少板凳？

nɯ⁴³	hĩ³¹	qʰɑ³¹jʌ³¹	dzɯ¹³ ?
你家	人	多少	有

你家有多少人？

nɯ⁴³	tsʰi⁴³ɲi³¹	ʁɯ⁴³	dɑ³¹	qʰɑ³¹jʌ³¹	dɑ³¹zɛ⁴³ ?
你	今天	布	织	多少	织（完成）

你今天织了多少布？

nu⁴³	si⁴³	ʥi⁴³	qʰɑ⁴³	ʨi⁴³	χwɑ³¹	zɛ⁴³ ?
你	梨子		多少	个	买	（完成）

你买了几个梨子?

qʰɑ⁴³ kʰv¹³ gv⁴³ ?
多少 岁 满

几岁了?

⑥状态（how）：qʰɑ³¹n̩i³¹gɤ¹³

tʰɯ⁴³ æ⁴³tsu³¹ n̩i³¹gɤ³¹ zɛ⁴³ ?
他 任何事情 怎样 （完成）

他怎么样了?

tsʰɿ⁴³n̩i⁴³ mɯ⁴³tʰɤ⁴³ mɯ⁴³dzɑ⁴³ qʰɑ⁴³n̩i³¹gɤ³¹ hu⁴³ ?
今天 天晴 天阴 怎么样 （将）

今天天气怎么样?

bɑ³¹dʑɯ⁴³ qʰɑ³¹n̩i³¹gɤ¹³ ?
庄稼 怎么样

庄稼怎么样?

⑦原因（why）：æ³¹tsi⁴³ji³¹

nu⁴³ æ³¹tsi⁴³ji³¹ lu³¹ mʌ³¹ ji⁴³ ?
你 为什么 劳动 不 做

你为什么不劳动?

dzɯ³¹ ʁu¹³ æ⁴³tsi⁴³ji⁴³ dzɯ³¹ ?
山 上 为什么 冷

山上为什么会冷?

⑧选择（which）：zɛ³¹bæ⁴³

tʰɯ⁴³ bɑ³¹bɑ¹³ zɛ³¹bæ⁴³ fɤ⁴³ ?
他 花 哪种 喜欢

他喜欢哪一种花?

⑨方法（how）：æ⁴³tsu³¹n̩i³¹

ŋʌ⁴³ æ⁴³tsu³¹n̩i³¹ ji⁴³ bi⁴³ ?
我 怎样 做（将）

我应该怎么样做呢?

tʰɯ⁴³	æ⁴³tsu³¹n̠i³¹	tsʰwʌ³¹	gɤ³¹bi⁴³？
他	怎样	晚饭	做（将）

他怎么做晚饭？

tʰɯ⁴³	hĩ⁴³	ʈwa⁴³	æ⁴³tsu³¹ɛ¹³	gɤ³¹bɤ⁴³	zʌ⁴³ bi⁴³。
他	人	教	怎样	牲畜	做 养（将）

他教人如何养牲畜。

tʰi³¹n̠ɛ¹³	tʂʰi³¹n̠je¹³	tʰi³¹n̠ɛ¹³ji⁴³
那样	这样	那样做

⑩反问语气词：qʰɑ⁴³ dɑ¹³

tʰɯ⁴³	qʰɑ⁴³ dɑ¹³	tʂʰwʌ¹³	dzɯ¹³！？
他	哪里	晚饭	吃

他哪里吃晚饭！？

tʰɯ⁴³	qʰɑ⁴³ dɑ¹³lu³¹	ji⁴³！？
他	哪里	劳动

他哪里劳动！？

（9）定指词

dzɛ⁴³	pʰæ³¹ wʌ³¹ pʰæ³¹ɺi⁴³，	n̠i³¹	pʰæ⁴³ nu⁴³ pʰæ³¹ɺi³¹。
钱掌控家财掌控（定指），	别人掌控你掌控（定指）

管理钱财，管理别人的，也管理自己的。（L9）

kʰɤ⁴³ di⁴³ ʁɛ¹³	hĩ⁴³	qu⁴³	kʰɤ³¹mi³¹ʁa¹³ tʰi⁴³	zʌ³¹ tʰi⁴³	mʌ⁴³ ɺi³¹ zɛ³¹。
狗一群（定指）	里狗花那条（持续）	不吠（完成）

那群狗里的那只花狗不叫了。

4．数词

（1）基数

一至十：

d̠i¹³	n̠i¹³	su⁴³	zʮ⁴³	ŋwʌ⁴³
一	二	三	四	五

qʰɻ̩¹³	ʂɿ⁴³	hũ¹³	gɤ⁴³	tsʰi⁴³
六	七	八	九	十

十一至十九：tsʰi⁴³ -

tsʰi³¹dʑi³¹	tsʰi³¹ɲi³¹	tsʰi³¹su³¹	tsʰi⁴³ zv̩¹³
十一	十二	十三	十四

tsʰi³¹ŋwʌ¹³	tsʰi³¹qʰʈ¹³	tsʰi⁴³ʂɨ⁴³	tsʰi³¹hũ¹³	tsʰi³¹gv̩¹³
十五	十六	十七	十八	十九

二十至九十：-tsɨ⁴³

ɲi⁴³tsɨ⁴³	su³¹tsɨ⁴³	zv̩³¹tsɨ⁴³	ŋwʌ¹³tsɨ⁴³
二十	三十	四十	五十

qʰʈ⁴³tsɨ⁴³	ʂɨ³¹tsɨ⁴³	hũ¹³tsɨ⁴³	gv̩¹³tsɨ⁴³
六十	七十	八十	九十

百、千、万：

ɕi⁴³	tɣ⁴³	mæ¹³
百	千	万

（2）序数

每月的前十天：tsʰe⁴³ du⁴³- ɲi⁴³

tsʰe⁴³ du⁴³ dʑi³¹ɲi⁴³	tsʰi³¹du⁴³ ɲi³¹ɲi⁴³	tsʰi⁴³ du¹³su³¹ɲi⁴³	tsʰi⁴³ du⁴³ zv̩³¹ɲi⁴³
初一	初二	初三	初四

tsʰi⁴³ du⁴³ ŋwʌ³¹ɲi⁴³	tsʰi⁴³du⁴³ qʰʈ³¹ɲi⁴³	tsʰi⁴³du⁴³ ʂɨ⁴³ ɲi⁴³
初五	初六	初七

tsʰi⁴³ du⁴³ hũ³¹ɲi⁴³	tsʰi⁴³ du⁴³gv̩³¹ɲi⁴³	tsʰi⁴³ du⁴³tsʰi³¹ɲi⁴³
初八	初九	初十

十一到十九日：tsʰi⁴³- ɲi³¹

tsʰi³¹dʑi³¹ɲi⁴³	tsʰi³¹ɲi³¹ɲi⁴³	tsʰi³¹su³¹ɲi⁴³
十一日	十二日	十三日

tsʰi³¹zv̩³¹ɲi⁴³	tsʰi³¹ŋwʌ³¹ɲi⁴³	tsʰi³¹qʰʈ³¹ɲi⁴³
十四日	十五日	十六日

tsʰi³¹ʂɨ⁴³ ɲi⁴³	tsʰi³¹hũ³¹ɲi⁴³	tsʰi³¹gv̩³¹ɲi⁴³
十七日	十八日	十九日

二十到二十九日：ȵi⁴³ tsʰɨ⁴³- ȵi⁴³

ȵi⁴³tsɨ⁴³ȵi⁴³ 二十日	ȵi³¹tsɨ³¹dʑ⁴³ȵi⁴³ 二十一日	ȵi³¹tsɨ³¹ȵi³¹ȵi⁴³ 二十二日
ȵi³¹tsɨ⁴³ su³¹ȵi¹³ 二十三日	ȵi³¹tsɨ³¹zʏ⁴³ȵi⁴³ 二十四日	ȵi⁴³tsɨ⁴³ŋwʌ⁴³ ȵi⁴³ 二十五日
ȵi³¹tsɨ⁴³ qʰʈ³¹ȵi⁴³ 二十六日	ȵi³¹tsɨ³¹sɨ⁴³ ȵi⁴³ 二十七日	ȵi³¹tsɨ³¹hũ³¹ȵi⁴³ 二十八日	ȵi³¹tsɨ³¹gv⁴³ ȵi⁴³ 二十九日

三十到三十一日：su⁴³tsʰɨ³¹- ȵi⁴³

su³¹tsɨ³¹ȵi⁴³ 三十日	su³¹tsɨ³¹dʑ³¹ȵi⁴³ 三十一日

（3）不定数

ŋʌ⁴³ nu³¹ ki⁴³ pʰĩ⁴³ ku⁴³ ȵi⁴³ ɬi⁴³ su³¹ ɬi³¹ ki⁴³ bi⁴³ 。 我   你（受事）苹果 二个 三个 给（将）
我给你一些苹果。

（4）概数

tsʰɨ⁴³ ȵi⁴³ tsʰɨ³¹ qʰɑ³¹ kʏ⁴³ hĩ⁴³ pæ⁴³ tsʰɨ⁴³ zɛ¹³ 。 今天 十 多 个 人 客 来 （完成）
今天来了十几个客人。

tʰɯ⁴³ ʁwʌ⁴³ qu³¹ hĩ⁴³ ʐɯ⁴³ dʏ⁴³ tʰi⁴³ di³¹ su³¹ ɕi³¹ zʏ⁴³ ɕi⁴³ tsʰɨ⁴³ 。 这 村 里 人 家（持续）有 三 百 四 百 大概
这个村子大概有三四百人家。

dʐɯ³¹ bi¹³ ȵi⁴³ tsi⁴³ qʰɑ³¹ kʏ¹³ tsʰɨ⁴³ kʰʏ³¹ ʂæ¹³ 。 山里 二十 多 个 大概 狗 牵
山里有二十几个人在打猎。

（5）分数

su⁴³ ʁu⁴³ nɯ⁴³ dʑ⁴³ ʁu³¹ 三份（从由）一份
三分之一

（6）倍数

| tsʰi⁴³ ji⁴³ χa³¹ ɬɨ⁴³ æ³¹ ji⁴³ ʁu⁴³ dɯ³¹ n̠i⁴³ ʁu³¹ dʐʌ¹³。 |
| 今　年　粮　食　去年　上　头　二　份　多 |

今年粮食比去年的多产了一倍。

5．量词

（1）量词分类

量词修饰名词时，量词在名词后面。

①个体量词

| tʂɨ³¹qʰɣ¹³dɨ⁴³ ɬɨ⁴³
一支笔 | ʐɯ⁴³ qʰwʌ⁴³ dɨ⁴³ ɬɨ⁴³
一座房子 | sɯ⁴³ dzɨ³¹dɨ⁴³ tsɯ³¹
一棵树 | hĩ⁴³ dɨ³¹ɣ⁴³
一个人 |

②群体量词

æ¹³dɨ⁴³ χæ³¹ 一群鸡	n̠i⁴³ tsɨ⁴³ dɨ³¹χæ³¹ 一群鱼	ɣ³¹dze¹³dɨ⁴³ χæ³¹ 一群鸟	sɯ⁴³ dzɨ³¹qʰa⁴³ dza³¹n̠i¹³ 一些树
ba³¹ba¹³dɨ⁴³ qʰwa³¹ 一丛花	ba³¹ba¹³qʰa³¹ʐa¹³n̠i¹³ 一把花	hĩ³¹dɨ⁴³pi⁴³ 一群人	hĩ⁴³ qʰa³¹kɣ¹³n̠i¹³ 一些人
ʁɯ⁴³ dɨ³¹ʁwʌ¹³ 一群牛	ʐwæ⁴³ dɨ³¹ʁwʌ⁴³ 一群马		

③度量衡量词

| dɨ³¹ti⁴³
一拃 | dɨ⁴³ɬi³¹
一庹 | dɨ⁴³ tɕʰʌ³¹
一截（肘关节到拳头的长度） |

④动量词

| dɨ³¹tɕu⁴³ kʰi⁴³
一趟 | dɨ⁴³ ʂɨ³¹kʰi³¹
一次 | dɨ⁴³ ʂɨ³¹tʂʰu⁴³
一遍 | dɨ⁴³ tɕʰu³¹
一顿（饭） |

⑤临时量词

| sɯ⁴³ ɬæ⁴³ dɨ⁴³ na⁴³
一桌子 | dzɯ⁴³ dɨ³¹qʰu¹³
一口水 |

临时量词与常用量词的区别体现在词序上，通常临时量词位于名词前面。如下面四组例子：

| ʐɯ³¹qʰu⁴³ dɨ⁴³ ɬɨ⁴³ ɕɯ³¹tʂʰwa¹³
屋里一个米 | ɕɯ⁴³ tʂʰwa⁴³ dɨ³¹gwʌ³¹
米一袋 |
| 一屋子米 | 一袋米 |

ɕu⁴³ tʂʰwa⁴³ dɿ³¹ tʂʰɣ¹³ 米一把 一把米	ɕu⁴³ tʂʰwa⁴³ dɿ³¹ ɮɿ⁴³ 米一颗 一颗米
ʂwa⁴³ sɿ³¹dɿ³¹na⁴³ tsi⁴³ 架子一架小麦 一架子小麦	tsi⁴³ ɮɿ³¹dɿ³¹ gwʌ³¹ 小麦一袋 一袋小麦
tsi⁴³ ɮɿ³¹dɿ³¹ tʂʰɣ⁴³ 小麦一把 一把小麦	tsi⁴³ ɮɿ³¹dɿ³¹ ɮɿ⁴³ 小麦一颗 一粒小麦
ȵi⁴³ zu⁴³ dɿ⁴³ huɯ³¹ 鱼一海 一海鱼	ȵi⁴³ zu⁴³ dɿ³¹ dwa¹³ 鱼一池 一池鱼
ȵi⁴³ zu⁴³ dɿ³¹ ɮɿ⁴³ 鱼一条 一条鱼	ʐɯ⁴³ dɣ⁴³ 家

dɿ⁴³ ʐɯ³¹ 一家	dɿ⁴³ ʐɯ³¹hĩ¹³ 一家子人（在屋）	hĩ⁴³ dɿ³¹ʐɯ³¹/ hĩ⁴³ ʐɯ⁴³ 一家人（总称）

tʂʰɿ³¹ʐɯ¹³ 这家 这家	tʰɿ³¹ʐɯ¹³ 那家 那家

hĩ⁴³ dɿ³¹ʐɯ³¹ pi¹³ba³¹ huɯ⁴³。
人一家出去了

一家人都出去了。

tʰɯ⁴³ ɣ⁴³ hĩ⁴³ tʰɿ⁴³ hĩ³¹ȵi⁴³。
这个人他家 人是

这人是他家人。

ʐɯ⁴³ qʰu⁴³ di³¹ hĩ³¹ hĩ⁴³ ʐwʌ³¹ȵja¹³ ma³¹sɿ⁴³ fɣ³¹。
屋子 有 （在）的人说话非常高兴

一屋子的人说话说得很高兴。

（2）量词使用

当数量为一时，量词前的数词可以省略。

gi⁴³ （dɨ³¹）pʰu¹³ 熊 （一） 头 一头熊	ʑu⁴³ （dɨ³¹）pʰu¹³ 羊 （一） 头 一只羊

tʰɯ⁴³ gu⁴³pʌ⁴³ ȵi⁴³qu³¹tsʰɨ³¹。 他寺庙座 （处所） 来 他来到一座寺庙前。

tʰjɛ⁴³ ȵjʌ³¹, tæ⁴³ pʌ⁴³ ɣ⁴³ gʌ³¹ hĩ¹³ tsʰɨ¹³。 那时， 喇嘛个向上 站来 那时，一位喇嘛站了起来。

对比：

hĩ⁴³ɣ⁴³ ʑi⁴³ zɛ³¹。（常见的说法） 人个来 （完成） 有个人来了。

hĩ⁴³ dɨ³¹ɣ⁴³ ʑi⁴³ zɛ³¹。（也可以说） 人一个来（完成） 有个人来了。

若量词与名词本身同，则数词不可省略。如：

dʐɯ³¹bi¹³sɯ⁴³ dzi³¹ dɨ³¹ dzi³¹ tʰɛ³¹ ʂɨ⁴³ zɛ⁴³。 山上 树一棵（持续）死（完成） 山上有棵树死了。

ba³¹ba¹³ dɨ⁴³ ba¹³ ba³¹ zɛ³¹。 花一朵 开 花 （完成） 有朵花开了。

6．动词

（1）行为动词

①及物动词

dzɯ¹³ 吃	lɛ⁴³ tʰɨ³¹ 喝

②不及物动词

tʰjɛ³¹ʐɯ¹³ 睡	lɛ⁴³ tsʰu⁴³ 跳

③自主动词

li⁴³	ņi⁴³
看	听

④不自主动词

du⁴³	mɯ⁴³
看见	听说

（2）心理动词

以"fɣ⁴³ 喜欢"为例。

tʰɯ⁴³ gwʌ³¹ hĩ⁴³　fɣ⁴³。
他　唱歌（名化）喜欢

他喜欢唱歌。

tʰɯ⁴³ mæ³¹sɨ⁴³ gwʌ³¹ hĩ⁴³ fɣ⁴³。
他　最　唱歌（名化）喜欢

他最喜欢唱歌。

（3）行动动词

与别的动词连用，作述语，前面的动词短语是状语。

ŋʌ³¹ æ³¹ņi¹³kʰɣ⁴³ ʂæ³¹ kʰi³¹ zɛ³¹。
我　昨天　　打猎　去（完成）

我昨天打猎去了。

（4）述说动词

以述说动词"说"为例。直接陈述句为：

ŋʌ⁴³ ʐu³¹ ʂɨ³¹ tɕʌ⁴³ bi³¹。
我　羊　肉　煮　做

我在煮羊肉。

表达述说时，加[dzɯ³¹]"述说"。

ʂi⁴³ lɑ¹³ pu⁴³ tʂɨ⁴³ nɯ³¹ ŋʌ⁴³ ʐu³¹ ʂɨ³¹ tɕʌ⁴³ bi³¹ dzɨ³¹。
铁　大　匠　人（主助）我　羊　肉　煮　做　说

铁匠说："我在煮羊肉。"

tʰɯ⁴³ nɯ⁴³ ŋʌ³¹ ki⁴³ ʐu³¹ ʂɨ³¹ tɕʌ⁴³ bi⁴³ dzɯ³¹ ŋʌ⁴³ ʐu³¹ ʂɨ³¹ tɕʌ⁴³。
他（主助）我（受事）羊　肉　煮　做　说　我　羊　肉　煮

他对我说："我在煮羊肉。"

（5）能愿动词

①kɣ⁴³ 会

ŋʌ³¹ sɨ⁴³ pu³¹ tsɨ¹³ kɣ⁴³ 。 我　　木匠　　　　会
我会做木工。

②kʰɯ³¹ 能够

da³¹ ʁa⁴³ ɹɣ⁴³ dɨ³¹ n̠i³¹, mi⁴³ qʰa³¹ tɕʰi⁴³ nɯ⁴³ zu⁴³ tʰa³¹ kʰɯ³¹ 。 阴坡　放牧那　　天，竹　子　尖（主助）戳　不（能够）
在阴坡放牧的那天，竹尖戳不着。

（6）存在动词

①dʐu⁴³，存在，相当于exist

æ³¹ ji⁴³ ʂɨ³¹, sɯ⁴³ pu⁴³ tsɨ³¹ ʂɨ³¹ pu³¹ tsɨ⁴³ dʐu⁴³ 。 从前，　　木　匠人　铁　匠人　有
从前有一个木匠和一个铁匠。

æ³¹ʁu⁴³ hĩ⁴³ tʰi³¹ dʐu⁴³ 。 屋里　人（持续）有
屋里有人。

æ³¹ʁu⁴³ dʐɯ³¹ gɣ¹³ tʰi⁴³ dʐu³¹ 。 屋里　水　缸（持续）有
屋里有水缸。

sɯ³¹ ɬæ³¹ ʁu⁴³ qʰwʌ³¹ tʰi⁴³ dʐu³¹ 。 桌子　上　碗（持续）　有
桌子上有碗。

tʰɯ⁴³ pi⁴³ qu⁴³ ȵi³¹ɕi⁴³ ʐɯ³¹ dʐu³¹ 。 这　村　里　二　百　户　有
这个村子里共有二百户人家。

②di⁴³ 拥有，相当于possess

ŋʌ⁴³ ʐɯ⁴³ qʰwʌ⁴³ dɨ⁴³ dʐu³¹ di³¹ 。 我　房子　一　座　有
我有一幢房子。

dʐɯ³¹ bi¹³ su³¹ tʰi³¹ di¹³。
山　上　树（持续）有

山上有树。

③ʑɯ⁴³ 在容器、溶液中，相当于contain

qʰwʌ⁴³ dʐɯ³¹ tʰi³¹ ʑɯ⁴³。
碗　水（持续）有

碗里有水。

li³¹ qu⁴³ dzi⁴³ tʰi⁴³ ʑɯ³¹。
茶 里 糖（持续）有

茶里有糖。

（7）判断动词

①ȵi⁴³

ʑɯ³¹ dɤ⁴³ dɨ³¹ ʈi⁴³ ji⁴³ bi⁴³，zu⁴³ hỹ³¹ ȵi⁴³ mɑ³¹。
家庭 一 个 做（将），小孩 是 否

不是小孩了，去成个家吧。

ȵi³¹ mʌ⁴³ ȵi³¹？
是　不　是

是不是？

tʂʰɨ⁴³ dʐu³¹ ŋʌ⁴³ æ³¹ ʁu⁴³ ȵi³¹。
这（话助）我 家　是

这是我家。

②gɤ⁴³

tsʰɨ⁴³ ȵi⁴³ dʐu³¹ zɤ³¹ ȵi⁴³ gɤ⁴³ zɛ⁴³。
今天（话助）四 天 整（完成）

今天是第四天了。

æ³¹ ȵi⁴³ dʐu³¹ su³¹ ȵi¹³ gɤ¹³。
昨天（话助）三 天 整

昨天是第三天。

（8）动词的语法范畴

①趋向范畴

gʌ³¹tɕu⁴³ hɯ⁴³ 上　游　去	m̥³¹ tɕu⁴³ hɯ⁴³ 下　游　去
往上游去	往下游去

ʁwʌ³¹ ʁu⁴³ gʌ³¹ hɯ⁴³ 山　上　上　去	ʁwʌ³¹ tʰæ⁴³ m̥³¹ hɯ⁴³ 山　　下　下　去
往山上去	往山下去

gʌ⁴³ pi⁴³ gʌ³¹ kʰɯ³¹ 上面　　上　扔	mæ⁴³ tʰæ⁴³ m̥³¹ kʰɯ³¹ 下面　　下　扔
往上扔	往下扔

ʂwɑ³¹ ʁu⁴³ gʌ³¹ kʰɯ³¹ 高　头　上　扔	hṽ³¹ qu⁴³ m̥³¹ kʰɯ³¹ 低　里　下　扔
往高处扔	往低处扔

ʁɛ⁴³ mʌ⁴³ zu⁴³ kʰɯ³¹ 任意方向　　　扔	ʁwɑ³¹zu⁴³ gʌ⁴³ kʰɯ³¹ 左　边　上　扔	zu³¹zu³¹ gʌ⁴³ kʰɯ³¹ 右　边　上　扔
随便扔（不定向）	左边扔	往右边扔

②时范畴

A.动词原形

tʰi⁴³ 喝	dzɯ³¹ 坐

B.伴随时态

lɛ⁴³ tʰi³¹zɛ³¹ 喝着	tʰjɛ⁴³ dzɯ³¹zɛ³¹ 坐着

③体范畴

A.常行体

ŋʌ³¹ tɕʰʌ⁴³ ȵi³¹ tɕʌ⁴³ tʂʰæ³¹ʁɯ⁴³ dzɯ⁴³。 我　每天　　　　药　吃
我每天吃药。

B.伴随体：lɛ³¹-

| nu⁴³ lɛ³¹ mɯ⁴³ pʰæ⁴³ ji³¹ zɛ⁴³。
你（伴随）忘记 做（完成） |
| 你可能忘记了。 |

C.持续体：tʰi³¹-

| nu⁴³ dʐu³¹ hɣ̃⁴³ mɯ³¹，gu³¹ tʰi³¹ zi⁴³ ji⁴³。
你 衣服 穿， 病（持续）生 做 |
| 你穿少了衣服会生病的。 |

D.即行体：hu¹³

| tʂʰwɑ³¹ ji¹³ χɯ³¹ ki¹³ hu³¹ zɛ⁴³。
快 雨 下 （就）（完成） |
| 就要下雨了。 |

| tʰɯ⁴³ su⁴³ kɣ³¹tʂʰwɑ³¹ ji¹³ χɑ³¹ dzɯ³¹ hu³¹ zɛ⁴³。
他（复数） 快 饭 吃（就）（完成） |
| 他们就要吃饭了。 |

对比下列四句：

| tʰɯ⁴³ su⁴³ kɣ³¹ lɛ⁴³ mʌ⁴³ tsʰɨ⁴³。
他 （复数）（伴随）不 来 |
| 他们不来。 |

| tʰɯ⁴³ su⁴³ kɣ³¹ lɛ⁴³ mʌ⁴³ tsʰɨ⁴³ si⁴³。
他 （复数）（伴随）不 来（过去完成） |
| 他们没来。 |

| tʰɯ⁴³ su⁴³ kɣ³¹ lɛ⁴³ ji³¹ mʌ³¹ hu³¹。
他 （复数）（伴随）回 不（就） |
| 他们不回来了。 |

| tʰɯ⁴³ su⁴³ kɣ³¹ lɛ⁴³ ji³¹ mʌ³¹ hu³¹ zɛ⁴³。
他 （复数）（伴随）回 不（就）（完成） |
| 他们正在回来了。 |

E.将行体：bi⁴³

| ŋʌ³¹ ɲi⁴³ tæ⁴³ gɣ⁴³ nɯ⁴³ χɑ³¹ dzɯ⁴³ bi⁴³。
我 过 一会儿（助） 饭 吃（将去） |
| 我过一会儿吃饭。 |

qʰɑ³¹ ȵi³¹ ji⁴³ bi⁴³ zɛ³¹？
怎么 做（将去）（完成）

怎么办呢？

ŋʌ⁴³ su³¹ȵi⁴³ nu³¹ ki⁴³ ki³¹ bi⁴³。
我 明天 你（受事）给 （将）

我明天给你。

F. 已行体：si⁴³

ŋʌ³¹ χɑ³¹ dzɯ⁴³ si³¹ zɛ⁴³。
我 饭 吃（过去式）（完成）

我吃完饭了。

mɤ⁴³ χɯ³¹ gi¹³ lɛ⁴³ si³¹ zɛ³¹。
天 雨 下（伴随）（过去式）（完成）

天下过雨了。

G. 曾行体：dʐɯ⁴³

tʂʰi⁴³ qu⁴³ æ³¹ ʂi⁴³ dzu⁴³ lɑ³¹ dʐɯ¹³。
这里 以前 冰雹 落（曾行）

这里曾经下过冰雹。

æ³¹ ȵi⁴³ χi³¹ gi¹³ dʐɯ⁴³。
昨天 雨 落（曾行）

昨天下过雨了。

ŋʌ⁴³ ɬi⁴³ ʂi³¹ dzɯ³¹ dʐɯ⁴³。
我 獐子 肉 吃（曾行）

我吃过獐子肉。

H. 进行体：dʑu⁴³

bi³¹zʌ¹³ χɯ³¹ gi³¹ dʑu⁴³。
外面 雨 下 在

外面在下雨。

ŋʌ³¹χɑ⁴³ dzɯ⁴³ dʑu³¹，nu⁴³ ȵi⁴³ tæ⁴³ gɤ⁴³ nu⁴³ ju⁴³。
我 饭 吃 在，你过一会儿 （助）来

我正吃饭呢，你等一下来。

| ɕɯ⁴³ ʈɿ⁴³ pʰɤ⁴³ qu³¹ n̠i³¹ kɤ⁴³ nɯ⁴³ tʂi⁴³ tsɑ³¹ dʐu³¹。 |
| 稻谷　种　里　二　个（主助）土　翻　在 |

田里有两个人在锄地。

| ɬɑ³¹ mu⁴³ ɑ⁴³ jʌ³¹ bu³¹χɑ³¹ tsu⁴³ qu³¹ bu³¹χɑ³¹ dɑ³¹ dʐu³¹。 |
| 拉姆　阿姨　猪饭　堂屋里　猪饭　砍　在 |

拉姆阿姨在猪草屋里砍猪草。

④语态范畴

A.自动态

| ŋʌ³¹ bɤ⁴³ lu⁴³ ŋʌ¹³ ji⁴³ bi⁴³。 |
| 我　的　事　我自己　做　做 |

我自己的事我自己做。

| tʰɯ³¹ tu⁴³ tʰɯ³¹ tɕu³¹。 |
| 它　自己　它　转 |

它自己转。

B.使动态

变调标记使动与被动的区别。

| ŋʌ³¹ qʰwʌ³¹ lɛ³¹ qʰwɑ⁴³ zɛ⁴³。 |
| 我　碗　（伴随）碎（完成） |

我打碎了碗。

| nu³¹ nɯ⁴³ nu³¹ qʰwɑ¹³。 |
| 它　（主助）自己　碎 |

碗碎了。

通过声母变化表达语态：

| ŋʌ⁴³ nɯ⁴³ mɯ³¹ lɛ³¹ kʰɯ³¹ zɛ³¹。 |
| 我　（主助）火　（伴随）灭　（完成） |

我把火熄灭了。

| mɯ⁴³ lɛ³¹ gɯ³¹ zɛ³¹。 |
| 火（伴随）　灭（完成） |

火熄灭了。

C.他动态

在句末加kʰɯ⁴³。当出现两个代词时，受事一方后面加标记ki⁴³。

例一：

tʰɯ⁴³ tʰi⁴³	dzɯ³¹kʰɯ³¹。
他（持续）	坐（去）
让他坐下。	

对比自动态：

tʰɯ³¹ tu⁴³ tʰɯ³¹ dzɯ³¹。	tʰɯ⁴³ nu¹³ tʰi⁴³ dzɯ³¹。
他 自己 他 坐	他 自己（持续） 坐
他坐他的。	他自己坐着。

例二：

tʰɯ⁴³ ki³¹ji⁴³ kʰɯ³¹。
他 （受事）做（去）
让他做。

D.互动态

重复表示相互：

sɯ¹³	sɯ³¹sɯ¹³	dɑ¹³	dɑ³¹dɑ¹³
杀	厮杀	砍	互相砍

li⁴³	li⁴³li³¹	qɑ⁴³	qɑ³¹qɑ¹³	lɑ¹³	lɑ³¹lɑ¹³
看	对视	帮	帮忙	打	打架

tsʰɯ³¹ ȵi⁴³ pʰu³¹ qʰɣ⁴³ gu³¹gu¹³。
山羊 二 只 角 顶撞
两只山羊在顶角。

对比重叠表示动作重复：

dzɑ³¹dzɑ¹³	dzɿ³¹dzɿ¹³	qwɑ³¹qwɑ¹³
发抖	震动	搔痒

⑤语式范畴

A.直陈式

ʐu⁴³ sɯ⁴³ ʐu⁴³ gɣ⁴³ dɣ⁴³ nɯ⁴³ tʰɣ⁴³。
羊毛 羊 身体 （主助）出
羊毛出在羊身上。

B.否定式

tʰɯ⁴³ mʌ³¹ dzɯ⁴³。
他 不 吃
他不吃。

tʰɯ⁴³	mʌ³¹	dzɯ⁴³	sɨ⁴³ 。
他	不	吃	还

他还没吃。

tʰɯ⁴³	dzɯ⁴³	qa³¹	mʌ³¹	hĩ¹³ 。
他	吃	（偕同）	不	（会）

他不要吃。

C.应然式

ŋu⁴³ su⁴³	kɤ³¹hĩ³¹	mu⁴³ hĩ³¹	qa³¹	tʰi³¹qa³¹	zu⁴³	ji⁴³ 。
我（复数）	人老人	帮助（持续）	帮	应该	做

我们应该帮助老人。

nu⁴³	tʰɯ⁴³	ʂu⁴³	ʂu⁴³ zu⁴³	mʌ⁴³	ji⁴³ 。
你	他	骂	应该	不	做

你不应该骂他。

mɯ³¹	dzɑ¹³	zɛ⁴³,	ba³¹	la³¹	tʰi⁴³	dzʌ¹³	zu³¹	hu¹³ 。
天	坏	了，	衣服	（持续）		加	应	该

天冷了，要加衣服。

zɯ³¹	dɤ⁴³	dʑɨ³¹tɕi⁴³	ji⁴³	bi⁴³	zu⁴³	hu¹³	n̩i⁴³	ma³¹ 。
家庭	一	个	做	去	应该	要	了

应该成个家了。

D.虚拟式：dʐu⁴³

nu⁴³	χɑ⁴³	mʌ⁴³	dzɯ³¹	sɨ⁴³	zɛ⁴³	dzɯ³¹,	ŋʌ⁴³	nɯ⁴³	χɑ³¹	gɤ³¹	ki⁴³	ɑ³¹	bi⁴³ 。
你	饭	没	吃（还）	（完成）	（有），	我（主助）	饭	做	（受事）	（选择）	去

你如果没吃饭，我去为你做。

su³¹	n̩i⁴³	ŋʌ³¹	tʰi⁴³	tʰɤ³¹	mʌ³¹	ʁɯ⁴³	zɛ³¹	dzɯ⁴³,	ji⁴³	mʌ⁴³	bi⁴³	zɛ⁴³ 。
明天	我（持续）	到	不	能	（完成）	（有），	做	不	去	（完成）

如果我明天没有到，那么就是我不来了。

ŋʌ⁴³	lɛ⁴³	dʑɨ⁴³	dzɯ³¹,	mɤ³¹	zu⁴³	ji⁴³	bi⁴³ 。
我	（伴随）大	有，	兵	做	（将）

我长大以后当兵。

su³¹	n̩i⁴³	ʁa³¹pʰɤ⁴³	ki⁴³	zɛ³¹	dzɯ⁴³,	nu⁴³	dʑi⁴³	tsʰi³¹	bi⁴³ 。
明天	工钱	给	（完成）	（有），	你	钱	还	（将）

明天发工钱后，我就还你钱。

E. 连锁加强式：hɯ¹³

| tʰɯ⁴³ si⁴³ hɯ¹³ wʌ¹³ si³¹tʰi⁴³。 |
| 他　走（加强）又　走　累 |
| 他越走越累。 |

| tʰɯ⁴³ si⁴³ hɯ¹³ si³¹ tʰi⁴³。 |
| 他　走　（加强）走　累 |
| 他走路辛苦。 |

F. 命令式

| u⁴³ tɕʰɿ³¹！ |
| 你　喝 |
| 你喝！ |

| kʰi⁴³ pʰu⁴³！ |
| 门　开 |
| 开门！ |

| nu³¹ ʁɑ³¹ ʂi⁴³ kʰi⁴³ pʰu⁴³！ |
| 你　请（委婉）　门　开 |
| 请你开门！ |

G. 禁止式：tʰɑ⁴³

| nu⁴³ tʰɑ⁴³ tɕʰɿ³¹！ |
| 你　不要　喝 |
| 你别喝！ |

| nu⁴³ tʰɑ⁴³ hỹ⁴³！ |
| 你　不要　去 |
| 你别去！ |

| tʰi³¹ ʐɯ¹³ tʰɑ³¹ z̺ʋʌ⁴³ z̺ʋʌ³¹。 |
| （持续）睡　不要　交谈 |
| 睡觉时别说话。 |

| nu⁴³ su⁴³ kɣ³¹ʁɛ⁴³ mʌ⁴³ ji⁴³ hĩ⁴³ tʰɑ⁴³ ʐæ³¹。 |
| 你（复数）随便　不　做　人　不要　笑 |
| 你们不必嘲笑别人。 |

χu⁴³ gi³¹ zɛ⁴³，pi⁴³ tɕu⁴³		pa⁴³ tʰa⁴³ hỹ⁴³。	
雨　下（完成），外边		出　不能　去	
因为下雨了，不能出去。			

H.疑问式

nu⁴³	li³¹	tʰɨ⁴³	bi³¹	a⁴³？
你	茶	喝	做	吗
你喝茶吗？				

nu⁴³	li³¹	lɛ⁴³	tʰɨ³¹	zɛ³¹？
你	茶	（伴随）	喝	（完成）
你喝茶了吗？				

nu⁴³ li³¹tʰɯ⁴³ bæ⁴³	tʰɨ⁴³	æ³¹	dʐɯ⁴³？
你　茶　这	种	喝	（是非问）（曾行）
你喝过这种茶吗？			

7．形容词

例词

dɨ⁴³	tɕi¹³	ʂwa⁴³	hỹ⁴³
大	小	高	矮

表示事物性状变化、发展的动词。在词组末加kɣ⁴³，是表肯定的能愿动词。若是变大一类，形容词前加a³¹pu³¹；变小一类，形容词前加æ³¹m̩³¹。

dɨ⁴	a³¹pu³¹dɨ⁴³ kɣ⁴³	bɣ⁴³	a³¹pu³¹bɣ⁴³ kɣ⁴³	tɕi⁴³	æ³¹m̩³¹tɕi⁴³ kɣ³¹
大	变大	粗	变粗	小	变小

tsʰɨ⁴³	æ⁴³ m³¹tsʰɨ⁴³ kɣ⁴³	hỹ⁴³	hỹ³¹tʂæ³¹æɨ⁴³ kɣ⁴³
细	变细	红	变红

（1）语法特点

①比较

nu⁴³	gɣ⁴³	mi⁴³	tɕu⁴³	dɨ⁴³。
你	身	体	最	大
你的个子最高。				

tʰɯ⁴³	ʐu³¹	qʰwʌ⁴³	æ³¹m̩³¹	tɕi⁴³	tɑ⁴³	gɣ⁴³。
这	房子	小		比较		

这个房子比较小。

tʰɯ⁴³	gɣ³¹	mi⁴³	lɛ⁴³	tɕi³¹	zɛ³¹。
他	身体	（伴随）		小	（完成）

他个子太小了。

②程度

tʰɯ⁴³	hɯ⁴³	tʂi³¹lu³¹	ʐwæ¹³。
这	布	厚	很

这种布厚厚的。

（2）句法功能

①修饰

ʐu³¹	sɯ⁴³	pʰʌ³¹ʐu³¹sɯ⁴³	nɑ¹³	pʰɣ³¹	ɖɨ⁴³。
羊	毛	白羊毛	黑	价钱	大

白羊毛比黑羊毛值钱。

tʰɯ⁴³	æ³¹	zi¹³ɖɨ⁴³	pʰæ¹³。
他	轻轻	一	拍

他轻轻地拍了一下。

②形容词作谓语

tʂʰɨ³¹	qu⁴³	sɯ⁴³	dzɨ³¹	kʰɯ⁴³	lu⁴³。
这	里	树		很	密

这里的树很密。

nu⁴³	tʰɯ⁴³	ʁu⁴³	tu³¹	ɖɨ³¹	di¹³	mæ⁴³？
你	他	比	大		有	吗

你比大吗？

tʂʰɨ⁴³	zu³¹hɣ̃⁴³	gʌ⁴³	qu⁴³	lɛ⁴³	ɖɨ³¹	zɛ³¹。
这	孩子	向上	里	（伴随）	大	（完成）

这孩子长大了。

③形容词代替名词性短语

ŋʌ⁴³	hɣ̃³¹tʂæ⁴³ɬæ⁴³	hĩ⁴³fɣ³¹，	tʰɯ⁴³	nɑ³¹	qʰɛ⁴³tʂʰɨ³¹	hĩ³¹	fɣ⁴³。
我	红颜色 （名化）	喜欢，	他	黑颜色	（名化）		喜欢

我喜欢红的，他喜欢黑的。

tʂʰɨ⁴³	hĩ⁴³	tʂʰɨ⁴³	ɣ⁴³	hĩ³¹	dʐʌ¹³	ɣ⁴³	n̠i³¹。
这	人	这	个	人好		个	是

这人真是个好人。

8．副词

（1）程度副词

①mɑ⁴³ sɨ⁴³ 非常

mɑ⁴³ sɨ⁴³ fɣ⁴³
非常喜欢

tʰɯ⁴³	hĩ⁴³	tʰɯ³¹	zɨ⁴³	mæ³¹	sɨ⁴³	tʂʰwɑ¹³ji¹³	dzɯ⁴³	pu³¹	tsʰɨ⁴³。
那	人	这	俩	非常		痛快	吃	（起）	来

那二人便痛快地吃起来了。

② ʐwæ¹³ 很

dʐʌ¹³ʐwæ¹³
很好

（2）比较副词

ɑ³¹tsʰɛ⁴³ / tɑ⁴³ gɣ⁴³ 比

ɑ³¹tsʰɛ¹³	tʰɯ⁴³	su³¹	ʐwæ¹³
比	他	（受事）	狠

比他厉害

ɑ³¹tsʰɛ¹³	tʰɯ⁴³	su³¹	dʐʌ¹³
比	这	（受事）	好

比这个好

ɑ³¹tsʰɛ¹³	tʰɯ⁴³	su³¹	ɖi¹³
比	这（受事）		大

比这个大

ɑ³¹tsʰɛ⁴³	ɬi⁴³	di³¹ʁu⁴³	du³¹lu⁴³	gɣ³¹	ʂæ³¹。
比	永宁	上头	宁蒗		远

宁蒗比永宁远。

tʰɯ⁴³	ʐɯ³¹qʰwʌ⁴³	æ³¹m̩³¹tɕi⁴³	tɑ⁴³ tɑ⁴³³。
这	房子	小	比较

这个房子比较小。

（3）限制副词

tɑ⁴³ 只

tʰɯ⁴³	tsʰi⁴³	qʰʈ³¹	kʰɤ⁴³	tɑ⁴³	gɤ⁴³。
他	十	六	岁	只	到
他只有十六岁。					

tʰɯ⁴³	mɯ³¹	ɬi³¹	tɑ⁴³	dʑu³¹。	
他	女儿	个	只	有	
他只有一个女儿。					

（4）时间副词

χwa³¹	tsɯ⁴³	tɕʰʌ³¹	nʲi³¹	tɕʌ⁴³	tʰi³¹	mʌ³¹	ɬi⁴³	sɯ⁴³	kɯ⁴³	pʰu¹³。
耗子	每天	（持续）			（否定）	休息		树	根	啃
老鼠每天不停地啃树根。										

9．助词

（1）结构助词

①领属：bɤ⁴³

zu⁴³ bɤ⁴³ tʂʰɤ⁴³ mi⁴³	æ⁴³ ʂæ⁴³ bɤ⁴³
儿子 的 妻子	古时候 的
儿媳	古

②受事：ki⁴³

ŋʌ⁴³	æ⁴³	mi⁴³	ki⁴³	dʑu³¹	hɤ̃⁴³	tsʰæ³¹	zɛ³¹。
我	母亲	（受事）		衣服	洗	（完成）	
我给妈妈洗了衣服。							

tʰɯ⁴³	gi³¹gi³¹	ki⁴³	lu³¹	qʰu³¹tɕi⁴³	tɕi⁴³。		
他	老师	（受事）	手掌	挥挥			
他向老师挥了挥手。							

nu³¹	lɛ³¹ɻwa⁴³	tʰɯ⁴³	ki⁴³	ji³¹	kʰɯ³¹。		
你	（伴随）	叫他	（受事）	做	去		
你让他做。							

ŋʌ⁴³	tʰɯ⁴³	ki⁴³	χa⁴³	tʰi³¹	gɤ³¹	gɤ⁴³	kʰɯ³¹。
我	他	（受事）	饭	（持续）	做		去。
我让他弄饭去。							

tʰɯ⁴³	ŋʌ⁴³	ki⁴³	χɑ³¹	gɤ³¹	gɤ⁴³	kʰɯ³¹ 。
他	我	（受事）	饭		做	去

他让我弄饭去。

χɑ⁴³	nu³¹	ki⁴³	tʰi³¹	gɤ³¹	gɤ⁴³	kʰɯ³¹ 。
饭	你	（受事）	（持续）		做	去

你弄饭去。

受事助词也可以放在后面：

ŋʌ⁴³	æ³¹ mi⁴³	bɑ³¹	lɑ¹³ lɛ³¹	tʂʰæ¹³	dɨ³¹	ki³¹ 。
我	母亲	衣服	（伴随）	洗	得	给

我给妈妈洗了衣服。

gi³¹	gi⁴³	nɯ⁴³	tʰɯ³¹	ki⁴³	tʰɑ⁴³	ʈ³¹ pu⁴³	tʰi⁴³	ki⁴³ 。
老师	（主助）		他	（受事）	书	本	（持续）	（受事）

老师给了他一本书。

③范围

tʂʰɨ⁴³	bɑ³¹	ɬɑ³¹	tʰɯ⁴³	ɬɯ¹³	ŋʌ³¹	qɑ¹³	mʌ³¹	tɑ⁴³	dɨ³¹ 。
这	衣服	这	件		我	（范围）	不		合适

这件衣服我不合适。

④话题

tʂʰɨ³¹	ɲi³¹	i⁴³	zɛ⁴³	dzu³¹	tʰɯ⁴³	bi⁴³	dʑʌ¹³ 。
这	样	做	（完成）	（话助）	他	对	好

这样做对他好。

⑤处所

su⁴³	dzɨ³¹	ji³¹	si⁴³	ʈɨ⁴³	tʰi³¹	di³¹ 。
树	（处所）	梨子		（持续）		有

树上有梨子。

tʂe⁴³	lɛ⁴³	ʐɯ³¹	dzɯ³¹	qu⁴³	kʰɯ⁴³	lɛ⁴³	ʑʌ³¹	zɛ³¹ 。
土	（伴随）	放	水	（处所）	去	（伴随）	化	（完成）

泥土在水里化掉了。

ʂwɑ³¹	ɭɤ⁴³	mɤ³¹	gʌ³¹	ɬɑ⁴³	æ³¹,	hṽ³¹	ɭɤ⁴³	di³¹	gʌ³¹	ɬɑ¹³	æ³¹ 。
高（处）		天	神	（复数）	，	低（处）		地	神		（复数）

在高处的天神，在低处的地神。（L9）

nu⁴³	ba³¹	ɬɑ¹³	ŋʌ³¹	ki⁴³	dʐu⁴³ 。
你	衣服	我	（处所）		在

你的衣服放我这里。

⑥施事（主语助词）

æ³¹	tsɯ⁴³	zu³¹	kʌ¹³	nɯ⁴³	le³¹	tɕʰɯ⁴³	pu³¹hɯ⁴³ 。
小鸡	鹞鹰	（主助）	（伴随）		捞	起	去

小鸡被鹞子抓走了。

qʰɤ⁴³	dʐɯ⁴³	ʈʂi⁴³	tʰi⁴³	di³¹lɛ⁴³	tsɯ³¹	bi³¹ 。
洞洞	（特指）	（持续）	有	（伴随）	封	做

这洞已经堵上了。

tʰɯ⁴³	nɯ⁴³	lɑ³¹qʰɑ¹³
他	（主助）	虎 射击

他打老虎（用枪射击）。

lɑ⁴³	nɯ⁴³	tʰɯ⁴³	tʰæ¹³
虎	（主助）	他	咬

老虎咬他。

tʰɯ⁴³	lɑ³¹nɯ⁴³	le³¹	tʰæ¹³	lɛ⁴³	ʂɨ⁴³	hwʌ³¹	zɛ³¹ 。
他	虎（主助）	（伴随）	咬	（伴随）	死	（就）	（完成）

他快被老虎咬死了。

⑦工具

ŋʌ⁴³	bi³¹	mi¹³	pu⁴³	sɨ⁴³	dɑ³¹ 。
我	斧子	（工具）	柴		砍

我用斧子砍柴。

ŋʌ⁴³	pʰæ³¹tʂʰæ⁴³	lu⁴³	pu³¹pʰæ³¹tʂʰæ⁴³	bi⁴³ 。
我	脸 盆（工具）		洗 脸	做

我用盆洗脸。

tʂʰi⁴³	bɑ³¹lɿ³¹	tʂʰi⁴³	ɬɯ³¹	ŋʌ⁴³	su⁴³	tsʰɨ⁴³	mæ³¹	le⁴³	χwɑ⁴³ 。
这	衣服	这件	我	三	十	元		（伴随）	买

这件衣服我用三十元买的。

⑧朝向

pʰɣ⁴³ ɬɑ⁴³ gʌ³¹ ɬɑ⁴³ æ³¹ gi³¹, ʑɯ⁴³ ɕɯ³¹ mɣ⁴³ zɛ⁴³ nɯ³¹ gʌ³¹ lɛ⁴³ pɣ³¹。 左神[1] 右神 （复数）（受事），用 柏香 好（主助）上（助）送
为左边和右边的神们，用好香向上送。

⑨从由

nu⁴³ zɯ³¹ qu⁴³ nɯ⁴³ lɛ⁴³ tsʰɨ⁴³ ? 你 哪 里（从由） （伴随）来
你从哪里来?

ŋʌ³¹ dʐɯ³¹ bi¹³ nɯ⁴³ lɛ⁴³ tsʰɨ⁴³。 我 山 上 （从由）（伴随）来
我从山上下来。

tʰɯ⁴³ lu³¹ ji⁴³ æ³¹ ȵi⁴³ nɯ³¹tsʰɨ³¹ ȵi³¹tʰɣ⁴³。 他 劳动 昨天 （从由） 今天 到
他从昨天干到今天。

ŋʌ⁴³ ȵjʌ³¹ ȵjʌ⁴³ pɑ³¹tj³¹⁴³ ȵi⁴³ mɑ⁴³ gi³¹gi⁴³ ki⁴³ nɯ³¹ pi⁴³ tɕu⁴³ tsʰɯ⁴³。 我 早上 八 点 尼玛 老师 （处所）（从由）出 来 来
我早上八点从尼玛老师家里出来。

ŋʌ⁴³ æ³¹ ji⁴³ tɕʌ³¹ tʂʰɨ³¹ qu⁴³ dʐɯ³¹。 我 去年 （从由） 这 （处所）住
我从去年起就在这里住。

ɭɨ⁴³ mi⁴³ ʁwʌ³¹ ʁɣ⁴³ nɯ³¹ tʰi⁴³ m⁴³ pu⁴³ ɭɨ⁴³ tsʰɨ⁴³。 石头 山 顶（从由）（持续） 下 滚 来
石头从山上滚下。

hĩ nɯ³¹ ʁwʌ³¹ ʁɣ⁴³ nɯ³¹ ɭɨ⁴³ mi⁴³ pu⁴³ ɭɨ⁴³。 人（主助）山 头 （从由） 石头 滚下
人从山顶上把石头推下来。

⑩强调：nɯ⁴³

A.强调时间

ŋʌ⁴³ ʑɯ³¹ nu⁴³ nɯ⁴³ χɑ³¹ dzɯ⁴³。 我 刚刚 （强调）饭 吃
我刚吃过饭。

---

[1] 大神。

zɯ³¹ nu⁴³ nɯ⁴³ χɯ³¹ gi³¹ dʐɯ⁴³, nu⁴³ qʰɣ⁴³ mɯ³¹pu⁴³ zu⁴³ mʌ⁴³ ji⁴³。
刚刚　（强调）雨下（曾行），你　伞（斗笠）带　不　做
雨刚下过，你不用拿伞（斗笠）。

B.强调处所

hĩ³¹ pæ³¹ɬæ⁴³ qu⁴³ qwʌ³¹ qu³¹ nu⁴³ li³¹ tʰɨ⁴³ pi⁴³ zɛ⁴³。
人 客（复数）（处所）火塘　（强调）茶 喝 做（完成）
客人们在火塘边吃茶呢。

C.强调动作

tʰɯ⁴³ gwʌ¹³ hɯ³¹ gwʌ³¹ nɯ⁴³ fɣ³¹。
他　唱歌　越　唱歌　（强调）高兴
他越唱越高兴。

tʰɯ⁴³ li³¹ tʰɨ⁴³ bi⁴³ nɯ³¹？
他　茶　喝　做（强调）
他喝茶吗？

tʰɯ⁴³ li¹³lɛ⁴³ tʰɨ⁴³ zɛ⁴³ nɯ³¹？
他　茶（伴随）喝（完成）（强调）
他喝茶了吗？

D.强调施动者

ŋʌ¹³ nu⁴³ ũ³¹ du³¹ ʈ¹³ dʑ⁴³。
我　（强调）自己 自尊 大
我很有自尊心。

⑪偕同

tʰɯ⁴³ tʂʰɣ³¹ mi³¹ qa¹³dʐwæ³¹ dʐwæ⁴³ di³¹mæ³¹。
他　妻子　（偕同） 吵架　有　吧
他跟老婆吵架了吧。

tʰɯ⁴³ bi³¹ zwʌ³¹ hĩ³¹ qa⁴³ la³¹la¹³ zwæ³¹ kɣ⁴³。
他　外来　人（偕同）　打仗　狠　会
他跟敌人打仗很勇敢。

⑫比较

ŋʌ⁴³ su⁴³ kɣ³¹ lɛ⁴³ tsʰɨ⁴³ nu⁴³ ɬa³¹ ki³¹ hwã³¹。
我（复数）（伴随）来 你（复数）（比）晚
我们比你们来得晚。

（2）名化助词

tʰɯ⁴³	su⁴³	kɣ⁴³	ʐʌ³¹tɑ¹³	hĩ⁴³	ɲi¹³。
他（复数）	路	修	（名化）	是	

他们是修路的。

tʰɯ⁴³	kʰɣ³¹	mi³¹	nɯ⁴³	ɖɨ³¹	kɣ¹³	ɣ³¹	dʐu¹³。
他	狗（主助）		叫		会	只	有

他家有一只爱叫的狗。

tʰɯ⁴³	kʰi⁴³	tʰi⁴³	tsi⁴³	dʐu³¹。
这	门	（持续）	锁	有

门是锁了的。

nu⁴³ su⁴³	kɣ³¹	ɖɨ³¹	lɛ¹³	ʐwʌ³¹	bi³¹	ɲi³¹gɣʌ	hĩ⁴³	lɣ³¹	hĩ⁴³	si⁴³	u⁴³。
你（复数）	所	说	做	是	想	（名化）（伴随）	说		（出）	来	

把你们要说的都说出来。

mɯ³¹	kʰɣ⁴³	lɛ⁴³	tsʰɨ³¹，	tʰɯ⁴³	tsʰɯ⁴³	ʂi⁴³	dʐu⁴³	nɯ⁴³	mʌ³¹dʐu⁴³。
晚上	（伴随）	来，	他	山羊肉	吃（强调）		不		在

晚上他来了，发现要吃的羊肉没有了。

ɣ⁴³	tʂʰɨ⁴³	ɖɨ⁴³	χɑ⁴³	tɑ⁴³ t，	tʰɯ⁴³	ɖɨ⁴³	ʐæ³¹	tɕʌ¹³	di⁴³。
锅	这	口	饭	煮（名化），	那	口	汤	煮（名化）	

这口锅是煮饭的，那口锅是煮汤的。

bæ³¹	ʐɛ⁴³	dʐu³¹	gɣ⁴³	mi⁴³	bi³¹	qʰu³¹	kɣ¹³。
跑步	（完成）	（话题）		身体	（收拾）	好	会

跑步对身体有益。

（3）状饰助词

ũ⁴³	tʰɑ⁴³ȶ³¹	tɕɯ⁴³	dʐʌ³¹	kʰɯ⁴³。
自己	字	写	好	（能够）

自己字写得好。

nu⁴³	mɯ⁴³	ɖɨ³¹ʂɨ³¹	ʂɨ⁴³	tʰi⁴³	kʰɯ⁴³。
你	火	大	一点	（持续）	（能够）

把火再烧旺些。

（4）方位助词

| ŋʌ⁴³ zʌ³¹mi³¹ qu⁴³ si⁴³， kʰɯ⁴³ pi⁴³ tʰi³¹ twɑ¹³。 |
| 我　路　（处所）走，趴　倒（持续）摔 |
| 我走路时摔倒了。 |

| zʌ³¹ mi³¹qu⁴³ si⁴³ tʰɑ⁴³ ʰɑ⁴³ tʰɑ³¹ li⁴³。 |
| 路　（处所）　走　书　　不要　看 |
| 走路时不要看书。 |

| zɑ̃³¹ bɑ⁴³ lɑ³¹ lɛ⁴³ pʰu³¹ ɬi³¹ ji⁴³ mɤ⁴³ gʌ⁴³ tʰu⁴³ lɛ⁴³ pi⁴³ ze³¹ bi³¹。 |
| 火神　（主助）逃，中间　的　天　上（方位）（助）回去了　说 |
| 火神逃跑了，说要回到天上去了。（L9） |

10．连词

（1）并列

| tæ⁴³ ʂɨ⁴³ lɑ⁴³ lu³¹ ʁwɑ⁴³ lɛ⁴³ ji³¹ zɛ³¹。 |
| 扎西　和　鲁瓦　（伴随）　回（完成） |
| 扎西和鲁瓦回来了。 |

| ŋʌ⁴³ dzɣ⁴³ lɑ⁴³ lɑ⁴³。 |
| 我　朋友　跟（连）一起 |
| 我和我的朋友在一起。 |

| sɨ⁴³ zɑ³¹ zu³¹ wʌ³¹ wʌ³¹ ɬɨ⁴³ hɯ⁴³， mi⁴³ zɑ³¹ mɤ³¹ wʌ³¹ wʌ³¹ ɬɨ⁴³ hɯ⁴³。 |
| 父亲　与　儿子　吵架（定指）了，母亲　与　女儿　吵架（定指）了 |
| 父子吵架，母女吵架。（L9） |

| qwʌ³¹ nɯ⁴³ pʰʌ³¹ ʁu⁴³ du³¹。 |
| 火塘 和　普神　上 头 |
| 火塘神和普神上头。（L9） |

（2）选择

| ŋʌ⁴³ su⁴³ kɣ³¹su³¹ɲi⁴³ lɑ³¹ ʁɣ⁴³ su³¹lɑ³¹ ʁɣ⁴³ su³¹ bi¹³ ʥi⁴³ bi⁴³。 |
| 我（复数）明　天　或　后天　　　　山上　一　　下 |
| 我们明天或者后天到山上去一下。 |

（3）连贯

æ³¹ ji⁴³ zɣ¹³ le³¹ mʌ⁴³ se³¹ nɯ³¹, tsʰɿ⁴³ ji⁴³ sɿ¹³ hĩ⁴³ gʌ³¹ tʰɣ⁴³ kʰɯ³¹ hĩ⁴³。 去年 旧（助）不 完 还，今 年 新 的 上 出来 放 就
去年旧的还没有用完，今年新的就到来了。（L9）

（4）递进

tʰɯ⁴³ gwʌ¹³ kɣ⁴³, wʌ¹³ hĩ⁴³ ki³¹ gwʌ³¹ su⁴³。 他 唱歌 会，又 要 人 给 唱歌 教
他不但会唱歌，还教人唱歌。

ũ³¹ ɖɨ⁴³ lɛ⁴³ pʰɣ¹³ lɛ⁴³ si³¹, wʌ¹³ hĩ⁴³ qa⁴³ q⁴³ hɯ⁴³。 自己 地 （伴随） 耕（伴随）完成，又要 人 帮助 去
他不但耕完了自己的地，还去帮助别人耕。

（5）转折

zɿ³¹ na¹³ tsʰɿ³¹ ɽɯ⁴³ ɕɯ⁴³ pʰɣ³¹ kʰwʌ³¹, sɯ⁴³ di³¹ zʌ⁴³, sɯ⁴³ tʰi³¹ di³¹ mʌ⁴³ kʰɯ³¹。 冷杉 树 这个 树林 中 的 白地，树 长 虽，树（助） 长 不 能
冷杉树这个林中的白地，树虽然长，但长不成。（L9）

（6）假设

ʥi³¹ ɬi³¹ ɬi¹³ la⁴³ lɛ⁴³ qʰwa⁴³ ji⁴³ zɛ⁴³。 一 休息 就（伴随） 好转 做 了
休息一下就会好的。

tʂʰɿ³¹ ɲi³¹ ji⁴³ la³¹, ba³¹ ba¹³ qʰa³¹ kɣ¹³。 这样 做 就，花 开 会
这样做就会开花。

（7）条件

gwʌ⁴³ pʰɣ⁴³ tʰu³¹ ʂu³¹ wʌ⁴³, lu³¹ ɲi⁴³ kʰɯ³¹ hĩ³¹。 粮食 堆满 多，劳动 饱（能够）（会）
粮食堆满仓；多吃饭的那一天，不会饿；多喝酒的那一天，不会醉；劳动了就能吃饱。（L9）

zɿ⁴³ bɣ³¹ gɣ³¹ zu⁴³ ʁæ⁴³ nɯ³¹, ʑɯ⁴³ gʌ³¹ pʰɣ³¹ la³¹ sɿ³¹ zu³¹ ʁæ⁴³。 水神 儿 富裕 直到，房子 住户 父子 富裕
水神的儿女富裕了，住在房屋里的人家父子才会富裕。（L9）

（8）因果

ʁɯ³¹ mi³¹ na³¹ nɯ⁴³　zε³¹ɣ⁴³ ɬu¹³ pʰɣ³¹ dɨ⁴³ hĩ³¹，ni³¹ ʈʏ⁴³ nõ⁴³　bi³¹ ta⁴³ nɯ⁴³ ji³¹。
黄牛 母 黑（主助）脊牛 脑门 白 得（会），牲畜 放牧 诺（神）因为（主助）做

黑的黄牛生了一个脑门白的儿，这是因为诺神保佑畜牧。

11．语气词

祈使语气：

lε⁴³ tʰi³¹	tʰjε⁴³ dzɯ³¹
喝吧	坐吧

tsʰɯ³¹　ʂi⁴³ tʰi³¹　mʌ³¹ dʑu⁴³ zε⁴³，tʰɯ⁴³ tsʰɯ¹³ lε⁴³　dzi³¹ hu⁴³ zε⁴³ di³¹mæ³¹
山羊 肉（持续）不在（完成），这 羊（伴随）飞 去 （完成）（名化）吧

羊肉不在了，这羊飞走了吧?

tʰɯ⁴³　ɣ⁴³　tsε⁴³　nɯ⁴³?
哪　个　对　呢

哪个对呢？

ʐɯ³¹　qʰu⁴³　tʰε⁴³　di⁴³　zε³¹，wʌ¹³　n̥i⁴³　a⁴³?
房 （持续） 有 （完成），还 要 吗

已经有房子了，还要吗？

ʂæ³¹ sε¹³　æ³¹　χɑ⁴³　tʂæ⁴³　tsʰɨ³¹，æ¹³　wʌ¹³　dʑʌ³¹　kɣ-ʌ⁴³?
喜鹊 鸡　食　抢　来，鸡　还　好　会-吗

喜鹊来抢鸡食，还能好吗？

ji⁴³! mæ³¹　si⁴³ æ³¹ɣ³¹!
哎 很　漂亮

哎！好漂亮！

ji⁴³　jɑ⁴³!　lε⁴³　tʰi³¹　zε³¹!
哎呀 （伴随） 累（完成）

哎呀！累了啊！

ɑ⁴³! mæ⁴³　si⁴³ gu⁴³!
啊 很　痛

啊！痛啊！

三 句法

（一）按语气分类

1. 陈述句

| æ⁴³ zɯ¹³ʁu⁴³ tɨ³¹ le³¹ pʰɤ³¹ zɛ⁴³ 。 |
| 奶奶 头 （伴随）白（完成） |

| 奶奶的头发白了。 |

| dʑɯ³¹ qu⁴³ ȵja³¹tsɯ⁴³ tʰi⁴³ dʑu⁴³ 。 |
| 水 （处所） 鱼 （持续） 有 |

| 水里有鱼。 |

| æ³¹tsɯ⁴³ æ³¹mi⁴³ le³¹ hã¹³ hɯ⁴³ zɛ⁴³ 。 |
| 小鸡 母鸡 （伴随） 睡觉 去（完成） |

| 母鸡和小鸡睡觉去了。 |

2. 祈使句

| lɛ⁴³ hṽ³¹ ɑ³¹ʁɤ⁴³ zɯ³¹ dɤ⁴³ ji⁴³ bi⁴³ ŋɯ³¹ 。 |
| （伴随）回去 屋里 家庭 做（去） 吧 |

| 建立一个家庭吧。 |

3. 疑问句

（1）是非问：

| nu⁴³ li³¹ tʰɨ⁴³ bi⁴³ ŋɯ³¹ ？ |
| 你 茶 喝 （将） 吗 |

| 你要吃茶吗？ |

| tʰɯ⁴³ ɤ⁴³ tsɛ⁴³ ŋɯ³¹ ？ |
| 这 个 对 吗 |

| 这个对吗？ |

ŋu⁴³ su⁴³ kɤ³¹ ɑ³¹ pʰu³¹ dɨ⁴³ bi⁴³ tsɛ⁴³ æ³¹- ji⁴³?
我（复数） 外面 一 去 好（是非问）- 做

我们出去一下好吗？

χɑ⁴³ qu³¹ dzi⁴³ tʰɛ⁴³ kʰɯ³¹, ɑ³¹ tˡ³¹ 吗？
饭（方位）糖（持续）放，（是非问）甜

饭里放糖，甜吗？

（2）反问：

ʂæ³¹ sɛ¹³ æ³¹ χɑ⁴³ tʂæ⁴³ tsʰɨ³¹, æ¹³ dzʌ³¹ kɤ¹³-æ⁴³?
喜鹊 鸡 食 抢 来， 鸡 好 会 - 吗

喜鹊来抢鸡食，还能好吗？

（3）特指问：

qʰɑ³¹ ȵi¹³-æ¹³ dzɯ⁴³ bi⁴³?
怎么 吃 （去）

怎么吃呢？

qʰɑ³¹ȵi³¹ji⁴³ bi⁴³ zɛ³¹?
怎么 做（去）（完成）

怎么办呢？

zɛ³¹ ɣ¹³ tsɛ⁴³ ji³¹?
哪 个 对 做

哪个对？

（4）选择问：

χɑ⁴³ qu³¹ dzi⁴³ tʰɛ⁴³ kʰɯ³¹, tɕʰɯ¹³ ŋu⁴³ mʌ⁴³ tɕʰɯ⁴³?
饭（方位）糖（持续）放，甜（选择问）不 甜

饭里放糖，甜不甜？

4. 感叹句

χɑ⁴³ qu³¹ dzi⁴³ tʰɛ⁴³ kʰɯ³¹, tɕʰɯ¹³ ŋu⁴³ mʌ⁴³ tɕʰɯ⁴³?
饭（方位）糖（持续）放，甜（选择问）不 甜

饭里放糖，甜不甜？

nu³¹ tsʰɯ¹³ pʰɑ⁴³ hɯ³¹ zɛ⁴³!
你 山羊 逃跑 去（完成）

你的山羊跑了啊！

mæ³¹ si⁴³ χwɑ³¹！ 很　舒　服
很舒服！

（二）按结构分类

1. 单句

（1）主谓句

①动词谓语句：

tʰɯ⁴³　　dɑ⁴³ pʌ⁴³　　su³¹。 他　　　达巴　　　学
他学达巴。

dʐu⁴³　qu⁴³　ȵjɑ³¹tsɯ¹³　mɑ³¹si⁴³　tʰi³¹　dʐu¹³。 水　　里　　鱼　　　非常多　　（持续）在
水里有很多鱼。

②形容词谓语句：

tʰɯ⁴³　qʰɑ³¹　ʂwɑ⁴³　gɤ⁴³。 他　　很　　　高　　是
他很高。

bɑ³¹　bɑ¹³mɑ³¹si⁴³ æ³¹　ɤ¹³。 花　　非常　　　漂亮
花很漂亮。

③名词谓语句：

tʰɯ⁴³　dʐu³¹　dɑ⁴³ pʌ⁴³。 他　　（话助）　达巴
他是达巴。

④连谓句：

tʰɯ⁴³　mɯ⁴³　kʰɯ⁴³　χɑ³¹　gɤ¹³。 他　　火　　　点　　饭　　做
他生火做饭。

⑤多重述宾结构句：

| ŋʌ⁴³ tsʰɨ³¹ di⁴³ na³¹ ʐwʌ⁴³ lɛ⁴³ su⁴³ tsʰɨ¹³ zɛ³¹。 |
| 我 这 地 纳话（伴随）学 来 （完成） |
| 我来这里学纳话。 |

⑥包孕句：

| ŋʌ⁴³ tʰɯ⁴³ ki⁴³ ji⁴³ mʌ⁴³ kʰɯ⁴³。 |
| 我 他（受事）来 不 （要） |
| 我让他不要来了。 |

| ŋʌ⁴³ ʂu⁴³ tɪ⁴³ tʰɯ⁴³ æ⁴³ tsu³¹ ji⁴³ zɛ⁴³ ʂu³¹tɪ⁴³？ |
| 我 想 他 什么 做 了 想 |
| 我想："他怎么了？" |

| ŋʌ⁴³ lɛ³¹ ɻwɑ⁴³ ŋʌ⁴³ dzɣ⁴³ lɑ⁴³ di⁴³ tɕʰu³¹。 |
| 我 （伴随） 喊 我 朋友 跟（and）一起 |
| 我喊我朋友一起。 |

（2）非主谓句

①无主句：

| tʰɑ⁴³ ʐu⁴³ zɛ⁴³！ |
| 不要 来 （完成） |
| 不要来了！ |

| tʰɑ⁴³ mi⁴³ χɑ³¹ dzɯ⁴³ bi³¹ ɲi³¹ kɣ⁴³。 |
| 确实 饭 吃 想 要 是 |
| 确实想吃饭了。 |

②独语句：

| ʐu⁴³！ | bi⁴³！ |
| 来！ | 走！ |

2．复句

（1）并列关系

| tʰɯ⁴³ ɖɨ³¹ki⁴³ tʰi³¹ si⁴³ ɖɨ³¹ki⁴³ tʰi⁴³ gwʌ³¹。 |
| 他 一边 （持续）走一边 （持续） 唱 |
| 他边走边唱。 |

tʰɯ⁴³	ma³¹	si⁴³ a³¹ɣ¹³,	jʌ³¹ ɬa¹³	lu³¹ji⁴³ lu³¹ji⁴³	dɨ³¹	su¹³ ji³¹	kʰɯ¹³	ma³¹si⁴³	hɯ¹³。
她	非常	好看	其他	劳动 活路	一	种	做	（能够）非常	好。

她很好看，劳动和其他的事情都很厉害。

（2）选择关系

tʰɯ⁴³	mʌ⁴³	gɣ³¹	dʑi³¹	dʑu⁴³	dʑɯ³¹	bi³¹	gʌ⁴³	hɯ³¹,
他	或者	山		上			去，	

mʌ⁴³	gɣ³¹	dʑi³¹	dʑu⁴³	dʑɯ³¹	qu³¹	m̥⁴³	za³¹	ɲja³¹	tsɯ⁴³	tsʰɨ⁴³ hɯ⁴³。
或者				水	里	下		鱼	抓	去

他或者上山去，或者下河抓鱼去。

（3）解说关系

χɻ̩¹³	zi³¹ ɣ¹³,	bɣ³¹	ɻ̩⁴³	dɨ⁴³	tɣ⁴³	tɣ⁴³。
牲畜	耕牛，	牛叫声	一		哞哞	

耕牛欢叫声充满（山野）。

zã³¹	ba⁴³	la³¹	lɛ⁴³	pʰo³¹,	ɬi³¹ ji⁴³	mɣ⁴³	gʌ⁴³	tʰo⁴³	lɛ⁴³	bi⁴³	zɛ³¹ bi³¹。
火神	（主助）	逃，		中间 的	天	上	（方位）	（助）	回去	（完成）	说

火神逃跑了，说要回到天上去了。（L9）

（4）连贯关系

tʰɯ⁴³	dɨ³¹su⁴³	mʌ⁴³	zwʌ³¹	hɯ⁴³	zɛ⁴³。
他	一	种	不	说	走（完成）

他什么都没说就走了。

nu⁴³	ȵi⁴³	tʂæ⁴³	ʐɯ³¹	ʁɣ⁴³	dɨ³¹	li³¹hɣ̃³¹。
你	二层	屋	上头		一	看去

你到楼上看一下去。

（5）递进关系

tʰɯ⁴³	ũ⁴³	gwʌ¹³	kɣ⁴³,	wʌ¹³	hĩ⁴³	ki³¹	gwʌ³¹	su⁴³。
他	自己	唱歌	会，	又要	人	给	唱歌	教

他不但会唱歌，还教人唱歌。

tʰɯ⁴³	ũ³¹dɨ⁴³	lɛ⁴³	pʰɣ¹³	lɛ⁴³ si³¹,	wʌ¹³	hĩ⁴³	qa⁴³	qa³¹	hɯ⁴³。
他	自己 地	（伴随）	耕	（伴随）完成，	又要	人	帮助		去

他不但耕完了自己的地，还去帮助别人耕。

（6）转折关系

tʰɯ⁴³	zɯ⁴³	dʏ⁴³	dɿ³¹		ɫɿ⁴³ ji⁴³,	bi⁴³ ʂu⁴³ tɿ⁴³ æ³¹	tsɯ⁴³	ɫɿ³¹		mʌ³¹	dʐu⁴³。
他	家庭	一	个		做，	但是 小鸡	只	不			有

他想建立一个家庭，但是一只小鸡都没有。

ŋʌ⁴³	mæ⁴³ sɿ⁴³		tʰi⁴³,	wʌ¹³lu³¹ji⁴³ bi⁴³。
我非常累，还要			劳动	（FUT）

我很累，但还要工作。

tʰɯ⁴³	χɑ⁴³	mɑ³¹	dʐu⁴³	ŋɯ³¹,	χɑ⁴³	ɲi⁴³。
他	饭	不	吃	还，	饭	饱

他没吃饭，但是饱了。

ʂɿ⁴³ kʰʏ³¹hʏ̃⁴³ mʌ³¹ʁʏ⁴³,	ʂɿ³¹hɑ`³¹kʏ⁴³ lɑ³¹lɛ³¹pʰu⁴³。
七 年 等 不 能，	七 天 有 才（伴随）打开

等不了七年，七晚上就打开了。

（7）假设关系

dʑɿ³¹	ɫɿ³¹	ɫɿ¹³lɑ⁴³	lɛ⁴³ qʰwɑ⁴³ ji⁴³	zɛ⁴³。
一	休息	就（伴随）	好转 做	了

休息一下就会好的。

tʂʰɿ³¹	ɲi³¹	ji⁴³	lɑ³¹,	bɑ³¹	bɑ¹³	bɑ³¹	kʏ¹³。
这	样	做	就，	花		开	会

这样做就会开花。

（8）条件关系

ŋʏ⁴³	kʰʏ³¹	mʌ⁴³	kʏ⁴³	si⁴³	nɯ⁴³,	tʰɑ⁴³	pʰu³¹。
九	年	不	有	直到，		不要	打开

不到九年不要打开。

su³¹	ɲi⁴³	hɯ³¹	gi³¹	zɛ⁴³	dʐu⁴³,	ŋʌ⁴³	su⁴³	kʏ³¹
明	天	雨	下	了	有，	我		（复数）

pi³¹	dʐu⁴³	pɑ³¹	mʌ⁴³	bi⁴³。
外边	出	不		（去）

明天如果下雨，我们就不出去。

（9）因果关系

tsʰi⁴³	ji⁴³	ba³¹	mʌ⁴³	dza³¹	hĩ³¹,	huɯ³¹	mʌ³¹	gi⁴³	bi⁴³	da³¹。
今	年	庄稼	不	好	的，	雨	不	下	因为	

今年庄稼不好，因为没有下雨。

ʐo⁴³ mi⁴³ na³¹ nuɯ³¹， ʐo⁴³ ɬi³¹ pʰɤ³¹ ʈ⁴³ dʑi³¹ hĩ³¹, ȵi³¹ ʈɤ⁴³ nõ⁴³ bi³¹ da⁴³ nuɯ⁴³ dʑi³¹。
绵羊 母 黑（主助），小绵羊 白 色 得（会）， 牲畜 放牧 诺（神）因为（主助）得

黑的母绵羊生了一个小白绵羊，是因为诺神保佑畜牧。（L9）

四 词汇表

（一）天文

词汇	屋脚	利家嘴	前所
天文			
天	muɯ⁴³	mɤ⁴³	mɤ⁴³
天边	muɯ³¹kʰi⁴³	—	mɤ³¹kʰi⁴³
天上	muɯ⁴³ ʁɤ⁴³	—	mɤ⁴³ ʁo⁴³
世界	dzuɯ⁴³ ti⁴³ zu³¹pɤ⁴³ li⁴³	—	zõ³¹pɤ⁴³ li⁴³ qo⁴³
风	ɬæ⁴³	χæ⁴³ /ʂæ⁴³	hæ⁴³
晨风，在湖里	ȵjʌ⁴³ ȵjʌ⁴³ ɬæ⁴³	—	ȵjʌ³¹ȵjʌ⁴³ pɤ³¹χæ⁴³
空气	—	—	mɤ⁴³ so³¹
霜	ȵi⁴³ pʰʌ³¹	ȵi⁴³ pʰɤ³¹	ȵi⁴³ pʰɤ³¹
云	tɕʰuɯ⁴³	tɕi⁴³	tɕuɯ⁴³
白云	—	—	mɤ³¹tɕuɯ⁴³ pʰʌ³¹
雨	χuɯ⁴³	χi⁴³	—
雨滴	χuɯ⁴³ ʈɨ⁴³	huɯ⁴³ ʈɨ⁴³	—
雨水	χuɯ⁴³ dzuɯ⁴³	—	ze⁴³ χʌ⁴³
雷	mɤ⁴³ gɤ⁴³	mɤ⁴³ gɤ⁴³	mɤ⁴³ gɤ⁴³
露	dzuɯ⁴³ ɬi⁴³	—	dzɤ⁴³ ɬi⁴³
雾	tɕuɯ³¹sɨ¹³	dzuɯ³¹sɨ¹³	dʑi³¹sɨ¹³
雪	bi⁴³	bi⁴³	bi⁴³

天文	屋脚	利家嘴	前所
雹	dzu^{43}	dzo^{43}	—
冰	dzɨ^{31}kʰæ^{13}	dzɨ^{43}	—
冰柱	dzɨ^{31}qʰa^{13}tɕʌ^{43} ljʌ^{43}	—	dzɨ^{31}lyɛ^{13}
彩虹	mɯ^{31}ɕi^{43} dzɯ^{43} tʰɨ^{43}	mɣ^{43} ɕi^{43} dzɨ^{31}	mɣ^{43}ɕi^{13}dzɨ^{31}tʰɨ^{43}
天文－气象			
吹风（刮风）	ɬæ^{43} tʰɣ^{43}	χæ^{43} tʰɣ^{43}	χæ^{43} tʰɣ^{43}
打雷	mɣ^{43} gɣ^{43} gɣ^{43}	mɣ^{43} gɣ^{43} la^{31}	mɣ^{31}gɣ^{31}gɣ^{43}
打闪	zɛ^{31}bæ^{13}	zɛ^{31}bæ^{13}	zɛ^{31}bæ^{13}
放晴	mu^{31}tʰɣ^{43}	mɣ^{31}dʐa^{13}	mɣ^{31}dʐa^{13}
太阳从云后出来	ȵi^{43} mi^{43} kʰɯ^{43} ʂɨ^{43}	—	ȵi^{43} mi^{43} tɕɯ^{43} gi^{13}
天阴	mu^{43} dza^{43}	mɣ^{43} dza^{31}	mɣ^{43} dza^{43}
日出	ȵi^{43} mi^{43} gʌ^{31}pæ^{13}	—	ȵi^{43} mi^{43} tʰɣ^{43}
日落	ȵi^{43} mi^{43} ljɛ^{43} gɣ^{31}hɯ^{31}	—	ȵi^{43} mi^{43} gɣ^{31}
日蚀	ȵi^{43} mi^{43} ȵi^{31}dzɯ^{43} tʰɣ^{43}	—	ȵi^{43} mi^{43} da^{31}dzɯ^{43} tʰɣ^{43}
下暴雨	χɯ^{43} qʰa^{31}la^{43}	—	χʌ^{31}qʰa^{43}
下冰雹	dzu^{43} la^{31}	—	dzo^{43} la^{31}
下流星	kɯ^{31}qʰɛ^{43} ʂɨ^{43}	—	kɯ^{43} qʰɛ^{43} ʂe^{43}
下雪	bi^{43} gi^{43}	—	bi^{43} gi^{43}
下雨	χɯ^{31}gi^{13}	χɯ^{31}gi^{13}	χʌ^{31}gi^{13}
（雪）融化	bi^{31}ʐʌ^{13}	—	—
干旱	mu^{43} pɣ^{31}tʰɣ^{31}	—	mɣ^{43} kʌ^{31}tʰɣ^{13}
天文－天体			
太阳	ȵi^{43} mi^{43}	ȵi^{43} mi^{43}	ȵi^{43} mi^{43}
阳光	ȵi^{43} mi^{43} wã^{31}	—	ȵi^{43} mi^{43} wã^{31}
月亮	ɬi^{43} mi^{43}	ɬi^{43} mi^{43}	ɬi^{43} mi^{43}
明月	ŋwʌ^{43} ȵi^{43} ɬi^{43} mi^{43}	—	ɬi^{43} wã^{31}po^{43}
星	kɯ^{43}	kɯ^{43}	kɯ^{43}
星光	kɯ^{43} wã^{43} bu^{43}	—	kɯ^{43} bo^{43}
流星	kɯ^{31}tɕʰi^{13}	—	kɯ^{31}bæ^{13}

（二）地理

词汇	屋脚	利家嘴	前所
地理-土地			
地	di⁴³	di⁴³	—
土	tʂi⁴³	tʂe⁴³	—
土地	m̥³¹di¹³	—	mɣ³¹di¹³
土块	tʂi⁴³ dʑi³¹qʰwʌ⁴³ dʑi³¹qʰwʌ⁴³	—	po⁴³ tʰo⁴³
灰	ɬæ⁴³ pʰɣ⁴³	χæ⁴³ pʰɣ⁴³	—
灰尘，尘土	dzi⁴³	—	ɖɑ³¹pʌ⁴³
泥土	tʂi³¹tʂi⁴³	—	tʂe⁴³
烂泥	dzɛ³¹qʰɛ⁴³ zæ¹³	zɑ³¹qʰæ⁴³	dzɑ³¹qʰɛ⁴³ / zɑ³¹qʰɛ⁴³
沙子	tʂi³¹mɯ¹³	lɣ⁴³ zi⁴³	tʂe³¹mo¹³
石头	ɭɨ⁴³ mi⁴³	zʏ⁴³ mi⁴³	ɭɣ⁴³ mi⁴³
大石头	ɭɨ⁴³ mi⁴³ dʑi⁴³	—	ɭɣ⁴³ mi⁴³ dɨ¹³
石头山	æ³¹ʁu⁴³	—	æ³¹ʁo⁴³
地震	zɨ⁴³ ɭɨ⁴³	—	zɨ³¹ɭɨ¹³
地理-地形			
平地	sɛ⁴³ tʂʰʌ⁴³ ɭæ³¹	—	di⁴³ ʁæ⁴³
平原	zɯ⁴³ ɭɨ⁴³	—	di⁴³ ʁɛ⁴³
山	ʁwʌ⁴³	ʁwʌ⁴³	ʁwʌ³¹nɑ¹³
山脚	ʁwʌ⁴³ kʰɯ⁴³	—	—
山坡	dʐɯ³¹bi¹³	—	dʑi³¹ʁwʌ¹³/ to³¹bi¹³
小丘	dʐɯ³¹bi¹³æ⁴³ m̥³¹tɕɯ⁴³	—	zʏ³¹dʐɯ¹³
小山	ʁwʌ³¹tʂi⁴³	—	ʁwʌ³¹tɕi¹³
高山	ʁwʌ³¹ʁu¹³	—	ʁwʌ³¹ʁɣ¹³
悬崖	tu³¹ʁu¹³	—	to³¹tsɨ⁴³
高原	ʁwʌ⁴³ ʁu⁴³ du⁴³	—	ʁwʌ⁴³ ʂwɑ⁴³
山谷	lu³¹qʰu¹³	—	lo³¹qʰɣ¹³
深谷	æ³¹lu⁴³	—	—
无底洞	su³¹dʐɯ⁴³	—	ʈæ⁴³ m̥³¹mæ⁴³
洞	qʰu³¹tɕɯ⁴³	—	to⁴³ qʰɣ⁴³
山洞	æ³¹qʰu⁴³	ɑ⁴³ bo³¹	ɑ⁴³ bo³¹
沟	qʰæ⁴³	qʰɑ⁴³	—
荒地	kʰu⁴³ pʰʌ⁴³	—	wã³¹ȵja⁴³
山水	ʁu⁴³ dʐɯ⁴³	—	ʁo⁴³ dʑi⁴³

词汇	屋脚	利家嘴	前所
热带	tʰɿ³¹di⁴³ tsʰɿ⁴³	—	tsʰɿ⁴³ di³¹
地理-火			
火	mu⁴³	mɤ⁴³	mɤ(ʌ)⁴³
火光	mu⁴³ wã⁴³	—	mɤ⁴³ wã¹³po⁴³
火花	mu³¹ɕi⁴³ ʂæ³¹	—	mɤ⁴³ zɑ³¹
火炭	hu³¹dʑi¹³	—	hʌ³¹dʐʌ¹³
火焰	mu³¹ɕi⁴³	—	mɤ³¹ɕi¹³
火灾	mu⁴³ qɛ³¹	—	mɤ³¹gi³¹tʂʌ⁴³ tʰɤ⁴³
溅火花	mu⁴³ zæ⁴³ bæ¹³	—	mɤ⁴³ zɑ⁴³ bæ¹³
地理-矿物			
金	hæ⁴³	χæ⁴³	hæ⁴³
银	ŋɤ⁴³	ŋɤ⁴³	ŋɤ⁴³
铜，黄铜	æ⁴³	æ⁴³	æ̃⁴³
铁	ʂi⁴³ mu⁴³	ʂe⁴³	ʂe⁴³
铁锈	χwʌ¹³	—	ʂe³¹χwʌ¹³te¹³
铝	ʂi⁴³ pʰʌ⁴³	—	di⁴³
煤	hu³¹tɕi¹³	tʂe³¹nɑ¹³	—
石灰	χɛ¹³	χɛ¹³	χɛ¹³
地理-水文			
水	dʑu⁴³	dʑi⁴³	—
江	dʑu¹³	—	dʑi⁴³ mi⁴³
小河	dʑu⁴³ æ³¹mɤ³¹tɕu⁴³	—	dʑi³¹⁴³ mɤ³¹tɕi⁴³
溪	dʑu³¹zu¹³	—	su³¹dʑi¹³
山涧	dʑu³¹bi¹³dʑu⁴³	—	ʁwʌ¹³dʑi¹³
瀑布	dʑu³¹sɑ³¹sɑ⁴³	—	dʑi³¹sɑ³¹sɑ⁴³
池塘	dwa⁴³	dwa⁴³ zo⁴³	dwa⁴³
井	dʑu⁴³ qʰɿ⁴³	dʑi³¹qʰwa⁴³	dʑi⁴³ qʰɤ⁴³
湖，海	hu¹³	χu³¹nɑ³¹mi⁴³	χʌ¹³
（岸）边，湖边	dʑu⁴³ kʰi¹³	—	dʑi³¹kʰi¹³/χʌ³¹kʰi¹³
海湾	hu³¹wʌ³¹wʌ⁴³	—	χʌ³¹lo⁴³ qʰɤ⁴³
海岛	hu⁴³ ʁwʌ³¹ʁɤ⁴³	—	χʌ³¹ʁwʌ³¹ʁɤ⁴³
海上小岛	hu³¹ʁwʌ⁴³	—	χʌ⁴³ wa³¹wa⁴³
水坑	dʑu³¹dwa³¹pʌ³¹tɿ¹³	—	dʑi³¹pʌ⁴³ tɿ¹³
大水坑	dʑu⁴³ dɿ³¹kʰwʌ⁴³	—	twa⁴³ mi⁴³ dɿ¹³

词汇	屋脚	利家嘴	前所
很小的水坑	dʑɯ³¹zu¹³pʌ⁴³	—	dʑi³¹pʌ⁴³ lwʌ⁴³
水灾	dʑɯ⁴³ nu⁴³ qʰwʌ³¹ʑi¹³	—	dʑi⁴³ ʐo⁴³ ʈa³¹sɿ¹³
洪水	dʑɯ³¹dɿ⁴³	—	dʑi⁴³ ʐo⁴³
洪水暴发	dʑɯ³¹gʌ³¹pɣ⁴³ tsʰɯ³¹	—	ʈa³¹sɿ¹³
洪水声	dʑɯ³¹ʈwa³¹qʰu⁴³	—	dʑi³¹wa³¹qʰɣ⁴³
漩涡	dʑɯ³¹qʰu⁴³ lu⁴³	—	dʑi³¹la³¹wʌ⁴³
急流	dʑɯ⁴³ ʐu⁴³	—	—
根源	æ⁴³ tsɯ³¹zu⁴³	—	qʰʌ⁴³ ʈʌ¹³maʌ³¹tsa⁴³

（三）地名

地名	屋脚	利家嘴	前所
泸沽湖	la⁴³ tʰa¹³di⁴³ χi¹³	la³¹tʰa⁴³ χi¹³	la⁴³ tʰa⁴³ χʌ³¹na⁴³ mi⁴³
左所区	la³¹tʰa¹³di⁴³	—	—
宁蒗县	lu⁴³ gɣ³¹	—	—
温泉	ʈ¹³qʰɣ³¹kʰwʌ⁴³	—	ʈ¹³qʰɣ⁴³
屋脚	ʁi⁴³ dʑu⁴³	u³¹dʐo⁴³	—
西昌	tɕʌ³¹tʂʰʌ⁴³	—	—
永宁	ɬi⁴³ di³¹	ɬi⁴³ di³¹	bɛ³¹tso³¹
前所	ʁu⁴³ zɣ⁴³	—	—
博凹	bu³¹ʁwa⁴³	—	—
瓜别区	kwa⁴³ bi³¹	—	—
丽江县	ʑu⁴³ gɣ⁴³	—	—
列凹	li⁴³ ʈwa⁴³	—	—
西藏	ɬa⁴³ sa³¹	—	lɛ⁴³ ɬa¹³
云南	—	—	ʐo³¹na⁴³
中国	tʂuŋ⁴³ kwɛ³¹	—	tʂoŋ⁴³ kwʌ³¹
印度	ji³¹tɻ⁴³	—	dʑa³¹kɻ⁴³

（四）方位

词汇	屋脚	利家嘴	前所
东	ȵi⁴³ mi⁴³ tʰɣ⁴³	ȵi⁴³ mi⁴³ tʰɣ³¹	ȵi⁴³ mi⁴³ tʰɣ⁴³ tɕi¹³kʰi⁴³
西	ȵi⁴³ mi⁴³ gɣ³¹	ȵi⁴³ mi⁴³ gɣ³¹	ȵi⁴³ mi⁴³ gɣ³¹
南	ji³¹tʂʰi⁴³ mi³¹	ʑi³¹tʂʰe⁴³ mi³¹	ʑo³¹tʂʰe⁴³ mi³¹
北	hɣ̃³¹gɣ⁴³ lu³¹	hɣ̃³¹gɣ⁴³ lo⁴³	—
背阴	nɑ³¹ɬi¹³	—	qʌ⁴³ bʌ⁴³
左	ʁwa¹³	—	ʁwa¹³
左边	ʁwa³¹zwʌ⁴³	ŋwa³¹gi⁴³	ʁwa³¹dzɛ⁴³
右	ʑu⁴³	—	ʑo⁴³
右边	ʑu³¹zwʌ¹³	ʑo⁴³ gi¹³	ʑo³¹dzɛ¹³
中点	ɬi³¹qu⁴³	—	ɬi³¹qo⁴³
中间	qwa³¹ki⁴³	—	ȵi³¹kɣ¹³gwa³¹ki⁴³
上	gʌ³¹du⁴³	ʁo³¹do⁴³	—
上边	gʌ⁴³ bi⁴³	—	gʌ⁴³ tʰjʌ³¹
上面	gʌ³¹tɕu⁴³	gʌ⁴³ bi⁴³	ʁo⁴³ do³¹ / gʌ³¹bi⁴³
面	—	—	tʂʰɨ⁴³ pʰæ⁴³
下，下去	m̩³¹za⁴³	mɣ³¹za⁴³	za¹³
下边	mæ³¹tʰæ⁴³	ma⁴³ tʰæ⁴³	mæ⁴³ tʰæ⁴³
最下面的	—	—	tɕo⁴³ mɣ³¹tʰæ⁴³
旁边	bi³¹zwʌ¹³	—	—
里	qu⁴³ lu³¹	qo⁴³ lo³¹	qo⁴³ lo³¹
外面	bi³¹zwʌ¹³ / æ³¹pʰu¹³	æ³¹pʰo¹³	æ³¹pʰo⁴³
前面	ʁu⁴³ ta⁴³	ʁo⁴³ ta³¹	ʁo⁴³ ta⁴³
后	—	gi³¹tʰo¹³	gi³¹gʌ⁴³
后面	ʁu⁴³ tʰu³¹	gi¹³	—
边边	kʰi³¹kʰi⁴³	—	kʰi⁴³
地方	mɯ³¹di⁴³ / si⁴³ tʂʰʌ⁴³	—	—
每个地方	tʰɯ⁴³ dɨ³¹ʁɯ⁴³ ȵjɛ³¹	—	tʰo⁴³ mo⁴³ tʰo³¹ti¹³
山地	ʁwʌ³¹di¹³	—	—
山顶	dʑɯ³¹ʁu³¹du⁴³	—	ʁwʌ³¹ʁo¹³
山上	di⁴³ qu⁴³	—	ʁwʌ³¹nɑ³¹qo⁴³
树林里，山里	si⁴³ ɕi¹³qu⁴³	—	sɨ⁴³ ɕi⁴³ qo⁴³

（五）时令

词汇	屋脚	利家嘴	前所
时令－季节			
春	ȵi⁴³ qu⁴³	—	—
夏	zɿ⁴³ qu⁴³	—	—
秋	mɯ⁴³ tʂʰɤ³¹	—	—
冬	mɯ⁴³ tsʰi⁴³	—	—
雨季	zɿ⁴³ qu⁴³	—	mɤ³¹zɿ⁴³
时令－月份			
一月	dʑɿ⁴³ ɬi³¹mi⁴³	—	—
二月	ȵi³¹ɬi⁴³	ȵi³¹ɬi⁴³ mi⁴³	—
三月	su³¹ɬi⁴³	so⁴³ ɬi⁴³ mi⁴³	—
四月	zʐ³¹ɬi⁴³	zʐ⁴³ ɬi⁴³ mi⁴³	—
五月	ŋwʌ³¹ɬi¹³/ ŋwʌ³¹ɬi³¹mi⁴³	ŋwʌ³¹ɬi⁴³mi⁴³	—
六月	qʰʐ³¹ɬi⁴³	qʰɤ⁴³ ɬi⁴³ mi⁴³	—
七月	ʂɿ⁴³ ɬi⁴³	ʂɿ⁴³ ɬi⁴³ mi⁴³	—
八月	hũ³¹ɬi⁴³	hõ³¹ɬi⁴³ mi⁴³	—
九月	gɤ³¹ɬi⁴³	gɤ³¹ɬi³¹mi⁴³	—
十月	tsʰe³¹ɬi⁴³	tsʰe⁴³ ɬi⁴³ mi⁴³	—
十一月	tsʰi³¹dʑɿ³¹ɬi⁴³	di³¹pʰo³¹ɬi⁴³	—
十二月	tsʰi³¹ȵi³¹ɬi⁴³	ʁɯ³¹ʂæ³¹ɬi⁴³	—
时令－日			
初一	tsʰi⁴³ du⁴³ dʑɿ³¹ȵi⁴³	tsʰe³¹do⁴³ dʑɿ³¹ȵi⁴³	—
初二	tsʰi³¹du⁴³ ȵi³¹ȵi⁴³	tsʰe³¹do⁴³ ȵi³¹ȵi⁴³	—
初三	tsʰi⁴³ du¹³su³¹ȵi⁴³	tsʰe³¹do⁴³ so³¹ȵi⁴³	—
初四	tsʰi⁴³ du⁴³ zʐ³¹ȵi⁴³	tsʰe³¹do⁴³ zʐ⁴³ ȵi⁴³	—
初五	tsʰi⁴³ du⁴³ ŋwʌ³¹ȵi⁴³	tsʰe³¹do⁴³ ŋwʌ³¹ȵi⁴³	—
初六	tsʰi⁴³ du⁴³ qʰʐ³¹ȵi⁴³	tsʰe³¹do⁴³ qʰɤ³¹ȵi⁴³	—
初七	tsʰi⁴³ du⁴³ ʂɿ⁴³ ȵi⁴³	tsʰe³¹do⁴³ ʂɿ³¹ȵi⁴³	—
初八	tsʰi⁴³ du⁴³ hũ³¹ȵi⁴³	tsʰe³¹do⁴³ hõ³¹ȵi⁴³	—
初九	tsʰi⁴³ du⁴³ gɤ³¹ȵi⁴³	tsʰe³¹do⁴³ gɤ³¹ȵi⁴³	—
初十	tsʰi⁴³ du⁴³ tsʰi³¹ȵi⁴³	tsʰe³¹do⁴³ tsʰe³¹ȵi⁵¹	—
十一日	tsʰi³¹dʑɿ³¹ȵi⁴³	tsʰe³¹dʑɿ³¹ȵi⁴³	—
十二日	tsʰi³¹ȵi³¹ȵi⁴³	tsʰe³¹ȵi³¹ȵi⁴³	—
十三日	tsʰi³¹su³¹ȵi⁴³	tsʰe³¹so³¹ȵi⁴³	—

词汇	屋脚	利家嘴	前所
十四日	tsʰi³¹zʏ³¹n̠i⁴³	tsʰe³¹zʏ⁴³n̠i⁴³	—
十五日	tsʰi³¹ŋwʌ³¹n̠i⁴³	tsʰe³¹ŋwʌ³¹n̠i⁴³	—
十六日	tsʰi³¹qʰʈ³¹n̠i⁴³	tsʰe³¹qʰʏ³¹n̠i⁴³	—
十七日	tsʰi³¹sɨ⁴³n̠i⁴³	tsʰe³¹sɨ³¹n̠i⁴³	—
十八日	tsʰi³¹hũ³¹n̠i⁴³	tsʰe³¹hõ³¹n̠i⁴³	—
十九日	tsʰi³¹gʏ³¹n̠i⁴³	tsʰe³¹gʏ³¹n̠i⁴³	—
二十日	n̠i⁴³tsɨ⁴³n̠i⁴³	n̠i⁴³tsi³¹n̠i⁴³	—
二十一日	n̠i³¹tsi³¹dɨ⁴³n̠i⁴³	n̠i⁴³tsi³¹dɨ³¹n̠i⁴³	—
二十二日	n̠i³¹tsi³¹n̠i³¹n̠i⁴³	n̠i⁴³tsi³¹n̠i³¹n̠i⁴³	—
二十三日	n̠i³¹tsi⁴³su³¹n̠i¹³	n̠i⁴³tsi³¹so³¹n̠i⁴³	—
二十四日	n̠i³¹tsi³¹zʏ⁴³n̠i⁴³	n̠i⁴³tsi³¹zʏ⁴³n̠i⁴³	—
二十五日	n̠i⁴³tsɨ⁴³ŋwʌ⁴³n̠i⁴³	n̠i⁴³tsi³¹ŋwʌ³¹n̠i⁴³	—
二十六日	n̠i³¹tsi⁴³qʰʈ³¹n̠i⁴³	n̠i⁴³tsi³¹qʰʏ³¹n̠i⁴³	—
二十七日	n̠i³¹tsi³¹ʂɯ⁴³n̠i⁴³	n̠i⁴³tsi³¹ʂi³¹n̠i⁴³	—
二十八日	n̠i³¹tsi³¹hũ³¹n̠i⁴³	n̠i⁴³tsi³¹hõ³¹n̠i⁴³	—
二十九日	n̠i³¹tsi³¹gʏ⁴³n̠i⁴³	n̠i⁴³tsi³¹n̠i⁴³	—
三十日	su³¹tsi³¹n̠i⁴³	so³¹tsʰɨ³¹n̠i⁴³	—
三十一日	su³¹tsi³¹dɨ³¹n̠i⁴³	so³¹tsʰɨ³¹di³¹n̠i⁴³	—
时令－时间			
从前	æ¹³ʂæ⁴³	—	—
很久以前	æ³¹ʂæ⁴³æ³¹ʂæ⁴³	æ³¹ʂæ⁴³æ³¹ʂæ⁴³	æ³¹ʂæ⁴³
现在	ʑɯ¹³nu⁴³	ʑi¹³	ʑi³¹no⁴³
今后	su⁴³χwʌ³¹	ʁo⁴³so³¹dɨ³¹n̠i⁴³	—
时间	tu⁴³tsʰɨ⁴³	—	—
年纪	kʰʏ³¹pʰæ⁴³	—	kʰʏ³¹pʰæ⁴³
年	kʰʏ¹³	kʰʏ¹³	kʰʏ¹³
月	ɬi⁴³	ɬi⁴³	—
天	n̠i⁴³	—	n̠i(ɛ)⁴³
早晨	n̠jʌ³¹n̠jʌ⁴³	n̠jɛ³¹n̠ja⁴³	n̠jʌ³¹n̠jʌ⁴³
中午	ʑwʌ³¹dzɯ³¹dʑɯ¹³	ʑwæ⁴³dzɯ³¹dʑi³¹	—
黄昏	n̠jʌ³¹ʁwa⁴³χu⁴³	—	mʏ³¹qʰʏ¹³
白天	n̠jʌ⁴³ɬjɛ³¹kʏ⁴³	n̠jɛ³¹lɛ³¹gʏ⁴³	n̠ja³¹ɬi³¹gʏ⁴³
夜	χwa⁴³qʰʈ⁴³	hwa⁴³qʰwʌ⁴³	hwa³¹qʰʏ⁴³
开头	ʁu⁴³ʂu⁴³	—	ʁo³¹ʑi¹³

词汇	屋脚	利家嘴	前所
这年	tʂʰɿ³¹dɿ⁴³ kʰɤ³¹	—	tʂʰɿ⁴³ kʰɤ³¹
今年	tʂʰɿ⁴³ ji⁴³	tʂʰɿ⁴³ kʰɤ³¹	—
去年	æ³¹ji⁴³	æ³¹ji⁴³	æ³¹ji⁴³
前年	ʂɿ³¹ji³¹dɿ⁴³ kʰɤ⁴³	ʂe³¹ji³¹dɿ⁴³ kʰɤ⁴³	ʂe³¹ji³¹dɿ⁴³ kʰɤ³¹
大前年	ʂɿ⁴³ dɿ³¹ji⁴³ dɿ⁴³ kʰɤ⁴³	—	ʂɿ³¹dɿ³¹ji⁴³ dɿ⁴³ kʰɤ³¹
明年	su³¹ji⁴³	so⁴³ ji⁴³	so³¹ji¹³
后年	ʁu⁴³ ji⁴³ dɿ⁴³ kʰɤ³¹	ʁo⁴³ zi⁴³ dɿ⁴³ kʰɤ⁴³	ʁo⁴³ ji⁴³ dɿ⁴³ kʰɤ⁴³
大后年	wʌ³¹ʁu³¹ji⁴³ dɿ³¹kʰɤ⁴³	—	ʁo³¹dɿ³¹ji⁴³ dɿ³¹kʰɤ³¹
这个月	tʂʰɿ⁴³ ɬi⁴³	—	tʂʰɿ⁴³ ɬi⁴³ qwʌ³¹
上个月	ʁu³¹tɑ³¹tʰɿ⁴³ ɬi⁴³	—	ʁo⁴³ tɑ³¹dɿ⁴³ ɬi⁴³
下个月	gi¹³tʰɿ⁴³ ɬi⁴³	—	gi³¹dɿ³¹ɬi³¹
今天	tsʰɿ⁴³ n̩i⁴³	tsʰe⁴³ n̩i⁴³	tsʰɿ⁴³ n̩i⁴³
昨天	æ³¹n̩i³¹	æ³¹n̩i⁴³	æ³¹n̩i⁴³
前天	ɑ³¹ʂwʌ³¹dɿ³¹n̩i⁴³	—	ʂɿ³¹ji⁴³ dɿ³¹n̩i⁴³
大前天	ʂɿ³¹n̩i³¹dɿ⁴³ n̩i⁴³	—	ʂɿ⁴³ n̩i³¹dɿ⁴³ n̩i³¹
明天	su³¹n̩i⁴³	so³¹n̩i⁴³	so³¹n̩i⁴³
后天	ʁu⁴³ su⁴³ dɿ³¹n̩i³¹	ʁo⁴³ so³¹dɿ⁴³ n̩i⁴³	ʁo⁴³ so³¹dɿ³¹n̩i³¹
大后天	wʌ³¹ʁu³¹su⁴³ dɿ³¹n̩i³¹	—	ʁo³¹dɿ³¹so⁴³ dɿ³¹n̩i³¹
时令－节日			
过年	kʰɤ³¹pɤ⁴³	—	—
新年	kʰɤ³¹ʂɿ⁴³	kʰɤ³¹ʂɿ⁴³	—
转山节	tsʰɿ³¹dɿ³¹ɬi⁴³ mi³¹	zi³¹tse⁴³ qwɑ³¹	—

（六）农业

词汇	屋脚	利家嘴	前所
旱田	pɤ⁴³ lu¹³	—	—
水田	ʂɿ⁴³ lu⁴³ pʰu³¹	—	—
庄稼地	—	—	m̩³¹di¹³
菜园	tsʰɑ⁴³ qʰwɑ¹³	tsʰæ⁴³ kʰwɑ⁴³	—
园子	qʰwɑ⁴³ tɑ⁴³	—	qʰwɑ⁴³ gɤ¹³
垄	ɬi⁴³ pʰɤ³¹	—	lo⁴³ po⁴³
水沟	dzɯ³¹lu³¹qʰu⁴³	—	—

词汇	屋脚	利家嘴	前所
犁	ɬɨ⁴³	ʁɯ⁴³ ɬɨ⁴³	—
肥料	qʰɛ⁴³	qʰɛ⁴³	—
猪草	bu³¹χɑ⁴³	—	bo³¹χɑ⁴³
灌地	dʑɯ⁴³ ʂu⁴³	—	—
劳动	lu⁴³ji⁴³	lo³¹ji⁴³	lo³¹ji¹³
粮仓	gi⁴³ qu⁴³	gi⁴³/gi⁴³ qu⁴³	—
棉花	mĩ³¹hwʌ⁴³	mjæ³¹hwɑ⁴³	—
圈	bu³¹qu¹³	bo³¹qwɑ¹³	—
鱼塘	ȵi⁴³ zu⁴³ hɯ¹³	—	—
饲养	zʌ⁴³	—	zʌ⁴³
小水库	ɖwɑ⁴³ zu³¹pʌ⁴³	—	ɖwɑ¹³zo⁴³

（七）植物

植物	屋脚	利家嘴	前所
树	sɨ⁴³ dzɨ³¹	dzɨ³¹	sɨ⁴³ dzɨ³¹
树根	sɨ⁴³ kʰɯ⁴³	—	sɨ⁴³ qʰɤ⁴³ ʈwʌ¹³
树皮	sɨ³¹ʁɯ⁴³	sɨ³¹ʁɯ¹³	sɨ³¹ʁɯ¹³
树叶	sɨ³¹tsʰɛ¹³	sɨ³¹tsʰɛ¹³	sɨ³¹tsʰɛ¹³
树枝	sɨ³¹ʁɛ¹³	kɑ³¹lɑ¹³	sɨ³¹kʌ¹³
树桩	sɨ³¹qʰɤ³¹tɤ¹³	—	sɨ⁴³ qʰɤ⁴³ tɤ⁴³
树桩（小）	qʰɤ³¹tɤ¹³	—	qʰɤ³¹tɤ¹³
森林	sɨ⁴³ dzɨ³¹	dzɨ³¹	sɨ³¹ɕi¹³
灌木	sɨ⁴³ dzɨ³¹hỹ⁴³	—	sɨ⁴³ hỹ¹³
荆棘	nɑ³¹tɑ⁴³ dzɨ³¹	—	dze⁴³ ʁo⁴³ mo⁴³ hæ̃³¹
原木	sɨ⁴³ qɛ³¹tu⁴³	—	sɨ⁴³ ɬi⁴³
柳树	zɤ⁴³ dzɨ³¹	lo³¹dzɨ³¹	—
杉树	zɨ̩³¹dzɨ⁴³	zɨ̩³¹dzɨ¹³	—
松树	tʰu⁴³ dzɨ³¹	tʰo³¹dzɨ³¹	—
松树苗	tʰu³¹zu³¹dzɨ¹³	—	tʰo⁴³ qo³¹zo³¹
松针	tʰu³¹su¹³	—	tʰo³¹ʂo¹³
松香	zɯ³¹ʁɛ¹³	—	tʰo³¹ʁɛ¹³
桑树	—	—	tɕʰi⁴³ ɬi⁴³

植物	屋脚	利家嘴	前所
桑叶	—	—	tɕʰi⁴³ ɬɨ⁴³ tsʰɛ¹³
苦柱	kʰɣ⁴³ tɣ³¹	—	kʰɣ⁴³ tɣ³¹
竹笋	ɬi⁴³ mi³¹dzɨ³¹	mi³¹zo⁴³	—
竹子	mi³¹ɬi¹³	mi³¹ɬi¹³	mi³¹ɬi¹³
苎麻	sɑ⁴³	sɑ⁴³	—
山茶花	—	—	ʂwa⁴³ kɯ⁴³
草	zɯ¹³	tsɯ⁴³	zɯ⁴³
草坪	zɯ⁴³ ɬi⁴³	—	qʰwʌ⁴³ pʰʌ⁴³ ɬi³¹tʂʌ⁴³
花	ba³¹ba¹³	ba³¹ba¹³	ba³¹ba¹³
蓓蕾	ba³¹ʁɣ⁴³ ɬi⁴³	—	ba³¹ʁo⁴³ lɣ⁴³
花瓣	ba³¹ba¹³dɨ³¹tsʰɛ³¹dɨ⁴³ tsʰɛ³¹	—	—
花粉	ba³¹ba³¹qu⁴³ tɣ³¹	—	—
花红	sɨ⁴³ pɣ³¹	—	sɨ⁴³ pʌ³¹
花树	ba³¹pʰɣ⁴³ dzɨ³¹	—	—
茎	ba³¹ɨ̃⁴³ ɬi⁴³	sɨ³¹dzɨ⁴³	—
穗	ba³¹ʈi¹³	zɣ⁴³ dzɨ³¹	—
藤	ɨ̃⁴³ ɬi⁴³	—	kʰʌ⁴³
芽	sɨ³¹tsʰɛ³¹kɯ³¹qu⁴³	sɨ³¹zo⁴³	—
种子	sɨ⁴³ ɬæ⁴³	ɬæ¹³	ʁæ¹³
刺	tɕʰi⁴³	tɕʰi⁴³	tɕʰi⁴³
核	sɨ⁴³ ɬi⁴³ ɬi⁴³	ko⁴³	—
木	qɛ⁴³ du⁴³	—	sɨ⁴³ ɬi⁴³
开花	ba³¹ba³¹ba¹³	ba¹³	—
发芽	gʌ³¹qwʌ⁴³ zɛ³¹	ʐo⁴³ ɬi¹³	—

（八）动物

词汇	屋脚	利家嘴	前所
动物−畜			
动物，家畜	gɣ³¹bu⁴³	—	gɣ³¹bo⁴³
吠	ɬi⁴³	kʰɣ⁴³ wa⁴³	
牛	ʁɯ⁴³	ʁɯ⁴³	ʁɯ⁴³
母牛	ʁɯ³¹mi¹³	—	ʁɯ³¹mi¹³

词汇	屋脚	利家嘴	前所
小牛	ʁɯ⁴³zu⁴³	—	ʁɯ⁴³zo³¹
牛皮	ʁɯ³¹ʁɯ⁴³	—	ʁɯ³¹ʁɯ⁴³
牛肉	ʁɯ³¹ʂɿ⁴³	—	ʁɯ⁴³ʂe⁴³
犏牛	zɿ¹³	—	—
水牛	dʐɯ³¹ʁɯ⁴³mi⁴³	dʑi³¹mi⁴³	dʑi³¹mi⁴³
种牛	ʁɯ⁴³tʂɯ⁴³	—	—
耕牛，黄牛	zɿ⁴³ɤ⁴³	ʁɯ⁴³	ɤ³¹ʁɯ¹³
牦牛	bɯ⁴³	bγ⁴³	bʌ⁴³
牦牛肉	bɯ³¹ʂɿ¹³	—	bʌ³¹ʂe⁴³
马	ʐwæ⁴³	ʐwæ⁴³	ʐwæ⁴³
母马	ʐwæ³¹mi¹³	—	ʐwæ³¹mi¹³
小马	—	—	ʐwæ³¹kɯ¹³
很小的马	ʐwæ⁴³zu⁴³	—	ʐwæ³¹zo¹³
马皮	ʐwæ³¹ʁɯ⁴³	—	ʐwæ³¹ʁɯ¹³
马肉	ʐwæ³¹ʂɿ⁴³	—	ʐwæ³¹ʂe⁴³
阉马	ʐwæ⁴³zʌ⁴³	—	ʐwæ⁴³ɤ³¹
种马	ʐwæ³¹tʂɯ⁴³	—	—
骡子	dɑ⁴³ʁi³¹	—	tɑ⁴³ʁʌ³¹
驴子	tʰɑ⁴³ʐwæ⁴³mi⁴³	—	tʰɑ⁴³ʐwæ⁴³mi⁴³
绵羊	zu⁴³	zo⁴³	zo⁴³
绵羊毛	zu³¹hɤ̃¹³	—	zo³¹hɤ̃¹³
绵羊毛(剪下)	zu⁴³sɿ⁴³	—	zo³¹hɤ̃³¹tsʰɯ¹³
绵羊肉	zu³¹ʂɿ¹³	—	zo³¹ʂe⁴³
山羊	tsʰɯ¹³	tsʰɯ¹³	tsʰɯ¹³
公羊	tsʰɯ³¹ʂwɑ⁴³	—	tsʰɯ³¹pʰõ⁴³lɑ³¹tʌ⁴³
山羊胡	tsʰɯ³¹mɤ⁴³dzɯ³¹	—	tsʰɯ³¹mi⁴³mɤ³¹tsɑ⁴³
山羊毛	tsʰɯ³¹hɤ̃⁴³	—	tsʰɯ³¹hɤ̃⁴³
山羊毛(剪)	tsʰɯ³¹sɿ⁴³	—	—
山羊肉	tsʰɯ³¹ʂɿ⁴³	—	tsʰɯ³¹ʂe⁴³
阉羊	tsʰɯ³¹zʌ⁴³	—	tsʰɯ³¹ʂwɑ⁴³
羊皮	tsʰɯ³¹ʁɯ⁴³	—	tsʰɯ³¹ʁɯ⁴³
猪	bu¹³	bo¹³	bo¹³
公猪	bu³¹zi⁴³	—	bo³¹pʰʌ⁴³
母猪	bu³¹mi⁴³	—	bo³¹mi⁴³

词汇	屋脚	利家嘴	前所
阉猪	ɫæ⁴³ tʰɣ³¹	—	—
肥猪	bu³¹zi̯⁴³ lɑ⁴³ qɑ⁴³	—	bo³¹ʐe⁴³
小猪	bæ³¹bu⁴³ zu³¹	—	bæ³¹pʌ⁴³
猪皮	bu³¹ʁɯ⁴³	—	bo³¹ʁʌ¹³
猪肉	bu³¹ʂi⁴³	—	bo³¹ʂe⁴³
猪鬃	bu³¹hɣ̃⁴³	—	bo³¹tsɛ⁴³
狗	kʰɣ⁴³	kʰɣ⁴³	kʰɣ⁴³ ɣ³¹
母狗	kʰɣ³¹mi¹³	—	kʰɣ³¹mi¹³
小狗	kʰɣ⁴³ zu⁴³	—	kʰɣ³¹ȵi¹³
狗肉	kʰɣ⁴³ ʂi⁴³	—	kʰɣ⁴³ ʂe⁴³
狼狗	ɣ̃³¹dɣ³¹kʰɣ⁴³	—	õ⁴³ dɣ⁴³ kʰɣ⁴³
猎狗	kʰɣ⁴³ tsɛ⁴³	—	di³¹kʰɣ⁴³
动物—鸟			
鸡	æ¹³	æ¹³	æ̃¹³
公鸡	æ³¹pʰɣ⁴³	æ³¹pʰɣ⁴³	æ̃³¹pʰɣ⁴³
阉鸡	æ³¹pʰɣ⁴³ æ³¹mi⁴³ dzæ⁴³	—	æ³¹ʂwɑ³¹
母鸡	æ³¹mi⁴³	æ³¹mi³¹	æ³¹mi¹³
小鸡	æ³¹tsɯ⁴³	—	æ³¹tsɯ⁴³
鸡蛋	æ³¹ʁu¹³	—	æ³¹ʁo¹³
鸡冠	ɕi³¹dɑ¹³	—	ɕi³¹dɑ¹³
鸡叫	æ³¹tʷʌ⁴³	—	æ̃³¹tʷʌ⁴³
鸡肉	æ³¹ʂi⁴³	—	æ̃³¹ʂe⁴³
小鸡尾巴	æ¹³tsɯ⁴³ mæ⁴³ qʵ¹³	—	—
鸭肉	bæ⁴³ mi⁴³ ʂi⁴³	—	bæ⁴³ mi⁴³ ʂe⁴³
鸭子	bæ⁴³ mi⁴³	bæ⁴³ mi⁴³	bæ⁴³ mi⁴³
鹅	ɑ̃¹³	ŋo¹³	ɑ̃¹³
野鹅	—	—	ti⁴³ qɣ⁴³ bæ⁴³ mi⁴³
大雁	bæ⁴³ hɣ̃³¹mi³¹	—	ʁɣ⁴³ pʰʌ⁴³
鹰	kʌ³¹nɑ³¹mi⁴³	—	qʌ⁴³ nɑ³¹mi⁴³
老鹰	kʌ¹³	kɯ¹³	—
猫头鹰	mu⁴³ zu³¹mi³¹	—	mo⁴³ zi³¹mi³¹
孔雀	qu⁴³ su³¹mi³¹	—	qo⁴³ so³¹mi³¹
麻雀	dzʐwæ⁴³ mi⁴³	dzʐwæ⁴³ mi⁴³	dzʐwæ⁴³ mi⁴³
燕子	χæ³¹dzi¹³	hæ³¹tse⁴³	ȵi³¹dze³¹χæ³¹dze⁴³

词汇	屋脚	利家嘴	前所
野鸡（短尾）	χɣ⁴³	—	χɣ⁴³
野鸡（长尾）	hɯ⁴³	—	—
喜鹊	ʂæ³¹sɛ¹³	ʂæ⁴³sɛ¹³	χæ³¹sɛ¹³
乌鸦	la³¹ʁɛ⁴³	la³¹ʁɛ⁴³	la³¹ʁɛ⁴³
青色小鹦鹉	æ⁴³qæ³¹	—	æ⁴³qæ³¹
鸽	—	tʰo⁴³ʐo³¹	—
鸟	ɣ³¹dzi¹³	ɣ³¹dze¹³	ɣ³¹dze¹³
鸟窝	ɣ³¹dzi³¹kʰɣ¹³	—	—
鸟嘴	ɣ³¹dzi¹³qwa³¹dʐwæ¹³	—	ɣ³¹dze³¹n̻i⁴³to³¹
蛋	—	æ³¹ʁo¹³	—
蛋壳	æ³¹mi⁴³kʰɣ⁴³kʰʌ¹³	—	æ³¹ʁo³¹kɣ(ʌ)⁴³
嗉囊	ɬa³¹pu¹³	—	la³¹po¹³
翅膀	d̻i⁴³qɛ⁴³	to⁴³qɛ⁴³	to⁴³qɛ⁴³
羽毛	ȵʌ̃¹³	—	ȴ¹³hɣ̃⁴³
爪	tʂi⁴³ / m³¹bʌ¹³	go³¹tʂɨ¹³	tʂɨ⁴³
动物-兽			
老虎	la⁴³	la⁴³	la⁴³
小虎	la³¹zu¹³	—	la³¹zo⁴³
虎洞	la³¹ʐɯ⁴³ʁɣ⁴³	—	—
虎奶	la⁴³ŋwa⁴³	—	la³¹ŋwa⁴³
虎皮	la⁴³ʁɯ³¹	—	la⁴³ʁɯ³¹
虎穴	la³¹ʐɯ¹³ʁɣ¹³	—	la⁴³kʰɣ³¹
黑熊	gi⁴³	gi⁴³	gi⁴³ / gi⁴³na³¹mi⁴³
狼	ɣ̃³¹dɣ¹³	ŋɣ⁴³dɣ³¹	o³¹dɣ⁴³
豹	ʐæ¹³	ʐæ⁴³	—
龙	mɣ⁴³gɣ⁴³	mɣ⁴³gɣ⁴³	mɣ⁴³bɣ³¹ʐɣ⁴³
狮子	sɯ³¹gu⁴³	—	sĩ⁴³gi⁴³
藏狗	kʰɣ³¹mi³¹tu⁴³na⁴³	—	to⁴³n̻ja⁴³
狐狸	d̻ʌ⁴³mi⁴³	—	d̻ʌ⁴³mi⁴³
猴子	ʐɯ¹³/ʐɯ³¹mu⁴³	ʐi¹³	ʐi¹³
大象	lu⁴³pɣ⁴³tʂʰɣ³¹	—	lo⁴³pɣ⁴³tʂʰɯ³¹
鹿	tʂʰwa¹³	—	tʂʰwa⁴³
鹿角	tʂʰwa³¹qʰȴ⁴³	—	tʂʰwa³¹qʰɣ⁴³
野牛	dzɯ³¹bi³¹ʁɯ⁴³	—	dzi³¹ʁo³¹ʁɯ⁴³

词汇	屋脚	利家嘴	前所
野猪	bu³¹tɤ⁴³	bo³¹dɤ⁴³	bo³¹tʂʰɤ⁴³
豪猪	pɤ⁴³	—	po⁴³
麝鹿	ɬi⁴³	—	le³¹ɬi⁴³
麝香	ɬi⁴³ kɤ³¹	—	—
猫	hwʌ⁴³li⁴³	hwʌ³¹li⁴³	hwʌ³¹li¹³
猫皮	hwʌ³¹ʁɯ⁴³	—	hwʌ³¹ʁɯ⁴³
猫肉	hwʌ³¹ʂi⁴³	—	hwʌ³¹ʂe⁴³
山猫	dɤ⁴³	—	ʁo³¹dɤ¹³
兔子	tʰu⁴³li⁴³	tʰo⁴³li⁴³	tʰo⁴³li⁴³
兔肉	tʰu⁴³li⁴³ʂi⁴³	—	tʰo⁴³li³¹ʂe⁴³
松鼠	dzu³¹mi⁴³	—	hwɑ³¹zwæ⁴³
老鼠	χwa³¹tsɯ⁴³	χwa³¹tsɯ⁴³	χwa³¹tsɯ⁴³
蝙蝠	la³¹tɕɯ⁴³qa⁴³	dze⁴³ba³¹	—
蛇	bɤ⁴³zɤ⁴³	bɤ⁴³zɤ⁴³	pɤ⁴³zɤ⁴³
野人	dʐɯ³¹bi³¹hĩ⁴³	—	dɨ³¹lo⁴³pa³¹
动物-虫			
虫	bɯ⁴³	bɤ⁴³	—
蝉	tsɿ³¹ʈ⁴³ʈ⁴³	—	—
蝴蝶	pʰi⁴³li³¹	pʰi⁴³li³¹	pʰi⁴³li³¹
蜻蜓	dʐɯ⁴³zwæ³¹mɯ⁴³tʂɤ⁴³	dze³¹tʂæ¹³	ʐʌ³¹qo³¹mæ⁴³tʰo⁴³
黄蜂	tɕɯ⁴³ɕɯ⁴³	—	nɑ³¹ɤ¹³
蜜蜂	dzi³¹mi⁴³	tse⁴³	dze³¹mi¹³
蜂房	dzi³¹kɤ⁴³	—	dze⁴³kɤ⁴³
蚊子	ũ⁴³tʂwʌ⁴³	ŋo⁴³tʂwʌ⁴³	õ⁴³tʂwʌ⁴³
苍蝇	bɤ³¹ʈ¹³	bɤ³¹ʈ⁴³	bɤ³¹ʈ⁴³
臭虫	—	—	gwa³¹ʂe⁴³
毛虫	tʂʰɤ³¹bɤ³¹sɿ⁴³	—	tʂʰɤ⁴³pɤ⁴³sɯ⁴³
蚯蚓	dzi⁴³dɤ⁴³	tɕi⁴³tɤ⁴³	dzi⁴³dɤ⁴³
蛆	ʈɤ¹³	ʈɤ¹³	—
蚂蚁	tʂʰɤ³¹ʈ¹³	tʂʰɤ⁴³æ⁴³	tʂʰɤ³¹ʈ¹³
蜈蚣	tɤ⁴³ɕi³¹	to⁴³ɕi³¹	to⁴³ɕi³¹
蟋蟀	—	bo³¹mi⁴³ɕjɛ³¹lɛ³¹	—
蚱蜢	qʰu⁴³pʰɤ⁴³tʂʌ³¹tʂʌ³¹mi⁴³	—	—
虱子	ʂi⁴³mi⁴³	ʂe⁴³mi⁴³	ʂe⁴³mi⁴³

词汇	屋脚	利家嘴	前所
跳蚤	ku^{31}ʂi^{43}	ko^{31}ʂe^{43}	kɤ^{31}ʂe^{43}
蟑螂	dzæ^{31}zɤ^{43}	dzæ^{1}ʑi^{43}	dzæ^{43}zɯ^{43}
蜘蛛	da^{31}la^{43}	ba^{31}la^{43}	pa^{43}la^{43}
蜘蛛网	da^{31}la^{43} ɕi^{43} kʰɯ^{43}	—	pa^{43}la^{43} kʰɤ^{31}
贝壳	tsʰi^{31}gɤ^{31}tʂi^{13}	—	po^{43}mi^{43} kɤ^{43}tʂi^{31}
螺	—	—	bʌ^{31}qʰɤ^{13}
动物−鱼			
鱼	ȵi^{43}zu^{43} / ȵja^{31}tsɯ^{43}	ȵi^{43}	ȵi^{43}zo^{43}
鱼洞	ȵi^{43}qʰu^{43}	—	ȵi^{43}qʰɤ^{43}
鱼鳞	ȵja^{31}tsɯ^{43} ʁɯ^{43}	—	ȵi^{43}zo^{43} ʁo^{13}
鱼鸣	tʰi^{31}ɻwa^{43}ɻwa^{43}	—	ȵi^{43}zo^{43} wa^{31}wa^{43}
鱼肉	ȵja^{31}tsɯ^{43} ʂi^{43}	—	ȵi^{43}zo^{43} ʂe^{43}
鱼子	ȵi^{43}zu^{43}æ^{31}ʁɯ^{43}	—	ȵi^{43}zo^{43} æ^{31}ʁwʌ^{43}
青蛙	pʌ^{31}mi^{13}	pʌ^{43}mi^{13}	pʌ^{31}mi^{13}
蝌蚪	pʌ^{31}tɕɯ^{13}pʌ^{31}kɯ^{43}	—	pʌ^{31}tɕʰi^{43}pʌ^{31}kɯ^{43} ɻi^{31}
动物−其他			
动物	dzɯ^{31}bi^{13}hɤ̃^{43}na^{31}	bo^{31}ti^{43}	dzi^{31}ʁo^{31}hũ^{43}na^{31}
生肖	kʰɤ^{43}ɻi^{13}tsʰi^{31}ȵi^{31}kʰɤ^{13}	kʰɤ^{31}kʰɤ^{43}tsʰe^{43}ȵi^{43}kʰɤ^{43}	—
雄性	pʰɤ^{43}	—	pʰɤ^{43}
雌性	mi^{13}	—	mi^{13}
角	qʰɻ^{43}	qʰɤ^{43}	qʰɤ^{43}
毛	hɤ̃^{43}	—	hɤ̃^{43}
吻	bu^{31}ȵi^{43}tu^{43}	—	bo^{31}ȵi^{43}to^{43}
蹄	qʰwʌ^{43}bi^{31}	qʰwa^{43}	qʰwʌ^{43}bi^{31}
蹄印	ʐwæ^{31}ʐʌ^{43}	—	ʐwæ^{43}qʰwa^{43}
尾巴	mæ^{43}qɻ^{43}	mæ^{43}	mæ^{43}qɤ(ʌ)^{31}
动物尸体	hɤ̃^{43}na^{31}mu^{43}	—	gɤ^{31}bo^{43}mo^{43}
尸体	mu^{43}	—	mo^{43}
巢、窝	kʰɤ^{43}	—	kʰɤ^{13}
窝	ɤ^{31}dzi^{31}kʰɤ^{13}	ɤ^{31}dze^{31}kʰɤ^{13}	—
下蛋	æ^{31}ʁu^{43}ʁu^{43}	—	æ^{31}ʁo^{31}ʁo^{43}
没下蛋	æ^{31}ʁu^{43}mʌ^{43}ʁu^{43}	—	mʌ^{43}ʁo^{43}
孵小鸡	bɤ^{13}	—	æ̃^{31}tsɯ^{43}pɤ^{31}

词汇	屋脚	利家嘴	前所
断奶	ȵi³¹qʰɛ⁴³	—	ȵi³¹qʰɛ¹³
交配	mi³¹tʂæ⁴³	—	tʂwʌ³¹ʂe³¹

（九）生活

词汇	屋脚	利家嘴	前所
生活-衣			
穿的	dʑu³¹hỹ⁴³	—	dʑi³¹hỹ⁴³
衣服	bɑ³¹ɬɑ¹³	bɑ⁴³lɑ³¹	—
裹腿	kʰɯ⁴³dʑɯ¹³	qʰʌ⁴³dʑi¹³	—
戒指	lu³¹pɣ⁴³	lo³¹pɣ⁴³	—
裤子	ɬi³¹qʰwʌ¹³	ɬi⁴³qʰwʌ³¹	tsʰe³¹so³¹kʰɣ（ʌ）⁴³
麻布	pʰi⁴³	—	pʰi⁴³
帽子	tɣ⁴³tɣ³¹	tɣ⁴³tɣ³¹	qʰo⁴³mʌ³¹
头巾	lu³¹tʂʰɣ¹³	qʰwɑ³¹tʂʰɣ⁴³	tɕi⁴³qʰʌ³¹
斗笠	qʰu⁴³mu³¹	—	—
包头	bɯ³¹mæ³¹pɣ³¹ɕjɑ⁴³	bo³¹mæ³¹pɣ³¹ɕjɑ⁴³	—
裙子	tʰæ⁴³qʰwʌ⁴³	tʰæ⁴³qʰwɑ³¹	tʰæ⁴³qʰwʌ⁴³
腰带	dʑɯ³¹ki¹³	—	dʑi³¹ki¹³
手镯	lu³¹dʑu⁴³	lo³¹dʑo⁴³	lo³¹dʑo⁴³
丝绸	qʰu⁴³	—	hæ̃³¹pɑ⁴³lɑ³¹
丝绸衣服	—	—	pɣ⁴³kʰɯ⁴³lo³¹tʂʰɣ⁴³
碎布	pʰi⁴³sɿ⁴³	—	hɯ⁴³tʂe⁴³tsɿ³¹lwʌ¹³
皮革	ʁɯ¹³	—	ʁɯ¹³
蓑衣	tsʰɑ⁴³wʌ¹³	sɿ⁴³dʑi³¹	—
袜子	wɑ³¹tsɿ¹³	wɑ³¹tsɿ⁴³	—
鞋	dʑu³¹qʰwʌ¹³	dʑo⁴³qʰwɑ³¹	—
针	ʁɯ¹³	ʁo¹³	ʁo¹³
线	kʰɯ⁴³	qʰʌ⁴³	—
布	hɯ⁴³tsɿ⁴³		
彩线	su⁴³su⁴³kʰɯ⁴³	—	sɛ⁴³kʰʌ³¹
玉	ʐu⁴³sɿ⁴³	—	ʐo¹³tʂɿ³¹dʑo⁴³
珍珠	hỹ³¹tʂɿ¹³	—	sɿ⁴³tʂɿ⁴³wɑ̃³¹zɯ¹³

词汇	屋脚	利家嘴	前所
袖子	ji³¹qʰʅ¹³	ʑi³¹qʰɤ¹³	—
羊毛帽子	tsʰɯ⁴³ sɿ⁴³ tʏ⁴³ tʏ⁴³	—	ʐo⁴³ sɿ⁴³ qʰo⁴³ mɤ³¹
羊毛毡	tsʰɯ⁴³ sɿ⁴³ tɕi³¹qa⁴³	—	ʐo⁴³ sɿ⁴³ qʰwa⁴³ ʈa⁴³
银手镯	ŋɤ⁴³ lu³¹pu⁴³	—	ŋɤ⁴³ lo³¹dʐo⁴³
生活－食			
酒	ʑʅ⁴³	ʑi⁴³	ʑʅ⁴³
酒曲	pi⁴³ mu³¹	—	pi⁴³ mo⁴³ tɕi⁴³ dʑi³¹
酒引子	dʑɯ³¹pʰu⁴³	—	—
酒糟	pi⁴³ ʈʅ⁴³	—	pi⁴³ mo³¹
白酒	bʏ³¹ʑi⁴³	—	pɤ³¹ʑʅ¹³
纳族米酒	ʑʅ⁴³ mæ³¹	—	qʰʌ³¹ʑʅ⁴³
茶	li¹³	le¹³	—
酥油（牦牛）	bɯ⁴³ ma⁴³	—	—
酥油茶	mʌ³¹li¹³	—	mʌ³¹li¹³
酥油灯	mʌ³¹mɯ¹³	—	mʌ³¹mɤ¹³
粮食	χa⁴³ ʈʅ⁴³	—	χa⁴³ ʈʅ⁴³
稻谷	ɕɯ⁴³ ʈʅ⁴³	ɕi⁴³	ɕɯ⁴³ ʈʅ⁴³
米	ɕɯ⁴³ tʂʰwa⁴³	ɕi⁴³ tʂʰwa⁴³	so³¹sa¹³
荞麦	ʐa³¹qʰa⁴³ tsa³¹pʌ⁴³	—	ʐa⁴³ qʰa⁴³ tsa⁴³ pʌ⁴³
大麦	mɯ⁴³ tsi⁴³	mɤ⁴³ tse⁴³	mɤ⁴³ dze⁴³
燕麦	mɯ³¹ʑi¹³	—	mɤ³¹ʑi¹³
小麦	dʑi⁴³ ʈʅ⁴³	dze⁴³	—
小米	dʑɯ⁴³ ʈʅ⁴³	—	—
玉米	qʰa⁴³ dʑi⁴³	qʰa⁴³ dze⁴³	qʰa⁴³ dze⁴³
糠	ɕɯ⁴³ tɕʰɯ⁴³	—	tɕʰo⁴³
饭	χa⁴³	χa⁴³	χa⁴³
饭团	—	—	χa³¹tɤ¹³
粑粑	bʌ³¹ʑʌ¹³	—	bʌ³¹ʑʌ¹³
馒头	—	—	mo³¹mo⁴³
米饭	ɕɯ⁴³ tʂʰwa⁴³ χa⁴³	—	ɕi³¹tʂʰwa³¹χa⁴³
粥	χu³¹dʑɯ¹³	χo⁴³	—
炒面，面粉	tsa⁴³ bʌ⁴³	ho⁴³ me³¹	tsa⁴³ pʌ⁴³
面条	mjæ³¹tʰjɔ¹³	mjæ̃³¹tʰjɔ¹³	—
土豆	ʑʌ³¹ʑi⁴³	ʑe³¹ʑi⁴³	ʑʌ³¹ʑi⁴³

词汇	屋脚	利家嘴	前所
土豆花	ʐʌ³¹zɿ⁴³ ba⁴³ ba³¹	—	ʐʌ³¹zi⁴³ ba³¹
奶	ŋwa⁴³	ŋa⁴³	ŋwa⁴³
酸奶	ŋwa⁴³ tɕu⁴³	—	ŋwa³¹tɕi⁴³
蔬菜	ȵi⁴³ hỹ³¹/wu³¹tsʰɛ¹³	ɣ³¹tsʰɛ¹³	ȵi⁴³ hõ³¹ɣ³¹tsʰɛ¹³
荠菜	ʐʌ³¹qʰa⁴³	—	ʐa¹³
圆根	a⁴³ kʰɯ¹³	—	a⁴³ kʰʌ⁴³
酸菜	tɕʌ⁴³ ɬæ³¹	—	tɕjæ⁴³ ɬæ³¹
白菜	tsʰa⁴³	tsʰæ³¹pʰɣ⁴³	tsʰa³¹pʰʌ¹³
菠菜	pu³¹tsʰɛ³¹	—	po⁴³ tsʰɛ³¹
番茄	fæ⁴³ tɕʰi³¹	—	fæ̃¹³tɕʰyɛ³¹
瓜（包括黄瓜、茄子之类）	tɕu⁴³ kwʌ⁴³	tɕi⁴³ kwa³¹	tɕi⁴³ do³¹
瓜子	ȵi⁴³ mi⁴³ qu⁴³	—	ȵi⁴³ mi⁴³ ɬi⁴³ mi⁴³ qo⁴³
萝卜	ɬi⁴³ bi³¹	ɬi⁴³ pi³¹	ȵi⁴³ ɬi³¹
红萝卜	ɬi⁴³ bi³¹hỹ⁴³	—	ɬi⁴³ pi⁴³
卷心菜	pu³¹pu³¹tsʰɛ⁴³	po³¹po³¹tsʰɛ⁴³	—
小苦菜	—	—	tsʰa³¹na¹³
豆腐	ŋu³¹dʑɯ⁴³	—	ȵi³¹dʑi¹³
豆花	nɣ³¹ɬi⁴³	—	ȵi³¹hwʌ⁴³
花生	hwa⁴³ sɿ⁴³	hwa⁴³ sʌŋ⁴³	—
豆子，黄豆	ŋu³¹ɬi⁴³	ŋu³¹ɬi³¹	ʐwæ⁴³ ȵi³¹ɬi⁴³
豌豆	dzæ³¹dɣ⁴³	—	tsʰi³¹tsʰɿ¹³
蚕豆	da³¹dɣ⁴³	—	tsʰɯ³¹tsʰɯ¹³
核桃	ʁu⁴³ tu⁴³	ko⁴³ to³¹	ʁo⁴³ to⁴³
菌子，蘑菇	mu¹³	mo³¹kɣ⁴³	mo³¹kɣ⁴³
魔芋	mu³¹zu⁴³	—	mo³¹zi¹³
水果，坚果	si³¹ɬi⁴³ ɬi³¹	—	si⁴³ ɣ⁴³ ɬi⁴³ mi⁴³
梨	sɛ⁴³ ɬi³¹	—	sɛ⁴³ ɬɣ³¹
梨干	sɛ⁴³ ɬi⁴³ ʁɣ⁴³ pʰæ⁴³	—	sɛ⁴³ ɬɣ⁴³ pʰæ¹³
李子	si⁴³ ɬi³¹	—	si³¹tʂe¹³
梅子	ɕɯ³¹tɕi¹³	—	æ̃⁴³ ɬi⁴³ /si³¹kʰa¹³
苹果	pʰĩ³¹ku⁴³	—	pʰĩ³¹ko⁴³
葡萄	pʰɣ³¹tʰɔ⁴³	pʰɣ³¹tʰɔ⁴³	ȵi⁴³ ȵja³¹ɬi⁴³ ɬi³¹
橘子	tɕi⁴³ du³¹	—	tɕi⁴³ do³¹
桃子	dʑɯ⁴³ ʁɣ⁴³	dʑi³¹wʌ⁴³	dʑi⁴³ ʁwʌ⁴³

续表

词汇	屋脚	利家嘴	前所
食物	dzu⁴³ χɑ⁴³	dzɯ³¹ti³¹	dzu⁴³ χɑ⁴³
肉	ʂi⁴³	ʂe⁴³	ʂe⁴³
瘦肉	—	ʂe⁴³ ba¹³	—
猪膘	bu³¹tʂʰæ⁴³	—	bo³¹tʂʰæ⁴³
汤	ʐæ¹³	ʐæ¹³	ʐæ¹³
开水	dʑu³¹dzi³¹tʰɣ¹³	—	dʑi³¹tsʰɨ¹³
热水	dʑu³¹tsʰɨ¹³	—	dʑi³¹tsʰɨ¹³
冷水	dʑu³¹qʰæ⁴³	—	dʑi⁴³ qʰɑ⁴³
糖	dzi⁴³	dze⁴³ /mɣ⁴³ lʌ³¹	dze⁴³
蜂蜡	dzi⁴³ qʰæ⁴³ ɻæ³¹	—	dze⁴³ qʰɑ⁴³ ɻɑ³¹
蜂蜜	dzi³¹mi³¹dzi⁴³	—	dze³¹mi³¹dze⁴³
甘蔗	dzi³¹tɕʰu⁴³ kʌ⁴³	kæn⁴³ tsʌ³¹	—
盐	tsʰi⁴³	tsʰe⁴³	tsʰe⁴³
盐水	tsʰi³¹dʑu⁴³ tʰi⁴³ tʂʰɣ⁴³	—	tsʰe³¹dʑi¹³
油	bu³¹ma⁴³ / qɛ¹³	ma⁴³	qɛ¹³
酱油	tɕjã¹³ju³¹	—	tɕjaŋ³¹jo³¹
辣椒	la⁴³ tsɨ³¹	la³¹dzɨ⁴³	la⁴³tsɨ⁴³
葱	tsʰu⁴³ tsɨ⁴³	tsʰo⁴³ tsɨ³¹	tsʰo⁴³ tsɨ³¹
大蒜	kɣ⁴³	kɣ⁴³	kɣ⁴³
花椒	dzi¹³	—	dze¹³
姜	sĩ⁴³ tɕʌ⁴³	sʌŋ³¹tɕaŋ³¹	sʌŋ⁴³ tɕaŋ⁴³
晚饭	tʂʰwʌ⁴³	—	tʂʰwʌ⁴³
午饭	ʐwʌ⁴³	—	ʐwʌ¹³
香烟	ʑʌ⁴³	ʑæ³¹	ʑʌ⁴³ dzʌ³¹
蒸汽	su⁴³ gʌ³¹dzu⁴³	—	pɣ³¹so¹³
生活-住				
城	dzɿ⁴³ qu⁴³	dzɿ⁴³	dzɿ⁴³ qo³¹
人烟	hĩ⁴³ bi⁴³	—	fɣ³¹bi¹³
村镇	hĩ⁴³ ʁwʌ⁴³	hĩ⁴³ pi⁴³	fɣ³¹pi¹³ / hĩ⁴³ ʁwʌ³¹
烟	mɣ⁴³ kʰɣ¹³	mɣ³¹kʰɣ¹³	mu⁴³ kʰɣ⁴³
篱笆	kʰwɑ⁴³ tsɨ⁴³	—	kʰwɑ³¹qɣ⁴³
房屋	ʑu⁴³ qʰwʌ⁴³	ʑi⁴³ qʰwɑ⁴³	ʑi⁴³ qʰwʌ⁴³
楼梯	dzʌ⁴³	—	dzʌ⁴³
门	kʰi⁴³	kʰi⁴³	kʰi⁴³

词汇	屋脚	利家嘴	前所
大门	kʰi⁴³ mi⁴³	—	kʰi³¹mi⁴³
后门	dɑ³¹kʰi⁴³	—	—
前门	bɑ³¹kʰi¹³	—	—
窗户	kʰi⁴³ zu⁴³	kʰi³¹zo⁴³	—
锁	dzi³¹bʏ³¹lʏ⁴³	tse¹³	—
钥匙	dzi³¹qwɑ⁴³	tse³¹qwɑ¹³	—
砖	ŋwʌ⁴³ tʰu³¹tɕɯ¹³	tʰo³¹tɕi¹³	—
瓦	ŋwʌ⁴³ pʰæ⁴³	ŋwʌ⁴³	—
木瓦片，板子	gʏ³¹pʰæ¹³	go³¹pʰæ¹³	ŋwɑ³¹pʰæ⁴³
玻璃	tʂʰʏ⁴³ sʌ⁴³	—	bo⁴³ zɑ⁴³
卧室	ʐɯ³¹ʁu¹³	—	ʐɯ³¹ŋʏ⁴³ tso³¹ɻi⁴³
厨房	ʐɯ⁴³ mi⁴³	—	tso⁴³ qwɑ³¹qʰʏ⁴³
橱柜	—	sɨ⁴³ tʰo⁴³	χɑ³¹kʏ⁴³ n̩ɑ³¹
储藏室	gi⁴³ qu⁴³	gi⁴³	—
木板地台	gʌ³¹qʏ⁴³	kɑ³¹qo⁴³	—
木头的墙壁	sɨ³¹ɻʏ⁴³ zɯ⁴³ qʰwʌ⁴³	—	sɨ⁴³ ɻi⁴³ gi³¹do¹³
墙壁	ʐɯ³¹ʁɛ¹³dʐɯ³¹qʰæ¹³	tʂe⁴³ po¹³	—
柱子	du³¹mi¹³	do⁴³ mi¹³	—
地板	kwʌ³¹li⁴³	—	tʂe³¹tʰɑ¹³
地毯	tʂi⁴³ ʁu⁴³ kʰu⁴³	—	kʰwɑ⁴³ ɻɑ⁴³
席子	ɲjʌ³¹tsi⁴³	ɲjɛ³¹tse⁴³	—
垫子	tɕɯ³¹nu⁴³	—	—
固定壁橱	dzu³¹qu⁴³	gi⁴³	—
过道	dzu⁴³	—	—
正房	ɑ⁴³ ʁu⁴³	ʑi⁴³ mi⁴³	—
祖母屋	ʐɯ⁴³ mi⁴³	—	ʐɯ⁴³ mi⁴³
上室，二楼，次房	ɲi³¹tʂæ³¹ʐɯ⁴³	ɲi⁴³ dzæ³¹ʐɯ¹³	ɲi³¹tʂæ¹³ʑi¹³
下室	dzɨ³¹tʂæ⁴³ ʐɯ⁴³	—	—
后室	dɑ³¹kʰi⁴³ qu³¹	—	—
睡柜	dzu³¹qu⁴³	tʰo⁴³	—
火塘	qwʌ⁴³ qu⁴³	qo⁴³	qwɑ⁴³
上火塘	gʌ³¹qu⁴³	gʌ³¹qo⁴³	—
下火塘	m̩³¹qu⁴³	mʏ³¹qo⁴³	—
锅桩石	ʂi⁴³ kʰɯ⁴³	—	—

续表

词汇	屋脚	利家嘴	前所
灶	ʐɯ⁴³ mi⁴³	tso⁴³ qo⁴³	—
桌子，凳子	sɿ⁴³ ʟæ⁴³	dzɯ³¹ ʁo¹³	sɿ⁴³ ʁæ⁴³
被子	dʑi³¹ qɑ⁴³	pʰɣ⁴³ kɯ⁴³	—
枕头	ʁu⁴³ gɣ⁴³	ʁo⁴³ gɣ⁴³	ʁo⁴³ gɣ⁴³
床	tʂʰwɑ¹³	tsʰwɑ¹³	—
榻	qwɑ⁴³	—	qwɑ⁴³
脸盆	pʰæ³¹tʂʰæ³¹lu⁴³	pʰæ³¹tʂʰæ⁴³lo⁴³	—
毛巾	pʰæ³¹tʂʰɣ¹³pʌ⁴³	—	lo³¹tʂʰɣ⁴³ bɑ¹³
碗	qʰwʌ¹³	qʰwɑ¹³	qʰwɑ¹³
小茶杯	li³¹qʰwʌ¹³	—	li³¹tʰɿ⁴³ qʰwʌ³¹zo⁴³
坟墓	kwɑ⁴³ tsʰi⁴³	bɣ⁴³ dzɯ³¹	—
生活－行			
船	li³¹tʂʰwɑ¹³	tʂʰwɑ⁴³	tsʰwɑ¹³
沙木船，猪槽船	zɿ³¹gɣ¹³	—	zɿ³¹gɣ¹³
路	zʌ³¹mi¹³	—	zʌ³¹mi¹³
桥	dzu⁴³	dzo⁴³	—
生活－家庭			
嫁	bi³¹tɕu⁴³ pi⁴³	tʰi⁴³ ki⁴³	—
恋爱	fɣ⁴³	—	fɣ⁴³ fɣ⁴³
娶	lɛ⁴³ ʂɿ⁴³	ʂe⁴³	—
走婚	qɑ⁴³ lɑ⁴³	tʰi⁴³ se⁴³ se⁴³	—
分家	ʐɯ³¹tʰɣ¹³	—	ʐɯ³¹tʰo¹³
家	æ⁴³ ʁu⁴³	æ⁴³ ʁo⁴³	æ⁴³ ʁo⁴³
家名	ʐɯ⁴³ dɣ¹³mɯ⁴³	—	ɑ⁴³ ʁo⁴³ mɣ³¹
家庭	ʐɯ⁴³ dɣ⁴³	—	ʐɯ⁴³ to⁴³
名字	mɯ⁴³	mɣ⁴³	mʌ⁴³
取名	mɯ³¹tʂæ⁴³	—	mɣ³¹tʂæ⁴³
生活－生产			
扳机	qɛ⁴³	—	mɣ³¹zɛ⁴³ qɛ⁴³ di³¹
子弹	di³¹ʁu⁴³	tsɿ⁴³ tæn³¹	—
炮	—	pʰɔ⁴³	—
枪	mɣ³¹zɿ¹³	mɣ³¹ze⁴³	—
网	fɣ¹³	—	fɣ¹³
鞭子	tɕi¹³	mæ³¹dzɣ⁴³	—

词汇	屋脚	利家嘴	前所
菜刀	—	tsʰɛ³¹tɔ⁴³	—
刀	sɿ³¹tʰi¹³	se³¹tʰi¹³	sɿ³¹tʰi¹³
剪刀	dʑi³¹tɑ¹³	dze³¹tæ⁴³	dze³¹tɑ¹³
长刀，剑	ʁæ³¹mi⁴³	—	ʁɑ³¹mi⁴³
小刀	sɿ³¹tʰi¹³zu⁴³pʌ⁴³	—	sɿ³¹tʰi³¹zo⁴³
大锤	qʰɤ⁴³dɤ¹³	qʰɤ³¹tɤ⁴³	—
钉子	ʂi⁴³qʰɤ⁴³	ʂe³¹qʰɑ⁴³	—
斧刃	bi³¹mi⁴³ hɯ⁴³	—	bi³¹mi³¹hʌ⁴³
斧头	bi³¹mi¹³	bi³¹mi¹³	bi³¹mi¹³
小斧头	bi³¹mi³¹zu⁴³ pʌ⁴³	—	lo³¹dze¹³bi³¹mi¹³
弓，弓箭	ʐʯ³¹mi¹³	tɑ⁴³nɑ³¹	ʐe³¹mi¹³
箭	ʐɿ⁴³	ʐe⁴³	ʐe⁴³
锄头，小锄	tʂʌ³¹hɯ⁴³	tsʰo³¹tʰo¹³	—
长锄	dʐwæ⁴³	—	dʐwæ⁴³
犁	wã³¹gɤ⁴³	—	—
牛轭	ʁɯ⁴³ɳɑ¹³	—	—
连枷	ku¹³dʐu¹³	—	ko³¹dʐo¹³
镰刀	ʂɿ³¹gɤ¹³	ʂo³¹gɤ¹³	—
麦架子	ʂwɑ⁴³ʂɿ³¹	—	—
磨	ʂæ³¹tʰɑ¹³	ʂæ⁴³tɑ⁴³	—
耙	tʂɿ⁴³tsɑ¹³	tʂe⁴³dzɑ³¹	—
槽	gɤ⁴³	—	gɤ⁴³
柴	sɿ⁴³	sɿ⁴³	sɿ⁴³
秤	qʰɑ³¹zɿ⁴³gɤ¹³	ʐwæ⁴³	—
棍子	qe⁴³du¹³	mi³¹tʰo⁴³	sɿ³¹kʌ¹³
火柴	jʌ³¹hɯ⁴³	ʑɑ³¹ho⁴³	—
锯子	sɿ³¹ʈi¹³	se³¹ʈi¹³	sɛ³¹tʌ¹³
锯屑	sɿ³¹ʈi¹³tsɑ⁴³pʌ⁴³	—	sɿ⁴³tsɑ³¹pʌ⁴³
箩筐	kʰʌ¹³	qʰʌ¹³	—
马鞍	ʐwæ³¹tɕi⁴³	ʐwæ³¹tɕi⁴³	—
扫帚	bæ³¹dʑɤ⁴³	bɑ³¹dʑɤ⁴³	—
簸箕	pʰi⁴³kʰɤ⁴³	pʰi⁴³qʰɤ⁴³	—
筛子	dʐɯ³¹dʐɯ⁴³	dʐɯ³¹dʐɯ⁴³	—
蜡烛	lɑ³¹tɕɯ⁴³	lɑ³¹tʂɤ⁴³	—

词汇	屋脚	利家嘴	前所
锅	ɣ⁴³	ɣ⁴³	—
铝锅	—	—	di³¹ɣ⁴³
勺子	—	—	bo³¹ze¹³
勺子（大）	dʐɯ³¹zi¹³/ tʂʰu¹³	—	tɕʰo¹³qʰwa⁴³
勺子（小）	qʰa³¹dza¹³	—	qʰa³¹dza¹³
盖子	ɣ¹³qa⁴³	ɣ³¹qa⁴³	—
筷子	dʑɨ³¹ʂɨ⁴³	dʑi³¹ʂɯ⁴³	—
水缸	æ⁴³ ɣ⁴³	—	dʑi³¹gɣ¹³
水瓶	dʐɯ³¹tsʰɨ¹³kʰɯ⁴³ ti⁴³	—	qʌ⁴³
水桶	dʐɯ³¹pɣ¹³	—	dʑi³¹pʌ¹³/ si³¹da¹³
桶	pɣ³¹ta¹³	lo⁴³ tsɨ⁴³	tɕʌ⁴³ tʰo³¹
绳子	bæ⁴³	ba⁴³	bæ⁴³
铁链	ʂɨ⁴³ bæ⁴³	—	ʂe⁴³ bæ⁴³
梳	pɯ¹³	bɣ¹³	—
松明	mɯ³¹tsʰu¹³	—	mɣ³¹tsʰo¹³
燧石	dʐɯ⁴³ ɻɨ⁴³ mi⁴³	—	tse³¹ɻɣ⁴³
梯子	si³¹dzu⁴³	dzo⁴³	—
弯尺	sɑ¹³	—	—
刷子	ʂwa³¹tsɨ⁴³	ʂwa³¹tsɨ⁴³	—
财富	—	—	lɛ³¹ʁæ³¹
集市	ɣ³¹tsʰɛ³¹tɕʰi³¹ti⁴³ dʑɨ⁴³	lo⁴³ dzo⁴³	—
价格	pʰɣ⁴³	—	—
亏，损失	lɛ⁴³ dʑɨ³¹zɛ³¹	—	lɛ⁴³ dʑɨ³¹ze⁴³
钱	dʑɨ⁴³	tʂe⁴³	dʑe⁴³
生意	ɣ⁴³ la³¹ji³¹	—	ɣ⁴³ la³¹
收入	—	—	ba³¹wã⁴³ ba³¹dʑa⁴³
炼钢	ʂɨ⁴³ mu⁴³	ʂe⁴³ dʑi³¹	—
工作	lu⁴³ ji⁴³	—	lo³¹ji¹³
生活-文化			
歌	gwʌ¹³qʰwa⁴³	gwʌ³¹	—
鼓	da³¹kʰʌ¹³	tæ⁴³ kʰɯ³¹	—
锣	tæ³¹ɲju⁴³	—	—
笛子	ɕu³¹li⁴³	—	—

词汇	屋脚	利家嘴	前所
钟	tu⁴³ tsʰi⁴³ li³¹di³¹	ȵi³¹ma⁴³	—
唢呐	—	æ³¹ȵjo⁴³	—
故事	æ⁴³ ʂæ⁴³ qʰwɑ⁴³ ʐwʌ³¹	æ⁴³ ʂæ³¹kʰwɑ⁴³	—
技术	ȵjʌ³¹dʐu⁴³ di³¹	—	ȵjʌ³¹dʑi⁴³ di³¹
语言	—	ʐwʌ⁴³	—
摩梭话	nɑ³¹ʐwʌ⁴³	—	nɑ³¹ʐwʌ⁴³
书	tʰɑ⁴³ ʈ³¹	tʰæ⁴³ ʈ³¹	—
纸	ʂu³¹ʂu¹³	tʰæ⁴³ ʈ³¹	—
字	tʰɑ⁴³ ʈ³¹	dzɯ³¹	—
铅笔	dʐɯ³¹qʰu¹³	—	—

生活-其他

词汇	屋脚	利家嘴	前所
边（立场）	ʐwʌ⁴³	—	ɖi³¹tʂʰæ³¹
痕迹，印子	ʐʌ¹³	ʐʌ¹³	tʂɑ³¹tɑ⁴³
唿哨	—	æ⁴³ ji³¹kʰɯ³¹	tɕi³¹ɕi⁴³ kʰʌ³¹
口哨	dʐɯ³¹ɕɯ⁴³ kʰɯ³¹	—	bo³¹qʰɣ⁴³ mɣ¹³
窟窿	bɑ³¹ɬɑ¹³qʰwʌ⁴³ pi³¹dʐu⁴³ ji³¹	qʰɣ³¹dʑi⁴³	—
尖	ʁu⁴³ tɕʰu⁴³	ʁo⁴³ tɕʰɑ⁴³	—
空闲	—	—	tʰi⁴³ li³¹
困难	lu³¹χɑ⁴³	—	le³¹ʈ⁴³
梦	ʐɯ¹³mɯ³¹qʰwʌ¹³	ʐi³¹mɣ⁴³ qʰwɑ⁴³	ʐɯ³¹mɣ³¹qʰwʌ⁴³
生锈	χwʌ¹³dzi⁴³	—	hwʌ³¹nʌ³¹zɨ⁴³
声音	qʰu³¹tʂæ¹³	qʰo³¹tʂæ⁴³	—
辛苦	si³¹tʰi⁴³	—	se³¹tʰe⁴³
艺术眼光	ȵjʌ³¹dʐu⁴³ di³¹	—	ȵjʌ³¹tɕi⁴³ di³¹
影子	bʌ⁴³ kɯ⁴³	—	—
圆周	ʈ¹³wʌ³¹æ⁴³	—	tɑ⁴³ gwʌ³¹
长度	qʰɑ³¹ʂæ⁴³ gɣ⁴³	—	ʂæ⁴³

（十）宗教

宗教	屋脚	利家嘴	前所
神，佛	gʌ³¹ɬɑ⁴³	gʌ⁴³ lɑ⁴³	zɨ³¹mɣ⁴³ zɨ³¹tse⁴³
阿巴睹神	ɑ⁴³ pɑ³¹du³¹	—	ɑ⁴³ pɑ⁴³ ɖo³¹

宗教	屋脚	利家嘴	前所
泉水神	dʐɯ³¹qʰɣ⁴³ gʌ³¹ɬɑ⁴³	—	ʐɯ³¹mɣ⁴³ kɣ⁴³
格姆	ɬi⁴³ di³¹kɯ³¹mɣ⁴³	—	gʌ³¹mɣ⁴³
世界	zu³¹pɣ⁴³ li³¹	—	zõ³¹pɣ⁴³ ɬi³¹
人间	hĩ⁴³ tʰi⁴³ tʂʰʌ³¹	—	sɑ⁴³ tsʰo⁴³
灵魂	wã³¹ɬi⁴³	dɑ³¹ŋwɑ⁴³	wã³¹ɬi⁴³
和尚	ȶæ⁴³ pʌ⁴³	—	ȶæ⁴³ pʌ⁴³
庙	gu⁴³ pʌ³¹	gɣ³¹bɑ³¹	—
地狱	tʂɿ⁴³ qʰɣ⁴³ qu⁴³ mɣ³¹tɕʰi⁴³ hɯ⁴³	—	mɣ⁴³ ʁo⁴³ zɯ⁴³ qʰɣ⁴³
香	su⁴³	ɕjæ⁴³	so¹³
鬼	tsʰɿ⁴³ qʰwʌ³¹mi⁴³	tsʰɿ⁴³	—
妖精	sɑ³¹dʑi⁴³ ji⁴³	—	—
横眼睛女人	ȵjʌ³¹ȶi⁴³ dʑʌ³¹dzi⁴³ tʰi³¹ʐɯ⁴³	—	ȵjʌ³¹ȶæ⁴³ ȶæ⁴³
竖眼睛女人	ȵjʌ³¹mæ⁴³ mæ³¹	—	ȵjʌ⁴³ tsɯ⁴³ tsɯ⁴³
宗教	æ³¹ʂæ⁴³ qʰwɑ⁴³	—	tɕʰi⁴³ ji⁴³
格尔（看星星）	kɯ⁴³ ȶ³¹	—	qʌ⁴³ ȶ⁴³
成年仪式	ɬi³¹ki⁴³	—	ɬi⁴³ di³¹
穿裙子仪式	ȶʰæ³¹ki¹³	ȶʰæ³¹ki¹³	ȵi⁴³ tɕʌ⁴³ tsʰe³¹so³¹kʰɣ¹³tʰɑ³¹qʰo³¹ki¹³
男孩穿裤子仪式	ɬi³¹ki⁴³	ɬi⁴³ ki¹³	—

（十一）称谓

词汇	屋脚	利家嘴	前所
一般称谓			
跛子	kʰɯ³¹tɣ⁴³	kʰɯ³¹tɣ⁴³	qʰʌ³¹tɣ⁴³
敌人	ɖæ⁴³ ji⁴³ hĩ⁴³	dzo⁴³ dɣ³¹	—
疯子	hĩ⁴³ hɻ¹³	hĩ⁴³ hwã³¹	—
姑娘	mɯ³¹zu¹³	—	mɣ³¹zo¹³
好朋友	dʑɣ⁴³ dʑʌ¹³	—	dʑo⁴³ dʑɑ³¹
客人	hĩ⁴³ bæ⁴³	hĩ³¹pæ⁴³	hĩ⁴³ pæ⁴³
老大妈	æ³¹ʐɯ¹³	—	æ³¹ʐɯ¹³
老奶奶	æ³¹mu¹³	—	æ³¹ʐɯ³¹mo¹³
老人	hĩ³¹mu⁴³ hĩ³¹	hĩ³¹mo¹³	hĩ³¹mo¹³

续表

词汇	屋脚	利家嘴	前所
聋子	ɬi⁴³ pu⁴³	ɬi⁴³ po⁴³	—
男的	pʰæ³¹tɕi⁴³	pʰæ³¹tɕi⁴³	ʐa⁴³ ʁa³¹zɯ⁴³
年轻人	hĩ⁴³ ʁu⁴³ bu³¹	—	kʰɣ³¹pʰæ⁴³ tɕi³¹hĩ⁴³
懦弱的人	nɣ⁴³ mi³¹tɕɯ¹³	—	ȵi³¹mi³¹tɕi¹³hĩ⁴³
女的	mi³¹zɯ¹³	mɣ³¹zo¹³	mi¹³/mi³¹zɯ¹³
朋友	dzʐ⁴³	dzʐ⁴³	dzʐ⁴³
青年男人	pʰæ³¹tɕi⁴³ zu³¹	kʰɣ³¹pʰæ⁴³ tɕi³¹	—
青年女人	—	kʰɣ³¹pʰæ⁴³ tɕi³¹mɣ³¹zo¹³	—
人	hĩ⁴³	hĩ⁴³	hĩ⁴³
瞎子	ȵja³¹qwa¹³	ȵjæ̃³¹kwa¹³	—
小孩	zu⁴³ pʌ⁴³	—	mʌ⁴³ mʌ³¹
男孩	zu³¹hɣ̃⁴³	zo⁴³hɣ̃⁴³	zo³¹hɣ̃⁴³
小男孩	—	zo³¹zo³¹	—
哑巴	zu⁴³ ba³¹	zo⁴³ pa³¹	zo⁴³ ba³¹
主人	hĩ⁴³ dʉ³¹hĩ⁴³	dʉ⁴³ hĩ³¹tʰɣ̃⁴³ ɣ⁴³	—
称谓－职业			
村长	ŋwʌ⁴³ qu⁴³ hĩ⁴³ dʉ³¹hĩ⁴³	bi⁴³ se³¹	—
达巴	dɑ³¹pʌ⁴³	tɑ³¹pa³¹	dɑ⁴³ pʌ⁴³
敌人（小偷）	kʰɣ⁴³ mæ⁴³	—	—
放牦牛的人	bɣ³¹ɬʉ³¹hĩ⁴³	—	bɣ³¹ɬʉ³¹hĩ⁴³
放牛人	ʁɯ⁴³ ɬʉ³¹hĩ³¹	—	ʁɯ⁴³ ɬʉ³¹hĩ⁴³
牧羊人	tsʰɯ³¹ɬʉ⁴³ hĩ⁴³	—	tsʰɯ³¹ɬʉ⁴³ hĩ³¹
养猪人	bu³¹zʌ³¹hĩ⁴³	—	bo³¹zʌ⁴³ hĩ⁴³
雇工	ʁa⁴³ zu⁴³	—	po³¹tʂɨ⁴³
官	si⁴³ pʰi⁴³	se³¹	—
贵族女性头衔	mi³¹zɯ⁴³	mi⁴³ dzʉ³¹	—
喇嘛	tʂæ⁴³ pʌ⁴³	tʂæ⁴³ pʌ⁴³	—
老师	gi³¹gi⁴³	gi³¹gi⁴³	—
学生	gi³¹tʂʰɨ⁴³	gi⁴³tʂʰɨ⁴³	—
木工	si⁴³ gɣ¹³pu³¹dzʉ¹³	bo³¹dzʉ⁴³	si⁴³ po³¹dzʉ¹³
土司头衔	si⁴³ pʰi⁴³	si⁴³ pʰi⁴³	—
称谓－族群			
藏族	ʁu¹³dzɯ³¹	ʁo⁴³ dzɯ³¹	ʁo⁴³ dzɯ³¹
汉族	χæ⁴³	æ⁴³ χæ³¹	χæ⁴³ ɬi⁴³ po⁴³

词汇	屋脚	利家嘴	前所
蒙古族	nɑ³¹hĩ⁴³	nɑ¹³	—
摩梭	nɑ¹³	nɑ³¹zɨ⁴³	nɑ¹³
摩梭（古称）	nɑ⁴³ mɯ⁴³ æ⁴³ dʐʌ¹³	nɑ³¹mɣ³¹ æ⁴³ dʐɑ³¹	—
摩梭地区	nɑ³¹hĩ⁴³ di¹³	—	nɑ³¹hĩ⁴³ mi⁴³ dzɯ³¹ʁo¹³
纳西	nɑ³¹hĩ⁴³ /ʐɯ¹³ gɣ⁴³ nɑ³¹hĩ⁴³	nɑ³¹hĩ⁴³	nɑ³¹hĩ⁴³
普米	bʌ⁴³	—	bɣ⁴³
尔苏人	ɬɨ³¹sɨ⁴³		
彝族	lu⁴³ lu⁴³	lo⁴³ lo⁴³	lo⁴³ lo⁴³
白族	ɬi⁴³ pu⁴³	—	ɬi⁴³ pi³¹hỹ⁴³
称谓-亲属			
祖先	æ⁴³ pʰɣ⁴³ æ⁴³ sɨ⁴³	—	gʌ³¹tʂʰɑ¹³
太祖/曾祖爷爷	æ⁴³ sɨ⁴³	æ⁴³ sɨ⁴³	ɑ⁴³ sɨ⁴³
曾祖母	æ⁴³ n̩i⁴³	æ⁴³ n̩i⁴³	—
爷爷/外祖父	æ⁴³ pʰɣ⁴³	æ⁴³ pʰɣ⁴³	æ⁴³ pʰʌ⁴³
祖母/外祖母	æ³¹ʐɯ¹³	æ³¹ʑi¹³	
岳父	ɑ³¹bu⁴³	ɑ³¹dɑ⁴³	—
岳母	ɑ⁴³ ʑʌ³¹	æ³¹mi³¹	—
亲戚	tɕʰi⁴³ tʂʌ⁴³	—	tɕʰi⁴³ tʂʌ⁴³
斯日（家族姓氏）	sɨ³¹zɨ⁴³	sɨ³¹zɨ⁴³	—
舅舅	æ³¹ɣ⁴³	æ³¹ɣ⁴³	æ³¹ɣ¹³
叔叔（干爸）	ɑ³¹bu¹³	—	æ³¹po⁴³
母亲	æ⁴³ mi⁴³	æ⁴³ mi⁴³	æ⁴³ mi⁴³
父亲	ɑ³¹dɑ⁴³	ɑ³¹tɑ⁴³	ɑ³¹tɑ⁴³
妈妈/姑妈/姨妈/阿姨	ɑ⁴³ ʑʌ³¹	—	æ⁴³ n̩i⁴³
大妈妈/爸爸的大姐	æ⁴³ ʑʌ³¹di⁴³	—	æ⁴³ n̩i⁴³
小妈妈/妈妈或爸爸最小的妹妹	æ⁴³ ʑʌ³¹tɕi¹³	—	æ⁴³ n̩i⁴³
母亲的弟弟	ɑ⁴³ ɣ⁴³ tɕi⁴³	æ³¹po⁴³	—
母亲的哥哥	æ⁴³ ɣ⁴³ dʐ̩⁴³	æ⁴³ ɣ⁴³	—
母亲的姐姐	æ⁴³ mi⁴³ bɣ⁴³ æ⁴³ m̩³¹	æ⁴³ mi⁴³ dʐ̩³¹	—
母亲的妹妹	æ⁴³ mi⁴³ bɣ⁴³ gu⁴³ mi⁴³	æ⁴³ mi⁴³ dzɨ³¹	—
兄弟关系	mʌ³¹mɯ¹³	—	
姐妹关系	n̩i³¹mi⁴³		
哥哥，姐夫，姐姐，嫂嫂	ɑ⁴³ m̩³¹	æ⁴³ m̩³¹	æ⁴³ m̩³¹

续表

词汇	屋脚	利家嘴	前所
弟弟，表弟，妹夫	gi³¹zɿ⁴³	gi³¹zɿ⁴³	gi³¹zɿ⁴³
妹妹，表妹，弟妹	gu⁴³mi⁴³	go⁴³mi⁴³	go⁴³mi⁴³
弟弟妹妹	gi³¹zɿ⁴³ gu⁴³mi⁴³	—	mʌ³¹m̩⁴³ ȵi³¹mi⁴³
母亲姐妹的丈夫	æ³¹ɣ⁴³	æ³¹po⁴³ dɿ⁴³/æ³¹po⁴³ tɕi⁴³	—
走婚配偶（男）	a⁴³tu⁴³	æ⁴³dzo̥³¹	a⁴³ʈo³¹
走婚配偶（女）	a⁴³ɕjʌ³¹	æ⁴³ɕjæ³¹	—
丈夫（外人称）	hæ⁴³tʂʰɣ³¹pwʌ⁴³	hæ³¹tʂʰɣ³¹pa⁴³	hæ̃³¹ʂo³¹pʌ⁴³
丈夫（自家称）	pʰæ⁴³tɕi⁴³	—	—
妻子（外人称）	tʂʰɣ⁴³mi⁴³	tʂʰɣ⁴³mi⁴³	tʂʰɣ⁴³mi⁴³
妻子（自家称）	zʐ⁴³mi⁴³	—	—
外甥，侄儿	zi³¹ɣ¹³	ze⁴³ɣ¹³	ze³¹ɣ¹³
外甥女，姨甥女，侄女	zi³¹mi¹³	ze⁴³mi¹³	ze³¹mi¹³
儿子	zu⁴³	zo⁴³	zo⁴³
女儿，姑娘，女孩	mɯ¹³	mɣ¹³/mɣ³¹zo¹³	mɣ³¹zo¹³
儿媳	zu⁴³zʐ⁴³mi³¹	zo⁴³pʐ⁴³tʂʰɣ⁴³mi⁴³	—
女婿	mɯ³¹bɣ⁴³ pʰæ⁴³tɕi⁴³	mɣ³¹pʌ⁴³ hæ⁴³tʂʰɣ³¹pɑ⁴³	—
孙女	zʐ³¹mɯ⁴³	—	zʐ⁴³mi⁴³
孙子	zʐ³¹wu⁴³	—	zʐ³¹ɣ⁴³
侄女婿/甥女婿	zi³¹mi³¹bɣ⁴³ pʰæ̃³¹tɕi⁴³	ze⁴³mi³¹pɣ⁴³ hæ⁴³tʂʰɣ⁴³pa⁴³	—
侄媳/甥媳	zi³¹ɣ³¹bɣ⁴³zʐ⁴³mi⁴³	ze⁴³ɣ³¹pɣ⁴³ tʂʰɣ⁴³mi⁴³	—

（十二）身体

词汇	屋脚	利家嘴	前所
身体	gɣ⁴³mi⁴³	gɣ³¹mi⁴³	gɣ⁴³mi⁴³
骨骼	ʂæ³¹ʈ̃¹³	ʂæ⁴³ŋɣ¹³	ʂa³¹ʈ¹³
骨髓	dzɯ³¹tɣ¹³	—	ʈ̃⁴³dzɯ³¹tɣ¹³
关节	tʂæ¹³	—	tʂæ¹³
肢体	kʰɯ⁴³lu³¹zʐ³¹ʈi¹³	—	kʰʌ⁴³lo³¹zʐ⁴³pʰo³¹
下身	m̩³¹tʰæ⁴³	—	mɣ³¹tʰa⁴³
神经	dzu³¹ba⁴³	—	dzo⁴³
体毛	zɯ³¹hɣ̃⁴³	—	zi³¹hɣ̃⁴³
皮肤	ʁɯ¹³	ʁɯ¹³	ʁɯ¹³

词汇	屋脚	利家嘴	前所
脂肪	ʂi³¹tʂʰwɑ¹³	ʂe⁴³ nɑ⁴³	tʂʰwɑ⁴³
汗	tʂɣ¹³	dʐɣ³¹tɕi⁴³	dʐɣ¹³
粘液	hwæ̃⁴³ hɣ̃⁴³	—	ʑi³¹sɑ⁴³ pʰʌ³¹
血	sɛ⁴³	sɛ⁴³	sɛ⁴³
血管	sɛ³¹pɣ³¹ʈ¹³	—	sɛ⁴³ tsɯ³¹kʰʌ⁴³
流血	sɛ³¹dʐɯ⁴³	—	sɛ³¹dʑi¹³
脓	bæ¹³	bɑ³¹dʑi⁴³	bæ¹³
脓肿	bæ¹³	—	bæ³¹ʈi⁴³
伤疤	z̩ʌ³¹ɻɣ⁴³	—	mi³¹kʰwʌ⁴³
疹子	tʰæ³¹tʰæ¹³ji⁴³ tʰɣ³¹	—	zo³¹bɣ³¹zɯ⁴³
疮	ji³¹tʰɣ¹³	ʑi³¹tʰɣ⁴³	—
丘疹	ji³¹bɣ³¹dzɨ⁴³	—	—
模样	pʰæ⁴³ di³¹	—	zo³¹tɑ⁴³
力气	ʁɑ⁴³	ʁɑ⁴³	—

身体-部位

词汇	屋脚	利家嘴	前所
头	ʁu¹³ʈi³¹	ʁo⁴³ʈi³¹	ʁo⁴³ ʈi³¹
头上的	ʁu⁴³	—	—
头发	ʁu⁴³ hɣ̃⁴³	ʁo⁴³ hɣ̃⁴³	ʁo³¹hɣ̃⁴³
蓬发	ʁu³¹su¹³	—	ʁo³¹no⁴³
头皮	ʁu⁴³ ʈi⁴³ ʁɯ¹³	—	ʁo³¹ʁɯ¹³
头骨	ʁu⁴³ ʈi³¹ʈ⁴³	—	ʁo⁴³ ʈi³¹tʰo⁴³ pɑ⁴³
囟门	tʰu³¹pʌ⁴³ qʰɣ⁴³	—	tʰo³¹pʌ⁴³ tsʰo⁴³
脑	ɬɯ¹³	—	ɬo¹³
额	tu³¹kʌ⁴³	ɬo⁴³ bʌ⁴³	to³¹kɯ⁴³
太阳穴	zɯ⁴³ ʈi⁴³ ʈi⁴³	—	zɯ⁴³ ʈi⁴³ ʈi⁴³
脸	pʰæ⁴³ qʰwʌ⁴³	pʰɑ³¹pʰɑ⁴³	pʰæ⁴³ qʰwʌ³¹
眉毛	ȵjʌ⁴³ tsi³¹hɣ̃³¹	ȵjæ⁴³ tsi³¹	ȵjɑ⁴³ tsɨ³¹
眼睛	ȵjʌ³¹ʈi⁴³	ȵjæ³¹lʌ⁴³	ȵjʌ³¹ʈi⁴³
眼睑	ȵjʌ³¹bi⁴³	—	ȵjʌ³¹kʰi⁴³
瞳孔	ȵjɑ⁴³ nɑ³¹	—	ȵjɑ³¹nɑ⁴³
瞳仁	ȵjʌ³¹qu⁴³	—	—
白眼球	ȵjʌ³¹pʰʌ⁴³	—	ȵjɑ³¹pʰʌ⁴³
眼泪	ȵjʌ³¹bæ⁴³	ȵjæ³¹pɑ³¹	ȵjɑ⁴³ bæ¹³
眼屎	ȵjʌ³¹qʰɛ⁴³	—	ȵjɑ³¹qʰɛ⁴³

词汇	屋脚	利家嘴	前所
眉眼	zɿ³¹tɑ⁴³	—	zo³¹tɑ⁴³
耳朵	ɬi⁴³ pi³¹	ɬi⁴³ pi³¹	ɬi⁴³ pi³¹
耳心	ɬi³¹zɿ¹³	—	ɬi³¹zɿ¹³
耳垂	ɬi⁴³ tsʰi⁴³	—	ɬi³¹zɿ¹³
耳洞	ɬi⁴³ pi³¹tɕʰi⁴³	—	ɬi⁴³ pi³¹n̠i³¹n̠jɑ⁴³
耳环	ɬi³¹pæ⁴³	ɬi³¹pæ⁴³	—
耳垢	ɬi⁴³ qʰɛ⁴³	—	ɬi⁴³ qʰɛ⁴³
鼻子	n̠jʌ³¹gʌ¹³	n̠jæ³¹kɯ⁴³	n̠jɑ³¹qʌ⁴³
鼻孔	n̠i⁴³ qʰu⁴³	—	n̠jɑ³¹qʌ⁴³ qo³¹
鼻梁	n̠jʌ³¹gʌ³¹ʁu¹³	—	n̠jɑ³¹qʌ⁴³ qo⁴³ dze⁴³
鼻毛	n̠i⁴³ qʰɣ³¹hɣ̃⁴³	—	n̠jɑ³¹qʌ⁴³ hɣ̃⁴³
鼻涕	n̠jʌ³¹gʌ³¹dʐɯ¹³	n̠i¹³	—
嘴	qwɑ³¹dʐwæ¹³	n̠jæ³¹tʂæ³¹	qwɑ³¹tʂwɑ¹³
嘴唇	n̠i³¹bi³¹ɬi⁴³	n̠i³¹pi³¹li⁴³	n̠i³¹bi³¹li⁴³
上唇	gʌ³¹bi³¹n̠i⁴³ bi³¹ɬi⁴³	—	gʌ³¹n̠i⁴³ pi⁴³ li³¹
下唇	mɑ³¹tʰæ⁴³ n̠i⁴³ bi³¹ɬi⁴³	—	m̩³¹n̠i⁴³ pi⁴³ li³¹
牙齿	hɯ⁴³ tʰu⁴³	hɯ⁴³	hɯ³¹tʰo¹³
乳牙	zu³¹hɣ̃¹³hɯ⁴³ gʌ³¹pʌ⁴³ tsʰɯ⁴³	—	æ³¹m̩³¹tse⁴³ n̠i³¹hɯ³¹tʰo⁴³
牙床	hɯ⁴³ kʰɯ⁴³	—	χʌ³¹pɣ¹³
舌头	ɕi³¹mi¹³	ɕi⁴³ mi¹³	ɕi³¹mi¹³
口水	zɿ³¹tʰʌ⁴³ tʰʌ³¹	tɕi¹³	tɕi¹³
痰	æ³¹χæ⁴³	tʂo⁴³ tɕi⁴³	æ³¹qʰɛ⁴³ tɕi¹³
颏	tsʰɿ³¹m̩⁴³ tsɿ³¹	—	mɣ⁴³ tʂʰʌ³¹
老人斑	n̠jʌ³¹kʰi⁴³ tɕʌ³¹pu⁴³	—	—
雀斑	æ³¹ʁɯ⁴³ pæ³¹	—	gɣ³¹ʐʌ¹³dzi¹³
痣	su¹³	—	so¹³
皱纹	m̩⁴³ zi³¹	—	to⁴³ kʌ⁴³ gi³¹do³¹dɑ⁴³
颌	m̩⁴³ tʂʰʌ³¹	—	qwʌ³¹to⁴³
颊骨	kɣ³¹kɣ¹³	—	ki³¹tɣ⁴³
喉结	tɑ⁴³ ʈ³¹	tɑ⁴³ lɑ³¹kʰwʌ⁴³	tæ⁴³ ʈ¹³
咽喉	qʰɣ³¹tʂæ³¹qʰɣ⁴³	—	qʰɣ⁴³ tʂɑ⁴³
胡子	m̩³¹tsɿ¹³	mɣ³¹dzi⁴³	mɣ³¹tsɿ¹³
络腮胡	bi³¹tʂʰʌ¹³	—	—
粉刺	ɬi³¹bɑ⁴³	—	lo³¹ʐo¹³

词汇	屋脚	利家嘴	前所
痱子	—	—	tsʰɨ⁴³ ʐo³¹
辫子	ʁu⁴³ hɣ̃⁴³ lɛ³¹ʂæ⁴³ zi⁴³	hæ³¹pa⁴³	—
脖子	ʁɛ¹³ ʈɨ³¹	ʁɯ³¹tʂʌ⁴³	ʁɛ⁴³ ʈɨ⁴³
项（后颈）	ʁɛ³¹ʈɨ⁴³	—	ʁɛ³¹ʈɨ⁴³
脊髓	dzi³¹dɣ¹³	—	dzi³¹dɣ¹³
脊椎	sɨ⁴³ ɻ̃⁴³ mi⁴³	—	ɻ̃³¹ze⁴³
背	gɣ³¹dɣ⁴³	gɣ⁴³ dɣ³¹	gɣ⁴³ dɣ⁴³
肩胛骨	sɯ⁴³ ɻ̃⁴³ mi⁴³	—	tsʰɯ³¹õ³¹tʂa⁴³
肩膀	qʰwʌ⁴³ tsʰɯ³¹	qʰwʌ⁴³ tsʰɯ³¹	qʰwʌ⁴³ tsʰɯ³¹
胳臂	lu³¹bɣ⁴³ ʈɨ³¹	lo³¹pɣ⁴³ ʈɨ⁴³	lo³¹kɣ⁴³ tɣ⁴³
前臂	lu³¹ɻ̃⁴³	—	lo³¹tʂæ¹³
腋窝，腋下	la³¹da³¹tʰæ⁴³	kɯ⁴³ lo³¹po⁴³ tʰa⁴³	læ³¹dæ³¹kɛ⁴³ pɣ⁴³ tʰæ³¹
肘	lu³¹tʰɨ⁴³	—	lo³¹tʰɨ⁴³
腕	lu³¹tʂæ¹³	—	lo³¹tʂa¹³
手	lu³¹qʰwʌ⁴³	lo³¹kʰwa⁴³	lo¹³
手背	lu³¹gɣ⁴³ tɣ⁴³	—	lo³¹ba¹³gɣ⁴³ tɣ⁴³
手心	lu³¹bʌ¹³	—	lo³¹ba¹³
手印	lu³¹mi⁴³ zɣ³¹	—	lo³¹qʰwʌ⁴³ pi³¹
手指	lu⁴³ ȵi⁴³	lo³¹ȵi³¹	lo⁴³ ȵjʌ³¹
小指	æ³¹kæ⁴³ zɨ³¹	—	æ³¹kɛ⁴³ tɕi³¹
右手	lu³¹tʰa¹³	—	ʐo⁴³ lo⁴³
左手	ʁwa³¹lu⁴³	—	ʁwa³¹lo⁴³
左撇子	lu³¹ʁwa⁴³	—	—
指甲	kɣ⁴³ tʂɨ¹³	ko³¹tʂɨ⁴³	kɣ³¹tʂɨ¹³
指节	lu⁴³ ȵi⁴³ tʂæ¹³	—	lo⁴³ ȵi³¹tʂæ³¹
拳	lu³¹qʰɣ⁴³ tʂʰɣ³¹	—	lo⁴³ qʰɣ⁴³ tʂʰɣ³¹
大拇指	lu³¹mi⁴³	—	lo³¹mi⁴³
胸	ʁa⁴³ pu⁴³	χa³¹po⁴³	ʁa⁴³ po⁴³
胸腔	ʁa³¹pu⁴³ qu⁴³	—	—
胸骨	ɬu⁴³ kʰɣ⁴³	—	ʁa⁴³ qʌ⁴³
胸毛	ʁa³¹pu⁴³ hɣ̃⁴³	—	ʁa⁴³ po³¹hɣ̃⁴³
肋骨	ɬu⁴³	—	ɬo⁴³
心	nɣ³¹mi¹³	ȵi³¹mi¹³	ȵi³¹mi¹³
心跳	nu³¹mi³¹tsʰu⁴³	—	ȵi³¹mi³¹tsʰo⁴³

词汇	屋脚	利家嘴	前所
肺	tʂʰɤ¹³	tʂʰɤ¹³	tʂʰɤ¹³
胃	hu³¹mi⁴³	æ³¹po³¹	hwʌ³¹mi⁴³
乳房	ȵi³¹pi⁴³	—	—
奶头	tʂæ³¹tʂæ⁴³	—	—
腹部	bi³¹zɨ⁴³	—	bi³¹zɨ⁴³
肚子	bi³¹mi⁴³	bi⁴³mi⁴³	pi⁴³mi⁴³
肚脐	bi⁴³tɕi³¹	—	pi⁴³tɕo⁴³
腰	ji³¹tʂæ¹³	ji³¹tʂæ¹³	ji³¹tʂæ¹³
腰背部	ji³¹tʂæ³¹qwa⁴³	—	gɤ⁴³tɤ⁴³
肝	sɨ¹³	sɨ¹³	sɨ¹³
胆	kɯ⁴³	kɯ⁴³	kɯ⁴³
胆汁	kɯ³¹dʐɯ¹³	—	kɯ³¹dʑi¹³
肾	bɤ³¹ɬɨ⁴³	ȵi⁴³ze⁴³	pu³¹ɬɨ¹³
肠	bɯ⁴³	bɤ¹³	pʌ⁴³
大肠	bɯ⁴³pʰʌ³¹	—	pʌ⁴³pʰʌ⁴³
小肠	bɯ⁴³nɑ³¹	—	pʌ⁴³tsʰɯ³¹
脾	tsi¹³	—	tse¹³
膀胱	sɨ⁴³pɤ³¹	sɨ³¹po⁴³	sɨ⁴³po³¹
怀孕的	ljeˀ⁴³dɨ⁴³	—	mʌ⁴³mʌ³¹po³¹
分娩	zu⁴³pʌ⁴³dʐu¹³	—	—
股骨	ʂi⁴³sɑ³¹ɻ̃¹³tɨ⁴³	—	to⁴³pæ⁴³sɑ¹³
屁股	tu⁴³pu⁴³	—	do⁴³pʌ⁴³
肛门	qʰɛ⁴³tɤ⁴³	—	—
粪	qʰɛ⁴³	qʰɛ⁴³	qʰɛ⁴³
尿	dʐɯ⁴³	dʑi⁴³	dʑi³¹
放屁	qʰɛ⁴³kʰɯ³¹	—	qʰɛ⁴³kʰʌ³¹
腿	ʂi⁴³sɑ³¹	—	kʰʌ³¹tsʰɛ¹³ʂe⁴³sɑ³¹
大腿肚	tu⁴³bæ⁴³	to³¹bɑ³¹	po⁴³tsɯ⁴³
腿后弯	tsɑ⁴³lɑ⁴³χɛ⁴³	—	a⁴³lɑ⁴³tsɑ³¹qɛ⁴³
膝，膝盖	ŋwʌ³¹qu⁴³	ŋwa³¹ko⁴³	—
膝盖骨	ŋwʌ³¹ɬɯ¹³tsi¹³pʰæ⁴³	—	ŋwʌ⁴³ko⁴³tsi⁴³pʰæ³¹
腓，胫	ɻ̃⁴³ku³¹	—	ɻ̃⁴³ko³¹
脚	kʰɯ³¹tsʰɛ¹³	kʰɯ³¹tsʰɛ¹³	
踝	æ³¹mi³¹tɨ⁴³tʂæ³¹	—	m̩⁴³tʂæ³¹

续表

词汇	屋脚	利家嘴	前所
脚背	m̩³¹gɤ⁴³ tɤ⁴³	—	m̩⁴³ gɤ⁴³ dɤ⁴³
脚底	m̩³¹bʌ⁴³ tʰæ⁴³	—	m̩³¹bʌ⁴³
脚后跟	m̩³¹tʰi⁴³	—	m̩⁴³ tʰo⁴³ ʁo⁴³ tʰo³¹
脚趾	m̩⁴³ ɲjʌ⁴³	—	m̩³¹ɲi³¹
脚印	zʌ¹³	—	qʰwʌ⁴³
腿筋	dʐɤ⁴³ ta³¹mi³¹	—	m̩⁴³ tʰi³¹dʐo¹³
腿毛	kʰɯ³¹tsʰɛ³¹hɤ̃⁴³	—	kʰʌ⁴³ tsʰɛ⁴³ ʑi³¹hɤ̃⁴³
足弓	—	—	bʌ³¹dʑi¹³
拇指（足）	m̩⁴³ ɲjʌ⁴³	—	m̩⁴³ ɲi⁴³ æ⁴³ mi⁴³
趾甲	m̩⁴³ ɲjʌ³¹kɤ⁴³ tʂi⁴³	—	kʰʌ³¹tsʰɛ³¹kɤ⁴³ tʂɨ³¹

身体-病

词汇	屋脚	利家嘴	前所
病	lɛ⁴³ gu⁴³ zɛ³¹	go¹³	—
感冒	dzu⁴³ qʰu⁴³	—	dzo⁴³ qʰo⁴³
咳嗽	tʂɨ⁴³	—	tʂɤ⁴³
麻疹	tsʰi⁴³ gu⁴³	—	—
疟疾	ɲi³¹fɤ³¹pʰæ⁴³	—	—
拉肚子	bi³¹zɤ⁴³	—	qʰɛ⁴³ ʂwa³¹
天花	tsʰi⁴³ gɤ⁴³	bo³¹tʰɤ⁴³	—
痛	gu⁴³	go⁴³	go⁴³
驼背	dzɯ³¹tʂi⁴³	—	gɤ⁴³ dɤ⁴³
药	tʂʰæ⁴³ ʁɯ⁴³	tʂʰæ⁴³ ʁɯ⁴³	—
医治	tʂʰæ⁴³ ʁɯ⁴³ ji⁴³	ji⁴³	—

（十三）动作

词汇	屋脚	利家嘴	前所
扒开	tsi³¹qʰwa¹³	—	bi³¹pʰæ¹³
拔	gʌ³¹pu¹³ / lɛ³¹qwa³¹	pɤ¹³	gʌ³¹pʌ¹³
搬	qæ⁴³	tɕʰi⁴³	—
搬运东西	—	—	po¹³/tso⁴³ tso⁴³ qæ⁴³
帮助	lɛ³¹qa¹³	tʰi³¹qa⁴³	qa⁴³
帮忙	qa³¹qa¹³	—	hĩ⁴³ qa⁴³ qa³¹
包	—	dzɯ⁴³	—

词汇	屋脚	利家嘴	前所
包围	tʰɛ³¹wʌ⁴³	tʰi³¹ŋwʌ⁴³	—
保护	ʁɤ⁴³ mæ⁴³	—	æ³¹mi⁴³ æ³¹tsɨ⁴³ bo³¹
抱	lɛ³¹tu⁴³ tu⁴³	dʑɨ³¹to⁴³ to⁴³	—
背	lɛ³¹pu⁴³ pu⁴³ / pu⁴³ pu⁴³	po⁴³ po⁴³	pʌ⁴³ pʌ⁴³
背上背	tʰi⁴³ gʌ³¹pu⁴³ pu⁴³	—	pʌ⁴³ pʌ⁴³ gɤ³¹dɤ⁴³ tɕi⁴³
奔跑	tʂʰwɑ³¹ji⁴³ bæ¹³	—	bæ³¹bæ¹³
比	—	—	ʁæ³¹ʁæ¹³
比他大	tʰɯ³¹ʁu⁴³ du³¹dʑɨ⁴³	—	—
闭	tʰi⁴³ tæ¹³	tʰi⁴³ tæ³¹	—
编	lɛ⁴³ tʂɨ³¹	tʂɨ⁴³	—
播种	pʰu¹³	—	pʰo¹³
跛行	kʰɯ³¹tɤ⁴³ kʰɯ³¹tɤ⁴³ gɤ⁴³	—	qʰʌ³¹tɤ⁴³ qʰʌ³¹tɤ⁴³
簸	—	dɑ³¹bɑ⁴³	—
补	lɛ³¹χu¹³	χo¹³	—
擦	lɛ³¹tʂʰɤ⁴³ tʂʰɤ³¹	tʂʰɤ⁴³	—
猜	dʑɨ³¹ɕjʌ¹³	pʰɤ¹³	—
踩	lɛ³¹tʰɤ⁴³ tʰɤ³¹	tʰɤ⁴³	—
藏	—	tʰi³¹tʂʰwɑ⁴³	tʰi³¹tʂʰwɑ¹³ /tʰjɛ⁴³ tʂʰwɑ⁴³
躲，躲藏	lɛ³¹næ⁴³ /ljɛ³¹næ⁴³ /tʰi³¹næ⁴³	—	tʰi(ɛ)³¹næ⁴³
插入	tʰi⁴³ m̩⁴³ tʂʰwɑ¹³	—	tʰi⁴³ tsʰɯ¹³
唱歌	gwʌ¹³	gwʌ¹³	gwʌ¹³
炒	hɤ̃⁴³ hɤ̃⁴³	hɤ̃⁴³ hɤ̃⁴³	—
撑住	tʰi³¹tʰu⁴³ tʰu⁴³	—	—
吃	dzɯ¹³ / ljɛ³¹dzɯ¹³	lɛ³¹dzɯ⁴³	dzɯ⁴³
吃饱	χɑ⁴³ ɲi⁴³ zɛ³¹	—	lɛ⁴³ ɲjɛ⁴³
充满	gʌ³¹ʂu¹³	—	lɛ³¹ʂo³¹kʰʌ⁴³
出	pi³¹tɕu⁴³ hɤ̃⁴³	æ⁴³ pʰɤ³¹bi⁴³	—
穿	mɯ⁴³	mɤ⁴³	mɤ⁴³
穿孔	ji⁴³ dzɯ⁴³	—	lɛ⁴³ ʂo⁴³
穿裙子	tʰæ³¹qʰwʌ⁴³ ki³¹	—	—
穿针	—	—	bɑ⁴³ lɑ⁴³ tʂe³¹
传染	tʂɤ³¹tʂɤ⁴³	—	tʂɤ³¹tʂɤ¹³
吹	lɛ⁴³ mɯ³¹ / mɯ¹³	mʌ¹³	mɤ¹³
吹风	ɬɑ⁴³ qʰwʌ³¹tʰɤ⁴³	—	—

续表

词汇	屋脚	利家嘴	前所
搓	dʐɯ¹³ / lɛ⁴³ dʐɯ³¹	dʐi¹³	—
答	lɛ³¹ʐwʌ⁴³ ʐwʌ⁴³	lɛ³¹ʐwʌ⁴³ ʐwʌ³¹	—
打	lɑ¹³	lɑ⁴³	lɑ¹³
打扮	dʑi³¹qæ⁴³	—	dʑi³¹qæ⁴³
打嗝	kɯ³¹tɣ⁴³	—	æ³¹pʰʌ¹³
打谷	ɕɯ⁴³ tɨ³¹lɑ¹³	—	—
打哈欠	hã⁴³	—	hã⁴³
打鼾	ʐɯ³¹ʈwɑ⁴³	—	ʑi³¹wɑ⁴³
打架	lɑ³¹lɑ¹³ / ljɛ³¹lɑ⁴³ lɑ³¹	lɑ³¹lɑ¹³	lɑ³¹lɑ¹³
打猎	kʰɣ³¹ʂæ⁴³ / ljɛ⁴³ qʰɑ⁴³	kʰɣ³¹ʂæ¹³	ho⁴³ qʰɑ⁴³
打喷嚏	tʰɨ⁴³	—	tʰo⁴³
打枪	qʰæ³¹	—	(mɣ⁴³ dʑɨ⁴³)qʰɑ³¹
打算	—	—	kɣ⁴³
打铁	ʂɨ³¹lɑ¹³	ʂe⁴³ lɑ¹³	—
打中	tʰi⁴³ zu⁴³	—	tʰi⁴³ zo³¹
代替	qʰæ³¹kʰɯ¹³	—	tʂʰwɑ³¹qʰɣ⁴³
戴	tsʰɨ⁴³	tsʰɨ⁴³	—
带	pu¹³	—	—
倒	tʰi³¹pʰu¹³	—	pʰo¹³
倒空	tu⁴³ bʌ⁴³	—	lɛ⁴³ pʰo⁴³ qo³¹po⁴³ kʰʌ³¹
倒塌	dʐɛ¹³	dʐɛ¹³	—
到	tʰi⁴³ tʰɣ⁴³	tʰi⁴³ tʰɣ⁴³	tʰi⁴³ tʰɣ⁴³
得	lɛ⁴³ dɨ⁴³	lɛ³¹dɨ⁴³ zɛ³¹	—
没得到	—	—	dɨ³¹so⁴³ mʌ⁴³ dzo⁴³
等待	tʰjɛ³¹hɣ̃⁴³	—	tʰi³¹hõ⁴³
等一下	—	dɨ³¹hõ⁴³	dɨ³¹hõ¹³
滴	tʰi³¹tʰʌ⁴³ tʰʌ³¹	—	—
掉	tʰi⁴³ m̥⁴³ dʐwæ¹³	tʰi³¹dʐwæ¹³	tʰi³¹dʐwæ¹³
跌	ʈwɑ¹³	tʰi³¹ɖwɑ¹³	—
钉	tʰjɛ³¹lɑ⁴³	tʰɨ⁴³ di³¹	—
丢掉	m̥³¹tɕu⁴³ kwʌ¹³	—	m̥³¹tɕo⁴³ gwʌ³¹
断	ʁɛ³¹qʰɛ⁴³	qʰwʌ⁴³ tɕʰi⁴³	—
堆起来	tʰi⁴³ ʁwʌ⁴³	—	tʰi⁴³ ʁwʌ⁴³
对视	li⁴³ li³¹	—	dɣ³¹dɣ¹³

词汇	屋脚	利家嘴	前所
剁	lɛ³¹da⁴³ lɛ⁴³ dʐɯ³¹	da³¹da¹³	—
发抖	dza³¹dza¹³	tɕʰi⁴³ tɕʰi³¹	dza³¹dza¹³
翻白眼	ɲjʌ³¹pʰɣ⁴³ tʰɣ³¹	—	ɲja³¹pʰɣ⁴³ tʰɣ³¹
翻荒地	ɭi⁴³	—	ɭi⁴³ tsɛ³¹pʰʌ¹³
翻食	pu³¹pu¹³	—	—
翻转	lɛ³¹tsi⁴³ pʰɣ³¹	—	se³¹pʰʌ⁴³
放	tʰi³¹tɕɯ⁴³	tʰi⁴³ tɕi⁴³	tʰi³¹tɕi¹³ / tʰi³¹tɕi⁴³
放牧	ljɛ³¹ɭi⁴³	ɭɣ⁴³	—
飞	dzi⁴³ / tʰi⁴³ dzi¹³	dze³¹	dze¹³
分	lɛ³¹bɣ⁴³ bɣ³¹	bɣ⁴³ bɣ⁴³	—
焚	mɯ⁴³ qɛ¹³	qɛ¹³	—
缝	lɛ³¹z̩ɣ¹³ / z̩ɣ⁴³	z̩ɣ¹³	z̩ɣ¹³
孵	bɣ¹³	bɣ³¹	—
浮	dʐ̩¹³	dʐ̩³¹	—
附加	—	—	tʰi³¹dza⁴³
盖住	tʰjɛ⁴³ qa³¹	—	tʰi⁴³ qa³¹
赶	tʰi⁴³ mæ⁴³	—	di¹³
告诉	lɛ³¹pi⁴³	pi⁴³	—
割	lɛ³¹hæ¹³ / hæ¹³	tʂe⁴³ dza³¹	hæ̃⁴³
给	ki⁴³	ki⁴³	ki⁴³
跟	tʰjɛ⁴³ mæ⁴³ / tʰi⁴³ tɕʰu³¹	—	gi¹³tɕʰo⁴³
耕	ɭi⁴³	—	ʁʌ³¹ɭi⁴³
刮	lɛ³¹qwa⁴³ qwa³¹	tʰi¹³	—
挂	tʰi⁴³ χwa³¹	χwa⁴³	—
关	tʰjɛ⁴³ ʈæ³¹	—	ʈæ¹³
跪	tʰjɛ³¹pu⁴³	tʰi⁴³ go³¹	—
滚	lɛ³¹pɣ⁴³ ɭi⁴³	pɣ⁴³ ɭi⁴³	—
含	ku³¹bi³¹æ̃¹³	tʰi⁴³ ɭi³¹	tʰi⁴³ ɭi³¹
喊	lɛ³¹ɻwa̩⁴³ / ɻwa̩⁴³	ŋwa⁴³	—
喝	lɛ⁴³ tʰɨ³¹	lɛ³¹tʰɨ⁴³	lɛ⁴³ tʰɨ³¹
恨	χɯ¹³	gɣ³¹dʑi¹³	—
呼吸	su¹³tsʰɨ⁴³	ʂo³¹qʰʌ⁴³	so³¹ho⁴³
互相	dʐ̩³¹dzɣ⁴³	no⁴³ ŋʌ⁴³	—
互相咬	tʰæ³¹tʰæ¹³	—	tʰæ³¹tʰæ¹³

续表

词汇	屋脚	利家嘴	前所
回	ljɛ³¹hɣ̃⁴³ / lɛ⁴³ pi³¹	lɛ⁴³ bi³¹	lɛ⁴³ pi³¹
挤	tʰi³¹gʌ⁴³ kɯ⁴³ /tʰi⁴³ kɯ⁴³ æ̃¹³	tʰi⁴³ dʐi³¹	mi³¹mi¹³
夹	lɛ⁴³ ȵi³¹	—	—
捡起	lɛ³¹ʐɯ³¹	—	gʌ³¹kɣ⁴³
剪	ljʌ⁴³ tsʰɿ⁴³	χæ¹³	—
建立	gɣ³¹gɣ⁴³	—	tsʰɿ¹³
浇	kʰɯ¹³	dʐi³¹kʰɯ¹³	—
嚼	lɛ³¹ɣ⁴³ ɣ⁴³ / ɣ⁴³ ɣ⁴³	dzɯ⁴³	ɣ⁴³ ɣ⁴³
揭	gʌ³¹pʰu⁴³	gʌ³¹pʰo⁴³	—
结冰	dzɯ⁴³ qʰæ¹³	dzɯ³¹kʰɑ¹³	—
结结巴巴地说	ã⁴³ ã⁴³	—	ɕi³¹pɑ⁴³
解	lɛ⁴³ tɕʰɯ⁴³	χæ¹³	—
借	lɛ³¹ȵi⁴³	ȵi⁴³	—
进来	lɛ⁴³ ʐu³¹	ko⁴³ lo⁴³ ʐo³¹	—
浸	tʰi³¹tʂɿ¹³	tʰi³¹tʂɿ⁴³	—
经过	nɯ³¹mi¹³ʁu⁴³ tʰɣ⁴³	se⁴³ tɕi⁴³	—
救	lɛ⁴³ ʂwa³¹	zɿ⁴³ ʂwa³¹	—
卷	lɛ³¹pɣ⁴³ tʂɿ⁴³	dʐɿ³¹qʰɣ⁴³ qʰɣ⁴³	—
卡住	tʰjɛ⁴³ æ¹³	—	tʰɛ⁴³ ȵi³¹
开	lɛ⁴³ pʰo⁴³	pʰo⁴³	—
开门	kʰi³¹pʰu⁴³	—	—
砍	dɑ¹³ / lɛ³¹dɑ⁴³	dɑ¹³	dɑ¹³
看	li⁴³	li⁴³	—
看见	du⁴³	do⁴³	do⁴³ ze¹³ / lɛ⁴³ do³¹
看不见	mʌ⁴³ du³¹	—	—
看时间	tu⁴³ tsʰɯ⁴³ li⁴³	—	—
扛	gʌ¹³	qɯ¹³	gʌ¹³
考验，逼迫	tʰjɛ³¹pi³¹li³¹	—	gʌ³¹gʌ¹³
靠	tʰjɛ⁴³ tʰu³¹	tʰi⁴³ tʰo³¹	—
啃	ɣ⁴³ ɣ⁴³	tʰæ⁴³	—
抠痒，搔痒	qwa³¹qwa¹³	—	tʰæ¹³qwa⁴³ qwa³¹
哭	ŋɣ⁴³	ŋɣ⁴³	ŋɣ¹³
跨	lɛ⁴³ ʁɑ⁴³	ʁɑ⁴³	dʐɿ³¹tsʰo⁴³
捆	lɛ³¹tsɯ⁴³ tsɯ⁴³	dʐɿ⁴³ dzɯ⁴³ dzɯ⁴³	—

词汇	屋脚	利家嘴	前所
拉	ljɛ³¹tʌ⁴³ / tʌ⁴³	tʂʌ⁴³	tʌ⁴³
拉来拉去	ljɛ⁴³ tʌ⁴³ zi³¹bi⁴³	—	ɢʌ³¹tʌ⁴³ m̩³¹tʌ⁴³
来	ʐu⁴³	ʐo⁴³	tsʰɯ¹³ / ʐo⁴³
连接	lɛ³¹tʂwa⁴³ tʂwa³¹	dʑi³¹æ¹³	—
量	lɛ³¹ɭæ¹³	ʁɑ¹³	—
流	ʐu⁴³	bæ¹³	—
流动	su¹³	—	dʑi³¹bæ¹³qʰwʌ⁴³
漏	ʐɯ⁴³	lɛ³¹ʑi⁴³	—
骂	lɛ³¹ʂu⁴³ ʂu⁴³	ʂo³¹tʰɣ⁴³	—
埋	tʰi³¹nɣ⁴³	tʂʰwa⁴³	nɯ⁴³
买	lɛ³¹χwa⁴³ / χwa⁴³	hwa⁴³ po³¹ʐo⁴³	χwa⁴³
卖	lɛ⁴³ tɕʰi⁴³ / tɕʰi⁴³	tɕʰi⁴³	tɕʰi⁴³
萌芽	ɢʌ³¹ʐɯ⁴³	—	ʁæ¹³dʑɣɛ³¹bʌ⁴³
瞄准	ɭæ¹³	—	tʰi⁴³ ma³¹
灭火	mɯ⁴³ kʰʌ³¹	—	mɣ³¹kʰʌ¹³
摸	lɛ³¹tʂwʌ⁴³ tʂwʌ³¹	dʑi³¹tʂʰʌ⁴³ tʂʰʌ⁴³	tʂʰʌ³¹tʂʰʌ¹³
磨	sɯ⁴³	sɯ⁴³	—
磨刀	sɨ³¹tʰi³¹sɯ⁴³	—	—
磨牙	hɯ⁴³ ɣ³¹	—	hɯ⁴³ ɣ³¹
拿	lɛ⁴³ ʐɯ³¹ / ʐɯ⁴³	ʑi⁴³	ɢʌ³¹ʐɯ¹³
拿，用	ɲi⁴³ hu³¹	—	po¹³
拧	lɛ³¹nɣ¹³	nɣ¹³	—
呕吐	wã³¹pʰɣ⁴³	ŋwa³¹pʰɣ⁴³	—
吐	pʰi¹³	—	pʰi¹³
爬	ljɛ³¹pu⁴³ ba³¹	ɢʌ³¹do⁴³	—
怕	ɖwa¹³	ɖwa¹³	dzwæ¹³
拍	kʌ³¹kʌ¹³	tʂo⁴³	—
排粪	qʰɛ³¹ʂi⁴³	—	qʰɛ⁴³ hæ̃¹³
排尿	dʑɯ³¹ʂi⁴³	—	dʑi³¹hæ̃⁴³
派遣	lɛ⁴³ tʂæ⁴³	—	hĩ⁴³ tʂɑ⁴³
刨	lɛ⁴³ tʰi³¹	—	tʰi¹³
刨光	lɛ⁴³ tʰi³¹tʰɣ⁴³	—	—
跑	bæ¹³ / lɛ³¹bæ¹³	bæ¹³	bæ¹³
培养	lɛ⁴³ su³¹	—	ʁo³¹mæ³¹tʰi⁴³ so³¹

续表

词汇	屋脚	利家嘴	前所
赔偿	lɛ³¹tsʰɛ¹³	tsʰɛ⁴³	—
膨胀	—	—	lɛ⁴³ qwʌ⁴³
劈	lɛ³¹qʰwɑ³¹	qʰwɑ⁴³	—
骗	lɛ³¹tɕʰwʌ⁴³	qɑ⁴³	hĩ⁴³ tɕʰy⁴³
漂	gʌ³¹tsi⁴³ pu³¹tsʰɿ³¹	—	gʌ³¹tse⁴³
漂起来	gʌ³¹tsi⁴³ tsʰɿ³¹	—	gʌ³¹tsi⁴³
品尝	ljɛ³¹dzu⁴³ pi⁴³	—	dʑɿ³¹ɕjɑ¹³
铺	ʐɯ³¹ʁu¹³	qʰo⁴³	—
铺（路）	zʌ³¹mi¹³gɤ⁴³	—	—
欺负	hĩ³¹ɕʌ⁴³ ɕʌ³¹	—	ŋʌ⁴³ ɕɑ³¹ɕɑ¹³
祈求	tɕʰi⁴³ ji⁴³	—	tɕʰi⁴³ ji⁴³
骑	ljɛ³¹dzæ⁴³	dzæ⁴³	—
起	gʌ³¹ti⁴³ / gʌ³¹ti⁴³	—	gʌ³¹te⁴³ / gʌ³¹ti⁴³
气喘	su³¹tsʰɿ⁴³	—	so³¹tsʰɿ⁴³
牵	lɛ⁴³ ʂæ³¹	tʌ⁴³	—
欠	lɛ³¹tʰɤ⁴³	tʰi⁴³ ʁɯ³¹	—
抢	lɛ³¹tʂæ¹³	tʂæ⁴³	—
切	lɛ⁴³ dzi³¹	dze¹³	—
轻视	bi³¹ȵjɛ³¹mʌ³¹gɤ⁴³	—	tɕjɛ³¹li⁴³
请客	hĩ³¹pæ³¹qʰu¹³	—	hĩ⁴³ pæ⁴³ qʰɤ(ʌ)¹³
去	hỹ⁴³ / bi⁴³	bi³¹/ bɛ⁴³	pi⁴³ / pjɛ⁴³
去壳	kɤ³¹ʂɿ¹³	—	—
去皮	ʁɯ³¹ʂɿ¹³	—	ʁɯ³¹ʂɿ¹³
燃	kʰɯ¹³	—	lɛ⁴³ dzʐ³¹
燃火	mu³¹kʰɯ¹³	—	mɤ⁴³ wɑ̃¹³
点（火）	tʰjɛ⁴³ dzu³¹/ gʌ³¹dzu⁴³	tʰi³¹tsʰɯ¹³	gʌ³¹dzo⁴³
染，染色	ljɛ⁴³ tʂʰɤ³¹/ lɛ⁴³ tʂʰɤ³¹	ʐɑ¹³	tʂʰɤ⁴³ tɕi⁴³
忍受	ljɛ⁴³ zɿ⁴³	—	lɛ⁴³ zɿ³¹
扔	m̩³¹tɕu⁴³ qwʌ³¹	mɤ³¹tɕo⁴³ qwʌ³¹	—
融化	jʌ⁴³	—	lɛ⁴³ zʌ³¹
撒	bɯ⁴³	bʌ³¹	tʰi⁴³ pʌ⁴³
撒，漏	tʰjɛ³¹ʂɿ⁴³ ʂɿ³¹	—	lɛ⁴³ zɿ⁴³ ze⁴³
塞	lɛ⁴³ dzi³¹	ʁɑ¹³tʰɤ⁴³ tʰi³¹kʰɯ³¹	—
扫	dæ³¹bæ³¹	bæ¹³	—

词汇	屋脚	利家嘴	前所
杀	qʰu¹³ / sɿ¹³	qʰo⁴³	tʂɛ¹³
晒	tʰɛ³¹li¹³	χɯ⁴³	—
扇	ɬæ⁴³ pʰi⁴³	—	χɛ⁴³ pʰi⁴³
烧	kʰɯ⁴³ / lɛ³¹qɛ¹³	qɛ¹³	lɛ³¹qɛ³¹ / qɛ³¹
伸	gʌ³¹dzi⁴³	dʑi⁴³ tʂe⁴³	—
生	æ³¹ʁu³¹ʁu⁴³	æ⁴³ ʁo³¹ʁo⁴³	—
生	dzu⁴³	dʑo³¹	—
生气	gɣ⁴³ dzi³¹/ ljɛ³¹gɣ⁴³ dzi³¹	mʌ⁴³ fɣ⁴³	lɛ⁴³ gʌ³¹ze⁴³
生长	gʌ³¹qu⁴³	qo⁴³	gʌ³¹qo⁴³
拾	lɛ⁴³ ʐɯ³¹pu³¹ʐu⁴³	gɯ³¹ʑi⁴³	—
拾粪	qʰɛ³¹kɣ¹³	—	qʰɛ³¹kɣ¹³
使干净	—	—	ɖa³¹bæ⁴³ ɖa³¹ʂo⁴³
使很高	ljɛ⁴³ ɻ̩⁴³ gʌ³¹ʂwa⁴³ tsʰɨ⁴³	—	gʌ³¹ʂwa⁴³ gʌ³¹tɕʰi⁴³
使坚硬	hỹ⁴³ mi³¹qæ⁴³	—	lɛ³¹qɛ⁴³ lɛ⁴³ m̩³¹ŋwʌ³¹tsɛ⁴³
使麻痹	ma³¹ŋɯ⁴³ ŋɯ⁴³	—	ʐɯ³¹ʐɯ¹³
试一下	dʑi³¹ɕʌ³¹pi⁴³	—	dʑi³¹ɕa¹³
收到	lɛ⁴³ ʐɯ³¹	lɛ³¹dʑi⁴³ ze³¹	—
收割	ba³¹ʂu⁴³	—	dze³¹kʰɣ⁴³
梳	pɯ⁴³	—	pʌ¹³
数，算	lɛ⁴³ tʂʌ⁴³	tʂʌ³¹	tʂʌ⁴³
拴	tʰi⁴³ pʰæ⁴³	—	pʰæ⁴³
拴起来	lɛ⁴³ ʐɯ³¹tʰi⁴³ pʰæ⁴³	—	tʰi³¹pʰa⁴³
睡	tʰjɛ³¹ʐɯ¹³	tʰi³¹ʑi¹³	—
睡着	tʰi³¹ʐɯ¹³	—	ʐɯ³¹ŋɣ⁴³
吮	lɛ³¹tɕʰi⁴³ tɕʰi³¹/ tɕʰi³¹tɕʰi¹³	dzi⁴³ ɕi⁴³ kʰɯ³¹	tɕʰi³¹tɕʰi⁴³
说	lɛ⁴³ ʐ̩wʌ³¹ / ʐ̩wʌ⁴³	ʐ̩wʌ⁴³	ʐ̩wʌ⁴³
说话	lɛ³¹ʐ̩wʌ⁴³ ʐ̩wʌ⁴³	—	qʰwa⁴³ ʐ̩wʌ³¹
撕	lɛ⁴³ ʂʌ³¹	ʂʌ⁴³	—
送	tʰɛ³¹ki⁴³	tʰi⁴³ ki⁴³	—
抬	lɛ³¹gʌ¹³	gɯ³¹tɕʰi⁴³	—
蹚	dzɯ⁴³ dæ¹³	dʑi³¹bæ¹³	kʰi¹³
躺	tʰjɛ³¹ʐɯ¹³	tʰi³¹ʑi¹³	tʰi³¹ʐɯ¹³
逃	ljɛ⁴³ pʰu³¹	pʰo⁴³	lɛ⁴³ pʰo³¹
踢	lɛ³¹tsa¹³	tsa¹³	tsa¹³

词汇	屋脚	利家嘴	前所
啼	tʰɛ³¹ʅwɑ⁴³	ɣ⁴³ dze¹³wɑ⁴³	—
剃	lɛ³¹sɨ¹³	sɯ¹³	—
舔	lɛ³¹ʑʌ¹³	ʑɑ¹³	ʑʌ¹³
挑选	ljɛ³¹sɨ⁴³ sɨ³¹	dʑɨ³¹sɨ⁴³ sɨ³¹	—
跳	lɛ⁴³ tsʰu⁴³ / tsʰu⁴³	tsʰo⁴³	—
跳舞	dʑʌ³¹tsʰu⁴³	tsʰo⁴³	dʑʌ³¹tsʰo⁴³
贴	tʰi³¹ɲjɑ¹³	χo¹³	—
听	lɛ³¹ɲi⁴³ / ɲi⁴³	ɲi⁴³	ɲi⁴³
听见	ɬi⁴³ qʰu⁴³ qu⁴³ mʌ⁴³	—	lɛ³¹mʌ⁴³
听说	mɯ⁴³	—	mɣ⁴³
偷	kʰɣ⁴³ / lɛ³¹kʰɣ⁴³	kʰɣ⁴³	kʰɣ⁴³ mæ⁴³
吐	lɛ³¹pʰi⁴³ / pʰi¹³	pʰi¹³	tɕʰi¹³
推	bi³¹tɕu⁴³ mi¹³ / lɛ³¹mi¹³	mi¹³	—
退	lɛ³¹ʁu¹³hɣ̃⁴³	ʁo⁴³ tʰo⁴³ dɑ³¹	tɑ¹³
蜕皮	—	—	ʁɯ³¹pʰo¹³
吞，咽	tʰi³¹m̩³¹ʐ¹³	lɛ³¹ʁwʌ⁴³	lɛ³¹ʁɣ⁴³
脱	pʰu¹³	pʰo⁴³	—
挖	lɛ³¹tsɑ¹³	qwɑ¹³	—
玩耍	dʑʌ³¹ʁɯ⁴³	dʑɑ³¹bo⁴³	dʑɑ³¹po⁴³
忘记	lɛ³¹mɯ⁴³ pʰæ³¹	—	—
微笑	ʑæ⁴³ bɣ³¹	—	ʑæ⁴³ ʑæ³¹
喂（打招呼）	lɛ³¹ki⁴³ du³¹	tʰi⁴³ ki⁴³	—
闻	lɛ³¹mɯ⁴³ du³¹	—	—
问	mɯ³¹tu¹³	mɣ³¹do¹³	mɣ³¹to¹³
握	tʰjɛ³¹tʂʰɣ⁴³ tʂʰɣ³¹	tʂʰɣ⁴³	—
洗	lɛ³¹tʂʰæ⁴³ / tʂʰæ⁴³	tʂʰæ⁴³	—
洗澡	dʑɯ³¹tʂʰæ¹³	dʑɨ³¹tʂʰæ⁴³	tʂʰæ⁴³
闲逛	—	—	gwʌ³¹gwʌ¹³
习惯	su⁴³ ti⁴³	—	—
笑	ʑæ⁴³	ʑæ⁴³	ʑæ⁴³
擤鼻涕	ɲjʌ³¹gʌ⁴³ tʂʰɣ³¹	—	ɲjo⁴³ tʂʰɣ³¹
休息	tʰɛ³¹ɬi⁴³ / tʰi³¹ɬi³¹	dʑɨ³¹ɬi⁴³	ɬɑ⁴³ sɑ⁴³
修理	lɛ³¹gɣ³¹gɣ⁴³	dʑɨ⁴³ gɣ³¹	tsʰɯ¹³
旋转	lɛ⁴³ tɕu⁴³	tɕo⁴³ tɕo³¹	—

词汇	屋脚	利家嘴	前所
寻找	ljɛ⁴³ ʂi⁴³	ʂe⁴³	—
阉割	—	—	ʐwæ⁴³ mɣ⁴³ qɑ⁴³
淹没	gʌ³¹ʑu⁴³ tsʰɨ⁴³	—	dʐi³¹næ¹³/dʐi³¹nʌ³¹næ¹³
扬尘	gʌ³¹mɣ⁴³ pu⁴³ tsʰɨ⁴³	—	—
养，生	tʰi⁴³ tɕʰu³¹	—	mʌ⁴³ mʌ³¹ʐo³¹
邀请	ɻwɑ⁴³	—	ʁɑ¹³ʂe⁴³
摇来摇去	—	—	ho³¹ho¹³lɑ³¹lɑ⁴³
又来又去	wʌ¹³ʑi⁴³ wʌ¹³pi⁴³	—	—
咬	tʰæ¹³	tʰæ⁴³	tʰæ¹³
舀	dʐɯ³¹kwɑ¹³	qwɑ¹³	—
要饭	χɑ⁴³ mi⁴³	—	—
遗失，丢弃	m̩³¹tɕu⁴³ kwʌ³¹	lɛ³¹tɕʰi⁴³ χu⁴³	—
溢	qu⁴³ dʐu⁴³ tsʰɨ¹³	bi⁴³ tɕo⁴³ qwɑ⁴³	—
用	ȵi⁴³ hu³¹	ȵi⁴³	tsɑ⁴³
游水	—	dʐi³¹dɨ¹³	—
遇见	tʰjɛ³¹ʁu⁴³ pɣ¹³	ʁo⁴³ bɣ³¹	ʁo⁴³ pɣ³¹
运动	si⁴³ si⁴³	—	bæ³¹bæ¹³
扎	dʌ³¹dʑi⁴³ tɕʰi⁴³	tʂe⁴³	—
眨眼睛	ȵjʌ³¹pʰʌ⁴³ tʰɣ³¹	—	ȵjɑ³¹ʈwɑ⁴³ ʈwɑ⁴³
摘	ljɛ⁴³ dʐʌ¹³pɣ⁴³ ʑu³¹	tʂʌ⁴³	—
沾	tʰi³¹ȵjʌ¹³	—	tʰi³¹ȵjɑ¹³
站	gʌ³¹hĩ⁴³	hĩ¹³	hĩ¹³
张开	pi⁴³ tɕu³¹wã⁴³	—	tɣ⁴³ qe⁴³ lɛ³¹qʰæ⁴³
找	ʂi⁴³	—	ʂe⁴³
震动	dʐɯ³¹dʐɯ¹³ / tʰjɛ³¹ʈɨ⁴³ ʈɨ³¹	—	ʈɨ⁴³
争抢	tʂæ³¹tʂæ¹³	—	tʂæ³¹tʂæ¹³
蒸	bɣ¹³	bɣ¹³	pɣ¹³
整，做	gɣ³¹gɣ⁴³ / ljɛ⁴³ gɣ³¹	—	—
织	ʁu⁴³ dɑ³¹	—	ʁʌ⁴³ dɑ³¹
织麻布	pʰi³¹dɑ¹³	—	pʰi⁴³ dɑ⁴³
掷	—	lɑ⁴³	—
种	bɑ³¹pʰu¹³	pʰo¹³	—
煮	tɕʌ¹³	tɕɑ¹³	—
煮沸	lɛ⁴³ tsɨ³¹tʰɣ³¹	—	dʐi³¹tsʰɨ¹³

词汇	屋脚	利家嘴	前所
住	tʰi³¹hã¹³ / ʐɯ¹³	tʰɨ⁴³ ʁo³¹ʑi¹³	dzo¹³
抓	lɛ⁴³ tʂwʌ⁴³ / tʂwʌ⁴³	tʂwʌ⁴³	tʂwʌ⁴³
抓住	tʰjɛ³¹tʂʰwʌ¹³	—	dɨ⁴³ mʌ⁴³ di³¹
装	tʰjɛ⁴³ kʰɯ⁴³	qʰʌ¹³	—
追，追逐	lɛ³¹di¹³	di¹³	gi³¹ti⁴³
捉	tʰjɛ³¹ʑi⁴³	lɛ⁴³ ʑi³¹	—
啄	χa⁴³ qʰɤ¹³	—	qʰɤ¹³
走	lɛ³¹si⁴³ / si⁴³	—	se⁴³
揍，碰	tʰi⁴³ kʌ³¹pi³¹zɛ¹³	—	tʰi⁴³ qʰwa⁴³
诅咒	hĩ⁴³ tɕɯ⁴³	—	hĩ⁴³ tɕi⁴³
阻挡	tʰjɛ⁴³ qʰwa³¹	—	tʰi⁴³ qʰwa⁴³
钻	tɕʰɯ⁴³	—	tɕʰi⁴³
坐；住	tʰjɛ⁴³ dzɨ³¹ / tʰi⁴³ dzɨ³¹	tʰi⁴³ dzʌ³¹	tʰi⁴³ dzɨ¹³
做	lɛ³¹ʑi⁴³	ʑi⁴³	—
做，修	gɤ³¹gɤ⁴³	—	po⁴³ tʂi⁴³ ji⁴³
动作-思维			
爱	—	fɤ⁴³ fɤ³¹	—
懂	sɯ⁴³	sɯ³¹	
故意	—	—	da³¹to⁴³ lo⁴³ mʌ⁴³ dzo³¹
记得	lɛ³¹ɲʌ̃⁴³ zɛ³¹	ȵi⁴³ mi³¹χo⁴³ qʰʌ³¹	—
觉得	gi¹³ɲɨ³¹	—	—
教	tʰi⁴³ su³¹	so⁴³	so¹³
学	su³¹pi¹³	tʰæ⁴³ ɻ⁴³ so³¹	—
受不了	—	—	ma³¹tʰa³¹ze⁴³
受得了	—	—	tʰi⁴³ kʰi³¹
思考，想	lɛ³¹ʂu⁴³ tɨ⁴³ / ljɛ³¹ʂu⁴³ tɨ⁴³	ʂu³¹dɨ⁴³	ʂo³¹tɨ¹³
讨厌	ma⁴³ qʰɛ³¹	—	dzwʌ¹³
忘记	—	lɛ³¹mɤ⁴³ pʰæ⁴³	—
喜欢	fɤ⁴³	fɤ³¹	ȵi³¹mi¹³fɤ⁴³
相信	gʌ³¹ʑi¹³	zɨ⁴³ fɤ³¹	
欣赏	nɤ³¹mi¹³ʁɯ⁴³	—	sɛ³¹sɛ¹³
要	ȵi⁴³	ȵi⁴³	wa¹³
隐瞒	tʰɛ⁴³ ʐɤ⁴³	—	lɛ⁴³ ʐɤ³¹
知道	ɲʌ̃⁴³	ɲʌ⁴³	lɛ³¹ɲʌ⁴³

词汇	屋脚	利家嘴	前所
动作-状态			
爆发	ʁwʌ⁴³ bu¹³	—	mɣ⁴³ zæ⁴³ pæ³¹
爆炸	pi⁴³ qʰwɑ³¹	pi⁴³ qʰwɑ⁴³	—
变	nu³¹ɖi⁴³ bæ⁴³ tsɛ⁴³	ɖɯ³¹bæ⁴³ mʌ⁴³ dzɛ³¹	—
变成	ljɛ⁴³ tɕɯ³¹	—	lɛ⁴³ tɕo⁴³
变老	lɛ⁴³ mu³¹	—	lɛ⁴³ mo³¹
变胖	—	—	lɛ⁴³ zʌ⁴³ ʂe⁴³ di³¹
超过	lɛ³¹ɬɑ⁴³	—	—
成功	lɛ⁴³ tʰɣ⁴³	—	lɛ⁴³ gɣ⁴³ lɛ⁴³ tsɛ⁴³ zɛ⁴³
成熟	lɛ⁴³ qwʌ³¹	—	—
穿得好	dʐʌ³¹bi³¹mɯ⁴³	—	—
得到很多	qʰɑ³¹ʐɑ¹³dʑ̩¹³	—	—
结束	ɑ³¹bi⁴³ zɛ³¹	—	lɛ⁴³ tse⁴³ zɛ⁴³
开始	tʰi⁴³ gʌ⁴³ gɣ³¹gɣ⁴³ ɲjʌ³¹	bi³¹ze⁴³	ʁo³¹ʑi¹³

（十四）动词

词汇	屋脚	利家嘴	前所
没有	mʌ³¹dʐu⁴³	mʌ⁴³ dʐo⁴³	
是	ɲi¹³	ɲi¹³	ɲi³¹ze⁴³
有	dʐu⁴³	dʐo⁴³	dʐo⁴³
有（东西）	tʰi³¹ʐɯ⁴³	—	tʰi³¹dʐo⁴³
有、过	dʐɯ⁴³	—	dʑi¹³
有；正在	tʰi⁴³ dʐu⁴³	—	dʐo⁴³
在	tʰi⁴³ dʐu³¹	dʐo⁴³	—
动词-情态			
必须	—	—	mʌ³¹no⁴³ no⁴³
不会	mʌ⁴³ kɣ⁴³	—	mʌ⁴³ kɣ⁴³
不是	mʌ⁴³ ɲi³¹	mʌ⁴³ ɲi³¹	—
不用	mʌ⁴³ zu⁴³	mʌ⁴³ ɲi⁴³	—
会	kɣ¹³ / kɣ⁴³	gɣ¹³	kɣ⁴³
会，要	ji⁴³	—	—
可能	tʰɯ³¹ɲi³¹gɣ³¹æ⁴³ ji⁴³ mʌ⁴³du³¹	—	tʂʰʌ̃³¹gɣ³¹ji⁴³ bæ¹³

（十五）代词

词汇	屋脚	利家嘴	前所
代词-人称			
们	su^{43} kɣ^{31}	—	—
你	nu^{43}	no^{43}	no^{43}
你的	nu^{43} bɣ^{43}	—	no^{43} pɣ^{43}
你们	nu^{43} su^{31}kɣ^{31}	no^{31}su^{43}qo^{31}	no^{43} ɻɑ^{31}
你们的	nu^{43} su^{31}kɣ^{31}bɣ^{43}	—	no^{43} ɻɑ^{31}pɣ^{43}
谁	ȵi^{31}ni^{43}	ȵi^{31}ȵjɛ^{43}	ȵi^{31}ni^{43}
他	tʰɯ^{43}	tʰɣ^{43}	tʰɯ^{43}
他的	tʰɯ^{31}bɣ^{43}	—	tʰɯ^{43} pɣ^{43}
他们	tʰɯ^{43} su^{43} kɣ^{31}	tʰɣ^{31}su^{31}qo^{31}	tʰɯ^{43} ɻɑ^{31}
他们的	tʰɯ^{43} su^{43} kɣ^{31}bɣ^{43}	—	tʰɯ^{43} so^{31}ko^{43} pɣ^{43}
我	ŋʌ^{43}	ŋɯ^{43}	—
我的	ŋʌ^{31}bɣ^{43}	—	ŋʌ^{43} pɣ^{43}
我们	ŋʌ^{43} su^{43} kɣ^{31}	ŋɯ^{43} sɯ^{31}bi^{31}	—
我们的	ŋʌ^{43} su^{43} ku^{43} bɣ^{31}	—	ŋʌ^{43} ɻɑ^{31}po^{31}
咱们	—	ŋɑ^{43} sɯ^{31}qo^{31}	—
自己	ŋʌ^{13}	—	ŋɑ^{13}
代词-疑问			
多少	qʰɑ^{31}jʌ^{13}	—	—
多长	qʰɑ^{31}ʂæ^{13}	—	qʰɑ^{43} ʂɑ^{43} gɣ^{43}
多大	qʰɑ^{31}dɨ^{43} gɣ^{43}	—	—
很长时间	—	—	dʑɑ^{31}qʰɑ^{43} kɣ^{31}
几个	qʰɑ^{43} ɻɨ^{43}	—	hĩ^{43} qʰɑ^{31}kɣ^{13}
几种	qʰɑ^{43} bæ^{43}	—	qʰɑ^{43} pæ^{43}
哪（个）	zɛ^{31}ɻɨ^{43}	—	zɛ^{31}ni^{43}
哪里	zɛ^{31}qu^{43} /zɛ^{31}qu^{43} ȵi^{31}	zɛ^{31}ko^{43} ȵi^{43}	zɛ^{13}ȵi^{31}
什么	ɑ^{31}tsu^{43} ȵi^{31}	æ^{31}tso^{43} ȵi^{31}	æ^{31}tsɯ^{43} ȵi^{31}
什么时候	qʰɑ^{31}tɑ^{13}	—	zɯ^{31}dzɯ^{31}kʰʌ^{43}
代词-指称			
那	tʰɨ^{43} ɻɨ^{43}	—	—
那边	dwʌ^{43} tʰjʌ^{31}	—	—
那里	—	to^{43} tʰɯ^{31}qo^{31}	—
那些	tʰɨ^{43} tɕɯ^{31}	—	tʰɨ^{43} pæ^{43}

词汇	屋脚	利家嘴	前所
那种	zɛ³¹bæ⁴³	—	ze³¹pæ³¹
一些	ji³¹kʰɤ⁴³	—	dɨ⁴³ mæ³¹/ ji³¹qʰwʌ⁴³
这	tʂʰɨ⁴³ ɖɨ⁴³	tʰɨ⁴³ ɖɨ³¹	—
这边	tɕʰɯ³¹zwʌ⁴³	—	tʂʰɨ³¹dzɛ⁴³
这里	tʂʰɨ⁴³ qu⁴³	tʂʰɨ⁴³ qʰo³¹	—
这么	tʂʰɨ³¹ɲɛ¹³	—	tʂʰɨ³¹dɨ⁴³ kɤ⁴³
这些	tɕʰɯ⁴³ tɕɯ³¹	—	tʂʰɨ⁴³ pæ⁴³

（十六）状态

词汇	屋脚	利家嘴	前所
暗	nɑ³¹qʰɤ⁴³ ɖɨ⁴³	mʌ⁴³ po⁴³	—
白色	pʰʌ⁴³ tɕæ⁴³ ɻæ⁴³	pʰɤ⁴³ tɕæ¹³	pʰʌ⁴³ hĩ¹³
薄	bi⁴³	bi⁴³	—
饱	χɑ⁴³ n̩i⁴³	n̩i⁴³	χɑ⁴³ n̩i⁴³
被火烧的	mɯ³¹wã¹³	—	mɤ⁴³ n̩ʌ³¹qɛ³¹
变胖	ʂi⁴³ di³¹	—	lɛ⁴³ gwʌ³¹ʂe⁴³ di³¹
不对	mʌ⁴³ tsɛ¹³	—	mʌ³¹tsɛ⁴³
不高兴	mʌ⁴³ fɤ⁴³	—	n̩i³¹mi³¹mʌ⁴³ fɤ³¹
不好吃	mʌ⁴³ zʮ³¹	—	—
不好意思	mʌ⁴³ gɤ³¹zi⁴³	—	ʂʌ³¹do³¹zɛ⁴³
不舒服的	mɑ⁴³ qʰɛ³¹	—	mʌ³¹sɛ⁴³ se³¹
差	dzɑ⁴³	—	dzɑ⁴³
迟	lɛ⁴³ hwʌ̃³¹	hwʌ̃⁴³ zwæ¹³	—
稠	tʰi⁴³ qʰɛ⁴³	—	—
丑	mʌ⁴³ dʐɛ¹³	nɯ⁴³ mʌ⁴³ ɕi³¹	—
臭，腥	pɤ⁴³ nɯ⁴³	pɤ⁴³ nɯ⁴³	ɕjʌ⁴³ pʰɤ⁴³ n̩jʌ⁴³
聪明	qʰu⁴³	qʰo⁴³	tʰi⁴³
粗	bɤ⁴³	bɤ⁴³	pɤ⁴³
大	dɨ⁴³	dɨ⁴³	—
低，矮	hɤ̃⁴³	hõ⁴³	hɤ̃⁴³
陡	lɑ⁴³ pi⁴³ tsɛ⁴³	bo⁴³ bi³¹	—
短	æ³¹m̩³¹dæ⁴³ / dæ⁴³	dæ⁴³	tæ⁴³

词汇	屋脚	利家嘴	前所
对	tsɛ⁴³	tsɛ⁴³ ʐwæ³¹zɛ⁴³	gɣ⁴³ ȵjɛ¹³
钝	mʌ³¹tʰa¹³	mʌ⁴³ tʂʰwa³¹	—
多	dʑu¹³	dʑʌ³¹bi³¹dʑo⁴³	—
饿	χa⁴³ ʐwʌ⁴³	ʐwʌ⁴³	χa⁴³ ʐwʌ³¹
肥	ʂi⁴³ dʑi⁴³	tʂʰwa¹³	—
沸	lɛ³¹dʑu⁴³ tʰɣ³¹lɛ³¹	dʑu³¹tʰɣ⁴³	—
粪的气味	qʰɛ⁴³ su³¹pɣ⁴³ nɯ⁴³	—	pɣ⁴³ nɯ⁴³
锋利	lɛ³¹tʰa¹³	—	χu⁴³ tʰa³¹
腐烂的味道	tʂʰwa⁴³ pɣ⁴³ nɯ⁴³	—	pɣ⁴³ nɯ⁴³
富	dʑi⁴³ dʑu⁴³ zɛ⁴³	dʑo⁴³	lɛ⁴³ ʁæ⁴³
赶快	tʂʰwa³¹ji¹³	tʂʰwa³¹ji¹³	tʂʰwa³¹wʌ¹³
敢	—	ʐwæ¹³	—
干	ljɛ³¹pɣ⁴³	lɛ³¹pɣ³¹	—
干干净净	ʂu¹³qæ³¹ɬæ⁴³ gɣ⁴³	—	—
干净	ʂu⁴³ qæ³¹ɬæ⁴³	ʂo⁴³	—
干净的	lɛ⁴³ ʂu³¹zɛ³¹（打扫）	—	ʂo⁴³ kæ⁴³ hĩ⁴³
高	ʂwa⁴³	ʂwa⁴³	ʂwa⁴³
高兴	lɛ⁴³ fɣ⁴³ zi⁴³	fɣ⁴³	—
古代的	æ⁴³ ʂæ⁴³ bɣ⁴³	—	æ³¹ʂæ⁴³ qʰwʌ¹³
好	dʑʌ¹³	dʑa¹³	dʑa¹³
好看	a³¹ɣ¹³	—	æ³¹ɣ¹³
合适	ʈæ³¹tɨ⁴³	—	ɖʌ³¹ɖʌ¹³gɣ¹³
和平	lɛ³¹ʁwʌ³¹ʁwʌ⁴³	—	zi⁴³ zi⁴³ gwʌ⁴³ gwʌ³¹
黑	na³¹qʰɛ⁴³ tʂʰi³¹	næ¹³	na³¹qʰɛ⁴³ tʂʰĩ⁴³
很薄	bi⁴³ tsʰɛ⁴³ ɬæ³¹	—	—
很大	qʰa³¹dɨ⁴³	—	a³¹bɣ³¹dɨ⁴³
很大的一个	qʰa³¹dɨ⁴³ gɣ⁴³	—	—
很低	æ³¹m³¹hỹ⁴³	—	—
很多	qʰa³¹ʑ¹³	—	dʑʌ³¹pi⁴³ / qʰa³¹ʑa¹³
很快	ma³¹si⁴³ tʂʰwa¹³	—	tʂʰwa³¹wɛ¹³
很密	ɬæ³¹lu¹³	—	tsɨ³¹tsɨ⁴³ mi³¹mi³¹
很少	qʰa³¹dɨ⁴³ nɣ⁴³	—	—
横	ʈæ⁴³ ʈæ³¹	ɖæ⁴³ ɖæ³¹	ʈæ⁴³ ʈæ³¹
红	hỹ⁴³ dʑæ⁴³ ɬæ³¹	hỹ⁴³ dʑæ¹³	hỹ⁴³ tʂæ⁴³

词汇	屋脚	利家嘴	前所
后	hwæ̃⁴³	—	—
厚	lu¹³	lo¹³	—
坏	mʌ⁴³ dʐʌ³¹zɛ³¹	lɛ³¹qʰwɑ⁴³ ʑi³¹	—
黄	ʂɨ⁴³ qu⁴³ ɭæ³¹	ʂɨ⁴³ qo¹³	ʂɨ⁴³ quɛ̃⁴³ hĩ³¹
灰色	pʰɣ³¹sɨ³¹ɭæ⁴³	—	ɭo³¹ȵjɛ⁴³
活的	sɯ⁴³ sɯ⁴³	sɯ⁴³ sɯ³¹	sɯ⁴³ sɯ⁴³
加快	—	—	tʂʰwɑ³¹ʁwʌ¹³ji¹³
加深	tsʰu⁴³ kʰɯ³¹	—	tsʰo⁴³ kʰʌ³¹
假	mʌ⁴³ qu¹³	mʌ⁴³ dʐɑ³¹	—
较干净的	dʐu³¹ʂu¹³	—	ʂo⁴³ kæ⁴³ ʂɛ⁴³ ʂɛ³¹gɣ³¹
结果	ɭi⁴³ tʰɣ³¹zɛ³¹	—	—
近	ʐʌ³¹ni¹³	ʐʌ³¹ȵi¹³	ʐʌ³¹ȵi¹³
旧	æ⁴³ ʐɣ³¹	æ⁴³ ʐɣ³¹	ɑ⁴³ ʐɣ³¹
橘红色的	ʂɨ⁴³ qu³¹ɭæ⁴³ hĩ⁴³	—	ʂɨ⁴³ qwɑ³¹hĩ³¹
开的（门）	lɛ³¹pʰu⁴³	—	pʰo⁴³
开花的	bɑ³¹bɑ³¹bɑ¹³	—	bɑ³¹bɑ³¹bɑ¹³
开心的	qʰɑ³¹tsʰɛ¹³fɣ⁴³	—	ȵi³¹mi¹³fɣ⁴³
可爱	dʐwæ³¹ʑi¹³	—	—
可怜	tʂʰæ⁴³ sɨ⁴³ pʌ³¹zɛ³¹	—	ȵi³¹go¹³
渴	tɑ⁴³ pɣ⁴³	χu¹³	qwʌ⁴³ pʌ⁴³
枯萎	hɣ̃⁴³ mi³¹qæ⁴³	lɛ³¹pɣ⁴³	—
苦，咸	qʰɑ⁴³	qʰɑ⁴³	qʰɑ⁴³
快	tʰɑ¹³ / tʂʰwɑ⁴³	tʂʰwɑ⁴³	tʂʰwɑ⁴³
快乐	mɑ³¹sɨ⁴³ fɣ³¹	—	tɕi³¹pɣ⁴³ sɛ³¹sɛ¹³
宽	χu⁴³	χo⁴³	—
辣	tsɨ⁴³	tsɨ⁴³	tsɨ⁴³
蓝	mɯ⁴³ ȵi⁴³ hĩ⁴³	hõ⁴³ ɭ¹³	qʌ⁴³ nɑ⁴³ ȵi(ɛ)³¹
懒	tʂæ⁴³ mʌ⁴³ hĩ³¹	læ⁴³	—
烂	lɛ⁴³ tʂʰwɑ⁴³ zɛ³¹	lɛ⁴³ tʂʰwɑ⁴³	—
老	mu⁴³ /ljɛ⁴³ mu³¹/hĩ³¹mu⁴³	lɛ⁴³ mo³¹	lɛ⁴³ mo³¹
累	tʰi⁴³	tʰe⁴³	tʰe⁴³
冷	dʐu⁴³ / qʰæ⁴³	dʐo⁴³	bo¹³
厉害	ʐwæ¹³	—	ʐwæ³¹zɛ¹³
凉快	sɛ³¹sɛ³¹zɛ⁴³	sɛ³¹sɛ¹³	—

续表

词汇	屋脚	利家嘴	前所
亮	pu⁴³	po⁴³	—
裂开	lɛ³¹pɣ⁴³ pɣ⁴³	tsɯ⁴³ qʰwa⁴³	—
聋的	ɬi⁴³ bu⁴³	—	ji⁴³ po⁴³
天蓝色	mɯ⁴³ wã³¹n̻i⁴³	—	—
绿松石	wã³¹zɨ¹³	—	sɛ³¹dʑi³¹ʨi⁴³ mi⁴³
满	lɛ³¹ʂu¹³	lɛ³¹ʂo¹³	—
满意的	nɣ³¹mi³¹ʁɣ⁴³ tʰɣ⁴³	—	n̻i³¹mi³¹qo⁴³ hɯ³¹
慢	hwʌ̃⁴³ /lɛ⁴³ hwʌ̃³¹zɛ³¹	hwʌ̃⁴³	lɛ⁴³ hwʌ̃³¹ /tæ⁴³ tæ³¹ji³¹
慢慢	a⁴³ zi⁴³	a³¹zɛ¹³	—
忙	tsɑ⁴³	—	ma⁴³ mæ⁴³
盲	n̻ja³¹ʁɑ⁴³	—	mʌ⁴³ do³¹
美丽	zi¹³	n̻i⁴³ ɕi³¹	—
墨	—	ma³¹dʐɛ⁴³	—
难	lu³¹χɑ⁴³	lo³¹χɑ⁴³	—
能	—	—	ʁɯ⁴³
能装满	lɛ⁴³ kʰɯ⁴³ gʌ³¹ʂu⁴³	—	—
年轻	ʁu¹³pɣ⁴³ tsɛ⁴³	kʰɣ³¹pʰæ⁴³ tɕi³¹	—
暖和	ɬɯ⁴³	tsʰi⁴³ ʐwæ¹³	ɬɯ⁴³ pʰæ⁴³
胖	ʂi⁴³ di³¹	ʂɛ⁴³ dʑi³¹	ʂɛ⁴³ di³¹
平	ɬæ⁴³ / ɬæ⁴³ ti³¹æ⁴³	ɖæ⁴³ ɖæ³¹	—
破	dʑɨ³¹kʰwa⁴³	pi⁴³ dʑɨ³¹	—
浅	bi⁴³	bi⁴³	pi¹³
悄悄	na³¹na⁴³	—	na³¹na⁴³
勤	tʂæ⁴³ hĩ³¹	tɕʰi³¹kʰwɛ⁴³	—
青色	hɣ̃⁴³ zɯ⁴³ ɬæ³¹	zɯ⁴³ hɣ̃⁴³	hɣ̃⁴³ za⁴³
轻	z̪u⁴³	z̪o⁴³	—
清楚	—	—	lɛ⁴³ ŋʌ⁴³ ŋʌ⁴³ kʰɯ³¹
清闲	lu⁴³ mʌ⁴³ dʐu⁴³	—	lɛ⁴³ li³¹tʰi³¹gwʌ⁴³ gwʌ³¹
缺	mʌ⁴³ dʐu⁴³	dʐa⁴³ ʐwæ¹³/mʌ³¹zi⁴³	—
热	lɛ⁴³ ɬɯ⁴³ zɛ³¹/ ɬɯ⁴³	tsʰi⁴³	tsʰi³¹hĩ¹³
容易	lu⁴³ fɣ⁴³	lo⁴³ fɣ⁴³	—
软	χɛ¹³	χɛ⁴³	—
少	nɣ⁴³	nɣ⁴³	nɣ⁴³
深	ɬu¹³	ɬo¹³	—

续表

词汇	屋脚	利家嘴	前所
生气的	$k^hu^{43}\ t^hɯ^{43}\ dʐ̩^{43}$	—	$mʌ^{31}fɣ^{31}ji^{43}$
湿	$dʐu^{43}\ dʐu^{31}tsɛ^{13}$	$dʐu^{43}\ dʐu^{31}$	—
瘦	$ta^{43}\ pɣ^{31}$	$næ^{13}$	qa^{43}
舒服	$χwa^{43}$	—	$χwa^{43}$
输	$lɛ^{31}n̠i^{43}$	$lɛ^{31}n̠i^{43}$	—
熟	$lɛ^{43}\ mu^{31}zɛ^{43}$	$lɛ^{43}\ mʌ^{31}$	—
竖	$tɣ^{43}\ tɕ^hɯ^{43}\ ɻæ^{31}/gʌ^{31}tsu^{43}$	$tɣ^{31}dɣ^{13}$	$gʌ^{31}tso^{43}$
死	$t^hɛ^{43}\ ʂɨ^{43}\ zɛ^{43}$	$ʂɨ^{31}$	$ʂɨ^{43}$
死亡	$lɛ^{43}\ ʂɨ^{43}\ zɛ^{43}$	$lɛ^{31}ʂɨ^{43}$	—
酸	$tɕi^{43}$	$tɕi^{43}$	$tɕi^{43}$
特别好	$dʑʌ^{13}dʑʌ^{13}$	—	$tɕo^{43}\ dʑa^{13}$
特别黑	$dʑʌ^{13}na^{31}q^hi^{43}\ tʂ^hi^{31}$	—	$na^{31}qɛ^{43}\ tʂ^hĩ^{31}$
特别乱	$ʁɛ^{43}\ mʌ^{43}\ ʐɯ^{43}$	—	$pɣ^{43}\ ʐɯ^{43}\ q^hɛ^{43}\ n̠i^{43}\ n̠i^{43}$
甜	$tɕ^hɯ^{43}$	$tɕ^hi^{43}$	$tɕ^hɯ^{43}$
歪	$la^{31}ta^{43}$	—	—
弯	$la^{31}gɣ^{43}$	$la^{31}gɣ^{13}$	—
完	$lɛ^{43}\ si^{31}$	—	—
未成熟的	$gʌ^{31}mʌ^{43}\ qwʌ^{43}\ sɨ^{31}$	—	$mʌ^{43}\ m̥^{31}sɨ^{31}$
有气味的	$ɕʌ^{43}\ pɣ^{43}\ nɯ^{43}$	$pɣ^{43}\ nɯ^{43}$	$pɣ^{43}\ n̠j^{43}$
稀	$lɛ^{31}χɛ^{13}$	$dʑi^{43}\ dʑɛ^{43}$	—
细	$tsʰɨ^{43}\ /æ^{31}m̥^{31}tsʰɨ^{43}$	$tsʰɨ^{13}$	$tsʰɨ^{31}hĩ^{13}$
好吃	$zɣ^{43}\ /\ ʐɣ^{43}$	—	$dʐu^{31}ʐɣ^{43}$
像	$dʐ̩^{31}p^hæ^{43}\ dʐ̩^{31}/p^hæ^{43}\ dʐ̩^{31}$	—	$p^hæ^{43}\ dʐ̩^{31}$
像铃铛一样	$tɕʌ^{13}pu^{43}\ la^{31}la^{13}n̠i^{31}gɣ^{13}$	—	$tɕʌ^{43}\ po^{31}p^hæ^{43}ti^{13}$
像鸟一样	$ɣ^{31}dʑi^{43}\ dʑi^{31}hĩ^{13}n̠i^{31}gɣ^{13}$	—	$ɣ^{31}dʑɛ^{31}p^hæ^{31}dʐ̩^{13}$
像土色的	$p^hɣ^{31}sɨ^{31}æ^{43}\ gɣ^{31}$	—	$tʂ^hɛ^{43}\ p^hæ^{43}\ dʐ̩^{13}$
像叶子一样	$sɯ^{43}\ tsʰɛ^{43}\ p^hæ^{31}ti^{13}$	—	$sɯ^{31}tsʰɛ^{31}p^hæ^{31}ti^{43}$
小	$tɕi^{13}/æ^{31}m̥^{31}tɕi^{43}$	$tɕi^{43}$	$æ^{31}m̥^{31}tɕi^{43}$
新	$ʂɨ^{43}\ ʂɨ^{31}$	$ʂɨ^{13}$	$ʂɨ^{13}tsɛ^{43}$
形状	$æ^{43}\ tsu^{31}n̠jɛ^{13}$	—	—
醒	$ʐɯ^{31}tʂʰwa^{43}$	$zi^{31}tʂʰwa^{43}$	—
兴旺	$kɣ^{43}\ hĩ^{31}$	—	$kɣ^{43}\ hĩ^{31}$
痒，发痒	$t^hæ^{13}t^hæ^{13}$	$t^hæ^{31}t^hæ^{13}$	$t^hæ^{13}$
一样	$dʐ̩^{31}p^hæ^{43}\ dʐ̩^{31}$	—	—

续表

词汇	屋脚	利家嘴	前所
赢	lɛ³¹ʁɑ⁴³	lɛ³¹ʁɑ⁴³	—
硬	wu⁴³	ʁo⁴³	—
悠闲	tʰi⁴³ gɤ⁴³ dʑu⁴³	—	tʰi⁴³ li³¹
有病的	gu⁴³ tʰi³¹ʑu⁴³	—	go³¹
有点黑的	dɨ⁴³ pi⁴³ nɑ¹³	—	dɨ³¹tsʰu⁴³ nɑ¹³
愚蠢	mʌ⁴³ qʰu³¹	mʌ⁴³ qʰo³¹	—
圆	qɤ⁴³ tɤ³¹tɨ⁴³	tɑ³¹go⁴³ lo⁴³	—
远	zʌ³¹ʂæ⁴³	ʂæ⁴³	—
越来越大	ji⁴³ huɯ⁴³ ji⁴³ nuɯ³¹dɨ³¹huɯ³¹dɨ¹³	—	dɨ⁴³ pæ³¹
越来越好	dʑʌ³¹huɯ³¹dʑʌ¹³	—	dʑɑ³¹hʌ³¹dʑɑ¹³
脏	mʌ⁴³ zʌ³¹	zʌ³¹dʑi¹³	zʌ³¹dʑi¹³
早	ȵjʌ¹³	tʂʰwɑ⁴³ zwæ¹³	ȵjɑ¹³
窄	æ³¹bɤ³¹χu⁴³	tsʰɨ¹³	—
长	ɑ³¹bɤ³¹ʂæ⁴³ / ʂæ⁴³	ʂæ⁴³	ʂæ⁴³
涨水	dʑuɯ³¹nuɯ³¹nɑ¹³	—	—
真	qu⁴³	gɯ³¹ȵjɛ¹³	qʌ³¹ȵjɛ¹³
真的吗	qu⁴³ ɑ³¹ji⁴³	—	—
正	tɤ¹³tʰi³¹tsɨ⁴³	tɤ⁴³	—
直	tɤ⁴³	tɤ⁴³	—
肿	ljʌ³¹wã⁴³ zi⁴³	wã⁴³	—
重	zɨ⁴³	zɨ⁴³	—
紫色	hɤ̃⁴³ huɯ³¹ɬæ¹³	—	hɤ̃⁴³ tsɑ⁴³
棕色	ʁɯ³¹su⁴³ hɤ̃⁴³ mi³¹	—	ʁɯ⁴³ su⁴³ hɤ̃³¹mi³¹
最好的	tɕu³¹dʑʌ¹³	—	dʑo³¹dʑɑ¹³
最小	tɕu³¹tɕi¹³	—	—

（十七）副词

词汇	屋脚	利家嘴	前所
但是，就	bjɛ⁴³	—	bjɛ⁴³
或者	mʌ⁴³ ȵi⁴³ zi³¹dʑu³¹	—	wɑ¹³
就是	gi¹³ŋɯ³¹	—	ȵi³¹zɛ⁴³
可以	tsi⁴³ ji⁴³	—	tse⁴³ ji⁴³

词汇	屋脚	利家嘴	前所
立刻	tʂʰwa³¹ji¹³	—	—
仍然	tʰæ⁴³ mi⁴³ nɯ³¹	—	tʰæ⁴³ /sɨ⁴³
如果	tʰæ⁴³ mi⁴³	tʰæ⁴³ mi⁴³ nɯ³¹	—
似乎	pʰæ⁴³ di³¹	—	dɨ⁴³ tsʰɨ⁴³ pʰæ⁴³ di³¹
所以	tʰɨ³¹nɯ⁴³	—	tʰɨ³¹nɯ⁴³
所有	di³¹di⁴³	—	—
为什么	a³¹tsi⁴³ ji⁴³	—	kʰæ̃³¹gɤ³¹n̠i⁴³
一定	dʑɨ³²n̠jʌ⁴³ /gi¹³	fæ⁴³ dzɛ̝³¹	tʂʰa⁴³ tʂɨ⁴³ gi¹³nɯ⁴³
因为	bi⁴³ da¹³	æ³¹tso⁴³	—
应该	zu⁴³ hu³¹	—	dʑi³¹
又，再	wʌ¹³	ʁo¹³di³¹dʑo⁴³	wʌ¹³
副词-程度			
差不多	tʰɯ⁴³ tsʰɨ¹³ta³¹n̠i⁴³	—	tʰɯ⁴³ χa³¹n̠ja³¹
彻底	ljɛ⁴³ ba³¹lɛ⁴³ ʂu⁴³ kʰɯ³¹	—	dʑa³¹pa⁴³ ʈa⁴³
都	dɨ³¹ta⁴³ / dɨ³¹lɛ¹³	dɨ³¹lɛ¹³	dɨ³¹ta¹³ / ji³¹kʰwʌ⁴³
多少	dzɯ⁴³ nɣ⁴³	—	qʰa⁴³ ʑʌ³¹n̠i¹³/ qʰa³¹ʑʌ¹³
怎么	æ⁴³ tsi³¹ji⁴³	—	æ³¹tɕɯ¹³
怎样	qʰa³¹n̠i³¹gɤ⁴³	—	qʰa³¹n̠i³¹gɤ¹³
还	ljɛ³¹tsʰɛ⁴³	tsʰɛ⁴³	—
很	qʰa³¹n̠jɛ¹³	qʰa³¹ʑa⁴³ dʑo³¹	—
很，厉害	ʐwæ¹³	—	ʐwæ¹³
几，多大	qʰa³¹ʑʌ³¹dɨ⁴³	—	—
只，仅	ta³¹	—	tʰɨ⁴³ ta⁴³ dʑo³¹
最	—	dɨ⁴³	—
副词-否定			
别	tʰa⁴³ hɣ̃⁴³	tʰæ⁴³ hɣ̃⁴³	tʰa⁴³
不，没	mʌ⁴³	—	mʌ⁴³
副词-时间			
才	æ⁴³ su⁴³	a³¹so⁴³	a⁴³ so⁴³
从	tʰɯ³¹gi³¹nɯ⁴³	—	nɯ³¹
常常	tʰu¹³tʰu⁴³	ʂæ⁴³ ʂæ⁴³	tɕʰja³¹n̠jʌ⁴³
将要	zu⁴³ hu³¹	—	tʂʰwa³¹hwʌ³¹ze⁴³
今后	su⁴³ hwʌ³¹	—	—
立刻	—	ʑi¹³	—

词汇	屋脚	利家嘴	前所
马上	ʂɯ³¹tʂɯ¹³	—	tʂʰwɑ³¹wʌ¹³
每天	tʰɯ⁴³ ʑi³¹ɲi³¹ɲjɛ¹³	—	tɕʰʌ⁴³ɲi³¹ɲjɛ¹³/tɕʰɑ³¹hɑ̃³¹ɲi¹³
每晚	tɕʌ³¹hɑ̃⁴³ dʐʌ⁴³ hɑ̃¹³	—	qʰʌ³¹qɑ¹³
首先	ʁu⁴³ tɑ⁴³	—	tɕi³¹ʁɯ⁴³
先	tʂʰwɑ⁴³	—	—
直到	nɯ⁴³	—	nõ³¹
副词-状态			
好像	ʑi³¹pʰæ⁴³ di³¹	—	pʰæ⁴³ di³¹
简单地	ʁɛ⁴³ mʌ⁴³ ʐɯ⁴³	—	mæ⁴³ ʁɛ⁴³ ʐɯ¹³dzi⁴³
结果	—	lo⁴³ tʰɣ⁴³	—

（十八）数词

词汇	屋脚	利家嘴	前所
一	ʑi¹³	ʑi¹³	—
二	ɲi¹³	ɲi⁴³	ɲi(ɛ)¹³
三	su⁴³	so⁴³	so⁴³
三个	su⁴³ ʑi⁴³	—	—
四	ʐɣ⁴³	ʐɣ⁴³	—
四	ʐɣ³¹ ʑi¹³	—	—
五	ŋwʌ⁴³	ŋwʌ⁴³	ŋwʌ⁴³
六	qʰʅ¹³	qʰɣ¹³	qʰɣ¹³
六个	qʰʅ³¹ʑi⁴³	—	—
七	ʂi⁴³	ʂi⁴³	—
七个	ʂi⁴³ ʑi⁴³	—	ʂi⁴³ ʑi⁴³
八	hū¹³	hõ¹³	hõ¹³
九	gɣ⁴³	gɣ³¹	
十	tsʰi⁴³	tsʰe⁴³	tsʰe⁴³
十个	tsʰi⁴³ ʑi⁴³	—	—
十一	tsʰi⁴³ ʑi⁴³	tsʰe⁴³ ʑi⁴³	
十二	tsʰi⁴³ ɲi⁴³	tsʰe⁴³ ɲi³¹	
十三	tsʰi⁴³ su⁴³	tsʰe⁴³ so⁴³	
十四	tsʰi⁴³ ʐɣ¹³	—	—

词汇	屋脚	利家嘴	前所
十五	tsʰi³¹ŋwʌ¹³	—	—
十六	tsʰi³¹qʰʅ¹³	—	—
十七	tsʰi⁴³ ʂɨ⁴³	—	—
十八	tsʰi³¹hũ¹³	—	—
十九	tsʰi³¹gɤ¹³	—	—
二十	ȵi⁴³ tsɨ⁴³	ȵi⁴³ tsɨ⁴³	—
二十一	ȵi⁴³ tsɨ³¹dʑ⁴³	ȵi⁴³ tsɨ⁴³ dʑ⁴³	—
百	ɕi⁴³	ɕi⁴³	ɕɯ⁴³
千	tɤ⁴³	tɤ⁴³	—
万	mæ¹³	mæ³¹	—
零	—	dʑ⁴³ ɬi⁴³ mʌ³¹dzo⁴³	—
半	dʑ³¹gi⁴³	dʑ³¹gi¹³	—
几	qʰa⁴³ ɬi⁴³	dʑ⁴³ ȵi⁴³ ɬi⁴³	—
们	ɬæ⁴³	—	ɬæ³¹
前一个	tɕu³¹ʁu⁴³ tʰɯ⁴³ ɬi⁴³	—	tɕi³¹ʁo⁴³ tʰɯ⁴³ ɬi⁴³
前一天	tɕu³¹ʁu⁴³ tʰɯ⁴³ ȵi³¹	—	tɕi³¹ʁo⁴³ dʑ³¹ȵi³¹

（十九）量词

词汇	屋脚	利家嘴	前所
把	dʑ⁴³ na⁴³	dʑ⁴³ na⁴³	na⁴³
串	dʑ⁴³ gwʌ³¹	—	dʑ⁴³ qwʌ⁴³
滴	tʰʌ¹³/ dʑ³¹tʰʌ¹³	dʑ⁴³ tʰʌ¹³/tʰʌ³¹tʰʌ⁴³	—
段	dʑ⁴³ qa⁴³	—	dʑ⁴³ dɑ³¹
一段	dʑ⁴³ zʌ³¹	—	—
个	—	dʑ⁴³ ɬi⁴³ /dʑ⁴³ ɤ⁴³	—
半截	dʑ⁴³ dæ³¹	—	—
根	dʑ⁴³ kʰɯ³¹	dʑ³¹qʰa⁴³ / qʰɤ⁴³	—
件	dʑ³¹ɬɯ¹³	dʑ³¹ɬɯ¹³	—
棵	dʑ⁴³ dzɯ³¹	dʑ⁴³ dzɨ³¹	—
块	dʑ⁴³ di³¹	—	dʑ³¹di³¹
块、片	dʑ³¹kʰwʌ⁴³	—	dʑ³¹pʰæ⁴³
粒	dʑ⁴³ pʰɤ³¹	dʑ⁴³ ɬi³¹	—

续表

词汇	屋脚	利家嘴	前所
片	—	—	dʑɨ³¹pʰæ⁴³
双	dʑɨ⁴³dzi³¹	dʑɨ⁴³dzi³¹	—
条	dʑɨ³¹pʰu¹³	dʑɨ⁴³kʰɯ⁴³	—
团	dʑɨ³¹qʰɣ⁴³ɻɨ⁴³	—	dʑɨ⁴³ɬɨ³¹
一巴掌	dʑɨ⁴³ɻɨ⁴³tʰi⁴³kwʌ³¹	—	dʑɨ³¹dzɛ⁴³
一半	dʑɨ³¹gi⁴³	dʑɨ³¹gi¹³	—
一本	dʑɨ³¹pʰæ¹³	—	dʑɨ⁴³pɣ⁴³
一摞书	tʰɑ⁴³ɻ³¹dʑɨ⁴³pɣ⁴³	—	—
一尘不染	ʂu⁴³ʂu³¹kʌ⁴³kʌ³¹	—	ʂo⁴³ʂo³¹kʌ⁴³kʌ³¹
一点	dʑɨ³¹kʰwʌ⁴³	—	—
一点点	dʑɨ³¹tsʰɯ¹³	—	dʑɨ⁴³hɯ⁴³lu（ʌ）⁴³
一堆	dʑɨ⁴³ʁwʌ¹³	—	dʑɨ⁴³ʁwʌ⁴³
一对	dʑɨ⁴³dzi³¹	—	dʑɨ⁴³dze³¹
一对公牛	zi⁴³ɣ⁴³ȵi³¹pʰu¹³	—	nɑ³¹ʁɯ⁴³dʑɨ⁴³ʁo³¹
量词-度量			
臂长（两臂长）	dʑɨ⁴³ɬi³¹	—	pʰæ⁴³di³¹
堆	dʑɨ³¹tɑ¹³lɛ⁴³ʁwʌ⁴³	tʰi⁴³ŋwɑ³¹	—
米	mi⁴³	—	—
度	dʑɨ⁴³ɬi³¹	dʑɨ⁴³ɬi³¹	dʑɨ⁴³ɬi⁴³
柞	dʑɨ³¹ti⁴³	dʑɨ³¹de⁴³	—
半度	ɬi⁴³qʰɻ³⁵	—	kwɑ³¹ki⁴³
指骨宽度	lo⁴³ȵi⁴³tʂʰwʌ⁴³tʂʰwʌ⁴³	—	lo⁴³ȵi⁴³lwʌ¹³

（二十）助词

词汇	屋脚	利家嘴	前所
的（领属助词）	bɣ⁴³	—	ŋʌ⁴³ pɣ⁴³ ȵi¹³
的（名词化后缀）	hĩ⁴³	—	tʂa⁴³
干脆一点（语气词）	tʰi³¹dʑu⁴³	—	tʂʰʌ̃³¹ji³¹bje⁴³
过（经历过）	dʑɯ⁴³	—	tɕi¹³
了	zɛ⁴³	—	se¹³
能	bi⁴³ zu⁴³	—	
语气词（吃惊）	ɖwa¹³	—	ʈwa¹³

（二十一）习语

词汇	屋脚	利家嘴	前所
不客气	hĩ⁴³ pæ⁴³ tʰa⁴³ ji⁴³	—	ma³¹ʁa³¹mi⁴³
对不起	mʌ⁴³ tsɛ⁴³ zɛ⁴³	—	mʌ⁴³ gɣ⁴³ zɛ⁴³
对吗	a³¹tsɛ⁴³	—	ȵi³¹ȵjo⁴³ mʌ⁴³ ȵi³¹
（能）	tsɛ⁴³ ji⁴³	—	tsɛ⁴³ ji⁴³
没关系	dʑɨ³¹su⁴³ mʌ³¹ji⁴³	—	ma³¹na⁴³
没有办法	dʑɨ³¹su⁴³ ji⁴³ mʌ⁴³ kɣ³¹	—	kʰɣ³¹tɕʰo⁴³ mʌ³¹dʐo³¹
没有活路	dʑɨ⁴³ su¹³mʌ⁴³ji⁴³	—	—
没有力气	ʁa³¹mʌ³¹zɯ⁴³	—	ʁa⁴³ mʌ³¹ʑi⁴³
什么都没有	dʑɨ³¹su⁴³ mʌ³¹dʑu⁴³	—	dzi³¹ʁwʌ³¹hĩ⁴³
是不是	ȵi¹³mʌ⁴³ ȵi³¹	—	ȵi³¹mʌ⁴³ ȵi³¹
谢谢	ʁa³¹mi⁴³ zɛ³¹	—	ʁa³¹mi⁴³

五 语料[1]

（一）对话

1. 踢毽子

A: tʰɯ⁴³ su⁴³ kɣ³¹æ³¹tsi⁴³ (tsu⁴³) ji⁴³ dʐu³¹?
他们　　什么做　　　　在
他们在干什么？

B: tʰɯ⁴³ su⁴³ kɣ³¹ æ³¹hɣ̃⁴³ tsɑ⁴³ dʐu⁴³。
他　们　鸡　毛　　踢　在
他们在踢毽子。

A: χæ⁴³ ʐwʌ⁴³ ji³¹dʐu³¹tsjɛ̃⁴³ tsɯ³¹, nɑ³¹ʐwʌ⁴³ ji⁴³ dʐu³¹æ³¹hɣ̃⁴³。
汉语　　　说　　TOP　　　　　　　　　毽子
汉语来说是"毽子"，纳话来说是"鸡毛"。

B: gʌ³¹zi⁴³ tʰɣ⁴³ (tʰɯ⁴³)ɣ⁴³ tsɑ³¹lu⁴³ dʐʌ¹³, mɯ³¹zi⁴³ tʰɣ⁴³ (tʰɯ⁴³)ɣ⁴³ tsɑ³¹lu⁴³ mʌ⁴³ dʐʌ¹³,
上　面　那　个　踢（做）好，　　　下　面　那　个　踢　得　不　好，
ʁwɑ⁴³ ʐwʌ⁴³ tʰɣ⁴³ (tʰɯ⁴³)ɣ⁴³ tsɑ³¹lu⁴³ pu³¹mʌ⁴³ dʐu⁴³ kʌ⁴³。
左　边　那　个　踢（做）还　可　以
上面那个踢得好，下面那个踢得不好，左边那个踢得还可以。

2. 做活路

A: nu⁴³ tsʰɯ⁴³ ȵi⁴³ lu³¹ji⁴³ ɑ⁴³ tsu⁴³ ji⁴³ kʰi³¹?
你　今天　活路　什么　做　　去
你今天做什么去？

ʨæ³¹ pʰu⁴³ kʰi⁴³ ŋɯ⁴³？ ʁɯ⁴³ ȵi⁴³ kʰi⁴³ ŋɯ⁴³？
种子　撒　去（Emphasis），牛耕　去　（Emphasis）
播种？耕地？

---

[1] 这部分语料由屋脚村阿窝达巴提供。

tʂi⁴³	tsɑ⁴³	kʰi⁴³	ŋɯ⁴³?	sɯ⁴³	dɑ³¹	kʰi³¹?	ɑ⁴³ tsu⁴³ tɑ⁴³	ji⁴³ kʰi³¹?
土	翻	去（Emphasis），		柴	砍	去，	什么（到底）做	去？

翻土？砍柴？你到底做什么去？

B: ŋʌ⁴³ tsʰɯ⁴³ ɲi⁴³ jɑ³¹ɫɑ⁴³ dɨ³¹su⁴³ ji⁴³ mʌ⁴³ kʰi³¹, ŋʌ⁴³ tsʰɯ⁴³ ɲi⁴³ sɯ⁴³ dɑ³¹kʰi³¹, sɯ⁴³ qʰu⁴³ kʰi³¹。
我　今天　其他　一种　做不　去，我 今天　柴　砍去，柴码　去。

我今天不做别的，砍柴、码柴去。

A: nu⁴³ qʰɑ⁴³ jʌ³¹dɑ⁴³ zɛ³¹?
　你　多少　砍（完成）

你砍了多少柴？

B: ŋʌ⁴³ sɯ⁴³ qʰu⁴³ dɨ³¹qʰu³¹dɑ⁴³ zɛ⁴³。
　我　柴车　一车　砍　（完成）

我砍了一车柴。

（二）长篇

1. 自我介绍

pʰĩ⁴³tsʰu⁴³　tsʰɯ⁴³ɻ̍⁴³，ŋʌ³¹gv⁴³kʰv³¹gv⁴³dʐʌ⁴³ŋu³¹di¹³，
偏初·次儿　　我　九　岁　到（EMPHASIS）有

dɑ⁴³wɑ⁴³，ɑ³¹dɑ⁴³　　　gʌ⁴³tɕo³¹　dɑ⁴³pʌ⁴³su⁴³。
达瓦爸爸　跟随　　达巴学

ɲi⁴³tsɯ⁴³kʰɣ⁴³gɣ⁴³dʑu³¹lɛ⁴³kɣ⁴³，ŋʌ¹³dɑ⁴³pʌ⁴³ji⁴³，
二十岁 到 TOP ACCOMP 会，我 达巴 做

ɑ⁴³tsu⁴³mʌ⁴³ɲi³¹ŋɯ³¹di¹³，ji⁴³kʰi⁴。
什么　不　管　（EMPHASIS）有做去

tʰi³¹(dʑu)tsʰɯ⁴³hɛ³¹　zɣ⁴³tsʰɯ³¹　lɑ⁴³di³¹ʂɯ⁴³　kʰv⁴³　gv⁴³zɛ⁴³，
那时　现在四十　　和 有 七　岁 到 PERF

tʰi³¹dʑu⁴³zu⁴³hv⁴³su³¹hĩ¹³su³¹ɬi⁴³ʂv⁴³，
DUR　有　小孩　三人三个带

ŋʌ⁴³lɛ⁴³kv⁴³dʑu⁴³lu³¹ji⁴³，
早上 TOP 劳动

mɯ³¹kʰv¹³　dʑu⁴³lɛ⁴³su³¹。
晚上 TOP　ACCOMP 教

tʰi³¹dʑu⁴³ ŋʌ⁴³ a⁴³ʁu⁴³ （ŋɯ³¹）zu⁴³su³¹kv¹³,
然后 我 家 （EMPHASIS） 儿子三个

dʑ³¹ hĩ¹³ a⁴³ʁu⁴³ ji⁴³,
大 的 家里 做活

tɕi³¹ hĩ¹³ ȵi⁴³ ɟ⁴³ tʰa⁴³ɭ⁴³ su⁴³。
小 的 两个 书 学

我叫偏初·次儿，九岁开始跟父亲达瓦学达巴，二十岁的时候开始会做法事，哪里有需要就去做。今年四十七岁了，带了三个徒弟，白天劳动，晚上教他们学达巴。我有三个儿子，大的在家里干活，小的两个在上学。

2. 看毛主席纪念堂

æ³¹ȵi⁴³ mɔ³¹tʂu⁴³ɕi⁴³ tɕi³¹ȵiɛ⁴³tʰa³¹ li⁴³kʰi³¹,
昨天 毛主席 纪念堂 看去

ʁv⁴³da⁴³ dʑ³¹tsu⁴³qu¹³, tʰɯ⁴³ pʰæ⁴³di³¹ dʑ³¹v⁴³gv³¹tʰi⁴³tɕɯ⁴³ dʐu³¹,
前面 一间里，他一样 一个 整 DUR 放在

tʰɯ⁴³ ʁv⁴³da³¹ dʐu⁴³ ba³¹ba³¹tʰi⁴³tɕɯ⁴³, ɭu³¹pv⁴³ ti⁴³ hʌ³¹,
那前面 TOP 花 DUR 放，额头 磕去

tʰi³¹dʐu⁴³ tʰɯ⁴³ki⁴³dʑ³¹tsu⁴³qu⁴³dʐu⁴³,
之后 TOP 他给 一间里有

tʰɯ⁴³mu⁴³tʰi⁴³tɕɯ⁴³dʐu³¹。
他 尸体 DUR 放 在

tʰi⁴³dʐu⁴³ mɔ³¹tʂu⁴³ɕi⁴³su⁴³su⁴³du³¹mʌ³¹dʐu⁴³, mu⁴³ lɛ⁴³ du⁴³zɛ³¹。
之后 TOP 毛主席 活 看见不过，尸体 ACCOMP 见 PERF

昨天去看毛主席纪念堂。开始一间有一座他的塑像，跟他一模一样，放在那里。他前面放了很多花，还有人磕头。第二间里放着他的遗体。毛主席活着的时候没有看到，遗体看见了。

3. 韩国学生是活雷锋

hæ¹³kui¹³ɕyi¹³se⁴³dʑ⁴³la⁴³, ŋʌ⁴³zu⁴³æ³¹ȵi¹³dʑ⁴³tɕʰu⁴³kʰi¹³
韩国 学生 一和， 我俩 昨天 一起 去

mɔ³¹tʂu⁴³ɕi⁴³ tɕi³¹ȵiɛ⁴³tʰa³¹ li⁴³ kʰi³¹。
毛主席 纪念堂 看去

tʰi³¹dʑu⁴³hĩ⁴³dzʌ³¹ ɭ⁴³ ȵi¹³hĩ¹³。
然后 TOP 人 的 好是人

tʰi³¹ dzu⁴³ hwʌ⁴³tʂʰʌ⁴³tʂæ⁴³qu³¹tʰv¹³,
然后 TOP 火车站 LOC 到
hwʌ⁴³tʂʰʌ⁴³ qu³¹ dzɯ³¹ ʁv¹³,
火车里 坐 上头
hĩ³¹mu⁴³ hĩ⁴³tsʰɯ³¹ ŋɯ³¹ tʰɯ⁴³nu¹³ gʌ³¹tʰi⁴³dzu⁴³ kʰɯ³¹,
人老 的来（EMPHASIS）他自己 起来DUR 坐 能
zu⁴³hv⁴³ ʈæ⁴³ tsʰɯ⁴³nu¹³gʌ³¹tʰi⁴³dzu⁴³kʰɯ³¹。
小孩 们来 他自己起来 坐能。
tʰi⁴³dzu⁴³hĩ¹³ qʰwʌ⁴³lu⁴³ la⁴³ tʰa³¹ tʰi⁴³ pu³¹ hĩ³¹,
然后 有人 东西 拿着 DUR 搬 的
tɕʰɯ⁴³ mʌ⁴³ʁv¹³hĩ⁴³dʐ⁴³lɛ⁴³(tʰɯ⁴³)nu¹³lɛ⁴³ tɕʰɯ¹³ tʰi⁴³kʰɯ⁴³ hɯ³¹。
搬 不上的全部（他） 自己ACCOMP 搬 DUR 放去
tʰi³¹ dzu⁴³ hĩ⁴³hĩ⁴³dzʌ ⁴³hĩ⁴³tʰɯ³¹bæ⁴³ ɲi³¹,
然后 人 好的这样是
lui³¹fʌ⁴³ la⁴³ dʐ³¹bæ⁴³ ŋɯ⁴³ ɲi⁴³。
雷锋 和一样（EMPHASIS）是

昨天我跟韩国学生一起去看毛主席纪念堂。他是个好人。到了火车站，坐上火车，老人来了他站起来让座，小孩来了他也让座。有人拿东西拿不动，他帮人拿下车。他是个好人，像雷锋一样。

4．游雍和宫

tsʰɯ⁴³ɲi⁴³tʂɔ³¹lɔ³¹sɯ⁴³la³¹dʐ⁴³tɕʰu³¹kʰi¹³, pe³¹tɕi⁴³gu⁴³bwʌ⁴³qu⁴³kʰi¹³。
今天 赵老师 和 一起 去，北京 寺庙 里 去
tʰi³¹dzu⁴³ gʌ⁴³ɬa⁴³, mɯ⁴³ʈi³¹gu⁴³bwʌ³¹qu³¹ʌ⁴³ɬa⁴³, ɬa⁴³sa⁴³gu⁴³bwʌ⁴³gʌ⁴³ɬa⁴³,
然后 菩萨，木里 寺庙 里 菩萨，拉萨寺庙 菩萨
gʌ⁴³ɬa⁴³ku⁴³dæ¹³(ku⁴³dæ¹³)dʐ³¹lɛ¹³dʐ³¹bæ⁴³tsɛ⁴³,
菩萨 塑像 全部 一样 是
tʰi³¹dzu⁴³ ku⁴³ʈæ⁴³, ŋwʌ⁴³tsʰɯ⁴³qʰv⁴³tsʰɯ⁴³kv³¹tʰi⁴³dzu³¹。
然后 塑像, 五十六十 个 DUR 有
ŋʌ⁴³dʐi⁴³ŋwʌ⁴³tsʰɯ⁴³mæ⁴³qæ³¹qæ⁴³pu³¹kʰi⁴³dzu¹³tʰi⁴³mʌ⁴³ʈi³¹,
我钱 五十元 挑 带 去 有 DUR不 够
tʰi³¹dzu⁴³ li³¹tɕʰʌ³¹ mʌ⁴³ dzu⁴³ ŋɯ³¹,
然后 零钱 不 有 了
dzi⁴³ dʐ⁴³ mæ⁴³ dʐ⁴³mæ⁴³ hĩ³¹mʌ⁴³dzu⁴³,
钱 一元 一元 的 不 有

ji⁴³kʰv⁴³	ʁv⁴³dɑ⁴³tʰi³¹mʌ³¹tɕɯ¹³。					
一些	前面 DUR 不放					

tʰi³¹dʐu⁴³	dʐʌ⁴³wʌ⁴³tʂwɑ³¹pwʌ³¹,	gʌ⁴³ɬɑ⁴³dʑɨ⁴³v⁴³tʰi⁴³dʐu⁴³,		
然后	加瓦爪巴（天上活佛的名字），菩萨一个 DUR 有			

tʰi³¹dʐu⁴³	mɯ⁴³tɨ⁴³	ʁv⁴³du⁴³lɑ⁴³ɬɑ⁴³sɑ⁴³qu⁴³dʐu⁴³,			
然后	木里 上头	和 拉萨 LOC TOP			

æ⁴³ŋɯ⁴³lɛ⁴³lɑ³¹hĩ¹³,n̩i¹³。	
铜（材料）ACCOMP 打的，是	

tʰi³¹dʐu⁴³	pɛ³¹tɕi⁴³dʐu³¹hĩ⁴³	tʰɯ⁴³v⁴³	dʐu⁴³sɯ⁴³pu⁴³lɛ⁴³gv³¹,		
然后	北京 TOP 的这个 TOP	木头 ACCOMP 修			

tʰi³¹dʐu⁴³	bv⁴³zɯ³¹qʰwʌ⁴³	bv⁴³gv⁴³,	
然后	粗 房子 粗	像	

tʰi³¹dʐu⁴³	tʰæ⁴³qv⁴³	bæ³¹mi³¹	tʰi⁴³kʰɯ⁴³n̩i³¹dʐu⁴³,	
然后	下 LOC	八米 DUR	放是说	

ʁv⁴³	bɑ³¹mi³¹	tʰi³¹	zɯ⁴³	dʑi³¹lɛ¹³ dʐu⁴³ tʰɯ¹³ ʂwɑ⁴³hv¹³,	
上头	八米	DUR	睡一起	TOP DUR 高矮	

ʂɯ³¹ɮv³¹mi⁴³ʂwɑ⁴³kv⁴³dʑi³¹n̩i⁴³,	
十六 米 高 是 一 是	

gʌ⁴³ʁɯ⁴³dʐu⁴³tʰi⁴³ʂwɑ⁴³mʌ⁴³gv⁴³。		
上头 个 TOP DUR 高不修		

tʰɯ⁴³	qu⁴³	tʰi³¹dʐu⁴³,	pɛ³¹tɕi⁴³gu⁴³bɑ⁴³qu¹³,
那	里	然后，	北京 寺庙 LOC

pi⁴³tɕʰi⁴³	bv⁴³qwɑ⁴³	dʑi⁴³tɨ⁴³	tʰi⁴³ di³¹,	
班禅	的 座位	一个	DUR 有	

pi⁴³tɕʰi⁴³pwʌ⁴³tʰi³¹dʐu⁴³。
班禅 画像 DUR 有

今天跟赵老师到北京的寺庙里去。这里的菩萨塑像跟西藏庙里的一样，有五六十座塑像。我在认识的每个像前放一元钱，五十多元的零钱都不够用，有的只好不放了。"加瓦爪巴"的像在木里大寺和拉萨的庙里面是铜铸的，这里是木头雕的。木头跟房子一样粗，据说地下有八米，地上有八米，一共十六米长，四川那边没有这么大的。北京寺庙里面还有班禅的座椅和画像。

六 语言系统小结

屋脚村、利家嘴村、前所村的音位系统十分相似,声母均为42个,声调均为3种(中调、低升和变调产生的低降调),下图中红黄蓝三色分别对应三种调类的基频。例词选用的是屋脚村的声调例词:/kɤ⁴³/"大蒜",/kɤ¹³/"会",/kɤ³¹tʂɿ¹³/"指甲"。其中,中调对应的是一种频率范围,因此调值43和33是自由变体,本文中标为43调的音节均可读为33调。多音节词变调情况复杂,有待深入研究。

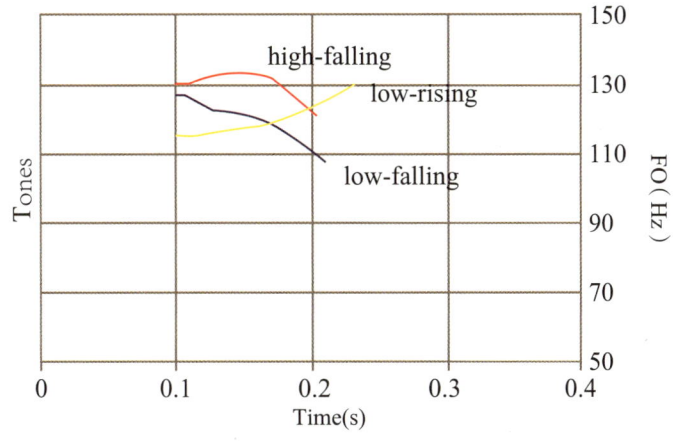

图2-4 声调类型图

韵母的数目三个村依次增加。韵母的分布见下表。

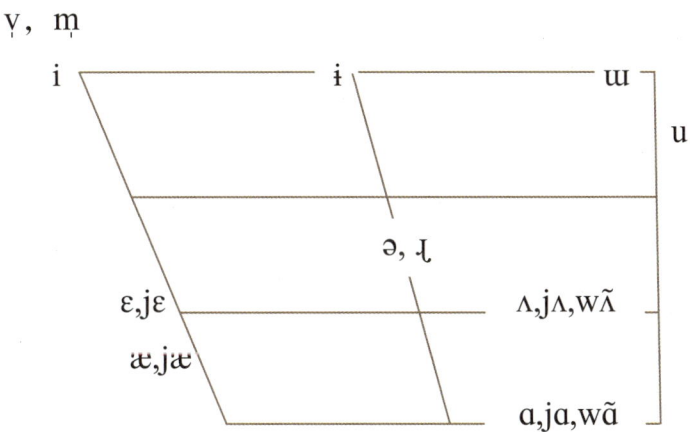

图2-5 屋脚村舌位图

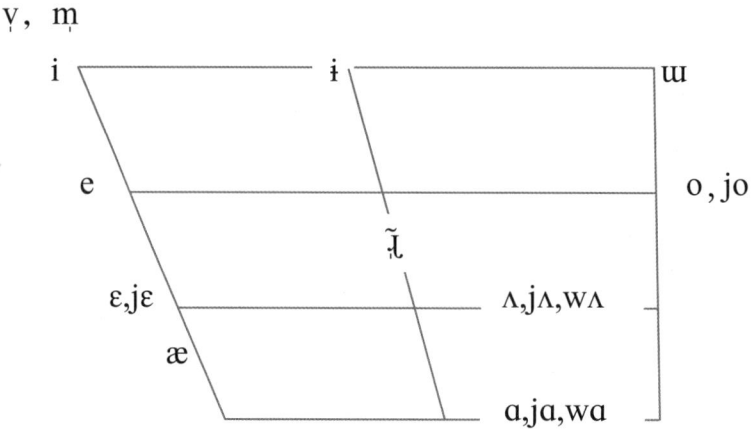

图2-6 利家嘴村舌位图

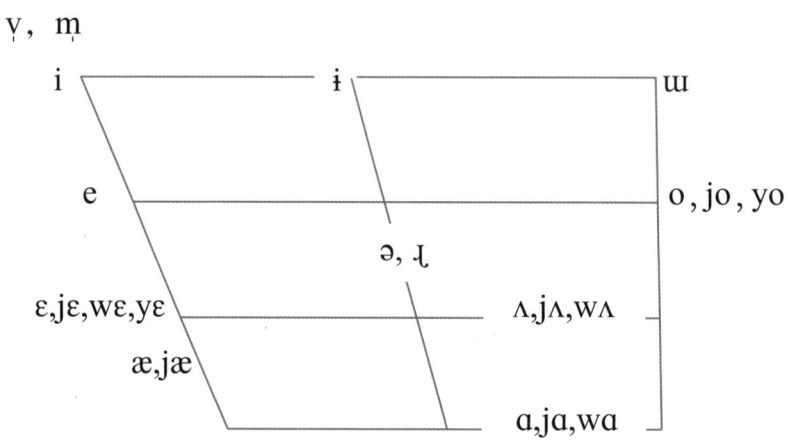

图2-7 前所村舌位图

其中一些单元音的对应关系见下表。

表2-4 三村单元音部分对应规律

	屋脚	利家嘴	前所
e	−（/i/）	+	+
ɻ	+	−（/ɣ/）	+
ɻ̃	+	−（/ɣ̃/；/ɣ̃/）	+

带介音韵母的差异较大（本文中明显是汉语借词的语音不放入音位系统）。屋脚村只有五个，利家嘴村多出/jo/（出现于个别的达巴经词汇中），前所村在此基础上增加/jæ、wɛ、yo、yɛ/。

三个村的词汇，包括基本词汇、宗教词汇，都基本相同。主要是语音上的差异。现列举几条较为常见的语音对应关系：/屋脚：利家嘴：前所/-/u:o:o/-/i:e:e/。如：

表2-5 三村词汇常见语音对应规律

	屋脚	利家嘴	前所
骨骼	ʂæ³¹ɻ̍¹³	ʂæ⁴³ ŋɣ¹³	ʂæ³¹ɻ̍¹³
绵羊	ʑu⁴³	ʑo⁴³	ʑo⁴³
飞	dzi⁴³	dze³¹	dze¹³

除了语言本身的差异，这里面也可能跟发音人的说话习惯有关。其次，也有一些词汇差异是由于概念表达的不同。如："鱼"-/屋脚：利家嘴：前所/-/ȵi⁴³ ʑu⁴³：ȵi⁴³：ȵi⁴³ ʑo⁴³/；"粮仓"-屋脚：利家嘴/-/gi⁴³ qu⁴³ :gi⁴³/；"左边"-/屋脚：利家嘴：前所/-/ʁwa³¹zwʌ⁴³：ŋwa³¹gi⁴³ :ʁwa³¹dzɛ⁴³/；"脂肪"-/屋脚：利家嘴：前所/-/ʂi³¹tʂʰwa¹³：ʂe⁴³ nɑ⁴³：tʂʰwɑ⁴³/。

语法方面，三个村是一样的。基本语序：动词在宾语前，如：/kʰi⁴³ pʰu⁴³/开门；量词在名词后，如：/hĩ⁴³ dʑɨ³¹ɣ⁴³/一个人；形容词在名词后，如：/ʁwʌ⁴³ ʂwɑ³¹/高山；状语可在修饰对象前，也可在修饰对象后，如：/dʑʌ¹³zwæ¹³/很好，/mɑ⁴³ si⁴³ fɣ⁴³/非常喜欢。存在较多的语法标记，如：主语助词（lɑ⁴³ nɯ⁴³ tʰɯ⁴³ tʰæ¹³老虎咬他）；对象助词（nu⁴³ ŋʌ³¹ki⁴³ ki³¹你给我）；话题助词（tʂʰi⁴³ dzu³¹ŋʌ⁴³ æ³¹ʁu⁴³ ȵi³¹这是我家）；动词伴随体标记（lɛ⁴³ tʰɨ³¹喝吧）；动词持续体标记（tʰjɛ⁴³ dzɯ³¹坐吧）；将行体助词（ŋʌ⁴³ su³¹ȵi⁴³ nu³¹ki⁴³ ki³¹bi⁴³我明天给你）；等等。

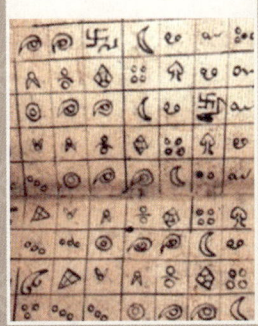

第三章

达巴文献解读

达巴教是川滇交界地区摩梭人的原始宗教。其经典多为口诵经，且有达巴文字写在猪皮上、后被充饥吃掉的传说。因此虽与东巴教同源，但在过去很长时间里人们都认为达巴教没有文字。近年来，随着对纳西族兄弟支系田野调查的深入，达巴教文献逐渐被发掘出来，最早面世的是写有二十八星宿等符号的历书。在本课题组的调查中，又相继发现了印棒、水井挂图、打卦图等达巴文献。下文分别就这些文献进行一一解读。

 历书

达巴历书在摩梭话中有"哥里木"/kɯ⁴³li⁴³mu³¹/、"哥姆"/kɯ⁴³mu³¹/、"哥尔"/kɯ⁴³ʈ³¹/等名，汉译为"看日子的书"。其历法与汉族阴历相似，每月三十天，全年三百六十天。五年一闰月，加三十天。用途大约同于汉族黄历，用于判断宜忌。占卜的事项与丧葬、出行、劳作、筑屋等相关。达巴历书多数版本为含有二十八星宿图符的单符本，也有一些是另含七个图符配合使用的双符本。两个符号系统各自循环使用。本书解读八部传世的达巴教历书，分布及发掘信息见下表。

表3-1 本节涉及达巴教历书信息

序号	发现地	持有者（生年）	传承	发现人	时间	现存
1	四川木里县屋脚乡屋脚村	达巴达瓦·荣布（1929）	师传	赵丽明	2010	原地
2	四川木里县屋脚乡屋脚村	达巴阿窝·偏初（1967）	传抄本	赵丽明	2010	2011.5捐赠清华
3	四川木里县屋脚乡利家嘴村	达巴木帕·都基	祖传	李文山	2011	原地
4	四川盐源县前所乡前所村	达巴何鲁佐（1933）	传抄本	赵丽明	2010	原地
5	四川盐源县前所乡前所村	达巴刘高左（1932）	传抄本	赵丽明	2010	原地
6	四川盐源县前所乡前所村	喇嘛格帕·拉措（1926）	师传	赵丽明	2010	原地
7	四川盐源县前所乡前所村	喇嘛阿鲁左·品初（1980）	传抄本	许多多	2011	原地
8	云南宁蒗县永宁乡温泉村	达巴阿窝（1972）	祖传	赵丽明	2010	原地

（一）屋脚村达巴本一

表3-2 屋脚村历书一

当日序号	1	持有姓名者	达瓦·荣布
民族书名	看星星的书	性别	男
汉字书名	哥里木	出生年	1929年
国际音标	kɯ⁴³li⁴³mɯ⁴³	年龄	81
类别	占卜日书	民族	蒙古族
原书封面标识		宗教	达巴教
著者信息	祖传	职业	达巴
年代	不详	教育程度	达巴教育
书写工具	毛笔	出生地	屋脚组
装帧	横版	居住地	屋脚乡一区
版式	40cm×18cm	祖上来历	世居
行款	从左至右	子女信息	不详
纸质	自制纸	采集时间	2010.7
墨色		采集地点	四川省木里县屋脚乡屋脚村
页数	6页	翻译	
插图页数		记音人	许多多
稽核		测量人	赵丽明
提要	占卜历书	在场人	阿洪生、杨金学
内容	摩梭人占卜的历书，传本	指导	
初译	阿窝·偏初 2011.1.21	校对	
实译		复查	
备注		审核	

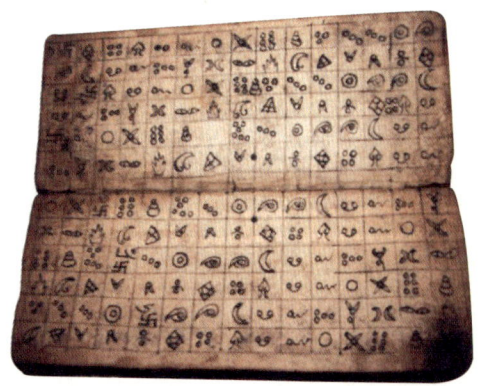

图3-1（a）屋脚村历书一（1）

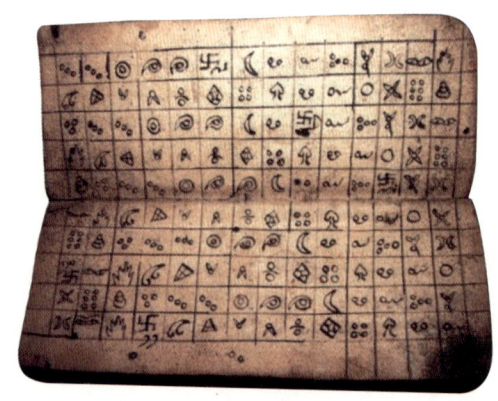

图3-1（b）屋脚村历书一（2）

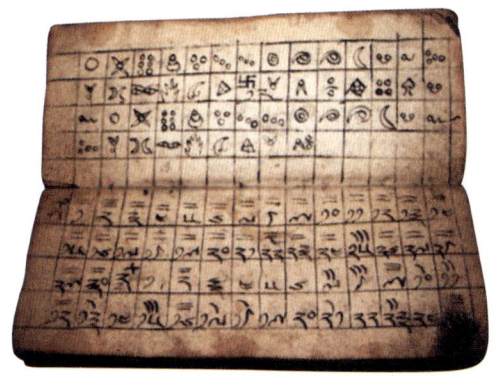

图3-1（c）屋脚村历书一（3）

解读：书名"哥里木"/kɯ³¹li⁴³mɯ⁴³/。屋脚村达瓦达巴的历书共六页，图3-1（a）为第一页。从第一行第一格到第三行第一格为一月。编号为1~28。再根据解读时的组合归并。每个符号有对应读音，为星宿名，是否与汉族星宿有对应关系未知。此处暂用汉字音译标识摩梭人的星宿名。解读者是阿窝·偏初，1967年生，四川省木里藏族自治县屋脚蒙古族乡屋脚村屋脚组达巴，民族划分为蒙古族，他称"摩梭"，摩梭话自称"纳恒"/nɑ³¹hĩ⁴³/。阿窝·偏初10岁从其父达瓦·荣布学习达巴文化，21岁独立做法事至今。未上过学校，不识字。

图3-1（d）屋脚村历书一解读示例

第一组：

原图		♾	◈
阿窝·偏初解读	编号	28	1
	国际音标	pʰæ³³mi³³	ȵi⁴³dɨ⁴³
	直译	帕米（音译）	拟至（音译）
	解读口诵	pʰæ³³ mi³³ mv⁴³ tɕʰi⁴³ zʌ⁴³, lɛ³¹ tɕʰi³³ tʰɛ⁴³ tɕʰi³¹。 帕米日 丧葬[1] 到处， （动助）丢出去 （动助）去	
	通译	这一天不可以送葬，水葬、火葬都不可以。如果进行，那么第二天又会有人死。	
	宜忌	不宜出殡。	

---

[1] 水葬、火葬。

第二组：

原图		𐐂𐐂
阿窝·偏初解读	编号	2
	国际音标	ʐwæ⁴³kɯ⁴³
	直译	马星
	解读口诵	ʐwæ⁴³ tɕʰi⁴³ mʌ⁴³ dʑʌ³¹， lɛ⁴³ χwɑ⁴³ mʌ⁴³ dʑʌ³¹。 马　　卖　　不　　好，　（动助）买　不　　好
	通译	不可以买卖马匹。
	宜忌	不宜买卖马匹。

第三组：

原图		⋔	∞	ᴏᴠ	○
阿窝·偏初解读	编号	3	4	5	6
	国际音标	pʌ⁴³kʰwʌ⁵³	pʌ³³dʑi⁵³	dʑi⁵³kɯ³¹	pʌ³³kɯ³¹pʰʌ⁵³
	直译	青蛙嘴	青蛙尿	水星	青蛙星白
	解读口诵	gv³¹ bu⁴³ χwɑ⁴³ bjɛ⁴³ dʑʌ¹³，ʁɯ⁴³ tɕʰi⁴³ mʌ⁴³ dʑʌ³¹。 牲畜　买　也　也　好，　黄牛　卖　不　好 bjɛ⁴³ dʑʌ³¹，χwɑ⁴³ bjɛ⁴³ mʌ⁴³ dʑʌ³¹。 也　好，　买　也　不　好		gv⁴³ pʰu⁴³ bɑ¹³ pʰu⁴³ dʑʌ³¹，bʌ¹³ tɕʰi⁴³ mʌ⁴³ 庄稼　种　庄稼　种　好，　牦牛　卖　不	
	通译	牲畜买卖都好，种庄稼也好，只有黄牛、牦牛不可以买，也不可以卖。			
	宜忌	不可买卖黄牛、牦牛，其他牲畜无妨。宜种庄稼。			

第四组：

原图	✕	8 8
编号	7	8
国际音标	qʰʈ⁴³tʂæ⁴³qʰʈ⁴³	qʰʈ³¹tʂæ⁴³gv⁴³mi⁴³
直译	喉咙	科扎古米（音译）

阿窝·偏初解读		
解读口诵	gv⁴³ pʰu⁴³ bɑ³¹ pʰu⁴³ mʌ⁴³ dʐʌ³¹, gv³¹ bu⁴³ se³¹ zʯ³¹ qʰu⁴³ bjɛ⁴³ mʌ⁴³ dʐʌ³¹。 庄稼种 庄稼种 不 好， 牲畜 血 的 杀 也 不 好 dʐɯ³¹ bi³³ hv³³ næ³¹ di³¹ dʐʌ¹³, dzʯ³¹ ʂi⁴³ ʁu³³ ʂi⁵³ bi⁴³ dʐʌ³¹。 山上 野 生 动 物 赶 好， 钱 找 山 找 去 好 æ³³ ʁu⁴³ gv³¹ bu⁴³qʰu³³ bi⁴³lɑ⁴³ mʌ⁴³ dʐʌ³¹, tɕʰi³¹ bi³³ lɑ³³ mʌ³³ dʐʌ³¹。 屋里 牲畜 杀 去 就 不 好， 卖 去 就 不 好		
通译	种庄稼不好，有血的生肖（牲畜）不可以宰杀。打山好，山上找来的东西都好，屋里面牛马羊猪杀了对其他的牲畜不好，卖了也不好。		
宜忌	不宜种庄稼。不宜宰杀、买卖牲畜。宜打猎。		

第五组：

原图	8
编号	9
国际音标	ɲjæ³¹hv⁴³
直译	眼睛红（火星）

阿窝·偏初解读	
解读口诵	gv³¹ bu⁴³ dʐɯ³¹ bi¹³ hwʌ³¹ bi³¹ mʌ³¹ dʐʌ³¹, ɲjæ³¹ 牲畜（牛马猪羊） 山 上 撑 去不 好， 眼睛 hv⁴³ mɯ³³ kɯ³¹ æ⁴³ ʁu³³ zɯ³¹ qe¹³ mɯ⁴³ lʌ³¹tʂʌ¹³ ʁæ¹³ ji¹³。 红 火 星 屋里 烧房子 火 山火 注 意
通译	牛马羊等牲畜、人这天上山不好。这天要注意火。
宜忌	不宜上山，忌火。

第六组：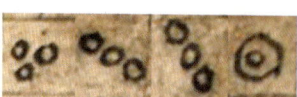

原图	ᴼᴼ	ᴼᴼᴼ	ᴼᴼ	◉
编号	10	11	12	13
国际音标	su³¹tʰɑ⁴³lu¹³	su³¹tʰɑ⁴³ʁu⁵³	su³¹tʰɑ⁴³tʂʰu³³mi⁵³	su³¹tʰɑ⁴³kɯ⁴³pʰʌ⁵³
直译	索它罗	索它窝	索它戳米	索它各破

<table>
<tr><th>阿窝·偏初解读</th><th>解读口诵</th><td colspan="8">

æ⁴³	tsu⁴³	mʌ⁴³	n̩i³¹	lɛ³¹	dɨ⁴³	dzʌ³¹,	bi⁴³	dzu⁵³
什么	不	是	（动助）	得	好	卖	有
lɛ³¹	qʰæ¹³	mʌ³³	dzʌ³³,	ʐu³¹	tsʰɯ¹³	wa¹³	tsʰɯ¹³	dzʌ¹³,
（动助）	送	不	好，	房子	修	地基	修好，
gv⁴³	pʰu⁴³	ba³¹	pʰu⁴³	dzʌ³¹。				
庄稼	种	庄稼	种	好。				
ʐu⁴³	kɯ⁴³	gv³¹	bu⁴³	æ⁴³	ʁu⁴³	dɨ⁴³	ʁu⁴³	dzʌ¹³,
绵羊	星	牲畜	家里	得	回	好	回	好，
dzɿ⁴³	tsʰi³¹	ʁwa⁴³	bv¹³	æ⁴³	ʁu⁴³	dɨ⁴³	ʁu⁴³	dzʌ¹³,
钱	来	山	多	家里	得	回	好，
lɛ⁴³	tɕʰi⁴³	mʌ⁴³	dzʌ¹³。	ʐu⁴³	tɕʰi⁴³	mʌ³¹	dzʌ¹³。
（动助）	卖	不	好。	绵羊	卖	不好	

</td></tr>
<tr><td>通译</td><td colspan="9">所有的东西买进来好，卖出去不好。修房子、平地基好。种庄稼好。绵羊星，家里买进牲畜好，家里得到如山钱财好，卖绵羊不好。</td></tr>
<tr><td>宜忌</td><td colspan="9">宜进不宜出。宜修房筑屋、耕地。绵羊星这天，宜买进牲畜、进财，不宜卖绵羊。</td></tr>
</table>

第七组：

原图	◉
编号	14
国际音标	hu⁴³kɯ⁴³
直译	忽各

阿窝·偏初解读

解读口诵	ʁɯ⁴³ 黄牛	qwa³¹ 教	dzʌ¹³, 好，	ʐwæ³³ 马	qwa³¹ 教	dzʌ¹³, 好，	gv³¹ 牲畜	bu⁵³ 教	qwa³³ 星	kɯ⁴³dzʌ¹³。好

通译：教黄牛好，教马也好，那天教牲畜好。

宜忌：宜教牲畜。

第八组：

	原图	⊙						
阿窝·偏初解读	编号	15						
	国际音标	kʌ³¹kɯ⁴³						
	直译	老鹰星						
	解读口诵	gv⁴³ 庄稼	pʰu⁴³ 种	ba³¹ 庄稼	pʰu⁴³ 种	mʌ⁵³ 不	dʐʌ³¹， 好，	gv³¹ 牲畜	bu⁵³tɕhi³³ 卖
		mʌ⁵³ 不	dʐʌ³¹， 好，	χwɑ⁵³ 买	mʌ⁵³ 不	dʐʌ³¹。 好。	kʰv³³ 狗	ʂæ³³ ɕi³¹ di¹³ dʐʌ³¹。 牵 打渔好	
	通译	种庄稼不好，买自己喂的牲畜（牛马羊猪）不好，卖也不好。只有打渔好，打山也好。							
	宜忌	宜打渔打山，忌种植、买卖自养牲畜。							

第九组：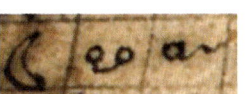

	原图	☾	෨	～
阿窝·偏初解读	编号	16	17	18
	国际音标	bu³¹kʰwʌ⁴³	bu³¹dʑi⁵³	bu³¹mɑ⁵³
	直译	猪嘴	博记	博嘛
	解读口诵	bu¹³ tɕhi³³ mʌ⁵³ dʐʌ³¹，qʰu³³ mʌ⁵³ dʐʌ³¹，χwɑ³³ mʌ⁵³ 猪 卖 不 好， 杀 不 好， 买 不 dʐʌ³¹，æ⁴³ tsu⁴³ mʌ⁴³ ȵi³¹ dʐʌ¹³。 好， 什么 不 是 好		
	通译	猪卖不好，宰也不好，买也不好，其他所有都好。		
	宜忌	诸事皆宜。忌买卖、宰杀猪。		

第十组: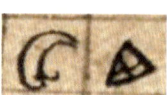

<table>
<tr><th colspan="2">原图</th><th>𖡥</th><th>𖡦</th><th>𖡧</th><th>𖡨</th><th>𖡩</th></tr>
<tr><td rowspan="6">阿窝·偏初解读</td><td>编号</td><td>19</td><td>20</td><td>21</td><td>22</td><td>23</td></tr>
<tr><td>国际音标</td><td>zɯ³¹zv⁴³</td><td>zɯ³¹qʰv⁴³</td><td>zɯ³¹ɬi⁴³</td><td>zɯ³¹ȵjæ⁴³</td><td>zɯ³¹gv⁴³</td></tr>
<tr><td>直译</td><td>子（音译）四（表整体）</td><td>子（音译）角</td><td>子（音译）耳</td><td>子（音译）眼</td><td>子（音译）巴掌</td></tr>
<tr><td>解读口诵</td colspan="5"><td colspan="5">tæ³³ ʑæ⁴³ dʑʌ³¹,（zɯ³¹ qʰv⁵³）zæ³¹ tsu³³ kɯ⁴³ dʑʌ¹³。
地基　平　好，　　子　　角　柱子　立　星星　好</td></tr>
<tr><td>通译</td><td colspan="5">（修房子）平地基好，zɯ³¹qʰv⁵³ 这天立柱子好。没有不可以做的事情。</td></tr>
<tr><td>宜忌</td><td colspan="5">宜平地基，立柱，诸事不忌。</td></tr>
</table>

第十一组：

<table>
<tr><th colspan="2">原图</th><th>𖢀</th><th>𖢁</th></tr>
<tr><td rowspan="5">阿窝·偏初解读</td><td>编号</td><td>24</td><td>25</td></tr>
<tr><td>国际音标</td><td>la⁵³hv⁵³kʰwʌ⁴³</td><td>ʂʌ³¹dzɯ³¹dv⁵³</td></tr>
<tr><td>直译</td><td>老虎嘴</td><td>肉食等</td></tr>
<tr><td>解读口诵</td><td colspan="2">æ⁴³ tsu⁴³ mʌ³³ ȵi³¹ mʌ³³ dʑʌ³¹, lu³¹pv⁴³ dʑʌ³¹,
什么　不　是　不　好，　咒　念经　好，
kʰu³³ sæ³³ ɕi³¹ di³¹ dʑʌ¹³
狗　牵　打渔好
æ⁴³ ʁu⁴³ gv³¹ bv⁵³ si³³ zɯ⁴³ tɕʰi³³ bje⁵³ mʌ³³ dʑʌ³¹,
其他　牲畜　血　有　卖　去　不　好，
qʰu³³ bje⁵³ mʌ³³ dʑʌ³¹, χwa⁴³ bjɛ⁴³ mʌ³³ dʑʌ³¹。
杀　也　不　好，　买　也　不　好</td></tr>
<tr><td>通译</td><td colspan="2">做什么事情都不好，只有念经撵鬼、打山好。牲畜卖了也不好，买了也不好，宰了也不好。</td></tr>
</table>

| | 宜忌 | 宜念经驱鬼、打山，诸事不宜，忌买卖宰杀牲畜。 |

第十二组：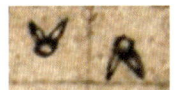

<table>
<tr><td colspan="2">原图</td><td>🐰</td><td>🅰</td></tr>
<tr><td rowspan="5">阿窝·偏初解读</td><td>编号</td><td>26</td><td>27</td></tr>
<tr><td>国际音标</td><td>ʂwɑ^{33}qʰwʌ^{43}</td><td>mæ^{31}qʰwʌ^{43}</td></tr>
<tr><td>直译</td><td>头星</td><td>尾星</td></tr>
<tr><td>解读口诵</td><td colspan="2">jɑ^{31}ɬɑ^{33} dzʌ^{31}, tsʰɯ^{31} tɕʰi^{33} mʌ^{33} dzʌ^{31}。
其他的好， 山羊 卖 不 好 。
tsʰɯ^{31} kɯ^{43}, tɕʰi^{33} bjɛ^{43} mʌ^{33} dzʌ^{31}, χwɑ^{33} bjɛ^{43} mʌ^{33}
山羊 星， 卖 去 不 好， 买 去 不
dzʌ^{31}。 æ^{43} ʁu^{43} lɛ^{31} pu^{43} zi^{43} dzʌ^{13}。
好。 屋里 （动助） 带 回 好</td></tr>
<tr><td>通译</td><td colspan="2">不好的没有，只有山羊不可以卖出去。买进也不好。拿东西到屋里面来好。</td></tr>
<tr><td></td><td>宜忌</td><td colspan="2">宜进屋，不宜买卖山羊。诸事不忌。</td></tr>
</table>

（二）屋脚村达巴本二

表3-3 屋脚村历书二

当日序号	1	持有姓名者	阿窝·偏初
民族书名	看星星的书	性别	男
汉字书名	哥里木	出生年	1967年
国际音标	kɯ⁴³li⁴³mɯ⁴³	年龄	44
类别	占卜日书	民族	蒙古族
原书封面标识	橘色小本	宗教	达巴教
著者信息	阿窝·偏初	职业	达巴
年代	现代	教育程度	达巴教育
书写工具	圆珠笔	出生地	屋脚组
装帧	笔记本	居住地	屋脚乡一区
版式	19.5cm×14cm	祖上来历	世居
行款	从左至右	子女信息	三个儿子
纸质	横格纸	采集时间	2010.7
墨色	蓝、红	采集地点	原地
页数	11页	翻译	
插图页数		记音人	许多多
稽核		测量人	许多多
提要	占卜历书	在场人	阿洪生、杨金学
内容	摩梭人占卜的历书，传本	指导	
初译	阿窝·偏初 2011.1.21	校对	
实译		复查	
备注		审核	

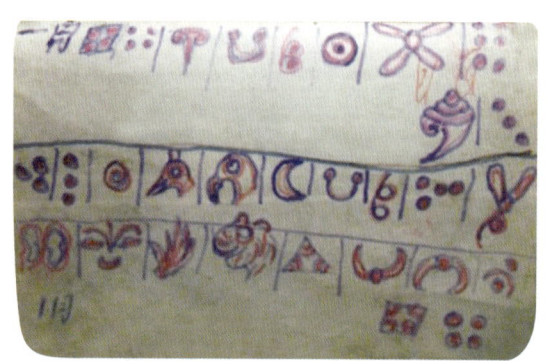

图3-2（a）屋脚村历书二（1）

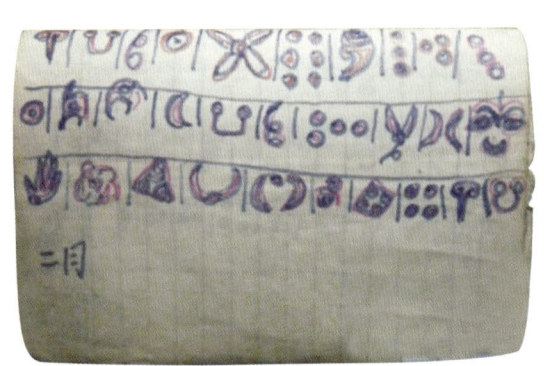

图3-2（b）屋脚村历书二（2）

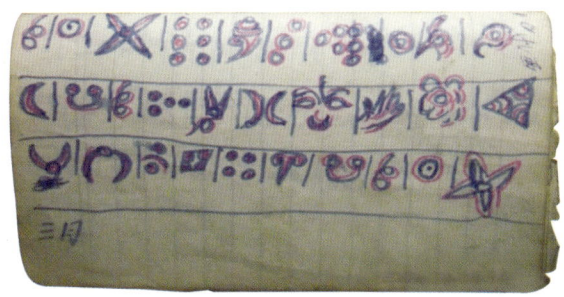

图3-2（c）屋脚村历书二（3）

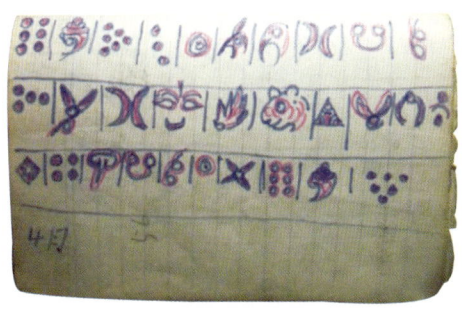

图3-2（d）屋脚村历书二（4）

图3-2（e）屋脚村历书二（5）

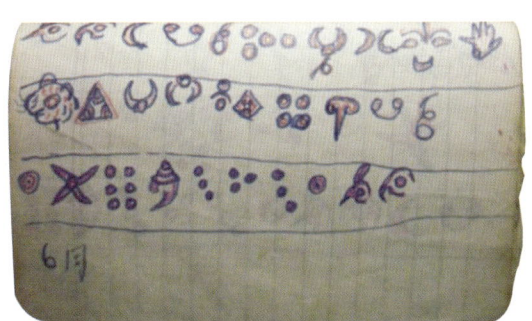

图3-2（f）屋脚村历书二（6）

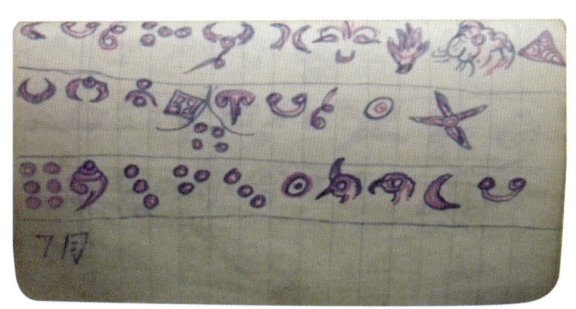

图3-2（g）屋脚村历书二（7）

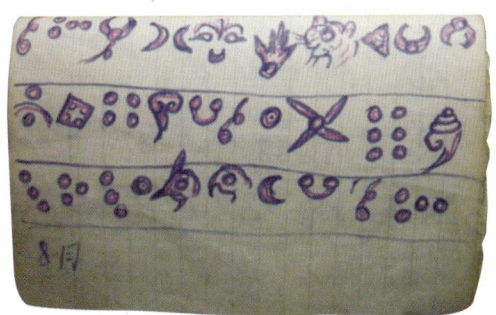

图3-2（h）屋脚村历书二（8）

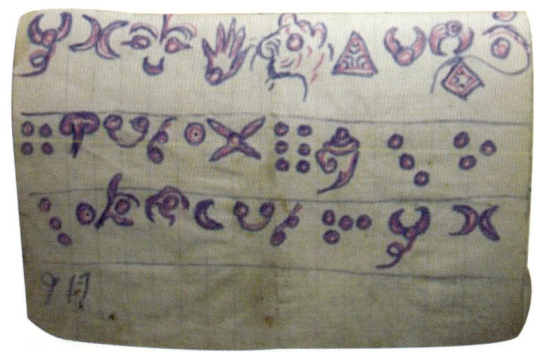

图3-2（i）屋脚村历书二（9）

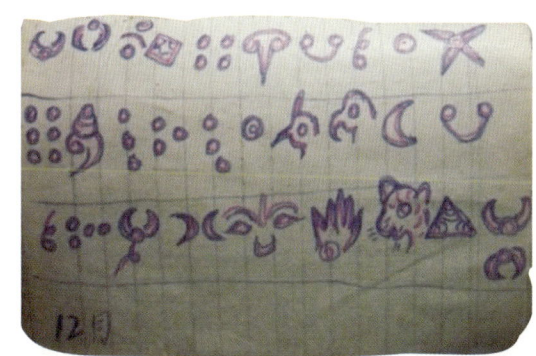

图3-2（j）屋脚村历书二（10）

说明：此本持有者为前一部历书持有者之子，此本亦抄自旧本。解读从前一部，此处不再赘述。

（三）利家嘴村达巴本

表3-4 利家嘴村历书

当日序号	1	持有姓名者	二车·都基
民族书名	看星星的书	性别	男
汉字书名	哥里木	出生年	1933年
国际音标	kɯ^{31}li^{43}mv^{43}	年龄	79
类别	占卜日书	民族	蒙古族
原书封面标识		宗教	达巴教
著者信息	不详	职业	达巴
年代	不详	教育程度	达巴教育
书写工具	毛笔	出生地	利家嘴村
装帧	现代笔记本	居住地	利家嘴村
版式	两页为一个月的日历	祖上来历	世居
行款	从左至右	子女信息	不详
纸质	横格纸	采集时间	2012.8.6
墨色		采集地点	四川省木里县屋脚乡利家嘴村
页数	12页	翻译	无
插图页数	无	记音人	许多多
稽核		测量人	李文山
提要	占卜历书	在场人	李文山
内容	摩梭人占卜的历书	指导	
初译	纳卡·德西 2011.1.21	校对	
实译	二车·都基 2011.8.6	复查	
备注		审核	

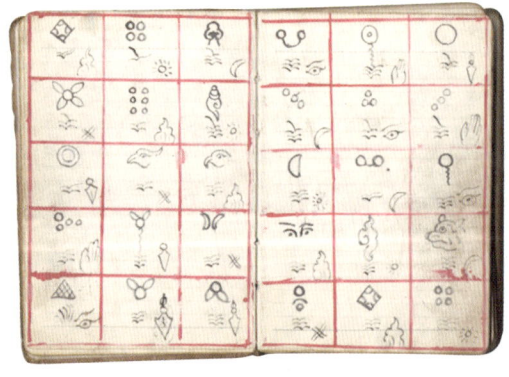

图3-3（a）利家嘴村历书（1）

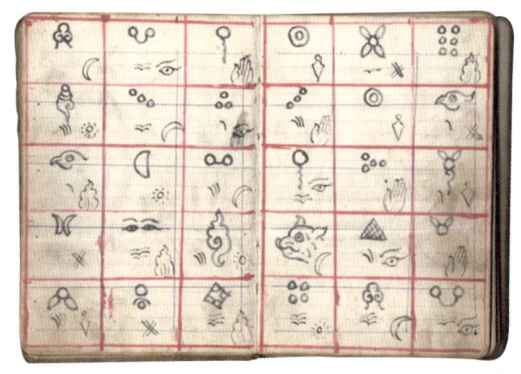

图3-3（b）利家嘴村历书（2）

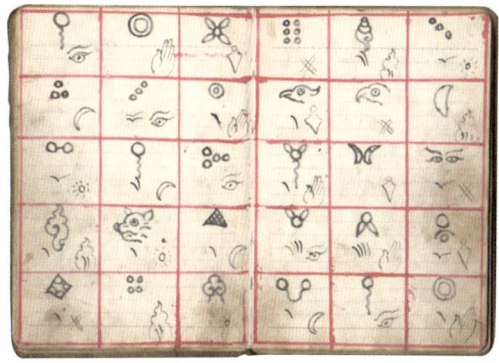

图3-3（c）利家嘴村历书（3）

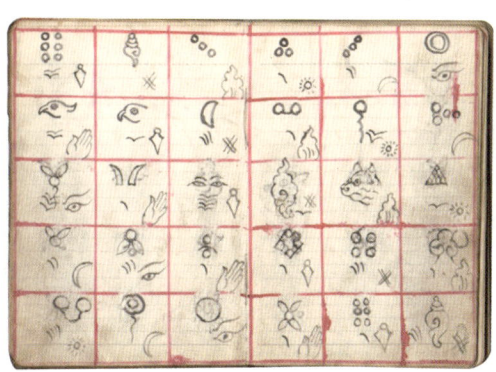

图3-3（d）利家嘴村历书（4）

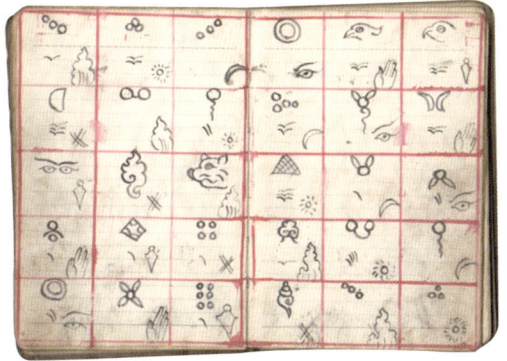

图3-3（e）利家嘴村历书（5）

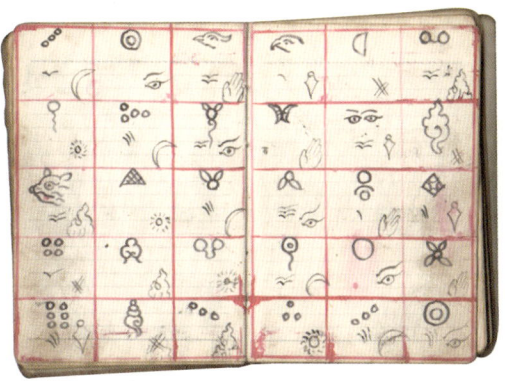

图3-3（f）利家嘴村历书（6）

图3-3（g）利家嘴村历书（7）

图3-3（h）利家嘴村历书（8）

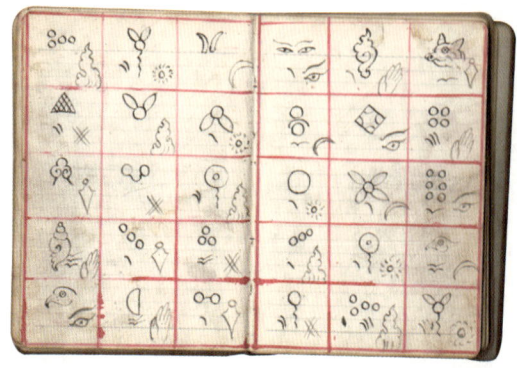

图3-3（i）利家嘴村历书（9）

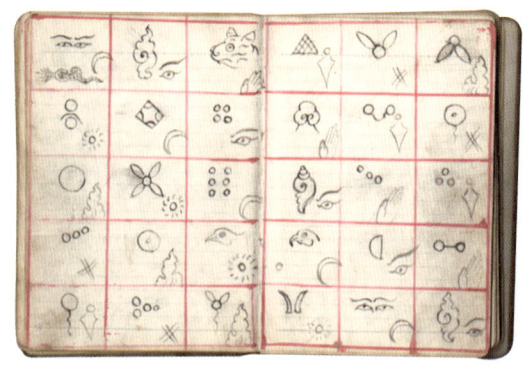

图3-3（j）利家嘴村历书（10）

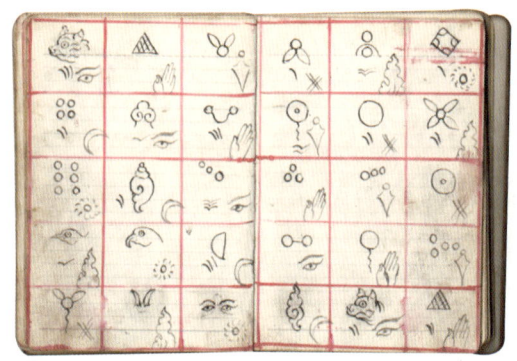

图3-3（k）利家嘴村历书（11）

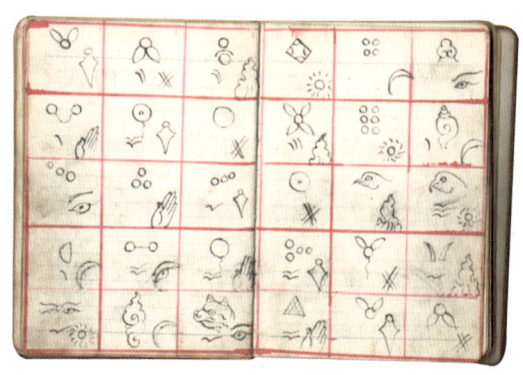

图3-3（l）利家嘴村历书（12）

图3-3（m）利家嘴村历书解读示例

解读：

1. 格荣·德西解读二十八星宿（2011年1月，丽江）

格荣·德西，1939年生。会汉语、摩梭话、彝语。六岁开始跟舅舅学习达巴文化，二十九岁开始独立做法事。讲解二十八个符号如下：

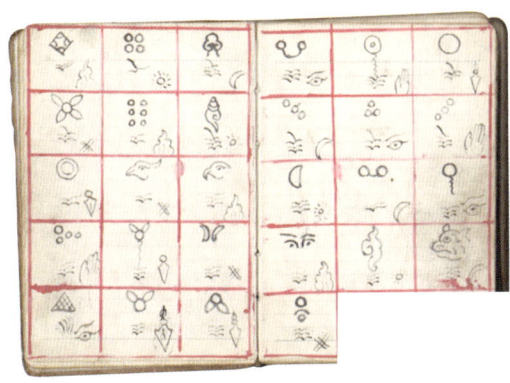

原图	◇	∷	♧	⌒	○	○
国际音标	mv⁴³dɿ⁴³	ʐwæ³³kɯ³¹	po³³kʰwɑ³¹	po³¹dʑi⁴³	dʑi³¹kɯ³¹	pwʌ³³kɯ³¹pʰæ³¹
直译	普通人	马	—	—	雨的预报	最好的星
原图	✿	∷	🐚	∘∘∘	∘∘	∘∘∘
国际音标	qʰʌ³¹tʂɿ³¹kʰɑ⁵³	kʰʌ³¹tʂɑ³¹gv³³me⁵³	ȵjæ³¹hõ⁵³	so³¹tʰɑ⁵³ʁo⁵³	so³¹tʰɑ⁵³lo¹³	so³¹tʰɑ⁵³tʂʰo⁵³me⁵³
直译	喉咙	人的身体	火神	三盘星的头	三盘星的手	三盘星的脚
原图	◎	🐦	🦅	◐	∞	⚲
国际音标	so³¹tʰɑ⁵³kɯ⁴³pʰæ⁵³	ho³³kɯ³¹	kʌ³¹kɯ³¹	bo³¹kʰwɑ⁵³	bo³¹dʑi⁵³	bo³¹mɑ⁵³
直译	—	飞鸟	鹰	猪嘴	猪胃	猪油
原图	∘∘∘	🌱	🌙	〰	🐍	🐅
国际音标	bo³¹mæ⁵³	ʐɯ³¹zɿ³³qʰɑ⁵³	ʐɯ³¹ɬi⁴³	ʐɯ³¹ȵjæ⁵³	ʐɯ³¹gv³³	ʐɯ³¹gi³³læ³³kʰwɑ³¹
直译	猪尾	ʐɯ³¹的角	ʐɯ³¹的耳	ʐɯ³¹的眼睛	—	老虎的嘴
原图	▲	♣	♧	⊙		
国际音标	ʂʌ³³dzɯ³¹dv³³	ʂwɑ³³kʰwɑ³¹	mæ³¹kʰwɑ¹³	pʰæ³¹me⁵³		
直译	肉	黄牛不能买卖		神		

2. 纳卡·德西解读另外七个符号（2011年1月，丽江）

原图	![脚]	![眼睛]	![嘴]	![瞳孔]	![手]	![身体]	![后背]
国际音标	za⁵³gv³¹pwʌ⁵³	za⁵³ȵi³¹ma⁵³	za⁵³da³¹wa⁵³	za⁵³ȵjʌ¹³	za⁵³la³¹pa⁵³	za⁵³gv³¹mi⁵³	za⁵³pʰo³¹bo⁵³
直译	脚	眼睛	嘴	瞳孔	手	身体	后背

3. 二车·都基的解读（2011年8月，利家嘴）

木帕达巴，名二车·都基，1933年生。12岁开始学达巴，师从爷爷。20多岁开始做法事，25岁正式出师，本地俗称"当和尚"。

第一组：

<table>
<tr><th colspan="2">原图</th><th colspan="8">⊙</th><th colspan="2">◇</th></tr>
<tr><td rowspan="5">二车·都基解读</td><td>国际音标</td><td colspan="8">pʰæ⁴³mi⁴³</td><td colspan="2">ȵi⁴³dʐ⁴³</td></tr>
<tr><td>直译</td><td colspan="8">人星</td><td colspan="2">人星</td></tr>
<tr><td>解读口诵</td><td>hĩ⁴³</td><td>qɛ³¹</td><td>mʌ³¹</td><td>hĩ⁴³,</td><td>hĩ⁴³</td><td>bi³¹</td><td>mʌ⁴³</td><td>hĩ³¹.</td><td colspan="2"></td></tr>
<tr><td></td><td>人</td><td>烧</td><td>不</td><td>行,</td><td>人</td><td>做</td><td>不</td><td>行</td><td colspan="2"></td></tr>
<tr><td>通译</td><td colspan="10">不能烧人，不能送葬。</td></tr>
<tr><td>宜忌</td><td colspan="10">不宜嫁娶、送葬。</td></tr>
</table>

第二组：

<table>
<tr><td colspan="2">原图</td><td colspan="4">∷</td></tr>
<tr><td rowspan="5">二车·都基解读</td><td>国际音标</td><td colspan="4">ʐwæ⁴³kɯ⁴³</td></tr>
<tr><td>直译</td><td colspan="4">马星</td></tr>
<tr><td>解读口诵</td><td>ʐwæ⁴³</td><td>tɕʰi⁴³</td><td>mʌ⁴³</td><td>hĩ⁴³.</td></tr>
<tr><td></td><td>马</td><td>卖</td><td>不</td><td>行</td></tr>
<tr><td>通译</td><td colspan="4">不能卖马。</td></tr>
<tr><td>宜忌</td><td colspan="4">不宜做马匹生意。</td></tr>
</table>

第三组：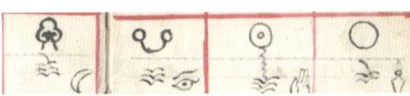

	原图				
二车·都基解读	国际音标	pʌ⁴³kʰwɑ⁴³	pʌ⁴³dʑi⁴³	dʑi⁴³kɯ⁴³	pʌ⁴³kɯ³¹pʰʌ³¹
	直译	拨跨（音译）	拨记（音译）	几各（音译）	拨格帕（音译）
	解读口诵	ʁɯ⁴³ tɕʰi⁴³ mʌ⁴³ hĩ⁴³，ʁɯ⁴³ qʰo³¹ mʌ⁴³ hĩ⁴³。 牛 卖 不 行， 牛 杀 不 行			
	通译	不能卖牛，不能杀牛。			
	解读口诵	pi⁴³ dʐo⁴³ pi⁴³ mʌ⁴³ hĩ⁴³。 去 （话题）去 不 行			
	通译	出去的话不可以。			
	宜忌	不宜卖牛、杀牛。宜进不宜出。			

第四组：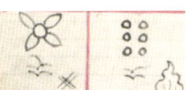

	原图		
二车·都基解读	国际音标	qo³¹tʂɑ⁴³qʰv⁴³	qo³¹tʂæ⁴³qo³¹mi⁴³
	直译	古扎克（音译）	古扎古米（音译）
	解读口诵	æ³¹ tso³¹ dzɯ⁴³ bjɛ⁴³ dʐɑ¹³， v⁴³ lɑ⁴³ tʰɑ³¹ i⁴³。 任何 吃 都 好， 生 意 不能 做	
	通译	吃什么都好，不能做生意。	
	宜忌	宜进补，不宜做生意。	

第三章 达巴文献解读　　205

第五组：

	原图					
二车·都基解读	国际音标	so³¹tʰa³¹ɲjæ³¹hõ⁴³	so³¹tʰa³¹ʁo¹³	so³¹tʰa³¹lo¹³	so³¹tʰa³¹tʂʰwa⁴³mi⁴³	so³¹tʰa³¹kɯ⁴³pʰʌ³¹
	直译	绵羊星	绵羊星	绵羊星	绵羊星	绵羊星
	解读口诵	æ⁴³ tso⁴³ ji⁴³ bjɛ⁴³ dʐa¹³, zo⁴³ tɕʰi⁴³ mʌ⁴³ hĩ⁴³, 任何 做 都 好，绵羊 卖 不 行， qʰo⁴³ mʌ⁴³ hĩ⁴³。lo³¹ ko⁴³ tʰv³¹ dʐa¹³。 杀 不 行。手 心 到 好。				
	通译	做什么都好，但绵羊不能卖，不能杀。（东西）到手好。				
	宜忌	诸事皆宜，但不宜卖羊，不宜杀羊。宜进财。				

第六组：

	原图		
二车·都基解读	国际音标	ho⁴³kɯ⁴³	kʌ³¹kɯ⁴³
	直译	火各	葛各
	解读口诵	æ¹³ tɕʰi⁴³ mʌ⁴³ hĩ⁴³, æ³¹ qʰo³¹ mʌ³¹ hĩ⁴³。 鸡 卖 不 行， 鸡 杀 不 行。	
	通译	不能卖鸡，不能杀鸡。	
	宜忌	不宜卖鸡、杀鸡。	

第七组：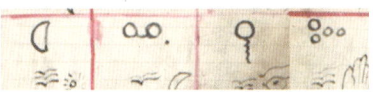

二车·都基解读	原图	◗	∞	♀	⁀∞
	国际音标	bo³¹kʰwʌ⁴³	bo³¹dzi⁴³	bo³¹mæ⁴³	bo³¹mɑ⁴³
	直译	猪嘴	—	猪尾	猪油
	解读口诵	bo³¹ tɕʰi⁴³ mʌ⁴³ hĩ⁴³，bo³¹ qʰo⁴³ mʌ⁴³ hĩ⁴³。 猪 卖 不 行， 猪 杀 不 行。			
	通译	不能卖猪，不能杀猪。			
	宜忌	不宜卖猪、杀猪。			

第八组：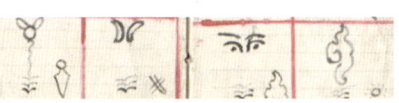

二车·都基解读	原图	ᛟ	ᛞ	ᔑ	ᚠ
	国际音标	ʐɯ³¹zʋ⁴³qʰɯ⁴³	ʐɯ³¹ɬi⁴³	ʐɯ³¹ɲjɑ⁴³	ʐɯ³¹kv⁴³
	直译	—	—	—	—
	解读口诵	ʐɯ³¹ tsʰɯ⁴³ wɑ⁴³ tsʰɯ⁴³ dʑɑ¹³，dzo⁴³ tsʰɯ⁴³ dʑɑ¹³。 房 立 吉祥 立 好， 柱 立 好。			
	通译	好好修建房屋好，立里柱子好。			
	宜忌	宜修房立柱。			

第九组：

原图		![head]	![triangle]
二车·都基解读	国际音标	lɑ⁴³hõ³¹kʰwʌ³¹	ʂe³¹dzɯ³¹dv̩¹³
	直译	—	—
	解读口诵	æ⁴³ tso³¹ dzu⁴³ dʐɑ¹³，æ³¹ tso³¹ dʑi⁴³ dʐɑ¹³。 任何 吃 好， 任何 带 好	
	通译	吃什么都好，带什么都好。	
	宜忌	宜进食、携带。	

第十组：

原图		![three circles]	![three circles dark]
二车·都基解读	国际音标	ʂwɑ⁴³kʰwɑ³¹	mæ⁴³kʰwɑ³¹
	直译	—	—
	解读口诵	tsʰɯ⁴³ tɕʰi³¹ mʌ⁴³ hĩ⁴³，tsʰɯ⁴³ qʰo³¹ mʌ⁴³ hĩ⁴³。 山羊 卖 不 行， 山羊 杀 不 行	
	通译	不能卖山羊，不能杀山羊。	
	宜忌	不宜卖、杀山羊。	

七个符号的解读：

原图	音标	直译	宜忌
	za⁴³da³¹tɕʌ⁴³	勇敢	吉日。周日。可以休息，送山好。
	ȵi³¹ma⁴³	太阳	—
	da³¹wa⁴³	月亮	—
	mi⁴³mɿ⁴³	眼睛	—
	la³¹pa⁴³	手	最好的一天。请喇嘛、和尚好。洗衣服好。生病了特别麻烦。
	phõ⁴³po⁴³	身体	凶日。做什么都不好。
	pa⁴³sõ⁴³	地盘	吉日。放松。

两个辅助符号的解读：

原图		
含义	有水	雨
用途	凶	吉

（四）前所村达巴本一

表3-5 前所村历书一

当日序号	1	持有姓名者	何鲁佐
民族书名	看星星的书	性别	男
汉字书名	哥里木	出生年	1933年
国际音标	kɯ³¹li⁴³mv⁴³	年龄	79
类别	占卜日书	民族	蒙古族
原书封面标识	无	宗教	达巴教
著者信息	何国光抄写	职业	达巴
年代	不详	教育程度	达巴教育
书写工具	毛笔	出生地	前所村
装帧	横版	居住地	前所村
版式	横脊装订，上下翻页	祖上来历	世居
行款	从左至右	子女信息	两个儿子
纸质	横格纸	采集时间	2012.8.4
墨色		采集地点	四川省盐源县前所乡前所村
页数	12页	翻译	无
插图页数	无	记音人	许多多
稽核	无	测量人	
提要	占卜历书	在场人	李文山
内容	摩梭人占卜的历书	指导	
初译	何鲁佐 2011.8.6	校对	
实译		复查	
备注	有何国光汉字注音的星宿名称	审核	

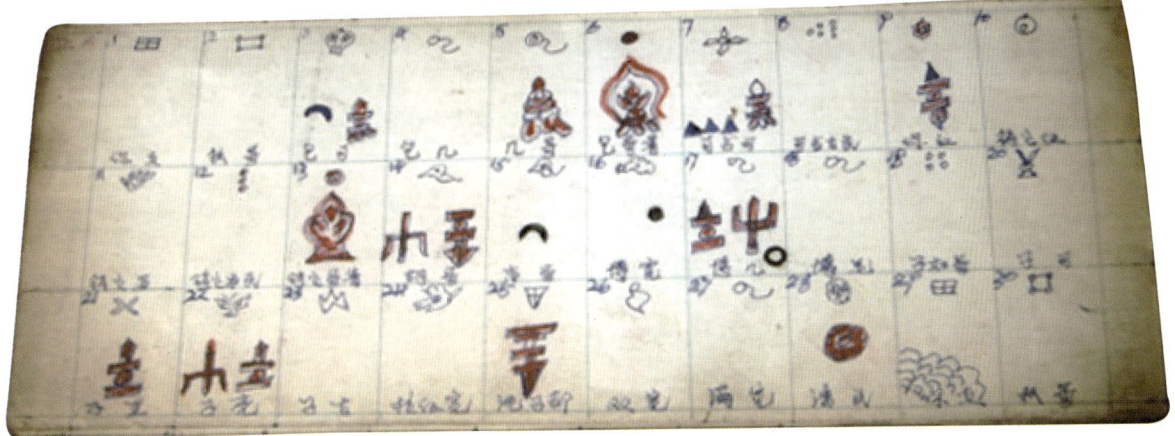

图3-4（a） 前所村历书一（1）

图3-4（b） 前所村历书一（2）

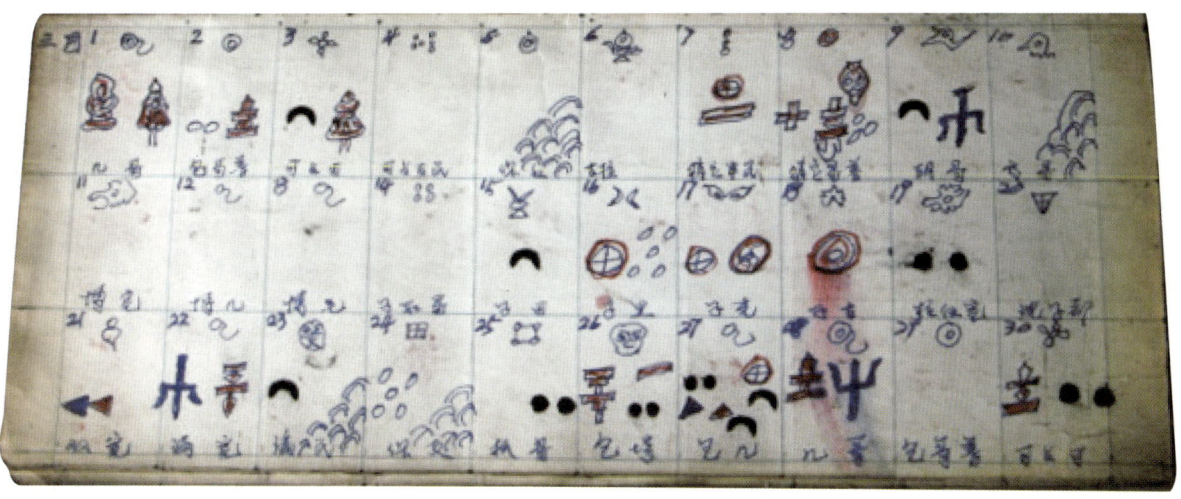

图3-4（c） 前所村历书一（3）

第三章 达巴文献解读　211

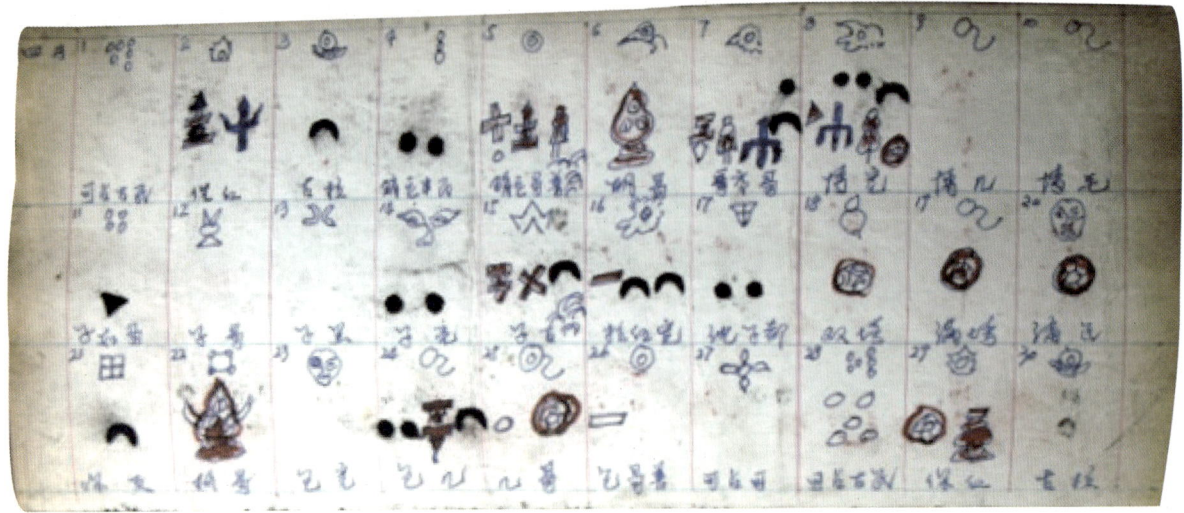

图3-4（d）前所村历书一（4）

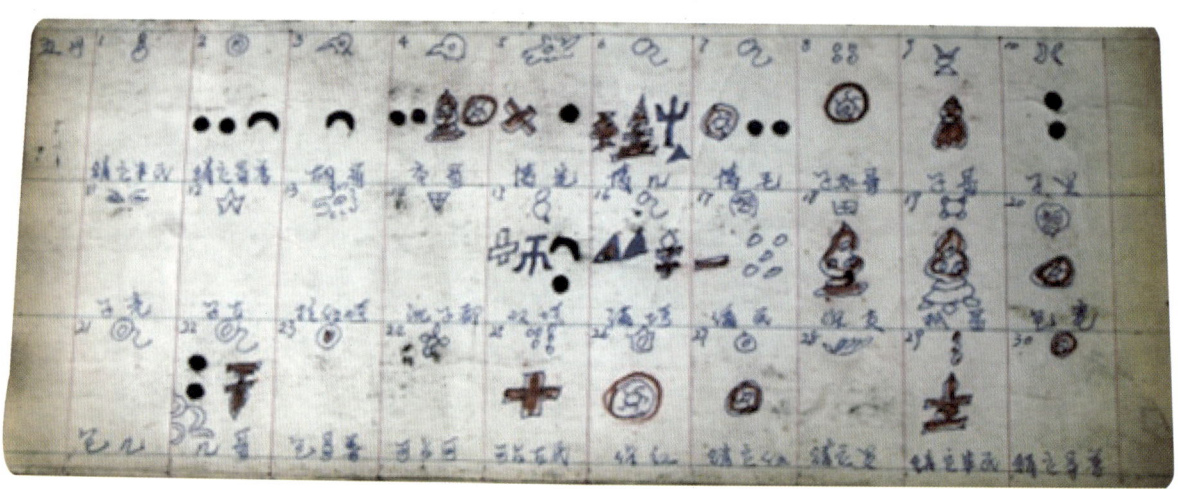

图3-4（e）前所村历书一（5）

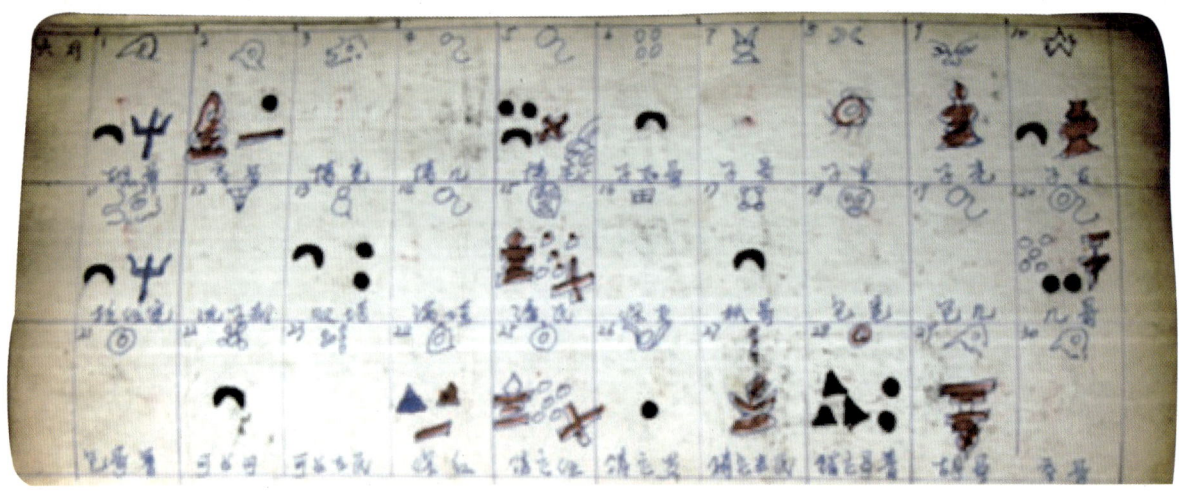

图3-4（f）前所村历书一（6）

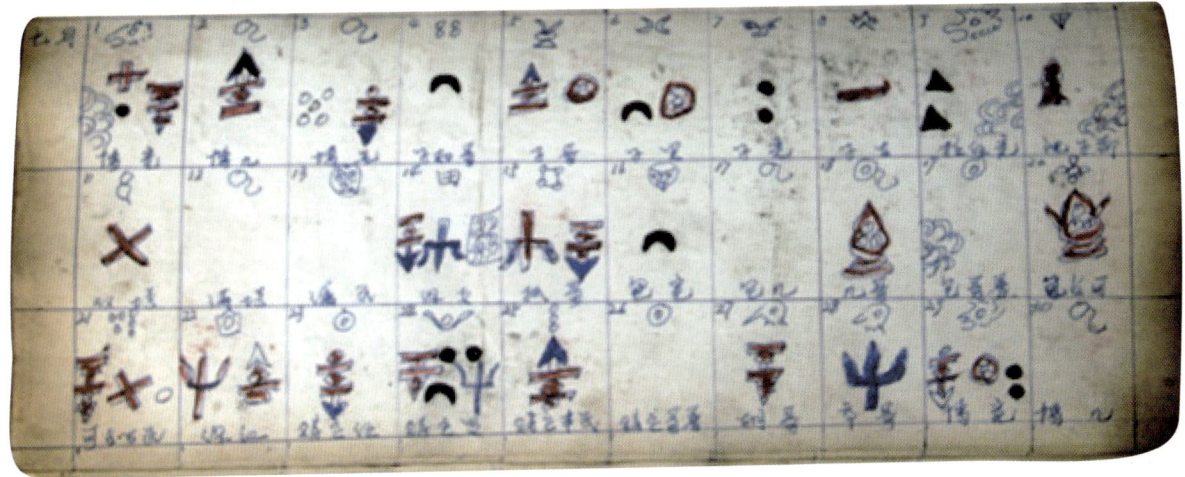

图3-4(g) 前所村历书一(7)

图3-4(h) 前所村历书一(8)

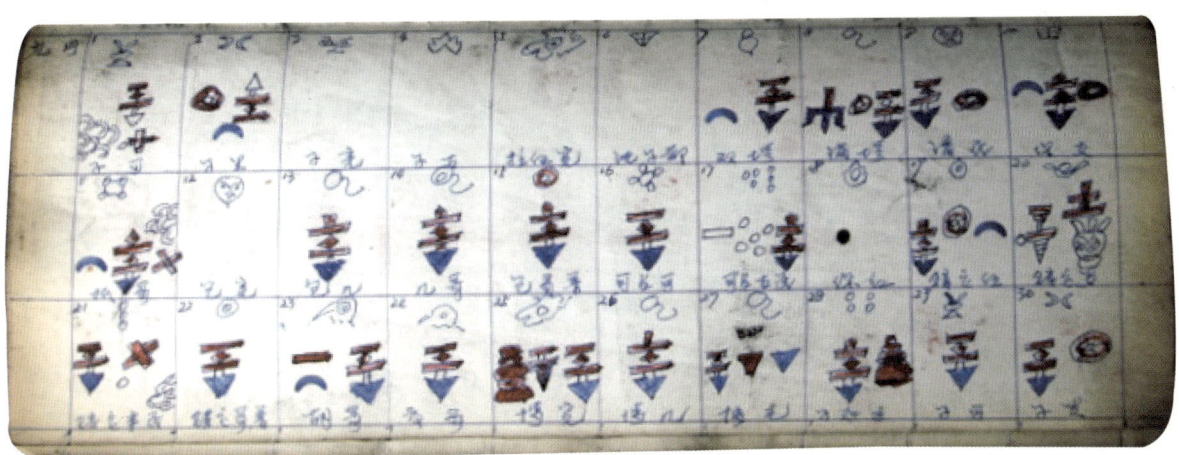

图3-4(i) 前所村历书一(9)

第三章 达巴文献解读

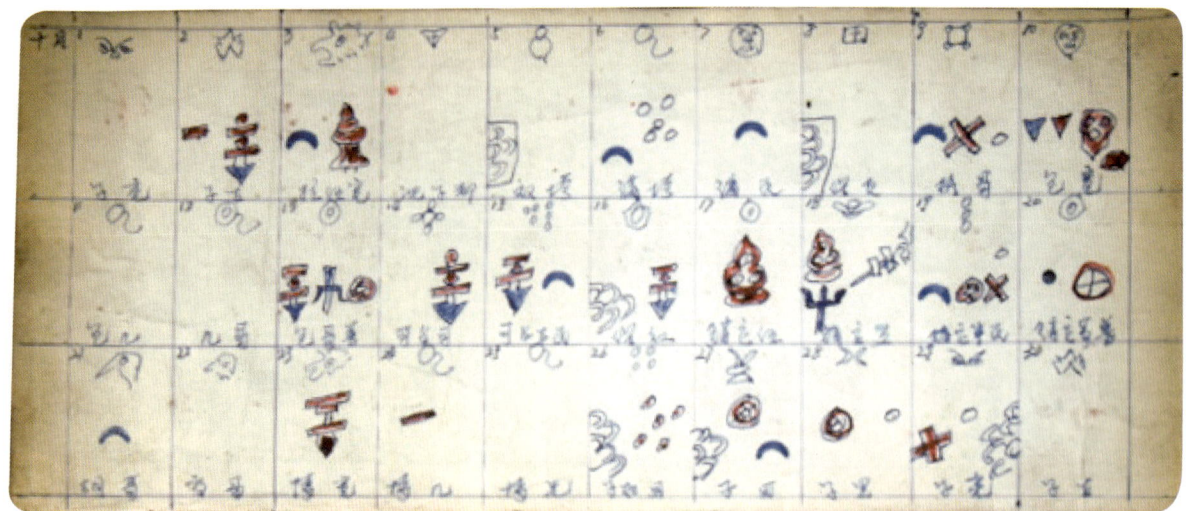

图3-4（j）前所村历书一（10）

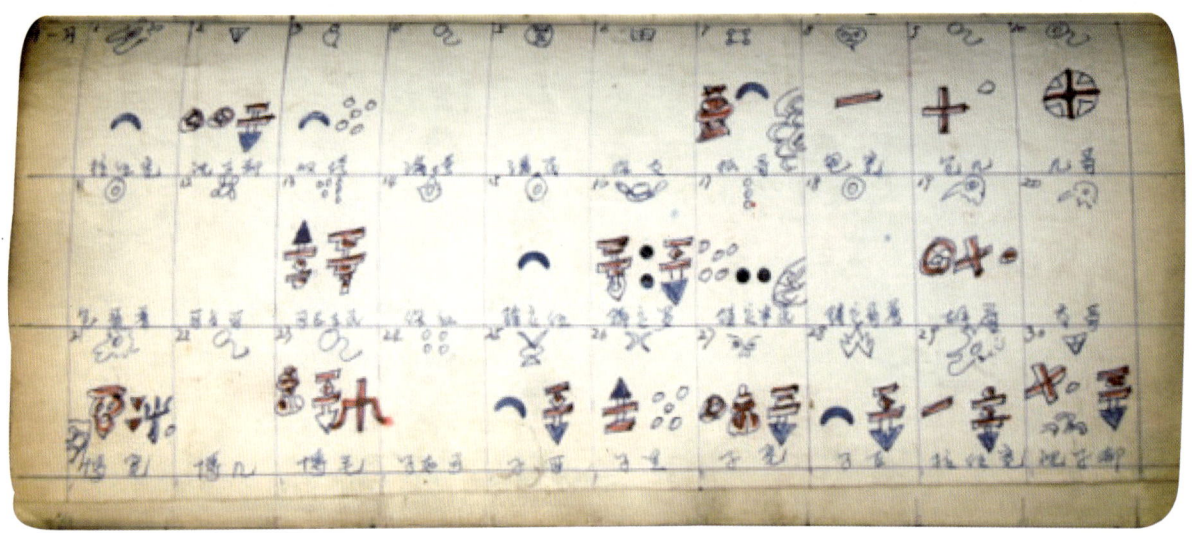

图3-4（k）前所村历书一（11）

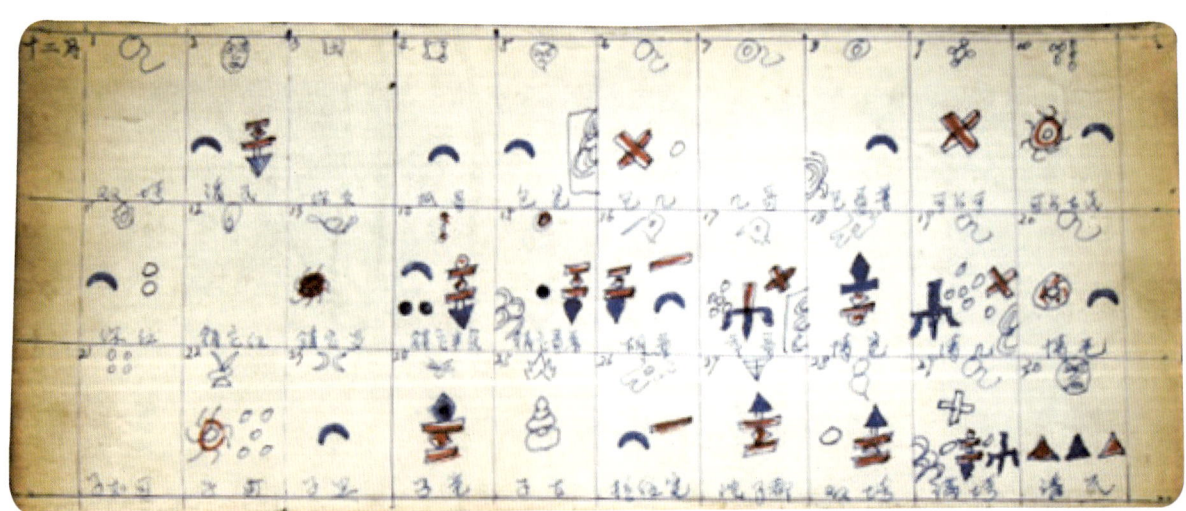

图3-4（l）前所村历书一（12）

解读：

解读者：何鲁佐达巴，1933年生。自幼随父学习达巴文化，是家族第十九代传人。

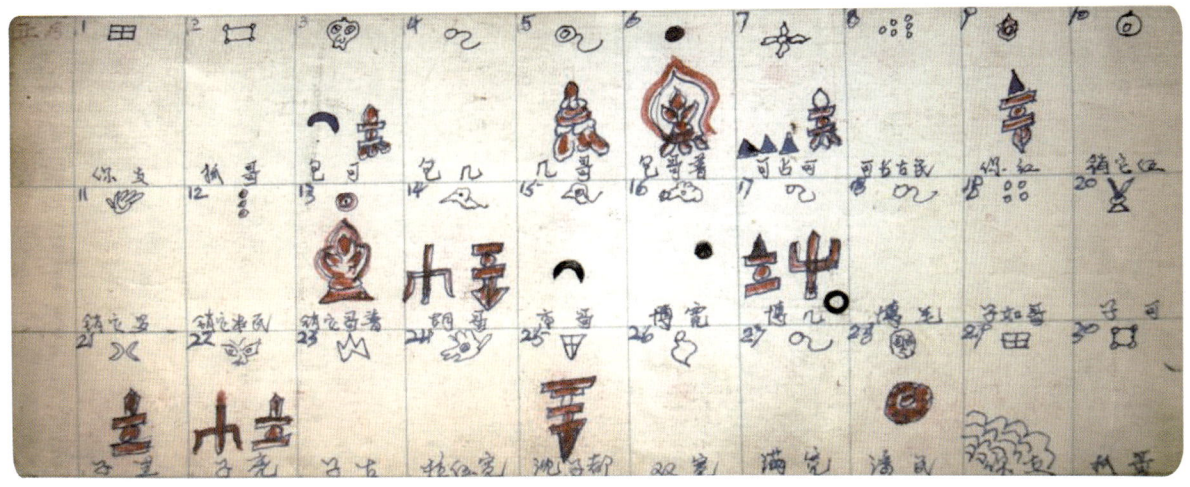

图3-4（m）前所村历书一解读示例

第一组：

	原图		
	编号	28	1
	国际音标	$p^hæ^{43}mi^{43}$	$ȵi^{43}dɨ^{43}$
何鲁佐解读	直译	一个人	最大的一天
	解读口诵	$h\tilde{ɯ}^{43}$ $kɯ^{43}$ $dɨ^{43}$ $ȵi^{43}$ $æ^{31}$ tso^{31} ji^{43} $bjɛ^{43}$ ji^{31} $mʌ^{31}$ $h\tilde{ɯ}^{43}$ 人　星　一　天　任　何　做　都　做　不　行。	
	通译	人星这天做什么都不好。	
	宜忌	喜丧都不宜做。	

第二组：

何鲁佐解读	原图	⬜	👤
	编号	2	3
	国际音标	ʐwæ⁴³kɯ⁴³	pʌ³¹kʰwɑ⁴³
	直译	马星	蛤蟆嘴
	解读口诵	χɑ⁴³ ʂɯ³¹ dzu³¹ dʑɑ¹³ 。 粮　新　吃　好	
	通译	粮食尝新好。	
	宜忌	宜尝新粮。	

第三组：

何鲁佐解读	原图	~	~
	编号	4	5
	国际音标	pʌ³¹dʑi⁴³	dʑi⁴³kɯ⁴³
	直译	青蛙尿	水星
	解读口诵	hĩ⁴³ qɛ⁴³ kɯ⁴³ dʐɑ³¹ 。 人　烧　星　好	
	通译	烧人好。	
	宜忌	宜出殡。	

第四组：

何鲁佐解读	原图	●	
	编号	6	
	国际音标	pʌ⁴³kɯ³¹pʰʌ³¹	
	直译	白蛤蟆	
	解读口诵	kɯ⁴³ dʐɑ³¹ lɛ⁴³ ʐwæ⁴³ 。 星　好　（动助）很	
	通译	进火好，土司家才敢用。	
	宜忌	宜进火。	

第五组：

何鲁佐解读	原图			
	编号	7	8	9
	国际音标	qʰv³¹ tʂɑ⁴³ qʰv⁴³	qʰv³¹tʂɑ⁴³gv⁴³mi⁴³	ɲjɑ³¹hv⁴³
	直译	qʰv³¹tʂɑ⁴³的喉咙	qʰv³¹tʂɑ⁴³的身体	红眼睛
	解读口诵	ʐɯ¹³ tsʰɯ⁴³ wɑ³¹ tsʰɯ⁴³, dʑi³¹ hv⁴³ ɬɑ¹³ mʌ³¹ hĩ⁴³。 房屋 修 好 修， 衣服 量 不 行。		
	通译	修房子好，裁衣不行。		
	宜忌	宜修房，不宜裁衣。		

第六组：

何鲁佐解读	原图			
	编号	10	11	12
	国际音标	so³¹tʰɑ⁴³ʁo⁴³	so³¹tʰɑ¹³lo¹³	so³¹tʰɑ¹³tʂʰo⁴³mi⁴³
	直译	so³¹tʰɑ¹³的头	so³¹tʰɑ¹³的手	so³¹tʰɑ¹³的四方向
	解读口诵	ɬi³¹ ki¹³， ʐɯ³¹ dzɯ¹³ dzɑ¹³。 ʐɯ³¹ kʰwʌ¹³ ʂu⁴³ qo⁴³mv⁴³ kʰɯ³¹。 裤 穿， 屋 坐 好。 房屋 新 里 火 烧。 ʐɯ³¹ dzɯ⁴³ tɑ⁴³ ɬæ³¹ dzɑ¹³。 屋 坐 地基 平 好		
	通译	穿裤、进火好。新屋进火好。建房平地基好。		
	宜忌	宜穿裤、进火、平地基。		

第七组：

何鲁佐解读	原图	
	编号	13
	国际音标	so³¹tʰɑ¹³kɯ⁴³pʰʌ³¹
	直译	so³¹tʰɑ¹³的一个白星
	解读口诵	kɯ⁴³ dzɑ³¹ lɛ⁴³ ʐwæ⁴³。 星 好 （动助） 很
	通译	非常好的一天。
	宜忌	诸事皆宜。

第八组：

<table>
<tr><td rowspan="7">何鲁佐解读</td><td>原图</td><td colspan="2"></td></tr>
<tr><td>编号</td><td>14</td><td>15</td></tr>
<tr><td>国际音标</td><td>ho⁴³kɯ³¹</td><td>kʌ³¹kɯ⁴³</td></tr>
<tr><td>直译</td><td>野鸡星</td><td>鹰星</td></tr>
<tr><td>解读口诵</td><td colspan="2">ʐwæ⁴³ dʑi³¹ tʂa⁴³， ʁɯ⁴³ gwa³¹ dʐa¹³。
马　鞍　安，　　牛　教　好</td></tr>
<tr><td>通译</td><td colspan="2">安马鞍好，教牛好。</td></tr>
<tr><td>宜忌</td><td colspan="2">宜教牲畜。</td></tr>
</table>

第九组：

<table>
<tr><td rowspan="7">何鲁佐解读</td><td>原图</td><td></td><td></td><td></td></tr>
<tr><td>编号</td><td>16</td><td>17</td><td>18</td></tr>
<tr><td>国际音标</td><td>bo³¹kʰwa⁴³</td><td>bo³¹dʑi¹³</td><td>bo³¹ma⁴³</td></tr>
<tr><td>直译</td><td>猪嘴</td><td>猪尿</td><td>猪油</td></tr>
<tr><td>解读口诵</td><td colspan="3">hĩ⁴³ qɛ⁴³ dʐa¹³。
人　烧　好</td></tr>
<tr><td>通译</td><td colspan="3">烧人好。</td></tr>
<tr><td>宜忌</td><td colspan="3">宜出殡。</td></tr>
</table>

第十组：

<table>
<tr><td rowspan="7">何鲁佐解读</td><td>原图</td><td></td><td></td><td></td><td></td><td></td></tr>
<tr><td>编号</td><td>19</td><td>20</td><td>21</td><td>22</td><td>23</td></tr>
<tr><td>国际音标</td><td>ʐɯ³¹ʐv⁴³qʰv⁴³</td><td>ʐɯ³¹qʰv⁴³</td><td>ʐɯ³¹ɬi⁴³</td><td>ʐɯ³¹ɲja⁴³</td><td>ʐɯ³¹gv⁴³</td></tr>
<tr><td>直译</td><td>犏牛四面的角</td><td>犏牛的角</td><td>犏牛的耳</td><td>犏牛的眼</td><td>犏牛的身体</td></tr>
<tr><td>解读口诵</td><td colspan="5">gv³¹bo⁴³ tɕʰi⁴³ mʌ⁴³ hĩ⁴³， gv³¹ bo⁴³ qʰo⁴³ mʌ³¹hĩ⁴³。 gv³¹ bo⁴³ mʌ⁴³ qa⁴³ mʌ³¹ hĩ⁴³。
牲畜　卖　不　行，　牲畜　杀　不行。　牲畜　不　骗　不　行</td></tr>
<tr><td>通译</td><td colspan="5">不能卖牲畜，不能宰杀牲畜，不能骗牲畜。</td></tr>
<tr><td>宜忌</td><td colspan="5">不宜卖牲口。</td></tr>
</table>

第十一组：

原图			
何鲁佐解读	编号	24	25
	国际音标	la⁴³hv⁴³kʰwa³¹	ʂʌ³¹dʐɯ³¹dv¹³
	直译	虎的嘴	—
	解读口诵	kɯ³¹ mʌ⁴³ dʐa³¹。 星 不 好	
	通译	日子不好。	
	宜忌	诸事不宜。	

第十二组：

原图			
何鲁佐解读	编号	26	27
	国际音标	ʂwa⁴³qʰwa⁴³	mæ³¹qʰwa⁴³
	直译	水獭的脚印	尾巴的印子
	解读口诵	gv³¹ bo³¹ zu⁴³ dʐa¹³。 牲畜 杀 好	
	通译	杀牲畜好。	
	宜忌	不忌杀生。	

（五）前所村达巴本二

表3-6 前所村历书二

当日序号	1	持有姓名者	刘高左
民族书名	看星星的书	性别	男
汉字书名	哥里木	出生年	1932年
国际音标	kɯ^{31}li^{43}mv^{43}	年龄	78
类别	占卜日书	民族	蒙古族
原书封面标识	无	宗教	达巴教
著者信息	不详	职业	达巴
年代	不详	教育程度	学过一年
书写工具	毛笔	出生地	前所村
装帧	横脊	居住地	前所村
版式		祖上来历	世居
行款	从左至右	子女信息	不详
纸质	横格纸	采集时间	2010.8
墨色		采集地点	四川省盐源县前所乡前所村
页数	12页	翻译	无
插图页数	无	记音人	许多多
稽核	无	测量人	李文山
提要	占卜历书	在场人	李文山
内容	达巴教占卜的历书	指导	
初译	徐可可	校对	
实译		复查	
备注	传自何鲁佐的父亲	审核	

图3-5(a) 前所村历书二(1)

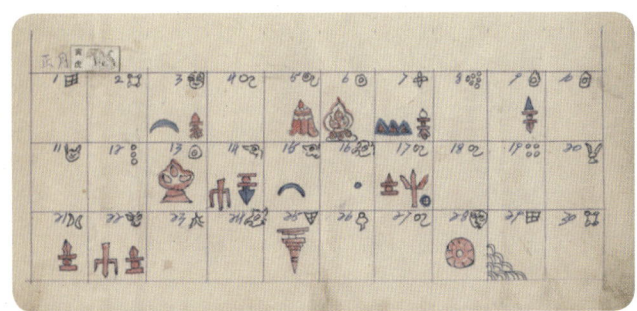
图3-5(b) 前所村历书二(2)

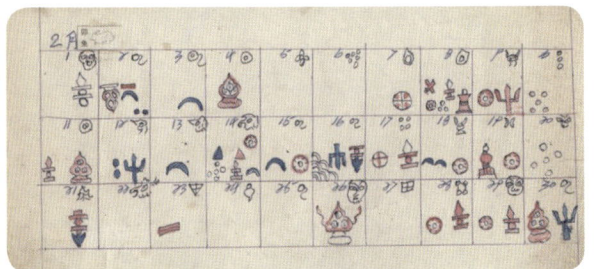
图3-5(c) 前所村历书二(3)

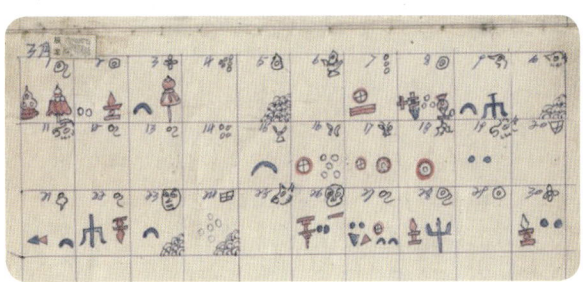
图3-5(d) 前所村历书二(4)

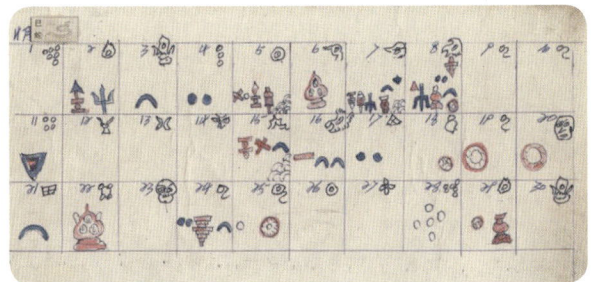
图3-5(e) 前所村历书二(5)

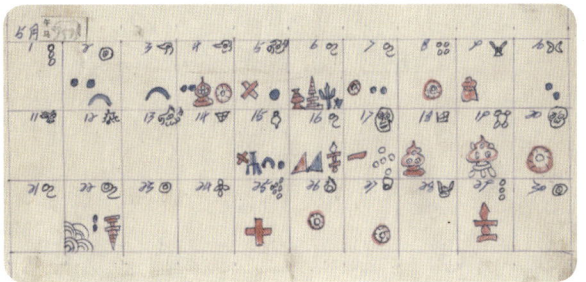
图3-5(f) 前所村历书二(6)

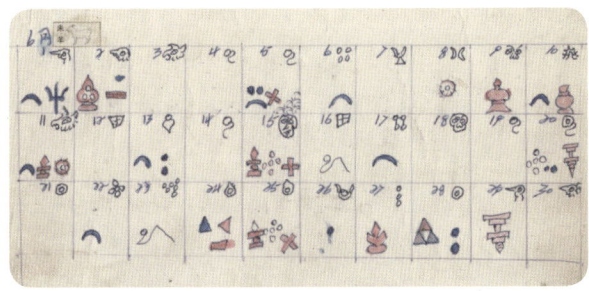
图3-5(g) 前所村历书二(7)

图3-5(h) 前所村历书二(8)

第三章 达巴文献解读 221

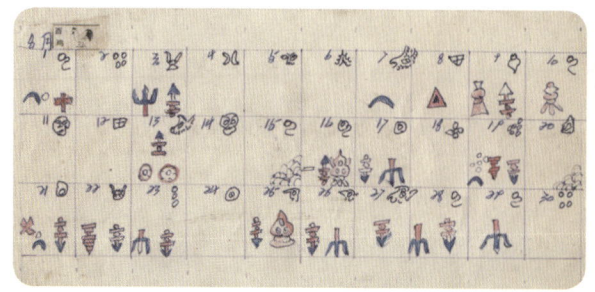

图3-5（i）前所村历书二（9）

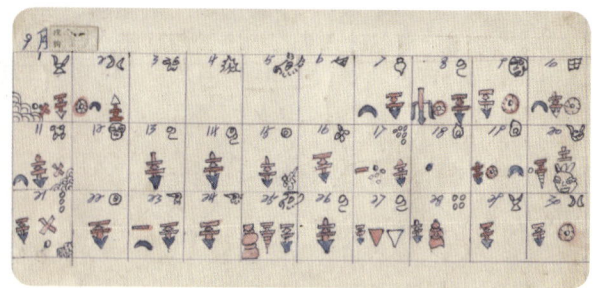

图3-5（j）前所村历书二（10）

图3-5（k）前所村历书二（11）

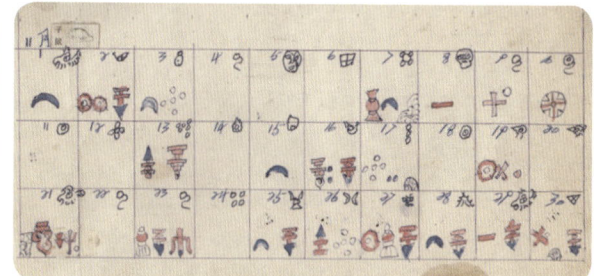

图3-5（l）前所村历书二（12）

图3-5（m）前所村历书二（13）

说明：

此部解读同前一部。刘高左师从何鲁佐的父亲学习达巴文化，得传历书算法，但后来半途而废。历书算法后又传给何鲁佐，何鲁佐所持历书即抄自刘高左。

（六）前所村喇嘛藏文本

表3-7 前所村历书三

当日序号	1	持有姓名者	格帕·拉措
民族书名	看星星的书	性别	男
汉字书名	哥里木	出生年	1926年
国际音标	kɯ³¹li⁴³mv⁴³	年龄	85
类别	占卜日书	民族	蒙古族
原书封面标识	无	宗教	喇嘛教（格鲁教派）
著者信息	不详	职业	喇嘛
年代	不详	教育程度	喇嘛教育
书写工具	毛笔	出生地	前所村
装帧	横脊	居住地	前所村
版式	横版，22.5cm×11.5cm	祖上来历	世居
行款	从左至右	子女信息	无
纸质	自制纸	采集时间	2010.7、2011.8.6
墨色	黑	采集地点	四川省盐源县前所乡前所村
页数	32页	翻译	无
插图页数	无	记音人	许多多
稽核	无	测量人	
提要	占卜历书	在场人	杨金学、李文山
内容	藏文历书	指导	
初译	阿鲁左·品初，2011.8.3	校对	
实译		复查	
备注	有藏文拼写的摩梭传统星宿名称，另有藏文、图符书写的占卜内容	审核	

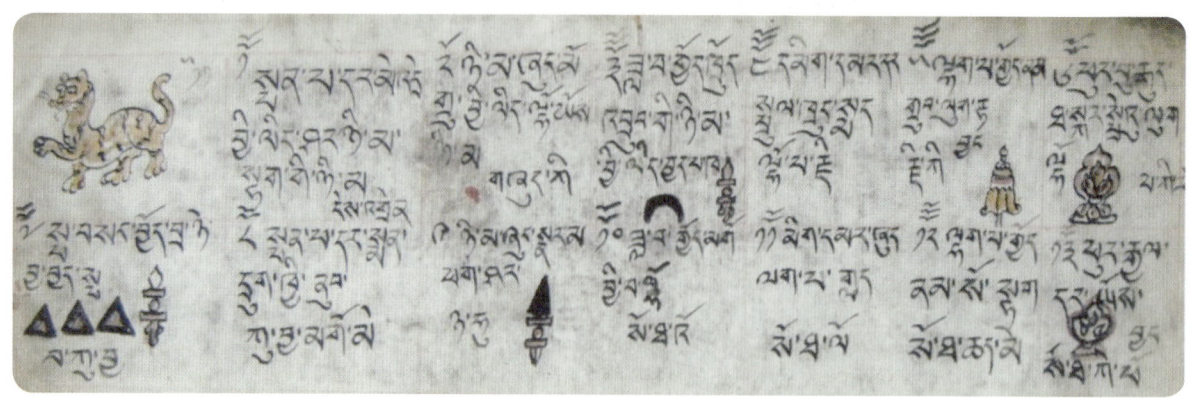

图3-6（a） 前所村历书三（1）

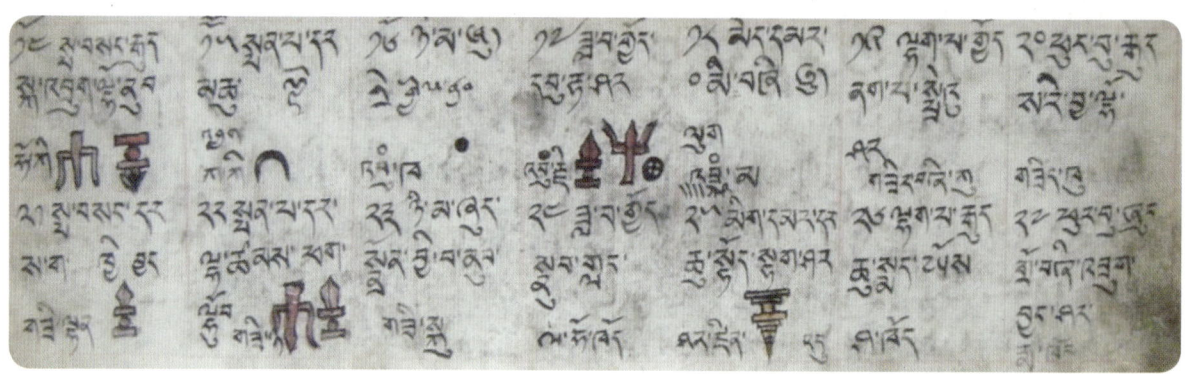

图3-6（b） 前所村历书三（2）

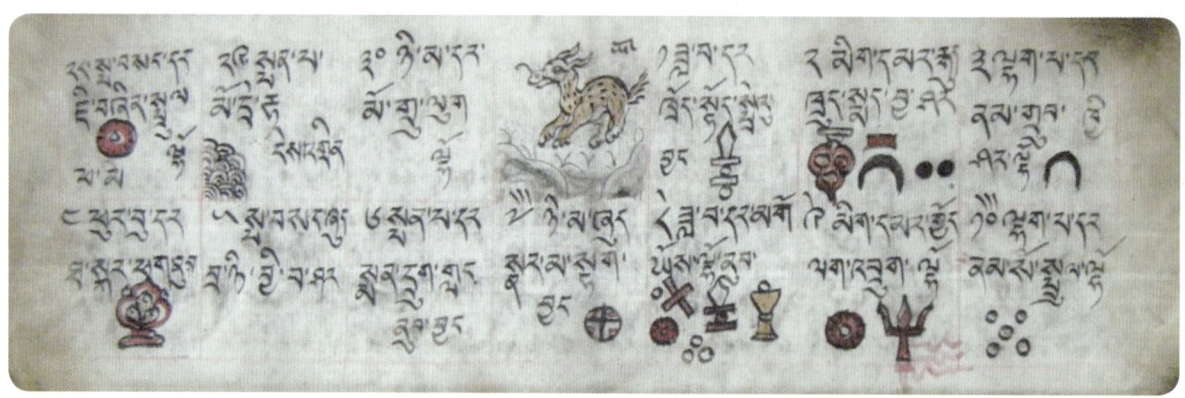

图3-6（c） 前所村历书三（3）

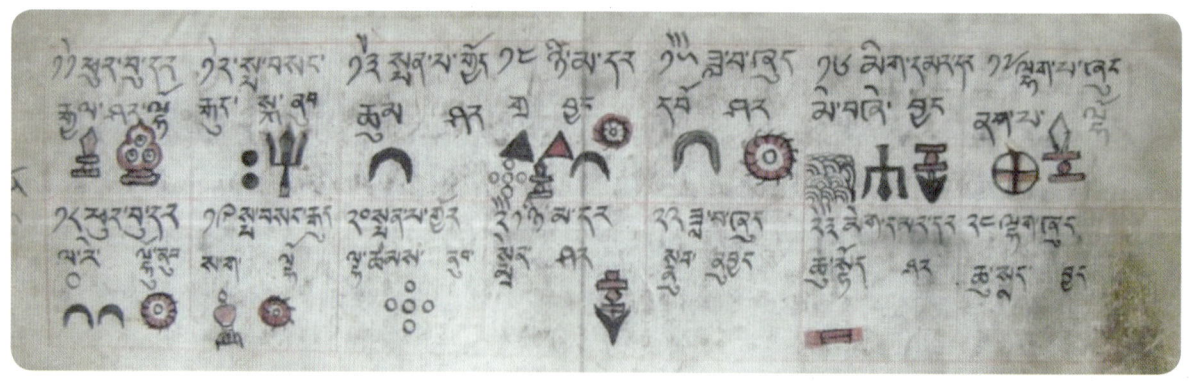

图3-6（d） 前所村历书三（4）

图3-6（e）前所村历书三（5）

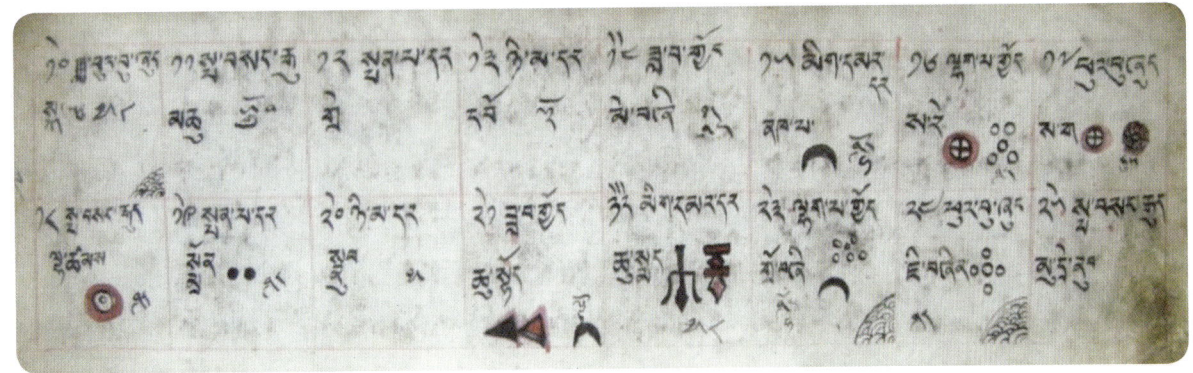

图3-6（f）前所村历书三（6）

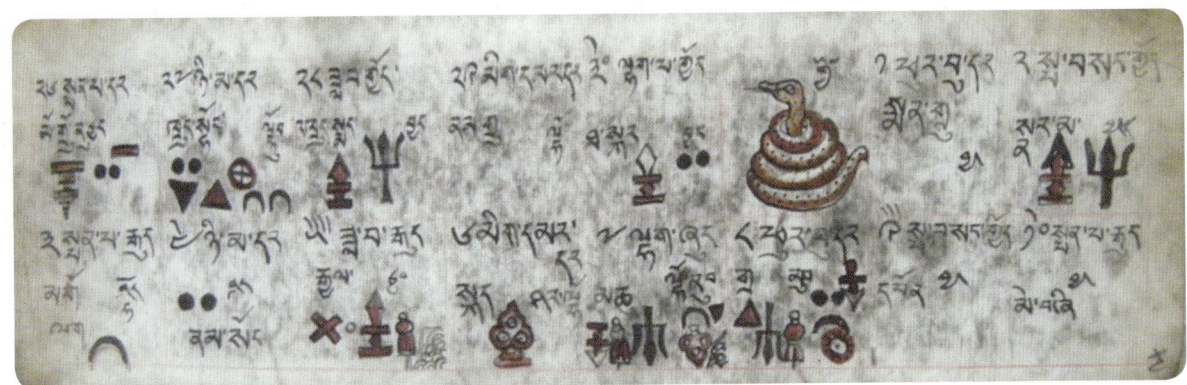

图3-6（g）前所村历书三（7）

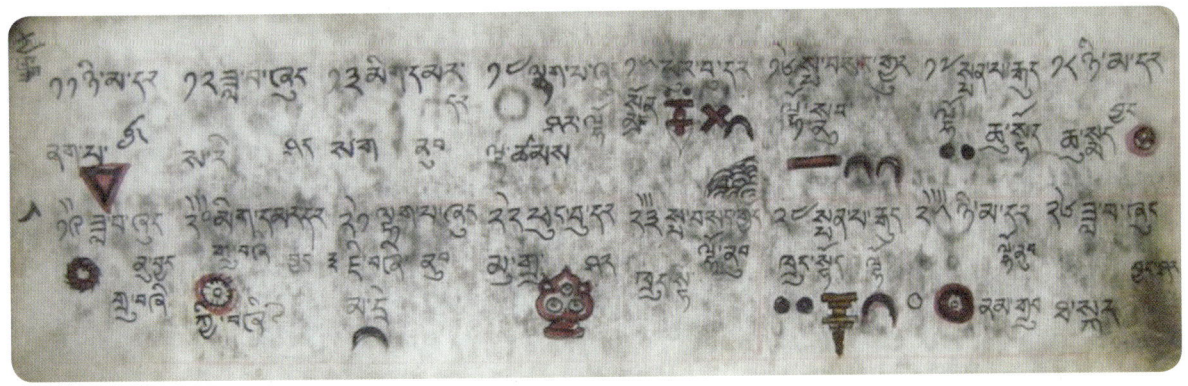

图3-6（h）前所村历书三（8）

第三章 达巴文献解读　225

图3-6（i）前所村历书三（9）

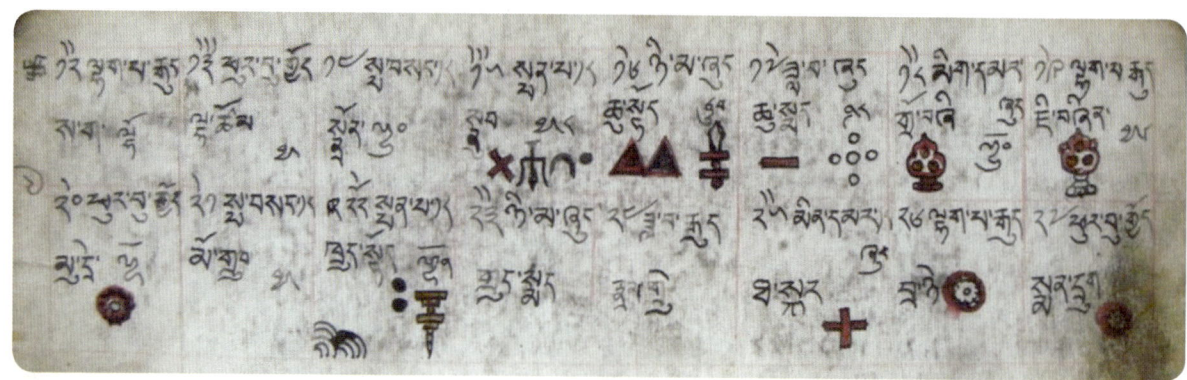

图3-6（j）前所村历书三（10）

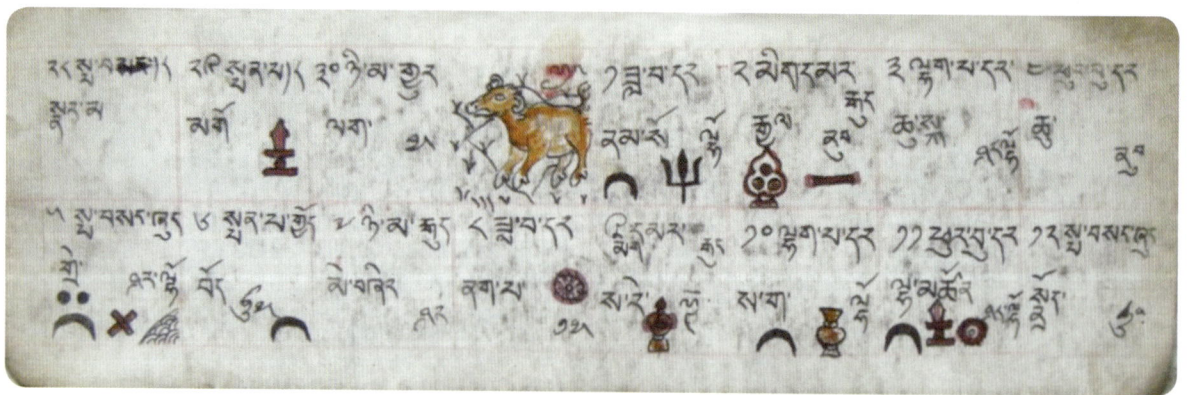

图3-6（k）前所村历书三（11）

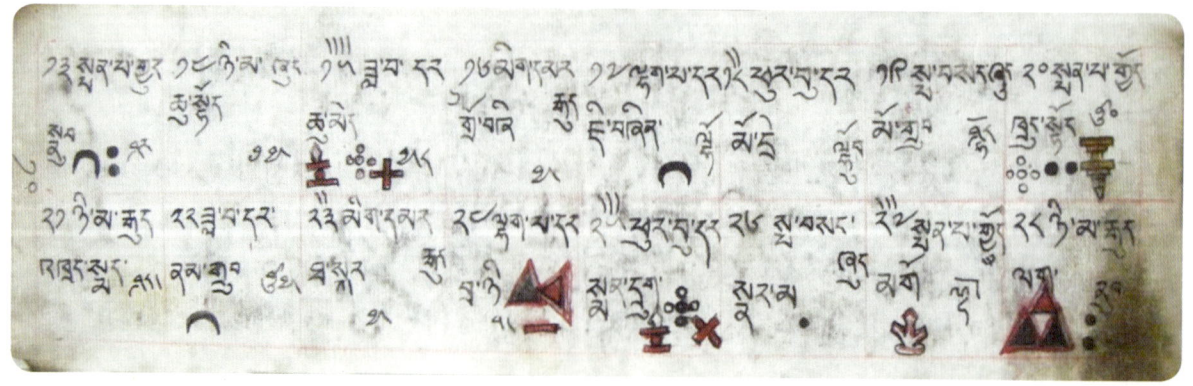

图3-6（l）前所村历书三（12）

图3-6（m）前所村历书三（13）

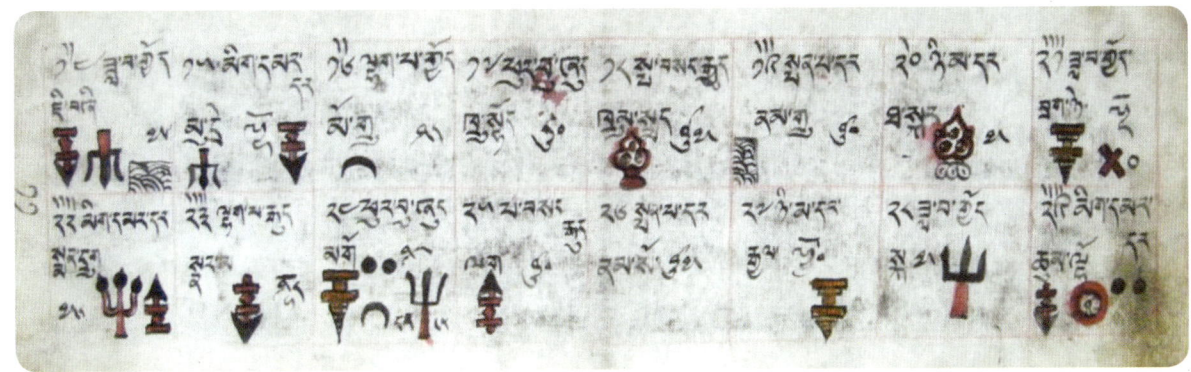

图3-6（n）前所村历书三（14）

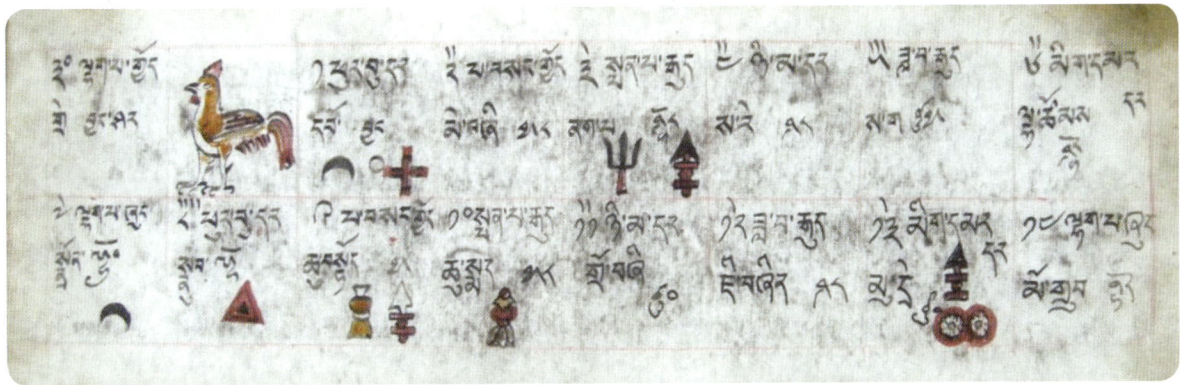

图3-6（o）前所村历书三（15）

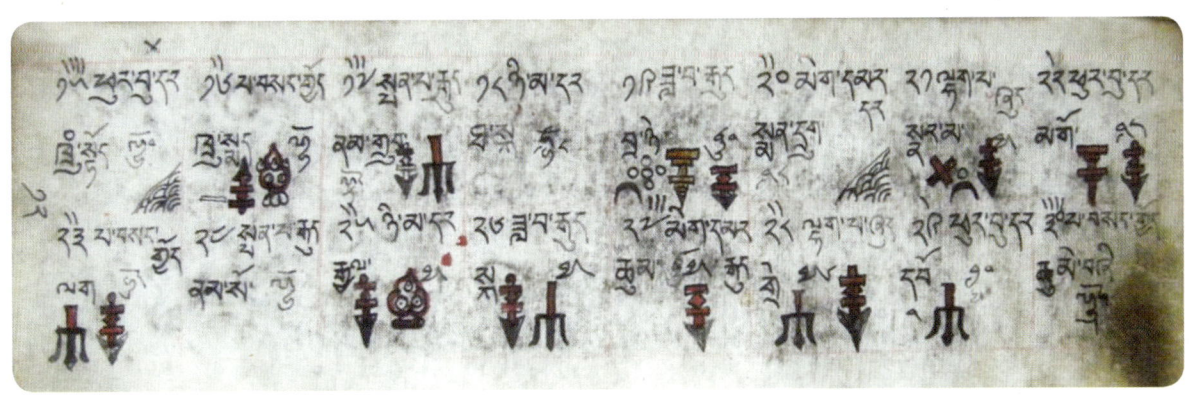

图3-6（p）前所村历书三（16）

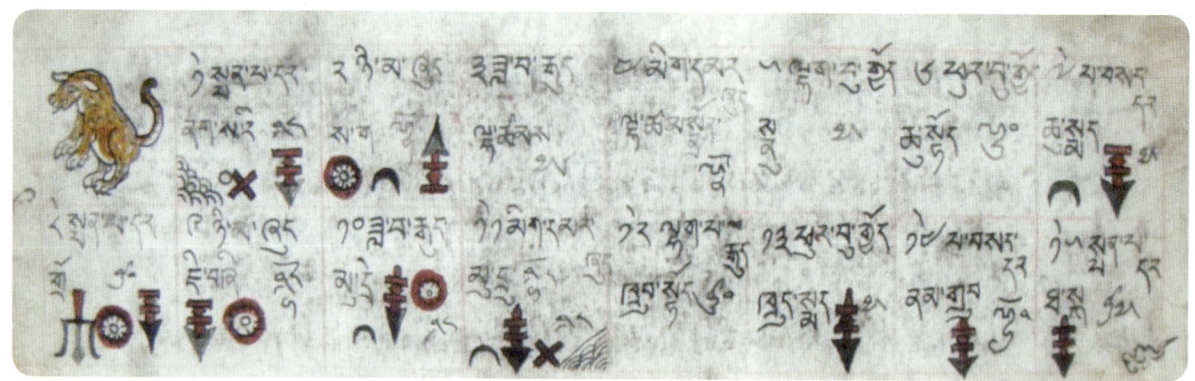

图3-6（q）前所村历书三（17）

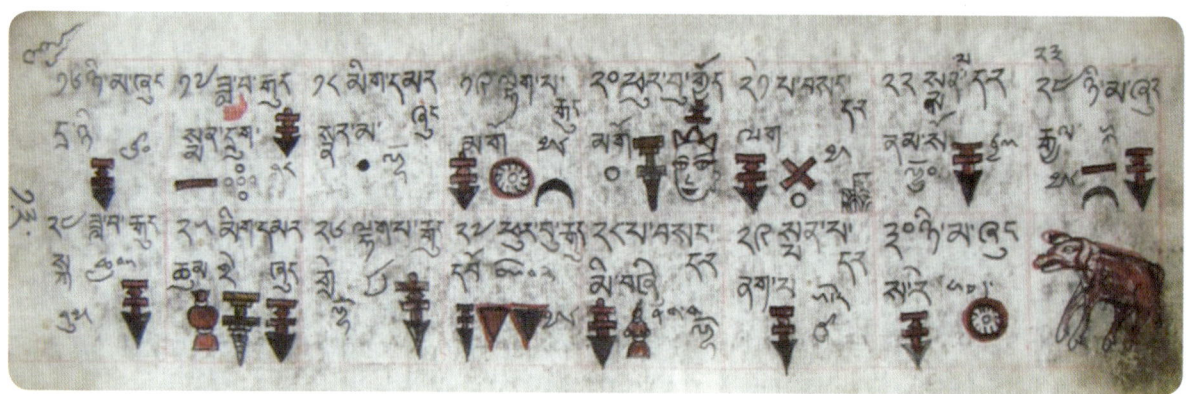

图3-6（r）前所村历书三（18）

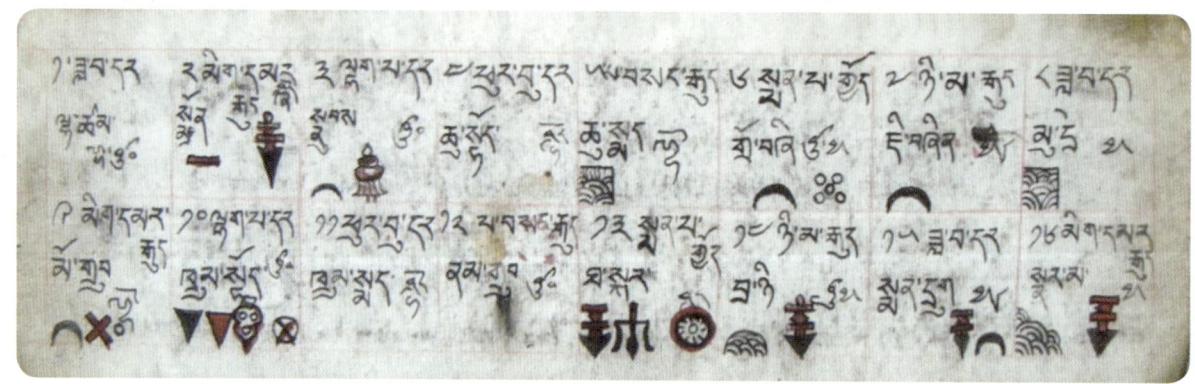

图3-6（s）前所村历书三（19）

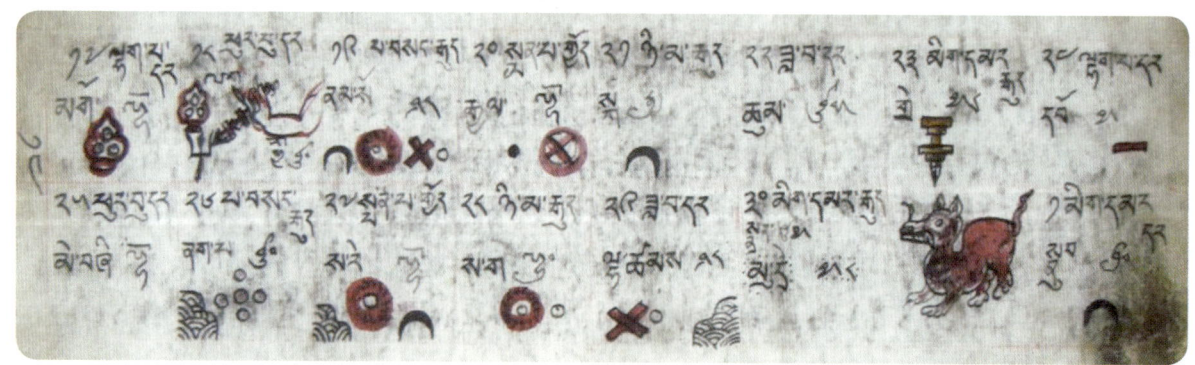

图3-6（t）前所村历书三（20）

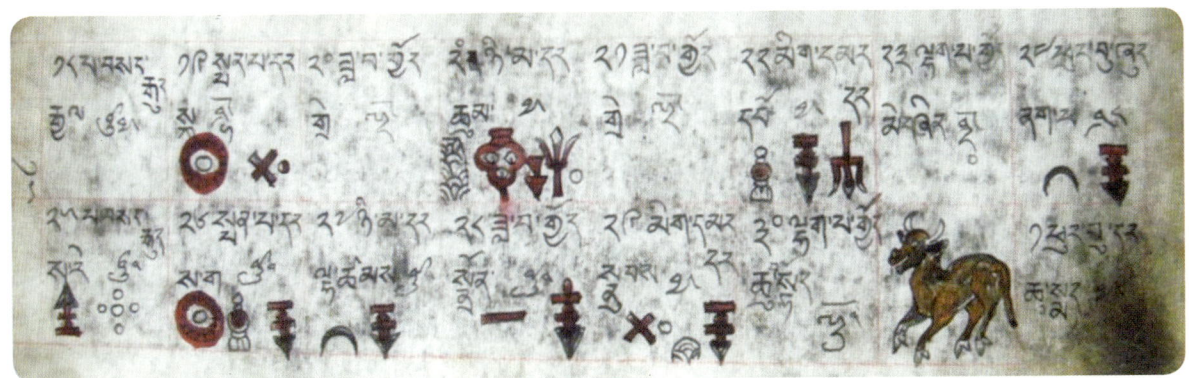

图3-6（u） 前所村历书三（21）

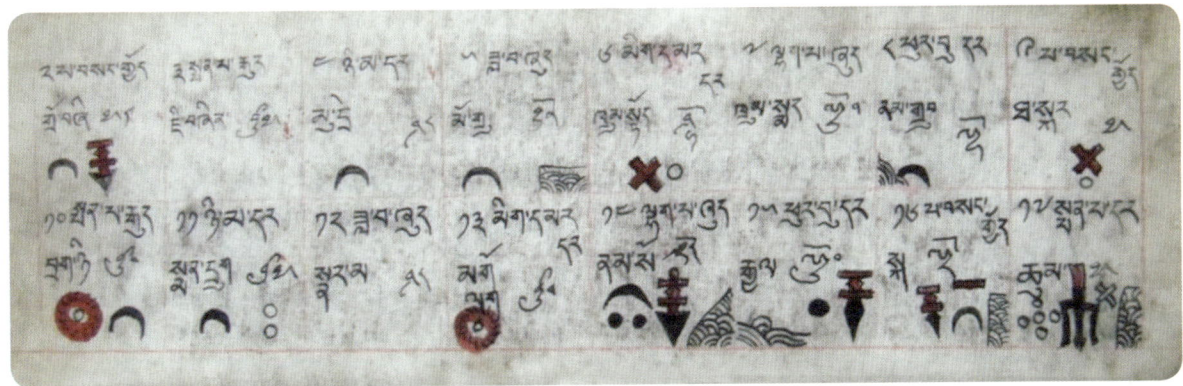

图3-6（v） 前所村历书三（22）

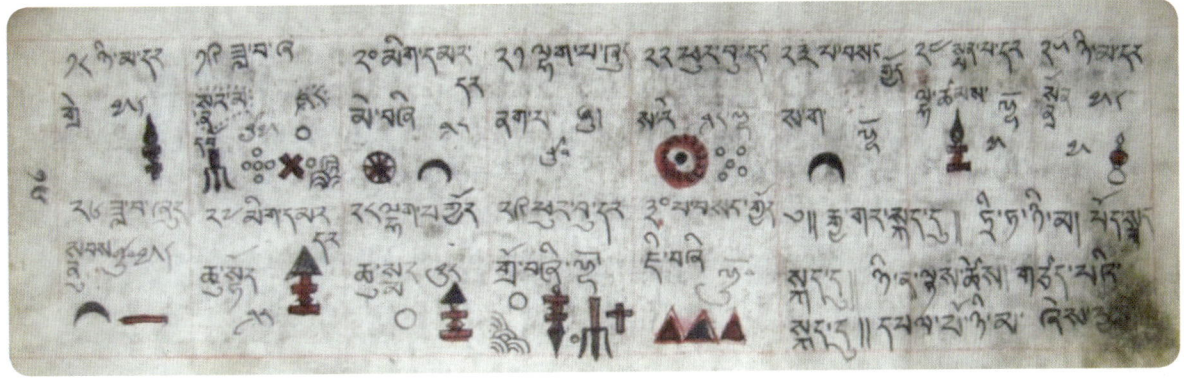

图3-6（w） 前所村历书三（23）

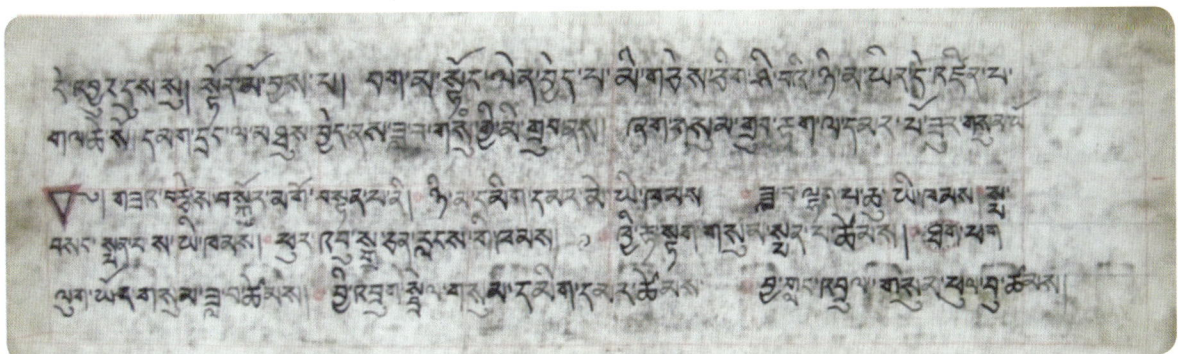

图3-6（x） 前所村历书三（24）

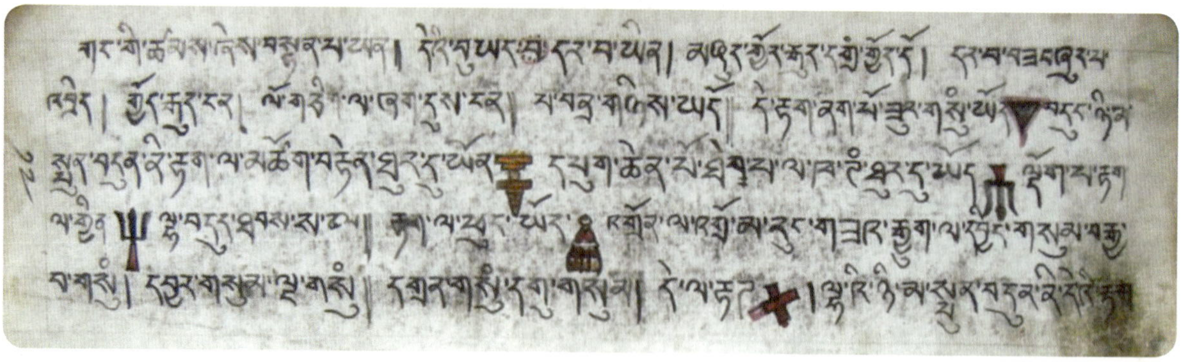

图3-6（y）前所村历书三（25）

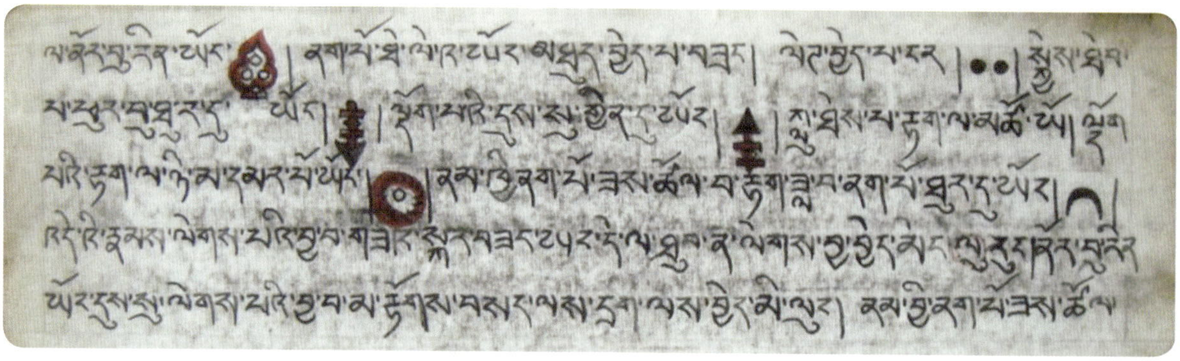

图3-6（z）前所村历书三（26）

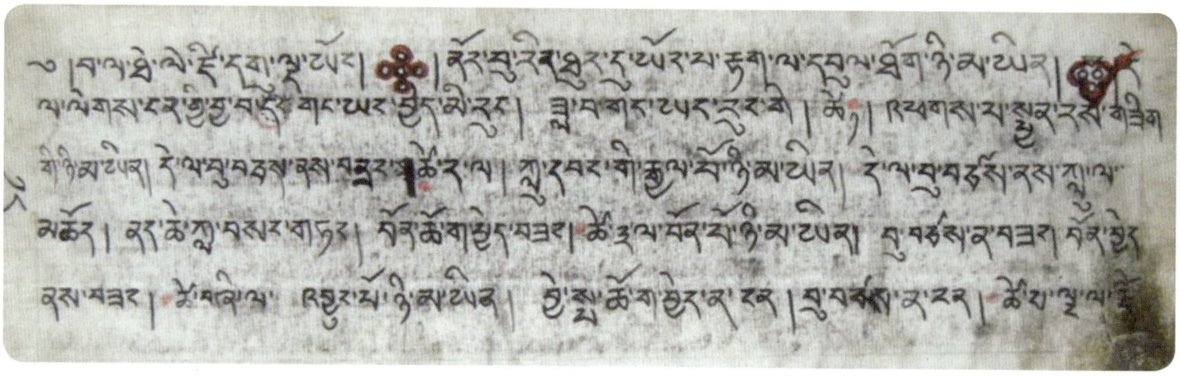

图3-6（aa）前所村历书三（27）

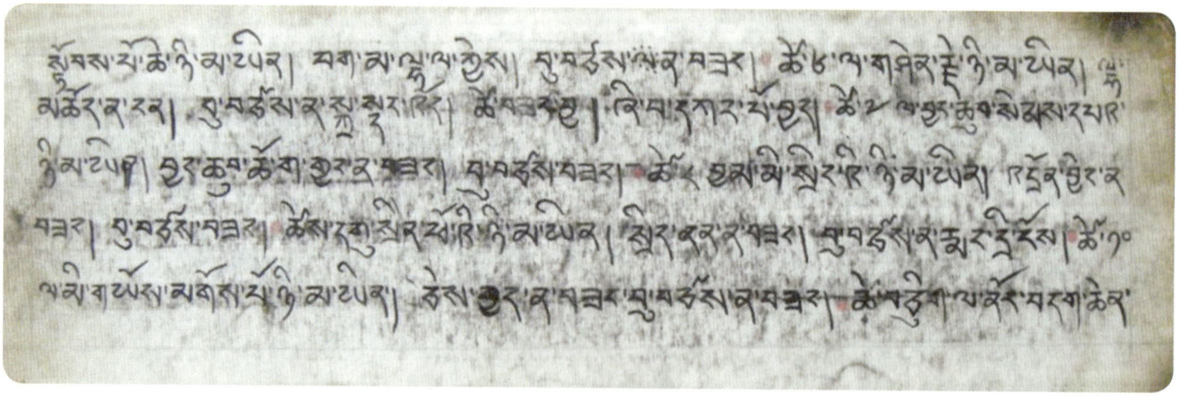

图3-6（ab）前所村历书三（28）

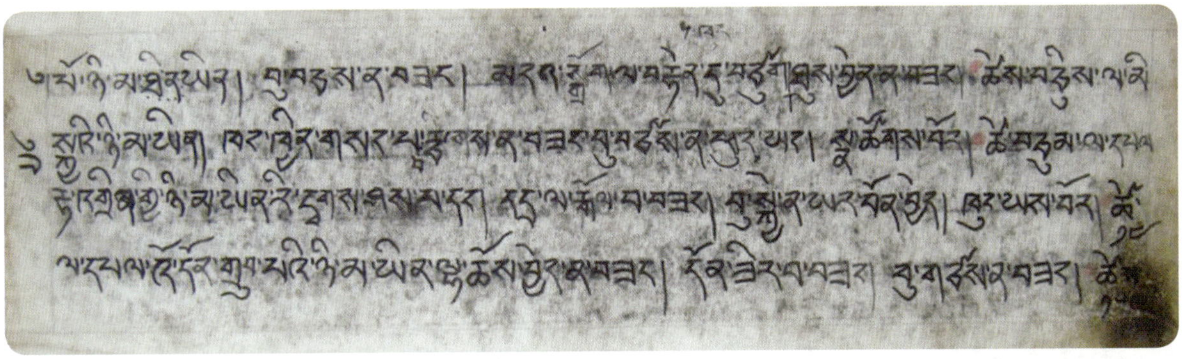

图3-6（ac）前所村历书三（29）

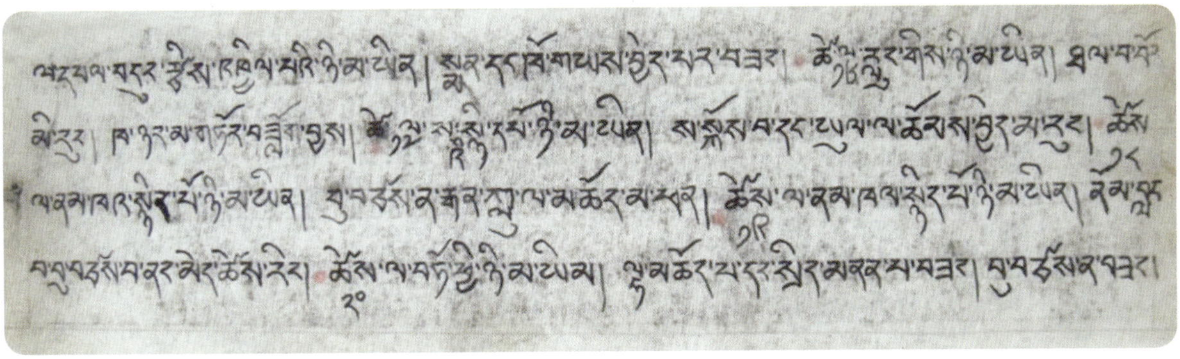

图3-6（ad）前所村历书三（30）

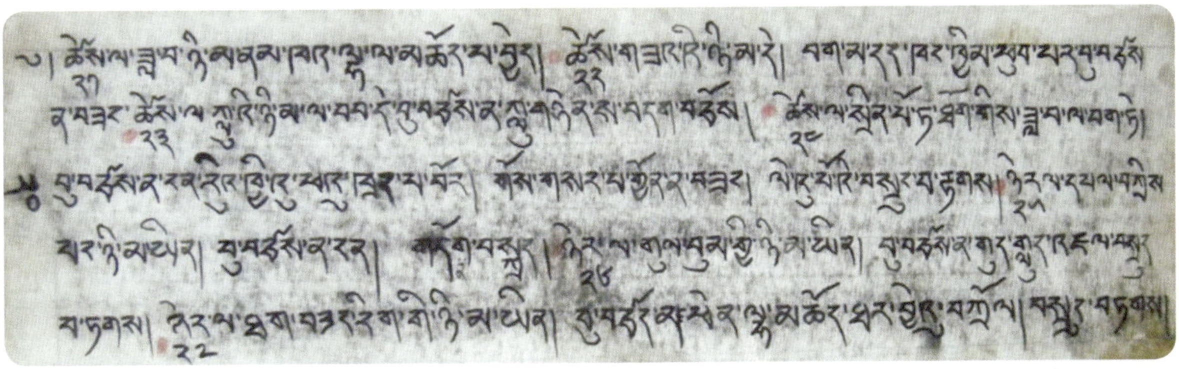

图3-6（ae）前所村历书三（31）

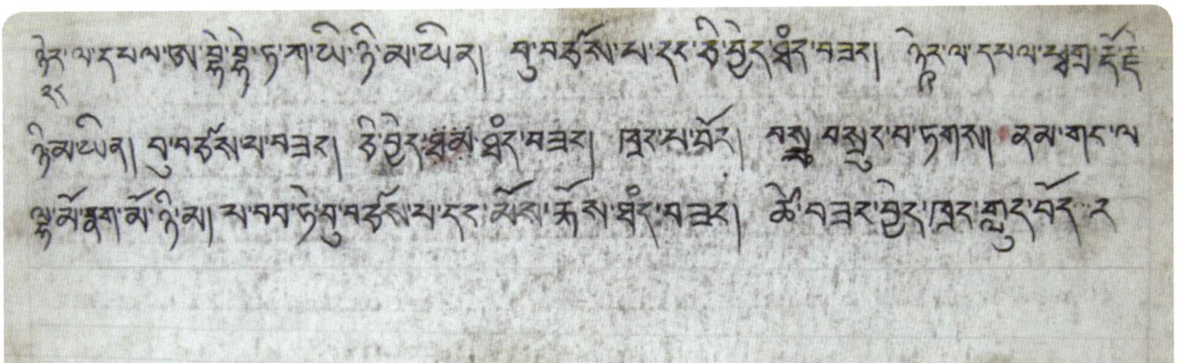

图3-6（af）前所村历书三（32）

解读：

持有者：阿鲁左·品初，蒙古族，1980年生，时年31岁。世居盐源县前所乡前所中村，格鲁教派（黄教）喇嘛，跟随叔叔学习喇嘛文化24年，去过拉萨。

版本：藏文历书。共32页。

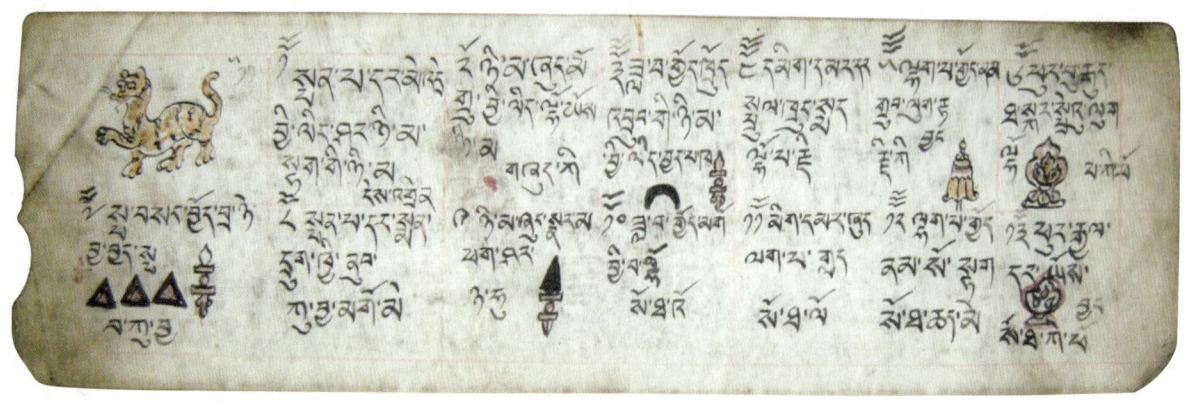

图3-6（ag）前所村历书三解读示例

以正月虎月出现的日子为例，解读各类循环中每日的占卜内容。

1. 二十八宿解读

编号	1	2	3	4	5	6	7
藏文	མེ་འདྲི	གཞུད་ཀི	པ་ཁ	པ་རྗི	རྗི་ཀི	པ་ཀི་ཕོ	བ་ཀུ་བྱ
拉丁转写	mi ldri	gzhud ki	pa kha	pa rji	rji ki	pa ki pho	ba ku bya
读音	ȵi⁴³dʑ̩¹³	ẓwæ⁴³kɯ³¹	pa⁴³kʰwɛ⁴³	pa³¹tɕi¹³	tɕi³¹kɯ⁴³	pa⁴³kɯ⁴³ pʰʌ⁴³	qʌ⁴³tʂa⁴³ qʰʌ⁴³
图符	◇	⋯	〰	〰	〰	⊙	⋮
音标	ȵi⁴³dʑ̩⁴³	ẓwæ⁴³kɯ⁴³	pʌ³¹kʰwɛ⁴³	pʌ³¹dzi¹³	dzi⁴³kɯ⁴³	pʌ⁴³kɯ³¹pʰʌ³¹	qv⁴³tʂa⁴³qʰv⁴³

编号	8	9	10	11	12	13	14
藏文	ཀུ་བྱ་མགོ་མི	ཉ་ཧུ	སོ་ཐ་ོ	སོ་ཐ་ལོ	སོ་ཐ་ཆད་མི	སོ་ཐ་ཀི་ཕོ	ཧོ་ཀི
拉丁转写	ku bya mgo mi	nya hu	so tha vo	so tha lo	so tha chad mi	so tha ki pho	ho ki
读音	qɯ⁴³tʂa⁴³ gv³¹mi⁴³	ȵja³¹hu⁴³	so³¹tʰa³¹ʁo¹³	so³¹tʰa¹³lo¹³	so³¹tʰa¹³tʂʰo⁴³mi⁴³	so³¹tʰa¹³kɯ⁴³pʰ⁴³	ho⁴³kɯ⁴³
图符	⋯	〰	⋮	〰	○○○○	⊙	〰
音标	qv⁴³tʂa⁴³ ko⁴³mi⁴³	ȵjʌ³¹hv⁴³	so³¹tʰa³¹ʁo⁴³	so³¹tʰa³¹lo¹³	so³¹tʰa³¹tʂʰo⁴³mi⁴³	so³¹tʰa³¹kɯ⁴³pʰ⁴³	ho⁴³kɯ⁴³

编号	15	16	17	18	19	20	21
藏文	ཀ་ཀི	འབུ་ཁ	འབུ་རྗ	འབུ་མ	གཟིད་བཞི་ཀུ	གཟིད་ཁུ	གཟི་ལྷན
拉丁转写	ka ki	vbu kha	vbu rja	vbu ma	gzid bzhi ku	gzid khu	gzi lhan
读音	ka³¹kɯ⁴³	bo³¹qʰwʌ⁴³	bo³¹dʑi¹³	bo³¹ma⁴³	zɨ³¹zʋ⁴³qo⁴³	zɨ³¹qʰʋ⁴³	zɨ³¹ɬi⁴³
图符							
音标	kʌ³¹kɯ¹³	bo³¹kʰwa⁴³	bo³¹dʑi¹³	bo³¹ma⁴³	zʋ³¹zɨ⁴³kɯ³¹	zɨ³¹qʰʋ⁴³	zɨ³¹ɬi⁴³

编号	22	23	24	25	26	27	28
藏文	གཟི་ཉ	གཟི་སྐུ	ལ་ཧོ་ཀོད	ཤན་ཇིན་འདུ	ཤ་ཁོད	རྨ་ཁོང	ཕ་མི
拉丁转写	gzi nya	gzi sku	la ho kod	shan jin vdu	sha khod	rma khong	pha mi
读音	zɨ³¹ȵi⁴³	zɨ³¹kʋ⁴³	la⁴³hʋ⁴³kʰwɛ⁴³	ʂe³¹dzu³¹dʋ¹³	ʂwa⁴³kʰwʌ⁴³	mæ³¹kʰwʌ¹³	pʰa⁴³mi⁴³
图符							
音标	zɨ³¹ȵja⁴³	zɨ³¹gʋ⁴³	la⁴³hʋ⁴³ kʰwa⁴³	ʂe³¹dzu³¹dʋ¹³	ʂwa⁴³kʰwa⁴³	mæ³¹kʰwa¹³	pʰæ⁴³mi⁴³

2. 每周七天解读

编号	1
音标	za⁴³pĩ⁴³pa⁴³
汉译	胸口，周六
解读口诵	tʂe⁴³ kwa³¹ mʌ⁴³ hĩ⁴³，tʂe³¹ ta⁴³ bʋ⁴³ nu³¹ mʌ⁴³ fʋ⁴³ ji⁴³ kʋ³¹。 土 动 不 行，土 神 的（主助）不喜欢 做 会
通译	不能动土，土神会不喜欢。
宜忌	不宜动土，冲土神。

编号	2
音标	za⁴³ȵi³¹ma⁴³
汉译	头顶，周日
解读口诵	ȵi⁴³ mi⁴³ tʰi³¹ kʰa¹³ ȵi³¹ kʋ¹³，æ³¹ tso³¹ ji⁴³bjɛ⁴³ dza¹³。 东方 佛光普照。 任何 做 都 好
通译	东方佛光普照，做任何事情都好。
宜忌	万事皆宜。

编号	3
音标	za⁴³dɑ³¹wɑ⁴³
汉译	额头，周一
解读口诵	ʑi¹³ dzɯ¹³ mʌ⁴³ hĩ⁴³。 新屋 坐，住 不 行
通译	房子进火不行。
宜忌	忌进火。

编号	4
音标	za⁴³mi⁴³mʅ⁴³
汉译	眼睛，周二，七曜为火日
解读口诵	æ⁴³ ʁo⁴³ ʑi¹³ kʰo⁴³ dzɯ³¹ dʑa¹³, mv⁴³ qʰɯ³¹ dʑa¹³。 屋里 新屋 （地点） 坐，住 好， 火 点 好
通译	进屋、进新房子好，点火好。
宜忌	宜建房。

编号	5
音标	za⁴³ɬa³¹pa⁴³
汉译	耳朵，周三，七曜为水日
解读口诵	ʑi¹³ kʰo⁴³ tʂ³¹ tʂʌ¹³ mʌ⁴³ hĩ⁴³, ʑi¹³ kʰo⁴³ gv³¹ dʑa¹³。 新屋 （地点） 拆 不 行， 新屋 （地点）修 好
通译	只能修房，不能拆房。
宜忌	不宜拆房。

编号	6
音标	za⁴³pʰõ³¹bo⁴³
汉译	鼻子，周四
解读口诵	hĩ⁴³ qɛ³¹ kɯ³¹ dʑa¹³。 人 烧 的 好
通译	烧人的事情好。
宜忌	宜火葬。

编号	7
音标	zɑ⁴³pɑ⁴³sõ⁴³
汉译	嘴巴，周五
解读口诵	tʂe⁴³ kwɑ³¹ mʌ⁴³ hĩ⁴³, tʂe³¹ tɑ⁴³ bv⁴³ nɯ³¹ mʌ⁴³ fv⁴³ ji⁴³ kv³¹。 土神 不 行， 土 神 的 （主助）不 喜欢 做 会
通译	不能动土，土神会不喜欢。
宜忌	不能动土。

3. 每月三十天解读

初一

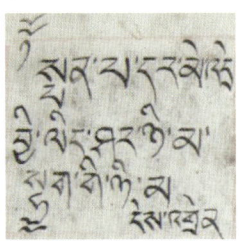

解读口诵	pʰɑ³¹ pɑ⁴³ tɕi⁴³ li⁴³ dzɯ³¹ bv³¹ tʰɯ⁴³ ɲi⁴³, æ⁴³ tso⁴³ ji⁴³ bjɛ⁴³ dʐɑ¹³。 帕巴 吉 利 子 的 这 天， 任何 做 都 好。
通译	帕巴吉利子的这天，做什么都好。
宜忌	万事皆宜。

初二

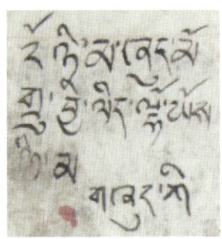

解读口诵	dʑi³¹ qʰv⁴³ pv³¹ tʰɯ⁴³ ɲi⁴³, dʑi³¹ qʰv⁴³ tʂʰo⁴³ dʐɑ¹³, dʑi³¹ qʰv⁴³ so⁴³ ɕe¹³ dʐɑ¹³。 水井 的 这天， 水 井 念 好。 水 井 香 烧 好
通译	水井的这天，念水井好，给水井烧香好。
宜忌	水井神的一天，宜念经，宜进香。

初三

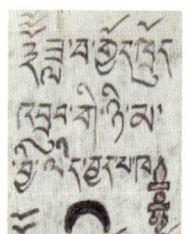

解读口诵	χæ⁴³ bv⁴³ dɨ³¹ n̻i¹³, zɯ³¹ qo⁴³ pi⁴³ dʐa¹³。zɛ³¹ qo⁴³ lɛ⁴³ tsʰɨ⁴³ dʐa¹³。 汉　的　一　天，　哪里　去　好。哪里（动助）来　好
通译	汉人的这天，去哪里都好，哪里来都好。
宜忌	汉人的这天，宜出行，宜迎客。

初四

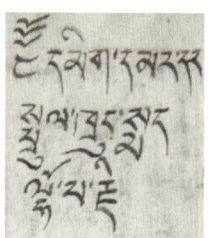

解读口诵	mʌ⁴³ dʐa³¹ dɨ³¹ n̻i⁴³, dʐa¹³ æ⁴³ tso³¹ ji⁴³ bjɛ⁴³ mʌ⁴³ dʐa¹³。 不　好　一　天，好　任何　做　都　不　好 tʰɯ⁴³ n̻i⁴³ mʌ⁴³ dʐa¹³, tʰa⁴³ ʴ³¹æ⁴³ tso³¹ tʂʰo⁴³ bjɛ⁴³ dʐa⁴³。 这　天　不　好，书　任　何　念　都　坏。
通译	不好的一天，做什么都不好。这天不好，念什么经都不好。
宜忌	万事不宜。

初五

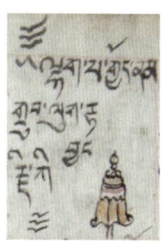

解读口诵	tʰɨ⁴³ n̻i⁴³ dʐa¹³, dzi³¹ ʁo¹³ so⁴³ qɛ⁴³ dʐa¹³。dʐa¹³ æ⁴³ tso³¹ ji⁴³ bjɛ⁴³ dʐa¹³。 这　天　好，山头　香　烧　好。好事　任何　做　都　好。
通译	好的一天，在山上烧香好。做什么好事都好。
宜忌	宜进香，宜做善事。

初六

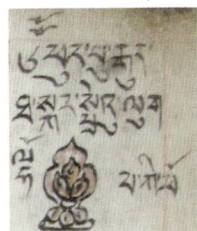

解读口诵	tsʰo⁴³ ṣi⁴³ tɕa⁴³ bv⁴³ zi⁴³ tʰi³¹ n̩i⁴³, dʑi³¹ ʁo⁴³so⁴³ qɛ⁴³ mʌ⁴³ dʑa³¹。tsʰi⁴³ zõ⁴³tsʰi⁴³ tõ⁴³ tʂʰo⁴³ bjɛ⁴³ mʌ⁴³ dʑa¹³。 阴 间 掌 这 天，山 头 香 烧 不 好。长 命 经 念 都 不 好。
通译	阴间的一天，在山上烧香不好。念长命经不好。
宜忌	阴间值日，忌上山进香，忌念长命经。

初七

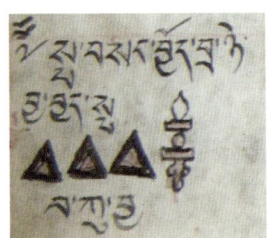

解读口诵	hi⁴³ n̩i³¹ mi³¹ ɖi⁴³ n̩i⁴³，n̩i³¹ mi⁴³ qo⁴³ lɛ⁴³ʂo³¹ tv⁴³ æ⁴³ tso³¹ tʂʰo⁴³ bjɛ⁴³ dʑa¹³。æ³¹ tso³¹ ji⁴³ bjɛ⁴³ dʑa¹³。 人 心 一 天，心 里（动助）想 任 何 念 都 好。任 何 做 都 好。
通译	人心的一天，心里想什么都好。做什么都好。
宜忌	人心值日，宜思索。万事皆宜。

初八

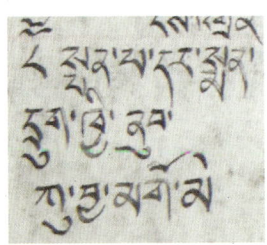

解读口诵	tʰi⁴³ n̩i⁴³ dʑa¹³，dʑi³¹ ʁo¹³ so⁴³ qɛ⁴³ dʑa¹³。dʑa¹³ æ⁴³ tso³¹ ji⁴³ bjɛ⁴³ dʑa¹³。 这 天 好， 山 头 香 烧 好。好 事 任 何 做 都 好。
通译	好的一天，在山上烧香好。做什么好事都好。
宜忌	宜进香，宜做善事。

初九

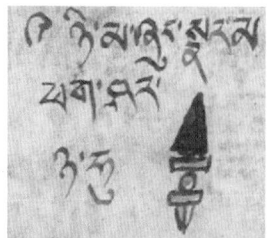

解读口诵	sĩ⁴³ po⁴³ tʰɨ⁴³ n̩i⁴³, hĩ⁴³ ʂɨ⁴³ ze³¹ mʌ⁴³ dʐa³¹。pʰæ³¹ tɕi¹³ ʂɨ³¹ mʌ⁴³ dʐa¹³。 妖精 这天，人 死 了 不 好。男 人 死 不 好。 æ⁴³ tso³¹ ji⁴³ bjɛ⁴³mʌ¹³ dʐa¹³。 任 何 做 都 不 好。
通译	妖精这天，死人不好。男人死尤其不好。做什么事情都不好。
宜忌	妖精值日，忌死人，尤其忌男人死。诸事不宜。

初十

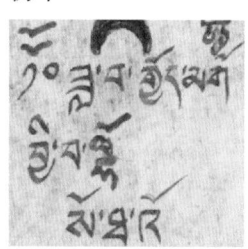

解读口诵	tsʰe³¹ n̩i¹³ dʐa¹³, zʌ³¹ ʂa⁴³ mo³¹ bjɛ¹³ dʐa¹³, tʰɨ⁴³ mo⁴³ bi⁴³。 十 日 好，路 远 处 都 好，这 里 去。
通译	初十好，去远处都好，从这里去。
宜忌	宜远行。

十一

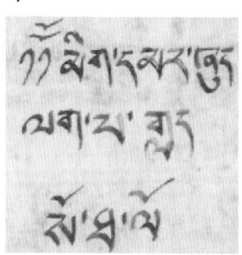

解读口诵	tsʰe³¹ dɨ³¹ n̩i⁴³ tʰɨ⁴³ n̩i⁴³, æ⁴³ tso⁴³ pi⁴³ dʐa³¹ ji⁴³ bjɛ⁴³ dʐa¹³。 十 一 日 这 天，任何 一点 好 做 都好。 mæ³¹ nu⁴³ dɨ³¹ po⁴³ la³¹ dʐa¹³。 玛 尼 一 堆 修 好。
通译	十一日这天，做什么都好。修玛尼堆好。
宜忌	诸事皆宜，宜修玛尼堆。

十二

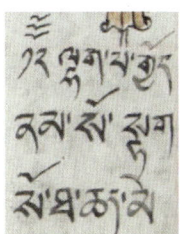

解读口诵	tsʰe³¹ n̠i⁴³ n̠i⁴³ dʑ̟⁴³ n̠i⁴³, sõ⁴³ wa⁴³ dʑ̟³¹ pa⁴³ zu⁴³ dʑ̟⁴³ n̠i⁴³, dʑi³¹ hv⁴³ χwa⁴³ dʐa¹³, 十二日 一天， 松 瓦睋帕（佛名）那 一 天， 衣服 买 好， kʌ⁴³la⁴³ ki⁴³ dʑi³¹ hv⁴³ χwa⁴³ tʰi³¹ pʰi⁴³ dʐa¹³。 菩萨（受事助词） 衣服 买 （动助）穿 好。
通译	十二日这天，给松瓦睋帕买衣服穿好。
宜忌	宜给神送新衣。

十三

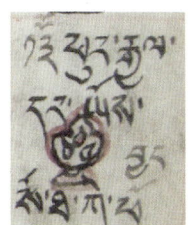

解读口诵	tsʰe³¹ so³¹ n̠i¹³ dʑ̟³¹ n̠i⁴³, ta⁴³ dʑ̟⁴³ nu⁴³ zu³¹ dʑ̟⁴³ n̠i⁴³, go⁴³ bʌ³¹ ɬo³¹ po⁴³ ti⁴³ mʌ³¹ mv³¹ 十三日 一天， 丹知（佛名）（主助）那 一 天， 寺 庙 头 磕 灯 dʑv¹³ bjɛ³¹ dʐa¹³。 点 都 好。
通译	十三日这天，是丹知的一天，到寺庙磕头点灯都好。
宜忌	宜进香火。

十四

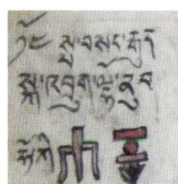

解读口诵	tsʰe³¹ zv³¹ n̠i⁴³ dʑ̟⁴³ n̠i⁴³, dyɛ³¹ tɨ⁴³ zɨ⁴³ dʑ̟⁴³ n̠i³¹, dʑi³¹ ʁo⁴³ so⁴³ qɛ⁴³ dʐa¹³, 十四 日 一 天， 兑知（佛名）掌 一 天， 山 头 香 烧 好， æ⁴³ ʁo⁴³ æ⁴³ tso³¹ ji⁴³ dʐa¹³。 屋 里 任 何 做 好。
通译	十四日这天，是兑知的一天，上山烧香好，在屋里做什么都好。
宜忌	宜上山烧香。诸事皆宜。

十五

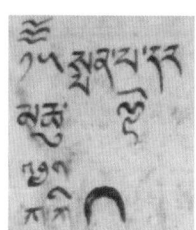

解读口诵	tsʰe⁴³ ŋwɑ³¹ n̠i⁴³ d̠i⁴³ n̠i⁴³, tsʰæ⁴³ ʁɯ⁴³ nɯ⁴³ zi³¹ d̠i³¹ n̠i¹³, 十五　日　一　天，药（主助）掌　一　天， tsʰæ⁴³ ʁɯ⁴³ æ⁴³ tso³¹ ʂe⁴³ bjɛ⁴³ dʐɑ¹³。 药　任　何　找　都　好。
通译	十五日这天，药的一天。找什么药都好。
宜忌	宜置办药材。

十六

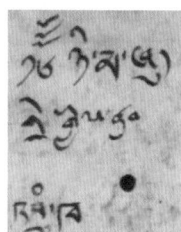

解读口诵	tsʰe³¹ qʰv³¹ n̠i¹³ ɬɑ³¹ nɯ⁴³ zi⁴³ d̠i⁴³ n̠i⁴³, mv⁴³dzwæ¹³, hĩ⁴³ tʰo³¹ d̠i³¹ kv¹³。 十　六　日　风（主助）　掌　一　天，火怕，人　口嘴[1] 得会。
通译	十六日这天，风的一天，怕火，会引人口嘴。
宜忌	忌火。

十七

解读口诵	tsʰe⁴³ ʂi³¹ n̠i⁴³ d̠i⁴³ n̠i⁴³, tsɛ⁴³ dɑ³¹ pv⁴³ d̠i³¹ n̠i¹³, tsɛ⁴³ qwɑ³¹ mʌ⁴³ hĩ⁴³。 十七　日　一　天，土　菩萨的一　天，土　挖　不　行。
通译	十七日这天，土菩萨的一天，不能挖土。
宜忌	忌动土。

---

[1] 闲话。

十八

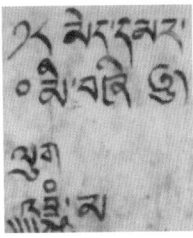

解读口诵	tsʰe³¹ hõ³¹ n̻i⁴³ dʑi⁴³ n̻i⁴³, nõ³¹ n̻i⁴³ bv⁴³dʑi⁴³ n̻i⁴³. æ³¹ tso³¹ ji⁴³ bjɛ⁴³ dʐa¹³。 十八 日 一 天, 农括 日 的 一 天。任何 做 都 好。 dʑi³¹ qʰv⁴³ tʂo⁴³ dʐa¹³。 水 井 念 好。
通译	十八日这天，农括的一天，做什么都好，念水井经好。
宜忌	诸事皆宜。宜诵水井经文。

十九

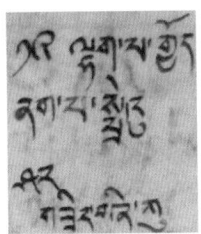

解读口诵	tsʰe⁴³ gv³¹ n̻i⁴³ dʑi⁴³ n̻i⁴³, nõ³¹ kʰi⁴³ n̻i⁴³ bv⁴³ dʑi³¹ n̻i⁴³ æ³¹ ʁo¹³ æ⁴³ tso⁴³ ji⁴³ bjɛ⁴³ dʐa¹³。 十九 日 一 天, 诺可尼（佛名）的 一 天 屋 里 任何 做 都 好。 æ⁴³ ʁo⁴³ zɯ⁴³ ʂa⁴³ kʰɯ⁴³。 屋 里 命 长 （能够）。
通译	十九日这天，诺可尼的一天，在屋里做什么事都好，屋里的都能长命。
宜忌	诸事皆宜，有寿福。

二十

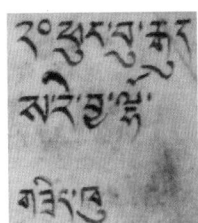

解读口诵	n̻i³¹ tsi³¹ n̻i⁴³ dʑi⁴³ n̻i⁴³ dʐa¹³。 kʌ⁴³ la³¹ ki⁴³ tɕʰye³¹ pʌ⁴³ zo³¹ tʰi³¹ tɕi⁴³ bje³¹ dʐa¹³。 二十 日 一 天 好。菩萨 穿 面 偶 捏（持续）献 都 好。
通译	二十一日这天，给菩萨穿衣、捏面偶进献都好。
宜忌	宜给神送新衣、献面偶。

二十一

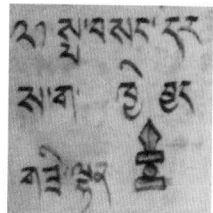

解读口诵	ȵi⁴³ tsɿ⁴³ ȡi⁴³ ȵi⁴³, ɬi⁴³ mi⁴³ zi⁴³ ȡi⁴³ ȵi⁴³, tɕʰyɛ⁴³ pʌ⁴³ ẓo³¹ tʰi³¹ tɕi⁴³ bjɛ³¹ dʐɑ¹³。 二十一　日，月　亮　掌　一　天，面偶　捏（动助）　献　都　好。
通译	二十一日这天，月亮的一天，捏面偶进献好。
宜忌	宜进献面偶。

二十二

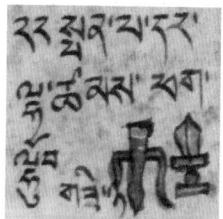

解读口诵	ȵi⁴³ tsɿ⁴³ ȵi³¹ ȵi⁴³ za³¹ nɯ⁴³ zi⁴³ ȡi⁴³ ȵi⁴³。ŋwa⁴³ tʰi³¹ tʂwa¹³ bjɛ⁴³ dʐɑ¹³ 二十二　日　煞（主助）　掌　一　天。牛奶（动助）拜　献　都　好。
通译	二十二日这天，煞的一天。用牛奶拜献好。
宜忌	宜拜献牛奶。

二十三

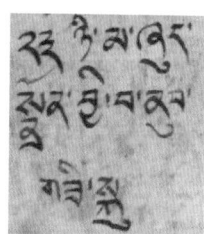

解读口诵	ȵi⁴³ tsɿ⁴³ so³¹ ȵi³¹ ȡi⁴³ ȵi⁴³, dʑi³¹ qʰv̩⁴³ nɯ³¹ ŋwa⁴³ tʰi³¹ tʂwa¹³ bjɛ⁴³ dʐɑ¹³ 二十三　日　一　天，水　井（主助）牛奶（动助）拜　献　都　好。 dʑi³¹ qʰv̩³¹ ko⁴³ æ³¹ tso³¹ ji⁴³ dʐɑ¹³。 水　井　里　任何　做　好。
通译	二十三日这天，水井的一天，给水井念经都好，在水井那边做什么都好。
宜忌	宜念诵、拜祭水井神。

二十四

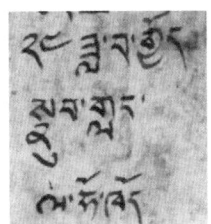

解读口诵	n̠i⁴³ tsi⁴³ zv̩⁴³ n̠i⁴³ dɨ⁴³ n̠i⁴³, sĩ⁴³ po⁴³ nu³¹ zɨ⁴³ dɨ⁴³ n̠i⁴³, æ³¹ tso³¹ ji⁴³ bjɛ⁴³ dzɑ¹³, 二十四　日　一　天,　妖精（主助）掌　一　天,　任　何　做　都　坏, dzɑ¹³ dɨ³¹ bæ⁴³ ji³¹ mʌ⁴³ hĩ³¹。 好　一　样　做　不　行。
通译	二十四日这天，妖精的一天，做什么都不好，好事一样都不能做。
宜忌	妖精值日，诸事不宜，不利行善。

二十五

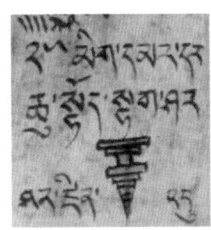

解读口诵	n̠i⁴³ tsi⁴³ ŋwa⁴³ n̠i⁴³ tʰɨ⁴³ n̠i⁴³, bjɛ⁴³ ṭa⁴³ sɨ⁴³ zɨ⁴³ dɨ⁴³ n̠i⁴³, æ³¹ tso³¹ ji⁴³ bjɛ⁴³ dzɑ¹³, 二十五　日　这　天,　都　吉　祥　掌　一　天,　任　何　做　都　好, dʑi³¹ ʁo⁴³ so⁴³ qɛ⁴³ dzɑ¹³。 山　头　香　烧　好。
通译	二十五日这天，什么都吉祥。做任何事情都好，在山头烧香好。
宜忌	诸事皆宜，宜上山进香。

二十六

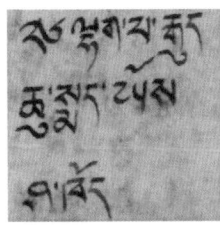

解读口诵	n̠i⁴³ tsi⁴³ qʰwa³¹ n̠i⁴³ dɨ⁴³ n̠i⁴³ dzɑ¹³。dzi³¹ qʰv⁴³ tʂʰo⁴³ dzɑ¹³, dzi³¹ qʰv⁴³ ki⁴³ æ⁴³ tso⁴³ tʰi³¹ 二十六　日　一　天　好。水　井　念　好,　水　井　送　任　何（动助） bjɛ³¹ fv⁴³。 都　喜欢。
通译	二十六日这天好。念水井好，给水井送任何东西它都喜欢。
宜忌	宜念诵、祭献水井神。

二十七

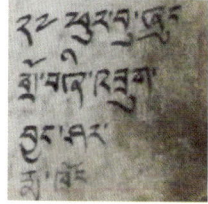

解读 口诵	n̠i³¹ tsɨ³¹ ʂɨ³¹ n̠i⁴³ dɨ⁴³ n̠i⁴³, ẓa³¹ ʂa⁴³ bi⁴³ dẓa⁴³。 二 十 七 日 一 天，路 长 去 不 好。 tʂʰo⁴³ do⁴³ ji³¹ dẓa¹³, dɑ³¹ ɬa⁴³ ki⁴³ æ³¹ tso³¹ ji⁴³ bjɛ⁴³ dẓa¹³。 献 火 神 做好，先人（对象）任 何 做 都 好。
通译	二十七日这天，去远处不好。进献火神好，给先人做任何事情都好。
宜忌	不宜远行。宜进献火神、家神。

二十八

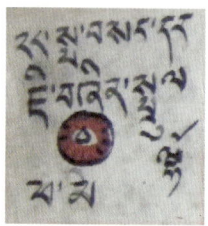

解读 口诵	n̠i³¹ tsɨ⁴³ hõ³¹ n̠i⁴³ dɨ³¹ n̠i⁴³ dẓa¹³。dẓɨ³¹ ʁo⁴³ so⁴³ qɛ³¹, lo⁴³ tɕi⁴³ lo⁴³ ta⁴³ pʰæ⁴³ dẓa¹³。 二 十 八 日 一 天 好。山 头 香 烧，小 巾 幡 拴 好。
通译	二十八日这天好。上山烧香好，拴小巾幡好。
宜忌	宜上山进香、拴巾幡。

二十九

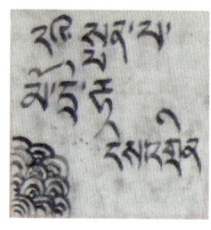

解读 口诵	n̠i³¹ tsɨ³¹ gv⁴³ n̠i⁴³ dɨ⁴³ n̠i⁴³, dɨ³¹ lɛ¹³ dẓa¹³, æ⁴³ tso³¹ ji⁴³ bjɛ⁴³ dẓa¹³。 二 十 九 日 一 天，一 切 好，任 何 做 都 好。
通译	二十九日这天，一切都好，做任何事情都好。
宜忌	诸事皆宜。

三十

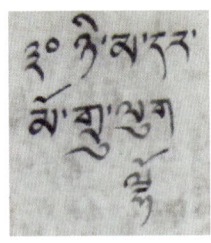

解读	so³¹ tshi³¹ ni⁴³ dʑi⁴³ ni⁴³, ɬa³¹ m⁴³ ni⁴³ zi⁴³ dʑi⁴³ ni⁴³, gõ⁴³ pa³¹ ko⁴³ ɕi³¹ qɛ¹³。 三　十　日　一　天，拉　姆（佛名）日 掌一天，寺 庙　里 香　烧。 tɕʰjʌ³¹ mv³¹ dzv¹³ bjɛ³¹ dʐa¹³, za³¹ ʂa⁴³ bi⁴³ dʐa¹³。 灯　点　都　好，　路　长　去　好。
口诵	
通译	三十日这天，拉姆神的一天，在庙里烧香好，点灯也好，去远处好。
宜忌	宜在庙里烧香、点灯。宜远行。

4．图符解读

编号	1	2	3	4	5
图符					
出处	虎-3	虎-3	虎-5	虎-6	虎-7
音标	da³¹wa⁴³	pʰõ⁴³bo⁴³	dʐa³¹tsʰe⁴³	nõ³¹bo⁴³	tʰi³¹li⁴³
汉译	月亮	（不详）	伞	火神	三个星
吉凶	朝上吉，朝下凶	朝上吉，朝下凶	朝上吉，朝下凶	朝上吉，朝下凶	大凶

编号	6	7	8	9	10
图符					
出处	虎-14	虎-16	虎-17	虎-17	虎-17
音标	qʰa⁴³twa⁴³	kɯ⁴³na³¹	tɕʰye⁴³ti⁴³	njʌ³¹lʌ⁴³	（不详）
汉译	三叉戟	黑星宿	舍利塔	眼睛	（不详）
吉凶	朝上吉，朝下凶	凶	朝上吉，朝下凶	吉	（不详）

编号	11	12	13	14	15
图符					
出处	虎-27	兔-2	兔-8	兔-8	兔-9
音标	χi³¹nɑ³¹mi⁴³	tʰɑ⁴³ʈ³¹	kɯ⁴³pʌ⁴³	ʂwʌ⁴³pʌ⁴³	dzʌ³¹tsʰɿ⁴³tsɿ⁴³mʌ³¹
汉译	海	经书	白星	十字花	彩布条[1]
吉凶	吉	吉	无	无	无

编号	16	17	18	19	20
图符					
出处	兔-10	兔-14	兔-19	羊-27	猪-18
音标	ȵjʌ³¹lʌ¹³ŋwʌ³¹lʌ¹³	tʰi³¹li⁴³nɑ³¹po⁴³	bõ³¹ba⁴³	sɯ⁴³ʈ⁴³wa⁴³zɯ³¹	lo³¹qʰwa⁴³pʰõ⁴³bo⁴³tʰi³¹po⁴³tʰi⁴³tʂe⁴³
汉译	五只眼睛	三角星	念经时盛水器皿	宝珠	手臂拿着"篷布"杀
吉凶	吉	无	朝上吉，朝下凶	吉	无

5．附录藏文解读

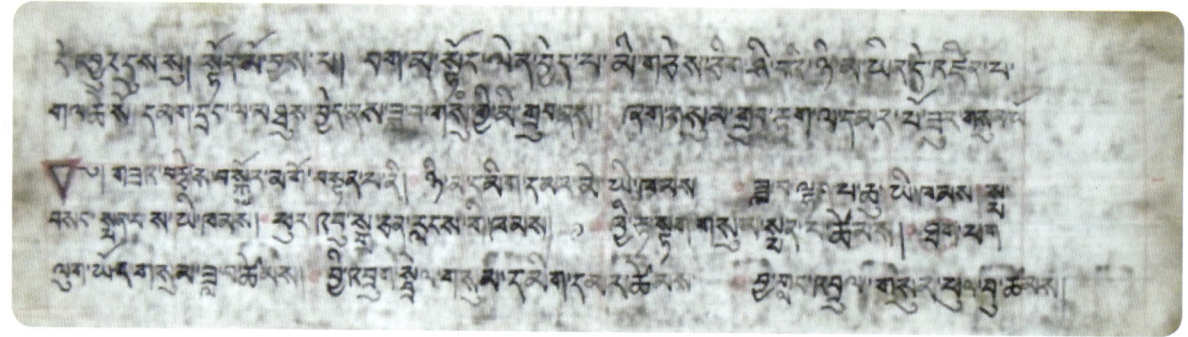

图3-6（ah）前所村历书三解读示例

藏文	ཉི	མ	དམིག	དམེ	མི	ཡི	ཁམས
拉丁转写	nyi	ma	dmig	dme	mi	yi	khamas
音标	ȵi³¹	mɑ⁴³	mi⁴³	mʅ⁴³	mi⁴³	—	—
汉译	周日		周二		火	日	界
含义	周日、周二是火日。						

---

[1] 拴在三叉戟上。

藏文	ཟླ	བ	ལྷག	པ	ཆུ	ཡི	ཁམས
拉丁转写	zla	ba	lhag	pa	chu	yi	khamas
音标	dɑ³¹	wɑ⁴³	ɬɑ⁴³	pɑ⁴³	—	—	—
汉译	周一		周三		水	日	界
含义	周一、周三是水日。						

藏文	སྤ	བསད	སྤན	པ	ས	ཡི	ཁམས
拉丁转写	spa	bsad	span	pa	sa	yi	khamas
音标	pɑ⁴³	soŋ⁴³	—	pɑ⁴³	sɑ⁴³	zi³¹	koŋ⁴³
汉译	周五		周六		土	日	界
含义	周五、周六是土日。						

藏文	ཕུར	འབུ	སྒྲ	ཅན	རླདས	གི	ཁམས
拉丁转写	phur	vbu	sgra	can	rlads	gi	khamas
音标	pʰo⁴³	po⁴³	dɑ³¹	tʂe⁴³	lo⁴³	ki³¹	kʰoŋ³¹
汉译	周四		不好		风	（与格标记）	界
含义	周四是风日。						

藏文	འི	རྟ	སྟག	གསོམ	སྤན	པ	ཚིམས
拉丁转写	vyi	rta	stag	gsom	span	pa	tshims
音标	tɕʰi⁴³	tɑ⁴³	tɑ⁴³	so⁴³	pĩ⁴³	pɑ⁴³	tsʰɿ⁴³
汉译	狗	马	虎	三	周六		这天
含义	狗、马、虎三个属周六这天。						

藏文	ཐག	ཕག	ལུག	ཡོད	གསུམ	ཟླ	བ	ཚིམས
拉丁转写	thag	phag	lug	yod	gsom	zla	ba	tshims
音标	pʰɑ⁴³		lo¹³	ʐo¹³	so⁴³	dɑ³¹	wɑ⁴³	tsʰi⁴³
汉译	猪		羊	兔	三	周一		这天
含义	猪、羊、兔三个属周一这天。							

藏文	བྱི	འབྲུག	སྦྲིལ	གསུམ	དམིག	དམར	ཚིམས
拉丁转写	byi	vbrug	sbril	gsom	dmig	dmar	tshims
音标	dzi³¹ ʁo⁴³	ʈi⁴³	ʈi⁴³ ʁo⁴³	so⁴³	mĩ⁴³	mɻ⁴³	tsʰi⁴³
汉译	鼠	龙	猴	三	周三		这天
含义	鼠、龙、猴三个属周三这天。						

藏文	བྱ	གླད	འབྲུལ	གསུམ	ཕུའ	བུ	ཚིམས
拉丁转写	bya	glad	vbrul	gsom	phuv	bu	tshims
音标	tʂæ¹³	loŋ¹³	ʈi⁴³	so⁴³	pʰõ³¹	po⁴³	tsʰi⁴³
汉译	鸡	牛	蛇	三	周四		这天
含义	鸡、牛、蛇三个属周四这天。						

（七） 前所村喇嘛达巴本

表3-8 前所村历书四

当日序号	1
民族书名	看星星的书
汉字书名	哥里木
国际音标	kɯ³¹li⁴³mv⁴³
类别	占卜日书
原书封面标识	无
著者信息	不详
年代	不详
书写工具	毛笔
装帧	现代笔记本
版式	长11.7厘米，宽16.7厘米。左右两页合为一页，记载一个月的日子
行款	从左至右
纸质	横格纸
墨色	
页数	14页
插图页数	无
稽核	无
提要	占卜日书
内容	达巴教占卜的历书
初译	许多多，2011.8.3
实译	
备注	

持有姓名者	阿鲁左·品初
性别	男
出生年	1980年
年龄	31
民族	蒙古族
宗教	喇嘛教（格鲁教派）
职业	喇嘛
教育程度	喇嘛教育
出生地	前所村
居住地	前所村
祖上来历	世居
子女信息	无
采集时间	2011.8.6
采集地点	四川省盐源县前所乡前所村
翻译	无
记音人	许多多
测量人	李文山
在场人	李文山
指导	
校对	
复查	
审核	

第三章　达巴文献解读

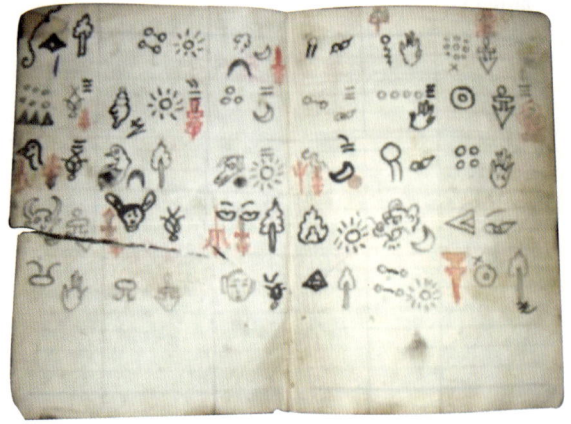

图3-7（a）前所村历书四（1）

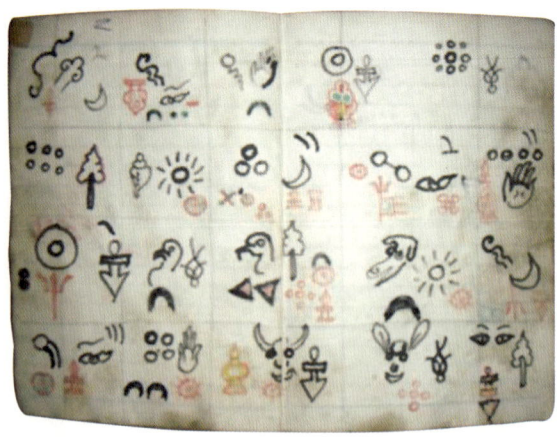

图3-7（b）前所村历书四（2）

图3-7（c）前所村历书四（3）

图3-7（d）前所村历书四（4）

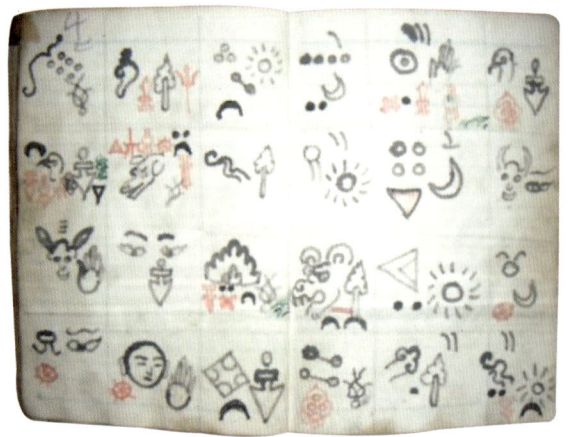

图3-7（e）前所村历书四（5）

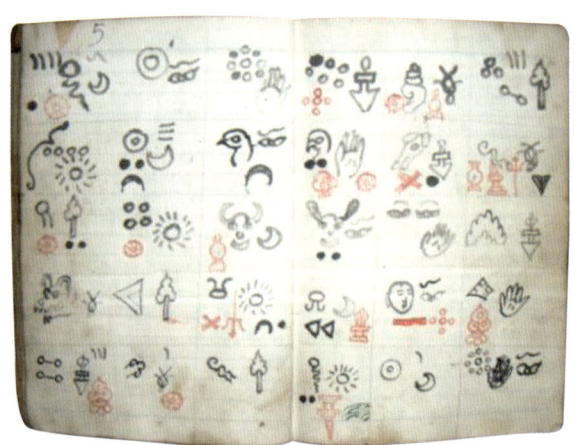

图3-7（f）前所村历书四（6）

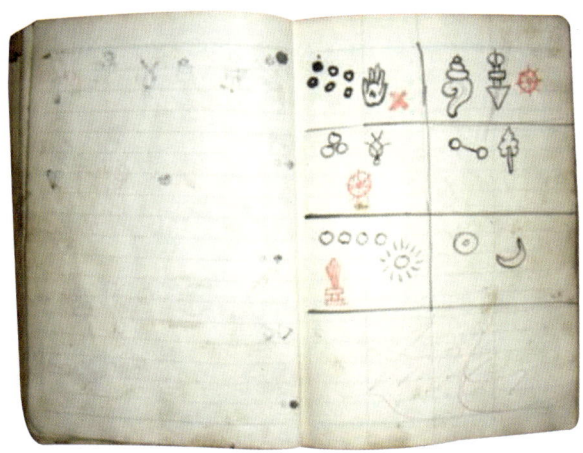

图3-7（g）前所村历书四（7）

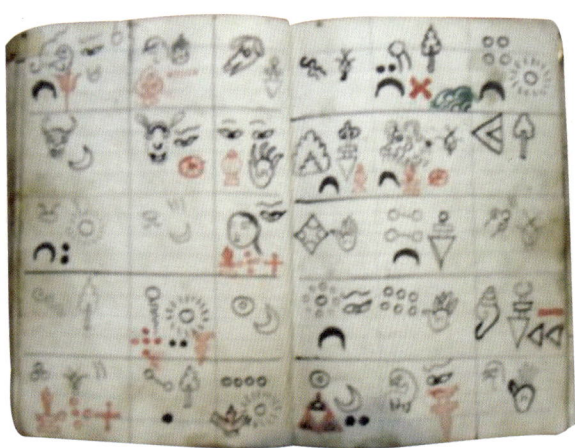

图3-7（h）前所村历书四（8）

图3-7（i）前所村历书四（9）

图3-7（j）前所村历书四（10）

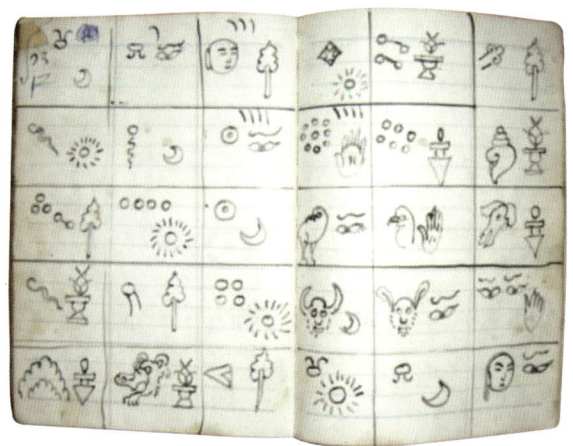

图3-7（k）前所村历书四（11）

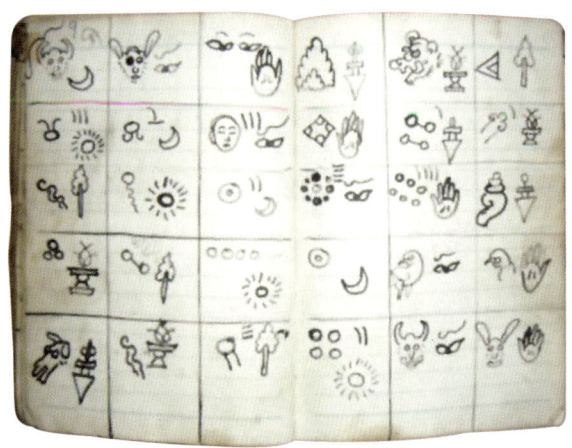

图3-7（l）前所村历书四（12）

第三章 达巴文献解读

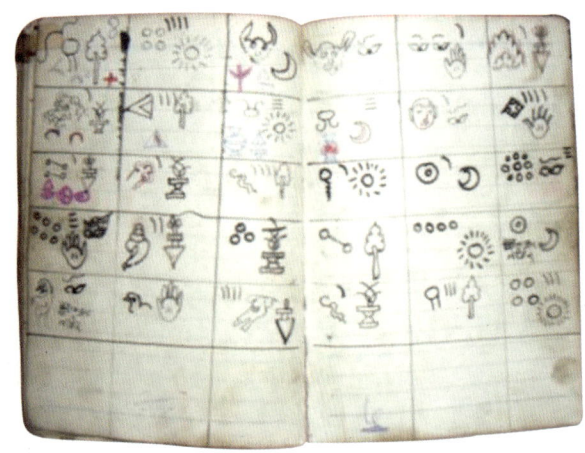
图3-7（m）前所村历书四（13）

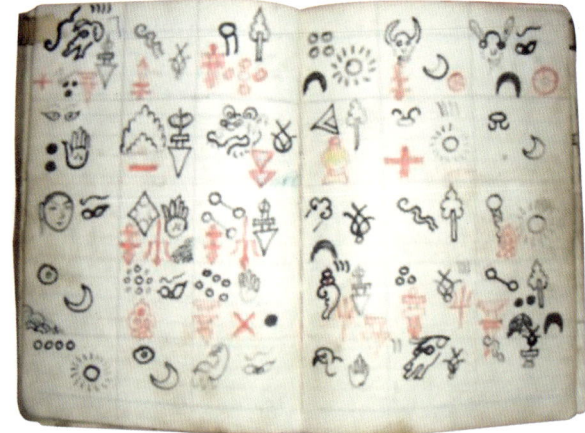
图3-7（n）前所村历书四（14）

解读：

版本：图符历书。汉文书名"哥里木"，纳西族话作"kɯ⁴³li⁴³mv⁴³"，意为"看日子的书"。原本为一位达巴所有，已佚。品初的叔叔格帕·拉错喇嘛用毛笔抄写。横长11.7厘米，宽16.7厘米。两页合为一张，横款书写，共14张。

持有者：阿鲁左·品初，蒙古族，1980年生，时年31岁。世居盐源县前所乡前所中村，格鲁教派（黄教）喇嘛，跟随叔叔学习喇嘛文化24年，去过拉萨。

图3-7（o）前所村历书四解读示例[1]

编号	1	2	3	4	5	6	7
图符	◊	⚭	🐍	🐍	🐍	◉	⁖⁖
音标	ni⁴³dʑi⁴³	zwæ⁴³kɯ⁴³	pʌ³¹kʰwɛ⁴³	pʌ³¹dʑi¹³	dʑi⁴³kɯ⁴³	pʌ⁴³kɯ³¹pʰʌ³¹	qv⁴³tsɑ⁴³qʰv⁴³

---

[1] 此本第一个月的图片有破损，故选用第三个月的图片为例。

编号	8	9	10	11	12	13	14
图符							
音标	qv⁴³tʂa⁴³ko⁴³mi⁴³	ɲjʌ³¹hõ⁴³	so³¹tʰa³¹ʁo⁴³	so³¹tʰa³¹lo¹³	so³¹tʰa³¹tʂʰo⁴³mi⁴³	so³¹tʰa³¹kɯ⁴³pʰʌ⁴³	ho⁴³kɯ⁴³
编号	15	16	17	18	19	20	21
图符							
音标	qʌ³¹kɯ¹³	bo³¹kʰwa⁴³	bo³¹dʑi¹³	bo³¹ma⁴³	zʐ³¹zɯ⁴³kɯ³¹	zɯ³¹qʰv⁴³	zɯ³¹ɬi⁴³
编号	22	23	24	25	26	27	28
图符							
音标	zɯ³¹ɲja⁴³	zɯ³¹gv⁴³	la⁴³hõ⁴³kʰwa⁴³	ʂe³¹dzɯ³¹dv¹³	ʂwa⁴³kʰwa⁴³	mæ³¹kʰwa¹³	pʰæ⁴³mi⁴³

编号	1
星宿编号	2、4、5、6、9、14、26、27
音标口诵	æ⁴³ tso³¹ ji⁴³ bjɛ⁴³ dʐa¹³。 任 何 做 都 好
通译	做任何事都好。

编号	2
星宿编号	1、7、8、24、25、28
音标口诵	hĩ⁴³ qɛ³¹ mʌ⁴³ hĩ⁴³。 人 烧 不 行
通译	不宜烧人。

编号	3
星宿编号	15、16、17、18
音标口诵	bo³¹ qʰo³¹ mʌ³¹ hĩ¹³，bo³¹ tɕʰi⁴³ mʌ⁴³ hĩ³¹。 猪 杀 不 行， 猪 卖 不 行
通译	不宜杀猪，不宜卖猪。

编号	4
星宿编号	19、20、21、22、23
音标口诵	gv³¹ bv⁴³ qʰo³¹ mʌ⁴³ hĩ⁴³，qʰo⁴³ dʑ⁴³ tɕʰi⁴³ mʌ⁴³hĩ⁴³。 牲畜　杀　不　行，　牲口　大　卖　不　行
通译	不宜杀牲畜，不宜卖大牲口。

编号	5
星宿编号	10、11、12、13
音标口诵	hĩ⁴³ wɑ⁴³ mʌ⁴³ hĩ⁴³，pæ⁴³ kʰo³¹ mʌ³¹ hĩ⁴³。 人　待　不　行，　客　待　不　行
通译	不宜接待亲朋、客人。

（八） 温泉村达巴本

表3-9 温泉村历书

当日序号	1	持有姓名者	阿窝·达巴
民族书名	看星星的书	性别	男
汉字书名	日历	出生年	1972年
国际音标	ku^{31}li^{43}mv^{43}	年龄	39
类别	占卜日书	民族	纳西族
原书封面标识	无	宗教	达巴教
著者信息	不详	职业	达巴
年代	不详，约二百多年历史	教育程度	达巴教育
书写工具	锅灰、竹竿	出生地	瓦拉壁村
装帧	麻布封皮	居住地	前所村
版式	长20.2厘米，宽7厘米。版心长16厘米，宽5.5厘米	祖上来历	世居
行款	从左至右，横款，双面书写	子女信息	无。走婚
纸质	自制纸	采集时间	2011.7.16
墨色		采集地点	云南省丽江市宁蒗县洛水村
页数	16页	翻译	无
插图页数	无	记音人	许多多
稽核	无	测量人	许多多
提要	占卜日书	在场人	张海鹰
内容	摩梭人占卜的历书	指导	
初译	阿窝达巴 2011.7.16	校对	
实译		复查	
备注		审核	

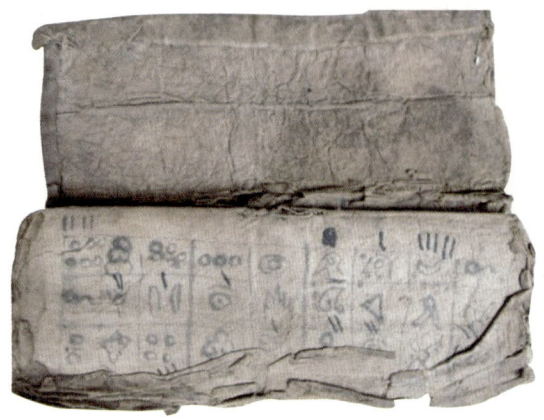

图3-8（a）温泉村历书（1）

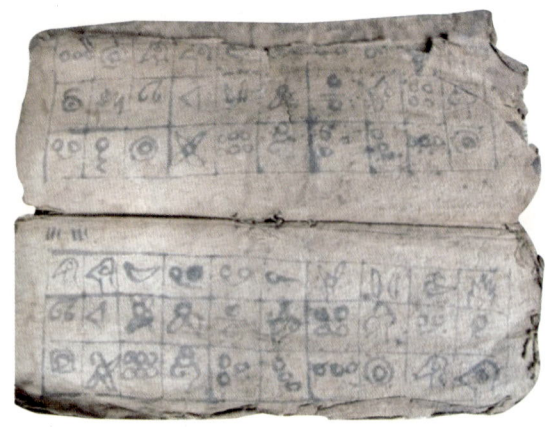

图3-8（b）温泉村历书（2）

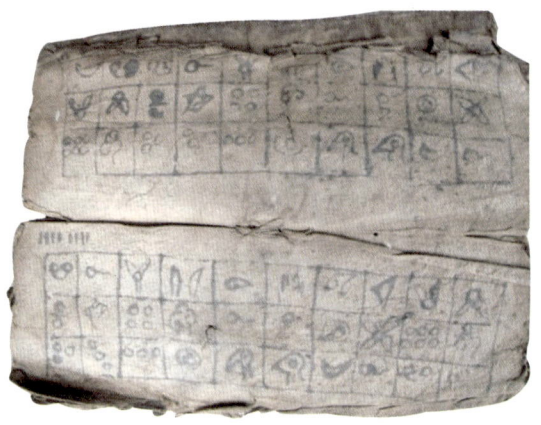

图3-8（c）温泉村历书（3）

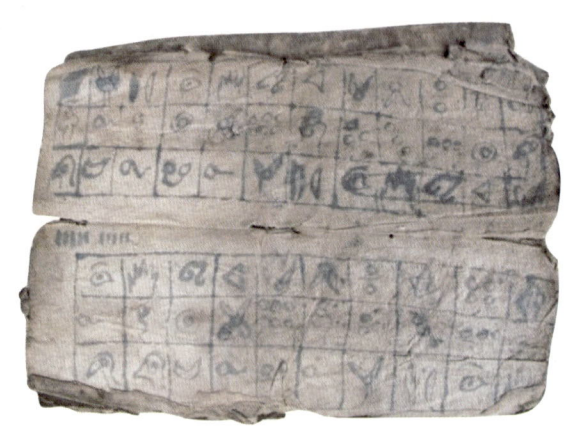

图3-8（d）温泉村历书（4）

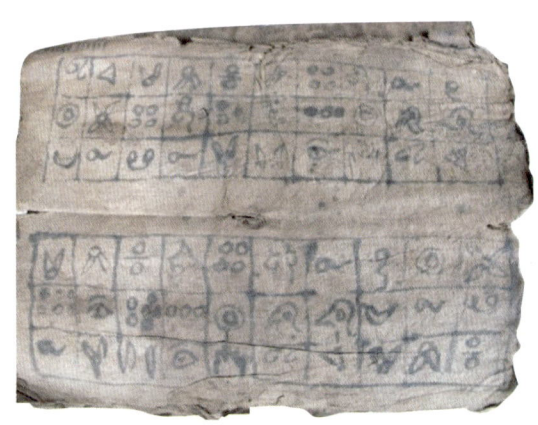

图3-8（e）温泉村历书（5）

图3-8（f）温泉村历书（6）

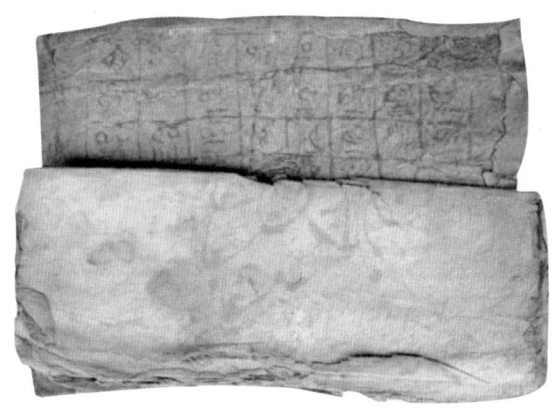

图3-8（g）温泉村历书（7）

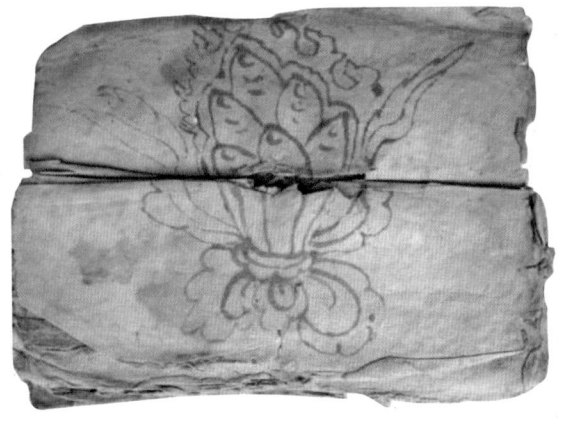

图3-8（h）温泉村历书（8）

图3-8（i）温泉村历书（9）

解读：

持有者：阿窝达巴，摩梭人，1972年生。世居瓦拉壁村。

版本：汉文书名"哥里木"，摩梭话作"kɯ⁴³li⁴³mv³¹"，意为"看星书"，即看日子的书。传世本。长20.2厘米，宽7厘米。版心长16厘米，宽5.5厘米。

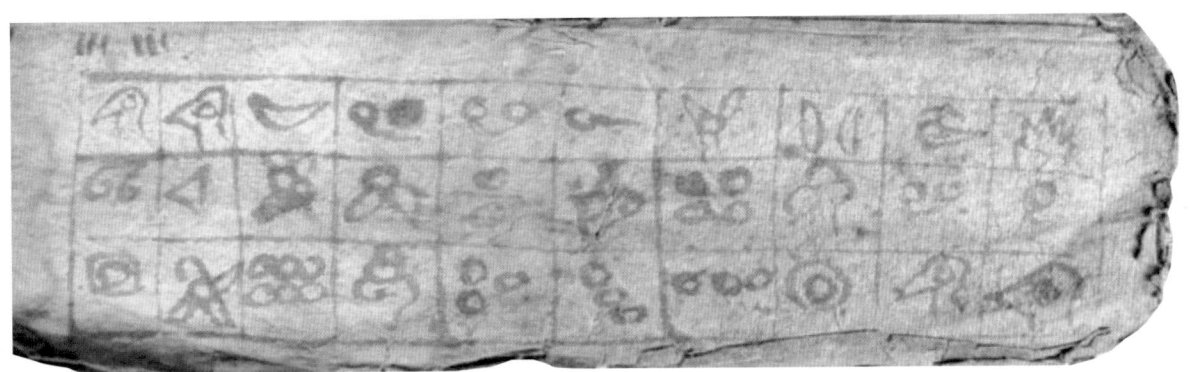

图3-8（j）温泉村历书（10）

第三章 达巴文献解读

阿窝解读	原图								
	序号	1							
	国际音标	dzi³¹kɯ⁴³							
	直译	水星							
	解读口诵	zɿ⁴³ 酒	tʂhɿ⁴³ 喝	χɑ³¹ 饭	dzu⁴³ 吃。	tshɿ⁴³ 这	nɯ⁴³ 天	kɯ⁴³ 星	dzi³¹ kɯ⁴³n̩i³¹, 水 星 日,
		zɿ⁴³ 酒	tʂhɿ⁴³ 喝	bo³¹ 补(音)	kɯ⁴³ 星	dzɑ¹³ 好	ʐwæ¹³。 很		
	通译	喝酒吃饭。这天星宿为水星，补星这天喝酒很好。							
	宜忌	宜办喜事。							

阿窝解读	原图								
	序号	2				3			
	国际音标	（不详）				bo³¹mɑ⁴³			
	直译	（不详）				猪油			
	解读口诵	thi⁴³ 那	nɯ⁴³ 天	bo³¹ 猪	qho⁴³ 杀	mʌ⁴³ 不	hĩ⁴³, 行，	bo³¹ 猪	qhɑ⁴³ mʌ⁴³ hĩ⁴³。 分[1] 不 行
	通译	那天不能杀猪、分猪。							
	宜忌	忌杀猪、买卖猪、骟猪，否则会丢东西。							

阿窝解读	原图								
	序号	4							
	国际音标	mv⁴³kɯ⁴³							
	直译	火星							
	解读口诵	mv⁴³ 火	kɯ⁴³ 星	zɿ³¹khwɑ⁴³ 房屋	gv³¹ 修	mʌ⁴³ 不	hĩ⁴³, 能，	mv⁴³ 火	kɯ⁴³ qo⁴³。 星 里
	通译	火星这天不能修房子，在火星里。							
	宜忌	忌修房、建房，易遭火灾。							

[1] "分"包括：买卖、送、骟。

	原图	∂	◎
阿窝解读	序号	5	6
	国际音标	（不详）	so³¹tʰa⁴³kɯ⁴³pʰʌ³¹
	直译	（不详）	索塔各帕（音译）
	解读口诵		tsʰɿ⁴³ nɯ⁴³ kɯ⁴³ dʐa¹³ ʑwæ¹³ zi³¹ mi³¹ ta¹³ dʐa¹³， 这 天 星 好 很， 祖母房 修 好， zi³¹ tsi⁴³ dʐa¹³， zi³¹ mi³¹ dʐo³¹ dʑɿ⁴³ dʐa¹³ 房 进 好， 祖母房 架子 站 好。
	通译		这天星象很好，修祖母房好，进房烧火好，祖母房树架子好。
	宜忌		宜进火立架。

	原图	✱	（符号组）
阿窝解读	序号	7	8
	国际音标	（不详）	kʰo³¹tʂa⁴³go³¹mi⁴³
	直译	（不详）	库扎古米（音译）
	解读口诵		tʰɿ⁴³ nɯ⁴³ ta⁴³ ʁo⁴³ la³¹ tʰa¹³ dʐa¹³。 那 天 地 砌 那些 好
	通译		那天砌地好。
	宜忌		宜下石脚。

	原图	♃	ooo	（符号）	（符号）	◉
阿窝解读	序号	9	10	11	12	13
	国际音标	ɲjæ³¹hõ⁴³	so³¹tʰa⁴³ʁo⁴³	so³¹tʰa⁴³kɯ⁴³pʰʌ⁴³	so³¹tʰa⁴³lo¹³	pʌ⁴³kɯ³¹pʰʌ³¹
	直译	念红（音译）	索塔俄	三亮星白[1]	（不详）	拨各帕（音译）
	解读口诵			tsʰɿ⁴³ nɯ⁴³ pʌ⁴³ kɯ³¹ pʰʌ³¹ kɯ⁴³ dʐa¹³ ʑwæ¹³。 这 天 拨 星 白 星 好 很		
	通译	拨各帕这天很好。				
	宜忌	吉日。				

---

[1] 按照汉语语序，意为"三颗明亮的白星"。

	原图									
阿窝解读	序号	14					15			
	国际音标	$\chi o^{43} k\turnedm^{43}$					$k\turnedm^{31} k\turnedm^{43}$			
	直译	野鸡头					老鹰头[1]			
	解读口诵	χo^{43} 野鸡	$k\turnedm^{43}$ 星	$ts^h i^{13}$ 这	$n\turnedm^{43}$ 天	zi^{13} 黄牛	kwa^{43} 教	dza^{13} 好	$zw\ae^{13}$, 很,		
		dzi^{31} 水	mi^{13} 牛	kwa^{13} 教	$zw\ae^{13}$。 好。						
	通译	野鸡头星这天教黄牛很好，教水牛好。									
	宜忌	宜教牛耕地。									

	原图									
阿窝解读	序号	16					17			
	国际音标	（不详）					$bo^{31} dzi^{43}$			
	直译	（不详）					猪的阴道			
	解读口诵	$t^h i^{43}$ 那	$n\turnedm^{43}$ 天	bo^{31} 猪	$q^h o^{43}$ 杀	$m\Lambda^{43}$ 不	$h\tilde{i}^{43}$ 行，	bo^{31} 猪	$q^h a^{43}$ 分[2]	$m\Lambda^{43}$ 不	$h\tilde{i}^{43}$。 行。
	通译	那天杀猪、分猪不行。									
	宜忌	不宜骟猪、杀猪、把猪送亲戚。									

	原图			
阿窝解读	序号	18		19
	国际音标	（不详）		（不详）
	直译	（不详）		（不详）
	解读口诵	（不详）		
	通译	（不详）		
	宜忌	（不详）		

[1] 老鹰头日。
[2] "分"包括：买卖、送、骟。

	原图			
阿窝解读	序号	20	21	22
	国际音标	zɨ³¹qʰo⁴³	zɨ³¹ɬi⁴³	zɨ³¹nja⁴³
	直译	孜（音译）的角	孜（音译）的耳朵	孜（音译）的眼
	解读口诵	n̠i³¹ tʂa⁴³ zo⁴³ dzo⁴³ dzi⁴³ dza¹³。 两　层　房　架　树站　好		
	通译	二层屋树架子好。		
	宜忌	宜非正室立架。		

	原图		
阿窝解读	序号	23	24
	国际音标	ʂʌ³¹dzɯ³¹dv¹³	la⁴³hv³¹kʰwɛ³¹
	直译	（不详）	虎嘴
	解读口诵	tsʰi⁴³ nɯ⁴³ la⁴³ hv³¹ kʰwɛ³¹ kɯ⁴³ gi³¹ tʰo⁴³ da¹³ dza¹³。 这　日　虎嘴星　　星宿　仓库　　看　好	
	通译	虎嘴星当值这日，看仓库好。	
	宜忌	宜修仓库。	

	原图		
哥里木解读	序号	25	26
	国际音标	（不详）	ʂwɑ⁴³qʰwɑ³¹
	直译	（不详）	羊蹄
	解读口诵	tsʰɨ⁴³ kɯ⁴³ tsʰɯ⁴³ zo⁴³ kɯ⁴³。 这　星　山羊　绵羊　星	
	通译	这日星宿为山羊、绵羊星。	
	宜忌	不宜杀羊、剪羊毛、买卖羊只。	

阿窝解读	原图	ꀀ									
	序号	27									
	国际音标	mɑ⁴³qʰwɑ³¹									
	直译	玛挎（音译）									
	解读口诵	tsʰɿ⁴³	nɯ⁴³	tsʰɯ⁴³	zo⁴³	kɯ⁴³	tɕʰi⁴³	mʌ⁴³	hĩ⁴³，	hv⁴³ tsʰɿ⁴³	mʌ⁴³	hĩ⁴³。
		这	日	山羊	绵羊	星	卖	不	行，	毛 剪	不	行
	通译	这天卖山羊、绵羊不行，剪羊毛也不行。									
	宜忌	不宜卖山羊、绵羊、薅羊毛。									

阿窝解读	原图	ꁂ
	序号	28
	国际音标	ȵi⁴³dzɿ⁴³
	直译	（不详）
	解读口诵	（不详）
	通译	（不详）
	宜忌	（不详）

二 印棒

印棒在当地的语言中称为"几入姆"/dʐɯ³¹zʏ⁴³mu³¹/，意思是"敬水神的模子"，根据其用途起的汉语名"印棒"。印棒由木头做成。本节涉及的印棒分为四面方柱形和两面平板形两种，长短从十几厘米到四十多厘米不等。方柱形印棒大约为2厘米×2厘米粗细，平板形大约为4厘米宽，0.5厘米厚。达巴做法事的时候要用糌粑面揉很多的面偶作为祭祀天地鬼神的牺牲，这些面团上就用印棒印上图案。图案主要包括：掌管人事的鬼神、鬼神喜欢的物品（器皿、花、鸟兽、吉祥八宝等）、献给鬼神的食物、沟通人鬼的军官等。

表3-10 本节涉及的达巴教印棒信息

序号	发现地	持有者（生年）	传承	数量	形状	发现人	时间	现存地
1	四川木里县屋脚乡屋脚村	达巴达瓦·荣布（1929）	祖传	3	一根四面，两根两面	赵丽明	2010	原地
2	四川木里县屋脚乡利家嘴村	达巴木帕·都基	祖传	4	两根四面，两根两面	李文山	2011	原地
3	四川盐源县前所乡前所村	达巴何鲁佐（1933）	祖传	2	均为四面	赵丽明	2010	原地
4	四川盐源县前所乡前所村	喇嘛阿鲁左·品初（1980）	祖传	1	四面	赵丽明	2010	原地

（一）屋脚村达巴印棒

第1根·第1面（编号：WJD-1-1-1～25[1]）

图3-9（a）屋脚村印棒一（1）

---

[1] "编号：WJD-1-1-1～25"，指屋脚村达巴印棒（WJ）-第1根（1）-第1面（1）-第1至25图（1～25）。此后屋脚村达巴印棒编号标识同此。编号的目的在于方便后面第五章内容中关于印棒符号解读时相互参照，后不赘述。

编号	1	2	3	4	5
原图					
音标	ȵjæ⁴³tʰi⁴³æ⁴³mi⁴³	dv²³ʑi⁴³mi⁴³	tsa⁴³æ⁴³mi⁴³	dʑæ⁴³æ⁴³mi⁴³	mv⁴³æ⁴³mi⁴³
解读	难产鬼	拿矛的官	山菩萨的官	天赋	矮人住地的鬼

编号	6	7	8	9	10
原图					
音标	mʌ⁴³æ⁴³mi⁴³	ȵja⁴³tʰi⁴³tsʰɯ³¹æ⁴³mi⁴³	ȵja⁴³tʰi⁴³tsʰɯ³¹æ⁴³mi⁴³	gʌ³¹æ⁴³mi⁴³	gʌ³¹æ⁴³mi⁴³
解读	河海中的鬼	一种鬼	一种鬼	一种鬼	一种鬼

编号	11	12	13	14	15
原图					
音标	tʰv⁴³æ⁴³mi⁴³	dʐu⁴³zu⁴³ʈi⁴³ma³¹	mv³¹di⁴³æ⁴³mi⁴³	ɻ⁴³dʑi⁴³tsʰɯ³¹æ⁴³mi⁴³	tʰi⁴³ɭwa⁴³æ⁴³mi⁴³
解读	拿矛的官	操纵人的鬼	病鬼	羊头鬼	跟操纵人的鬼、病鬼、羊头鬼合作的鬼

编号	16	17	18	19	20
原图					
音标	zy³¹zu⁴³ȵjæ⁴³tʰi⁴³	bv⁴³	ʐu⁴³	ʁɯ⁴³	æ¹³
解读	家的鬼	牦牛	绵羊	黄牛	鸡

编号	21	22	23	24	25
原图					
音标	χa⁴³ʈi⁴³qɑ⁴³	mʌ³¹mv⁴³	ba³¹ba¹³qʰvʌ⁴³	ɕɯ³¹qʰwa¹³	hõ³¹ʈi¹³qʰwa⁴³
解读	供菩萨的粮食	灯	花	容器	珠子

说明：洪水之前，人鬼不分。天上有个神，请这个神下来，把牦牛、绵羊、黄牛、鸡送给这个神。

第1根·第2面（编号：WJD-1-2-1~16）

图3-9（b）屋脚村印棒一（2）

编号	1	2	3	4	5
原图					
音标	bʌ³¹ʑi¹³sɯ³¹kɯ⁴³	zɑ¹³	lɑ⁴³	tʰu⁴³li⁴³	mv⁴³gv⁴³
解读	狮子	豹子	老虎	兔子	龙

编号	6	7	8	9	10
原图					
音标	bv⁴³zv⁴³	ʐwæ⁴³	zu⁴³	zɯ¹³	æ¹³
解读	蛇	马	羊	猴	鸡

编号	11	12	13	14	15	16
原图						
音标	kʰv⁴³	bu¹³	χwʌ¹³	ʁɯ⁴³	gi¹³	tɕʰi⁴³
解读	狗	猪	耗子	牛	熊	麂子

说明：1~16水井神喜欢。

第1根·第3面（编号：WJD-1-3-1～20）

图3-9（c） 屋脚村印棒一（3）

编号	1	2	3	4	5
原图					
音标	ʂuɯ⁴³dʑi⁴³æ³¹mi⁴³	du⁴³æ⁴³mi⁴³		kv⁴³χɑ⁴³	
解读	鬼名	鬼名		水井饭	

编号	6	7	8	9	10
原图					
音标			kv⁴³χɑ⁴³		
解读			水井饭		

编号	11	12	13	14	15
原图					
音标	kv⁴³χɑ⁴³	jɑ³¹sɑ⁴³	ȵjɑ³¹tsɯ⁴³	bv¹³qʰv⁴³	dzu³¹zi⁴³bɑ³¹ pʰv⁴³dzu³¹
解读	水井饭	雨伞	鱼	海螺	花树

编号	16	17	18	19	20
原图					
音标	bu¹³bʌ⁴³	tæ⁴³ʂuɯ⁴³tæ¹³dʑæ³¹	ɕiʌ⁴³lu⁴³	si⁴³dʑi³¹dv³¹dʑi⁴³qʰu⁴³lu⁴³	lu⁴³pu⁴³tʂʰu³¹
解读	茶壶	花名	香炉	—	大象

说明：3~11为水井饭，摩梭话：tæ⁴³ʂuɯ⁴³tæ¹³dʑæ³¹，dʑæ³¹tsʰi⁴³mv⁴³ti⁴³。

第1根·第4面（编号：WJD-1-4-1～23）

图3-9（d）屋脚村印棒一（4）

编号	1	2	3	4	5
原图					
音标	za^{43}æ^{43}mi^{43}		za^{31}χɑ^{43}		
解读	za^{43} 鬼的妈妈		za^{43} 的饭		

编号	6	7	8	9	10
原图					
音标			za^{31}χɑ^{43}		
解读			za^{43} 的饭		

编号	11	12	13	14	15
原图					
音标	za^{31}χɑ^{43}		mv^{43}n̩i^{43}tsɯ^{43} hõ^{31}kɯ^{43}	tʂʰwa^{13}	ʑi^{13}
解读	za^{43} 的饭		二十八宿	梅花鹿	山鹿

编号	16	17	18	19
原图				
音标	ɬi^{43}		tʂʰu^{31}ʂʌ^{43}nɑ^{43}ŋʌ^{43}	
解读	獐子		送水井菩萨时用	

第三章 达巴文献解读

编号	20	21	22	23
原图				
音标	tʂʰʌ³¹ʂʌ⁴³nɑ⁴³ŋʌ⁴³		pʌ³¹mi¹³	bv̩³¹zv̩⁴³
解读	送水井菩萨时用		青蛙	蛇

第2根·第1面（编号：WJD-2-1-1～7）

图3-10（a）屋脚村印棒二（1）

编号	1	2	3	4
原图				
音标	ʂwa³¹ʂwa⁴³ka⁴³ʈ³¹pu³¹	ȵi⁴³mi⁴³tʰv̩⁴³	ʑi³¹tʂʰɯ⁴³mi³¹	ȵi⁴³mi⁴³gv̩³¹
解读	鬼名	东（白马）	南（黄马）	西（黑马）

编号	5	6	7
原图			
音标	hv̩³¹gu⁴³lu³¹	mv̩⁴³nɯ³¹di³¹ɬi³¹gv̩⁴³	za⁴³æ⁴³mi⁴³
解读	北（蓝马）	天和地中间（红马）	鬼的妈妈

第2根·第2面（编号：WJD-2-2-1～12）

图3-10（b）屋脚村印棒二（2）

编号	1	2	3	4	5	6
原图						
音标	χɑ³¹tsi¹³	ʁɿ¹³	kɯ¹³	æ⁴³qæ³¹	tʰu⁴³zu̜³¹	nɑ⁴³gɑ³¹mi⁴³
解读	燕子	天鹅	老鹰	鹦哥	斑鸠	白尾灰鸟

编号	7	8	9	10	11	12
原图						
音标	χɯ⁴³	χi⁴³	ȵjæ⁴³	v³¹dzi³¹nɑ⁴³m³¹mi³¹	（不详）	dzi⁴³bʌ³¹
解读	山鸡	鹤	娃娃鸡	鸟	（不详）	蝙蝠

第3根·第1面（编号：WJD-3-1-1～17）

图3-11（a）屋脚村印棒三（1）

编号	1	2	3	4	5	6
原图						
音标	tʂɯ⁴³mi⁴³	tɨ⁴³mɑ³¹	tɕʰi⁴³zv³¹gv¹³			
解读	狐狸	鬼饭	四面八方			

编号	7	8	9	10	11	12
原图						
音标	ȵju^{43}mu^{43}		la^{43}dzæ^{43}	gi^{43}dzæ^{43}	tʂʰwa^{31}dzæ^{43}	ʐ̩^{43}dzæ^{43}
解读	人		骑虎	骑熊	骑马鹿	骑天鹅

编号	13	14	15	16	17
原图					
音标	ȵi^{43}dzæ^{43}	ɕu^{31}qʰwa^{13}	mv^{43}ȵi^{31}tsɯ^{43} hõ^{31}kɯ^{43}	ɬi^{43}mi^{43}	kɯ^{31}tʂʰu^{43}pa^{43}
解读	骑鱼	香炉	二十八宿	月亮	星星

说明：

1）3~6代表八方，tɕʰi^{43}dɯ^{31}zv^{31}gv^{13}（大四方），tɕʰi^{43}tɕi^{31}zv^{31}gv^{13}（小四方），送鬼时用。

2）7~8分别代表pʰæ^{31}tɕi^{43}ȵju^{43}mv^{43}（男）和mi^{31}zu^{43}ȵju^{43}mv^{43}（女），有病人时，送相应的人给山神、水井神。

3）送山菩萨时要用9~13，骑在动物背上的都是山菩萨的军官。

4）14~17是鬼饭。

第3根·第2面（编号：WJD-3-2-1~11）

图3-11（b）屋脚村印棒三（2）

编号	1	2	3	4	5	6
原图						
音标	kv^{43}æ^{43}mi^{43}	sɯ^{31}tʰi^{13}	zi^{43}	zv^{31}mi^{13}	pʰv^{43}	tsi^{43}qʰu^{43}
解读	水井神（男）	刀	箭	弓	拿矛的山菩萨的官	山菩萨的房子

编号	7	8	9	10	11
原图					
音标	mi¹³	ɬi³¹pɑ⁴³tv³¹	ɬi³¹pɑ⁴³tv³¹	ɬi³¹pɑ⁴³tv³¹	kv⁴³æ⁴³mi⁴³
解读	拿矛的山菩萨的官	矛	矛	矛	水井神（女）

（二）利家嘴村达巴印棒

第1根・第1面（编号：LJZD-1-1-1～29[1]）

图3-12（a）利家嘴村印棒—（1）

编号	1	2	3	4	5
原图					
音标	zɑ⁴³i⁴³æ⁴³mi⁴³	zɑ³¹i⁴³æ⁴³sɯ⁴³	bʌ⁴³dʑ̩³¹kɯ⁴³kɯ³¹mʌ¹³	ti⁴³pi⁴³zɑ⁴³	lɑ³¹pɑ⁴³
解读	zɑ⁴³ 母	zɑ⁴³ 父	zɑ⁴³ 子	会让人眼疾和偏瘫	手

编号	6	7	8	9	10
原图					
音标	ȵi³¹mɑ⁴³	dɑ³¹dʑʌ⁴³bv³¹	mi⁴³mʅ⁴³	dʑ̩⁴³ȵi⁴³mɯ⁴³qʰwɑ³¹ȵi³¹tʂʰwɑ⁴³ji⁴³，di³¹qʰwɑ³¹ȵi³¹tʂʰwɑ⁴³ji⁴³，dʑ̩⁴³tʂʰe³¹ɑ³¹lɑ³¹ȵi³¹pʰɑ⁴³lɑ³¹，dʑ̩³¹ȵi³¹dzi³¹tʂʰɯ⁴³ȵi³¹dɑ³¹ji³¹	ɕi³¹tv⁴³
解读	太阳	地盘	眼睛	（咒语）	zɑ⁴³ 吃的香

---

[1] "编号：LJZD-1-1-1～29"，指利家嘴达巴印棒（LJZD）- 第1根（1）- 第1面（1）- 第1至29图（1～29）。后文中利家嘴村达巴印棒编号标识同此。

编号	11	12	13	14	15
原图					
音标	dɑ³¹wa⁴³	di³¹qʰwa⁴³ɲi⁴³ tʂʰwa³¹ji³¹	pʰõ³¹po⁴³	ʁɯ⁴³	ʐo⁴³
解读	月亮	zɑ⁴³的母亲的变形	全身	牛	绵羊

编号	16	17	18	19	20
原图					
音标	tsʰɯ¹³	æ¹³	ɕi⁴³dv⁴³	dʑi⁴³ʂo⁴³li³¹ʂo¹³ mʌ³¹mv⁴³	mʌ³¹mv⁴³
解读	山羊	鸡	香火	茶水	灯

编号	21	22	23	24	25
原图					
音标	mi³¹ʈu⁴³ɑ³¹li⁴³ba³¹	ʐɯ⁴³ʂo³¹	ɕi⁴³dv⁴³	dʑi⁴³ʂo⁴³li³¹ʂo¹³ mʌ³¹mv⁴³	mʌ³¹mv⁴³
解读	花	酒	香火	茶水	灯

编号	26	27	28	29
原图				
音标	mi³¹ʈu⁴³ɑ³¹li⁴³ba³¹	ʐɯ⁴³ʂo³¹	mi³¹zɯ³¹ɲʌ³¹mv¹³	pʰæ⁴³tɕi³¹ɲʌ⁴³mv⁴³
解读	花	酒	女	男

第1根·第2面(编号:LJZD-1-2-1~25)

图3-12(b) 利家嘴村印棒一(2)

编号	1	2	3	4	5
原图					
音标	po⁴³ba⁴³	za³¹pa⁴³la³¹	po⁴³ba⁴³	sɯ⁴³ta⁴³	ʁo⁴³mv³¹la⁴³ba³¹
解读	茶壶	火神	茶壶	柏香树	根似手的植物

编号	6	7	8	9	10
原图					
音标	tsʰɯ⁴³tɕi⁴³tɕi⁴³ze⁴³dze³¹dze⁴³	sɯ⁴³ta⁴³	ʁo⁴³ba³¹	sɯ⁴³dʑi³¹qʰo⁴³lo⁴³	sa³¹ta⁴³bo³¹ʁo⁴³dzɯ³¹
解读	冬缩夏展的花	柏香树[1]	松木	竖起的八卦	猪头鬼

编号	11	12	13	14	15
原图					
音标	ʁɯ⁴³ʁo⁴³dzɯ³¹ji⁴³	æ¹³ʁo⁴³dzɯ³¹ji⁴³	pʌ⁴³mi¹³	bv⁴³zv⁴³	qʰo⁴³lo⁴³
解读	牛头鬼	鸡头鬼	青蛙	蛇	旌旗

编号	16	17	18	19	20
原图					
音标	ɲja³¹tsɯ⁴³	bo³¹qʰv¹³	ba³¹ba¹³	pv⁴³ba⁴³	pa⁴³dæ³¹
解读	鱼	海螺	花	茶壶	窗花

[1] 可用作门头的装饰。

编号	21	22	23	24	25
原图					
音标	ba³¹ba¹³	su⁴³dzi³¹qʰo⁴³lo⁴³		dʑi³¹li⁴³tɕa⁴³li³¹	
解读	花	平铺的八卦		一牛两人三个鬼	

第1根·第3面（编号：LJZD-1-3-1～21）

图3-12（c）利家嘴村印棒一（3）

编号	1	2	3	4	5
原图					
音标	（不详）	（不详）	（不详）	（不详）	（不详）
解读	（不详）	（不详）	（不详）	（不详）	（不详）

编号	6	7	8	9	10
原图					
音标	（不详）	（不详）	（不详）	（不详）	（不详）
解读	（不详）	（不详）	（不详）	（不详）	（不详）

编号	11	12	13	14	15
原图					
音标	（不详）	（不详）	（不详）	（不详）	（不详）
解读	（不详）	（不详）	（不详）	（不详）	（不详）

编号	16	17	18	19	20	21
原图						
音标	（不详）	（不详）	（不详）	（不详）	（不详）	（不详）
解读	（不详）	（不详）	（不详）	（不详）	（不详）	（不详）

说明：

都是送给山菩萨的鬼的食物。各种鬼的总称为 $næ^{43}t^hi^{43}$。有人生病时打卦用。

第1根·第4面（编号：LJZD-1-4）

图3-12（d）利家嘴村印棒一（4）

说明：

都是送给山菩萨的鬼的食物，散见于该根印棒其它三面。各种鬼的总称为 $næ^{43}t^hi^{43}$。有人生病时打卦用。

第2根·第1面（编号：LJZD-2-1-1～18）

图3-13（a）利家嘴村印棒二（1）

编号	1	2	3	4	5	6
原图						
音标		$k^hv^{43}ti^{43}qv^{31}\chi a^{13}$		$tɕ^hi^{43}zv^{31}kv^{43}$	$zɛ^{13}zv^{31}kv^{43}$	$k^hv^{43}ti^{43}qv^{31}\chi a^{13}$
解读		山神的饭		四面	八方	山神的饭

编号	7	8	9	10	11	12
原图						
音标			$k^hv^{43}ti^{43}ts^he^{43}ɲi^{43}kv^{43}$			
解读			十二生肖			

编号	13	14	15	16	17	18
原图						
音标	kʰv⁴³.ʈi⁴³tsʰe⁴³ɲi⁴³kv⁴³					
解读	十二生肖					

第2根·第2面（编号：LJZD-2-2-1～5）

图3-13（b）利家嘴村印棒二（2）

编号	1	2	3	4	5
原图					
音标	zɑ¹³æ³¹mi⁴³	æ¹³	kʰv⁴³	bv⁴³	zɑ¹³æ³¹mi⁴³
解读	水井神	鸡	狗	牦牛	水井神

说明：2～4是给zɑ⁴³[1]吃的食物。

第2根·第3面（编号：LJZD-2-3-1～12）

图3-13（c）利家嘴村印棒二（3）

编号	1	2	3	4	5	6
原图						
音标	ŋõ⁴³dv⁴³	lɑ⁴³	tʂʰwɑ¹³	zi⁴³	bo¹³	ɬi⁴³
解读	豺狼	虎	马鹿	野牛	猪	獐子

---

[1] 此处指水井神的鬼煞。

编号	7	8	9	10	11	12
原图						
音标	tɕʰi⁴³	lo⁴³	χi⁴³tʰv⁴³	ko⁴³po³¹	bi³¹ko¹³	ȵjɛ⁴³
解读	红麂子	黑麂子	长尾鸡	布谷鸟	呱呱鸡	娃娃鸡

第2根·第4面（编号：LJZD-2-4-1～8）

图3-13（d）利家嘴村印棒二（4）

编号	1	2	3	4
原图				
音标	kv⁴³æ⁴³mi⁴³	ŋõ⁴³dv⁴³	lɑ⁴³	v³¹dze¹³
解读	水井神	豺狼	虎	鸟

编号	5	6	7	8
原图				
音标	ȵi⁴³mi⁴³tʰv⁴³tʰo⁴³li⁴³ lɑ⁴³ʁo⁴³dzɯ⁴³ji⁴³	ji³¹tʂʰɯ⁴³mi³¹bv⁴³zʏ³¹ ʐwæ⁴³ʁo⁴³dzɯ⁴³ji⁴³	ȵi⁴³mi⁴³gv³¹ʐɯ¹³ zɑ⁴³æ³¹ʁo⁴³dzɯ⁴³ji⁴³	hv⁴³go⁴³lo³¹bo³¹ zɑ⁴³hwʌ⁴³ʁo⁴³ dzɯ⁴³ji⁴³
解读	东方像兔头像虎头的	南方像蛇头像马头的	西方像猴头像鸡头的	像猪头像猫头的

第3根·第1面（编号：LJZD-3-1-1～9）

图3-14（a）利家嘴村印棒二（1）

编号	1	2	3	4	5
原图					
音标		$tɕʰi^{43}zv^{31}gv^{31}$			$kʰv^{43}tɨ^{43}qʌ^{31}χɑ^{13}$
解读		四个方向			山神的饭

编号	6	7	8	9
原图				
音标	$tɕʰi^{43}zv^{31}kv^{43}$	$pʌ^{43}mi^{13}$	$mi^{31}zɯ^{31}ɲjʌ^{31}mv^{13}$	$pʰæ^{43}tɕi^{31}ɲjʌ^{43}mv^{43}$
解读	四面	青蛙	女	男

说明：与第2根·第1面部分重复。

第3根·第2面（编号：LJZD-3-2-1～9）

图3-14（b）利家嘴村印棒三（2）

编号	1	2	3	4	5
原图					
音标	$pv^{43}ba^{43}$	$za^{31}pa^{43}la^{31}$	$pv^{43}ba^{43}$	$sɯ^{43}ta^{43}$	$ʁo^{43}mv^{31}la^{43}ba^{31}$
解读	茶壶	火神	茶壶	柏香树	根似手的植物

编号	6	7	8	9
原图				
音标	tsʰɯ⁴³tɿ⁴³tɿ⁴³zɛ⁴³ dzɛ³¹dzɛ⁴³	sɯ⁴³tɑ⁴³	ʁo⁴³bɑ³¹	sɯ⁴³dʑi³¹qʰo⁴³lo⁴³
解读	冬缩夏展的花	门头的柏香	松木	竖起的八卦

说明：与第1根·第2面部分重复。

第3根·第3面（编号：LJZD-3-3-1~5）

图3-14（c）利家嘴村印棒三（3）

编号	1	2	3	4	5
原图					
音标			næ⁴³tʰi⁴³		
解读			送给山菩萨的鬼的食物		

注：与第1根·第4面部分重复。送给山菩萨的鬼的食物。各种鬼的总称为næ⁴³tʰi⁴³。有人生病时打卦用。

第3根·第4面（编号：LJZD-3-4-1~9）

图3-14（d）利家嘴村印棒三（4）

编号	1	2	3	4	5
原图					
音标	næ⁴³tʰi⁴³	sɑ³¹tɑ⁴³bo³¹ʁo⁴³ dzɯ³¹	ʁɯ⁴³ʁo⁴³dʑi³¹ji⁴³	æ¹³ʁo⁴³dʑi³¹ji⁴³	ɕi⁴³dv⁴³
解读	送给山菩萨的鬼的食物	猪头鬼	牛头鬼	鸡头鬼	香火

第三章 达巴文献解读

编号	6	7	8	9
原图				
音标	dzi⁴³ʂo⁴³li³¹ʂo¹³mʌ³¹mv⁴³	mʌ³¹mv⁴³	mi³¹ʈu⁴³a³¹li⁴³ba³¹	zɿ⁴³ʂo³¹
解读	茶水	灯	花	酒

说明：与第1根·第1面部分重复。

第4根·第1面（编号：LJZD-4-1-1）

图3-15（a）利家嘴村印棒四（1）

编号	1
原图	
音标	kv⁴³æ⁴³mi⁴³
解读	水井菩萨的妈妈（有九个蛇头）

第4根·第2面（编号：LJZD-4-2-1）

图3-15（b）利家嘴村印棒四（2）

编号	1
原图	
音标	zɑ⁴³æ³¹mi⁴³
解读	鬼的母亲（有九个脑壳）

（三）前所村达巴印棒

第1根·第1面（编号：QSD-1-1-1～15[1]）

图3-16（a）前所村印棒一（1）

编号	1	2	3	4	5
原图					
音标	ko⁴³po³¹	ko⁴³po⁴³dzæ³¹ʐwæ⁴³	tʂhwɑ³¹dzæ⁴³	ɬi⁴³dzæ⁴³	tɕhi⁴³dzæ⁴³
解读	布谷鸟	绶带	骑鹿的	骑獐子的	骑麂子的

编号	6	7	8	9	10
原图					
音标	khv⁴³dzæ⁴³	bo¹³dzæ⁴³	zi¹³dzæ⁴³	tshɯ¹³dzæ⁴³	bʌ⁴³dzæ⁴³
解读	骑狗的	骑猪的	骑野牛的	骑羊的	骑牦牛的

编号	11	12	13	14	15
原图					
音标	ȵi⁴³zo⁴³dzæ⁴³	pv⁴³zv⁴³dzæ⁴³	ʐwæ⁴³dzæ⁴³	ʂwaŋ³¹ʂwaŋ³¹	dʌ⁴³mi⁴³
解读	骑鱼的	骑蛇的	骑马的	这天的煞星	毛狗

说明：mv⁴³khɯ⁴³pv³¹，人烧完后的一天用。

---

[1] "编号：QSD-1-1-1～15"，指前所村达巴印棒（QSD）-第1根（1）-第1面（1）-第1至15图（1～15）。后文中前所村达巴印棒编号标识同此。

第1根·第2面（编号：QSD-1-2-1～16）

图3-16（b）前所村印棒一（2）

编号	1	2	3	4
原图				
音标	$qa^{43}ʐ^{31}mi^{31}$	$ʁo^{43}la^{43}ʁo^{43}dzɯ^{31}mæ^{43}zʮ^{31}mæ^{31}dzɯ^{43}$	$lo^{43}dv^{31}mæ^{31}pv^{31}mi^{43}$	k^hv^{13}
解读	雕	虎头蛇尾的专做坏事的人鬼	好事坏事都做的鬼	狗

编号	5	6	7	8
原图				
音标	$tsʰɯ^{13}$	$æ^{13}$	$ʁɯ^{43}dzæ^{43}$	$ȵi^{43}mi^{43}ɬi^{43}mi^{43}$
解读	羊	鸡	骑牛的	太阳月亮

编号	9	10	11	12
原图				
音标	$zɯ^{31}pʰv^{43}$	$æ^{13}$	zo^{43}	
解读	白猴	鸡	男	

编号	13	14	15	16
原图				
音标		$mi^{31}zɯ^{13}$	$zе^{43}$	$zʮ^{43}tso^{43}zʮ^{43}mi^{43}$
解读		女	剑	剑鞘

第1根·第3面（编号：QSD-1-3-1～16）

图3-16（c） 前所村印棒一（3）

编号	1	2	3	4
原图				
音标	—			
解读	四个方位的四条蛇，送水井神用			

编号	5	6	7	8
原图				
音标	bv³¹bʌ⁴³	pʰi⁴³li³¹pʰi³¹tsʰɯ⁴³tʰv³¹	sa³¹dʑ⁴³ʂɯ⁴³ʈʂba³¹dɑ⁴³	sɯ⁴³zɯ³¹ĩ⁴³nɯ³¹ mv⁴³a³¹ʁo⁴³
解读	酒器	蝴蝶鬼（送山神用）	布编的花	木

编号	9	10	11	12
原图				
音标	mv⁴³zɯ³¹ĩ⁴³nɯ³¹ mv⁴³a³¹ʁo⁴³	dʑi³¹zɯ⁴³ĩ⁴³nɯ³¹ dʑi³¹a³¹ʁo⁴³	tʂe⁴³zɯ⁴³ĩ⁴³nɯ³¹ tʂe⁴³a³¹ʁo⁴³	ʂe⁴³ĩ⁴³nɯ³¹ʂe³¹a³¹ʁo⁴³
解读	火	水	土	铁

编号	13	14	15	16
原图				
音标	za³¹pa⁴³la³¹	za³¹pa⁴³la³¹	hæ⁴³ʂɯ⁴³pʌ³¹mi¹³	ŋwa³¹zɯ⁴³mv⁴³bv⁴³zʏ⁴³
解读	火神菩萨	火神菩萨	金色神蛙	神龙

说明：除6号外，其余均用于送水井神。

第1根·第4面（编号：QSD-1-4-1～14）

图3-16（d）前所村印棒一（4）

编号	1	2	3	4	5
原图					
音标	tʂʰo³¹pa⁴³ȵja⁴³ŋʌ³¹				
解读	烧香，敬山神、水神时用				

编号	6	7	8	9
原图				
音标	ŋwa³¹zɯ⁴³bʌ³¹pʰʌ⁴³	ŋwa³¹zɯ⁴³ʐo⁴³pʰʌ⁴³	ŋwa³¹zɯ⁴³tsʰɯ³¹pʰʌ⁴³	ŋwa³¹zɯ⁴³æ³¹pʰʌ⁴³
解读	牦牛	绵羊	山羊	鸡

编号	10	11	12	13	14
原图					
音标	ʂo³¹ʂʌ⁴³				
解读	在面前搭成一串，呈带状				

说明：做完事后，6～8一起烧，再烧9，敬达巴历代师傅。

第2根·第1面（编号：QSD-2-1-1～13）

图3-17（a）前所村印棒二（1）

编号	1	2	3
原图			
音标	$b\Lambda^{43}i^{31}sĩ^{43}ki^{43}$	$tʂ^hwɑ^{43}lɑ^{43}lɑ^{43}hõ^{31}$	$t^ho^{43}lo^{43}hw\Lambda^{31}ko^{43}$
解读	狮子	马鹿和虎的混种	松猫

编号	4	5	6
原图			
音标	$d\Lambda^{31}tɕo^{43}mæ^{43}p^h\Lambda^{31}$	$gi^{43}nɑ^{43}gɑ^{31}p^h\Lambda^{43}$	$ʁo^{31}mi^{31}ɬi^{43}hw\Lambda^{31}$
解读	白尾毛狗	白胸的老黑熊	一种宽耳朵的动物

编号	7	8	9
原图			
音标	$tɕ^hi^{43}p^h\Lambda^{43}q^hʈ^{43}dzɯ^{31}$	lo^{43}	$ʑi^{13}pv^{31}dʐwæ^{31}dzɯ^{43}$
解读	白麂子	黑麂子	长獠牙的野牛

编号	10	11	12	13
原图				
音标	$njæ^{43}p^hv^{31}$	$njæ^{31}mi^{43}$	$t^ho^{31}ʁo^{43}t^ho^{31}gw\Lambda^{31}gw\Lambda^{43}$	$ʐwæ^{31}dzæ^{43}$
解读	公呱呱鸡	母呱呱鸡	在树洞里做窝的动物	骑马的

第2根·第2面（编号：QSD-2-2-1～17）

图3-17（b） 前所村印棒二（2）

编号	1	2	3
原图			
音标	$\chi æ^{43} ʈ^{31} a^{31} su^{43}$	$\chi æ^{43} ʈ^{31} a^{31} mi^{13}$	$ʑɯ^{43} nɑ^{31} v^{43} ʈ^{31} gv^{31} ʈ^{31} dzɯ^{13}$
解读	男风神	女风神	风的鬼神

编号	4	5	6
原图			
音标	$\chi æ^{43} su^{31} \chi æ^{43} pʌ^{31} tɕi^{43} ʈ^{43} hwʌ^{43} ʁo^{43} lo^{31}$	$dʑi^{31} dʑʌ^{43} hwa^{43} dʑʌ^{31} di^{43} ʁo^{43} lo^{43}$	$æ^{31} dʑʌ^{43} ɕi^{31} dʑʌ^{31} di^{43} ʁo^{43} lo^{43}$
解读	旬	水清木华的地方	石峻林密的地方

编号	7	8	9
原图			
音标	$za^{31} m^{43} ʑɯ^{43} tʰv^{43}$	$za^{43} ȵi^{43} mi^{43} dʑi^{43}$	$ʑi^{43} na^{43} go^{31} lo^{31} ʁp^{43} za^{43} ʂɯ^{43} go^{31} lo^{43} tʰi^{43} ʈ^{43} tʂʰwa^{31}$
解读	煞	煞藏到海里去了	煞的九头藏到山顶

编号	10	11	12
原图			
音标	$lo^{31} na^{13} ʂɯ^{43} ʈɨ^{43} tʰa^{43} za^{43} ʂe^{43} ʂɯ^{43} pʰa^{43} tʰi^{43} ʈ^{43} tʂʰwa^{31}$	$za^{43} ʁo^{43} go^{31} ʈ^{43} lɛ^{43} do^{31}$	$ȵi^{43} mi^{43} tʰv^{43} ʂɯ^{43} za^{43}$
解读	煞的七肉藏到山沟	九个脑壳镶回来	东方管柴的煞

编号	13	14	15
原图			
音标	ji^{31}tʂʰu^{43}mi^{43}mu^{43}za^{43}	ȵi^{43}mi^{31}gv^{31}ʂe^{31}za^{43}	hv^{31}go^{43}lo^{31}dʑi^{31}za^{43}
解读	南方管火的煞	西方管铁的煞	北方管水的煞

编号	16	17
原图		
音标	mv^{43}di^{31}ɬi^{31}gv^{43}tʂe^{43}za^{43}	mv^{43}ȵi^{43}tsɯ^{31}hõ^{31}kɯ^{43}
解读	天地中间管土的煞	二十八星宿

说明：送病人用。

第2根·第3面（编号：QSD-2-3-1~14）

图3-17（c）前所村印棒二（3）

编号	1	2	3
原图			
音标	sĩ^{43}tɕi^{31}qʰo^{43}lo^{43}	ȵi^{31}zo^{43}	bv^{31}qʰv^{43}
解读	祭品	鱼	海螺

编号	4	5	6
原图			
音标	sa^{31}ɖa^{43}ʂu^{43}tʂ^{43}ba^{31}ɖa^{31}	sĩ^{43}tɕi^{31}bv^{31}ba^{43}	qʰv^{31}lõ^{43}dʑa^{31}bv^{31}
解读	花名	一种容器	一种动物

编号	7	8	9
原图			
音标	sɿ⁴³tɕi³¹qʰo⁴³lo⁴³	sɿ⁴³tɕi³¹mi³¹lo⁴³	ʐɯ³¹pʰv⁴³
解读	转经筒	保平安的挂件	白猴

编号	10	11	12
原图			
音标	tɑ⁴³pʰv⁴³	tʂʰwɑ⁴³pʰv⁴³	gi¹³pʰv⁴³
解读	白毛狗	白马鹿	白熊

编号	13	14
原图		
音标	æ⁴³qæ³¹	ȵi⁴³ze⁴³
解读	鹦哥	燕子

说明：以上均为敬水神的祭品。

第2根・第4面（编号：QSD-2-4-1～18）

图3-17（d）前所村印棒二（4）

编号	1	2	3
原图			
音标	ʂʌ⁴³dv⁴³zɑ⁴³	ɬo⁴³ʂɯ⁴³dʑɯ⁴³	no¹³mʌ³¹mv⁴³
解读	东方鬼神灵	南方鬼神灵	西方鬼神灵

编号	4	5	6
原图			
音标	dzwʌ¹³ ɳjʌ³¹tɕo⁴³	tsa⁴³	mv⁴³tʰɯ⁴³tɯ⁴³tɕʰi⁴³ji⁴³
解读	北方鬼神灵	左妖精	找早饭到左方去，找晚饭到西方去

编号	7	8	9
原图			
音标	ʁwa⁴³pʰv⁴³dʑ⁴³æ³¹mi⁴³	mv⁴³	zɑ⁴³
解读	右妖精	火	水神祭品

编号	10	11	12
原图			
音标	zõ⁴³dʑ⁴³tʰõ⁴³gʌ⁴³la³¹tsʰa³¹	ʐɯ³¹tse⁴³gi³¹ɳi⁴³hi⁴³pa³¹	bĩ³¹gv⁴³
解读	神灵	山神菩萨	妊娠或生病时用

编号	13	14	15
原图			
音标	ʁv⁴³ʐɯ⁴³	næ⁴³tʰi⁴³	tsĩ⁴³
解读	分娩那天用	妊娠或生病时用	化缘（tsa⁴³pv⁴³）时用

编号	16	17	18
原图			
音标	ʁɯ⁴³	tʰo⁴³ʁo⁴³tʰo³¹gwa⁴³gwa⁴³	ʐv³¹mi¹³
解读	牛	啄木鸟	弓箭

（四）前所村喇嘛印棒

第1根·第1面（编号：QSL-1-1-1～19 [1]）

图3-18（a）前所村印棒三（1）

编号	1	2	3	4	5
原图					
音标	$pʌ^{31}mi^{43}$	$pʌ^{43}tɕʰi^{43}pv^{31}kv^{43}.tʂi^{31}$	$bv^{31}qʰv^{13}$	$pv^{43}zʐ^{43}$	$ɲi^{43}zo^{43}$
解读	青蛙	蝌蚪	海螺	蛇	鱼

编号	6	7	8	9	10
原图					
音标	$tɕʰi^{43}$	$tʂʰwɑ^{13}$	zi^{13}	$ʁe^{13}$	$bʌ^{43}$
解读	麂	马鹿	山鹿	牛	牦牛

编号	11	12	13	14	15
原图					
音标	zo^{43}	$tʂʰɯ^{13}$	$χɯ^{13}$	$ɲi^{31}ze^{43}χæ^{31}ze^{43}$	$æ^{13}$
解读	绵羊	山羊	鹤	燕子	鸡

编号	16	17	18	19
原图				
音标	$ʁo^{13}$	$æ^{43}qæ^{31}$	$næ^{13}$	—
解读	鹅	鹦哥	娃娃鸡	翠鸟

说明：1）1～5，送水井神的。

2）6～12，送山神的。

---

[1] "编号：QSL-1-1-1～19"，指前所村喇嘛印棒（QSL）-第1根（1）-第1面（1）-第1至19图（1～19）。后文中前所村喇嘛印棒编号标识同此。

第1根·第2面（编号：QSL-1-2-1～20）

图3-18（b） 前所村印棒三（2）

编号	1	2	3	4	5
原图					
音标			$tɕʰo^{31}pv^{43}na^{43}ŋa^{43}$		
解读			佛的贡品		

编号	6	7	8	9	10
原图					
音标			$tɕɛ^{43}se^{43}na^{43}tyɛ^{13}$		
解读			吉祥法宝		

编号	11	12
原图		
音标	$tɕɛ^{43}se^{43}na^{43}tyɛ^{13}$	
解读	吉祥法宝	

编号	13	14	15	16	17	18	19	20
原图								
音标				$ta^{43}ʂɯ^{43}ta^{43}tɕa^{43}$				
解读				吉祥八宝				

第三章 达巴文献解读　291

第1根·第3面（编号：QSL-1-3-1～10）

图3-18（c）前所村印棒三（3）

编号	1	2	3	4	5
原图					
音标	—	$kʰv^{43}$	$ʁe^{43}$	$bʌ^{43}$	zo^{43}
解读	（不用）	狗	牛	牦牛	绵羊

编号	6	7	8	9	10
原图					
音标	$ʐwæ^{43}$	$ʐwæ^{31}na^{43}tʂa^{43}$	$ʐwæ^{31}hv^{31}tʂa^{43}$	$ʐwæ^{31}ʂɯ^{31}kue^{43}tʂa^{43}$	$ʐwæ^{31}pʰʌ^{43}tʂa^{43}$
解读	马	骑黑马（北）	骑红马（西）	骑黄马（南）	骑白马（东）

说明：送鬼、断口嘴（攘瘟神），总称$ʂɯ^{31}ɲi^{43}pv^{43}$。排序为10→1。

第1根·第4面（编号：QSL-1-4-1～12）

图3-18（d）前所村印棒三（4）

编号	1	2	3	4
原图				
音标	—	$mi^{31}zu^{13}$	zo^{43}	$ta^{43}pʌ^{43}$
解读	—	女	男	喇嘛

编号	5	6	7
原图			
音标	dzi⁴³qʰv⁴³ʁo⁴³mi⁴³	ko⁴³su⁴³pʰi⁴³	dzɨ⁴³qʰv⁴³su⁴³ʁɯ¹³dze¹³
解读	水神	龙树	水井上的飞神

编号	8	9	10	11	12
原图					
音标			to⁴³zɯ⁴³		dʐɑ³¹pv⁴³
解读			四大护法		鬼神，用于送凶死鬼

说明：4~6，送水井菩萨用的。

三 水井图

据收藏水井挂图的阿窝·偏初达巴讲述，这些图片很久以前就有，由洪水之后的神人"以杜莫布子汝"/ji³¹du⁴³mʌ⁴³pv⁴³dzɨ⁴³zv⁴³/创造出来。他是世界上第一位达巴。这些图画名称叫做"匝阿力"/tsa⁴³ʁa⁴³li³¹/，给水井菩萨诵经的时候用。用很多三个枝节的松树树枝围成一个四方区域，这些图就挂在树枝外面。本节中的水井挂图是七八年前，从达瓦的老师（也是达瓦的生父）那里临摹过来的，是达瓦生父的家传之物，已经传了好几代了。现在原件在达瓦的生父家里，那家有个达巴，叫苏纳。这份挂图的纸张是村中一位开车的司机帮忙从丽江买的东巴纸，长50厘米，宽50厘米，根据老本的尺寸裁剪之后绘制。笔是"夹季树"/tɕɯ³¹tɕi⁴³/的树枝，颜色是广告颜料，从永宁购得。挂图前后画了一两个月。

图3-19（a）屋脚村挂图（1）

解读：

左右两边的挂图图像是孔雀，装饰用。中间第一个是水井长官"汝二紫气噶尔"/zʯ³¹ʈ⁴³dzi³¹tɕʰi³¹kæ⁴³ʈ³¹/，管所有的水井菩萨，天上地下都可以去。口中的蛇代表不好的东西。水井中的蛇。第二、三、四个是天上的水井菩萨，依次叫作/ɬɑ⁴³gu³¹tsɯ⁴³dʐʌ⁴³pv⁴³/，/ɬɑ⁴³tʰɯ⁴³tsɯ⁴³dʐʌ³¹pv⁴³/，/tʂwʌ⁴³di³¹hĩ⁴³bʌ⁴³lɑ³¹ʈɯ⁴³/。他们都只会对人做好事（地上的水井神可能整人）。

图3-19（b） 屋脚村挂图（2）

解读：

左边第一个天神，名叫"拉启滴壁舍"/lɑ⁴³tɕʰi³¹ti⁴³pi³¹ʂʌ³¹/，是当下世界中最大的神，相当于佛教的"释迦牟尼"。第二个是千岁神，名叫/sɯ⁴³pʰʌ⁴³dʐʌ⁴³ʁv¹³ti⁴³kʌ⁴³/，有一千岁，能够保佑人长寿。第三个是/ji³¹du⁴³kũ⁴³du⁴³zu³¹pv⁴³/，有五个头，十只手，也是天神，掌管驱除一切不好的人、鬼。

图3-19（c） 屋脚村挂图（3）

解读：

左边的天神名叫"以都巴以吾尔玛"/ji³¹du⁴³pʌ⁴³ji³¹wu³¹ʈ⁴³mɑ⁴³/，有鹰头和狮子头两个头，翅膀与水井大神相同，因此也叫做/kæ⁴³ʈ³¹mi³¹ɖi⁴³qɛ⁴³/，着虎皮裙。掌管/nɑ⁴³tʰi⁴³pv⁴³/，即驱除疾病，诸如肥胖、干瘦、跛脚、难产等。中间的天神叫做"以杜莫布子汝"/ji³¹du⁴³mʌ⁴³pv⁴³dzi⁴³zʏ⁴³/，是第一个达巴。头顶生角。右边的天神叫做/ji³¹du⁴³tʂʰwa⁴³na⁴³du³¹dʐu⁴³/，管治愈血栓、中风之类的疾病。肤色藏青。

图3-19（d）屋脚村挂图（4）

解读：

过去人间没有好东西，这两位菩萨去天上借来好的宝贝，如/nũ³¹bv⁴³, tæ⁴³ʂɨ⁴³ta⁴³dzʌ³¹/。他们的名字是/ɬa⁴³ʁv³¹ɬa³¹ta⁴³zu⁴³/（左），/ɬa⁴³ʁv¹³ɬa⁴³sa³¹zu⁴³/（右）。

图3-19（e）屋脚村挂图（5）

解读：

右一为火神/za³¹bʌ⁴³ɬa³¹/，找钱、找东西时要上供香火，这样就会顺利。牛、羊、鸡、猪都会繁衍旺盛。左一为天神/tʰu³¹wu⁴³ta⁴³la⁴³mi⁴³pa⁴³/，撵鬼、打口嘴时要请他来。他有三个头，八只手。图中他抱着他的妻子，一般天神没有妻子，他有，因此画出来。从背后看他，像一把大刀。他的身体不是肉做的，是钢铁的。头发是水做的。

第三章 达巴文献解读　　295

图3-19（f）屋脚村挂图（6）

解读：

这五个都是水井菩萨，天上和地下都能住。所有的水井菩萨都是蛇身。第一个是东方水井菩萨/ȵi⁴³mi⁴³tʰv⁴³suɯ⁴³sa³¹da⁴³/，第二个是南方水井菩萨/ji⁴³tʂʰi⁴³mi⁴³muɯ⁴³sa³¹da⁴³/，第三个是西方水井菩萨/ȵi⁴³mi⁴³gv³¹ʂi⁴³sa³¹da⁴³/，第四个是北方水井菩萨/hv³¹gu⁴³lu⁴³dʐuɯ⁴³sa³¹da⁴³/，第五个是中间的水井菩萨/muɯ⁴³ŋu⁴³di⁴³ɬi³¹gv⁴³tʂi⁴³sa³¹da⁴³/。他们春天在开花的地方住，夏天在大山中住，秋天在岩石上住，冬天在海里住。三个月一换。唱经片段：

tsʰuɯ⁴³su⁴³ɬi⁴³，æ⁴³ji⁴³hæ⁴³næ³¹huɯ³¹qu⁴³dʑuɯ³¹。冬三月，在阿依哈纳海里住。

zɿ⁴³su⁴³ɬi⁴³，ʐuɯ³¹nɑ⁴³ʐuɯ⁴³ʈ⁴³dʑuɯ³¹ʁv³¹du⁴³dʑuɯ³¹。夏三月，在崇山峻岭中住。

tʂʰv⁴³su⁴³ɬi⁴³，pʰʌ⁴³la⁴³æ³¹pʰʌ⁴³æ³¹ʁv³¹du⁴³dʑuɯ³¹。秋三月，在岩石中住。

ȵi⁴³su⁴³ɬi⁴³，ʐuɯ³¹zi⁴³ba⁴³pʰʌ⁴³dʑuɯ³¹ʁv³¹du⁴³dʑuɯ³¹。春三月，在草美花繁的地方住。

图3-19（g）屋脚村挂图（7）

解读：

全称/ʈæ⁴³ʂuɯ⁴³ta⁴³dʑʌ³¹dʑʌ³¹tsʰi⁴³nu⁴³ti⁴³/，天神、地神、人神、山神、水神都喜欢这些花，请菩萨时都要用上这些花，经堂里面也要画这种花。第一个是/ʈæ⁴³ʂuɯ⁴³ta⁴³dʑʌ³¹ba³¹ba¹³/，第二个是水壶/pu³¹bʌ⁴³/，第三个和第五个是雨伞/jʌ³¹sa⁴³/。第四个是地球/si⁴³tɕuɯ³¹dv³¹dʑuɯ⁴³qʰu⁴³lu⁴³/。第六个是宝鱼/ȵi⁴³zu⁴³/，干涸了也不会死，不吃饭也不会死。第七个是海螺/bv³¹qʰv¹³/。第八个是/ʈæ⁴³ʂuɯ⁴³ta⁴³dʑʌ³¹/。

图3-19（h）屋脚村挂图（8）

解读：

这三个是水井菩萨的军官。第一个是骑马的，右手持神鸟，非凡间所有，也是三个月换一个住地。第二个是骑老虎的，右手持海螺，左手持枪。第三个是骑马鹿的，右手持/nũ³¹bv⁴³/（一种宝贝），左手持枪。

图3-19（i）屋脚村挂图（9）

解读：

左图上方为掌管水源的菩萨/dʐɯ⁴³qʰv⁴³gʌ⁴³ɬɑ³¹/，可以视察各地的水源，包括水井、大海等。下面中间为它吃的饭，叫做/tʂʰu⁴³pɑ⁴³/。右一为装饭的碗/qʰwʌ¹³/，左一为灯/mʌ³¹mɯ¹³/。

图3-19（j）屋脚村挂图（10）

解读：

第一格中为水井神的东西。左下角和右下角为/pu⁴³pɑ⁴³/，装水用，里面长出花。中间是香炉/ɕʌ⁴³lu⁴³/，烧香时可以用。

第二格中是/nũ³¹bv⁴³qʰwʌ³¹/，里面装有无价之宝。里面左右两个长角是象牙，红色和绿色的是/nũ³¹bv⁴³/，中间是/mi³¹lu⁴³/，也是宝物。

第三格中是水井神喜欢的东西。最上面横着的是/dv³¹dʐɯ⁴³/，左上为铜铃/tɯ³¹bv⁴³/，旁边红蓝色的是板铃/dɑ³¹bɑ³¹ɬæ⁴³/，左下为鼓/dɑ³¹kʰʌ¹³/，中间下方为长号角/ɭwɑ³¹du⁴³/，右下角是唢呐/æ⁴³ɳju⁴³/，中间钗钹/bu⁴³tʂʰv⁴³/。

第四格是水井神装饭的东西。中间绿色的是锅/v⁴³/，左右两个是碗/qʰwʌ¹³/。

图3-19（k）屋脚村挂图（11）

解读：

起头是吉祥八宝的花，是水井菩萨很喜欢的花。第一只是娃娃鸡/næ⁴³/。第二只是天鹅/ʁv⁴³/。第三只是鹰/kʌ¹³/。第四只是孔雀/qu⁴³su⁴³mi³¹/。水井菩萨很喜欢这些动物，会饲养它们。过去打猎时要送山菩萨、水井菩萨，做法事。

图3-19（l）屋脚村挂图（12）

第三章 达巴文献解读　299

解读：

起头是水井神的花/nũ³¹bv⁴³/，水井神很喜欢。/nũ³¹bv⁴³/下是蛇/bv⁴³zv⁴³/。第一只是蝙蝠，/tsi⁴³bɑ⁴³/。第二只是鹦哥，æ⁴³qæ³¹。第三只是野鸡/χv⁴³/。第四只是/nɑ⁴³qɑ³¹mi⁴³/，一种野鸡（呱呱鸡）。第五只是/χi⁴³/，一种长尾巴野鸡。第六只是鸭子/bæ⁴³mi⁴³/，一种水鸭。第七个是/nu³¹ɻ⁴³bu⁴³/，海里出产的一种海螺（宝货）。

图3-19（m）屋脚村挂图（13）

解读：

第一只是虎/lɑ⁴³/，第二只是一种水生动物/tʂɯ¹³/，第三只是豹子/zæ¹³/，第四只是狐狸/dʌ⁴³mi⁴³/，第五只是小熊猫/hɯ⁴³tv⁴³/，第六只是山猫/hɯ³¹li¹³/，第七只是豪猪/pv⁴³/，第八只是獾熊/tɯ³¹ɻ⁴³mi⁴³/，第九只是熊/gi⁴³/。

图3-19（n）屋脚村挂图（14）

解读：

第一只是龙/mɯ⁴³gv⁴³/，第二只是狮子/bʌ⁴³ji⁴³sɯ⁴³kɯ⁴³/，第三只是狼/v³¹dv¹³/，第四只是野猪/bu³¹tv⁴³/，第五只是梅花鹿/tʂʰwɑ⁴³/，第六只是红麂子/tɕʰɯ⁴³/，第七只是山鹿/ji⁴³/，第八只是岩羊/si⁴³/。

图3-19（o）屋脚村挂图（15）

解读：

起头是水井神和火神都很喜欢的花，叫/nũ³¹bv⁴³/。花心是/nũ³¹bv⁴³/，外面是花。下面是家里喂养的牲畜，要火神保佑。第一个是大象/lu⁴³bv⁴³tʂʰv³¹/。第二个是牦牛/bʌ⁴³/。第三个是绵羊/jo⁴³/。第四个是山羊/tsʰɯ¹³/。第五个是公牛/zi̠⁴³v⁴³/。第六个是母牛/ʁɯ³¹mi¹³/。第七个是小牛/ʁɯ⁴³zu⁴³/。

图3-19（p）屋脚村挂图（16）

解读：

这些是火神饲养的牲畜。第一个是马/ʐwæ⁴³/。第二个是骡子/dɑ⁴³ʁɯ⁴³/。第三个是骆驼/n̠jʌ³¹mɯ⁴³mi³¹/。第四个是牛/ʁɯ⁴³/。第五个是猫/χwʌ³¹li¹³/。第六个是鸡/æ¹³/。第七个是狗/kʰv⁴³/。买卖这些牲畜的时候要烧香敬火神。

四 打卦图

打卦图在当地语言中叫做"纳初乌笛"/nɑ⁴³tʂʰu⁴³ũ⁴³di¹³/,用于占卜姓名以及生病或除秽时做何种法事。打卦图是从村子里传了很多代的木板上印下来的,来历不详。宽约50厘米,高约66.6厘米。相连的是一幅同样尺寸的喇嘛用的符号图,挂在阿窝·偏初达巴家的经堂里。见下图:

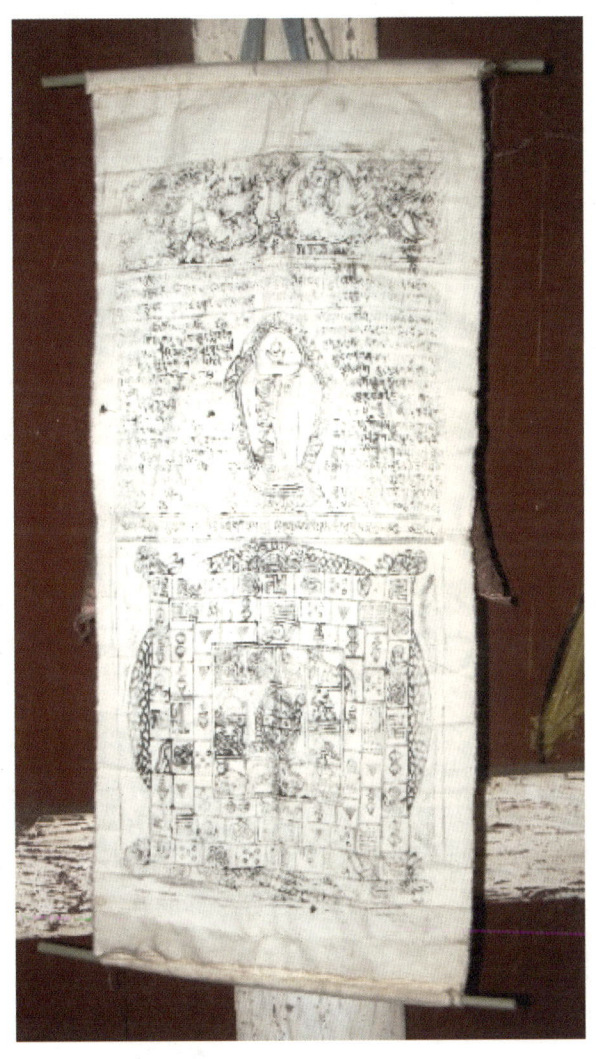

图3-20(a) 屋脚村打卦图(全貌)

现在木板在毕摩·都基那里。毕摩·都基/piɛ⁴³mɑ⁴³du³¹dzɯ⁴³/,一位跛脚老爷爷,喜欢做木匠活。他没事的时候就帮大家印这种图画。画是用墨汁印到布上的。墨汁是自制的,支一个架子,在下方烧松明,再将火烟凝固在上方盖子上的灰刮下来掺水制成。

解读：

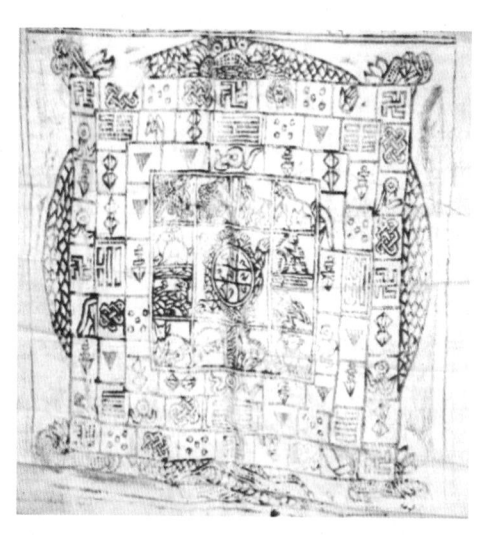

图3-20（b） 屋脚村打卦图（局部）

图中最外围有鳞片的神兽名叫"促比古洪"/tsʰu⁴³bi³¹gv³¹hv⁴³/，是地下海里的一个动物，图的中心也是这个神兽。相传它一动地就会震动。它驮着地球。画中心是装饰的符号，可能是乌龟腹甲的图案。它的头所在的方位是南方，尾巴所在的方位是北方。

中心第二圈是十二个时辰，用十二生肖来表示。从东方的虎开始，顺时针开始转，顺序与汉族的十二生肖相同。虎/lɑ⁴³/，兔/ʁɯ⁴³/，龙/mɯ⁴³gv⁴³/，蛇/bv⁴³ʐv⁴³/，马/ʐwæ⁴³/，羊/ju⁴³/，猴/ʐɯ¹³/，鸡/æ¹³/，狗/kʰv⁴³/，猪/bu¹³/，鼠/χwʌ¹³/，牛/ʁɯ⁴³/。用于算人的属相，一天当中则用于看方位。算名字时要用上佛珠、骰子、饭坨。

图中从外向内第二圈有八卦符号，代表"四面八方"，即东、南、西、北、东南、东北、西南、西北共八个方位。女人出生时命在北方，男人出生时命在南方，出生时算是一岁。女人每岁按逆时针方向移动一个方位，也就是说女人十三岁的时候就到南方了。男人的命星则是顺时针方向移动。有人生病时要算鬼在哪个方向。

以八卦符号为中心，是个人本命所在的方位。其周围有八个格子，代表四面八方所忌讳的事情，例如头痛、失窃之类。如果在某个方位发生了相应的恶兆，则要做法事祛除。做法事前要用佛珠、骰子、哥里木和这张图一共四件物品来占卜。三次抓佛珠，三次投骰子，心中默念要不要做某种法事（大约有几十种）。如果都是一样的结果（抓到一样的佛珠，投出一样的数字），再加上哥里木上是好日子，就可以做法事。与此同时，还要根据挂图的提示。

以西北角为例，东南方 ▼ 是"扎"/dæ⁴³/，是跟人作对的鬼。送它的饭要放到/lu³¹kʰi⁴³hĩ⁴³/所在的方位。

南方 叫做/di³¹dʐɯ⁴³ʐɯ⁴³hĩ⁴³/。是竹条穿插编起来的八面柱子，用麻绳拴紧，插上红、黑、白等色鸡毛，高约半米，插在一个方土块上，周围用小木板围起来，宽二指，高一肘，上面用刀刻要送走的鬼的武器、用品。鬼有几十种，例如住在山上、湖中、井中、岩石、树叶、树根上的鬼，还有人鬼（有蛊的鬼）。各家的鬼又有很多成员。需通过占卜确定是要送哪种鬼。刻画的木板，一边插九根，共三十六根。用松树、野杉树都可以，松木用得比较多。篱笆中间放饭坨，用糌粑面揉出来，印上印棒上的符号。二十多厘米高的有五个，两个指节高的有八九十个。念经之后，根据本命所在的方位触犯的那家鬼所在的方位，将整盘东西送到/di³¹dʑɯ⁴³ʐɯ⁴³hĩ⁴³/这个符号所在的方位。一般是在山坡里找到一个好地方，放在那里。

东方 是要饭的手（代表所有的讨饭之事），叫做/lu³¹kʰi⁴³hĩ⁴³/。病人做法事的时候要送饭到它所在的方位，它会转交给其他特指的鬼。

西方 是/zɯ⁴³gʌ⁴³tɑ⁴³/，人的命运神，每个人身上都有一个。在西方时不能生病，若病了就要做法事。但是送鬼的饭不能放到它所在的方位。

东北方 是管人服饰的神，叫/dʑi⁴³ɹæ⁴³hĩ⁴³/。根据本命所在的方位，要出门去它的方位裁剪、买布等。

西北方 是身体/gv⁴³mi⁴³/，指在西北方时身体不能生病[1]；北方 是/kʰɯ⁴³tsʰɛ⁴³gu⁴³hĩ⁴³/，指在北方时脚不能病；西南方 是/ȵi³¹ɭi⁴³gu⁴³hĩ⁴³/，指在西南方时眼睛不能痛。生其他的病没有关系。各个方位上的病不同，其余的疾病有：西方的东南角 "肩膀"/qʰwʌ⁴³tsʰu⁴³/，是指上肢疾病；西南角的南边 /lu³¹bwʌ¹³/，是指手掌疾病；南方的西南角 /ʁu⁴³ɭi³¹/，指头部疾病；东南角的西方 /ȵi⁴³dʑi⁴³gu³¹hĩ⁴³/，指男性生殖疾病。如果送去医院，就是去求医生的神"苏几咪器甲布"/su⁴³dʑi³¹mi⁴³tɕʰi⁴³dʑʌ⁴³bv³¹/了。如果是在家做法事，就是送别的鬼，要通过打卦来判断，有大约几十种住在不同地方的鬼。若是问一圈下来都不是，就不用做法事了。

---

[1] "卍"字符号逆时针旋转，沿海县的苯波教都是这样转。屋脚这里是顺时针旋转。

五　壁画

阿窝达巴姐姐家经堂走廊里的画是七八年前用广告颜料所画。是从一个利家嘴的喇嘛画家那里学来，而喇嘛是从西藏学习来的。每幅宽1.5米，高1米左右。

图3-21　屋脚村壁画一

山上野生动物的菩萨，叫"几鼻噶拉"/dʐɯ³¹bi¹³gʌ⁴³ɬɑ⁴³/。在山上住，不劳动，可以请马鹿、鸟、猴找食物给他。猴子给他水果，鸟儿用斗给他粮食（画中鸟为天鹅/ʁv⁴³/），马鹿保护他。桌子/sɯ⁴³ɻæ⁴³/上是他喜欢的东西，依次是/nũ³¹bv⁴³/（左），/mɑ³¹dɨ⁴³/（中），/ɕʌ⁴³ɭu⁴³/（右），都是做法事的物品。手上拿的是/bv⁴³tʂʰv⁴³/。后面是梨树/sɛ⁴³ɻɨ³¹dʐɯ³¹/。

图3-22　屋脚村壁画二

天干旱,没有雨水,地上什么也不能长。一只猴子、一只兔子、一只鸟,三个一起骑着大象,沿着一条河去天上的水神菩萨那里借水。借来水之后,雨就下来了,地上的庄稼、草都长出来了。这四种动物都是有功的神了。雪山是装饰。河里的水是借来水之后才有的。这个是洪水滔天之前的故事,那时动物都会说话。

图3-23 屋脚村壁画三

天上的火神/za^{31}ba^{43}la^{31}/。洪水滔天以前,地上没有火神菩萨,是这匹神马去天神菩萨那里把他的图像接下来,使人间有了对他的信奉。马是地神菩萨变来的。山是装饰用的,后面的红花也是装饰。

图3-24 屋脚村壁画四

天神/dzi³¹tɕʰi⁴³kæ⁴³ɭ³¹/，是一种雀神。树是/pʰɯ⁴³gv³¹du⁴³dzɯ³¹/，在传说当中有，现实世界中没有。天神在这种树上住。其他的是自己添加的。这张高1.5米，宽不到1米。

第四章
达巴口诵经选译

一 口诵经概况

据屋脚村阿窝·偏初达巴介绍，比较常用的口诵经有以下九种。

1. "木克补"/muɯ⁴³kʰɯ³¹pv⁴³/。"木克"是"口嘴"的意思，"补"是"送"的意思。丧葬时用。将死人的灵魂送上天，保佑活人平安。将世人关于此人的口嘴打出去。

2. "几克故哈补"/dʐɯ³¹qʰʅ⁴³kv⁴³χɑ³¹pv³¹/。迎请"汝二紫气噶尔"/ʐv³¹ʅ⁴³dzi³¹tɕʰi¹³kæ⁴³ʅ³¹/（大鹏神鸟）用。三月份时迎花神，诵经送饭。请水井菩萨散福，保佑一年平安，教化人们都做好事。将"菟"/tʰv⁴³/、"桠"/ʐʌ⁴³/、"牟"/muɯ⁴³/、"凸乱"/tʰu⁴³ʅwɑ⁴³/这些恶鬼送到"古组普尔丝足尼贺噶拉"/gv³¹zu³¹pʰv³¹ʅ⁴³si³¹dzɯ³¹ni⁴³hu³¹gʌ³¹ɬɑ⁴³/（神灵）那儿去。将"煞"/zɑ⁴³/送到"插纳都基"/tʂʰwɑ⁴³nɑ³¹du³¹dzɯ⁴³/那里。"煞"会让人头晕、疯癫。

3. "匝纳补"/tsɑ⁴³nɑ³¹pv³¹/。烧香，杀一只红公鸡，请山菩萨散福。山菩萨有两个官，一个是"匝"/tsɑ⁴³/，一个是"独"/dv¹³/。"匝"和"独"不高兴，整人的时候会出大事，比如翻车、掉下悬崖。所以要送他饭，他高兴了，就会帮助人，譬如帮助人打仗、迷路时指路。三月一次、五月一次、九月一次，一年送三次饭。请"以都巴以吾尔玛"/ʑi³¹du⁴³pʌ⁴³ji³¹wu³¹ʅ⁴³mɑ⁴³/帮忙将饭送到山神那里。

4. "纳梯补"/nɑ⁴³tʰi⁴³pv³¹/。请"以都巴以吾尔玛"/ʑi³¹du⁴³pʌ⁴³ji³¹wu³¹ʅ⁴³mɑ⁴³/，从印棒上印下来。还要整起一个房子，用黄布、红布、鸡毛装饰。会在妇科病、生小孩、疯癫、胖瘦不均的情况下用，很灵验。当地女孩一般在家生孩子，不去医院。

5. "几克摘煞补"/dʐɯ³¹qʰʅ⁴³tʂi⁴³zɑ³¹pv³¹/。"摘煞"是"水晶鬼"的意思。迎请"汝二紫气噶尔"/ʐv³¹ʅ⁴³dzi³¹tɕʰi¹³kæ⁴³ʅ³¹/（大鹏神鸟），水井神整人的时候用，如风湿、肠胃、生疮。

6. "憨底依螭"/χæ⁴³di³¹zɯ⁴³tʂʰi⁴³/，给"以都插纳都基"/ʑi³¹du⁴³tʂʰwɑ⁴³nɑ⁴³du³¹dzɯ⁴³/送饭。"憨"鬼分为大小三种："憨底依螭"/χæ⁴³di³¹zɯ⁴³tʂʰi⁴³/、"憨黍补"/χæ⁴³ʂu³¹pv³¹/、"憨希改"/χæ⁴³ɕɯ³¹qe³¹/，在水井上帮其他恶鬼做坏事。

7. "舍寨睹纳补"/ʂi⁴³tʂi⁴³tu³¹nɑ⁴³pv³¹/。在十一月里算日子念经，保佑掉魂（生病）的生灵平安。那天鬼很多，如"哇谱凸"/ʁwɑ⁴³pʰu⁴³tʰv⁴³/、"有铺"/ʐu³¹pʰu⁴³/、"格"/gʌ¹³/、"几刷咋"/dʐɯ³¹ʂwɑ⁴³tsɑ⁴³/、"桠"/ʐʌ⁴³/、"牟"/muɯ⁴³/。要按很多饭坨，插好几种树杈。

8. "丝补挎"/si³¹bv³¹qʰwɑ¹³/。"丝"是"姓"的意思，"补"是"分"的意思。结婚时念。用一只白羊，拔下羊毛织成一张毡子，请一位厉害的达巴念经。女孩改姓，之后就不能回家了，就算离婚了也只能自己建一个家，不能回原来的家。在院子里摆桌子，黄酒九坛，达巴五六位，一人一句地唱歌送山菩萨、地菩萨、天菩萨等。

9. 死人时，五位达巴为魂指路。停尸在家，送他上路时要喊魂，叫做"哇击鼓"/wɑ³¹tɕi⁴³gv³¹/。

"惹希依"/zʌ³¹ɕɯ³¹ji⁴³/，给路上的鬼送饭，夜里一点左右；"惹咪"/zʌ³¹mi⁴³/，指路。"丝补阿纳乌"/sɨ⁴³pv³¹æ⁴³nɑ³¹ʁv¹³/，送死人上路，活人留下；"木咔补"/mɯ⁴³qʰɑ³¹pv³¹/；第二天念"依都"/ʐɯ⁴³du⁴³/，送灵魂到祖先那里，找到相应的位置。"挼恩"/ʐwæ⁴³ŋu⁴³/，拉两匹马，送他去，指挥灵魂何时该骑，何时不该骑。要保养好马匹。

 全篇解读：《新年烧香经》

第一段

kʰv³¹ sɨ⁴³ so⁴³ qe³¹
年　新　香　烧 [1]

kʰv³¹ sɨ⁴³ mv⁴³ gv⁴³ kʰv³¹,	kʰv³¹ mæ⁴³ mv³¹ lɛ⁴³ hɯ⁴³,	bv³¹ ʐv³¹ kʰv⁴³,	kʰv⁴³ dzɑ³¹ hĩ⁴³。
年　新　龙　年，	年　尾　下（助）去，	蛇　年，	年　好（名化）。

ɬi⁴³ dzɑ³¹ hĩ³¹,	χɑ¹³ dzɑ⁴³ hĩ³¹,	gʌ¹³ lɛ³¹ tʰv⁴³。
月好（名化），	夜晚好（名化），	上（助）来。

dzo̥³¹ ʁɯ⁴³ hĩ⁴³,	ʁo⁴³ pʰv³¹ hĩ⁴³,	mæ³¹ pʰv³¹ hĩ³¹,	gʌ¹³ lɛ³¹ tʰv⁴³。
厉害 能干（名化），	头 白（名化），	尾　白（名化），	上（助）来。

zi̥³¹ tse⁴³ dzɯ³¹ tʂʰo³¹ ɭv¹³,	ʁɑ¹³ tʂʰo³¹ ɭv¹³。
山　神　自己　献　给，	赢　献　给。

　　龙年的新年，年尾过去。属蛇的一年，好的年份，好的月份，好的夜晚，到来了。厉害的、能干的、白头的、白尾的，到来了。将自己的东西献给山神，献给胜利神。

---

[1] 本经由利家嘴村次儿达巴背诵、解读。

第二段

di⁴³ dʑa⁴³ ŋwʌ¹³ nɯ⁴³ dzɯ³¹。
地　好哇[1]（主助）住。

ŋwʌ¹³ zo⁴³ zʮ⁴³ v⁴³ ʈæ⁴³, bv⁴³ zʮ⁴³ kʰv⁴³ tʂʰɨ⁴³ dɨ⁴³ kʰv³¹, tʂʰæ¹³ qɛ⁴³ tʂʰæ³¹ nɯ⁴³ ʂo¹³。
哇 子 孙（复数），蛇　　年　这一年，秽 烧 秽（主助）干净。

tʂʰæ³¹ nɯ⁴³　　dɨ³¹　χa¹³ tsʰe⁴³ zv³¹ ȵi⁴³。
秽（主助）一晚 十 四 天，一晚 遍。

dɨ³¹ χa⁴³ tsʰa⁴³。dzɯ⁴³ bv⁴³ bi³¹, ɬi⁴³ mæ³¹ dzɯ³¹ ʁa³¹　tsʰa⁴³。tʂʰæ³¹ qɛ⁴³ do³¹ nɯ³¹ qɛ⁴³,
自己 念 做, 月 尾 自己 结束（一）遍。秽 烧 董[2]（主助）烧,

do³¹ la⁴³ ʁo⁴³ pʰv³¹ tʰv⁴³。
董 的 头 白 到来。

tʂʰæ³¹ qɛ⁴³ sɛ³¹ nɯ³¹ qɛ⁴³, sɛ⁴³ la³¹ χa³¹ ji⁴³ tʂʰæ³¹。
秽 烧 色[3]（主助）烧, 色 的 福 祚 秽。

好的地方哇家住。哇家的儿孙们，在新的蛇年这一年，烧秽火来除秽。每晚除秽，做十四天，一晚一遍。自己做除秽仪式，到月尾自己做完一遍了。董神来除秽，董神的头发变白了。色神烧秽，色神除秽以后就有福泽。

第三段

mv⁴³ kɯ³¹ mv³¹ li³¹。zɨ³¹ na¹³ tsʰɨ³¹ ʈv⁴³ ɕi⁴³ pʰv³¹ kʰwʌ³¹, sɯ⁴³ di³¹ zʌ⁴³, sɯ⁴³ tʰi³¹ di³¹ mʌ⁴³ kʰɯ³¹。
天 星 天 看。冷 杉　树 这个 树林中的空地, 树 长 虽, 树（助）长 不 能。

mv⁴³ ɕi³¹ tʂʰæ³¹ nɯ⁴³i⁴³, dʑa³¹ tʂʰæ⁴³ lɛ⁴³ mʌ³¹ dzɯ⁴³。
火 苗 秽（主助）祚, 好 代（助）不 点。

dʑa³¹ i¹³ a⁴³ sɯ⁴³ tõ⁴³ bʌ¹³ na³¹ kʰʌ³¹ zo⁴³, dʑa³¹ ji⁴³ æ⁴³ mi³¹ ʈa³¹ʁo⁴³ si⁴³ pv⁴³ mv¹³ nɯ⁴³ kʰɯ³¹。
好 做 爷爷 东 巴 纳 卡　（男）, 好 做 母 亲　拉 窝 斯 布（女）（主助）开始。

dʑa³¹ qʰv⁴³ mv⁴³ gv⁴³ dv³¹ nɯ⁴³ qʰv⁴³, dʑa³¹ qʰv⁴³ di³¹ gv⁴³ dv³¹ nɯ⁴³ qʰv³¹。
好 请 天 背（主助）请, 好 请 地 背（主助）请。

dʑa³¹ nɯ⁴³ mv⁴³ ȵjʌ³¹ hɯ³¹, mv⁴³ ji⁴³ ȵi⁴³ mi³¹ pʰv⁴³, χa³¹ ji⁴³ ɬi⁴³ mi³¹ pʰv³¹,
好（的）天（方位）去, 天 的 太阳 亮, 晚 的 月亮 亮,

kʰv⁴³ ɻ⁴³ pʰv³¹, so⁴³ ɻ³¹ pʰv³¹, kɯ⁴³ ze³¹ pʰv³¹, χa³¹ ze³¹ pʰv⁴³。
夜（星名）亮, 晨（星名）亮, 星星 美 亮, 晚 美 亮。

---

[1] 五个支系之一。
[2] 董神阿巴睹，一译阿巴董。
[3] 神名。董神和色神是规定人名的两个神。

mv³¹ gʌ³¹ ɬa¹³ ɿæ⁴³ lɛ⁴³ ʂo³¹。	
天 神 （复数）（助）干净。	

dʐa³¹ mv⁴³ di³¹ ji⁴³ hɯ³¹, tsʰo⁴³ dzu⁴³ di³¹ ȵjʌ³¹ dzu⁴³,	
好 天地 做去，人 住 地（方位）住，	

tsʰo⁴³ se⁴³ di³¹ ȵjʌ³¹ se⁴³, di⁴³ nɯ⁴³ tsʰo⁴³ gʌ⁴³ tɕʰi⁴³,	
人 走 地（方位）走，地（主助）人 上 抬，	

di³¹ nɯ⁴³ tsʰo³¹ ʁo⁴³ zv³¹, sa⁴³ zv³¹ bv³¹ ba⁴³, di³¹ ji⁴³ gʌ⁴³ ɬa³¹,	
地（主助）人 保佑，整个 净水瓶，地 的 神，	

ȵi³¹ ɕi⁴³ hõ³¹ tsʰɨ³¹ hõ⁴³ gʌ⁴³ ɬa⁴³ ɿæ⁴³ lɛ³¹ ʂo³¹。	
二 百 八十 八 神 （复数）（助）干净。	

看天和星星。冷杉树这个林中的空地，树虽然长，但长不成。火焰来除秽，好的祖先不点到。能干的曾祖东巴纳卡，能干的母亲拉窝斯布来开始。天的背来请好的，地的背来请好的。好的天上去，天上的灿烂太阳，夜晚的皎洁月亮，夜明星，启明星，星星美丽又明亮，夜晚美丽又明亮，给天神们除秽。

去到好天好地，人类在地上住，人类在地上走，大地支撑着人类，大地保佑着人类。地球上的净水瓶，地的神，为二百八十八位神除秽。

第四段

mv⁴³ za³¹ di³¹ qwʌ³¹ ki⁴³, ɬi³¹ gv⁴³ ɖo³¹ nɯ⁴³ dzu³¹,	
天 与 地 之间， 中点 董（主助）住，	

ɖo³¹ mi⁴³ ʁo⁴³ pʰv³¹ ɖo³¹gʌ³¹ ɬa⁴³ ɿæ⁴³ lɛ⁴³ ʂo³¹,	
董 大 头 白 董 神 （复数）（助）干净，	

se³¹ mi⁴³ dzæ³¹ ʂɨ³¹ se⁴³ gʌ³¹ ɬa⁴³ lɛ⁴³ ʂo³¹。	
色 大 威灵 色 神 （助）干净。	

õ³¹ di⁴³ zɨ³¹ tse⁴³, ȵja⁴³ lɛ³¹ gv⁴³lɛ⁴³ ɬi³¹ qa⁴³,	
自己 地方 山神， 白天 （助）放牧 帮助，	

χwa³¹ kʰv⁴³ tʂʰv³¹ lɛ³¹ ha³¹ qa⁴³。 gʌ⁴³ ɬa⁴³ lɛ⁴³ ʂo³¹。	
晚上 所有的（助）栖息帮。 神 （助）干净。	

ʁwa⁴³ ɕi³¹ hv³¹ dzi³¹ kʰi⁴³, so³¹ tv⁴³ hv³¹ hĩ³¹ gʌ⁴³ ɬa⁴³ ɿæ³¹ lɛ⁴³ ʂo³¹。	
东方 矮 方向， 三 千 低矮（名化） 神 （复数）（助）干净。	

ji⁴³ ʂɨ³¹ ʂɨ⁴³dzi³¹ kʰi⁴³, so⁴³ tv⁴³ ʂɨ³¹ hĩ³¹ gʌ⁴³ ɬa⁴³ ɿæ⁴³ lɛ³¹ ʂo⁴³。	
朝阳初出亮光 方向， 三千 照射（名化） 神 （复数）（助）干净。	

ȵi⁴³ ɕi³¹ pʰv³¹ dzi³¹ kʰi⁴³, so³¹ tv⁴³ pʰv¹³ hĩ¹³ gʌ⁴³ ɬa³¹ lɛ³¹ ʂo³¹。	
白虹 白 方向， 三 千 白（名化） 神 （助）干净。	

dze³¹ na⁴³ lo⁴³dʑi³¹ kʰi⁴³,	so⁴³ tv⁴³ na³¹	hĩ⁴³	gʌ⁴³ɬa⁴³	tæ⁴³	le³¹	ʂo⁴³。
傍晚的紫黛 方向，	三 千 黑	（名化）	神	（复数）	（助）	干净。

dzɯ⁴³	za⁴³	ʁa⁴³	tɕo³¹tɕo⁴³。
不同凡响	下来	胜利神	转转。

天与地之间，中间住着董神。为白头的大董神和董神们除秽，为色神的威灵和色神们除秽。自己地方的山神，白天帮助放牧（牲畜），晚上帮助所有的牲畜栖息。为神们除秽。

东方低矮方向，为三千东方的神们除秽。朝阳亮光照射的方向，为三千西方的神们除秽。白虹的方向，为三千西方的神们除秽。傍晚紫黛方向，为三千北方的神们除秽。不同凡响的胜利神下来转一转。

第五段

ɕɯ³¹ ji⁴³ mv³¹ gʌ³¹ɬa⁴³,	hõ³¹ ji⁴³ dʑi³¹gʌ³¹ɬa⁴³,	ŋwʌ³¹ bi⁴³ ʂe³¹gʌ³¹ɬa⁴³,
习[1]的火 神，	和的水 神，	哇 家铁 神，

za¹³ ʁa⁴³ sæ⁴³gʌ³¹ɬa⁴³,	si⁴³ bv³¹ a³¹ pʰv⁴³	ʁa⁴³ hĩ⁴³ da³¹ la⁴³ le⁴³ ʂo³¹。
杨家 风 神，	死的 祖先（男） 赢人	鬼神 （助） 干净。

mv⁴³ mi³¹æ³¹ zɯ⁴³ dʑi³¹ hĩ⁴³ gʌ³¹ɬa⁴³ le⁴³ ʂo³¹。	zɨ³¹ tse⁴³ ʁwʌ⁴³gʌ³¹ɬa⁴³。
天女 祖先（女） 能干人 神 （助） 干净。	山神 高山 神。

bo³¹ dv⁴³zʐ³¹ di⁴³ dʐo³¹,	tsʰɯ³¹ ʂwa¹³ zo⁴³ ʂwa¹³ zʐ³¹ di³¹ dʐo³¹。
野猪 低地 有，	山羊骟 绵羊骟 低地 有。

习家火神，和家水神，哇家铁神，杨家风神。为已经超脱的男祖先和家神除秽，为能干的女祖先和神除秽。为山神、高山神除秽。（他们保佑）江边有野猪，低地有骟山羊、骟绵羊。

第六段

tsʰi⁴³ so³¹ ɬi⁴³,	li⁴³ di³¹ dzɯ³¹ li⁴³ gʌ³¹ɬa⁴³ tæ¹³ le⁴³ ʂo⁴³。
冬 三 月，	看地住 看 神 （复数）（助） 干净。

zʐ⁴³ za³¹ li³¹ tɕo³¹ tɕo⁴³。	ɕɯ⁴³ pʰv³¹ dʑi³¹ pʰv¹³ zʐ³¹ di³¹,
低地下来 看 转转。	稻谷 白 稗子 白 低地，

ta⁴³ kɯ³¹ zʐ³¹ di³¹ dʐo³¹。	n̩i⁴³ so³¹ ɬi⁴³, li⁴³ di³¹ dzɯ³¹ hĩ³¹,
青冈树[2]低地有。	春 三 月，看坝子住 人，

ŋ³¹ ba³¹ li³¹ n̩jʌ³¹ ba⁴³,	hæ⁴³ ba⁴³ li³¹ n̩jʌ³¹ ba³¹。
银 花 看（方位）开，	金 花 看（方位）开。

---

[1]五个支系之一。
[2]一种灌木，用来烧香。

ze⁴³ so⁴³ ɬi⁴³, li⁴³ di³¹ dzɯ³¹ hĩ³¹, li⁴³ gʌ³¹ ɬa¹³ ʈæ⁴³ lɛ⁴³ ʂo³¹。
夏 三 月, 看地 住 人, 看 神 (复数)(助)干净。

冬季三个月，为看护牲畜的地方神们除秽。看护神到江边转转，白谷、白稗子生长在江边，青冈树生长在江边。春季三个月，（看护神）看护住在地上的人们，有看护神的地方银花开放，有看护神的地方金花开放。夏季三个月，（看护神）看护住在地上的人们，为看护神们除秽。

第七段

li⁴³ za³¹ dzæ⁴³ tɕo³¹ tɕo⁴³。
看 下 威灵 转转。

kʌ⁴³ na³¹ ʁo⁴³ pʰv³¹ mi³¹dzɿ³¹ dzæ³¹ gʌ³¹ ɬa¹³ ʈæ⁴³ lɛ⁴³ ʂo³¹。
鹰 苍 头 白 大 厉害 威灵 神 (复数)(助)干净。

la³¹ mi⁴³ ȵjʌ³¹ gɯ⁴³ mi⁴³, bv⁴³ pʰæ³¹ gʌ³¹ ɬa¹³ ʈæ⁴³ lɛ⁴³ ʂo³¹。
虎 大 眼 宽大, 念 算 神 (复数)(助)干净。

na³¹ zɯ⁴³ gʌ⁴³ dzɿ³¹ dzæ³¹, gʌ⁴³ dzɿ³¹ so⁴³ tʰv³¹ dzæ³¹。[1]
厉害 麻 语言 威灵,语言 三 茬 威灵。

lo³¹ i⁴³ mv⁴³ tʰv³¹ dzæ¹³, tsʰo⁴³ bʌ³¹ zʌ³¹ se³¹ dzæ⁴³。
劳动 天 晴 威灵,[2] 人 脚底[3] 路 走 威灵。

gv³¹ ʈv⁴³ ȵi³¹ hv³¹ dzæ⁴³, dzæ³¹ ʂɿ³¹ nɯ⁴³ zʐ³¹ mʌ³¹ dzo⁴³,
牲口 放牧 牲畜 兽 威灵, 威灵 新 和 旧 不 有,

dzæ³¹ gʌ³¹ ɬa⁴³ lɛ⁴³ ʂo³¹。
威灵 神 (助)干净。

看护神下来，它的威灵像风一样旋转下来。为像白头大黑鹰一样厉害的有威灵的神们除秽，为像吊睛猛虎一样厉害的念经、占卜的神们除秽。纳人做事有神助，许多事情有神助。劳动的时候放晴，马夫赶路有神助。放牧牲口得到神助，威灵不分新和旧。为守护神除秽。

第八段

ma⁴³ sa³¹ ʁwʌ³¹ gʌ³¹ ɬa⁴³, tsʰo⁴³ dʑi³¹ lu⁴³ ʁɯ⁴³ ʁɯ⁴³
玛萨 山 神, 初直鲁依依

---

[1] 说话的人对第三者得到神助。
[2] 观星之类劳动的人得到神助。
[3] 马帮脚夫。

tsʰɛ³¹ hõ⁴³ dzi³¹ dzi³¹ mi⁴³ ɲi⁴³ gv⁴³,

　采红吉吉米　　两个，

hwʌ⁴³ bv⁴³ za³¹ bi³¹ pi⁴³,　nõ³¹ pv⁴³ za³¹ bi³¹ bi⁴³。

　牲畜 产生 下 做（去），自己 份 下来 做（将）。[1]

hwʌ⁴³ ze³¹ v¹³,　bv³¹ ʈ⁴³tv³¹ tv⁴³ gv⁴³;

　牲畜 脊牛，牛叫声 哞哞 像;

hwʌ⁴³ ʐwæ³¹ ʁo⁴³, tsʰo⁴³ bæ³¹ hwɑ⁴³ hwɑ³¹ gv⁴³;

　牲畜 马 骟，跳 跑 哗哗 像;

hwʌ⁴³ æ³¹ dzu³¹ dzo³¹ lv⁴³ ɲjo³¹ ɲjo⁴³ gv⁴³;

　牲畜 小鸡　鸡鸣　叽叽　像;

hwʌ⁴³ kʰv³¹ ɲi⁴³, lv⁴³ lɯ³¹ hwɑ⁴³ hwɑ⁴³ gv⁴³,

　牲畜 狗 小，犬吠 汪汪 像,

æ⁴³ næ³¹ di⁴³ tsɛ⁴³ pʰæ⁴³, hwʌ⁴³ i⁴³ zʌ³¹ lɛ³¹ pʰæ⁴³,

　鸡 黑 翅膀 扒，牲畜 的 路（助）扒,

dzi³¹ zʏ³¹ hwʌ⁴³ gʌ⁴³ ɬɑ⁴³ nɯ⁴³ ji³¹,

　吃 福 伙 神 （主助）祚,

dzi⁴³ zʏ⁴³ hwʌ⁴³ gʌ⁴³ ɬɑ⁴³ ʈæ⁴³ lɛ⁴³ ʂo⁴³。

　吃 福 伙 神 （复数）（助）干净。

　　玛萨高山神，初直鲁依依、采红吉吉米两个，想要繁殖牲畜，想要拥有自己的财物。耕牛欢叫充满（山野）；骟马跑跑跳跳哗哗响；小鸡，鸡鸣声叽叽喳喳；小狗，犬吠汪汪。黑鸡展翅又刨土，路土被扒开。吃福都是畜神伙神保佑，给掌控吃福的伙神们除秽。

第九段

dzi³¹ zʏ⁴³ hwʌ⁴³　ʁo⁴³ do³¹, pv⁴³ nɯ³¹ zʏ³¹ gʌ³¹ ɬɑ⁴³。

　吃 福 伙（神）上面，分（强调）汝[2] 神 。

gʌ¹³ si⁴³ pʰi⁴³ mv³¹ pv³¹, mv¹³ dzi³¹ kʰɯ⁴³ di³¹ pv³¹,

　上面的 司沛[3] 天[4] 分，下面 百姓 地 分,

---

[1] 想到人间找一个珍宝。
[2] 神名。管分配。
[3] 头儿。
[4] 地域。

lv⁴³ gv⁴³ ŋv³¹ pv³¹, lo⁴³ tʂʰæ⁴³ hæ³¹ pv³¹, dʑi¹³ ji⁴³ n̠i³¹ pv³¹,
中间 银 分，山谷 金 分，水 的 鱼分，

æ¹³ dʑi³¹ pv³¹, tsʰe⁴³ qʰv⁴³ tsʰe³¹ pv³¹, li³¹ qʰv¹³ li³¹ pv³¹, gv³¹ pv³¹ tʰi³¹ pv³¹,
岩 蜂 分， 盐井 盐 分， 茶场 茶 分， 金边 分 麻布 分，

dʐe⁴³ pv⁴³ wʌ³¹ pv³¹, gv⁴³ pv³¹ tʰi⁴³ pv³¹ hwʌ¹³,
钱 分 家财 分，金边 分 麻布 分 群，

hĩ⁴³ nɯ³¹ pv³¹ ɬæ³¹ õ³¹ lɛ⁴³ dʐa³¹ kʰɯ⁴³,
人（主助）分 的 自己（助）好（能够），

õ³¹ nɯ³¹ pv³¹ ɬæ⁴³ hĩ⁴³ lɛ³¹ dʐa³¹ kʰɯ⁴³,
我（主助）分 的 人（助）好（能够），

pv⁴³ nɯ³¹ zʮ³¹ gʌ⁴³ ɬa⁴³ æ⁴³ lɛ⁴³ ʂo⁴³.
分（主助）汝 神 （复数）（助）干净。

掌管吃的伙神上面，是掌管分配的汝神。上面的官员[1]分名望，下面的百姓分土地，中间分银，山谷分金，水里分鱼，岩分蜂，盐井分盐，茶场分茶，分金边麻布，分钱分家财，金边、麻布分成堆。别人来分自己得到好的，自己来分别人得到好的。为管分配的汝神们除秽。

第十段

pv⁴³ nɯ⁴³ zʮ³¹ ʁo⁴³ do³¹, nõ⁴³ dʑi³¹ dʑʌ³¹ bv⁴³, æ⁴³ ʐɯ³¹ za³¹ ba⁴³ la³¹,
分 的 汝 上面， 诺吉 王， 古时 火神，

za³¹ ba⁴³ la³¹ dʑʌ³¹ bv⁴³ tʂʰi⁴³ bv³¹ no⁴³ tʰi³¹ se⁴³.
火神 王 赤布 诺拖色 。

tsʰi⁴³ za⁴³ lɛ³¹ ɬi⁴³ di³¹ go⁴³ lo³¹, si⁴³ za³¹ zo³¹ wʌ³¹ wʌ⁴³ ɬi⁴³ hɯ⁴³,
生灵 下 平坝 地 里 ， 父亲 与 儿子 吵架（名化）了，

mi⁴³ za³¹ m³¹ wʌ³¹ wʌ⁴³ ɬi⁴³ hɯ⁴³。za³¹ ba⁴³ la³¹ lɛ⁴³ pʰo³¹,
母亲 与 女儿 吵架（名化）了。火神 （主助）逃，

ɬi³¹ ji⁴³ mv⁴³ gʌ⁴³ tʰo⁴³ lɛ⁴³ pi⁴³ ze³¹ bi³¹.
中间 的 天上（方位）（助）回去了 说。

zʮ³¹ na⁴³ zʮ³¹ ʈ³¹ dʑi⁴³ ji⁴³ lɛ⁴³ tʰʌ⁴³,
四方 山峰 的（助）到，

sɯ⁴³ ʈ⁴³ æ³¹ pʰv⁴³ nɯ³¹ na⁴³ mv⁴³ gv⁴³ lɛ⁴³ hĩ³¹,
珊瑚红公鸡（主助） 摩梭 房梁（助）站，

ɖo³¹ ʈ³¹ n̠jo⁴³ n̠jo⁴³ i⁴³, za³¹ ba⁴³ lɛ⁴³ ʁo³¹ tsʰi⁴³.

---

[1] 指汝神。

| 叫声 | 喔喔 | 做, | 火神 | （助） | 回来。 |

tsʰɿ⁴³ za³¹ lɛ⁴³ ȶɿ³¹ di³¹ go⁴³ lo³¹, dzɛ⁴³ pʰæ³¹ wʌ⁴³ pʰæ³¹ ȴɿ³¹, ɲi³¹ pʰæ⁴³ no⁴³ pʰæ³¹ ȴɿ³¹。

生灵下（助）这地里，钱 掌控 家财 掌控（定指），别人 掌控 你 掌控（定指）。

æ³¹ ji⁴³ zʋ¹³ lɛ³¹ mʌ⁴³ se³¹ nu⁴³, tsʰɿ⁴³ ji⁴³ ʂɿ¹³ hĩ⁴³ gʌ³¹ tʰʋ⁴³ kʰɯ³¹ hĩ⁴³。

去年旧（助）不完还，今年新（名化）上 出来 放 就。

χɑ⁴³ zʋ³¹ dʑi³¹ zʋ³¹ dʑo³¹, ŋv⁴³ zʋ⁴³ hæ⁴³ zʋ³¹ dʑo³¹, ʂi³¹ za⁴³ zʋ³¹ mæ⁴³ mæ³¹。

粮旧 水旧[1] 有，银旧 金旧 有，新 与 旧 连接。

nõ⁴³ dʑi³¹ dʑʌ³¹ bv⁴³ æ⁴³ zɯ³¹ za³¹ bɑ⁴³ lɑ³¹ nu³¹ ji³¹。

诺吉 王 古时 火神 （主助）祚。

za³¹ bɑ⁴³ lɑ³¹ ʔɿ³¹ lɛ⁴³ so⁴³。

火神 （复数）（助）干净。

管分配的汝神上面，是诺吉王，古时的火神，火神王赤布诺拖色[2]。生灵生活的广阔大地，父亲和儿子吵架了，母亲和女儿吵架了。火神逃跑了，说要回到天上去了。到了四面环山的山峰顶上，珊瑚红色的公鸡站在摩梭房梁上喔喔啼叫，火神然巴拉回来了。

生灵生活的广阔大地，管理钱财，管理别人的，也管理自己的。去年旧的还没有用完，今年新的就到来了。有陈粮和陈酒，有老银和老金，新旧连续。所有这些都由诺吉加布、古时然巴拉保佑。为火神们除秽。

第十一段

æ⁴³ zɯ³¹ za³¹ bɑ⁴³ lɑ³¹ ʁo⁴³ do⁴³, bv³¹ gv¹³ ɲi³¹ dzʋ³¹ kʰɯ⁴³ hĩ⁴³, ɲi³¹ ȴv¹³ nõ³¹ gʌ³¹ ɬɑ⁴³。

古时候 火神 上头 ，畜圈 牲畜 发展（能够）（名化），牲畜 放牧 诺 神 。

ze³¹ ji⁴³a⁴³ bʌ⁴³ ʁv³¹ bv³¹ pʰv³¹, so⁴³ so³¹ dʑi³¹ zʌ⁴³ bv³¹ na³¹。

夏季 高山牧场 牦牛 白，所有地方 放置 牦牛 黑。

dɑ³¹ ɬi⁴³ gv³¹ tsʰi³¹ na¹³, di⁴³ ɬi³¹ gv⁴³ ʐwæ⁴³ ʂɿ³¹,

阴坡 中间 地方 山羊 黑，平地 中间 地方 马 黄，

ŋwʌ⁴³ ɬi³¹ gv⁴³ kʰv³¹ pʰv⁴³, dʑi³¹ mv⁴³ dʑi³¹ zo⁴³ so⁴³, ʁa³¹ mv⁴³ ʁa³¹ zo⁴³ so⁴³。

村 中间 地方 狗 白，放 女 放 儿 带走，富 女 富 儿 带走。

ʁɯ³¹ mi³¹ na³¹ nu⁴³ ze³¹ v⁴³ɬo¹³ pʰv³¹ ȶi⁴³ hĩ³¹, ɲi³¹ ȴv⁴³ nõ⁴³ bi³¹ ta⁴³ nu⁴³ ji³¹。

黄牛母 黑（主助） 脊牛脑门 白 得（会），牲畜 放牧 诺（神）因为（主助）祚。

zo⁴³ mi⁴³ na³¹ nu⁴³ zo⁴³ ɬi³¹ pʰv³¹ ȶi³¹ ȶi³¹ hĩ⁴³, ɲi³¹ ȴv⁴³ nõ⁴³ bi³¹ ta⁴³ nu⁴³ ȶi³¹。

绵羊母 黑（主助） 小绵羊 白 色 得（会），牲畜 放牧 诺（神）因为（主助）得。

---

[1] 余粮剩物。
[2] 火神的两个名字。

qʰv³¹ ʂæ³¹ hĩ⁴³,	qʰv³¹ dæ³¹ hĩ⁴³,	ʁo¹³ pʰv³¹ hĩ⁴³,	mæ⁴³ pʰv³¹ hĩ⁴³,
角 长（名化），	角 短（名化），	头 白（名化），	尾 白（名化），

ȵi³¹ ɻv⁴³ nõ³¹ bi³¹ ta⁴³ nɯ³¹ ji³¹。
牲畜 放牧 诺（神）因为（主助）祚。

da³¹ ʁɑ⁴³ ɻv⁴³ dʑi³¹ ȵi³¹, mi⁴³ qʰa³¹ tɕʰi⁴³ nɯ⁴³ zo⁴³ tʰa³¹ kʰɯ³¹,
阴坡 放牧那天，竹子尖（主助）戳 不（能够），

ba³¹ ʁa³¹ ɻv⁴³ dʑi³¹ ȵi³¹, lv⁴³ bv³¹ lv⁴³ nɯ³¹ la³¹ tʰa³¹ kʰɯ³¹,
阳坡 放牧那天，石头 堆 石头（主助）打 不（能够），

kʌ⁴³ na³¹ kʰɯ⁴³ ʂæ³¹ mi³¹, æ³¹ ʐɯ⁴³ zi³¹ tʰa³¹ kʰɯ⁴³,
鹰 苍 脚 长 大，鸡 捉来 不（能够），

la³¹ mi⁴³ ȵjʌ³¹ gɯ⁴³ mi³¹, ʐwæ³¹ ʐɯ³¹ zi³¹ tʰa³¹ kʰɯ⁴³,
母虎 眼睛 宽 大，马 捉来 不（能够），

ȵi³¹ ɻv⁴³ nõ³¹ gʌ³¹ ɬa¹³ nɯ⁴³ i³¹。ȵi³¹ ɻv⁴³ nõ³¹ gʌ³¹ ɬæ⁴³ lɛ⁴³ ʂo³¹。
牲畜 放牧 诺 神 （主助）祚。牲畜 放牧 诺 神 （复数）（助）干净。

古时的火神上面，畜圈里牲畜能够发展的，是放牧牲畜的诺神。白牦牛放牧在夏季高山牧场，黑牦牛放牧在所有牲畜都可以放牧的地方。阴坡放黑山羊，平地放黄马，村寨放白狗，所有牲畜都带走自己的儿女，富人带走富儿富女。黑的黄牛生了一个脑门白的小牛儿，这是因为诺神保佑畜牧。黑的母绵羊生了一个小白绵羊，是因为诺神保佑畜牧。长角的、短角的，头白的，尾白的，是因为诺神保佑畜牧。

在阴坡放牧的那天，竹尖不刺伤；阳坡放牧的那天，滚石飞石不砸伤；长脚的老鹰，不来捉鸡儿；吊睛的母虎，不来抓马儿：是因为诺神保佑畜牧。为放牧牲畜的诺神们除秽。

第十二段

ȵi³¹ ɻv⁴³ nõ³¹ ʁo³¹ do⁴³, tʂe⁴³ zy³¹ ũʌ³¹ gʌ³¹ ɬa⁴³。
牲畜 放牧 诺 上面，地上 种 丰收 神。

tsʰo³¹ dʑi⁴³ lu³¹ ʁɯ⁴³ ʁɯ⁴³, tsʰɛ³¹ hõ⁴³ dʑi³¹ dʑi³¹ mi³¹ ȵi⁴³ gv⁴³,
初直鲁依依， 采红吉吉米 两 个，

zy³¹ na⁴³ zy³¹ ɻ³¹ dʑi⁴³ ʁo³¹ do⁴³,
四方 山峰 上头，

ʐʌ⁴³ qʰa³¹ so⁴³ dʑi³¹ pʰo⁴³, so⁴³ tsʰɨ⁴³ so³¹ gv⁴³ tʰv³¹ hv⁴³ wʌ³¹。
苦荞 三斗 撒，三 十 三倍 出得 盈。

ɻv³¹ tɕʰi⁴³ ɻv⁴³ æ³¹ lo³¹, ɻv⁴³ na⁴³ ȵi³¹ dʑi³¹ pʰo³¹,
石头多石头岩 沟，粮 黑 二斗 撒，

ȵi³¹ ɕi³¹ ȵi³¹ gv³¹ tʰv³¹ hv⁴³ wʌ³¹,

二百 二十 倍 出 得 盈，

dzi³¹ hv⁴³ bʌ³¹ di¹³ wʌ³¹, sa⁴³ mi⁴³ dzɯ³¹ ʂæ³¹ wʌ⁴³, ʐʌ⁴³ qʰa⁴³ dzɑ³¹ ʂæ⁴³ wʌ³¹,

半山 叶密多，大麻枝干高多，苦荞 穗 高多，

tsʰɨ⁴³ ȴi³¹ wʌ³¹ le³¹ i³¹ dɨ⁴³ ȵi³¹, go³¹ pʰv³¹tʰo³¹ ʂo⁴³ wʌ⁴³。

冬天 粮（助）收回那天，粮食 堆满多。

zɨ⁴³ ji³¹ wʌ³¹ le³¹ i⁴³ dɨ⁴³ ȵi³¹, dze³¹ ȴæ⁴³ ʁæ³¹ ʁæ³¹ wʌ¹³。

夏季 粮（助）收回那天，种 瘪 饱满 多。

wʌ³¹ χa⁴³ dzi⁴³ dɨ⁴³ ȵi³¹, mʌ⁴³ ʐwʌ³¹ kʰɯ³¹ hĩ⁴³。

多饭吃那天，不饿（能够）（会）。

wʌ³¹zɨ⁴³ tʰɨ⁴³ dɨ³¹ȵi³¹, ma⁴³ ʁɛ³¹ kʰɯ³¹ hĩ³¹。

多酒喝那天，不醉（能够）（会）。

tʂe⁴³ zv³¹ wʌ³¹ gʌ⁴³ ɬa⁴³ nɯ⁴³ ji³¹,

地 粮 农 神 （主助）祚，

tʂe⁴³ zv³¹ wʌ³¹ gʌ⁴³ ɬa⁴³ ȴæ⁴³ le⁴³ ʂo³¹。

地 粮 农 神 （复数）（助）干净。

掌管畜牧的诺神上面，是掌管土地收成的丰收神。初直鲁依依、采红吉吉米两个，到四面八方的山峰上头，苦荞撒三斗，收获三十三倍增产。乱石山沟里，粮食撒二斗，收获二百二十倍增产。半山树叶密又多，大麻枝叶高又多，苦荞穗儿高又多。冬季粮食收获那一天，粮食堆满仓；夏季收粮那一天，粮食瘪的、饱满的都很多；多吃饭的那一天，不会饿；多喝酒的那一天，不会醉。田地增产是因为农神保佑。为地粮农神们除秽。

第十三段

tʂe⁴³ zv³¹ wʌ³¹ ʁo⁴³ do³¹, dze³¹ tɕi⁴³ tsõ⁴³ na⁴³ ȴi³¹ tʂʰe³¹,

地 粮 农神 上面， 泉源 宗纳尔车，

zɨ³¹ mv⁴³ qʰwʌ³¹ mv³¹gv⁴³ gʌ³¹ ɬa⁴³。

山神 拦 水神 神。

ȵi⁴³ mi⁴³ tʰv⁴³, ɬv⁴³ pʰv⁴³ tʰa³¹ mv⁴³ tsʰɨ³¹,

东方，海螺白 房子 立，

i³¹ tsʰɨ⁴³ mi³¹, hæ⁴³ ʂi⁴³ tʰa³¹ mv⁴³ tsʰɨ³¹,

南方，金 黄 房子 立，

ȵi⁴³ mi⁴³ gv³¹, tʂʰwa⁴³ na⁴³ tʰa³¹ mv⁴³ tsʰɨ³¹,

西方，墨玉黑 房子 立，

hv³¹ go⁴³ lo³¹, wa³¹ ʐɯ⁴³ tʰa³¹ mv⁴³ tsʰɿ³¹,	
北方, 绿松石 房子 立,	

mv⁴³ nɯ³¹ di³¹ ɬi³¹ gv⁴³, tʂv⁴³ tʂv³¹ tʰa³¹ mv⁴³ tsʰɿ³¹。	
天 和 地 之间, 浅蓝宝石 房子 立。	

bv⁴³ ʐɯ³¹ gv³¹ gv³¹, tʰa³¹ ʐɯ⁴³ gv³¹ gv³¹,	
蒸子 房 九个, 间 房 九个,	

tʰa³¹ la⁴³ zʌ³¹ ma³¹, qwʌ⁴³ gʌ³¹ ɬa³¹, pʰv³¹ gʌ³¹ ɬa⁴³,	
锅桩石, 火塘 神, 左神 右神,[1]	

mv⁴³ dzv³¹ kʰɯ³¹ hæ⁴³ ʂɿ⁴³ zv³¹ zo⁴³ ʁo⁴³ ɬi³¹ dzi³¹ hĩ⁴³。	
碓窝 脚 金黄 小蛇 头 像（会）。	

ʂæ³¹ tʰa³¹ kʰɯ⁴³ hæ⁴³ ʂɿ⁴³ bʌ³¹ zo⁴³ ʁo⁴³ ɬi³¹ dzi³¹ hĩ⁴³。	
石磨 脚 金黄 小蛙 头 像（会）。	

dzi⁴³ gv³¹ kʰɯ³¹ hæ⁴³ ʂɿ⁴³ ɲi⁴³ mi³¹ ʁo⁴³ ɬi³¹ dzi³¹ hĩ⁴³。	
水缸 脚 金黄 鱼 头 像（会）。	

地粮农神上面，是泉源神宗纳尔车，阻拦灾祸的山神和水神。东方建海螺白色的房子，南方建金黄色的房子，西方建墨玉黑色的房子，北方建绿松石色的房子。天和地之间，建浅蓝宝石色的房子。九个[2]蒸笼一样的房子，九个客房，锅桩石、火塘神、左神、右神，碓窝脚像金黄色小蛇的头，石磨脚像金黄色小蛙的头，水缸脚像金黄色鱼的头。

第十四段

zɿ⁴³ bv³¹ gv³¹ zo⁴³ ʁæ⁴³ nɯ³¹, ʐɯ⁴³ gʌ³¹ pʰv³¹ la³¹ si³¹ zo⁴³ ʁæ⁴³。	
水神 儿 富裕 直到, 房子 住户 父 子 富裕。	

zɿ⁴³ bv³¹ gv³¹ sɛ¹³ sɛ⁴³ nɯ³¹, ʐɯ⁴³ gʌ³¹ pʰv³¹ la¹³ si³¹ sɛ⁴³ sɛ³¹。	
水神 高兴 直到, 房子 住户 父 高兴。	

hĩ⁴³ go³¹ tʰa³¹ hĩ⁴³ gʌ³¹ di⁴³ kʰɯ³¹, di⁴³ ba³¹ pʰo⁴³ ba¹³ dzʌ¹³ kʰɯ³¹,	
人 脑 聪明 人 成长（能够）, 地 庄稼 撒 庄稼 好（能够）,	

ʁæ⁴³ ɲi³¹ zʌ¹³ ɲi³¹ dzv³¹ kʰɯ⁴³,	
富 牲口 养 牲口 发展（能够）,	

zɿ³¹ mv⁴³ qʰwʌ⁴³ mv³¹ gv³¹ gʌ³¹ ɬa³¹ nɯ³¹ ji³¹。	
山神 拦 水神 神（主助）保佑,	

---

[1] 做好事不做坏事的神。
[2] 九为虚数，意为多。

zɨ³¹ mv⁴³ qʰwʌ⁴³ mv³¹ gv⁴³gʌ³¹ ɬa³¹ ɫæ⁴³ le³¹ ʂo³¹。
山神　拦　水神　　神　（复数）（助）干净。

水神的儿女富裕了，住在房屋里的人家父子才会富裕；水神高兴了，住在房屋里的人们父子才能高兴。头脑聪明的人成长了，撒在地里庄稼长好了，富裕者养牲满圈，是因为山神和水神保佑，为山神和水神们除秽。

第十五段

zɨ³¹ mv⁴³ qʰwʌ³¹ mv³¹ gv⁴³ ʁo⁴³ do³¹, na³¹ mv³¹ ʐɯ⁴³ nɯ⁴³ wʌ³¹ gʌ⁴³ ɬa³¹,
山神　拦　水神　上面，　纳人　房子（强调）灵魂　神，

wʌ³³ pʰv³¹ ŋwʌ³³ tv³¹ ʐɯ³³, sɨ³¹ ɕi⁴³ ʂæ⁴³ kʰɯ³¹ ʐɯ³¹, sɨ³¹ ɕi⁵³ gv³¹ pʰv³¹ ʐɯ⁵³,
屋架　五千房，[1]　七百　椽子　房，七百　房板　房，

ŋv³³ pʰv⁵³do³³ mi³¹, sɨ³³ wʌ³¹ li³¹ zo³¹ wʌ³¹ li⁵³, hæ³¹ sɨ⁴³ do³³ mi³¹,
银　白（左）柱，父灵魂看儿灵魂看，[2]金　黄（右）柱，

mv⁴³ wʌ³¹ mi³¹ wʌ³¹ li⁴³。ŋv⁴³ pʰv³¹ tv⁴³ tɕi⁴³,
女儿灵魂母亲灵魂看。银　白　下横梁，

hæ³¹ sɨ³¹ sɯ⁴³ ʂæ³¹, mi⁴³ ji⁴³ do³¹ ma⁴³,
金　黄　上横梁，火的　横梁，[3]

sɯ⁴³ tɕʰi³¹ gʌ⁴³ wʌ⁴³。dzɨ³¹ gv³¹ ŋwʌ³¹ tʰa³¹ do⁴³,
木　质　上直梁[4]。水　流　村　不　毁坏，

ɬa⁴³ wʌ³¹ wʌ³¹ tʰa³¹ do⁴³。sɯ⁴³ bv³¹ tʂʰv³¹ nɯ³¹ mv³¹ ʐɯ⁴³ ki⁴³ tʰa³¹ kʰɯ³¹,
风　漩涡村　不　毁坏。亡灵　所有的（主助）火　房给　不（能够），

ga³¹ dze³¹ lv⁴³ pʰv³¹ wa³¹, ʂo⁴³ dʑɨ⁴³ʁɯ⁴³ ʁɯ⁴³ lɛ³¹ tʰv⁴³ kʰɯ³¹ hĩ³¹,
嘎争[5] 石　白寨，　愿望　轻松（助）实现（能够）会，

sɨ⁴³ li³¹ bv³¹ zv⁴³ gwʌ³¹, ʐɯ³¹ mv⁴³ ɿæ³¹ dza¹³ lɛ⁴³ tʰv⁴³ kʰɯ³¹ hĩ³¹。
两个火塘之间　地方，　睡梦（复数）好（助）出（能够）（会）。

ʐɯ⁴³ nɯ⁴³ wa³¹ gʌ⁴³ ɬa³¹ nɯ⁴³ i³¹。ʐɯ⁴³ nɯ⁴³ ũa³¹ gʌ⁴³ ɬa³¹ æ⁴³ lɛ⁴³ ʂo⁴³。
房　的[6] 影　神（主助）祚。房　的　影　神（复数）（助）干净。

---

[1] 树屋架需要五千根木料。
[2] 保佑父亲，保佑儿子。
[3] 供奉火神处的横梁。
[4] 最高的竖梁。
[5] 地名。
[6] 房子相关的事情。

山神和水神上面，是摩梭房屋和灵魂的神。竖房需要五千根木头、七百根椽子、七百块房板，银白色的左柱保佑父子，金黄色的右柱保佑母女。银白色的下横梁，金黄色的下横梁，火神处的横梁，木质上直梁。洪水不要冲进村寨，旋风不要吹毁村子，亡灵不要到着火的人家里来打扰，嘎争白石寨，愿望都会轻松实现，两个火塘间的空白地，睡觉都会做好梦。这些都是因为房屋的影神保佑。为房屋的影神们除秽。

第十六段

ʐɯ³¹ tɕi³¹ dæ³¹ ɲjʌ⁴³ tɕɯ⁴³。ȵi⁴³ mi⁴³ tʰv⁴³, ɬv⁴³ pʰv⁴³ bo³¹ dæ³¹ tɕɯ⁴³。
房 放 柱础（方位）放。 东方， 海螺 白 墙 石基 放。

ji³¹ tʂʰi⁴³ mi³¹, hæ⁴³ ʂi⁴³ bo³¹ dæ³¹ tɕɯ⁴³。
南方， 金 黄 墙 石基 放。

ȵi⁴³ mi⁴³ gv³¹, tʂʰwa³¹ na⁴³ bo³¹ dæ³¹ tɕi⁴³。
西方， 墨玉 黑 墙 石基 放。

hv³¹ go⁴³ lo³¹, wa³¹ zu⁴³ bo³¹ dæ³¹ tɕi⁴³。
北方， 绿松石 墙 石基 放。

mv⁴³ nɯ³¹ di³¹ ɬi³¹ gv⁴³, tʂv⁴³ tʂv³¹ bo³¹ dæ³¹ tɕi⁴³。
天 和 地 之 间， 浅蓝宝石 墙 石基 放。

dæ⁴³ gʌ³¹ ɬɑ³¹ ɻɑ³¹ le⁴³ ʂo³¹。
石基 神 （复数）（助）干净。

房子要放在柱础上。东方，把海螺白色的墙放在石基上；南方，把金黄色的墙放在石基上；西方，把墨玉黑色的墙放在石基上；北方，把绿松石色的墙放在石基上；天地之间，把浅蓝宝石色的墙放在上面。为掌管石基的神除秽。

第十七段

dæ³¹ tɕɯ⁴³ se⁴³ ɲjʌ³¹ tɕɯ⁴³。gʌ¹³ mv⁴³ se³¹wʌ³¹ hv⁴³pɑ⁴³ dæ³¹ se³¹。
石基 放 吉地（方位）放。上方 天 吉地 苍穹 吉祥结 吉地。

mv¹³ di³¹ se¹³, hæ³¹ ʂi⁴³ pɑ⁴³ dæ³¹ tɕɯ⁴³。zɿ³¹ tse⁴³dzɿ³¹ se⁴³ʁwʌ⁴³ se⁴³,
天 地 吉地，金 黄 吉祥结 放。 山神 远山神 近山神，

ɬv¹³ ze⁴³ kʰæ⁴³ dæ³¹ do³¹ pv³¹, i⁴³ zɿ³¹ nõ³¹ pv³¹, se⁴³ gʌ³¹ ɬɑ⁴³ nɯ³¹ i³¹。
海螺 光滑 花海螺 第一，彩虹 珍宝，吉地 神 （主助）祚。

se⁴³ gʌ³¹ ɬɑ⁴³ ɻɑ³¹ le⁴³ ʂo³¹。
吉地 神 （复数）（助）干净。

石基放在吉地上。上方的吉地苍穹编结成吉祥结；天地之间的吉地，放金黄色的吉祥结；山神、远山神和近山神，白海螺、光滑花海螺数第一，彩虹珍宝，都是吉地神保佑。为吉地神们除秽。

第十八段

se⁴³ gʌ³¹ go³¹ tɨ⁴³ tɕɯ⁴³, qwʌ³¹ ji⁴³ æ³¹ si⁴³bʌ³¹ di⁴³la³¹ hv³¹,
吉地上 三脚架[1]放， 火塘的祖先（男）脚掌 虎，

qwʌ³¹ ji⁴³ æ⁴³ mi³¹sɯ³¹ ʈʳ⁴³la³¹ hv³¹。 gʌ⁴³ qwʌ³¹ zi³¹ tɕʌ³¹ ʈʂɑ⁴³ tɕʌ³¹ qwʌ³¹,
火塘的祖先（女）珊瑚珠 虎。上火塘酒煮 饭 煮 火塘，

mv⁴³ qwʌ³¹ tʂʰwa³¹ tɕʌ³¹ na³¹ tɕʌ⁴³ qwʌ³¹。 ɬi³¹ gv⁴³ qwʌ³¹,
下 火塘肥肉 煮 瘦肉煮 火塘。 中 火塘，

tsʰɨ⁴³ tɨ³¹ dzi³¹ tɕʌ⁴³ ma⁴³ tɕʌ³¹ qwʌ³¹, zɛ⁴³ ji³¹ tʂʰwa³¹ tɕʌ³¹ na³¹ tɕʌ⁴³ qwʌ³¹。
冬 季 水 煮 猪油煮 火塘，夏季 肥肉 煮 瘦肉 煮 火塘。

gv⁴³ di³¹ æ³¹ v³¹ mi³¹, ʂe³¹ v³¹ qwʌ³¹ nv³¹ mi¹³,
九 地铜 锅 只， 铁锅 火塘 心，

χo⁴³ di⁴³ ʂe³¹ pʰv³¹ mi³¹, ʂe³¹ v³¹ qwʌ³¹ nv³¹ mi⁴³。pʰv⁴³ nɯ⁴³ ɬa³¹ χɑ³¹ tɕʌ⁴³,
铁匠铺[2]铁 白 只， 铁锅火塘 心 。 白 和神饭煮，[3]

ɖo⁴³ nɯ⁴³ se³¹ χɑ³¹ tɕʌ⁴³, qʰwʌ⁴³ χɑ³¹ di³¹ χɑ⁴³ tɕʌ³¹,
董 和 色 饭 煮，内亲 饭 外戚 饭 煮，

ʁæ⁴³ nɯ⁴³ ɲi³¹ χɑ⁴³ tɕʌ⁴³, fv⁴³ nɯ⁴³ dʐa³¹ χɑ⁴³ tɕʌ³¹,
富裕 和牲畜 饭 煮，欢喜 和 好的 饭 煮，

zo⁴³ χɑ⁴³ mv³¹ χɑ³¹ tɕʌ⁴³。qwʌ⁴³ nɯ⁴³ pʰv³¹ gʌ³¹ ɬa³¹ nɯ⁴³ ji³¹。
儿 饭 女 饭 煮 。火塘 和左神 右神 （主助）祚。

qwʌ⁴³ nɯ⁴³ pʰv³¹ gʌ³¹ ɬa³¹ ɬæ³¹ le⁴³ ʂo³¹。
火塘 和 左神 右神 （复数）（助）干净。

    吉地上架起三脚架，建火塘的男祖先像老虎一样威猛，建火塘的女祖先像有老虎斑纹似的珠宝一样美丽。上火塘煮酒煮饭，下火塘煮肥肉瘦肉，中火塘冬季煮水煮猪油，夏季煮肥肉和瘦肉。

    九个地方生产的铜锅。铁锅是火塘的心，铁匠铺打造的铁锅，铁锅是火塘的心。给白神和神煮饭，给董神和色神煮饭，给亲戚和朋友煮饭，给财富的和财产煮饭，给欢喜的和好事煮饭，给儿女煮饭，这些都是因为火塘神、左神和右神保佑。为火塘神、左神和右神们除秽。

---

[1] 锅庄的支架。
[2] 特指。
[3] 煮白神饭的。

第十九段

qwʌ⁴³ nɯ⁴³ pʰv³¹ ʁo³¹ do⁴³, dʑ⁴³ kʰv⁴³ tsʰe³¹ ɲi³¹ ɬi⁴³。
火塘 和 白神 上头 ， 一年 十 二 月 。

kʰv³¹ gʌ³¹ ɬa⁴³, kʰv³¹ zi⁴³ hĩ⁴³ gʌ³¹ ɬa⁴³, dʑ³¹ ɬi⁴³ so³¹ tsʰi³¹ χa⁴³, χa³¹ zi³¹ hĩ⁴³ gʌ⁴³ ɬa³¹, le³¹ ʂo³¹。
年神 ， 年 控制（名化）神 ， 一月 三 十 晚 ， 晚掌控的 神 ，（助）干净 。

ɲi⁴³ mi⁴³ tʰv⁴³, kʰv³¹ si⁴³ pʰi⁴³, ɬi³¹ si⁴³ pʰi⁴³。
东方 ， 年 司沛 ， 月 司沛 。[1]

ji³¹ tʂʰɨ⁴³ mi³¹, kʰv³¹ bʌ⁴³ ʂɨ³¹, ɬi³¹ bʌ⁴³ ʂɨ³¹。
南方 ， 年 关 新 ， 月 关 新 。

ɲi⁴³ mi⁴³ gv³¹, kʰv³¹ da³¹ fv³¹, ɬi³¹ da⁴³ fv³¹。
西方 ， 年 达 夫[2]， 月 达 夫 。

hv³¹ go⁴³ lo³¹, kʰv³¹ dze³¹ kʰɯ⁴³, ɬi³¹ dze⁴³ kʰɯ³¹, le⁴³ ʂo³¹。
北方 ， 年 百姓 ， 月 百姓 ，（助）干净 。

火神和白神上面，一年十二个月。年神，即掌控年的神；一月三十个晚上，掌控夜晚的神。为这些神除秽。东方，是祖先的年神和月神；南方，是新关卡的年神和月神；西方，是达巴的年神和月神；北方，是百姓的年神和月神。为这些神除秽。

第二十段

kɯ⁴³ zi³¹ hĩ⁴³, χa³¹ zi³¹ hĩ⁴³, gʌ³¹ ɲjʌ⁴³ dzi⁴³ hv⁴³ bv³¹ si³¹。
星 掌控（名化），日子 掌控（名化），上面（方位）栎 枝 插起 。

tʰo³¹ pʰv⁴³ sɯ⁴³ ʨæ⁴³, æ⁴³ kʰɯ³¹ dzi³¹ ʂɨ⁴³,
松木 桌子 ， 蔓菁 筷子 ，

sɯ⁴³ ʁo⁴³ sɯ⁴³ ɬi⁴³, ga³¹ pʰv⁴³ ga³¹ li⁴³,
树上的果实 ， 米花 米片 ，

gv⁴³ kʰv³¹ tʂʷa³¹, ʂɨ³¹ kʰv³¹ na¹³, dzi³¹ tsʰi³¹ tsʰi⁴³, dzi³¹ bʌ³¹ qe³¹,
九 年 肥肉 ， 七 年 瘦肉 ， 水 烫 碗 ， 水 冷 油 ，

dʑi¹³ ɲi⁴³ ʂe⁴³, æ³¹ se⁴³ ʂe⁴³, dʑi³¹ ʁo⁴³ dʑi³¹ kʰv¹³,
水 鱼 肉 ， 岩 岩 羊肉 ， 水 里 石 花 菜 ，

mʌ⁴³ ʂo⁴³ ʨæ³¹ le⁴³ ʂo³¹。 ʂo⁴³ se³¹ dzo³¹ mv¹³ ɬi⁴³ le³¹ tɕʰi⁴³。
不 干净（复数）（助）干净 。 干净 了 有 下（名化）（助）丢 。

---

[1] 东方住着管年司沛、月司沛的神。
[2] 达巴、东巴的古称。

掌控星宿的，掌控日子的，上面插上栎树枝，摆上松木桌子、蔓菁木筷子、树上的果实、米花米片、保存了九年的肥肉、保存了七年的瘦肉、一碗烫水、满碗的冷油、水中的鱼肉、山崖上的岩羊肉、水里的石花菜，不干净的要除秽。除秽是把这些不干净的丢出去。

第二十一段

a⁴³ so⁴³ tʂʰæ³¹ qɛ⁴³ dzo³¹, mv⁴³ nɯ³¹ la³¹ qɛ⁴³, ʐɯ¹³ tʂʰæ³¹ so⁴³ dzo³¹,
刚才　秽　烧[1] 有，火（主助）（助）烧，家　秽　火烟，

dzi³¹ nɯ³¹ lɛ³¹ kʰɯ⁴³。pʰv⁴³ la⁴³ gʌ⁴³ ɬa⁴³ ɻæ³¹,
水（主助）（助）灭。左神和　右神（复数），

ɭ³¹ pv⁴³ tʂʰv³¹tse⁴³ di³¹ʌ³¹ ga⁴³ ɻæ³¹。pʰv⁴³ la⁴³ gʌ³¹ ɬa³¹ ɻæ³¹,
很好的　柏香树　阿咖拉[2]。左神和　右神（复数），

ʂwa³¹ ɻv⁴³ mv³¹ gʌ⁴³ ɬa⁴³ ɻæ³¹, hv⁴³ ɻv⁴³ di³¹ gʌ³¹ ɬa¹³ ɻæ³¹,
高　处天　神（复数），低处地　神（复数），

di³¹ gʌ³¹ ɬa¹³ ɻæ³¹ lɛ⁴³ ʂo⁴³。mv³¹ za³¹ di³¹ qwʌ³¹ ki⁴³,
地　神（复数）（助）干净。天　与　地　之间，

zi̠³¹ mv⁴³zi̠³¹ tse⁴³ ɻæ³¹ lɛ⁴³ ʂo⁴³。
水神[3]　山神（复数）（助）干净。

gv⁴³ tʂʰæ³¹ bv³¹ dzo³¹ ɲi¹³, bv³¹ gʌ³¹ ɬa⁴³ ɻæ⁴³ lɛ⁴³ ʂo³¹。
九　代　念经　有　是，念经　神（复数）（助）干净。

ʂi³¹ tʂʰæ¹³ pʰæ³¹ dzo³¹ ɲi⁴³, pʰæ³¹ gʌ³¹ ɬa¹³ ɻæ⁴³ lɛ⁴³ ʂo³¹。
七　代　占卜　有　是，占卜　神（复数）（助）干净。

pʰv⁴³ la⁴³ gʌ³¹ ɬa⁴³ ɻæ³¹, pʰv⁴³ la⁴³ tʂʰi⁴³ ɲja³¹ qʰv⁴³ mʌ⁴³ tʰa⁴³ ɻa³¹,
左神和　右神（复数），左神　右神　这　类　声音　不　响（名化），

qʰv⁴³ tʰa⁴³ lɛ³¹ i³¹ hv⁴³。
声音　响（助）做起。

do⁴³ se³¹ tʂʰi³¹ ɲja³¹, ɲja³¹ mʌ³¹ tʰa³¹ ɻa⁴³, ɲja³¹ tʰa³¹ lɛ⁴³ i⁴³ hv⁴³。
董色这　类，眼　不　亮（名化），眼　亮（助）做起。

ɭ³¹ pv⁴³ tɕʰi³¹tse³¹ di³¹mv⁴³ qʰv⁴³ lɛ⁴³ ʂo³¹。
　绝好的　柏香树　火烟（助）干净。

---

[1] 燃料为蒿枝 /ʐɯ³¹ba¹³/。
[2] 烧香用的矮灌木。
[3] 水的古语。

刚才除秽了，用火烧，家里除秽的火烟用水来灭。左神右神们，绝好的柏树和阿咖拉。左神右神们，在高处的天神，在低处的地神，为这些神除秽。天地间的水神、山神们，为他们除秽。（达巴）诵经九代（的福泽），为诵经的神除秽；（达巴）占卜七代（的福泽），为占卜的神除秽。左神右神们，让声音不响亮的又响亮起来。董神和色神这类，让不亮的眼睛又亮起来。用绝好的柏香火烟为他们除秽。

<h3 style="text-align:center">第二十二段</h3>

di³¹ dʐɑ⁴³ ŋwʌ³¹ nɯ⁴³ dzu³¹, ŋwʌ³¹ zo⁴³ zv⁴³ v⁴³ tɨ⁴³。
地 好 哇（主助）住， 哇 儿 孙（名化）。

ʁv⁴³ pʰv³¹ tsʰɨ⁴³ do³¹ ji⁴³, tsʰɨ⁴³ do³¹ mʌ³¹ tɕʰi³¹ ji⁴³ mʌ³¹ gv⁴³。
鹤 白 冬季 节日 做， 这 节 不 丢 做 不 会。

bæ⁴³ nɑ³¹ zɨ³¹ do³¹ ji⁴³, ze³¹ do¹³ mʌ³¹ næ⁴³ i⁴³。 ʁo⁴³ zv³¹ zɯ³¹ le³¹ sɑ¹³,
鸭 黑 夏季 节日 做， 夏季 节 不 避 做。 保佑 家（助）迎接，

ʁɑ¹³ li³¹ zɯ³¹ le³¹ sɑ¹³, so³¹ tʂʰæ¹³ zɯ³¹gʌ³¹ɬɑ⁴³ tæ³¹ gi³¹。
护祚 家（助）迎接， 三 代 家神[1]（复数）（对象）。

ʂwa³¹ tv³¹ mv⁴³ gʌ⁴³ ɬɑ³¹ tæ³¹ ʁo³¹ da³¹,
高 处 天 神（复数）面前，

zu³¹ ʂæ³¹ χɑ³¹ ji⁴³ mʌ⁴³ mv³¹ le³¹ dzv³¹。
命 长 福 有 油灯（助）点。

di³¹ bi⁴³ dzo³¹, ba³¹ ʐv⁴³ ɲi³¹ le³¹ dɨ³¹ kʰɯ³¹。
地 片 有， 花 似的 是（助）得（能够）。

do⁴³ no⁴³ se⁴³ no³¹ tæ³¹ ʁo³¹ da³¹, zu³¹ ʂæ³¹ χɑ³¹ ji⁴³ mʌ⁴³ mv³¹ le³¹ dzv³¹。
董 你[2] 色 你（复数）面前， 命 长 福 有 油灯（助）点。

do⁴³ zo¹³ zɯ⁴³ ʂæ⁴³ kʰɯ⁴³, se³¹ zo⁴³ χɑ³¹ i⁴³ kʰɯ⁴³, mʌ³¹ mv³¹ tʰɑ⁴³ nɯ⁴³,
董 子 命 长（能够）， 色 子 福 有（能够）， 油灯 亮（直到），

hĩ³¹ tʰɑ⁴³ gʌ³¹ ti⁴³ kʰɯ⁴³。 mʌ³¹ mv³¹ ze¹³ nɯ⁴³, hĩ³¹ ze⁴³ gʌ³¹ ti⁴³ kʰɯ⁴³。
人 聪明 成长（能够）。 油灯 美（直到）， 人 美 成长（能够）。

zu⁴³ ʂæ⁴³ χɑ³¹ ji⁴³ mʌ³¹ mv⁴³ le³¹ dzv³¹。
命 长 福 有 油灯（助）点。

[1] 去世的祖先称为家神。
[2] 指董神。

哇家住在好的地方，哇家的儿孙们。冬天是白鹤的节日，这个节日不能丢。夏季是黑鸭的节日，这个节日不能躲避。迎请保佑家庭的祖先下来，迎请看护家庭的祖先下来，三代的家神们。高处的天神面前，给他们点灯，请他们保佑人们长寿有福，保佑地上人间变成花海。在董神、色神面前，给他们点灯，请他们保佑人们长寿有福。董神的儿女长寿，色神的儿女有福。明亮的油灯照亮，人就聪明能干。明亮的油灯照亮人们，愿人们美丽英俊地成长起来。给神们点求福祈寿灯。

第二十三段

di³¹ dʑa⁴³ ŋwʌ³¹ nu⁴³ dzɯ³¹, ŋwʌ³¹ zo⁴³ zv⁴³ v⁴³ ʈɨ⁴³。
地 好 哇（主助）住， 哇 儿 孙（名化）。

ʁv⁴³ pʰv³¹ tsʰɨ⁴³ do³¹ i⁴³, tsʰɨ⁴³ do³¹ mʌ³¹ tɕʰi³¹ ji⁴³ mʌ³¹ gv⁴³。
鹤 白 冬季 节日 做，这 节 不 丢 做 不 会。

bæ⁴³ na³¹ zɨ³¹ do³¹ ji⁴³, ze³¹ do¹³ mʌ³¹ næ⁴³ i⁴³。ʁo⁴³ zv³¹ zɯ³¹ le³¹ sɑ¹³,
鸭 黑 夏季 节日 做，夏季 节 不 避 做。保佑 家（助）迎接，

ʁɑ¹³ li³¹ zɯ³¹ le³¹ sɑ¹³, so³¹ tʂʰæ¹³ zɯ³¹ gʌ³¹ɬɑ⁴³ ʈæ³¹ gi³¹。
护祚 家（助）迎接， 三 代 家神（复数）（对象）。

æ⁴³ ʂæ⁴³ mv³¹ ze⁴³ tʰv³¹ nu³¹ gʌ⁴³, tsʰɨ³¹ di⁴³ tsʰɨ³¹ dɑ³¹ qɑ⁴³,
从前 天 美 晴（的）上， 次第 次达 帮，

a³¹ ʁɑ⁴³ lɑ⁴³ kʰv³¹ tʰv⁴³。ʁɑ⁴³ lɑ⁴³ tʂʰe⁴³ tʰɑ³¹ ʁɑ⁴³,
阿阿拉 生肖 出现。阿拉 十 种 做，

tʂʰe⁴³ ʁɑ⁴³ lɑ⁴³ nu³¹ pi⁴³。mv³¹ ʈɨ⁴³ na³¹ bʌ³¹ i⁴³,
十 阿拉（主助）（将）。天（名化）纳 一半 做，

na³¹ bʌ³¹ dzɯ⁴³ so³¹ tɕʰʌ⁴³, so³¹ tɕʰʌ⁴³ gʌ³¹ mʌ³¹ ɬɑ⁴³。
纳 一半 人 三 截，[1] 三 截 上 不 超过。

哇家住在好的地方，哇家的儿孙们。冬天是白鹤的节日，这个节日不能丢。夏季是黑鸭的节日，这个节日不能躲避。迎请保佑家庭的祖先下来，迎请看护家庭的祖先下来，三代的家神们。

从前天美丽晴朗，次第次达帮助地上的人们，阿阿拉带来十二属相。阿拉想做十件事情，人们学习这十样。天家所做一半是纳家所做的事情，有天家的帮助，纳人所做的事超出一般人三截，没有超过这三截的。

---

[1] 天帮助摩梭人，摩梭人超过普通人三截。dɯ³³ᐟ⁵³tɕʰʌ³¹，从肘关节到拳头的长度。

第二十四段

tʰv⁴³ do³¹ hĩ⁴³ mʌ³¹ dzo³¹, mv⁴³ i³¹ gv³¹ tʂæ³¹ qʰv⁴³。
它 看见人不 有， 天 的 古扎克[1]。

gv⁴³ tʂæ¹³ kɯ³¹ qʰvʌ³¹ ɹv⁴³, qʰv³¹ ɹv⁴³ kɯ³¹ mʌ⁴³ dzv⁴³,
古扎 克星 六颗， 六 颗星 不 余，

qʰv³¹ ɹv⁴³ mv³¹ mʌ³¹ mæ⁴³, tʰɯ⁴³ do³¹ hĩ⁴³ mʌ³¹ dzo⁴³。
六 颗下 不 尾[2]， 它 看见人 不 有。

ʂɿ⁴³ hõ³¹ ʂɿ³¹ tʰo³¹ tɕo⁴³, dʑi³¹ χɑ⁴³ ʂɿ⁴³ tʰo³¹ tɕo⁴³, zɿ⁴³ bv³¹ gv³¹ lɛ³¹ hɯ⁴³,
是洪[3]七轮 转， 一 晚 七 轮 转， 天 背 落（助）去，

tʰv⁴³ do³¹ hĩ⁴³ mʌ³¹ dzo³¹, gʌ³¹ ɹ⁴³ mv⁴³ nɯ³¹ do³¹。
它 看见人 不 有， 上（名化）天（主助）看见。

mv⁴³ bv³¹ hæ³¹ ʁo³¹ ʂo¹³,
天 念 金 前面引导，

mv³¹ ɹv⁴³ se⁴³ gʌ³¹ dɑ³¹ fv³¹ nɯ⁴³ mv⁴³ dɑ³¹ fv⁴³ lɛ³¹ di³¹,
天 处 塞格 达夫（主助）天 达夫 （助）请，

mv⁴³ kʰi³¹ gv⁴³ lɛ³¹ dzɯ⁴³。 ɕɯ⁴³ pʰv³¹ tsʰe³¹ di³¹ di⁴³,
天 边 角 （助）住。 稻谷 白 十 地 地[4]，

ʁv⁴³ pʰv³¹ mi³¹ lɛ³¹ ʂo⁴³。 ʁv⁴³ pʰv³¹ tsʰɿ⁴³ do³¹ i⁴³ dzo³¹,
鹤 白 大（助）教。 鹤 白 冬 节 做 有，

tsʰɿ⁴³ do³¹ mʌ³¹ tɕʰi⁴³ i⁴³ bo³¹ hɯ⁴³。 bæ⁴³ nɑ³¹ mi³¹ lɛ³¹ ʂo⁴³,
冬 节 不 丢 做继续去。 鸭黑 大 （助） 教，

bæ⁴³ nɑ³¹ zɿ³¹ do³¹ i⁴³, zɿ⁴³ do³¹ mʌ³¹ næ⁴³ i³¹。
鸭 黑 夏季节日做， 夏季节 不 避 做。

zwʌ³¹ ɹ⁴³ zɯ⁴³ χɑ⁴³ ki³¹, ʁo⁴³ zʉ³¹ zɯ³¹ lɛ³¹ sɑ¹³,
饿（名化）家 饭 给，[5] 保佑 家 （助）迎接，

ʁɑ¹³ li³¹ zɯ³¹ lɛ³¹ sɑ¹³, ʁɑ³¹ zɯ³¹ zɯ⁴³ bv³¹ zɯ³¹ lɯ⁴³ ɹi⁴³。
护祚 家（助）迎接， 整个 家 念 家 分（名化）。

zɯ⁴³ dzo³¹ zɯ⁴³ njʌ⁴³ ʂɿ³¹, ʂɿ³¹ ʂɿ³¹ mv⁴³ nɯ⁴³ ʂɿ³¹, ʂɿ³¹ ʂɿ³¹ mʌ³¹ qɑ⁴³ i⁴³,
家（话题）家（方位）献， 献 献 下（从由）献， 献 献 不 差别做，

---

[1] 星名。
[2] 尾随。
[3] 星名。
[4] 重复表量大。
[5] 祖先饿了。

da³¹ fv⁴³ ʁɯ⁴³ nɯ⁴³ so⁴³。

达夫　别人（主助）教。

没有看见它的人，天上的古扎克星。古扎克有六颗星，六颗没有多余，后面也不出现其他的星，没有看见它的人。是洪星一晚转七轮，落到天背后没人看见，只有上方的天看见。

上天念经时好像金子在带路，天家的赛格达夫，请下天家的达夫，在天边角落住下。白谷种在十个地方，由大白鹤来教。冬天是白鹤的节日，每个冬节不丢地做下去。夏天是黑鸭的节日，由大黑鸭来教，每个夏天不躲避地做下去。（祖先）饥饿，用家里的饭供养，迎请保佑家庭的祖先下来，迎请护祚家人的祖先下来。全家为祖先诵经，分开好与坏。给家里的祖先献祭，从近祖到远祖，没有差别地献祭。这些是别人这样教给达夫的。

第二十五段

mv⁴³ li³¹ kɯ³¹ ʂwa⁴³ hɯ⁴³，kɯ³¹ pʰo³¹ ɭv³¹ dʑi³¹ hɯ⁴³，kɯ³¹ mæ⁴³ sæ⁴³ sæ⁴³ hɯ³¹。

天　看　星　高　了，星　逃　地　大　了，星　尾　闪闪　了。

zɯ³¹ gv⁴³ mv⁴³ ʂwa³¹ hɯ³¹，zɯ³¹ ũʌ⁴³ mv³¹ gɯ¹³ hɯ³¹。

子顾[1]　天　高　了，子顾　光　天　阔　了。

dʑi³¹ pʰv⁴³ ʂæ³¹，dʑi³¹ na³¹ mæ⁴³ ʂæ³¹ hɯ³¹，lo⁴³ na³¹ gwʌ³¹ gɯ³¹ hɯ³¹。

水　白　长，水　黑　尾　长　了，谷　大　宽阔　了。

mv¹³ di³¹ sɯ³¹ lɛ³¹ ʁv⁴³ pv³¹，di⁴³ ɭv⁴³ sa⁴³ ba³¹ sa⁴³ la³¹ zo⁴³。

下　地　（此句含义不详），地　家　各种　活　男。

di³¹ da³¹ fv⁴³ lɛ⁴³ di³¹，di³¹ kʰi⁴³ gv³¹ lɛ⁴³ dzɯ³¹。

地　达夫（助）请，地　边　角（助）住。

ɕɯ⁴³ pʰv³¹ tsʰe³¹ di³¹ di⁴³，ʁv⁴³ pʰv³¹ mi³¹ lɛ³¹ so⁴³。

稻谷　白　十　地　地，鹤　白　大（助）教。

ʁv⁴³ pʰv³¹ tsʰi⁴³ ɖo³¹ i⁴³，tsʰi⁴³ ɖo³¹ mʌ³¹ tɕʰi⁴³ i⁴³ bo³¹ hɯ⁴³。

鹤　白　冬季　节日　做，冬　节　不　丢　做　继续　去。

bæ⁴³ na³¹ mi³¹ lɛ³¹ so⁴³，bæ⁴³ na³¹ ʑi³¹ ɖo³¹ i⁴³，ze³¹ ɖo¹³ mʌ³¹ næ⁴³ i⁴³。

鸭　黑　人（助）教，鸭　黑　夏季　节日　做，夏季　节　不　避　做。

zwʌ³¹ ɭ⁴³ zɯ³¹ χa⁴³ ki³¹，ʁo⁴³ zv³¹ zɯ³¹ lɛ³¹ sa¹³，

饿（名化）家　饭　给，保佑　家（助）迎接，

ʁa¹³ li³¹ zɯ³¹ lɛ³¹ sa¹³，ʁa³¹ zɯ³¹ zɯ⁴³ bv³¹ lɯ³¹ ɭi⁴³。

护祚　家（助）迎接，整个　家　念　家　分（名化）。

---

[1] 星名。

ʑɯ⁴³ dzo³¹ ʑɯ⁴³ njʌ⁴³ ʂɨ³¹, ʂɨ³¹ ʂɨ⁴³ mv³¹ nɯ⁴³ ʂɨ³¹,

家（话题）家 （方位）献，献 献 下（从由）献，

ʂɨ³¹ ʂɨ⁴³ mʌ³¹ qa⁴³ i⁴³, da³¹ fv⁴³ ʁɯ⁴³ nɯ⁴³ so⁴³。

献 献 不 差别 做， 达夫 别人（主助）教。

看天时星星比天高，流星比地大，星星光芒四射。子顾星比天高，星光洒下来，白水长，黑水尾巴长，大山谷宽阔啊。地家的儿子各种各样的事情都会做，地家的达夫请来，住在地的角落里。白谷种在十个地方，由大白鹤来教。冬天是白鹤的节日，每个冬节不丢地做下去。夏天是黑鸭的节日，由大黑鸭来教，每个夏天不躲避地做下去。（祖先）饥饿，用家里的饭供养，迎请保佑家庭的祖先下来，迎请护祚家人的祖先下来。全家为祖先诵经，分开好与坏。给家里的祖先献祭，从近祖到远祖，没有差别地献祭。这些是别人这样教给达夫的。

第二十六段

di⁴³ gʌ⁴³ zʌ³¹ ũʌ⁴³ hɯ³¹, zʌ³¹ ũʌ⁴³ bo³¹ di³¹ hɯ¹³,

地 上 路 吃（草）了， 路 吃（草）毕 得 了，

zʌ³¹ tsʰɛ¹³ lv⁴³ na³¹ hɯ³¹。tsu⁴³ tʰv⁴³ tsu⁴³ mʌ⁴³ tʰv⁴³, a⁴³ pa³¹ do³¹ sɯ³¹ tʰv⁴³。

路 改 石 铺 遍 了。人 出 人 未 到， 阿巴董 先 到。

do³¹ da³¹ fv⁴³ lɛ⁴³ di⁴³, do³¹ ɪv⁴³ tʂʰwa⁴³ na⁴³ ʑɯ⁴³ lɛ³¹ dzu³¹。

董 达夫（助）请， 董 家 墨玉 黑房（助）住。

ɕɯ⁴³ pʰv³¹ tsʰe³¹ di³¹ di⁴³, ʁv⁴³ pʰv³¹ mi³¹ lɛ³¹ so⁴³。

稻谷 白 十 地 地， 鹤 白 大（助）教。

ʁv⁴³ pʰv³¹ tsʰi⁴³ do³¹ i⁴³, tsʰi⁴³ do³¹ mʌ³¹ tɕʰi⁴³ i⁴³ bo³¹ hɯ⁴³。

鹤 白 冬季 节日 做， 冬 节 不 丢 做继续去。

bæ⁴³ na³¹ mi³¹ lɛ³¹ so⁴³, bæ⁴³ na³¹ zɨ³¹ do³¹ i⁴³, ze³¹ do¹³ mʌ³¹ næ⁴³ i⁴³。

鸭 黑 大（助）教， 鸭 黑 夏季 节日 做， 夏季节 不 避 做。

ʑwʌ³¹ ɪ⁴³ ʑɯ³¹ χa⁴³ ki³¹, ʁo⁴³ zy³¹ ʑɯ³¹ lɛ³¹ sa¹³,

饿（名化）家 饭 给， 保佑 家（助）迎接，

ʁa¹³ li³¹ ʑɯ³¹ lɛ³¹ sa¹³, ʁa³¹ ʑɯ³¹ ʑɯ⁴³ bv³¹ ʑɯ³¹ lu³¹ ti⁴³。

护祚 家（助）迎接， 整个 家 念 家 分（名化）。

ʑɯ⁴³ dzo³¹ ʑɯ⁴³ njʌ⁴³ ʂɨ³¹, ʂɨ³¹ ʂɨ⁴³ mv³¹ nɯ⁴³ ʂɨ³¹,

家（话题）家 （方位）献， 献 献 下（从由）献，

ʂɨ³¹ ʂɨ⁴³ mʌ³¹ qa⁴³ i⁴³, da³¹ fv⁴³ ʁɯ⁴³ nɯ⁴³ so⁴³。

献 献 不 差别 做， 达夫 别人（主助）教。

牲畜到地上路边去吃草，吃到整个田埂的青草。路上遍布石头。人类没有诞生的时候，阿巴董先到了。董家的达夫先请来，董家住在墨玉黑色的房子里。白谷种在十个地方，由大白鹤来教。冬天是白鹤的节日，每个冬节不丢地做下去。夏天是黑鸭的节日，由大黑鸭来教，每个夏天不躲避地做下去。（祖先）饥饿，用家里的饭供养，迎请保佑家庭的祖先下来，迎请护祚家人的祖先下来。全家为祖先诵经，分开好与坏。给家里的祖先献祭，从近祖到远祖，没有差别地献祭。这些是别人这样教给达夫的。

第二十七段

ɖo⁴³ gʌ³¹ ʁv⁴³ pʰv⁴³ huɯ⁴³, se⁴³ gʌ³¹ χa³¹ i⁴³ huɯ⁴³,
董 上 鹤 白 去，色 上 福 有 去，

ɖo⁴³ gʌ³¹ pʰv⁴³ tʰi⁴³ dzɯ³¹, pʰv³¹ zo⁴³ pʰv³¹ dʑ³¹ ɹv⁴³,
董 上 神（助）坐，神 子 神 一 个，

pʰv⁴³ da³¹ fv⁴³ lɛ⁴³ di⁴³。
善 达夫（助）请。

ɕɯ⁴³ pʰv³¹ tsʰe³¹ di³¹ di⁴³, ʁv⁴³ pʰv³¹ mi³¹ lɛ³¹ so⁴³。
稻谷 白 十 地 地，鹤 白 大（助）教。

ʁv⁴³ pʰv³¹ tsʰɨ⁴³ ɖo³¹ i⁴³, tsʰɨ⁴³ ɖo³¹ mʌ³¹ tɕʰi⁴³ i⁴³ bo³¹ huɯ⁴³。
鹤 白 冬季 节 做，冬 节 不 丢 做 继续 去。

bæ⁴³ na³¹ mi³¹ lɛ³¹ so⁴³, bæ⁴³ na³¹ zɨ³¹ ɖo³¹ i⁴³, ze³¹ ɖo¹³ mʌ³¹ næ⁴³ i⁴³。
鸭 黑 大（助）教，鸭 黑 夏季 节日 做，夏季 节 不 避 做。

zwʌ³¹ ɻ⁴³ zɯ³¹ χa⁴³ ki³¹, ʁo⁴³ zv³¹ zɯ³¹ lɛ³¹ sa¹³,
饿（名化）家 饭 给，保佑 家（助）迎接，

ʁɑ¹³ li³¹ zɯ³¹ lɛ³¹ sa¹³, ʁɑ³¹ zɯ³¹ zɯ⁴³ bv³¹ zɯ³¹ lɯ³¹ ɹi⁴³。
护祚 家（助）迎接，整个 家 念 家 分（名化）。

zɯ⁴³ dzo³¹ zɯ⁴³ ɲjʌ⁴³ ʂɨ³¹, ʂɨ³¹ ʂɨ⁴³ mv³¹ nuɯ⁴³ ʂɨ³¹,
家（话题）家（方位）献，献 献 下（从由）献，

ʂɨ³¹ ʂɨ⁴³ mʌ³¹ qa⁴³ i⁴³, da³¹ fv⁴³ ʁɯ⁴³ nuɯ⁴³ so⁴³。
献 献 不 差别 做，达夫 别人（主助）教。

董家上面白鹤降，色神上面有福临。董家上面坐着白神。白谷种在十个地方，由大白鹤来教。冬天是白鹤的节日，每个冬节不丢地做下去。夏天是黑鸭的节日，由大黑鸭来教，每个夏天不躲避地做下去。（祖先）饥饿，用家里的饭供养，迎请保佑家庭的祖先下来，迎请护祚家人的祖先下来。全家为祖先诵经，分开好与坏。给家里的祖先献祭，从近祖到远祖、没有差别地献祭。这些是别人这样教给达夫的。

第二十八段

phv43 gʌ31 mv43 thv43 huɯ43, ɬa43 gʌ31 di43 qho31 huɯ43, la31 lo43ʐo31 gʌ31 tv43,
左神 上 天 晴 了，右神 上 地 广 了，拉鲁[1] 优格家，

ʐo31 gʌ13 hõ31 tv43 kv43, ʐo31 gʌ13 hõ31 mæ13 kv43, luɯ31 ʁɯ43 gv31 ʐo31 ɕɯ43,
优格家 八 千 支，优格家 八 万 支，鲁依[2] 九 子 养，

sɛ31 sɛ13 gv43 ʐo31 ɕɯ43, luɯ31 ʁɯ43 gv31 mv43 hwʌ13。
婚配 九 子 养，鲁依 九 儿女 群。

左神的上面天空晴朗，右神到广阔的大地上，优格家的拉鲁，优格家兴旺如有八千枝桠，优格家兴旺如有八万根。鲁依养九儿，欢喜养九儿，九儿住一家。

第二十九段

tɑ43 nɯ31 ʐʌ31 mʌ43 sa31, ma43 nɯ31 ʐʌ31 kɯ43 tʂhɨ31,
马（主助）蔓菁 吃，马（主助）圆根 吃，

ʐo31 dʑi13 sɯ31 nɯ43 ʂo43,
子 大 父（主助）领，

to43 khɯ31 phv43 lɛ43 huɯ43, gʌ31 njʌ43 phv43 lv43ʁv43 dzɯ31 tv31,
坡 脚 密布[3] 去，上面（方位）氆氇 藏族 家，

da43 fv31 ʁɯ43 lɛ43 di43。
达夫 能干（助）请。

ɕɯ43 phv31 tshe31 di31 di31, ʁv43 phv31 mi31 lɛ31 so43。
稻谷 白 十 地 地，鹤 白 大（助）教。

ʁv43 phv31 tshɨ43 ɖo31 i43, tshɨ43 ɖo31 mʌ31 tɕhi43 i43 bo31 huɯ43。
鹤 白 冬季 节日 做，冬节 不 丢 做 继续 去。

bæ43 na31 mi31 lɛ31 so43, bæ43 na31 ʐɨ31 ɖo31 i43, ʐe31 ɖo13 mʌ31 næ43 i43。
鸭 黑 大（助）教，鸭 黑 夏季 节日 做，夏季节 不 避 做。

ʐɯʌ31 ɭ43 ʐɯ31 χa43 ki31, ʁo43 ʐy31 ʐɯ43 lɛ31 sa13,
饿（名化）家 饭 给，保佑 家（助）迎接，

ʁa13 li31 ʐɯ31 lɛ31 sa13, ʁa31 ʐɯ31 ʐɯ43 bv31 ʐɯ31 luɯ31 tɕi43。

---

[1] 人名。
[2] 西部方言名。
[3] 拉萨。

护祚 家（助）迎接， 整个 家念 家 分（名化）。
ʐɯ⁴³ dʑo³¹ ʐɯ⁴³ njʌ⁴³ ʂi³¹, ʂi³¹ ʂi⁴³ mv³¹ nɯ⁴³ ʂi³¹,
家（话题）家（方位）献， 献 献 下（从由）献，
ʂi³¹ ʂi⁴³ mʌ³¹ qa⁴³ i⁴³, da³¹ fv⁴³ ʁɯ⁴³ nɯ⁴³ so⁴³。
献 献 不 差别 做， 达夫 别人（主助）教。
ʁv⁴³ dzu³¹ dzu³¹ nɯ³¹ gv⁴³, dzu³¹ nɯ³¹ ʐʌ³¹ ʐʌ³¹ gv⁴³,
藏族 树（主助）如， 树（主助）似的 如，
dzu⁴³ sɯ³¹ ʐʌ³¹ gv⁴³ hu³¹, mv³¹ nɯ⁴³ dv³¹ gwʌ³¹ tʂʰo⁴³。
树 稳固 似的 如 了， 下面（从由）萌芽 成长 生长。

马吃蔓菁（藏语），马吃圆根（汉语）。大儿子父亲领走了，去到坡脚白的藏地去了，变成上面住穿氆氇的藏族家，请来能干的达夫。

白谷种在十个地方，由大白鹤来教。冬天是白鹤的节日，每个冬节不丢地做下去。夏天是黑鸭的节日，由大黑鸭来教，每个夏天不躲避地做下去。（祖先）饥饿，用家里的饭供养，迎请保佑家庭的祖先下来，迎请护祚家人的祖先下来。全家为祖先诵经，分开好与坏。给家里的祖先献祭，从近祖到远祖，没有差别地献祭。这些是别人这样教给达夫的。

藏族像树一样（繁茂），像树一样稳固了，从小长到大。

第三十段

zo³¹ tɕi⁴³ mi³¹ nɯ³¹ so⁴³, zo³¹ dza³¹ mv⁴³ lɛ³¹ hɯ⁴³,
子 幼 母亲（主助）领， 海边 下去 下（助）去，
tsɯ⁴³ ɭv¹³ æ⁴³ hæ³¹ ɭv⁴³, da⁴³ fv⁴³ ʁɯ⁴³ lɛ⁴³ di⁴³。
子如[1] 家 汉 家， 达夫 能干（助）请。
ɕɯ⁴³ pʰv³¹ tsʰe³¹ di³¹ di⁴³, ʁv⁴³ pʰv³¹ mi³¹ lɛ³¹ so⁴³。
稻谷 白 十 地 地， 鹤 白 大（助）教。
ʁv⁴³ pʰv³¹ tsʰi⁴³ do³¹ i⁴³, tsʰi⁴³ do³¹ mʌ³¹ tɕʰi⁴³ i⁴³ bo³¹ hɯ⁴³。
鹤 白 冬季 节日 做， 冬节 不 丢 做 继续 去。
bæ⁴³ na³¹ mi³¹ lɛ³¹ so⁴³, bæ⁴³ na³¹ zɿ³¹ do³¹ i⁴³, ʐe³¹ do¹³ mʌ³¹ næ⁴³ i⁴³。
鸭 黑 大（助）教， 鸭 黑 夏季 节日 做， 夏季节 不 避 做。
ʐwʌ³¹ ɭ⁴³ ʐɯ⁴³ χa⁴³ gi³¹, ʁo⁴³ zv³¹ ʐɯ³¹ lɛ³¹ sa¹³,
饿（名化）家 饭 给， 保佑 家（助）迎接，

---

[1] 汉族姓氏。

ʁa¹³ li³¹ ʐɯ³¹ le³¹ sa¹³, ʁa³¹ ʐɯ³¹ ʐɯ⁴³ bv³¹ ʐɯ³¹ lɯ³¹ ɬi⁴³。

护祚 家（助）迎接， 整个 家 念 家 分（名化）。

ʐɯ⁴³ dzo³¹ ʐɯ⁴³ ŋjʌ⁴³ ʂɿ³¹, ʂɿ³¹ ʂɿ⁴³ mv³¹ nɯ⁴³ ʂɿ³¹,

家（话题）家 （方位）献， 献 献 下（从由）献，

ʂɿ³¹ ʂɿ⁴³ mʌ³¹ qa⁴³ i⁴³, da³¹ fv⁴³ ʁɯ⁴³ nɯ⁴³ so⁴³。

献 献 不 差别 做， 达夫 别人（主助）教。

小儿子母亲领走了，去到下面的海（湖）边住，变成汉族子如家，请能干的达夫来。白谷种在十个地方，白鹤来教。冬天是白鹤的节日，每个冬节不丢地做下去。夏天是黑鸭的节日，大黑鸭来教，每个夏天不躲避地做下去。（祖先）饿了，用家里的饭供养，迎请保佑家庭的祖先下来，迎请看护家人的祖先下来。全家祭祀祖先，分开好与坏，家里的每个祖先面前都献祭，从近祖到远祖，没有差别地献祭。这些是别人这样教给达夫的。

第三十一段

ɬi⁴³ bv³¹ tsʰɛ³¹ ʑʌ⁴³ gv³¹, tsʰɛ³¹ nɯ⁴³ ʑʌ⁴³ ʑʌ⁴³ gv³¹,

汉族 树叶 似的 如， 树叶（主助） 似的 如，

tsʰɛ³¹ sɯ³¹ ʑʌ³¹ gv³¹ hɯ⁴³。

树叶 稳固 似的 如 了。

dzi³¹ dzʌ³¹ ʈv³¹ gv³¹ wʌ⁴³, na³¹ ʐɯ⁴³ tõ⁴³ bʌ³¹ ʂæ⁴³ ʨʰi³¹ gʌ⁴³ ɬa³¹,

世界 好 地 中间， 纳人 东巴什罗 神，

na³¹ tsʰi⁴³ na³¹ nɯ⁴³ bv⁴³, na³¹ pæ⁴³ na³¹ nɯ⁴³ lo¹³。

纳 经 纳（助）念， 纳 客 纳（主助）招呼。

ɕɯ⁴³ pʰv³¹ tsʰe³¹ di³¹ di⁴³, ʁv⁴³ pʰv³¹ mi³¹ le³¹ so⁴³。

稻谷 白 十 地 地， 鹤 白 大（助）教。

ʁv⁴³ pʰv³¹ tsʰi⁴³ do³¹ i⁴³, tsʰi⁴³ do³¹ mʌ³¹ tɕʰi⁴³ i⁴³ bo³¹ hɯ⁴³。

鹤 白 冬季 节日 做， 冬 节 不 丢 做 继续去。

bæ⁴³ na³¹ mi³¹ le³¹ so⁴³, bæ⁴³ na³¹ zɿ³¹ do³¹ i⁴³, ze³¹ do¹³ mʌ³¹ næ⁴³ i⁴³。

鸭 黑 大（助）教， 鸭 黑 夏季 节日 做， 夏季节 不 避 做。

ʐwʌ³¹ ʈ⁴³ ʐɯ³¹ χa⁴³ ki³¹, ʁo⁴³ ʑv³¹ ʐɯ³¹ le³¹ sa¹³,

饿（名化）家 饭 给， 保佑 家（助）迎接，

ʁa¹³ li³¹ ʐɯ³¹ le³¹ sa¹³, ʁa³¹ ʐɯ³¹ ʐɯ⁴³ bv³¹ ʐɯ³¹ lɯ³¹ ɬi⁴³。

护祚 家（助）迎接， 整个 家 念 家 分（名化）。

ʐɯ⁴³ dzo³¹ ʐɯ⁴³ ŋjʌ⁴³ ʂɿ³¹, ʂɿ³¹ ʂɿ⁴³ mv³¹ nɯ⁴³ ʂɿ³¹,

家（话题）家 （方位）献， 献 献 下（从由）献，

şɨ³¹ şɨ⁴³ mʌ³¹ qa⁴³ i⁴³, da³¹ fv⁴³ ʁɯ⁴³ nɯ⁴³ so⁴³。

献 献 不 差别 做， 达夫 别人（主助）教。

汉族像树叶一样，像树叶一样繁多。世界中间的寨，纳人东巴什罗神。纳人的经纳人来念，纳人的客人纳人来招待。白谷种在十个地方，白鹤来教。冬天是白鹤的节日，每个冬节不丢地做下去。夏天是黑鸭的节日，大黑鸭来教，每个夏天不躲避地做下去。（祖先）饿了，用家里的饭供养，迎请保佑家庭的祖先下来，迎请看护家人的祖先下来。全家祭祀祖先，分开好与坏。家里的每个祖先面前都献祭，从近祖到远祖，没有差别地献祭。这些是别人这样教给达夫的。

第三十二段

na³¹ zɯ⁴³ kɯ⁴³ zʌ³¹ gv³¹, kɯ⁴³ nɯ⁴³ zʌ³¹ zʌ³¹ gv³¹,

纳 人 星 似的（少）如， 星（主助）似的 如，

kɯ⁴³ sɯ⁴³ zʌ³¹ zʌ³¹ gv³¹。

星 稳固 似的 如。

na³¹ zɯ⁴³ bʌ⁴³ di³¹æ⁴³ pʰv³¹ mi³¹, dzɯ³¹ tʰv⁴³ dzɯ⁴³ mʌ⁴³ tʰv⁴³,

纳人 脚板 祖先母亲， 人 到 人 未 到，

tsɯ⁴³ sɯ⁴³ ɕɯ³¹ sɯ³¹ tʰv⁴³, ɕɯ⁴³ da³¹ fv⁴³ nɯ⁴³ so³¹。

人 先 习 先 出， 习 达夫（主助）教。

ɕɯ⁴³ pʰv³¹ tsʰe³¹ di³¹ di⁴³, ʁv⁴³ pʰv³¹ mi³¹ le³¹ so⁴³。

稻谷 白 十 地 地， 鹤 白 大（助）教。

ʁv⁴³ pʰv³¹ tsʰi⁴³ do³¹ i⁴³, tsʰi³¹ do³¹ mʌ⁴³ tɕʰi⁴³ i⁴³ bo³¹ hɯ⁴³。

鹤 白 冬季 节日 做， 冬节 不 丢 做 继续 去。

bæ⁴³ na³¹ mi³¹ le³¹ so⁴³, bæ⁴³ na³¹ zɨ³¹ do³¹ i⁴³, ze³¹ do¹³ mʌ³¹ næ⁴³ i⁴³。

鸭 黑 大（助）教， 鸭 黑 夏季 节日 做， 夏季节 不 避 做。

zwʌ³¹ ɻ⁴³ zɯ³¹ χa⁴³ ki³¹, ʁo⁴³ zy³¹ zɯ³¹ le³¹ sa¹³,

饿（名化）家 饭 给， 保佑 家（助）迎接，

ʁa¹³ li³¹ zɯ³¹ le³¹ sa¹³, ʁa³¹ zɯ³¹ zɯ⁴³ bv³¹ zɯ³¹ lɯ³¹ ɻi⁴³。

护祚 家（助）迎接， 整个 家 念 家 分（名化）。

zɯ⁴³ dzo³¹ zɯ⁴³ ŋjʌ⁴³ şɨ³¹, şɨ³¹ şɨ⁴³ mv³¹ nɯ⁴³ şɨ³¹,

家（话题）家（方位）献， 献 献 下（从由）献，

şɨ³¹ şɨ⁴³ mʌ³¹ qa⁴³ i⁴³, da³¹ fv⁴³ ʁɯ⁴³ nɯ⁴³ so⁴³。

献 献 不 差别 做， 达夫 别人（主助）教。

ɕɯ³¹ ɻv⁴³ şɨ⁴³ tv³¹ gv³¹, ɕɯ⁴³ ɻv⁴³ şɨ³¹ mæ³¹ gv⁴³, tsæ¹³ ma³¹ tʰa⁴³ le³¹ hɯ⁴³。

习 家 七 千 衍， 习 家 七 万 衍， 比试 不 胜（助）去。

纳人像星星一样少，像星星一样，星星一样。人类还未出现的时候，习家先产生了，这些是习家的达夫来教。白谷种在十个地方，白鹤来教。冬天是白鹤的节日，每个冬节不丢地做下去。夏天是黑鸭的节日，大黑鸭来教，每个夏天不躲避地做下去。（祖先）饿了，用家里的饭供养，迎请保佑家庭的祖先下来，迎请看护家人的祖先下来。全家祭祀祖先，分开好与坏。家里的每个祖先面前都献祭，从近祖到远祖，没有差别地献祭。这些是别人这样教给达夫的。习家变成了七千户，习家变成了七万户。和他们比试，什么都比不上，只能转回去。

第三十三段

ɕɯ³¹ ki⁴³ hõ³¹ lɛ³¹ tʰv⁴³, hõ³¹ bi³¹ dze³¹ tɕʰi³¹ zo⁴³, hõ⁴³ da³¹ fv⁴³ lɛ⁴³ di⁴³。

习 后 和（助）到，和 地片 蜜蜂 子，和 达夫（助）请。

ɕɯ⁴³ pʰv³¹ tsʰe³¹ di³¹ di⁴³, ʁv⁴³ pʰv³¹ mi³¹ lɛ³¹ so⁴³。

稻谷 白 十 地 地，鹤 白 大（助）教。

ʁv⁴³ pʰv³¹ tsʰɿ⁴³ do³¹ i⁴³, tsʰi⁴³ do³¹ mʌ³¹ tɕʰi⁴³ i⁴³ bo³¹ hɯ⁴³。

鹤 白 冬季 节日 做，冬节 不 丢 做 继续 去。

bæ⁴³ na³¹ mi³¹ lɛ³¹ so⁴³, bæ⁴³ na³¹ ʑi³¹ do³¹ i⁴³, ze³¹ do¹³ mʌ³¹ næ⁴³ i⁴³。

鸭 黑 大（助）教，鸭 黑 夏季 节日 做，夏季节 不 避 做。

zwʌ³¹ ɿ⁴³ zɯ⁴³ χa⁴³ ki³¹, ʁo⁴³ zɿ³¹ zɯ³¹ lɛ³¹ sa¹³,

饿（名化）家 饭 给，保佑 家（助）迎接，

ʁɑ¹³ li³¹ zɯ³¹ lɛ³¹ sa¹³, ʁɑ³¹ zɯ³¹ zɯ⁴³ bv³¹ zɯ³¹ lɯ³¹ ʨi⁴³。

护祜 家（助）迎接，整个 家 念 家 分（名化）。

zɯ⁴³ dzo³¹ zɯ⁴³ njʌ⁴³ ʂɿ³¹, ʂɿ³¹ ʂɿ⁴³ mv³¹ nɯ⁴³ ʂɿ³¹,

家（话题）家（方位）献，献 献 下（从由）献，

ʂɿ³¹ ʂɿ⁴³ mʌ³¹ qa⁴³ i⁴³, da³¹ fv⁴³ ʁɯ⁴³ nu⁴³ so⁴³。

献 献 不 差别 做，达夫 别人（主助）教。

hõ³¹ ɿv⁴³ hõ³¹ tv⁴³ gv³¹, hõ³¹ ɿv⁴³ hõ³¹ mæ⁴³ gv³¹, tʂæ⁴³ ma³¹ tʰa⁴³ lɛ³¹ hɯ⁴³。

和 家 八 千 衍，和 家 八 万 衍，比试 不 胜（助）去。

习家之后和家出现了。和家人多如一群小蜜蜂。这些都是和家的达夫请来的。

白谷种在十个地方，白鹤来教。冬天是白鹤的节日，每个冬节不丢地做下去。夏天是黑鸭的节日，大黑鸭来教，每个夏天不躲避地做下去。（祖先）饿了，用家里的饭供养，迎请保佑家庭的祖先下来，迎请看护家人的祖先下来。全家祭祀祖先，分开好与坏。家里的每个祖先面前都献祭，从近祖到远祖，没有差别地献祭。这些是别人这样教给达夫的。和家变成八千户，和家变成八万户。和他们比试，什么都比不上，只能转回去。

第三十四段

hõ³¹ ki⁴³ ŋwʌ³¹ lɛ⁴³ dzɯ³¹, ŋwʌ³¹ bi³¹ æ³¹ sɯ⁴³ nɯ³¹。

和 后 哇（助）住，哇 地片 曾祖（主助）。

çɯ⁴³ pʰv³¹ tsʰe³¹ di³¹ di⁴³, ʁv⁴³ pʰv³¹ mi³¹ lɛ³¹ so⁴³。

稻谷 白 十 地 地，鹤 白 大（助）教。

ʁv⁴³ pʰv³¹ tsʰɿ⁴³ ɖo³¹ i⁴³, tsʰɿ⁴³ ɖo³¹ mʌ³¹ tɕʰi⁴³ i⁴³ bo³¹ hɯ⁴³。

鹤 白 冬季 节日 做，冬 节 不 丢 做 继续 去。

bæ⁴³ na³¹ mi³¹ lɛ³¹ so⁴³, bæ⁴³ na³¹ zɿ³¹ ɖo³¹ i⁴³, ze³¹ ɖo¹³ mʌ³¹ næ⁴³ i⁴³。

鸭 黑 大（助）教，鸭 黑 夏季 节日 做，夏季节 不 避 做。

zwʌ³¹ ɿ⁴³ ʑɯ⁴³ χɑ⁴³ ki³¹, ʁo⁴³ zv³¹ ʑɯ³¹ lɛ³¹ sa¹³,

饿（名化）家 饭 给，保佑 家（助）迎接，

ʁɑ¹³ li³¹ ʑɯ³¹ lɛ³¹ sa¹³, ʁɑ³¹ ʑɯ³¹ ʑɯ⁴³ bv³¹ ʑɯ³¹ lɯ³¹ di⁴³。

护祎 家（助）迎接，整个 家 念 家 分（名化）。

ʑɯ⁴³ dʑo³¹ ʑɯ⁴³ nʲʌ⁴³ ʂɿ³¹, ʂɿ³¹ ʂɿ⁴³ mv³¹ nɯ⁴³ ʂɿ³¹,

家（话题）家（方位）献，献 献 下（从由）献，

ʂɿ³¹ ʂɿ⁴³ mʌ³¹ qɑ⁴³ i⁴³, da³¹ fv⁴³ ʁɯ⁴³ nɯ⁴³ so⁴³。

献 献 不 差别 做，达夫 别人（主助）教。

ŋwʌ³¹ ɿv⁴³ ŋwʌ³¹ tv³¹ gv⁴³, ŋwʌ³¹ ɿv⁴³ ŋwʌ³¹ mæ³¹ gv⁴³,

哇 家 五 千 衍，哇 家 五 万 衍，

tʂæ⁴³ ma³¹ tʰɑ³¹ lɛ³¹ hɯ⁴³。

比试 不 胜（助）去。

　　和家之后哇家住，哇家地片是哇家曾祖父来住。白谷种在十个地方，白鹤来教。冬天是白鹤的节日，每个冬节不丢地做下去。夏天是黑鸭的节日，大黑鸭来教，每个夏天不躲避地做下去。（祖先）饿了，用家里的饭供养，迎请保佑家庭的祖先下来，迎请看护家人的祖先下来。全家祭祀祖先，分开好与坏。家里的每个祖先面前都献祭，从近祖到远祖，没有差别地献祭。这些是别人这样教给达夫的。哇家变成了五千户，哇家变成了五万户。和他们比试，什么都比不上，只能转回去。

第三十五段

ŋwʌ³¹ ki⁴³ zʌ³¹ lɛ⁴³ hɯ⁴³, zʌ³¹ ʑɯ⁴³ gv³¹ ʑɯ³¹ ɿv⁴³。 zʌ³¹ da³¹ fv⁴³ lɛ⁴³ di⁴³。

哇 后 杨（助）来，杨 代 九 代（名化）。杨 达夫（助）请。

çɯ⁴³ pʰv³¹ tsʰe³¹ di³¹ di⁴³, ʁv⁴³ pʰv³¹ mi³¹ lɛ³¹ so⁴³。

稻谷 白 十 地 地，鹤 白 大（助）教。

ʁv⁴³ pʰv³¹ tsʰɿ⁴³ ɖo³¹ i⁴³, tsʰɿ⁴³ ɖo³¹ mʌ³¹ tɕʰi⁴³ i⁴³ bo³¹ hɯ⁴³。

鹤 白 冬季 节日 做，冬 节 不 丢 做 继续 去。

bæ⁴³ na³¹ mi³¹ le³¹ so⁴³, bæ⁴³ na³¹ zɨ³¹ ɖo³¹ i⁴³, ze³¹ ɖo¹³ mʌ³¹ næ⁴³ i⁴³。

鸭 黑 大（助）教，鸭 黑 夏季节日做，夏季节 不 避 做。

ʐwʌ³¹ ʈ⁴³ ʐɯ³¹ χa⁴³ ki³¹, ʁo⁴³ ʐʋ³¹ ʐɯ³¹ le³¹ sa¹³,

饿（名化）家 饭 给， 保佑 家（助）迎接，

ʁa¹³ li³¹ ʐɯ³¹ le³¹ sa¹³, ʁa³¹ ʐɯ³¹ ʐɯ⁴³ bʋ³¹ ʐɯ³¹ lɯ³¹ ʈɨ⁴³。

护祚 家（助）迎接， 整个 家 念 家 分（名化）。

ʐɯ⁴³ dzo³¹ ʐɯ⁴³ ȵjʌ⁴³ ʂɨ³¹, ʂɨ³¹ ʂɨ⁴³ mʋ³¹ nɯ⁴³ ʂɨ³¹,

家（话题）家（方位）献，献 献 下（从由）献，

ʂɨ³¹ ʂɨ⁴³ mʌ³¹ qa⁴³ i⁴³, da³¹ fʋ⁴³ ʁɯ⁴³ nɯ⁴³ so⁴³。

献 献 不 差别 做，达 夫 别人（主助）教。

ʐʌ³¹ ɭʋ⁴³ gv³¹ tv³¹ gv³¹, ʐʌ³¹ ɭʋ⁴³ gv⁴³ mæ³¹ gv³¹, tsæ⁴³ ma³¹ tʰa⁴³ le³¹ hɯ⁴³。

杨 家 九 千 衍， 杨 家 九 万 衍， 比试 不 胜（助）去。

哇家之后杨家来了。杨家已有九代人，杨家的达夫也请来了。白谷种在十个地方，白鹤来教。冬天是白鹤的节日，每个冬节不丢地做下去。夏天是黑鸭的节日，大黑鸭来教，每个夏天不躲避地做下去。（祖先）饿了，用家里的饭供养，迎请保佑家庭的祖先下来，迎请看护家人的祖先下来。全家祭祀祖先，分开好与坏。家里的每个祖先面前都献祭，从近祖到远祖，没有差别地献祭。这些是别人这样教给达夫的。杨家变成了九千户，杨家变成了九万户。和杨家比试，什么都比不上，只能转回去。

第三十六段

ʐʌ³¹ ki⁴³ tʂʰɭ⁴³ le³¹ tʰʋ⁴³, tʂʰɭ⁴³ ʐɯ⁴³ gv³¹ ʐɯ³¹ ɭʋ⁴³。

杨 后 楚[1]（助）到， 楚 代 九 代（名化）。

tʂʰɭ⁴³ da³¹ fʋ⁴³ le⁴³ di⁴³。

楚 达 夫（助）请。

çɯ⁴³ pʰʋ³¹ tsʰe³¹ di³¹ di⁴³, ʁʋ⁴³ pʰʋ³¹ mi³¹ le³¹ so⁴³。

稻谷 白 十 地 地， 鹤 白 大（助）教。

ʁʋ⁴³ pʰʋ³¹ tsʰɨ⁴³ ɖo³¹ i⁴³, tsʰɨ³¹ ɖo³¹ mʌ³¹ tɕʰi⁴³ i⁴³ bo³¹ hɯ⁴³。

鹤 白 冬季 节日做， 冬节 不 丢 做 继续 去。

bæ⁴³ na³¹ mi³¹ le³¹ so⁴³, bæ⁴³ na³¹ zɨ³¹ ɖo³¹ i⁴³, ze³¹ ɖo¹³ mʌ³¹ næ⁴³ i⁴³。

鸭 黑 大（助）教，鸭 黑 夏季节日做，夏季节 不 避 做。

ʐwʌ³¹ ɭ⁴³ ʐɯ³¹ χa⁴³ ki³¹, ʁo⁴³ ʐʋ³¹ ʐɯ³¹ le³¹ sa¹³,

饿（名化）家 饭 给， 保佑 家（助）迎接，

---

[1] 普米语亦称"西番"。

ʁɑ¹³ li³¹ ʐɯ³¹ lɛ³¹ sɑ¹³, ʁɑ³¹ ʐɯ³¹ ʐɯ⁴³ bv³¹ ʐɯ³¹ lɯ³¹ ɖi⁴³。
护祚 家（助）迎接， 整个 家 念 家 分（名化）。
ʐɯ⁴³ dzo³¹ ʐɯ⁴³ ŋjʌ⁴³ ʂɿ³¹, ʂɿ³¹ ʂɿ⁴³ mv³¹ nɯ⁴³ ʂɿ³¹,
家（话题）家（方位）献， 献 献 下（从由）献，
ʂɿ³¹ ʂɿ⁴³ mʌ³¹ qɑ⁴³ i⁴³, dɑ³¹ fv⁴³ ʁɯ⁴³ nɯ⁴³ so⁴³。
献 献 不 差别 做， 达夫 别人（主助）教。
tʂʰʈ³¹ ʈv⁴³ so⁴³ tv³¹ gv³¹, tʂʰʈ³¹ ʈv⁴³ so⁴³ mæ³¹ gv³¹,
楚 家 三 千 衍， 楚 家 三 万 衍，
lo³¹ tʂʰæ¹³ dɑ³¹ fv³¹ ŋʌ³¹。tʂæ⁴³ mɑ³¹ tʰɑ⁴³ lɛ³¹ hɯ⁴³。
末 代 达夫 我。 比试 不 胜（助）去。

杨家之后楚家出来了。楚家已有九代人，楚家的达夫也请来了。白谷种在十个地方，白鹤来教。冬天是白鹤的节日，每个冬节不丢地下去。夏天是黑鸭的节日，大黑鸭来教，每个夏天不躲避地做下去。（祖先）饿了，用家里的饭供养，迎请保佑家庭的祖先下来，迎请看护家人的祖先下来。全家祭祀祖先，分开好与坏。家里的每个祖先面前都献祭，从近祖到远祖，没有差别地献祭。这些是别人这样教给达夫的。楚家变成了三千户，楚家变成了三万户，最后一代达夫是我。和楚家比试，什么都比不上，只能转回去。

第三十七段

ʁv⁴³ dzɯ³¹ pʰv³¹ tɕʰi³¹ gv³¹, pʰv⁴³ dɑ³¹ fv⁴³ lɛ⁴³ di³¹。
藏族 好 血统 有， 好 达夫（助）请。
ɬi⁴³ pv⁴³ ʂʌ³¹ tɕʰi⁴³ gv³¹, ʂʌ⁴³ dɑ³¹ fv⁴³ lɛ⁴³ di³¹。
汉族 能干 血统 有， 能干 达夫（助）请。
dʒo⁴³ dzɑ³¹ qʰɛ³¹ tɕʰi⁴³ gv⁴³, qʰæ³¹ dɑ³¹ fv⁴³ lɛ⁴³ di³¹。
朋友 好 光源 血统 有， 光源 达夫（助）请。
bv³¹ qʰv⁴³ nɑ³¹ zi³¹ ʈv³¹, ze³¹ wʌ¹³ ʁɯ⁴³ nɯ³¹ so³¹。
海螺 重 地震， 哪里 吹 能手（主助）教，[1]
æ⁴³ qʰwʌ³¹ dzɑ³¹ mv³¹ mi³¹, ze³¹ lɑ³¹ ʁɯ⁴³ nɯ³¹ so³¹。
板铃 好 大火， 哪里 打 能手（主助）教。
ɬi⁴³ dzwæ³¹ pʰv⁴³ tɕʰi³¹ gv⁴³, ze³¹ tʰɑ³¹ ʁɯ⁴³ nɯ³¹ so³¹。
獐 獠牙 白 血统 有，[2]哪里 打磨 能手（主助）教。

---

[1] 不论哪里有能手，都要去好好学习。
[2] 獐子天生有白獠牙。

藏族有好的血统，请来好的达夫。汉族有能干的达夫，请来能干的达夫。好朋友有给人带来快乐的血统，请来光明的达夫。海螺声重如地震之声，无论何处，去找吹得好的人教。板铃音好如大火，无论何处，去找敲得好的人教。獐子有白獠牙的血统，无论何处，去找打磨得好的人教。

第三十八段

di⁴³ dʑa³¹ ŋwʌ³¹ nɯ⁴³ dzu³¹, ŋwʌ³¹ zo³¹ zʏ³¹ v³¹ ʥi⁴³。
地 好 哇（主助）住， 哇 子 孙（名化）。

bv³¹ zʏ³¹ kʰv⁴³ ʂi³¹ di⁴³ kʰv³¹, so³¹ tʂʰæ¹³ zɯ³¹ gʌ³¹ ɬa³¹ ɬæ⁴³。
蛇 年 新 一 年， 三 代 家 祖先 （复数）。

ʁv⁴³ dzu³¹ kʰv³¹ ɕu⁴³ zo³¹ ʥi⁴³ gi³¹, kʰv⁴³ v⁴³ mi³¹ pi³¹ ʂo⁴³, kʰv⁴³ v⁴³ mi³¹ mʌ³¹ hĩ⁴³。
藏族 年 掌 子（名化）（对象），年 一 要（将）想，年 一 要 不 会。

ʁo⁴³ i⁴³ ɬa³¹ pa³¹ qʰæ⁴³, kʰv⁴³ ɕu⁴³ mʌ³¹ di³¹ i⁴³。
头 的 毛 散开，[1] 年 掌 不 得 成。

kʰv⁴³ v⁴³ tsʰi⁴³ ni³¹ tʰv⁴³。
年 一 今 天 到。

mv⁴³ ɬi⁴³ bv³¹ zɛ³¹ ɕu⁴³ zo⁴³ ʥi⁴³ gi³¹, zɛ³¹ ʁɯ⁴³ mi³¹ pi³¹ ʂo⁴³,
下方 汉族 时辰 掌子（名化）（对象）， 时辰 好 要（将）想，

kʰɯ⁴³ tsʰi³¹ za³¹ a⁴³ pʰv⁴³。zɛ³¹ɕu⁴³ mv³¹ di³¹ i⁴³? zɛ³¹ ʁɯ⁴³ mi³¹ mʌ³¹ hĩ⁴³。
脚 细 放下 绑腿。时辰掌下来得成? 时辰 好 要 不 行。

na³¹ zu⁴³ bʌ⁴³ di³¹ χa³¹ ɕu⁴³ zo³¹ ʥi⁴³ gi³¹,
纳 人 脚板 晚[2]掌子（名化）（对象），

χa³¹ ʥi⁴³ mi³¹ gi³¹ tʰv⁴³。ʁo⁴³ i⁴³ ɬa³¹ pa³¹ qʰæ⁴³,
晚（名化）要（对象）到。头 的 毛 散开，

χa³¹ ɕu⁴³ mʌ⁴³ di³¹ i⁴³。χa³¹ ʁɯ⁴³ tsʰe⁴³ ni⁴³ tʰv⁴³。
晚 掌 不 得 成。 晚 好 今 天 到。

哇家住在好的地方，哇家的子孙们。蛇年新年这一年，祭祀家里的三代祖先们。藏族掌管年的这一家，想去要年份，这年没要到，散着头发（磕头）去要年，新年没要到。新年今天到。

下方的汉族掌管时辰的那一家，想去要好时辰，放开细腿上的绑腿去要，汉族掌握的时辰能下来吗？好时辰没要到。

快脚的纳人掌握日子的这一家，想去要日子，日子没要到。散开头发（磕头）去要日子，纳人掌握的日子没有要到。好日子今天出现了。

---

［1］ 磕着头去。
［2］ 夜晚。意为一天。

第三十九段

nɑ³¹ zu⁴³ kɯ⁴³ ɕʐ³¹ zo³¹, kɯ⁴³ li³¹ kɯ⁴³ gwʌ³¹ zo³¹ ʈʂ⁴³ gi³¹,
纳 人 星 掌 子, 星 看 星 观 子（名化）（对象），

kɯ³¹ ʁɯ⁴³ mi⁴³ pi⁴³ ʂo³¹, kɯ³¹ ʁɯ⁴³ mi³¹ mʌ³¹ hĩ⁴³。
星 好 要（将）想, 星 好 要 不 行。

kɯ³¹ ʁɯ⁴³ gv³¹ tsæ³¹ qʰv⁴³, ȵjʌ³¹ hv⁴³ ɻv⁴³ kɯ³¹ ʁɯ⁴³,
星 好 古 扎克, 眼睛 红 犁 星 好,

so³¹ tʰɑ¹³ so³¹ dzɯ³¹ ʁɯ⁴³, χv⁴³ zo⁴³ dze³¹ kɯ³¹ ʁɯ⁴³,
三星 三 人 好,[1] 野鸡 子 飞 星 好,[2]

kʌ³¹ zo⁴³ dze³¹ kɯ³¹ ʁɯ⁴³, bo³¹ ʁo⁴³ bo³¹ kʰwʌ⁴³ ʁɯ⁴³,
鹰 子 飞 星 好, 猪 头 猪 嘴 好,[3]

bo³¹ kʰwʌ⁴³ lɑ⁴³ dzʐæ³¹ ʁɯ³¹, bo³¹ ki⁴³ zu³¹ lɛ³¹ tʂwa¹³,
猪 嘴 虎 獠牙 好,[4] 猪 后 如[5]（助）系,

zu³¹ gv⁴³ mv⁴³ ʂwa³¹ hɯ³¹, zu³¹ wa⁴³ mv⁴³ gu³¹ hɯ⁴³,
如 背 天 高 去,[6] 如 喊 天 广阔 了,

dʑi⁴³ pʰv⁴³ ʂæ³¹, dʑi³¹ nɑ³¹ mæ³¹ ʂæ³¹ hɯ⁴³,
水 白 长, 水 黑 尾 长 了,

lo³¹ nɑ³¹ gu³¹ gwʌ⁴³ hɯ³¹, mv⁴³ ȵi³¹ dzu³¹ hõ³¹ kɯ³¹ ʁɯ⁴³,
谷 大 宽阔 了, 天 二十八 星 好,

tsʰɨ⁴³ kɯ³¹ ʁɯ⁴³ mʌ³¹ dzo⁴³。
这 星 好 不 有。

掌握星辰的是纳人。看星观星的这一家，先去要好星，星星没要到。好星是古扎星[7]，眼红星[8]出现的日子是犁地的吉日。在三星出现的日子出生的人最吉利。野鸡星[9]飞来的日子是吉日。鹰星飞来的日子是吉日。猪星出现的日子就像老虎现出獠牙。猪星后面是犏牛星。犏牛星比天高。喊来犏牛星，天地变宽阔。[10]白水水长，黑水尾巴也长了，山谷宽广。天上的二十八星宿好，没有比这更好的星宿（日子）。

---

[1] 三星这天出生的人最好。
[2] 野鸡星这天教牛，牛耕地飞快。
[3] bo³¹ kʰuə³³/⁵³ 是星名，猪星。
[4] bo³¹ kʰuə³³/⁵³ 这天像老虎现出獠牙。
[5] 星名，犏牛星。
[6] tsʰɯ³³/⁵³ɖɯ³¹brv³³/⁵³，驱鬼好。
[7] 六颗星的星座。
[8] 像红眼睛的一颗星。
[9] 星名，形似野鸡。
[10] 犏牛星出现除鬼最好。

第四十段

zɿ⁴³ njʌ³¹ tsʰe⁴³ χɑ³¹ ʁɯ⁴³ , tʂʰɿ⁴³χɑ³¹ ʁɯ⁴³ mʌ³¹ dzo⁴³。
地 目 十 晚 能够，[1] 这 晚 好 不 有。

so⁴³ tʂʰæ¹³ ʑɯ³¹ gʌ⁴³ ɬɑ⁴³ æ⁴³ gi³¹, tʂʰo³¹ bʌ⁴³ le⁴³ i³¹ hv³¹。
三 代 家神 （复数）（对象）， 天香 （助）烧起。

ʂwɑ⁴³ ɻv⁴³ mv³¹ gʌ⁴³ ɬɑ⁴³ æ⁴³ gi³¹, hv³¹ ɻv⁴³ di³¹ gʌ⁴³ ɬɑ⁴³ æ⁴³ gi³¹,
高 处 天 神 （复数）（对象），低矮 处 地 神 （复数）（对象），

mv⁴³ zɑ³¹ di⁴³ dze³¹ gi⁴³, ɬi³¹ gv⁴³ do³¹ nɯ³¹ dzɯ⁴³。
天 与 地 之间， 中间 董（主助）住。

do³¹ mi⁴³ ʁo⁴³ pʰv³¹ do³¹gʌ⁴³ ɬɑ⁴³ æ⁴³ gi³¹,
董 大 头 白 董 神 （复数）（对象），[2]

se⁴³ mi⁴³ dzæ⁴³ ʂɿ³¹ se³¹gʌ⁴³ ɬɑ⁴³ æ⁴³ gi³¹, tʂʰo³¹ bʌ⁴³ le⁴³ i³¹。
色[3]大 威灵 色 神 （复数）（对象）， 天香 （助）烧。

地目睁，能预知十日，没有比今晚更好。给三代祖先点起天香。高处的天神们，低处的地神们，天与地之间，中间住着董神。给白头的大董神和董神们，给有威灵的大色神和色神们，烧天香。

第四十一段

do⁴³ʁo³¹ do⁴³, zɿ³¹ tse⁴³ zʌ³¹ tv⁴³ æ³¹ æ⁴³lɑ³¹ tsɯ⁴³ dzi³¹,
董 上头 ， 山神 路 直 平 拉子山[4]山峰，

mʌ³¹ tv⁴³ mʌ³¹ mv³¹ bʌ³¹ æ⁴³ dzi³¹, tʂʰo⁴³ bʌ³¹ le⁴³ i³¹。
不 直 不 听见 博拉山[5]山峰， 天香 （助）烧。

ʁwɑ³¹ di⁴³ gv³¹ kʌ⁴³, zo³¹ di⁴³ ŋv⁴³ ɻv⁴³, dzi⁴³ tʂʰi⁴³ di³¹ zɿ³¹ tse⁴³,
左 地 贡嘎， 右 地 玉龙， 山 这 地[6] 山神，

lo⁴³ tʂʰi⁴³ di³¹ zɿ³¹ mv⁴³ æ³¹ gi⁴³, tʂʰo⁴³ bʌ³¹ le⁴³ i³¹。
谷 这 地 水神 （复数）（对象）， 天香 （助）烧。

董神上面，住着东边路直且平的拉子山山神，西边不直也听不见的博拉山山神，给他们烧天香。左边的贡嘎山，右边的玉龙山，此地山上所有山神，此地谷中所有水神，给他们烧天香。

---

[1] 地能预见十天的事情。
[2] 献祭白发的阿巴董。
[3] 色神，规定人名的神。
[4] 山名。在东边。
[5] 山名。在西方。
[6] 山名。这地方所有的山神。

第四十二段

dzɯ⁴³ za³¹ ʁɑ⁴³ tɕo³¹tɕo⁴³。ɭvʌ³¹ pv⁴³ dʑi³¹ tsɯ³¹ kʰwʌ⁴³,
不同凡响 下来 胜利神 转转。田 垄 水 堵口,
ʂwɑ⁴³ ʁwʌ³¹ dʑi³¹ tsɯ³¹ kʰwʌ⁴³, zɨ³¹ ze⁴³ dʑi³¹ tsɯ³¹ kʰwʌ⁴³,
高山 水 堵 口,冷杉美(坡)水 堵 口, [1]
ʁwʌ⁴³ ze⁴³ dʑi³¹ tsɯ³¹ kʰwʌ⁴³。ʂɿ⁴³ tsʰɨ³¹ bv³¹ gʌ⁴³ ɫɑ⁴³ ɭæ⁴³ gi³¹,
山 峻 水 堵 口。 七 十 念诵 神 (复数)(对象), [2]
tʂʰo⁴³ bʌ³¹ lɛ⁴³ i³¹。
天香 (助)烧。

不同凡响的胜利神下来转一转。田埂上的堵水口,高山下的堵水口,美丽的冷杉坡的堵水口,高峻山峰上的堵水口。给念经的七十位神烧天香。

第四十三段

ʁwɑ⁴³ ɕi³¹ hv³¹ dʑi³¹ kʰi⁴³, so³¹ tv⁴³ hv³¹ hĩ⁴³ gʌ⁴³ ɫɑ³¹ ɭæ³¹ lɛ⁴³ ʂo³¹。
东方 矮 方向, 三 千 低矮(名化) 神 (复数)(助)干净。
i⁴³ ʂɨ³¹ ʂɨ⁴³dʑi³¹ kʰi⁴³, so⁴³ tv⁴³ ʂɨ³¹ hĩ⁴³ gʌ⁴³ ɫɑ³¹ ɭæ³¹ lɛ³¹ ʂo⁴³。
朝阳初出亮光 方向, 三千照射(名化) 神 (复数)(助)干净。
ȵi⁴³ ɕi³¹ pʰv³¹ dʑi³¹ kʰi⁴³, so³¹ tv⁴³ pʰv³¹ hĩ¹³ gʌ⁴³ ɫɑ³¹ lɛ⁴³ ʂo³¹。
白虹 白 方向,三 千 白(名化) 神 (助)干净。
dze³¹ nɑ⁴³ lo⁴³dʑi³¹ kʰi⁴³, so⁴³ tv⁴³ nɑ³¹ hĩ⁴³ gʌ⁴³ ɫɑ⁴³ ɭæ⁴³ lɛ³¹ ʂo⁴³。
傍晚的紫黛 方向,三 千 黑(名化) 神 (复数)(助)干净。
dzɯ⁴³ zɑ⁴³ ʁɑ⁴³ tɕo³¹tɕo⁴³。
不同凡响 下来 胜利神 转转 。

东方低矮方向,为三千东方的神们除秽。朝阳亮光照射的方向,为三千西方的神们除秽。白虹的方向,为三千西方的神们除秽。傍晚紫黛方向,为北方的三千神们除秽。不同凡响的胜利神下来转一转。

---

[1] 冷杉美丽象征雌山。
[2] 念经的七十位神。

第四十四段

ɕɯ³¹ i⁴³ mv³¹ gʌ³¹ ɬa⁴³, hõ³¹ i⁴³ dzi³¹gʌ³¹ ɬa⁴³, ŋwa³¹ bi³¹ ʂe³¹gʌ³¹ ɬa⁴³,
习的火 神， 和的水 神， 哇家铁 神，

za¹³ ʁa⁴³ ʂæ⁴³gʌ³¹ ɬa⁴³, sɯ⁴³ bv³¹ a³¹ pʰv⁴³ ʁa⁴³ hĩ⁴³ da³¹ la⁴³。
杨 家 风 神， 死的祖先（男）赢人 鬼神。

sɯ⁴³ bv³¹ a³¹ pʰv⁴³ ʁa⁴³ ʁo⁴³ do³¹, mv⁴³ mi³¹ æ³¹ zɯ⁴³ dɨ³¹gʌ³¹ ɬa⁴³,
死 的 祖先（男）赢 上头， 天女 祖先（女）能干 神，

ȵi³¹ dzɯ³¹ hĩ⁴³。 zɨ³¹ tse⁴³ʁwʌ⁴³gʌ³¹ ɬa⁴³,
慈祥 坐的。 山神 高山神，

wʌ³¹ dzɯ¹³ fv³¹ dzɯ³¹ dʐa³¹ dzɯ⁴³ hĩ⁴³ ɬæ³¹ gi⁴³。
威风坐 高兴坐 好 坐 的（复数）（对象）。

mv³¹ mi⁴³ æ³¹ zɯ⁴³ dɨ³¹ ʁo⁴³ do³¹, zɨ³¹ tse⁴³ ʁwʌ⁴³ gʌ³¹ ɬa⁴³ ɬæ⁴³ gi³¹。
天女 祖先（女）能干上头， 山神 大山 神 （复数）（对象）。

ʁwʌ⁴³ za³¹ zv³¹ tɕo³¹ tɕo⁴³, zv³¹ gʌ³¹ ɬa³¹, ʁwʌ⁴³ za³¹ zv³¹ tɕo³¹ tɕo⁴³。
大山 下 低地 转， 低地 神， 大山 下 低地 转。

ɬi³¹ gʌ³¹ ɬa³¹, ɬi³¹ za³¹ dzæ³¹ tɕo³¹ tɕo⁴³。
月 神， 月 下 威灵 转。

dzæ³¹ gʌ³¹ ɬa³¹, dzæ³¹ za³¹ ʁwʌ⁴³ tɕo³¹ tɕo⁴³。
威灵 神， 威灵 下 大山 转。

习家火神，和家水神，哇家铁神，杨家风神。先人男祖先有力的鬼神，和他们上面，天女女祖先能干的神，慈祥地坐着。山神、高山神，给威风的、喜悦的、好的神们，烧天香。能干的天女女祖先上面，给山神、大山神们，大山下来绕着河谷转；（给）河神们，大山下来绕着河谷转；（给）月神，月神下来威灵神随着转；（给）威灵神，威灵神下来绕着大山转。

第四十五段

ma³¹ sa⁴³ ʁwʌ⁴³ gʌ³¹ ɬa⁴³, ma³¹ sa⁴³ ʁwʌ⁴³ ʁo⁴³ do³¹,
玛萨 山 神，[1] 玛萨 山（神）上头，

dzɯ³¹ zv⁴³ hũ³¹ gʌ³¹ ɬa³¹, pv⁴³ nɯ³¹ zv³¹ gʌ³¹ ɬa³¹, pv⁴³ nɯ³¹ zv³¹ ʁo⁴³ do³¹,
管吃的 神， 管分配的 神， 管分配的 上头，

nõ³¹ dzi³¹ dzʌ³¹ bv⁴³ æ³¹ zɯ⁴³ za³¹ ba⁴³ la³¹。
诺神 皇帝 古时候 火神。

---

[1] 神名，管人间吃穿。

æ³¹ ʐɯ⁴³za³¹ ba⁴³ la³¹ʁo⁴³ do³¹, bv³¹ gv¹³ ȵi³¹ dzʏ¹³ kʰɯ⁴³ hĩ³¹,
古时候　火神　上头，　牲畜　养 牲畜 发展（能够）（会），

ȵi³¹ ɭi⁴³ nõ³¹ gʌ³¹ ɬa³¹。
牲畜 放牧 诺 神。

ȵi³¹ ɭi⁴³ nõ⁴³ ʁo⁴³ do³¹, tʂi⁴³ zv³¹ wʌ⁴³ gʌ³¹ ɬa³¹。tʂi⁴³ zv³¹ wʌ⁴³ ʁo⁴³ do³¹,
牲畜 放牧 诺 上头，劳动 丰收 神 。劳动 丰收 上头，

dze³¹ tɕʰi⁴³ tso⁴³ na⁴³ ɭi³¹ tʂʰe³¹, zɿ³¹ mv⁴³ qʰwʌ³¹ mv³¹ gv⁴³gʌ³¹ ɬa³¹,
泉源　宗纳尔车，山神 拦 水神　神，

zɿ³¹ mv⁴³ qʰwʌ³¹ mv³¹ gv⁴³ ʁo⁴³ do³¹, na³¹ mv⁴³ ʐɯ⁴³ nɯ³¹ wʌ³¹gʌ³¹ ɬa³¹。
山神 拦　水神　上头，纳族家　的 光　神。

na³¹ mv⁴³ ʐɯ⁴³ nɯ³¹ wʌ³¹ ʁo⁴³ do³¹, ʐɯ³¹ tɕɯ³¹dæ³¹ȵjʌ⁴³ tɕɯ³¹, dæ³¹gʌ³¹ ɬa³¹,
纳 族家　的 光 上头，房 放　柱础（方位）放，石基　神，

dæ³¹ tɕɯ⁴³ se³¹ ȵjʌ³¹ tɕɯ⁴³, se³¹ gʌ³¹ qwʌ³¹ ɭi³¹ tɕɯ⁴³, qwʌ³¹ nɯ⁴³ pʰv³¹gʌ³¹ ɬa³¹。
石基 放 吉地（方位）放,吉地上火塘石 放 , 火塘 和 左神 右神。

（给）玛萨山神，玛萨山神上面，管吃的子汝洪神，管分配的补奴汝神。管分配的补奴汝神上头，诺吉、杰布、古时然巴拉，保佑牲畜能够饲养繁衍。（给）放牧牲畜的诺神，诺神上面，是管劳动丰收的神。劳动丰收神上面，是管泉源的宗纳尔车，知晓人与动物语言的故神。水井上头，是纳人家的光神。纳人家的光神上面，是建筑房屋、柱础的石基神，是在吉地上放置石基、放置火塘石的火塘神和左神右神。

第四十六段

qwʌ³¹ nɯ⁴³ pʰv³¹ ʁo⁴³ do³¹, dʑi⁴³ kʰv³¹ tsʰe³¹ ȵi³¹ ɬi⁴³,
火塘 和　左神 上头，一 年 十　二　月，

kʰv³¹ ʐɯ⁴³ hĩ⁴³ kʰv³¹ gʌ³¹ ɬa³¹。dʑi³¹ ɬi⁴³ so⁴³ tsʰi³¹ χa¹³,
年 掌人 年　神。一月 三 十 晚,

χa¹³ ʐɯ⁴³ hĩ⁴³ χa³¹ gʌ³¹ ɬa⁴³。ȵi⁴³ mi⁴³ tʰv⁴³, kʰv⁴³ sɯ⁴³ pʰi⁴³,
晚 掌人 晚 神。 东方， 年 司沛,

ɬi³¹ sɯ⁴³ pʰi⁴³。i³¹ tʂʰi⁴³ mi³¹, kʰv³¹ bʌ⁴³ ʂi³¹, ɬi³¹ bʌ⁴³ ʂi³¹。
月 司沛 。南方，年 关 新，月 关 新。

ȵi⁴³ mi⁴³ gv³¹, kʰv³¹ da³¹ fv⁴³, ɬi³¹ da⁴³ fv³¹。
西方，年 达夫,月 达夫。

hv³¹ go⁴³ lo³¹, kʰv³¹ dze³¹ kʰɯ⁴³, ɬi³¹ dze⁴³ kʰɯ³¹。
北方， 年　百姓，月　百姓。

kɯ³¹ zu⁴³ hĩ⁴³,	ha³¹ zu⁴³ hĩ⁴³,	tɕhi⁴³ tɨ⁴³ zʏ³¹ gv⁴³ gʌ³¹ ɬa³¹,
星 掌（名化）,	日 掌（名化）,	克星（名化）四 个 神，[1]

tshɑ⁴³ tɨ⁴³ hõ³¹ gv⁴³ gʌ³¹ ɬa³¹,	tshɑ⁴³ tɨ⁴³ hõ³¹ gv⁴³ gʌ³¹ ɬa⁴³ æ⁴³ gi³¹,
遍（名化）八个 神，	遍（名化）八个 神（复数）（对象），

tʂho³¹ bʌ⁴³ lɛ⁴³ i³¹。
天香 （助）烧。

火塘神和左神上面，一年十二个月，年神，即掌控年的神；一月三十个晚上，掌控夜晚的神。东方，是祖先的年神和月神；南方，是新关卡的年神和月神；西方，是达巴的年神和月神；北方，是百姓的年神和月神。掌管星星的，掌管日子的，掌管禁忌的四尊神，掌管念经遍数的八个神，给掌管遍数的八个神烧天香。

第四十七段

mv⁴³ gv⁴³ khv³¹, tʂhɨ⁴³ dɨ⁴³ khv³¹,
龙 年， 这 一年，

mæ⁴³ zu⁴³ dʑo³¹ dʒo⁴³ nɯ⁴³ pv⁴³ tha³¹ khɯ³¹,
不 懂（话题）坏（主助）碰 不 （能够），

mʌ⁴³ do³¹ dʑo³¹ dzo⁴³ nɯ⁴³ dzo³¹ tha³¹ khɯ³¹。ŋwʌ³¹ ʁo⁴³ zo⁴³ ʁo⁴³ do³¹,
不 看见（话题）桥（主助）拦 不 （能够）。村 里 孩子 上头，

gv⁴³ pv⁴³gv³¹ tʂhʌ⁴³ tʂhɨ⁴³ ɬɛ³¹ thv⁴³ tha³¹ khɯ³¹。 di³¹ i⁴³ ba³¹ ʁo⁴³ do³¹,
瘟疫 疾病 这 些 到 不（能够）。地的 庄稼 上头，

mv⁴³ gv⁴³ dzo⁴³ ɬæ³¹ ɲje³¹ hĩ³¹ mv⁴³ i⁴³ tha³¹ khɯ³¹。
雷 冰雹 （复数）类（名化）下 来 不 （能够）。

dʑi³¹ ʁo⁴³ gv³¹ ʁo⁴³ do³¹, su⁴³ ʁv⁴³ bʌ⁴³ tʂhʌ⁴³ ɲje³¹ hĩ³¹ mv⁴³ i⁴³ tha³¹ khɯ³¹。
山峰上牲畜上头， 走兽 类（名化）下 来 不 （能够）。

æ⁴³ ʁo⁴³ hĩ⁴³ ʁo⁴³ do³¹, æ³¹ pho⁴³ dzo³¹ hĩ⁴³ tɕi⁴³ tʂhɨ⁴³ɬæ³¹ tʂhɨ⁴³。 khv³¹ tʏ⁴³ gʌ³¹ tshɨ³¹,
家 人 头上， 外面（主题）人 晦气（天灾）灾祸（人祸）。年 处 冲撞 来，

lo⁴³ ɕi³¹ tshɨ³¹ mʌ³¹ su⁴³, ɲi⁴³ mʌ³¹ su⁴³, tshɨ⁴³ ma³¹ ʁa⁴³, ɲi³¹ ma³¹ ʁa⁴³,
鬼 不 认得，魅 不 认得， 鬼 厉害， 魅 厉害，

æ⁴³ ʁo⁴³ lɛ³¹ i⁴³ tha³¹ khɯ³¹。
家 （助）来 不 （能够）。

龙年这一年，有不懂的，不会碰到坏的；有看不见的，不会遇到桥挡路。村里孩子头上，瘟疫疾病这些不会到来；地里庄稼头上，雷电冰雹这些不会下来；山上放牧的牲畜头上，豺狼虎豹这类

---

[1] 掌管禁忌的四尊神。

祸害不会降下；家里人头上，外面的晦气灾祸（不会来侵袭）。不要冲撞了本命，不认得的鬼，不认得的魅，厉害的鬼，厉害的魅，不要来到家里。

第四十八段

ȵi⁴³ mi⁴³ tʰv⁴³, tʰo⁴³ li⁴³ lɑ³¹ kʰv⁴³ hĩ³¹ suɯ⁴³ tsʰɨ³¹ qʰwʌ¹³。

东方，兔 虎 年（名化）木 鬼。

i³¹ tʂʰɨ⁴³ mi³¹, bv⁴³ zv⁴³ zwæ⁴³ kʰv⁴³ hĩ³¹ mv³¹ tsʰɨ³¹ qʰwʌ¹³。

南方，蛇 马 年（名化）火 鬼。

ȵi⁴³ mi⁴³ gv³¹, ʐɯ³¹ kʰv⁴³ æ³¹ kʰv⁴³ hĩ³¹ ʂe⁴³ tsʰɨ³¹ qʰwʌ¹³。

西方，猴 年 鸡 年（名化）铁 鬼。

hv³¹ go⁴³ lo³¹, bo³¹ kʰv⁴³ ho³¹ kʰv⁴³ hĩ³¹ dʑi³¹ tsʰɨ³¹ qʰwʌ¹³。

北方，猪 年 鼠 年（名化）水 鬼。

kɯ⁴³ do³¹ ʁɯ⁴³ dzɯ³¹ dɨ⁴³, ʁɯ⁴³ kʰv³¹ hĩ³¹ tsʰɨ³¹ qʰwʌ¹³。

东北 方向，牛 年（名化）鬼。

gv⁴³ mʌ³¹ ʐo⁴³ dzɯ³¹ dɨ⁴³, ʐo⁴³ kʰv⁴³ hĩ³¹ tsʰɨ³¹ qʰwʌ¹³。

西南 方向，羊 年（名化）鬼。

bv⁴³ bv⁴³ kʰv³¹ dzɯ³¹ dɨ⁴³, kʰv⁴³ kʰv⁴³ hĩ³¹ tsʰɨ³¹ qʰwʌ¹³。

西北 方向，狗 年（名化）鬼。

mv⁴³ gv⁴³ dzɯ³¹ dɨ⁴³, mv⁴³ gv⁴³ kʰv⁴³ hĩ³¹ tsʰɨ³¹ qʰwʌ¹³。

东南 方向，龙 年（名化）鬼。

dzʌ³¹ gv⁴³ tsʰɨ³¹ qʰwʌ³¹ læ⁴³, æ⁴³ ʁo⁴³ lɛ³¹ i⁴³ tʰɑ³¹ kʰɯ³¹。

所有的鬼 （复数），家（助）回 不（能够）。

æ⁴³ ʁo⁴³ dzo³¹, ʁæ⁴³ nɯ⁴³ dzo³¹, fv³¹ nɯ⁴³ dzo⁴³。

家 有，富（强调）有，快乐（强调）有。

tɕi⁴³ pʰv⁴³ go³¹ dv³¹, ʁo⁴³ ʂæ⁴³ bi³¹ ʁæ¹³, tso⁴³ tʂʰv⁴³ dɨ³¹ ʁɯ¹³,

云 白 朵朵，山 高 雪迹 斑驳，武器，

qʰwʌ³¹ hv⁴³ ʂe³¹ tʰɑ³¹, χɑ⁴³ nɯ³¹ bo³¹, dzɛ⁴³ nɯ⁴³ wʌ⁴³ njɛ³¹ tsʰɨ³¹ læ³¹,

铠甲 红 长 刀 利，粮食（主助）带，钱 和 家财 类 这 些，

ɑ⁴³ pʰo³¹ hɯ⁴³ tʰɑ⁴³ kʰɯ³¹。tõ⁴³ hĩ³¹ zv³¹ gv⁴³ gʌ³¹ ła³¹,

外面 去 不（能够）。笼罩的 四 个 神，

qʰwʌ⁴³ hĩ³¹ zv³¹ gv⁴³ gʌ³¹ ła³¹。

拦（名化）四 个 神。

东方，有属兔和属虎的木鬼；南方，有属蛇和属马的火鬼；西方，有属猴和属鸡的铁鬼；北方，有属猪和属鼠的水鬼。东北方向，有属牛的鬼；西南方向，有属羊的鬼；西北方向，有属狗的鬼；东南方向，有属龙的鬼。所有的鬼们，不会来家。家庭富裕又快乐。

（天上）白云朵朵，高山雪迹斑驳。武器齐备，红甲利剑。（主人家）带着粮食、钱和财产这些，不要让它到外边去。笼罩的四个神，拦庇的四个神，（为他们烧天香）。

第四十九段

ȵi⁴³ mi⁴³ tʰv³¹, gɯ³¹ dzɛ³¹ sɯ⁴³ bv³¹, wʌ³¹ zu³¹ mv⁴³ gv³¹ dzæ³¹ hĩ⁴³。
东方， 格则斯布[1]，绿松石 龙 骑（名化）。
i³¹ tʂʰɨ⁴³ mi³¹, na⁴³ sa³¹ tsʰv³¹ ɭ⁴³, ɬv³¹ ze⁴³ sĩ⁴³ gi⁴³。
南方， 那撒初儿[2]，海螺白 狮子。
ȵi⁴³ mi⁴³ gv³¹, sɯ⁴³ zʅ⁴³ mv³¹ gv³¹, tʂʰwa³¹ na³¹ la⁴³ hv³¹ dzæ³¹ hĩ⁴³。
西方， 斯汝木鼓[3]，墨玉黑 老虎 骑（名化）。
hv³¹ go⁴³ lo³¹, ku⁴³ se³¹ gi³¹, bv³¹ mi⁴³ no³¹ ʂi³¹ dʒæ³¹ hĩ⁴³。
北方， 格色底[4]，牦牛 嘴 拱骑（名化）。
zʅ⁴³ ɭ³¹ lo³¹ dzi³¹ kʰi⁴³, dze³¹ tɕʰi⁴³ qæ⁴³ ɭ³¹ gʌ⁴³ ɬa³¹,
四方 方向，大鹏神鸟 神，
kʰi⁴³ ʁo⁴³ dze³¹ tɕʰi⁴³ qæ⁴³ ɭ⁴³, kʰi⁴³ tʰæ⁴³ bʌ⁴³ i³¹ sĩ⁴³ gi³¹,
门 头 大鹏神鸟， 门 脚 脚掌的 狮子，
ʁwa³¹ kʰi⁴³ bv⁴³ go⁴³, ʐo³¹ kʰi¹³ la⁴³ hv³¹。
左 门 公牦牛，右 门 老虎。
to⁴³ hĩ¹³ zʅ³¹ gv³¹ gʌ⁴³ ɬa³¹ ɭæ³¹ nɯ³¹ lɛ⁴³ to³¹,
笼罩的 四个 神（复数）（主助）（助）笼罩，
qʰwʌ⁴³ hĩ³¹ zʅ³¹ gv³¹ gʌ⁴³ ɬa³¹ ɭæ³¹ nɯ³¹ lɛ⁴³ qʰwʌ³¹。
拦 的 四 个 神（复数）（主助）（助）拦。
la⁴³ do³¹ æ³¹ nɯ⁴³ qʰwʌ³¹, tʂʰwa¹³ tʂʰo⁴³ hɯ⁴³ tʰa⁴³ kʰɯ³¹,
虎 跌岩（主助）拦，马鹿 跳 去 不（能够），
kʰɯ⁴³ gv³¹ ȵi⁴³ tsʰɨ³¹ tsʰi⁴³, ȵi⁴³ pʰo³¹ hɯ⁴³ tʰa⁴³ kʰɯ³¹,
河堤（地点）鱼 来往， 鱼 逃 去 不（能够），

---

［1］神名。
［2］神名。形如蚂蚁。
［3］神名。
［4］神名。

kʰɯ⁴³ dzo⁴³ ɭæ³¹ dzo³¹ kʰɯ⁴³ dɿ⁴³ i⁴³, ɬi⁴³ dzo³¹ ɭæ⁴³ dzo³¹ ɬi⁴³ dɿ⁴³ i⁴³。
吉祥如意　　吉祥 得 成，月 有 平 有 月 得 成。

qʰʌ⁴³ ʐʌ⁴³ qʰʌ³¹ ʐʌ³¹ ʐʌ⁴³ qʰʌ³¹ ʐʌ⁴³。
（吉祥语）[1]

东方，格则斯布神骑着绿松石色的龙；南方，那撒初儿神骑着海螺白色的狮子；西方，斯汝木鼓神骑着墨玉黑色的老虎；北方，格色底神骑着翘着嘴的牦牛。东西南北四方，大鹏神鸟守护，大门上方有大鹏神鸟守护，大门脚有狮子守护，左边的门公牦牛守护，右边的门老虎守护。守护四方的四个神围在一起，阻拦晦气的四个神守在一块儿[2]。虎跌山崖挡，马鹿不能跳过去，河堤鱼穿梭，鱼跑不出去。祝愿吉祥如意，祝愿每月吉祥如意。克呀克呀呀克呀。

第五十段

so⁴³ tʂʰæ³¹ ʐɯ³¹ gʌ³¹ ɬɑ³¹ ɭæ³¹ gi³¹，（……），
三 代 家神 （复数）（对象），（点名）[3]，

[sɯ⁴³ ʁv³¹ sɯ⁴³ ɿv⁴³，æ³¹ li⁴³ æ⁴³ ɭæ³¹，gv⁴³ kʰv³¹ tʂʰwɑ³¹，ʂɿ⁴³ kʰv³¹ nɑ⁴³，
树上果实，地上果实，[4] 九 年 肥肉，七 年 瘦肉，

dʑi³¹ tsʰɿ⁴³ tsʰɿ⁴³，dʑi³¹ bʌ³¹ qɛ³¹ nɯ³¹ ʂɿ³¹，ŋv⁴³ qʰwʌ³¹ zɿ⁴³ dzɯ³¹，
汤 烫 碗， 汤 冷 油（工具）敬， 银 碗 酒 托，

hæ⁴³ qʰwʌ³¹ li⁴³ dzɯ³¹，bo³¹ ki⁴³ tsʰwɑ³¹，dʑi³¹ i⁴³ ɲi⁴³ ʂe⁴³ nɯ³¹ ʂɿ⁴³，
金 碗 茶托，猪 半 板 油， 水 里 鱼 肉（工具）敬，

æ¹³ se⁴³ ʂe⁴³，kʰv³¹ ʂɿ⁴³ pæ⁴³ ʂɿ⁴³ dzo³¹，dʑi³¹ ʁo⁴³ dʑi³¹ kʰv¹³，
岩 岩羊肉，年 新 客 新（话题），山涧里 石花菜，

sɑ⁴³ ʁo⁴³ sɑ³¹ dzɯ⁴³ nɯ³¹ ʂɿ³¹。][5]
麻 头 麻 杆（工具）敬。

三代祖先们，（点名），用树上的果实、菌子野果祭奉。用保存了九年的肥肉、七年的瘦肉、一碗烫汤、满碗的冷油供养。银碗盛酒，金碗盛茶，用半个猪板油、水中的鱼肉来供养。山崖上的岩羊肉，新年新客[6]，用山涧石花菜，麻子麻杆来供养。

---

[1] 祝福语，不可译，相当于"克呀克呀呀克呀"。
[2] 指聚集在门上。
[3] 念经时点主人家的支系。
[4] 半坡的菌类，灌木的野果。
[5] 方括号中内容，点一个名字，重复一遍。
[6] 指祖先。

第五十一段

(……)

(指路)[1]

第五十二段

tsʰɿ⁴³ mv³¹ tsʰɿ⁴³ so⁴³ χɑ⁴³, ʁv⁴³ pʰv³¹ mi³¹ lɛ³¹ so⁴³。

冬季　冬　三　晚，鹤　白　大（助）教。

ʁv⁴³ pʰv³¹ tsʰɿ⁴³ do³¹ i⁴³ dʑ³¹ ȵi⁴³, qʰv³¹ ʁv⁴³ ʐɯ⁴³ zɑ³¹ zv³¹ gv³¹,

鹤　白　冬季节日　做一天，　请　堂下　这里，

mʌ⁴³ qʰv³¹ ɫæ³¹　ʐɯ⁴³ tʰɑ⁴³ zɑ³¹ ze³¹。zɿ³¹ mv⁴³ zɿ³¹ so³¹ χɑ⁴³,

未　请（复数）家　不　下　了。夏季　夏　三　晚，

pæ⁴³ nɑ³¹ mi³¹ lɛ³¹ so⁴³, bæ⁴³ nɑ³¹ zɿ³¹ do³¹ i⁴³ dʑ³¹ ȵi⁴³,

鸭　黑大（助）教，鸭黑夏节做一天，

qʰv³¹ ʁv⁴³ ʐɯ⁴³ zɑ³¹ zv³¹ gv³¹, mʌ⁴³ qʰv³¹ ɫæ³¹　ʐɯ⁴³ tʰɑ⁴³ zɑ³¹ ze³¹。

请　堂下　这里，未　请（复数）家　不　下　了。

冬季冬三日，白鹤来教。冬季白鹤的那天，祖先啊，迎请你们的时候请回来，没有迎请的时候别回来。夏季夏三日，黑鸭来教。夏季黑鸭节日那天，祖先啊，迎请你们的时候请回来，没有迎请的时候别回来。

第五十三段

ɑ³¹ so⁴³ gʌ³¹ nɯ⁴³ mv⁴³ lɛ³¹ sɑ¹³, ʐɯ⁴³ mv³¹ nɯ⁴³ gʌ⁴³ lɛ⁴³ lo³¹。

刚才　上（从由）下（助）迎，现在下（从由）上（助）送。

zɿ⁴³ dzi³¹ gʌ⁴³ lɛ⁴³ lo³¹, χɑ³¹ dzi³¹ gʌ⁴³ lɛ⁴³ lo³¹。

酒　汽[2] 上（助）送，饭　汽　上（助）送。

χɑ³¹ dzi³¹ nɑ³¹ dzi³¹ gʌ⁴³ lɛ⁴³ lo³¹,

饭　汽　纳家水　上（助）送，

no⁴³ ɫæ³¹ ȵi⁴³ go³¹ bv³¹ mʌ³¹ ʁv⁴³, wɑ¹³ go⁴³ bv³¹ mʌ³¹ ʁv⁴³,

你（复数）福泽 背[3] 背 不 起，[4] 灵魂 背　背 不 起，

zɿ⁴³ go³¹ χɑ⁴³ go³¹ bv³¹ lɛ³¹ hv⁴³。

酒背 饭背 背（助）起。

---

[1] 送祖先回家。每个家族的路都不同。
[2] 祭酒。
[3] 量词。
[4] 不要把我们的福气带走。

刚才从上往下来迎请，现在从下往上送。用祭酒往上送，用祭饭往上送。纳人的祭饭祭水往上送，福泽你们带不动，别把生者的福气和灵魂带走，请把成背的酒和饭带回去。

第五十四段

su⁴³ pv³¹ æ⁴³ na³¹ ʁv⁴³, da³¹ ʁwɑ⁴³ hõ⁴³ nɯ³¹ zu⁴³,
斯补埃那乌[1]，　地 左　和（主助）掌，
ɬi⁴³ gv³¹ ŋwʌ³¹ nɯ⁴³ zu⁴³,
中间　哇（主助）掌，
da³¹ ʁɑ⁴³ ɕɯ³¹ nɯ³¹ zu⁴³, ɕɯ³¹ ʁwʌ³¹ ʁo⁴³ lɑ⁴³ pi³¹ mʌ⁴³ hĩ³¹.
地 右 习（主助）掌，习　山　上（助）去 不 行。
ɬi⁴³ gv³¹ hõ⁴³ nɯ³¹ zu⁴³, hõ⁴³ ʁwʌ³¹ ʁo⁴³ lɛ⁴³ hv⁴³。lɑ⁴³ ʁɯ³¹ tsʰe⁴³ di⁴³ di³¹,
中间　和（助）掌，和　山　上（助）往。虎 皮 十 地 拥有，
dzɑ³¹ hĩ⁴³ dɨ⁴³ di³¹ di³¹, hõ⁴³ nɯ⁴³ lɛ³¹ zu⁴³。
好 的 一 地　拥有，和（主助）（助）掌。
ʁv⁴³ dzu³¹ bv³¹ dzy³¹ dzo³¹, dzɑ³¹ hĩ⁴³ dɨ⁴³ dzy³¹ dzo³¹,
藏族 牦牛 牧场 有，　好（名化）一 牧场 有，
hõ⁴³ nɯ⁴³ lɛ³¹ zu⁴³ hv⁴³. ʁæ³¹ zu³¹ ʐɯ³¹ kʰi⁴³, ŋv⁴³ nɯ⁴³ lɛ⁴³ dze³¹.
和（主助）（助）掌起。列祖　家门，　银[2]（主助）（助）关。
ʁæ³¹ zu³¹ ʐɯ³¹ kʰi⁴³, hæ⁴³ nɯ⁴³ lɛ⁴³ dze³¹.
列宗　家门，金[3]（主助）（助）关。

斯补埃那乌，左边是和家掌控的地盘，中间是哇家掌控的地盘，右边是习家掌控的地盘。习家的山上不能去。中间的地盘和家掌控，有虎皮似的十块地，（其中）有一块好地，由和家掌控。

藏族有放牦牛的牧场，其中有一块好的牧场，和家来掌控。（祖先回去了），家门用银门闩插上；（祖先回去了），家门用金门闩插上。

第五十五段

ȵi⁴³ tɕi¹³ kʰv⁴³ lɛ³¹ sɑ⁴³, wʌ³¹ tɕi¹³ kʰv³¹ lɛ³¹ sɑ³¹ ʐo⁴³,
福 要 里面（助）赐，泽 要 里面（助）赐 来，
ʁo⁴³ zy³¹ zɯ³¹ lɛ³¹ sɑ³¹ ʐo⁴³, mv⁴³ nɯ³¹ ȵi⁴³ wʌ¹³ fv⁴³ bi³¹ pi³¹,
保佑　家（助）赐 来，天（主助）　福泽　聚拢 做（将），

---

[1] 地名。
[2] 指银门闩。
[3] 指金门闩。

kɯ³¹ pʰo⁴³ sɯ³¹ nɯ³¹ ʂo³¹, n̠i⁴³ wʌ³¹ tʰi⁴³ n̠jʌ³¹ mv⁴³ ʈɨ³¹ dzo³¹,
星 逃 早晨（主助）领， 福泽（助）闲游 （名化）在，

dɨ⁴³ nɯ³¹ n̠i⁴³ wʌ³¹ fv⁴³ bi³¹ pi³¹, ʂæ⁴³ dzɯ³¹ kʰɯ³¹ nɯ³¹ mæ³¹,
地（主助） 福泽 聚拢 做（将），风 挤 脚（主助）跟，

n̠i⁴³ wʌ³¹ tʰi⁴³ n̠jʌ³¹ mv⁴³ ʈɨ³¹ nɯ³¹ dzo³¹。
福泽 （助）闲游 （名化）（主助）在。

dɨ⁴³ wa³¹ la¹³ dzo³¹ wa¹³, la⁴³ nɯ³¹ n̠i⁴³ wʌ⁴³ fv⁴³ bi³¹ pi³¹,
一 群 虎 有 群， 虎（主助） 福泽 聚拢 做（将），

la⁴³ qʰwʌ³¹ tʂʰv⁴³ mʌ³¹ dɨ⁴³。 dɨ⁴³ wa³¹ kʌ³¹ dzo⁴³ wa¹³,
虎 猛 晚饭 不 得。 一 群 鹰 有 群，

kʌ⁴³ nɯ³¹ n̠i⁴³ wʌ³¹ fv⁴³ bi³¹ bi³¹, kʌ³¹ qʰwʌ³¹ tʂʰv⁴³ mʌ³¹ dɨ⁴³。
鹰（主助）福泽 聚拢 做（将），鹰 猛 晚饭 不 得。

向祖先要福，（祖先）把福给了家里面的人；向祖先要泽，（祖先）把泽留给了家里面的人。祖先保佑家人把福泽赐下来。天想把福泽聚拢来，星星落了是早晨把它带走了。福泽在闲游，地想把福泽聚拢来，风紧跟着脚步。福泽在闲游，有一群猛虎，老虎想把福泽聚拢来，猛虎没有晚饭吃。有一群雄鹰，鹰想把福泽聚拢来，雄鹰没有晚饭吃。

第五十六段

tsʰo³¹ dɨ⁴³ lɯ³¹ ʁɯ⁴³ ʁɯ⁴³, tsʰɛ³¹ hv⁴³ dzi³¹ dzi³¹ mi⁴³。
初 直 鲁 依 依，采 红 吉 吉 米。

tsʰo³¹ dɨ⁴³ lɯ³¹ ʁɯ⁴³ ʁɯ⁴³, sɯ⁴³ nɯ³¹ n̠i⁴³ wʌ³¹ fv⁴³ bo³¹ tsʰɨ⁴³,
初 直 鲁 依 依，男[1]（主助） 福泽 聚拢 带 来，

dʑi³¹ dɨ³¹ zɨ⁴³ ʁv⁴³ qʰo³¹, ŋwʌ³¹ ʁo⁴³ ʂe⁴³ ta¹³ zo³¹,
水 大 脊牛 杀， 村 头[2] 肉 砍子，

ŋwʌ⁴³ mæ³¹ tʂʰa³¹ ma⁴³ tʰa³¹, ɕi⁴³ zɯ³¹ lɛ⁴³ tʂʰv⁴³ ʈv⁴³。
村 尾 事情 不 利，百家（助）分份（名化）。

tsʰɛ³¹ hv⁴³ dzi³¹ dzi³¹ mi⁴³, ŋwʌ⁴³ dɨ³¹ χa⁴³ lɛ³¹ dzɯ⁴³,
采 红 吉 吉 米，五 升 粮（助）凑，

wa³¹ mæ³¹ dza³¹ lɛ⁴³ ʂæ⁴³, ŋwʌ³¹ mæ³¹ zɨ³¹ tsʰɨ⁴³ zo⁴³,
裙 尾 鞋子（助）拖，村 尾 酒 吸 子，

---

[1] 指初直鲁依依。
[2] 上村。

ɕi⁴³ zɯ³¹ lɛ³¹ tʂʰv³¹ ʈv³¹。
百　家（助）分份（名化）。

初直鲁依依，采红吉吉米。初直鲁依依，把福泽聚拢来，他在大河边杀脊牛。在上村砍肉的他，村尾的事情办不了，百家都分发到。采红吉吉米，凑了五升粮食，裙边拖到鞋，在村尾倒酒的她，百家都分发到。

第五十七段

dzi³¹ ʂwɑ³¹ hwɑ⁴³ pʰv³¹ mi⁴³，dʑɨ³¹ ɲi⁴³ tv³¹ zo⁴³ ɕɯ⁴³。tsʰe⁴³ dzo³¹ dæ¹³，
山　高　鹇　白　大，一　天　千　子　养。沼泽（话题）经过，

χɯ⁴³ dzo³¹ dæ³¹ ʈi³¹ hɯ⁴³。tsʰe⁴³ qo³¹ bæ³¹ nɑ³¹ mi³¹，
海（话题）经过（名化）去。沼泽　鸭　黑　大，

dʑɨ³¹ ɲi⁴³ tv³¹ zo⁴³ ɕɯ⁴³，
一　天　千　子　养，

tsʰe⁴³ dzo³¹ dæ¹³，χɯ⁴³ dzo³¹ dæ³¹ ʈi³¹ hɯ⁴³。
盐（话题）经过，海（话题）经过（名化）去。

ɲi⁴³ ũʌ³¹ tʂʰɨ⁴³ ɲjʌ¹³ mi⁴³ nɯ³¹ dzo³¹。
福泽　这　类　要（强调）有。

dzɯ³¹ ze⁴³ bɑ³¹ pʰv³¹ dzɯ¹³，dzɯ³¹ ʁo¹³ qʰɑ³¹ ʂæ⁴³ ʂæ⁴³，
树　美　花　白　树，树　冠　很　长　，

dʑɨ³¹ kɯ⁴³ tv³¹ ʈv⁴³ tʂʰv⁴³，ɲi⁴³ ũʌ³¹ tʂʰɨ⁴³ ɲjʌ¹³ mi⁴³ nɯ³¹ dzo³¹。
一　枝　千　个　结，福泽　这　类　要（强调）有。

高山白鹇鸟，一天养千子，走过沼泽，走过海地。沼泽地上的野鸭，一天养千子，走过沼泽，游过海水。（希望）福泽如它们一样能够要来。树美是有白花开，树枝长又长，一枝结千果，（愿）福泽如果子般能够向祖先要下来。

第五十八段

dzi³¹ ʂɨ⁴³ ʁɑ³¹ i³¹ zo⁴³，pʌ⁴³ dʑi³¹ɲi⁴³ wʌ³¹ lɛ³¹ mi³¹。
栎树　黄　插　成　男儿，马鞍　福泽（助）要。

bv⁴³ go⁴³ gʌ⁴³ di³¹ hɯ⁴³，ʁwɑ³¹ qʰv⁴³ ɲi⁴³ wʌ³¹ lɛ³¹ mi³¹。
公牦牛　上　地　去，左　角　福泽（助）要。

lɑ⁴³ hv³¹ gʌ⁴³ di³¹ hɯ³¹，bʌ⁴³ di¹³ɲi⁴³ wʌ³¹ lɛ³¹ mi³¹。
老虎　上　地　去，脚板　福泽（助）要。

wʌ³¹ la⁴³ bi⁴³ dʑi³¹ n̠i³¹, wʌ³¹ pʰv⁴³ n̠i³¹ wʌ³¹ lɛ³¹ mi³¹。
粮 打 做一 天， 粮 白[1] 福泽（助）要。

kʰv⁴³ mʌ³¹ n̠i¹³, nv³¹ dzɨ¹³ n̠jʌ⁴³ hĩ³¹ n̠i⁴³ lɛ³¹ mi³¹。bo⁴³ mʌ³¹ n̠i³¹,
狗 不 是， 骨头 类（名化）福（助）要。 猪 不 是，

pi³¹ ɻv⁴³ n̠jʌ⁴³ ʈæ³¹ n̠i⁴³ lɛ³¹ mi³¹。n̠i⁴³ lɛ³¹ mi³¹, wʌ³¹ lɛ³¹ mi³¹, fv⁴³ lɛ³¹ mi³¹,
酒糟 类 些 福（助）要。 福（助）要， 泽（助）要， 快乐（助）要，

dʐa³¹ lɛ⁴³ mi³¹, zɯ⁴³ ʂæ⁴³ χa³¹ i⁴³ lɛ³¹ mi⁴³。
好（助）要， 命 长 福 有（助）要。

插起黄栎树的男儿，要到马鞍一样的福泽。公牦牛去高处，左角的福泽要来；老虎上高地，脚板的福泽要来。打粮的那一天，好粮的福泽要来。不是狗，祈求骨头类的福泽。不是猪，祈求酒糟类的福泽。求福，求泽，求快乐，求美好，求长寿有福。

第五十九段

so³¹ tʂʰæ³¹ zɯ⁴³ gʌ³¹ ɬa³¹ ʈæ⁴³, a³¹ so⁴³ dzo³¹, zɯ¹³ χa³¹ ʂɨ³¹ zɛ⁴³,
三 代 家神（复数）， 刚才（话题）， 家祖 饭 献 了，

zɯ³¹ no⁴³ dzo³¹ kʌ⁴³ χa³¹ ʂɨ³¹ pi⁴³, no⁴³ ʈæ³¹ dzɨ³¹ gv³¹ tɕʰo³¹ tɕʰo³¹ gv³¹,
现在（话题）鹰 饭 献（将），你（复数）水 渡 一起 似的，

ʂæ⁴³ ʁo³¹ tɕʰo³¹ tɕʰo³¹ gv³¹。dzɯ³¹ pi⁴³ dʑi³¹ n̠i³¹, mv³¹ tɕʰi⁴³ bo³¹ hĩ³¹,
风 坡 一起 似的。 集中 一 天， 兵 饷 带 的，

mv³¹ pi⁴³ dʑi³¹ n̠i³¹, mv³¹ tɕʰi⁴³ bo³¹ hĩ³¹, la⁴³ qʰæ³¹ bi⁴³ dʑi³¹ n̠i³¹,
兵 当 一 天， 兵 饷 带 的， 虎 猎 做 一 天，

ʁɛ⁴³ zɯ³¹ hi⁴³。ɬi⁴³ qʰæ³¹ bi⁴³ dʑi³¹ n̠i³¹, to⁴³ dzɯ⁴³ hĩ⁴³ n̠i³¹ gv³¹,
恐惧 掌 的。 獐 猎 做 那天， 尻 逮 人 要 会，

tsʰɨ⁴³ dzo³¹ ʁv⁴³ gv³¹ zɯ³¹ hĩ⁴³ n̠i⁴³ gv³¹,
冬（话题） 马笼头 牵 人 要 会，

zɛ⁴³ dzo³¹ ʁɯ³¹ n̠i³¹ zɯ³¹ hĩ⁴³ dzo³¹ gv⁴³。
夏（话题）牛 饱 牵 人 有 会。

三代祖先们，刚才，给祖先（您）的饭献过了，现在，给老鹰献饭。你们和鹰过河一起过，刮风的山坡一起走。集合的那天，带着口粮。当兵的那天，带着兵饷。打虎的那天，不要被恐惧掌控；打獐子那天，需要有人去逮住尻尾。冬天需要有人牵马的笼头，夏天会有人牵走吃饱了的牛。

---

[1] 意为"好"。

第六十段

æ⁴³ v⁴³ dʑ̻³¹, ʂe⁴³ v⁴³ dʑ̻³¹, mʌ⁴³ n̻i³¹ dzu³¹ hĩ⁴³ n̻i³¹ gv⁴³,

铜锅 支，铁锅 支，不要 吃 人 是 会，

mʌ⁴³ ti⁴³ i⁴³ hĩ⁴³ dʐo³¹ gv⁴³。

未 长成 做 人 有 会。

kʌ³¹ tsʰɨ³¹ tsʰɨ³¹ nɯ³¹ ʐu³¹ χɑ⁴³ le³¹ tʰɑ⁴³ dzæ³¹ ze³¹,

鹰 鬼 （主助）祖先 饭（助）不 抢 了，

ʐɯ³¹ tsʰɨ³¹ tsʰɨ³¹ nɯ³¹ kʌ⁴³ χɑ⁴³ le³¹ tʰɑ⁴³ dzæ³¹。zʌ³¹ mv⁴³ ʈæ³¹,

祖先 鬼 （主助）鹰 饭（助）不 抢。 路 下（复数），[1]

õ⁴³ di⁴³ le³¹ tʰɑ⁴³ dzæ³¹。ʁɑ³¹ dzɯ⁴³ ʐɯ¹³ bv³¹,

自己 地（助）不 抢。 纳 人 祖先 念，

ʐɯ⁴³ lo³¹ χwʌ³¹ ʁo⁴³ lo³¹ tsʰɨ³¹。pʰv⁴³ ɬɑ⁴³ gʌ³¹ ɬɑ⁴³ ʈæ³¹ gi³¹,

祖先 祭奉 住房。 左神[2] 右神 （复数）（对象），

zo⁴³ ɕu³¹ mv⁴³ ze⁴³ nɯ³¹ gʌ³¹ le⁴³ pv³¹,

用 柏香 好（主助）上（助）送，

zo⁴³ mʌ³¹ mv⁴³ ze⁴³ nɯ³¹ gʌ³¹ le⁴³ pv⁴³,

用 油灯 好（主助）上（助）送，

no³¹ ʈæ⁴³ pʰv⁴³ dzu³¹ ʁo⁴³ dʐo³¹ pʰv⁴³ dzu³¹ hv⁴³,

你 左神（复数）座位 上 在 左神 坐 去，

ɬɑ³¹ dzu⁴³ ʁo⁴³ dʐo³¹ ɬɑ³¹ dzu⁴³ hv⁴³, do³¹ dzu⁴³ ʁo⁴³ dʐo³¹ do⁴³ dzu⁴³,

右神 座位上 在 右神 坐 去， 董 座位上 在 董神 坐，

se⁴³ dzu⁴³ ʁo⁴³ dʐo³¹ se⁴³ dzu⁴³ hv⁴³。

色 座位 上 在 色神 坐 去。

架起铜锅，架起铁锅，会有说不要但仍在吃饭的人，也会有还未成人但要承担重任的人。（愿）鹰鬼不要去抢祖先的饭。路下面的凶鬼，我的地盘请不要来抢。我的纳人今天祭祀祖先，在我们的住房里祭祖。为左边和右边的神们，用好香向上送，用好油灯向上送。你们左神坐到左边的座位，右神坐到右边的座位，董神坐到董神的座位，色神坐到色神的座位。

---

[1] 非正常死亡的鬼。
[2] 大神。

第六十一段

ʁwa¹³ pʰo³¹pʰv³¹gʌ³¹ ɬa⁴³ ɬæ⁴³,	tʂʰv³¹ qʰv³¹ hĩ³¹,	tʂʰv³¹ di³¹ hĩ⁴³,
左边 左神（复数）,	所有 请（名化）,	所有 邀（名化）,

tʂʰv³¹ za³¹ hĩ⁴³ gʌ³¹ ɬa³¹ ɬæ³¹,	tʂʰv³¹ ɻ̩⁴³ pʰv⁴³ nɯ³¹ gʌ³¹ lɛ⁴³ pv⁴³,
所有 下来（名化）神（复数）,	铧口[1] 角 白（工具）上（助）送,

qwa³¹ ɻ̩⁴³ pʰv⁴³ nɯ³¹ gʌ³¹ lɛ⁴³ pv⁴³,	æ⁴³ ʨi⁴³ pʰv⁴³,
簸箕 角 白（工具）上（助）送,	铜 粒 白,

ʂe³¹ ʨi⁴³ pʰv⁴³ nɯ³¹ gʌ³¹ lɛ⁴³ pv⁴³,	dzu⁴³ za⁴³ ʁa⁴³ tɕo³¹ tɕo⁴³.
铁 粒 白（工具）上（助）送,	不同凡响 下来 胜利神 转转。

左神们，所有请回来的祖先，所有邀回来的祖先，用像铧口一样的糌粑角向上送，用装在簸箕里的祭粮向上送，用像铜似的祭品，如铁白的祭粮往上送。不同凡响的胜利神下来转转。

第六十二段

ɕɯ³¹ i⁴³ mv³¹ gʌ³¹ ɬa⁴³,	hõ³¹ i⁴³ dzi³¹gʌ³¹ ɬa⁴³,	ŋwʌ³¹ bi⁴³ ʂe³¹gʌ³¹ ɬa⁴³,
习 的 火 神,	和的 水 神,	哇 家 铁 神,

zʌ³¹ æ⁴³ ʂæ⁴³ gʌ³¹ ɬa⁴³。	sɯ⁴³ bv³¹ a⁴³ pʰv³¹ ʁa⁴³ hĩ⁴³ gʌ³¹ ɬa⁴³。
杨 家 风 神。	死 的 男祖先 有力（名化） 神。

sɯ⁴³ bv³¹ a⁴³ pʰv³¹ ʁa⁴³ ʁo⁴³do³¹,	mv⁴³ mi⁴³ æ⁴³ zu⁴³ ʥi³¹ gʌ³¹ ɬa⁴³,
死 的 男祖先 有力 上头,	姐妹 祖先（女）能干 神,

mv⁴³ mi⁴³ æ⁴³ zu⁴³ ʥi³¹ ʁo⁴³ do³¹,	zɨ³¹ tse⁴³ ʁwʌ⁴³ gʌ³¹ ɬa⁴³,
姐妹 祖先（女）能干 上头,	山神 高山 神,

ɕɯ⁴³ pʰv³¹ ʁwʌ³¹ ʁo⁴³ di⁴³,	χwa⁴³ pʰv³¹ ʁwʌ³¹ ʁo⁴³ di⁴³,
香 白[2] 高山 上 地,	桦 白 高山 上 地,

dze³¹ pʰv³¹ dze³¹ na³¹,	næ³¹ pʰv³¹ næ³¹ mi³¹,
鸟 白 鸟 黑,[3]	锦鸡公 锦鸡母,

ʂe³¹ i⁴³ la³¹ dzɨ³¹,	sɯ³¹ ʁo⁴³ kv³¹ so³¹,
铁 的 鹰,	树 上 所有,

tɕʰɯ⁴³ mi⁴³ ɬi⁴³ pʰv³¹,	mæ³¹ pʰv⁴³ kv³¹ so³¹。
麂 母 耳 白,	酥油 所有。[4]

---

[1] 形如铧口的面粒，用青稞、小麦、大麦做的，上面撒面粉。
[2] 柏香。
[3] 类似麻雀的群鸟。
[4] 黄牛、牦牛等的酥油。

习家火神，和家水神，哇家铁神，杨家风神，逝去的有力的男祖先。逝去的有力的男祖先上面，是逝去的能干的天女女祖先。天女女祖先上面，是山神。高山上有柏香树，高山上有白桦树，白鸟黑鸟，雌雄锦鸡，铁爪的鹰，各种树木，白耳的母麂子，各种酥油。

第六十三段

tsʰɨ⁴³ so³¹ ɬi⁴³, li⁴³ di³¹ dzɯ³¹ li⁴³ gʌ³¹ ɭa⁴³ ɭæ¹³ gi³¹,
冬 三 月，看地住看 神（复数）（对象），

li⁴³ zɑ³¹ dzæ⁴³ tɕo³¹ tɕo⁴³。kʌ⁴³ nɑ³¹ ʁo⁴³ pʰv³¹ mi³¹, dzʏ³¹ dzæ³¹gʌ³¹ ɭa⁴³ ɭæ⁴³。
看 下 威灵 转转。 鹰 苍 头 白 大，厉害 威灵 神（复数）。

lɑ³¹ mi⁴³ ɲjʌ³¹ gɯ⁴³ mi³¹, bv⁴³ pʰæ³¹ gʌ³¹ ɭa¹³。
虎 大 眼 宽 大，念 算 神。

ɲjʌ³¹ zu⁴³ ɲjʌ³¹ dzɨ³¹ dzæ³¹, gʌ⁴³ dzɨ³¹ so³¹ tʰv³¹ dzæ³¹,
眼力 犀利 威灵， 语言 三 茬 威灵，

gwʌ³¹ dzæ⁴³ hv⁴³ dzæ³¹。lo³¹ i⁴³ mv⁴³ tʰv³¹ dzæ¹³, tsʰo⁴³ bʌ³¹ zʌ³¹ se³¹,
唱歌 威灵 赐 威灵。劳动 天 晴 威灵，人 脚底 路 走，

pæ³¹ i⁴³ bv³¹ i⁴³, sɯ³¹ gv⁴³ go³¹ ʂe³¹ dzæ⁴³。
客 做 念经 做，柴 背 背（量词）找 威灵。

dzæ⁴³ ʂi⁴³ nu⁴³ zʏ³¹ mʌ³¹ dzo³¹, dzæ⁴³ mʌ³¹ dzo³¹ mʌ⁴³ dzo³¹。
威灵 新 和 旧 不 有， 威灵 没 有 不 是。

dzæ³¹ gʌ³¹ ɭa³¹ ɭæ⁴³ gi³¹, tʂʰo³¹ bʌ⁴³ lɛ⁴³ i³¹ hv³¹。
威灵 神（复数）（对象），天 香 （助词）烧 起。

冬季三个月，为看护牲畜的地方神们（烧天香）。看护神下来，它的威灵像风一样旋转下来。为像白头大黑鹰一样厉害的有威灵的神们（烧天香）；为像吊睛猛虎一样厉害的念经、占卜的神们（烧天香）。眼光犀利是有神助，语言畅达是有神助，能歌善咏是有神威降下。劳动时有晴空的神助，马帮赶路，做客念经，找柴满背有神助。威灵不分新和旧，威灵无处不在。给威灵神们烧起天香。

第六十四段

dzæ⁴³ zɑ³¹ ʁwʌ³¹ tɕo³¹ tɕo³¹, ma⁴³ sa³¹ ʁwʌ³¹ gʌ³¹ ɭa⁴³。
威灵 下来 高山神[1] 转， 玛萨 高山 神。

tsʰo⁴³ di³¹ lɯ⁴³ ʁɯ⁴³ ʁɯ⁴³, tsʰɛ³¹ hõ⁴³ dzi³¹ dzi³¹ mi⁴³ ɲi⁴³ gv⁴³,
初直鲁依依， 采红吉吉米 两 个，

---

[1] 教会动物发声的神，亦称"玛萨乌神"。

hwʌ⁴³ bv⁴³ za³¹ bi³¹ pi⁴³, nõ³¹ pv⁴³ za³¹ bi³¹ pi⁴³。

牲畜 产生 下做（去），自己 份下来做（去）。

hwʌ⁴³ se³¹ mi³¹, zæ³¹ i⁴³ dæ⁴³ i⁴³ ʧi⁴³。

牲畜 快乐大，笑 着 说着（名化）。

hwʌ⁴³ zɛ³¹ v¹³, bv³¹ ɻ⁴³ tv⁴³ tv⁴³ gv⁴³；

牲畜 脊牛， 牛叫声 哞哞 似的；

hwʌ⁴³ zwæ³¹ ʁo⁴³, tsʰo⁴³ bæ³¹ hwɑ⁴³ hwɑ³¹ gv⁴³。

牲畜 马骟， 跳 跑 哗哗 像。

pv⁴³ nɯ³¹ qʰwʌ³¹ mʌ⁴³ ʂo³¹, n̪i³¹ nɯ³¹ qʰwʌ³¹ ʂo³¹ kʰɯ³¹。

分（强调）碗 不 满，牲畜（强调）碗 满 （能够）。

hwʌ³¹ gʌ³¹ ɬɑ⁴³ nɯ⁴³ i³¹, hwʌ³¹ gʌ³¹ ɬɑ⁴³ ɻæ⁴³ gi³¹, tʂʰo³¹ bʌ³¹ lɛ³¹ i³¹。

牲畜 神 （主助）做，牲畜 神 （复数）（对象），天香 （助）烧。

威灵下面乌神回转，玛萨乌神。初直鲁依依、采红吉吉米他们两个，想要繁殖牲畜，想要成为自己的财物。养殖牲畜喜悦，说说笑笑；耕牛欢叫充满（山野）；骟马蹄声哗哗响；马匹跑跳哗哗响。分了碗就不满了，牲畜（发展）碗就满了。这些是畜神保佑，给畜神们烧天香。

第六十五段

dzɯ³¹ zʏ⁴³ hwʌ⁴³ ʁo⁴³ do³¹, pv⁴³ nɯ³¹ zʏ³¹ gʌ³¹ ɬɑ⁴³,

吃 福 伙（神）上面， 分（强调）汝神，

gʌ¹³ sɯ⁴³ pʰi⁴³ mv³¹ pv³¹, mv¹³ dzɯ³¹ kʰɯ³¹ di³¹ pv³¹,

上面的 司沛天分， 下面 百姓 地分，

lv⁴³ gv⁴³ ŋv³¹ pv³¹, lo⁴³ tʂʰæ⁴³ hæ³¹ pv³¹, dʑi¹³ i⁴³ n̪i³¹ pv³¹,

中间 银分， 山谷 金分，水 的 鱼分，

æ¹³ dzi³¹ pv³¹, tsʰe⁴³ qʰv⁴³ tsʰe³¹ pv³¹, li³¹ qʰv¹³ li³¹ pv³¹, gv³¹ pv³¹ tʰi³¹ pv³¹,

岩 蜂分， 盐 井 盐 分， 茶 场 茶 分， 金边分 麻布分,

hwʌ¹³ ʁo³¹ lo³¹, hĩ⁴³ nɯ³¹ pv³¹ ɻæ³¹ õ³¹ lɛ⁴³ dzɑ³¹ kʰɯ⁴³,

家里， 人（主助）分 的 自己（助）好（能够），

õ³¹ nɯ³¹ pv³¹ ɻæ³¹ hĩ⁴³ lɛ³¹ dzɑ³¹ kʰɯ⁴³,

我（主助）分 的 人（助） 好（能够），

pv⁴³ nɯ³¹ zʏ³¹ gʌ⁴³ ɬɑ⁴³ ɻæ⁴³ gi³¹, n̪jʌ³¹ tʂʰo¹³ bʌ⁴³ lɛ³¹ i³¹。

分（强调）汝 神 （复数）（对象），这类 天香 （助）烧。

掌管吃的伙神上面，是掌管分配的汝神。上面的官员分名望，下面的百姓分土地，中间分银，山谷分金，水里分鱼，岩分蜂，盐井分盐，茶场分茶，分金边麻布。在家里面（分金银财宝），别人来分自己得到好的，自己来分别人得到好的，为管分配的汝神们烧天香。

第六十六段

pv⁴³ nɯ⁴³ zʏ³¹ ʁo⁴³ do³¹, æ⁴³ ʐɯ³¹ za³¹ ba⁴³ la³¹。
分 的 汝 上面 ， 古时 火神。

za³¹ ba⁴³ la³¹ su⁴³ ʈ⁴³ pʰv³¹, za³¹ ba⁴³ la³¹ ma⁴³ ʈ⁴³ pʰv³¹。
火神 玛瑙 白，火神 蜜蜡 白。

nõ⁴³ dzi³¹ dʑʌ³¹ bv⁴³, æ⁴³ ʐɯ³¹ za³¹ ba⁴³ la³¹,
诺吉 王，古时候 火神，

za³¹ ba⁴³ la³¹ dʑʌ³¹ bv⁴³ tʂʰɨ³¹ bv³¹ no⁴³ tʰi³¹ se⁴³。
火神 王 赤布 诺拖色。

tʂʰɨ⁴³ za⁴³ le³¹ ʈi⁴³ di³¹ go⁴³ lo³¹, su⁴³ za³¹ zo³¹ wʌ⁴³ wʌ³¹ ʈi⁴³ hɯ⁴³,
生灵 下 平坝 地 里 ，父亲 与 儿子 吵架 （名化）了，

mi⁴³ za³¹ m³¹ wʌ³¹ wʌ⁴³ ʈi⁴³ hɯ⁴³。za³¹ ba⁴³ la³¹ le⁴³ pʰo³¹,
母亲 与 女儿 吵架 （名化）了。火神 （主助）逃,

ɬi³¹ i⁴³ mv⁴³ gʌ⁴³ tʰo⁴³ le⁴³ pi⁴³ ze³¹ bi³¹。
中间 的 天 上 （方位）（助）回去了 说。

su³¹ ʈ⁴³ æ⁴³ pʰv³¹ na³¹ mv³¹ gv³¹ le⁴³ hĩ³¹。 dʑo³¹ ʈv⁴³ ȵo⁴³ ȵo⁴³ gv⁴³,
珊瑚红 公鸡 摩梭 房梁 （助）站。啼叫 喔喔 似的,

za³¹ ba⁴³ la³¹ ʈi³¹ i³¹ mv³¹ gʌ³¹ tʰo⁴³ pi⁴³ mʌ⁴³ hĩ³¹, le⁴³ ʁo⁴³ tʂʰɨ⁴³。
火神 中间 的 天 上（方位）去 不 行, （助）回来。

tʂʰɨ⁴³ za³¹ le⁴³ ʈi³¹ di³¹ go⁴³ lo³¹,
生灵 下（助）这 地 里,

dze⁴³ pʰæ³¹ wʌ³¹ pʰæ³¹ ʈi⁴³, ȵi³¹ pʰæ⁴³ no⁴³ pʰæ³¹ ʈi³¹。
钱 掌控 家财 掌控（定指），别人 掌控 你 掌控（定指）。

æ³¹ i⁴³ zʏ¹³ le³¹ mʌ⁴³ se³¹ nɯ³¹, tʂʰɨ⁴³ i⁴³ ʂi¹³ hĩ⁴³ gʌ³¹ tʰv⁴³ kʰɯ³¹ hĩ⁴³。
去年 旧（助）不 完 还, 今 年 新（名化）上 出来 放 就。

χa⁴³ zʏ³¹ dzi³¹ zʏ³¹ dʑo³¹, ŋv⁴³ zv⁴³ hæ⁴³ zʏ³¹ dʑo³¹, gv³¹ zv³¹ tʰi⁴³ zʏ³¹ dʑo³¹。
粮 旧 水 旧 有， 银 旧 金 旧 有，金边 旧 麻布 旧 有。

tsʰe⁴³ zʏ³¹ li³¹ zʏ⁴³ dʑo³¹, ʂɨ⁴³ za³¹ zʏ³¹ dzwæ⁴³ dzwæ⁴³ hĩ³¹,
盐 旧 茶 旧 有, 新 与 旧 合 （名化）,

nõ⁴³ dʑi³¹ dzʌ³¹ bv⁴³ æ⁴³ ʐɯ³¹ za³¹ ba⁴³ la³¹ nɯ³¹ i³¹。
诺吉　王　古时　火神　（主助）保佑。

nõ⁴³ dʑi³¹ dzʌ³¹ bv⁴³ æ⁴³ʐɯ³¹ za³¹ba⁴³la³¹ æ⁴³ gi³¹ njʌ³¹ tʂʰo¹³bʌ⁴³ lɛ³¹ i³¹。
诺吉　王　古时　火神　（复数）（对象）类　天香（助）烧。

管分配的汝神上面，是诺吉王，古时的火神，然巴拉的好玛瑙，好蜜蜡。火神王赤布诺拖色。生灵生活的广阔大地，父亲和儿子吵架了，母亲和女儿吵架了，火神逃跑了，说要回到天上去。珊瑚红色的公鸡站在摩梭房梁上喔喔啼叫，然巴拉回天上的事情没有办到，回来了。生灵生活的广阔大地，管理钱财，管理别人的，也管理自己的。去年旧的还没有用完，今年新的又出来了。有陈粮和陈酒，有老银和老金，有旧的金边和麻布，有旧盐旧茶，新旧会合。所有这些都由诺吉加布、古时然巴拉保佑。给火神们烧天香。

第六十七段

æ⁴³ ʐɯ³¹ za³¹ ba⁴³ la³¹ ʁo⁴³ do⁴³，bv³¹ gv¹³ ȵi³¹ dzv̩³¹ kʰɯ⁴³ hĩ⁴³，
古时候　火神　上头，畜圈 牲畜 发展（能够）（会），

ȵi³¹ ɻv¹³ nõ³¹ gʌ³¹ ɬa⁴³。ʑe³¹ i⁴³ a⁴³ bʌ³¹ ʁv³¹ bv³¹ pʰv⁴³，
牲畜 放牧 诺　神。夏季 高山牧场　牦牛 白，

so⁴³ so³¹ dʑi³¹ ʐʌ⁴³ bv⁴³ na³¹。
所有地方　放置 牦牛 黑。

da³¹ ɬi⁴³ gv³¹ tsʰi³¹ na¹³，di⁴³ ɬi³¹ gv⁴³ ʐwæ⁴³ ʂi³¹。
阴坡 中间 地方 山羊 黑，平地 中间 地方 马 黄。

dʑi³¹ mv⁴³ dʑi³¹ zo⁴³ ʂu⁴³，ʁa³¹ mv⁴³ ʁa³¹ zo⁴³ so⁴³，
放　女　放 儿 带走，富 女 富 儿 带走，

ʁɯ³¹ mi³¹ na³¹ nɯ⁴³ ʑe³¹ v⁴³。ɬo¹³ pʰv³¹ dʑ⁴³ hĩ³¹，
黄牛 母 黑（主助）脊牛。脑门 白 得（会），

ȵi³¹ ɻv⁴³ nõ⁴³ bi³¹ ta⁴³ nɯ⁴³ i³¹。
牲畜 放牧 诺（神）因为（主助）祚。

ʐo⁴³ mi⁴³ na³¹ nɯ³¹ ʐo⁴³ ɬi³¹ pʰv³¹ ɻ⁴³ dʑ³¹ hĩ⁴³，
绵羊 母 黑（主助）小绵羊 白 色 得（会）。

ȵi³¹ ɻv⁴³ nõ⁴³ bi³¹ ta⁴³ nɯ⁴³ dʑ³¹。
牲畜 放牧 诺（神）因为（主助）得。

ʁæ⁴³ ɬæ³¹ hĩ³¹，ȵi³¹ ɬæ³¹ hĩ⁴³，ʁo³¹ pʰv³¹ hĩ⁴³，mæ⁴³ pʰv³¹ hĩ³¹，
胸 花（名化），背 花（名化），头 白（名化），尾 白（名化），

qʰv³¹ ʂæ³¹ hĩ⁴³，	qʰv³¹ dæ³¹ hĩ⁴³，	bʌ³¹ bʌ³¹ hĩ⁴³，
角 长（名化），	角 短（名化），	健壮（名化），

ȵi³¹ ɻv⁴³ nõ³¹ bi³¹ tɑ⁴³ nɯ⁴³ dʑi³¹。
牲畜 放牧 诺（神）因为（主助）得。

ȵi³¹ ɻv⁴³ nõ³¹ gʌ³¹ ɬɑ³¹ ɻæ³¹ gi³¹ ȵjʌ³¹ tsʰo¹³ bʌ⁴³ lɛ³¹ i³¹。
牲畜 放牧 诺 神（复数）（对象）类 天香（助）烧。

古时的火神上面，畜圈里牲畜能够发展的，是放牧牲畜的诺神。白牦牛放牧在夏季的高山牧场，黑牦牛放牧在所有牲畜都可以放牧的地方。阴坡放黑山羊，平地放黄马。所有牲畜都带走自己的儿女，富人带走富儿富女。黑的黄牛生了一个脑门白的小牛儿，这是因为诺神保佑畜牧。黑的母绵羊生了一个小白绵羊，是因为诺神保佑畜牧。胸花的，背花的，头白的，尾白的，角长的，角短的，健壮的，是因为诺神保佑畜牧。给（保佑）放牧牲畜的诺神们烧天香。

第六十八段

ȵi³¹ ɻv⁴³ nõ³¹ ʁo³¹ do⁴³, tʂe⁴³ zv³¹ ũʌ³¹ gʌ³¹ ɬɑ⁴³。
牲畜 放牧 诺 上面，地上 种 丰收 神。

tsʰo³¹ dʑi⁴³ lɯ³¹ ʁɯ⁴³ ʁɯ⁴³, tsʰɛ³¹ hõ⁴³ dzi³¹ dzi³¹ mi⁴³ ȵi⁴³ gv⁴³,
初直鲁依依， 采红吉吉米 两 个，

zv³¹ nɑ⁴³ zv³¹ ɭ³¹ dʑi⁴³ ʁo³¹ do⁴³,
四方 山峰 上头，

ʐʌ⁴³ qʰɑ⁴³ so⁴³ dʑi³¹ pʰo⁴³, so⁴³ tsʰɨ⁴³ so³¹ gv³¹ tʰv³¹ hv⁴³ wʌ³¹。
苦荞 三斗撒，三十三倍出得盈。

ɻv³¹ tɕʰi⁴³ ɻv⁴³ æ³¹ lo³¹, ɻv⁴³ nɑ³¹ ȵi³¹ dʑi³¹ pʰo³¹,
石头多石头岩沟，粮 黑 二 斗 撒，

ȵi³¹ ɕi³¹ ȵi³¹ gv³¹ tʰv³¹ hv⁴³ wʌ³¹, dzi³¹ hv⁴³ bʌ³¹ di¹³ wʌ³¹,
二百 二 倍 出得盈，半山 叶密多，

sɑ⁴³ mi⁴³ dzu³¹ ʂæ³¹ wʌ⁴³, ʐʌ⁴³ qʰɑ⁴³ dzɑ³¹ ʂæ⁴³ wʌ³¹, ɑ⁴³ kʰɯ³¹ tʰv³¹ dʑi³¹ wʌ⁴³。
大麻 枝干高多，苦荞 穗高多， 蔓菁到大多。

tsʰɨ⁴³ dʑi³¹ wʌ³¹ lɛ³¹ i³¹ dʑi⁴³ ȵi³¹, go³¹ pʰv³¹tʰo³¹ ʂo⁴³ wʌ⁴³。
冬天 粮（助）收回那天，粮食 堆满 多。

zɨ⁴³ i³¹ wʌ³¹ lɛ³¹ i⁴³ dʑi⁴³ ȵi³¹, dze³¹ ɻæ⁴³ ʁæ³¹ ʁæ³¹ wʌ¹³。
夏季 粮（助）收回那天，种 瘪 饱满 多。

wʌ³¹ χɑ⁴³ dzu⁴³ dʑi⁴³ ȵi³¹, mʌ⁴³ zwʌ³¹ kʰɯ³¹ hĩ⁴³。
多饭 吃 那天，不饿（能够）（会）。

wʌ³¹zɿ⁴³ tʰi⁴³ dʑi³¹ɲi³¹,	ma⁴³ ʁɛ³¹ kʰɯ³¹ hĩ³¹。	lo³¹ ɲi⁴³ kʰɯ³¹ hĩ³¹,
多 酒 喝 那天,	不 醉（能够）（会）。	劳动 饱（能够）（会）,

tʂe⁴³ zʏ³¹ wʌ³¹ gʌ⁴³ ɬa³¹ tæ³¹	gi³¹	ɲjʌ³¹ tʂʰo¹³ bʌ⁴³ le³¹ i³¹。
地 粮 农 神（复数）（对象）类	天香	（助）烧。

保佑畜牧的诺神上面，是保佑丰收的农神。初直鲁依依和采红吉吉米两个，在四方山峰上面，苦荞撒三斗，收获三十三倍增产。乱石山沟里，粮食撒二斗，收获二百二十倍增产。半山树叶密又多，大麻枝杆高又多，苦荞穗儿高又多，蔓菁出产大又多。冬季粮食收获那一天，饱满的好的果实多；夏季收粮那一天，粮食堆满仓；多吃饭的那一天，不会饿；多喝酒的那一天，不会醉；劳动了就能吃饱。给地粮农神们烧天香。

第六十九段

tʂe⁴³ zʏ³¹ wʌ³¹ ʁo⁴³ do³¹,	dze³¹ tɕʰi⁴³ tsõ⁴³ na⁴³ ɭɿ³¹ tʂʰe³¹,
地 粮 农神 上面,	泉源 宗纳尔车,

zɿ³¹ mv⁴³ qʰwʌ³¹ mv³¹gv⁴³ gʌ⁴³ ɬa⁴³。
山神 拦 水神 神。

ɲi⁴³ mi⁴³ tʰv⁴³,	ɬv⁴³ pʰv⁴³ tʰa³¹ mv⁴³ tsʰɿ³¹,
东方, 海螺 白 房子 立,

i³¹ tʂʅ⁴³ mi³¹,	hæ⁴³ ʂi⁴³ tʰa³¹ mv⁴³ tsʰɿ³¹,
南方, 金黄 房子 立,

ɲi⁴³ mi⁴³ gv³¹,	tʂʰwa⁴³ na⁴³ tʰa³¹ mv⁴³ tsʰɿ³¹,
西方, 墨玉 黑 房子 立,

hv³¹ go⁴³ lo³¹,	wa³¹ zu⁴³ tʰa³¹ mv⁴³ tsʰɿ³¹,
北方, 绿松石 房子 立,

bv⁴³ ʐɯ³¹ gv³¹ gv³¹,	tʰa³¹ ʐɯ⁴³ gv³¹ gv³¹,
甑子 房 九 个,	间 房 九 个,

tʰa³¹ la⁴³ ʐʌ³¹ ma³¹,	qwʌ⁴³ gʌ³¹ ɬa³¹, pʰv³¹ gʌ⁴³ ɬa⁴³,
锅桩石,	火塘 神, 左神 右神,

mv⁴³ dzʏ⁴³ kʰɯ³¹ hæ⁴³ ʂi⁴³ zʏ³¹ zo⁴³ʁo⁴³ ɭɿ³¹ dzɯ³¹ hĩ⁴³。
碓 窝 脚 金黄 小蛇 头 像（会）。

ʂæ³¹ tʰa³¹ kʰɯ⁴³ hæ⁴³ ʂi⁴³ bʌ³¹ zo⁴³ʁo⁴³ ɭɿ³¹ dzɯ³¹ hĩ⁴³。
石磨 脚 金黄 小蛙 头 像（会）。

dzi⁴³ gv³¹ kʰɯ⁴³ hæ⁴³ ʂi⁴³ ɲi⁴³ mi³¹ʁo⁴³ ɭɿ³¹ dzɯ³¹ hĩ⁴³。
水缸 脚 金黄 鱼 头 像（会）。

地粮农神上面，是泉源神宗纳尔车，阻拦灾祸的山神和水神。东方，立海螺白色的房子；南方，立金黄色的房子；西方，立墨玉黑色的房子；北方，立绿松石色的房子。建九个蒸笼一样的房子，九个客房。锅桩石、火塘神、左神、右神，碓窝脚像金黄色小蛇的头，石磨脚像金黄色小蛙的头，水缸脚像金黄色鱼的头。

第七十段

zi^{43} bv^{31} gv^{31} zo^{43} $ʁæ^{43}$ $nɯ^{31}$, $ʐɯ^{43}$ $gʌ^{31}$ $pʰv^{31}$ la^{31} $sɯ^{31}$ zo^{43} $ʁæ^{43}$。
水神　儿　富裕　直到，　房子　住户　父　子　富裕。

zi^{43} bv^{31} gv^{31} ba^{43} ze^{31} $nɯ^{31}$, $ʐɯ^{43}$ $gʌ^{31}$ $pʰv^{31}$ la^{13} $sɯ^{31}$ ba^{43} ze^{31}。
　水神　花　鲜艳　直到，　　房子　住户　父　花　鲜艳。

dzi^{31} zo^{43} $ɖæ^{31}$ $ʂi^{31}$, di^{43} ba^{31} $pʰo^{43}$ ba^{13} dza^{13} $kʰɯ^{31}$,
　水　来　夷平，地　庄稼　撒　庄稼　好（能够），

$ʁæ^{43}$ $ɲi^{31}$ $zʌ^{13}$ $ɲi^{31}$ $dzɤ^{31}$ $kʰɯ^{43}$,
富　牲口　养　牲口　发展（能够），

zi^{31} mv^{43} $qʰwʌ^{43}$ mv^{31} gv^{43} $gʌ^{31}$ $ɬa^{31}$ $nɯ^{43}$ i^{31},
山神　拦　水神　　神（主助）祚，

zi^{31} mv^{43} $qʰwʌ^{43}$ mv^{31} gv^{43} $gʌ^{31}$ $ɬa^{31}$ $æ^{43}$ gi^{31}, $tʂʰo^{13}$ $bʌ^{43}$ le^{31} i^{31}。
山神　拦　水神　　神（复数）（对象），　天香（助）烧。

水神的儿女富裕了，住在房屋里的人家父子才会富裕；水神的花朵鲜艳了，住在房屋里的人们父子的花朵才会鲜艳。水来夷平（土地），田地播种庄稼能够好。富家养牲口发展了，是有阻拦灾祸的山神和水神保佑。给阻拦灾祸的山神、水神们烧天香。

第七十一段

zi^{31} mv^{43} $qʰwʌ^{31}$ mv^{31} gv^{43} $ʁo^{43}$ do^{31}, na^{31} mv^{31} $ʐɯ^{43}$ $nɯ^{31}$ $wʌ^{43}$ $gʌ^{43}$ $ɬa^{31}$,
山神　拦　水神　上面，　纳人　房子　的　灵魂　神，

$wɨ^{33}$ $pʰv^{31}$ $ŋwʌ^{33}$ tv^{31} $ʐɯ^{33}$, $ʂɨ^{31}$ $ɕi^{43}$ $ʂæ^{43}$ $kʰɯ^{31}$ $ʐɯ^{31}$, $ʂɨ^{31}$ $ɕi^{53}$ gv^{31} $pʰv^{31}$ $ʐɯ^{53}$,
屋架　五　千　房，七百　椽子　房，　七百　房板　房，

$ŋv^{33}$ $pʰv^{53}$ do^{33} mi^{31}, $sɯ^{33}$ wa^{31} li^{31} zo^{31} wa^{31} li^{53}, $hæ^{31}$ $ʂi^{43}$ do^{43} mi^{31},
银　白（左）柱，父灵魂看儿灵魂看，金　黄（右）柱，

mv^{43} wa^{31} mi^{31} wa^{31} li^{43}, $ŋv^{43}$ $pʰv^{31}$ tv^{43} $tɕi^{43}$, $hæ^{31}$ $ʂi^{31}$ $sɯ^{43}$ $ʂæ^{31}$,
女儿灵魂母亲灵魂看，银　白　下　横梁，金　黄　上　横梁，

mi^{43} i^{43} do^{31} ma^{31}。 dzi^{43} $ɪv^{43}$ zi^{31} tse^{43} dza^{31} $njʌ^{31}$ da^{31},
火的　横梁。　山处　山神　好　类　砍，

lo⁴³ ɭv⁴³ zi̠³¹ mv⁴³ dʑa³¹ ɲjʌ³¹ da³¹,	to³¹ tsʰi³¹ ʁua⁴³ ɲjʌ³¹ da³¹,
谷 处 水神 好 类 砍,	时间 好 类 砍,

ȵi⁴³ wʌ³¹ dʑa³¹ ɲjʌ³¹ da³¹。	hĩ⁴³ tv³¹ ɭi̠³¹ ɭi̠³¹,	õ³¹ tv³¹ ɭi̠³¹ ɭi̠⁴³。
日子 好 类 砍。	人 撑 根 根,	自己 撑 根 根。

山神和水神上面，是摩梭房屋和灵魂的神。竖房需要五千根木头、七百根椽子、七百块房板，银白色的左柱保佑父子，金黄色的右柱保佑母女。银白色的下横梁，金黄色的下横梁，火神处的横梁。把山神在的山上的好料砍回来，把水神在的谷中的好料砍回来，在好时辰里砍回来，在吉日里砍回来。别人砍回撑屋的柱一根又一根，自己砍回撑屋的柱子一根又一根。

第七十二段

su⁴³ bv³¹ tʂʰv³¹ nɯ³¹,	mv³¹ ʐɯ⁴³ ki⁴³ tʰa³¹ kʰɯ³¹,	ga³¹ dze³¹ lv⁴³ pʰv³¹ wa³¹,
亡灵（主助）,	火房 给 不（能够）,	嘎争 石 白 寨,

ʂu⁴³ di̠⁴³ ʁua⁴³ ʁua⁴³ lɛ³¹ tʰv⁴³ kʰɯ³¹ hĩ³¹,	su⁴³ li³¹ bv³¹ zv⁴³ go³¹,
愿望 轻松（助）实现（能够）（会）,	两个火塘之间 地方,

ʐɯ³¹ mv⁴³ ɭæ³¹ dʑa¹³ lɛ⁴³ tʰv⁴³ kʰɯ³¹ hĩ³¹。
睡梦 们 好（助）出（能够）（会）。

ʐɯ⁴³ nɯ³¹ wa³¹ gʌ⁴³ ɬa³¹ nɯ³¹ i³¹。	ʐɯ⁴³ nɯ³¹ wa³¹ gʌ⁴³ ɬa³¹ ɭæ⁴³ gi³¹,
房 的 影神（主助）祚。	房 的 影神（复数）（对象）,

tʂʰo¹³ bʌ⁴³ lɛ³¹ i³¹。
天香（助）烧。

亡灵不要到着火的人家里来打扰。嘎争白石寨，愿望都会轻松实现。两个火塘间的空白地，睡觉都会做好梦。这些都是因为影神保佑。给房屋的影神们烧天香。

第七十三段

ʐɯ³¹ tɕi³¹ dæ³¹ ɲjʌ⁴³ tɕɯ⁴³。	ȵi⁴³ mi⁴³ tʰv⁴³, ɭv⁴³ pʰv⁴³ bo³¹ dæ³¹ tɕɯ⁴³。
房 放 柱础（方位）放。	东方, 海螺 白 墙 石基 放。

i³¹ tʂʰi⁴³ mi³¹,	hæ⁴³ si̠³¹ bo³¹ dæ³¹ tɕɯ⁴³。
南方,	金 黄 墙 石基 放。

ȵi⁴³ mi⁴³ gv³¹,	tʂʰwa³¹ na⁴³ bo³¹ dæ³¹ tɕi⁴³。
西方,	墨玉 黑 墙 石基 放。

hv³¹ go⁴³ lo³¹,	wa³¹ ʐɯ⁴³ bo³¹ dæ³¹ tɕi⁴³。
北方,	绿松石 墙 石基 放。

mv⁴³ nɯ³¹ di³¹ ɬi³¹ gv⁴³,	tʂv⁴³ tʂv³¹ bo³¹ dæ³¹ tɕi⁴³,
天 和 地 之间,	浅蓝宝石 墙 石基 放,

dæ⁴³ gʌ³¹ ɬa³¹ nɯ³¹ i³¹, dæ⁴³ gʌ³¹ ɬa³¹ ʴæ⁴³ gi³¹, tʂʰo¹³ bʌ⁴³ le³¹ i³¹。
石基 神 （助）祚，石基 神 （复数）（对象），天香 （助）烧。

房屋选址的影神上面，房子要放在柱础上。东方，把海螺白色的墙放在石基上；南方，把金黄色的墙放在石基上；西方，把墨玉黑的墙放在石基上；北方，把绿松石色的墙放在石基上；天地之间，把浅蓝宝石色的墙放在上面。这些是由石基神保佑，给石基神们烧天香。

第七十四段

dæ³¹ tɕɯ⁴³ se⁴³ n̥jʌ³¹ tɕɯ⁴³。gʌ¹³ mv⁴³ se³¹ wʌ³¹ hv⁴³pa⁴³ dæ³¹ se³¹。
石基 放 吉地（方位）放 。上方天 吉地 苍穹 吉祥结 吉地。

mv¹³ di³¹ se¹³，hæ³¹ s̩i⁴³ pa⁴³ dæ³¹ tɕɯ³¹。zi̠³¹ tse⁴³dzi³¹ se⁴³ʁwʌ⁴³ se⁴³,
天 地 吉地，金 黄 吉祥结 放。山神 远山神 近山神，

ɬv¹³ ze⁴³ kʰæ⁴³ dæ³¹do³¹ pv⁴³，i⁴³ zi̠³¹nõ³¹ pv⁴³，se⁴³ gʌ³¹ ɬa³¹ nɯ³¹ i³¹,
海螺 光滑 花海螺 第一 ，彩虹 珍宝，吉地 神（主助）祚，

se⁴³ gʌ³¹ ɬa³¹ ʴæ⁴³ gi³¹, tʂʰo¹³ bʌ⁴³ le³¹ i³¹。
吉地 神（复数）（对象），天香 （助）烧。

石基放在吉地上。上方的吉地苍穹编结成吉祥结；天地之间的吉地，放金黄色的吉祥结；山神、远山神和近山神，白海螺、光滑花海螺数第一，彩虹珍宝，都是吉地神保佑。给吉地神们烧天香。

第七十五段

se⁴³ gʌ³¹ go³¹ ʴi⁴³ tɕɯ⁴³，qwʌ³¹ i⁴³ æ³¹ sɯ⁴³bʌ³¹ di⁴³la³¹ hv³¹,
吉地上 三脚架放， 火塘 的 祖先（男）脚掌 虎，

qwʌ³¹ i⁴³ æ⁴³ mi⁴³sɯ³¹ ʴ⁴³la³¹ hv³¹。gʌ⁴³ qwʌ³¹ zi̠³¹ tɕʌ⁴³ χa⁴³ tɕʌ³¹ qwʌ³¹,
火塘 的 祖先（女）珊瑚珠 虎。 上火塘 酒 煮 饭 煮 火塘，

mv⁴³ qwʌ³¹ tʂʰwa³¹ tɕʌ³¹ na³¹ tɕʌ⁴³ qwʌ³¹。ɬi³¹ gv⁴³ qwʌ³¹,
下 火塘 肥肉 煮 瘦肉 煮 火塘。 中 火塘，

tsʰi⁴³ ʴi³¹ dzi³¹ tɕʌ⁴³ ma⁴³ tɕʌ³¹ qwʌ³¹，ze⁴³ i³¹ tʂʰwa³¹ tɕʌ³¹ na³¹ tɕʌ⁴³ qwʌ³¹。
冬季 水 煮 猪油 煮 火塘，夏季 肥肉 煮 瘦肉 煮 火塘。

gv⁴³ di³¹ æ³¹ v³¹ mi³¹，ʂe³¹ v³¹ qwʌ³¹ nv³¹ mi¹³,
九 地 铜 锅 只， 铁锅 火塘 心 ，

χo⁴³ di⁴³ ʂe³¹ pʰv³¹ mi³¹，ʂe³¹ v³¹ qwʌ³¹ nv³¹ mi⁴³。pʰv⁴³ nɯ⁴³ ɬa³¹ χa³¹ tɕʌ⁴³,
铁匠铺 铁 白 只，铁锅 火塘 心 。左神 和 右神 饭煮，

do⁴³ nɯ⁴³ se³¹ χa³¹ tɕʌ⁴³，qʰwʌ⁴³ χa³¹ di³¹ χa⁴³ tɕʌ³¹,
董 和 色 饭煮 ，内亲 饭 外戚 饭煮，

ʁæ⁴³ nɯ⁴³ ȵi³¹ χɑ⁴³ tɕʌ⁴³, fv⁴³ nɯ⁴³ dzɑ³¹ χɑ⁴³ tɕʌ³¹,
富裕 和 牲畜 饭 煮， 欢喜 和 好的 饭 煮，
zo⁴³ χɑ⁴³ mv³¹ χɑ⁴³ tɕʌ³¹。qwʌ⁴³ nɯ⁴³ pʰv³¹ gʌ³¹ ɬɑ³¹ nɯ⁴³ i³¹,
儿 饭 女 饭 煮。火塘 和 左神 右神（主助）祚，
qwʌ⁴³ nɯ⁴³ pʰv³¹ gʌ³¹ ɬɑ³¹ ɬæ⁴³ gi³¹, tʂʰo¹³ bʌ⁴³ lɛ³¹ i³¹。
火塘 和 左神 右神（复数）（对象）， 天香（助）烧。

吉地上架起三脚架，建火塘的男祖先像老虎一样威猛，建火塘的女祖先像有老虎斑纹似的珠宝一样美丽。上火塘煮酒煮饭，下火塘煮肥肉瘦肉，中火塘冬季煮水煮猪油，夏季煮肥肉和瘦肉。九个地方生产的铜锅。铁锅是火塘的心，铁匠铺打造的铁锅，铁锅是火塘的心。给白神和神煮饭，给董神和新神煮饭，给亲戚和朋友煮饭，给富裕的和牲畜煮饭，给喜欢的和好人煮饭，给儿女煮饭，这些都是因为火塘和左神、右神保佑。给火塘和左神、右神们烧天香。

第七十六段

qwʌ⁴³ nɯ⁴³ pʰv³¹ ʁo³¹ do⁴³, di̠⁴³ kʰv⁴³ tsʰe³¹ ȵi³¹ ɬi⁴³。kʰv³¹ gʌ³¹ ɬɑ⁴³,
火塘 和 左神 上头， 一 年 十二 月。 年 神，
kʰv³¹ zɯ⁴³ hĩ³¹ gʌ³¹ ɬɑ⁴³, di̠³¹ ɬi⁴³ so³¹ tsʰi³¹ χɑ⁴³, χɑ³¹ zɯ³¹ hĩ⁴³ gʌ³¹ ɬɑ³¹,
年 控制（名化）神， 一 月 三 十 晚， 晚 掌控 的 神，
ȵi⁴³ mi⁴³ tʰv⁴³, kʰv³¹ sɯ⁴³ pʰi⁴³, ɬi³¹ sɯ⁴³ pʰi⁴³。
东方， 年 司沛， 月 司沛。
i³¹ tʂʰi̠⁴³ mi³¹, kʰv³¹ bʌ⁴³ s̩i³¹, ɬi³¹ bʌ⁴³ s̩i³¹。
南方， 年 关 新， 月 关 新。
ȵi⁴³ mi⁴³ gv³¹, kʰv³¹ dɑ³¹ fv⁴³, ɬi³¹ dɑ⁴³ fv³¹。
西方， 年 达夫， 月 达夫。
hv³¹ go⁴³ lo³¹, kʰv³¹ dze³¹ kʰɯ⁴³, ɬi³¹ dze⁴³ kʰɯ³¹。
北方， 年 百姓， 月 百姓。
kɯ⁴³ zɯ³¹ hĩ⁴³, χɑ³¹ zɯ³¹ hĩ⁴³, tɕʰi⁴³ ɬi⁴³ zv³¹ gv⁴³ gʌ³¹ ɬɑ³¹,
星 掌控（名化）， 日子 掌控（名化）， 忌（名化）四 个 神，
tsʰɑ⁴³ ɬi⁴³ hõ³¹ gv⁴³ gʌ³¹ ɬɑ³¹ ɬæ⁴³ gi³¹ ȵjʌ⁴³ tʂʰo¹³ bʌ⁴³ lɛ³¹ i³¹。
遍（名化）八 个 神（复数）（对象）类 天香（助）烧。

火神和左神上面，一年十二个月。年神，即掌控年的神；一月三十个晚上，掌控夜晚的神。为这些神除秽。东方，是祖先的年神和月神；南方，是新关卡的年神和月神；西方，是达巴的年神和月神；北方，是百姓的年神和月神。掌控星宿的，掌控日子的，掌管禁忌的四尊神，掌管念经遍数的八个神。给它们烧天香。

第七十七段

mv⁴³ gv⁴³ kʰv³¹, tʂʰɿ³¹ dʑɿ⁴³ kʰv³¹, zɿ³¹ tse⁴³ dzɯ³¹ tʂʰo⁴³ tɕi⁴³,
龙　年，这　一　年，　山神　人　烧（名化），

ʁɑ³¹ tʂʰo³¹ tɕi⁴³, kʰv³¹ mæ⁴³ mv³¹ lɛ⁴³ hɯ⁴³。bv⁴³ zʅ⁴³ kʰv³¹,
家神　烧（名化），年　尾　下（助）去。　蛇年，

tʂʰɿ³¹ dʑɿ⁴³ kʰv³¹, kʰv³¹ sʅ⁴³ gʌ³¹ lɛ⁴³ tʰv⁴³, ɬi⁴³ sʅ⁴³ gʌ³¹ lɛ⁴³ tʰv⁴³。
这　一　年，年　新　上（助）到，月　新　上（助）到。

kɯ⁴³ dʑɑ³¹ hĩ³¹, χɑ³¹ dʑɑ³¹ hĩ³¹, dzʅ³¹ ʁɯ⁴³ hĩ⁴³, ɬo³¹ pʰv³¹ hĩ⁴³,
星　好（名化），晚　好（名化），厉害　能干（名化），额　白（名化），

mæ⁴³ pʰv³¹ hĩ³¹, gʌ³¹ lɛ⁴³ tʰv⁴³。
尾　白（名化），上（助）到。

ʂwɑ³¹ ɭv³¹ mv⁴³ gʌ³¹ ɬɑ³¹ tæ³¹ gi³¹ tʂʰo⁴³ bʌ⁴³ lɛ³¹ i³¹,
高　处　天　神（复数）（对象）　天香（助）烧，

mv³¹ pi⁴³ zɯ³¹ zʌ³¹ lɛ⁴³ dʑɿ⁴³ kʰɯ⁴³。hv⁴³ ɭv³¹ di³¹ gʌ³¹ ɬɑ³¹ tæ³¹,
天　上　掌　似的（助）得（能够）。低　处　地　神（复数），

tʂʰo⁴³ bʌ⁴³ lɛ³¹ i³¹。
天香（助）烧。

di⁴³ pi⁴³ bɑ³¹ zʌ⁴³ ɲi³¹ lɛ⁴³ dʑɿ³¹ kʰɯ³¹。mv³¹ zɑ³¹ di³¹ tse⁴³ ki⁴³,
地　上　花　似的　是（助）得（能够）。天　与　地　之间，

zɿ³¹ tse⁴³ dzɯ³¹ gʌ³¹ ɬɑ³¹, ʁɑ³¹ gʌ³¹ ɬɑ³¹, tʂʰo⁴³ bʌ⁴³ lɛ³¹ i³¹。
山神　人　神，　家神　神，　天香（助）烧。

zʅ³¹ nɑ⁴³ zʅ³¹ ȶi³¹ dʑi⁴³ ʁo³¹ do⁴³, tʰo⁴³ zʌ³¹ ɲjʌ¹³ lɛ⁴³ dʑɿ³¹ kʰɯ³¹。
四面的　山峰　上头，依靠　似的　类（助）得（能够）。

do⁴³ no⁴³ se⁴³ no⁴³ tæ³¹ gi³¹, tʂʰo⁴³ bʌ⁴³ lɛ³¹ i³¹。
董　你　色　你（复数）（对象），天香（助）烧。

do³¹ zo¹³ zɯ³¹ ʂæ⁴³ kʰɯ⁴³, se³¹ zʅ¹³ χɑ³¹ i⁴³ kʰɯ³¹。
董　子　命　长（能够），色　孙　福　有（能够）。

qʰʌ⁴³ ʑʌ⁴³ qʰʌ³¹ ʑʌ³¹ ʑʌ³¹ qʰʌ³¹ ʑʌ⁴³, dzʌ³¹ lɑ⁴³ dzʌ³¹ lɑ³¹ lɑ⁴³ dzʌ⁴³ lɑ³¹, ki⁴³ ki⁴³ so³¹ tʂʰɿ³¹ ɬɑ⁴³ se⁴³ lo⁴³。

（吉祥语）

　　龙年这一年，生者给山神烧香，给在家里的神烧香年尾下去了。蛇年这一年，新年到来，新月到来。好的星宿，好的日子，到来了。厉害的、能干的、白额的（牲畜），白尾的（牲畜），到来了。

给高处的天神们烧天香，天上能够得到掌管这样的（福泽）。给低处的地神们烧天香，地上能够得到花儿这样的福泽。天地之间，给山神、人神、家神烧天香。四面的山峰上面，能够得到依靠这样的（福泽）。给董神、色神们烧天香。董的子孙能长命，色的子孙能有福。

克呀克呀呀克呀，加拉加拉拉加拉，给给苏次拉塞罗。[1]

---

[1] 此三句为祈祷语，不可译。

三 屋脚村口诵经选段：《创世纪》

tsʰu⁴³	dʑɿ³¹	lu⁴³	ʁɯ³¹	ʁɯ⁴³,	ji³¹	tʂʰi⁴³	ji⁴³	mʌ⁴³	di⁴³,
初	直	鲁	依	依，	南方	做		不	地，
dʐu³¹	kʰv³¹	bi¹³	lɛ³¹	hĩ¹³,	hv³¹	gu⁴³	hv⁴³	lu³¹	di⁴³,
董神	面前	做	（动助）	站，	北方	一	劳动		地，
si³¹	kʰv⁴³	tsa³¹	lɛ⁴³	hĩ⁴³,	la³¹	tu⁴³	æ⁴³	ʂwa³¹	ʁu¹³。
色	面前	求	（动助）	站，	拉	度	高	岩	。
ʂwa³¹	sɯ⁴³	su³¹	kʌ⁴³	da¹³,	ʂwa³¹	hĩ⁴³	su³¹	gv³¹	ji⁴³。
细叶杜鹃	三	根	砍，		细叶杜鹃	人	三	整	做。
mv⁴³	sɯ⁴³	su³¹	kʌ⁴³	da¹³,	mv³¹	hĩ⁴³	su³¹	gv³¹	ji⁴³。
宽叶杜鹃	三	根	砍，		宽叶杜鹃	人	三	整	做。
pʌ⁴³	dv³¹	qʰv³¹	tʂa¹³	ʐɯ¹³,	qʰv³¹	tʂa¹³	mv⁴³	nɯ³¹	pi⁴³,
灌下去	喉结		过，	喉结	天	（主助）		告诉，	
ʂɿ³¹	tʂʰæ¹³	ɖʐi⁴³	nɯ³¹	tʂi³¹,	tsʰu⁴³	dʑɿ³¹	lu⁴³	ʁɯ⁴³	ki¹³,
宝贝	个	（主助）		插，	初直鲁依依			给，	
su⁴³	ɬi⁴³	lɛ³¹	li³¹	pi⁴³,	su⁴³	ɬi⁴³	gv³¹	mʌ³¹	ɖʐɿ¹³,
三	月	（动助）	看	去，	三	月	到	不	（名化），
su⁴³	ha¹³	lɛ³¹	ɻ¹³	hɯ⁴³,	ʂwa³¹	sɯ⁴³	ta³¹	mʌ³¹	kv⁴³,
三	天	（动助）	探	去，	细叶杜鹃		说话	不	能，
kʰwʌ³¹	χa⁴³	χa⁴³	ta³¹	ɖʐɿ³¹,	mv⁴³	sɯ⁴³	ʐɯ³¹	mv³¹	pi⁴³,
嘴	张	张	一下	（名化），	树名		拿	（名化）	话，

zɯ³¹	mʌ³¹	kv⁴³,	lu³¹	tʂʰi⁴³	tʂʰi⁴³	tɑ³¹	ɬi⁴³ 。
拿	不	能,	手	伸	伸	一下	（名化）。

全文通译：

初直鲁依依，在南方耕不成地，来到阿巴睹面前请求，到北方劳作。来到色神面前请求，到拉度高岩上劳动。砍三根细叶杜鹃枝，做成三个人。砍三根宽叶杜鹃枝，做成三个人。灌下喉结后，天教喉结说话，插入一个宝贝。（天）告诉初直鲁依依，三个月后去看。三个月不到，三天就去探看，细叶杜鹃人不能说话，张嘴张一下。拿东西的话，宽叶杜鹃人不能拿，伸手伸一下。

第五章

达巴基本字符统计

本章字表是根据前文历书、印棒中出现的字符整理而来的。其中，二十八星宿、七符、喇嘛教符号来自历书。由于历书中的符号按照固定顺序循环出现，因此选用各个版本中第一个月的符号作为基本字符。印棒的字符则根据字频排列，三个村都有的符号对照着出现，各村独有的符号按照屋脚村（达巴）、利家嘴村（达巴）、前所村（达巴）、前所村（喇嘛）的顺序列出，各村编号依次为：WJ、LJZ、QS1、QS2。

一 二十八星宿

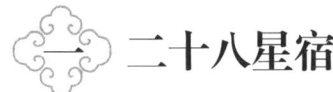

星宿		屋脚本	利家嘴本1	利家嘴本2	前所达巴本1	前所达巴本2（喇嘛解读）	前所藏文本	温泉本
1	原图							
	音标	ȵi⁴³dʐi⁴³	mu⁴³dʐi⁴³	ȵi⁴³dʐi⁴³	ȵi⁴³dʐi⁴³	ȵi⁴³dʐi⁴³	ȵi⁴³dʐi¹³	dʑi³¹kɯ⁴³
	汉译	拟至（音译）	普通人	人星	最大的一天	—	—	水星
2	原图							
	音标	ʐwæ⁴³kɯ⁴³	ʐwæ³³kɯ³¹	ʐwæ⁴³kɯ⁴³	ʐwæ⁴³kɯ⁴³	ʐwæ⁴³kɯ⁴³	ʐwæ⁴³kɯ³¹	（不详）
	汉译	马星	马	马星	马星	—	—	（不详）
3	原图							
	音标	pʌ⁴³kʰwa⁵³	po³³kʰwa³¹	pʌ⁴³kʰwa⁴³	pʌ³¹kʰwa⁴³	pʌ³¹kʰɛ⁴³	pa⁴³kʰwe⁴³	bo³¹ma⁴³
	汉译	青蛙嘴	—	拨跨（音译）	蛤蟆嘴	—	—	猪油
4	原图							
	音标	pʌ³³dʑi⁵³	po³¹dʑi⁴³	pʌ⁴³dʑi⁴³	pʌ³¹dʑi⁴³	pʌ³¹dʑi¹³	pa³¹tɕi¹³	mu⁴³kɯ⁴³
	汉译	青蛙尿	—	拨记（音译）	青蛙尿	—	—	火星
5	原图							
	音标	dʑi⁵³kɯ³¹	dʑi³¹kɯ³¹	dʑi⁴³kɯ⁴³	dʑi⁴³kɯ⁴³	dʑi⁴³kɯ⁴³	tɕi³¹kɯ⁴³	（不详）
	汉译	水星	雨的预报	几各（音译）	水星	—	—	（不详）

第五章 达巴基本字符统计　375

续表

二十八星宿		屋脚本	利家嘴本1	利家嘴本2	前所达巴本1	前所达巴本2（喇嘛解读）	前所藏文本	温泉本
6	原图						ད་གི་ོ	
	音标	pʌ³³kɯ³¹ pʰʌ⁵³	pwʌ³³kɯ³¹ pʰæ³¹	pʌ⁴³kɯ³¹pʰʌ³¹	pʌ⁴³kɯ³¹pʰʌ³¹	pʌ⁴³kɯ³¹ pʰʌ³¹	pa⁴³kɯ⁴³ pʰa⁴³	so³¹tʰa⁴³kɯ⁴³ pʰʌ³¹
	汉译	青蛙星白	最好的星	拨格帕（音译）	白蛤蟆	—	—	索塔各帕（音译）
7	原图						བ་གུ	
	音标	qʰʌ⁴³tʂa⁴³ zqʰʌ⁴³	qʰʌ³¹tʂæ³¹ kʰa⁵³	qo³¹tʂæ⁴³ qʰʈ⁴³	qʰʈ³¹tʂa⁴³ qʰʈ⁴³	qʈ⁴³tʂa⁴³qʰʈ⁴³	qɯ⁴³tʂa⁴³ qʰʌ⁴³	（不详）
	汉译	喉咙	喉咙	古扎克（音译）	qʰʈ³¹tʂa⁴³的喉咙	—	—	（不详）
8	原图						གུ་བ་མོ་མི	
	音标	qʰʌ³¹tʂa⁴³ gv⁴³mi⁴³	kʰʌ³¹tʂæ³¹ gv³³me⁵³	qo³¹tʂæ⁴³ qo³¹mi⁴³	qʰʈ³¹tʂa⁴³ gv⁴³mi⁴³	qʈ⁴³tʂa⁴³ kɯ⁴³mi⁴³	qɯ⁴³tʂa⁴³ gv³¹mi⁴³	kʰɯ³¹tʂa⁴³ gɯ³¹mi⁴³
	汉译	科扎古米（音译）	人的身体	古扎古米（音译）	qʰʈ³¹tʂa⁴³的身体	—	—	库扎古米（音译）
9	原图						ཨ་ཧུ	
	音标	ȵiæ³¹hũ⁴³	ȵiæ³¹hõ⁵³	so³¹tʰa³¹ ȵiæ³¹hũ⁴³	ȵja³¹hũ⁴³	ȵjʌ³¹hũ⁴³	ȵja³¹hu⁴³	ȵiæ³¹hõ⁴³
	汉译	眼睛红（火星）	火神	绵羊星	红眼睛	—	—	念红（音译）
10	原图						ོ་ཧ་	
	音标	so³¹tʰa⁴³ ʁwa⁵³	so³¹tʰa⁵³ʁo⁵³	so³¹tʰa³¹ʁo¹³	so³¹tʰa⁴³ʁo⁴³	so³¹tʰa³¹ʁo⁴³	so³¹tʰa³¹ʁo¹³	so³¹tʰa⁴³ʁo⁴³
	汉译	索它窝（音译）	三盘星的头	绵羊星	so³¹tʰa¹³的头	—	—	索塔俄（音译）
11	原图						ོ་ཧ་	
	音标	so³¹tʰa⁴³lo¹³	so³¹tʰa⁵³lu¹³	so³¹tʰa³¹lo¹³	so³¹tʰa¹³lu¹³	so³¹tʰa³¹lo¹³	so³¹tʰa¹³lo¹³	so³¹tʰa⁴³kɯ⁴³ pʰʌ⁴³
	汉译	索它罗（音译）	三盘星的手	绵羊星	so³¹tʰa¹³的手	—	—	三亮星白

续表

二十八星宿		屋脚本	利家嘴本1	利家嘴本2	前所达巴本1	前所达巴本2（喇嘛解读）	前所藏文本	温泉本
12	原图							
	音标	so^{31}tʰa^{43}tʂʰwʌ^{33}mi^{53}	so^{31}tʰa^{53}tʂʰo^{53}me^{53}	so^{31}tʰa^{31}tʂʰwa^{43}mi^{43}	so^{31}tʰa^{13}tʂʰo^{43}mi^{43}	so^{31}tʰa^{31}tʂʰo^{43}mi^{43}	so^{31}tʰa^{13}tʂʰwʌ^{43}mi^{43}	so^{31}tʰa^{43}lo^{13}
	汉译	索它戳米（音译）	三盘星的脚	绵羊星	so^{31}tʰa^{13}的四方	—	—	（不详）
13	原图							
	音标	so^{31}tʰa^{43}kɯ^{43}pʰʌ^{53}	so^{31}tʰa^{53}kɯ^{43}pʰæ^{53}	so^{31}tʰa^{31}kɯ^{43}pʰʌ^{31}	so^{31}tʰa^{13}kɯ^{43}pʰʌ^{31}	so^{31}tʰa^{31}kɯ^{43}pʰʌ^{43}	so^{31}tʰa^{13}kɯ^{43}pʰʌ^{43}	pwʌ^{43}kɯ^{31}pʰʌ^{31}
	汉译	索它各破（音译）	—	绵羊星	so^{31}tʰa^{13}的一个白星	—	—	拨各帕（音译）
14	原图							
	音标	hu^{43}kɯ^{43}	hu^{33}kɯ^{31}	ho^{43}kɯ^{43}	hu^{43}kɯ^{31}	hu^{43}kɯ^{43}	hu^{43}kɯ^{43}	χu^{43}kɯ^{43}
	汉译	忽各（音译）	飞鸟	火各（音译）	野鸡星	—	—	野鸡头
15	原图							
	音标	kʌ^{31}kɯ^{43}	kʌ^{31}kɯ^{31}	kʌ^{31}kɯ^{43}	gʌ^{31}kɯ^{43}	qʌ^{31}kɯ^{13}	ka^{31}kɯ^{43}	kɯ^{31}kɯ^{43}
	汉译	老鹰星	鹰	葛各（音译）	鹰星	—	—	老鹰头
16	原图							
	音标	bo^{31}kʰwʌ^{43}	bo^{31}kʰwa^{53}	bo^{31}kʰwʌ^{43}	bo^{31}kʰwa^{43}	bo^{31}kʰwa^{43}	bo^{31}qʰwʌ^{43}	（不详）
	汉译	猪嘴	猪嘴	猪嘴	猪嘴	—	—	（不详）
17	原图							
	音标	bo^{31}dʑi^{53}	bo^{31}dʑi^{53}	bo^{31}dʑi^{43}	bo^{31}dʑi^{13}	bo^{31}dʑi^{13}	bo^{31}dʑi^{13}	bu^{31}dʑi^{43}
	汉译	博记（音译）	猪胃	—	猪尿	—	—	猪的阴道
18	原图							
	音标	bo^{31}ma^{53}	bo^{31}ma^{53}	bo^{31}mæ^{43}	bo^{31}ma^{43}	bo^{31}ma^{43}	bo^{31}ma^{43}	（不详）
	汉译	猪油	猪油	猪尾	猪油	—	—	（不详）

续表

二十八星宿		屋脚本	利家嘴本1	利家嘴本2	前所达巴本1	前所达巴本2（喇嘛解读）	前所藏文本	温泉本
19	原图							
	音标	zɿ³¹zu⁴³	bo³¹mæ⁵³	bo³¹ma⁴³	zɿ³¹zu⁴³qʰʐ̩⁴³	zu³¹zu⁴³ku³¹	zɿ³¹zu⁴³qu⁴³	（不详）
	汉译	孜（音）四（表整体）	猪尾	猪油	犏牛四面的角	—	—	（不详）
20	原图							
	音标	zɿ³¹qʰʌ⁵³	zɿ³¹zu³³qʰa⁵³	zɿ³¹zu⁴³qʰɯ⁴³	zɿ³¹qʰʐ̩⁴³	zɿ³¹qʰʐ̩⁴³	zɿ³¹qʰʐ̩⁴³	zɿ³¹qʰo⁴³
	汉译	孜（音译）的角	孜（音译）的角	—	犏牛的角	—	—	孜（音译）的角
21	原图							
	音标	zɿ³¹ɬi⁵³	zɿ³¹ɬi⁴³	zɿ³¹ɬi⁴³	zɿ³¹ɬi⁴³	zɿ³¹ɬi⁴³	zɿ³¹ɬi⁴³	zɿ³¹ɬi⁴³
	汉译	孜（音译）的耳	孜（音译）的耳	—	犏牛的耳	—	—	孜（音译）的耳朵
22	原图							
	音标	zɿ³¹ɲjæ⁵³	zɿ³¹ɲjæ⁵³	zɿ³¹ɲja⁴³	zɿ³¹ɲja⁴³	zɿ³¹ɲja⁴³	zɿ³¹ɲi⁴³	zɿ³¹ɲja⁴³
	汉译	孜子（音译）的眼	zɿ³¹的眼睛	—	犏牛的眼	—	—	孜（音译）的眼
23	原图							
	音标	zɿ³¹gv⁵³	zɿ³¹gv⁵³	zɿ³¹kv⁴³	zɿ³¹gv⁴³	zɿ³¹gv⁴³	zɿ³¹kv⁴³	ʂʌ³¹dzɿ³¹dv¹³
	汉译	子的巴掌	—	—	犏牛的身体	—	—	（不详）
24	原图							
	音标	la⁵³hũ⁵³kʰwʌ⁴³	zu³¹gi³³læ³³kʰwa³¹	la⁴³hũ⁴³kʰwa³¹	la⁴³ũ⁴³kʰwa³¹	la⁴³hũ⁴³kʰwa⁴³	la⁴³hũ⁴³kʰwɛ⁴³	la⁴³hũ³¹kʰwɛ³¹
	汉译	老虎嘴	老虎的嘴	—	虎的嘴	—	—	虎嘴
25	原图							
	音标	ʂʌ³¹dzɿ³¹dv⁵³	ʂʌ³³dzɿ³³dv³³	ʂe³¹dzɿ³¹dv¹³	ʂʌ³¹dzɿ³¹dv¹³	ʂe³¹dzɿ³¹du¹³	ʂe³¹dzɿ³¹du¹³	（不详）
	汉译	肉食等等	肉	—	—	—	—	（不详）

续表

二十八星宿		屋脚本	利家嘴本1	利家嘴本2	前所达巴本1	前所达巴本2（喇嘛解读）	前所藏文本	温泉本
26	原图							
	音标	ʂwa³³qʰwʌ⁴³	ʂwa³³kʰwa³¹	ʂwa⁴³kʰwa³¹	ʂwa⁴³qʰwa⁴³	ʂwa⁴³kʰwa⁴³	ʂwa⁴³kʰwʌ⁴³	ʂwa⁴³qʰwa³¹
	汉译	头星	—	—	水獭的脚印	—	—	羊蹄
27	原图							
	音标	ma³¹qʰwa⁴³	mæ³¹kʰwa¹³	mæ⁴³kʰwa³¹	mæ³¹qʰwa⁴³	mæ³¹kʰwa¹³	mæ³¹kʰwʌ¹³	ma⁴³qʰwa³¹
	汉译	尾星	—	—	尾巴的印子	—	—	玛挎（音译）
28	原图							
	音标	pʰæ³³mi³³	pʰæ³¹me⁵³	pʰæ⁴³mi⁴³	pʰæ⁴³mi⁴³	pʰæ⁴³mi⁴³	pʰa⁴³mi⁴³	ɲi⁴³dʐu⁴³
	汉译	帕米（音译）	神	人星	一个人	—	—	（不详）

 七符

	原图							
德西达巴木帕	音标	za⁴³gv³¹po⁴³	za⁴³ɲi³¹ma⁴³	za⁴³da³¹wa⁴³	za⁴³ɲjʌ¹³	za⁴³la³¹pa⁴³	za⁴³gv³¹mi⁴³	za⁴³pʰu³¹bu⁴³
	汉译	脚	眼睛	嘴	瞳孔	手	身体	后背
达巴品初喇嘛	音标	za⁴³da³¹tɕʌ⁴³	ɲi³¹ma⁴³	da³¹wa⁴³	mi⁴³mɭ⁴³	la³¹pa⁴³	pʰũ⁴³pu⁴³	pa⁴³sũ⁴³
	汉译	勇敢	太阳	月亮	眼睛	手	身体	地盘
	音标	za⁴³pĩ⁴³pa⁴³	za⁴³ɲi³¹ma⁴³	za⁴³da³¹wa⁴³	mi⁴³mɭ⁴³	ɬa⁴³pa⁴³	pʰũ⁴³bu⁴³	pa⁴³sũ⁴³
	汉译	胸口，周六	头顶，周日	额头，周一	眼睛，周二	耳朵，周三	鼻子，周四	嘴巴，周五

三 喇嘛教符号

编号	1	2	3	4	5
原图					
出处	虎-3	虎-3	虎-5	虎-6	虎-7
音标	dɑ³¹wɑ⁴³	pʰõ⁴³bu⁴³	dzɑ³¹tsʰe⁴³	nõ³¹bu⁴³	tʰi³¹li⁴³
汉译	月亮	篷布（音译）	伞	火神	三个星
吉凶	朝上吉，朝下凶	朝上吉，朝下凶	朝上吉，朝下凶	朝上吉，朝下凶	大凶

编号	6	7	8	9	10
原图					
出处	虎-14	虎-16	虎-17	虎-17	虎-17
音标	qʰɑ⁴³twɑ⁴³	kɯ⁴³nɑ³¹	tɕʰyɛ⁴³ti⁴³	ȵjʌ³¹lʌ⁴³	（不详）
汉译	三叉戟	黑星宿	舍利塔	眼睛	（不详）
吉凶	朝上吉，朝下凶	凶	朝上吉，朝下凶	吉	（不详）

编号	11	12	13	14	15
原图					
出处	虎-27	兔-2	兔-8	兔-8	兔-9
音标	ɕi³¹nɑ³¹mi⁴³	tʰɑ⁴³ʈ³¹	kɯ⁴³pʰʌ⁴³	ʂwʌ⁴³pʌ⁴³	dʑʌ³¹tsɯ⁴³ tsɯ⁴³mʌ³¹
汉译	海	经书	白星	十字花	彩布条[1]
吉凶	吉	吉	无	无	无

---

[1] 拴在三叉戟上。

续表

编号	16	17	18	19	20
原图					
出处	兔-10	兔-14	兔-19	羊-27	猪-18
音标	ȵjʌ³¹lʌ¹³ŋwʌ³¹lʌ¹³	tʰi³¹li⁴³na³¹pu⁴³	bõ³¹ba⁴³	sɯ⁴³ʈ⁴³ũɑ⁴³zɯ³¹	lo³¹qʰwa⁴³pʰõ⁴³bo⁴³ tʰi³¹po⁴³tʰi⁴³tʂe⁴³
汉译	五只眼睛	三角星	念经时盛水器皿	宝珠	手臂拿着"篷布"（音译）杀
吉凶	吉	无	朝上吉，朝下凶	吉	无

（四）印棒符号

序号	原图	音标	汉译	图片编号	村庄编号
1		æ¹³	鸡	WJD-1-1-20	WJ
		æ¹³	鸡	WJD-1-2-10	
		æ¹³	鸡	LJZD-1-1-17	LJZ
		æ¹³	鸡	LJZD-2-2-2	
		kʰv⁴³tɨ⁴³tsʰe⁴³ȵi⁴³kv⁴³	十二生肖（之一）	LJZD-2-1-13	
		æ¹³	鸡	QSD-1-2-6	QS1
		æ¹³	鸡	QSD-1-2-10	
		æ¹³	鸡	QSL-1-1-15	QS2

续表

序号	原图	音标	汉译	图片编号	村庄编号
2		ʁɯ⁴³	黄牛	WJD-1-1-19	WJ
		ʁɯ⁴³	牛	WJD-1-2-14	
		ʁɯ⁴³	牛	LJZD-1-1-14	LJZ
		kʰv⁴³tɿ⁴³tsʰe⁴³ȵi⁴³kv⁴³	十二生肖（之一）	LJZD-2-1-17	
		ʁɯ⁴³	牛	QSD-2-4-16	QS1
		ʁe¹³	牛	QSL-1-1-9	QS2
		ʁe⁴³	牛	QSL-1-3-3	QS2
3		ʑu⁴³	绵羊	WJD-1-1-18	WJ
		ʑu⁴³	羊	WJD-1-2-8	
		ʑo⁴³	绵羊	LJZD-1-1-15	LJZ
		kʰv⁴³tɿ⁴³tsʰe⁴³ȵi⁴³kv⁴³	十二生肖（之一）	LJZD-2-1-11	
		ŋwɑ³¹ʑɯ⁴³ʑo⁴³pʰʌ⁴³	绵羊	QSD-1-4-7	QS1
		ʑo⁴³	绵羊	QSL-1-1-11	QS2
		ʑo⁴³	绵羊	QSL-1-3-5	

续表

序号	原图	音标	汉译	图片编号	村庄编号
4		k^hv^{43}	狗	WJD-1-2-11	WJ
		$k^hv^{43}\text{tʂ}^{43}\text{tsʰe}^{43}\text{ȵi}^{43}\text{kv}^{43}$	十二生肖（之一）	LJZD-2-1-14	LJZ
		k^hv^{43}	狗	LJZD-2-2-3	
		k^hv^{13}	狗	QSD-1-2-4	QS1
		k^hv^{43}	狗	QSL-1-3-2	QS2
5		bv^{43}	牦牛	WJD-1-1-17	WJ
		bv^{43}	牦牛	LJZD-2-2-4	LJZ
		$ŋwa^{31}zɯ^{43}bʌ^{31}p^hʌ^{43}$	牦牛	QSD-1-4-6	QS1
		$bʌ^{43}$	牦牛	QSL-1-1-10	QS2
		$bʌ^{43}$	牦牛	QSL-1-3-4	
6		$tʂ^hwa^{13}$	梅花鹿	WJD-1-4-14	WJ
		$tʂ^hwa^{13}$	马鹿	LJZD-2-3-3	LJZ
		$tʂ^hwa^{43}p^hv^{43}$	白马鹿	QSD-2-3-11	QS1
		$tʂ^hwa^{13}$	马鹿	QSL-1-1-7	QS2

序号	原图	音标	汉译	图片编号	村庄编号
7		bu^{13}bʌ^{43}	茶壶	WJD-1-3-16	WJ
		po^{43}bɑ^{43}	茶壶	LJZD-1-2-1	LJZ
		po^{43}bɑ^{43}	茶壶	LJZD-1-2-3	
		pv^{43}bɑ^{43}	茶壶	LJZD-1-2-19	
		pv^{43}bɑ^{43}	茶壶	LJZD-3-2-1	
		pv^{43}bɑ^{43}	茶壶	LJZD-3-2-3	
		bu^{31}bʌ^{43}	酒器	QSD-1-3-5	QS1
8		mi^{31}zɯ^{31} ɲjʌ^{31}mv^{13}	女	LJZD-1-1-28	LJZ
		mi^{31}zɯ^{31} ɲjʌ^{31}mv^{13}	女	LJZD-3-1-8	
		mi^{31}zɯ^{13}	女	QSD-1-2-13~14	QS1
		mi^{31}zɯ^{13}	女		
		mi^{31}zɯ^{13}	女	QSL-1-4-2	QS2

续表

序号	原图	音标	汉译	图片编号	村庄编号
9		$p^hæ^{43}tɕi^{31}$ $ȵjʌ^{43}mv^{43}$	男	LJZD-1-1-29	LJZ
		$p^hæ^{43}tɕi^{31}$ $ȵjʌ^{43}mv^{43}$	男	LJZD-3-1-9	
		zo^{43}	男	QSD-1-2-11~12	QS1
		zo^{43}	男		
		zo^{43}	男	QSL-1-4-3	QS2
10		$ts^hɯ^{13}$	山羊	LJZD-1-1-16	LJZ
		$ts^hɯ^{31}$	羊	QSD-1-2-5	QS1
		$ts^hɯ^{13}$	山羊	QSL-1-1-12	QS2
11		$bv^{43}zʅ^{43}$	蛇	WJD-1-2-6	WJ
		$k^hv^{43}ʨi^{43}ts^he^{43}$ $ȵi^{43}kv^{43}$	十二生肖（之一）	LJZD-2-1-9	LJZ
		$pu^{43}zʅ^{43}$	蛇	QSL-1-1-4	QS2
12		$zʅwæ^{43}$	马	WJD-1-2-7	WJ
		$k^hv^{43}ʨi^{43}ts^he^{43}$ $ȵi^{43}kv^{43}$	十二生肖（之一）	LJZ-2-1-10	LJZ
		$zʅwæ^{43}$	马	QSL-1-3-6	QS2

续表

序号	原图	音标	汉译	图片编号	村庄编号
13		tɕʰi⁴³	麂子	WJD-1-2-16	WJ
		tɕʰi⁴³	红麂子	LJZD-2-3-7	LJZ
		tɕʰi⁴³	麂	QSL-1-1-6	QS2
14		χɑ³¹tsi¹³	燕子	WJD-2-2-1	WJ
		ɲi⁴³ze⁴³	燕子	QSD-2-3-14	QS1
		ɲi³¹ze⁴³χæ³¹ze⁴³	燕子	QSL-1-1-14	QS2
15		æ⁴³qæ³¹	鹦哥	WJD-2-2-4	WJ
		æ⁴³qæ³¹	鹦哥	QSD-2-3-13	QS1
		æ⁴³qæ³¹	鹦哥	QSL-1-1-17	QS2
16		ɲi⁴³dzæ⁴³	骑鱼	WJD-3-1-13	WJ
		næ⁴³tʰi⁴³	十二生肖（之一），送给山神的食物	LJZD-1-3-19	LJZ
		ɲi⁴³zo⁴³dzæ⁴³	骑鱼的	QSD-1-1-11	QS1

续表

序号	原图	音标	汉译	图片编号	村庄编号
17		lɑ⁴³	老虎	WJD-1-2-3	WJ
		kʰv⁴³tɿ⁴³tsʰe⁴³ȵi⁴³kv⁴³	十二生肖（之一）	LJZD-2-1-18	LJZ
		lɑ⁴³	虎	LJZD-2-3-2	
		lɑ⁴³	虎	LJZD-2-4-3	
18		bu¹³	猪	WJD-1-2-12	WJ
		kʰv⁴³tɿ⁴³tsʰe⁴³ȵi⁴³kv⁴³	十二生肖（之一）	LJZD-2-1-15	LJZ
		bo¹³	猪	LJZD-2-3-5	
19		v³¹dzi³¹nɑ⁴³m³¹mi³¹	鸟	WJD-2-2-10~11	WJ
		v³¹dze³¹nɑ⁴³m³¹mi³¹	鸟		
		v³¹dze¹³	鸟	LJZD-2-4-4	
20		pʌ⁴³mi¹³	青蛙	LJZD-1-2-13	LJZ
		pʌ⁴³mi¹³	青蛙	LJZD-3-1-7	
		pʌ³¹mi⁴³	青蛙	QSL-1-1-1	QS2
21		kv⁴³æ⁴³mi⁴³	水井神（男）	WJD-3-2-1	WJ
		zɑ¹³æ³¹mi⁴³	水井神	LJZD-2-2-1	LJZ

序号	原图	音标	汉译	图片编号	村庄编号
22		$za^{13}æ^{31}mi^{43}$	水井神	LJZD-2-2-5	LJZ
		$za^{43}æ^{31}mi^{43}$	鬼的母亲（九个脑壳）	LJZD-4-2-1	
23		$kv^{43}æ^{43}mi^{43}$	水井神（女）	WJD-3-2-11	WJ
		$k^hv^{43}æ^{43}mi^{43}$	水井神	LJZD-2-4-1	LJZ
		$kv^{43}æ^{43}mi^{43}$	水井菩萨的妈妈（有九个蛇头）	LJZD-4-1-1	
24		$za^{31}pa^{43}la^{31}$	火神	LJZD-1-2-2	LJZ
		$za^{31}pa^{43}la^{31}$	火神	LJZD-3-2-2	
		$za^{31}pa^{43}la^{31}$	火神菩萨	QSD-1-3-13~14	QS1
		$za^{31}pa^{43}la^{31}$	火神菩萨		
25		$bʌ^{31}ʑi^{13}sɯ^{31}kɯ^{43}$	狮子	WJD-1-2-1	WJ
		$bʌ^{43}i^{31}sĩ^{43}ki^{43}$	狮子	QSD-2-1-1	QS1
26		$t^hu^{43}li^{43}$	兔子	WJD-1-2-4	WJ
		$k^hv^{43}ʨi^{43}ts^he^{43}ȵi^{43}kv^{43}$	十二生肖（之一）	LJZD-2-1-7	LJZ
27		$mv^{43}gv^{43}$	龙	WJD-1-2-5	WJ
		$k^hv^{43}ʨi^{43}ts^he^{43}ȵi^{43}kv^{43}$	十二生肖（之一）	LJZD-2-1-8	LJZ

续表

序号	原图	音标	汉译	图片编号	村庄编号
28		ʐɯ¹³	猴	WJD-1-2-9	WJ
		kʰv⁴³ʨi⁴³tsʰe⁴³ ȵi⁴³kv⁴³	十二生肖（之一）	LJZD-2-1-12	LJZ
29		χwʌ¹³	耗子	WJD-1-2-13	WJ
		kʰv⁴³ʨi⁴³tsʰe⁴³ ȵi⁴³kv⁴³	十二生肖（之一）	LJZD-2-1-16	LJZ
30		gi¹³	熊	WJD-1-2-15	WJ
		gi¹³pʰv⁴³	白熊	QSD-2-3-12	QS1
31		ȵja³¹tsɯ⁴³	鱼	WJD-1-3-13	WJ
		ȵi⁴³zo⁴³	鱼	QSL-1-1-5	QS2
32		bv¹³qʰv⁴³	海螺	WJD-1-3-14	WJ
		bv³¹qʰv⁴³	海螺	QSD-2-3-3	QS1
33		ʑi¹³	山鹿	WJD-1-4-15	WJ
		ʑi¹³	山鹿	QSL-1-1-8	QS2
34		ɬi⁴³	獐子	WJD-1-4-16	WJ
		ɬi⁴³	獐子	LJZD-2-3-6	LJZ
35		ʁɻ⁴³	天鹅	WJD-2-2-2	WJ

续表

序号	原图	音标	汉译	图片编号	村庄编号
35		ʁo¹³	鹅	QSL-1-1-16	QS2
36		χi⁴³	鹤	WJD-2-2-8	WJ
		χɯ¹³	鹤	QSL-1-1-13	QS2
37		ȵjæ⁴³	娃娃鸡	WJD-2-2-9	WJ
		næ¹³	娃娃鸡	QSL-1-1-18	QS2
38		ko⁴³po³¹	布谷鸟	LJZD-2-3-10	LJZ
		ko⁴³po³¹	布谷鸟	QSD-1-1-1	QS1
39		bo³¹qʰv¹³	海螺	LJZD-1-2-17	LJZ
		bv³¹qʰv¹³	海螺	QSL-1-1-3	QS2
40		zʐ³¹mi¹³	弓	WJD-3-2-4	WJ
		zʐu³¹mi¹³	弓箭	QSD-2-4-18	QS1
41		ȵi⁴³mi⁴³tʰv⁴³	白马（东）	WJD-2-1-2	WJ
		zʐwæ³¹pʰʌ⁴³tʂa⁴³	骑白马（东）	QSL-1-3-10	QS2
42		zi³¹tʂʰi⁴³mi³¹	黄马（南）	WJD-2-1-3	WJ
		zʐwæ³¹ʂw³¹kuɛ⁴³tʂa⁴³	骑黄马（南）	QSL-1-3-9	QS2

续表

序号	原图	音标	汉译	图片编号	村庄编号
43		ȵi⁴³mi⁴³gv³¹	黑马（西）	WJD-2-1-4	WJ
		ʐwæ³¹nɑ⁴³tʂa⁴³	骑黑马（北）	QSL-1-3-7	QS2
44		mv⁴³nɯ³¹di³¹ɬi³¹gv⁴³	红马（天和地中间）	WJD-2-1-6	WJ
		ʐwæ³¹hv³¹tʂa⁴³	骑红马（西）	QSL-1-3-8	QS2
45		tʂʰwɑ³¹dzæ⁴³	骑马鹿	WJD-3-1-11	WJ
		tʂʰwɑ³¹dzæ⁴³	骑鹿的	QSD-1-1-3	QS1
46		ʀɿ⁴³dzæ⁴³	骑天鹅	WJD-3-1-12	WJ
		ʀo⁴³dzæ⁴³	骑天鹅	LJZD-1-3-18	LJZ

序号	原图	音标	汉译	图片编号	村庄编号
1		ȵjæ⁴³ tʰi⁴³ æ⁴³mi⁴³	难产鬼	WJD-1-1-1	
2		dv²³ʑi⁴³mi⁴³	拿矛的官	WJD-1-1-2	
3		tsɑ⁴³æ⁴³mi⁴³	山菩萨的官	WJD-1-1-3	
4		dzæ⁴³æ⁴³mi⁴³	天赋	WJD-1-1-4	
5		mu⁴³æ⁴³mi⁴³	矮人住地的鬼	WJD-1-1-5	
6		mʌ⁴³æ⁴³mi⁴³	河海中的鬼	WJD-1-1-6	
7		ȵjɑ⁴³tʰi⁴³tsʰɯ³¹ æ⁴³mi⁴³	一种鬼	WJD-1-1-7	
		ȵjɑ⁴³tʰi⁴³tsʰɯ³¹ æ⁴³mi⁴³	一种鬼	WJD-1-1-8	WJ
8		gʌ³¹æ⁴³mi⁴³	一种鬼	WJD-1-1-9	
		gʌ³¹æ⁴³mi⁴³	一种鬼	WJD-1-1-10	
9		tʰv⁴³æ⁴³mi⁴³	拿矛的官	WJD-1-1-11	
10		dʐu⁴³zw⁴³ɭi⁴³mɑ³¹	操纵人的鬼	WJD-1-1-12	
11		mv³¹dʑi⁴³æ⁴³mi⁴³	病鬼	WJD-1-1-13	
12		ɭ⁴³dzi⁴³tsʰɯ³¹ æ³¹mi⁴³	羊头鬼	WJD-1-1-14	
13		tʰi⁴³ɭwɑ⁴³æ⁴³mi⁴³	跟操纵人的鬼、病鬼、羊头鬼合作的鬼	WJD-1-1-15	

续表

序号	原图	音标	汉译	图片编号	村庄编号
14		$z\gamma^{31}zu^{43}$ $\eta j\ae^{43}t^hi^{43}$	家的鬼	WJD-1-1-16	
15		$\chi a^{43}\textcrt i^{43}qa^{43}$	供菩萨的粮食	WJD-1-1-21	
16		$m\Lambda^{31}m\upsilon^{43}$	灯	WJD-1-1-22	
17		$ba^{31}ba^{13}q^hw\Lambda^{43}$	花	WJD-1-1-23	
18		$\textctc\textturnm^{31}q^hwa^{13}$	容器	WJD-1-1-24	
19		$ho^{31}\textrtailt^{13}q^hwa^{43}$	珠子	WJD-1-1-25	
20		$z_\textsubbridge a^{13}$	豹子	WJD-1-2-2	WJ
21		$t\textrtails w^{43}mi^{43}$	狐狸	WJD-3-1-1	
22		$\textrtails w^{43}d\textrtaili^{43}\ae^{31}mi^{43}$	鬼名	WJD-1-3-1	
23		$du^{43}\ae^{43}mi^{43}$	鬼名	WJD-1-3-2	
24		$ja^{31}sa^{43}$	雨伞	WJD-1-3-12	
25		$dzw^{31}zi^{43}ba^{31}$ $p^h\upsilon^{43}dzw^{31}$	花树	WJD-1-3-15	
26		$t\ae^{43}\textrtails w^{43}t\ae^{13}dz\ae^{31}$	花名	WJD-1-3-17	
27		$\textctc i\Lambda^{43}lu^{43}$	香炉	WJD-1-3-18	

续表

序号	原图	音标	汉译	图片编号	村庄编号
44		ȵju⁴³mu⁴³	人	WJD-3-1-7~8	
45		lɑ⁴³dʑæ⁴³	骑虎	WJD-3-1-9	
46		gi⁴³dʑæ⁴³	骑熊	WJD-3-1-10	
47		ɕɯ³¹qʰwɑ¹³	香炉	WJD-3-1-14	
48		mv⁴³ȵi³¹tsɯ⁴³ ho³¹kɯ⁴³	二十八宿	WJD-3-1-15	
49		ɬi⁴³mi⁴³	月亮	WJD-3-1-16	WJ
50		kɯ³¹tʂʰu⁴³pɑ⁴³	星星	WJD-3-1-17	
51		sw³¹tʰi¹³	刀	WJD-3-2-2	
52		zɿ⁴³	箭	WJD-3-2-3	
53		pʰv⁴³	拿矛的山菩萨的官	WJD-3-2-5	
54		tsi⁴³qʰu⁴³	山菩萨的房子	WJD-3-2-6	
55		mi¹³	拿矛的山菩萨的官	WJD-3-2-7	

序号	原图	音标	汉译	图片编号	村庄编号
56		ɬi³¹pɑ⁴³tv³¹	矛	WJD-3-2-8~10	
57		kv⁴³χɑ⁴³	水井饭	WJD-1-3-3~11	WJ
58		ʈi⁴³mɑ³¹	鬼饭	WJD-3-1-2	

续表

序号	原图	音标	汉译	图片编号	村庄编号
59		tɕʰi⁴³ʐv³¹gv¹³	四面八方	WJ-3-1-3~6	WJ

序号	原图	音标	汉译	图片编号	村庄编号
1		lo⁴³	黑麂子	LJZD-2-3-8	
2		tɕʰi⁴³zv̩³¹kv⁴³	四面	LJZD-2-1-4	
		tɕʰi⁴³zv̩³¹kv⁴³	四面	LJZD-3-1-6	
3		zɛ¹³zv̩³¹kv⁴³	八方	LJZD-2-1-5	
4		tɕʰi⁴³zv̩³¹gv³¹	四个方向	LJZD-3-1-1~4	LJZ
5		zɑ⁴³i⁴³æ⁴³mi⁴³	zɑ⁴³ 母	LJZD-1-1-1	
6		zɑ³¹i⁴³æ⁴³sɯ⁴³	zɑ⁴³ 父	LJZD-1-1-2	
7		bʌ⁴³dɨ³¹kw⁴³kw³¹mʌ¹³	zɑ⁴³ 子	LJZD-1-1-3	
8		ti⁴³pi⁴³zɑ⁴³	会让人眼疾和偏瘫	LJZD-1-1-4	
9		lɑ³¹pɑ⁴³	手	LJZD-1-1-5	
10		ȵi³¹mɑ⁴³	太阳	LJZD-1-1-6	
11		ɖɑ³¹dzʌ⁴³bv³¹	地盘	LJZD-1-1-7	

序号	原图	音标	汉译	图片编号	村庄编号

序号	原图	音标	汉译	图片编号	村庄编号
12		mi⁴³mɿ⁴³	眼睛	LJZD-1-1-8	
13		dʑi⁴³ȵi⁴³mu⁴³qʰwa³¹ȵi³¹tʂʰwa⁴³ji⁴³，di³¹qʰwa³¹ȵi⁴³tʂʰwa⁴³ji⁴³，dʑi⁴³tsʰɛ³¹a³¹la⁴³ȵi³pʰa⁴³la³¹，dʑi³¹ȵi⁴³dʑi³¹tsʰɯ⁴³ȵi³¹da³¹ji⁴³	（咒语）	LJZD-1-1-9	
14		ɕi³¹tv⁴³	za⁴³ 吃的香	LJZD-1-1-10	
15		da³¹wa⁴³	月亮	LJZD-1-1-11	
16		di³¹qʰwa⁴³ȵi⁴³tʂʰwa³¹ji³¹	za⁴³ 的母亲的变形	LJZD-1-1-12	
17		pʰo³¹po⁴³	全身	LJZ-1-1-13	LJZ
18		ɕi⁴³dv⁴³	香火	LJZD-1-1-18	
		ɕi⁴³dv⁴³	香火	LJZD-1-1-23	
		ɕi⁴³dv⁴³	香火	LJZD-3-4-5	
19		dʑi⁴³ʂo⁴³li³¹ʂo¹³mʌ³¹m v⁴³	茶水	LJZD-1-1-19	
		dʑi⁴³ʂo⁴³li³¹ʂo¹³mʌ³¹m v⁴³	茶水	LJZD-1-1-24	
		dʑi⁴³ʂo⁴³li³¹ʂo¹³mʌ³¹m v⁴³	茶水	LJZD-3-4-6	
20		mʌ³¹mv⁴³	灯	LJZD-1-1-20	

序号	原图	音标	汉译	图片编号	村庄编号
20		mʌ³¹mv⁴³	灯	LJZD-1-1-25	
		mʌ³¹mv⁴³	灯	LJZD-3-4-7	
21		mi³¹tɯ⁴³a³¹li⁴³bɑ³¹	花	LJZD-1-1-21	
		mi³¹tɯ⁴³a³¹li⁴³bɑ³¹	花	LJZD-1-1-26	
		mi³¹tɯ⁴³a³¹li⁴³bɑ³¹	花	LJZD-3-4-8	
22		ʐw⁴³ʂo³¹	酒	LJZD-1-1-22	LJZ
		ʐw⁴³ʂo³¹	酒	LJZD-1-1-27	
		ʐi⁴³ʂo³¹	酒	LJZD-3-4-9	
23		sɯ⁴³tɑ⁴³	柏香树	LJZD-1-2-4	
		sɯ⁴³tɑ⁴³	柏香树	LJZD-1-2-7	
		sɯ⁴³tɑ⁴³	柏香树	LJZD-3-2-4	
		sɯ⁴³tɑ⁴³	门头的柏香	LJZD-3-2-7	
24		ʁo⁴³mv³¹lɑ⁴³bɑ³¹	根像手一样的植物	LJZD-1-2-5	
		ʁo⁴³mv³¹lɑ⁴³bɑ³¹	根像手一样的植物	LJZD-3-2-5	

序号	原图	音标	汉译	图片编号	村庄编号
25		tsʰw⁴³ʈi⁴³ʈi⁴³ zẹ⁴³dzɛ³¹dzɛ⁴³	冬天缩成一团、夏天展开的花	LJZD-1-2-6	
				LJZD-3-2-6	
26		ʁo⁴³ba³¹	松木	LJZD-1-2-8	
				LJZD-3-2-8	
27		suɯ⁴³dzi³¹ qʰo⁴³lo⁴³	竖起的八卦	LJZD-1-2-9	
				LJZD-3-2-9	
28		sa³¹ta⁴³bo³¹ ʁo⁴³dzɯ³¹	猪头鬼	LJZD-1-2-10	LJZ
				LJZD-3-4-2	
29		ʁɯ⁴³ʁo⁴³ dzɯ³¹ji⁴³	牛头鬼	LJZD-1-2-11	
				LJZD-3-4-3	
30		æ¹³ʁo⁴³ dzɯ³¹ji⁴³	鸡头鬼	LJZD-1-2-12	
				LJZD-3-4-4	
31		bv⁴³zy⁴³	蛇	LJZD-1-2-14	
32		qʰo⁴³lo⁴³	旌旗	LJZD-1-2-15	
33		ɲ̥ja³¹tsw⁴³	鱼	LJZD-1-2-16	

续表

序号	原图	音标	汉译	图片编号	村庄编号
34		ba³¹ba¹³	花	LJZD-1-2-18	
		ba³¹ba¹³	花	LJZD-1-2-21	
35		pa⁴³dæ³¹	窗花	LJZD-1-2-20	
36		suɯ⁴³dzi³¹ qʰo⁴³lo⁴³	平铺的八卦	LJZD-1-2-22	
37		dʑi³¹li⁴³tɕa⁴³li³¹	一牛两人三个鬼	LJZD-1-2-23~25	
38		næ⁴³tʰi⁴³	给山菩萨的饭	LJZD-3-4-1	LJZ
39		næ⁴³tʰi⁴³	给山菩萨的饭（总称）	LJZD-3-3-1~5	
40		kʰv⁴³tɨ⁴³ qv³¹χa¹³	山神的饭	LJZD-2-1-1~3	

续表

序号	原图	音标	汉译	图片编号	村庄编号
40		$k^hv^{43}tɨ^{43}$ $qv^{31}\chi a^{13}$	山神的饭	LJZD-2-1-1~3	
				LJZD-2-1-6	
				LJZD-3-1-5	
41		$ŋo^{43}dv^{43}$	豺狼	LJZD-2-3-1	
		$ŋo^{43}dv^{43}$	豺狼	LJZD-2-4-2	
42		$ʑi^{43}$	野牛	LJZD-2-3-4	
43		$\chi i^{43}t^hv^{43}$	长尾鸡	LJZD-2-3-9	LJZ
44		$bi^{31}ko^{13}$	呱呱鸡	LJZD-2-3-11	
45		$næ^{43}t^hi^{43}$	给山菩萨的饭（总称）	LJZD-1-3-1~17	

续表

序号	原图	音标	汉译	图片编号	村庄编号
45		næ⁴³tʰi⁴³	给山菩萨的饭（总称）	LJZD-1-3-1~17	LJZ
		næ⁴³tʰi⁴³	给山菩萨的饭（总称）	LJZD-1-3-20~21	
46		ȵjɛ⁴³	娃娃鸡	LJZD-2-3-12	
47		ȵi⁴³mi⁴³tʰv⁴³ tʰo⁴³li⁴³la⁴³ʁo⁴³ dzu⁴³ji⁴³	东方像兔头像虎头的	LJZD-2-4-5	
48		ji³¹tʂʰɯ⁴³mi³¹ bv⁴³zv³¹ʑwæ³¹ ʁo⁴³dzu⁴³ji⁴³	南方像蛇头像马头的	LJZD-2-4-6	
49		ȵi⁴³mi⁴³gv⁴³ ʐɯ¹³zɑ⁴³æ³¹ ʁo⁴³dzu⁴³ji⁴³	西方像猴头像鸡头的	LJZD-2-4-7	
50		hv⁴³go⁴³lo³¹ bo³¹za⁴³hwʌ⁴³ ʁo⁴³dzu⁴³ji⁴³	像猪头像猫头的	LJZD-2-4-8	

序号	原图	音标	汉译	图片编号	村庄编号
1		ŋwɑ³¹zɯ⁴³ tsʰɯ³¹pʰʌ⁴³	山羊	QSD-1-4-8	
2		ʁɯ⁴³dzæ⁴³	骑牛的	QSD-1-2-7	
3		ŋwɑ³¹zɯ⁴³ æ³¹pʰʌ⁴³	鸡	QSD-1-4-9	
4		ʐɯ³¹pʰv⁴³	白猴	QSD-1-2-9	
		ʐɯ³¹pʰv⁴³	白猴	QSD-2-3-9	
5		dʌ⁴³mi⁴³	毛狗	QSD-1-1-15	QS1
6			四个方位的四条蛇（送水井用）	QSD-1-3-1~4	
7		ɬi⁴³dzæ⁴³	骑獐子的	QSD-1-1-4	
8		tɕʰi⁴³dzæ⁴³	骑麂子的	QSD-1-1-5	
9		kʰv⁴³dzæ⁴³	骑狗的	QSD-1-1-6	
10		bo¹³dzæ⁴³	骑猪的	QSD-1-1-7	
11		ʑi¹³dzæ⁴³	骑野牛的	QSD-1-1-8	

续表

序号	原图	音标	汉译	图片编号	村庄编号
12		tsʰɯ¹³dzæ⁴³	骑羊的	QSD-1-1-9	
13		bʌ⁴³dzæ⁴³	骑牦牛的	QSD-1-1-10	
14		pv⁴³zv̩⁴³dzæ⁴³	骑蛇的	QSD-1-1-12	
15		ʐwæ⁴³dzæ⁴³	骑马的	QSD-1-1-13	
15		ʐwæ³¹dzæ⁴³	骑马的	QSD-2-1-13	
16		ȵjæ⁴³pʰv³¹	公呱呱鸡	QSD-2-1-10	
17		ȵjæ³¹mi⁴³	母呱呱鸡	QSD-2-1-11	
18		ko⁴³po⁴³ dzæ³¹ʐwæ⁴³	绶带	QSD-1-1-2	QS1
19		ʂwaŋ³¹ʂwaŋ³¹	煞星	QSD-1-1-14	
20		qa⁴³ʈ³¹mi³¹	雕	QSD-1-2-1	
21		ʁo⁴³la³¹ʁo⁴³ dzɯ³¹mæ⁴³zv̩³¹ mæ³¹dzɯ⁴³	虎头蛇尾的专做坏事的人鬼	QSD-1-2-2	
22		lo⁴³dv³¹mæ³¹ pv³¹mi⁴³	好事坏事都做的鬼	QSD-1-2-3	
23		ȵi⁴³mi⁴³ɬi⁴³mi⁴³	太阳月亮	QSD-1-2-8	
24		zḛ⁴³	剑	QSD-1-2-15	
25		zv̩⁴³tso⁴³ zv̩⁴³mi⁴³	剑鞘	QSD-1-2-16	

第五章 达巴基本字符统计 407

续表

序号	原图	音标	汉译	图片编号	村庄编号
26		pʰi⁴³li⁴³pʰi³¹ tsʰuɯ⁴³tʰv³¹	蝴蝶鬼，送山神用	QSD-1-3-6	
27		sa³¹dʑi⁴³ʂw⁴³ ʈ⁴³ba³¹dɑ⁴³	布编的花	QSD-1-3-7	
28		suɯ⁴³zuɯ³¹ĩ⁴³nuɯ³¹ mv⁴³a³¹ʁo⁴³	木	QSD-1-3-8	
29		mv⁴³zuɯ³¹ĩ⁴³nuɯ³¹ mv⁴³a³¹ʁo⁴³	火	QSD-1-3-9	
30		dʑi³¹zuɯ⁴³ĩ⁴³ nuɯ³¹dʑi³¹a³¹ ʁo⁴³	水	QSD-1-3-10	
31		tʂe⁴³zuɯ⁴³ĩ⁴³nuɯ³¹ tʂe⁴³a³¹ʁo⁴³	土	QSD-1-3-11	
32		ʂe⁴³ĩ⁴³nuɯ³¹ ʂe³¹a³¹ʁo⁴³	铁	QSD-1-3-12	QS1
33		hæ⁴³ʂw⁴³ pʌ³¹mi¹³	金色神蛙	QSD-1-3-15	
34		ŋwa³¹zuɯ⁴³ mv⁴³bv⁴³zʏ⁴³	神龙	QSD-1-3-16	
35		tʂʰo³¹pa⁴³ ɲja⁴³ŋʌ³¹	烧香，敬山神、水神时用	QSD-1-4-1~5	

续表

序号	原图	音标	汉译	图片编号	村庄编号
36		ʂo³¹ʂʌ⁴³	在面前搭成一串，呈带状	QSD-1-3-10~14	
37		tʂʰwa⁴³la⁴³la⁴³hõ³¹	马鹿和虎的混种	QSD-2-1-2	
38		tʰo⁴³lo⁴³hwʌ³¹ko⁴³	松猫	QSD-2-1-3	
39		dʌ³¹tɕo⁴³mæ⁴³pʰʌ³¹	白尾毛狗	QSD-2-1-4	QS1
40		gi⁴³na⁴³ga³¹pʰʌ⁴³	白胸的老黑熊	QSD-2-1-5	
41		ʁo³¹mi³¹ɬi⁴³hwʌ³¹	一种宽耳朵的动物	QSD-2-1-6	
42		tɕʰi⁴³pʰʌ⁴³qʰʈ⁴³dzɯ³¹	白麂子	QSD-2-1-7	
43		lo⁴³	黑麂子	QSD-2-1-8	
44		zi¹³pv³¹dʐwæ³¹dzɯ⁴³	长獠牙的野牛	QSD-2-1-9	
45		tʰo³¹ʁo⁴³tʰo³¹gwʌ³¹gwʌ⁴³	在树洞里做窝的动物	QSD-2-1-12	
46		χæ⁴³ʈ³¹a³¹sɯ⁴³	男风神	QSD-2-2-1	

续表

序号	原图	音标	汉译	图片编号	村庄编号
76		mv⁴³tʰɯ⁴³tɯ⁴³ tɕʰi⁴³ji⁴³	找早饭到左方去，找晚饭到西方去	QSD-2-4-6	
77		ʁwa⁴³pʰv⁴³dv¹³ æ³¹mi⁴³	右边的妖精	QSD-2-4-7	
78		mv⁴³	火	QSD-2-4-8	
79		ʐɑ⁴³	敬水神的祭品	QSD-2-4-9	
80		zõ⁴³dɿ⁴³tʰõ⁴³ gʌ⁴³la³¹tsʰa³¹	神灵	QSD-2-4-10	
81		ʐɯ³¹tse⁴³gi³¹ ȵi⁴³hi⁴³pɑ³¹	山神菩萨	QSD-2-4-11	QS1
82		bĩ³¹gv⁴³	妊娠或生病时用	QSD-2-4-12	
83		ʁv⁴³ʐɯ⁴³	生孩子那天用	QSD-2-4-13	
84		næ⁴³tʰi⁴³	妊娠或生病时用	QSD-2-4-14	
85		tsĩ⁴³	化缘的时候用	QSD-2-4-15	
86		tʰo⁴³ʁo⁴³tʰõ³¹ gwɑ⁴³gwɑ⁴³	啄木鸟	QSD-2-4-17	

序号	原图	音标	汉译	图片编号	村庄编号
1		—	翠鸟	QSL-1-1-19	
2		dzi⁴³qʰv⁴³ʁo⁴³mi⁴³	水神	QSL-1-4-5	
3		dzi⁴³qʰv⁴³sɯ⁴³ʁɯ¹³dze¹³	水井上的飞神	QSL-1-4-7	
4		ʈɑ⁴³pʌ⁴³	喇嘛	QSL-1-4-4	
5		pʌ⁴³tɕʰi⁴³pv³¹kv⁴³ɖʐ³¹	蝌蚪	QSL-1-1-2	
6		tɕʰo³¹pv⁴³nɑ⁴³ŋɑ⁴³	佛的贡品	QSL-1-2-1~5	QS2
7		tɕɛ⁴³se⁴³nɑ⁴³tyɛ¹³	吉祥法宝	QSL-1-2-6~12	

第五章 达巴基本字符统计 413

序号	原图	音标	汉译	图片编号	村庄编号
7		tɕɛ⁴³se⁴³ nɑ⁴³tyɛ¹³	吉祥法宝	QSL-1-2-6~12	
8		tɕɛ⁴³se⁴³nɑ⁴³tyɛ¹³	吉祥八宝	QSL-1-2-13~20	QS2
9		ko⁴³sɯ⁴³pʰi⁴³	龙树	QSL-1-4-6	
10		to⁴³zɯ⁴³	四大护法	QSL-1-4-8~11	

续表

序号	原图	音标	汉译	图片编号	村庄编号
11	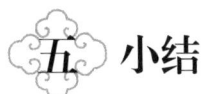	dʐɑ^{31}pv^{43}	鬼神（用于送凶死鬼）	QSL-1-4-12	QS2

五 小结

以字符意义为单位，即同一意象下的多个字符算一种，如"吉祥八宝"包含八个分开的字符，但此处统计为一种。本文基本字符表共收录308种字符。其中，二十八星宿有28种，七符有7种，喇嘛教符号有20种，印棒字符有253种。

第六章
家庭结构调查

近些年，随着川滇交界地区旅游开发力度的加大，摩梭人的"走婚"风俗被部分地作为噱头进行商业炒作，并产生了一些以讹传讹的说法，如"无父无夫"等。这与实际情况明显不符，是对地方风俗的严重误解与误读。从社会学、历史学等学科的科学眼光来看，摩梭人的"走婚"，其实质应当视作一种子女归属女方的家庭结构，而这是与当地历史、社会、文化等环境相适应的正常社会存在。下面试以屋脚村为例，来说明摩梭人这种特殊的家庭结构。屋脚村共208位村民，分为阿窝、撒达布、瓦力瓦汝三个家支。其中，阿窝家分出十个家庭，瓦力瓦汝家分出三个家庭。

一 阿窝家支

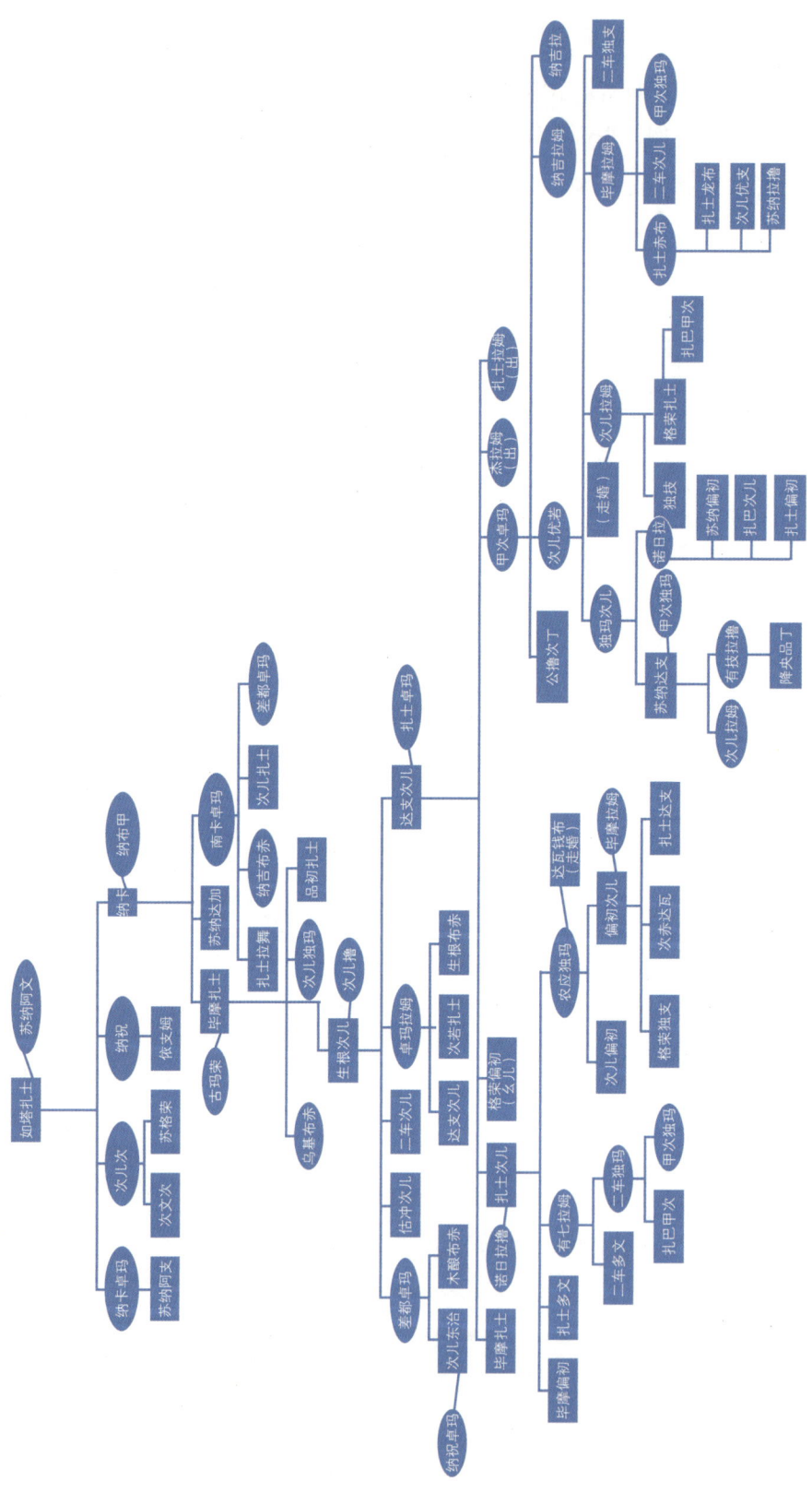

二 撒达布家支

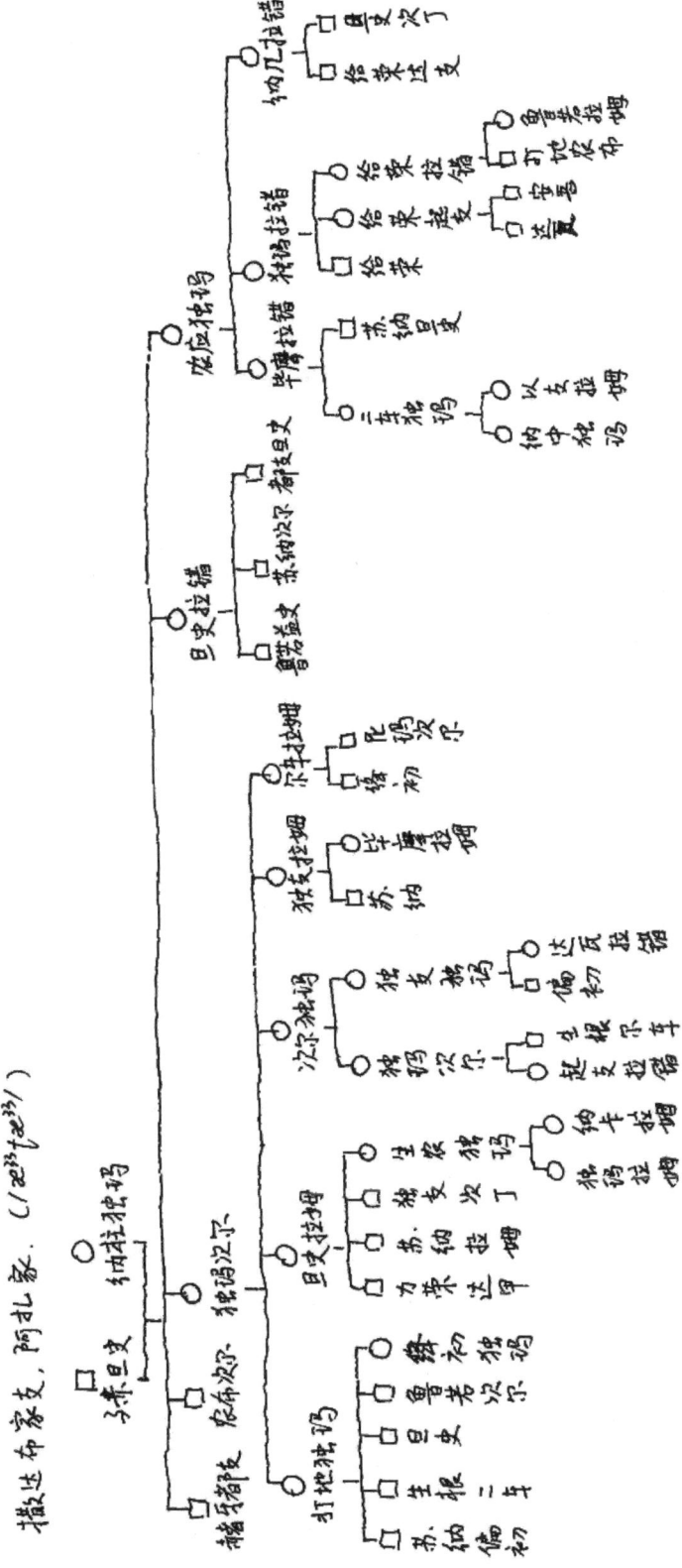

第六章 家庭结构调查

三 瓦力瓦汝家支

瓦力瓦汝（/ʙwɑ³³li⁵³ʙwɑ³³ʐʯ⁵³/）家支
1) 苏几古玛家．（/su³³dʑɯ³¹gu³¹ma⁵³/）

```
         ┌─────────┬─────────┬─────────┐
       补布次尔  牛银次尔  以者尸咪  生根独玛
                              │
                    ┌─────────┼─────────┐
                  木年都陂  苏纳偏初  独玛布赤
                                        │
                              ┌─────────┼─────────┐
                            木年都陂  牛银都陂  糌各布赤
                                                  │
                                        ┌─────────┴─────────┐
                                      独玛拉姆─旦柱偏初      以莫
                        ┌────┬────┬────┬────┼────┬────┐
                   毕摩拉姆─甲次旦尔 古玛次尔 旦史独玛 以都拉姆 旦史布赤
                                      ┌──┬──┬──┐  ┌──┬──┐  ┌──┬──┐
                                    独玛 旦史 达巴 独支  苏纳 旦史 尔车 鲁若 偏初
                                    拉错 都丁 苏丁 独玛  次尔 次尔 拉错 苏丁 次丁
```

2) 苏几都支家 (ɿsu³³dʑuɯ³¹du³¹dʑuɯ³³ʃʅ)

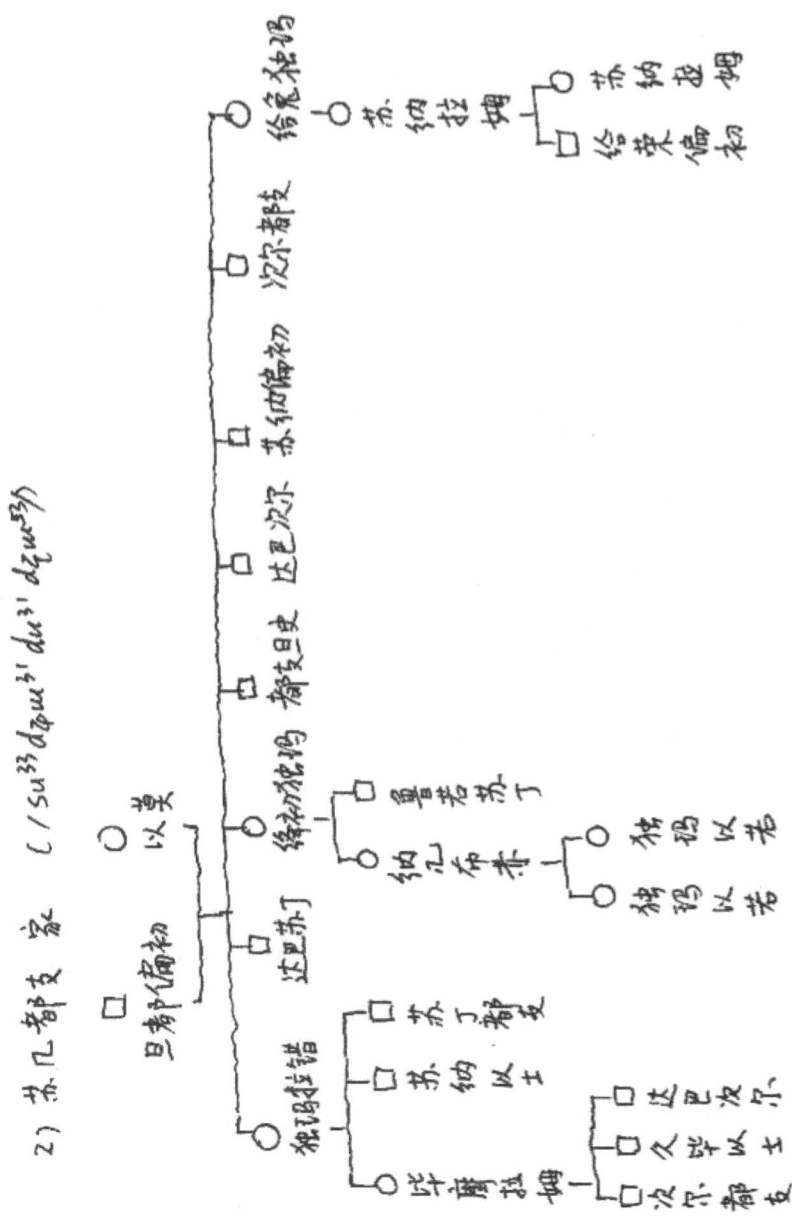

第六章 家庭结构调查 423

3) 苏毕玛拉姆（/su³³ pi³³ ma³¹ ɬa³³ mu⁵³ /）

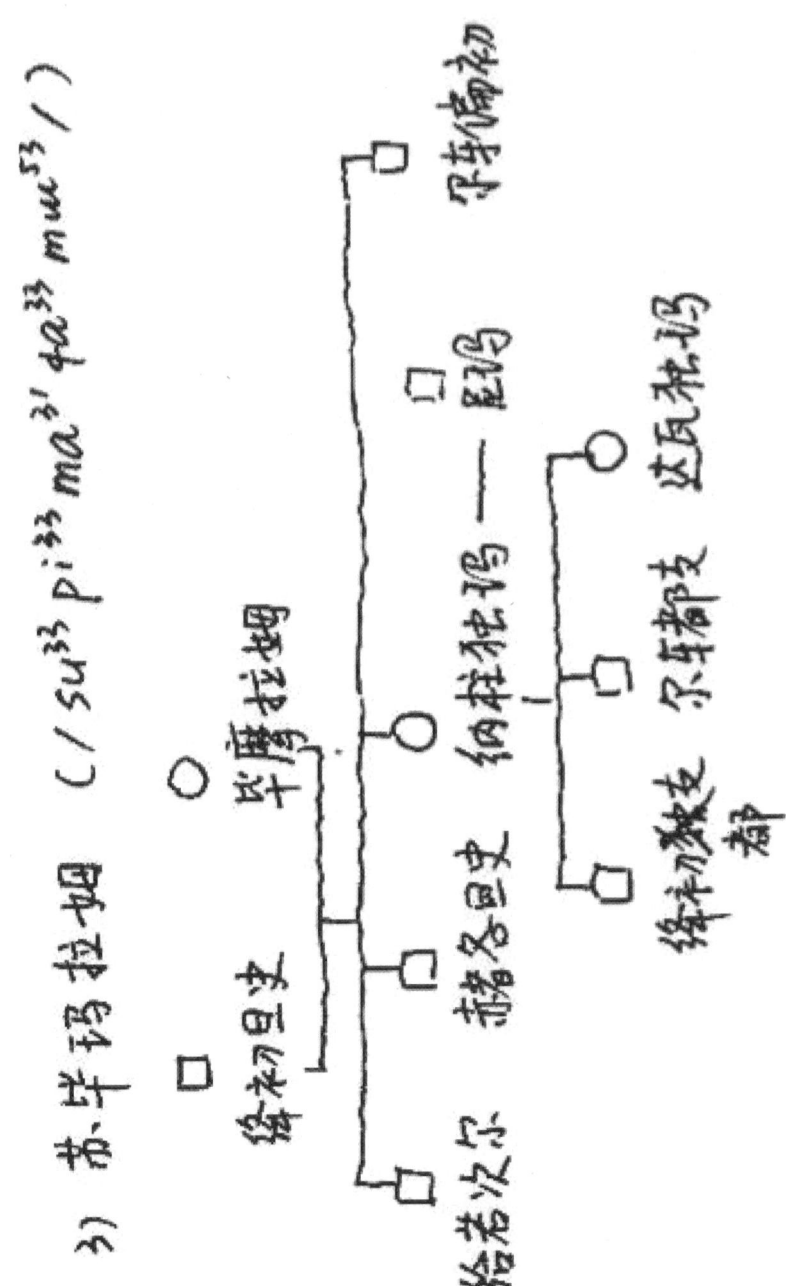

第七章
达巴的葬礼

摩梭人葬礼的习俗是火葬，这在很多介绍民俗文化的著作中都有所描述。本章记录的是一位达巴的葬礼过程。达巴在摩梭人中地位很高，是最有智慧的领袖。因此，作为村里最年长的达瓦老达巴，其葬礼也格外隆重。

一 参加葬礼概况

我于2012年7月21日晚5时许到达屋脚，与屋脚中心学校的尼玛老师接上头。

22日正逢每年一次（有人说是两次）屋脚村民到本村的喇嘛寺——仁江寺进香的日子，每个家庭都有代表带着五谷杂粮（青稞、燕麦、豆类等）到寺里进香，我也去做了录像、录音、拍照。当晚与去世老达巴的儿子偏初次儿达巴（以下简称偏初）见面。根据偏初老师的建议和安排，当晚7点，我带着酒、糖果、点心等（还准备了茶和礼金，偏初建议葬礼开始那天再送），与偏初、尼玛一起到了去世的达瓦·荣布老达巴（以下称老达巴）家。据偏初老师讲，葬礼之前，只有老达巴的亲属才会去吊唁，其他人要到葬礼开始那两天才去，我作为清华大学和我姐姐的代表，是受到了亲属一样的礼遇。

23日上午，由尼玛老师引领到屋脚乡政府，先见了蒋武翔书记，在他的支持下，央青副书记和苏群英副乡长接待并提供了木里县屋脚乡最新的统计资料。下午到偏初老师家，调查并记录了偏初所属的屋脚阿窝家族的十一代谱系。

24日上午，与偏初老师核对初步整理的家谱。下午，与普通话较好（我能听得懂）的苏朗达巴做调查访谈录音。

25日是老达巴葬礼的第一天，这一天的主要祭祀活动有"出土"、亲友吊唁、洗马、喇嘛诵经、集体跪拜、跳舞等。经询问，"出土"仪式是在半夜时分进行，只有亲属在场，不能有外人参与，所以我没有机会拍摄。我是在当天早晨6点到达老达巴家，7点刚过就已经有亲友等前来吊唁。吃过晚饭后拍跳舞到9点。

26日是葬礼的第二天，主要祭祀活动还是吊唁、洗马、喇嘛诵经、集体跪拜、跳舞等。这一天来吊唁的大多是村里的各民族乡亲，以彝族居多。这一天，达巴们在一起准备做法事的道具。这一天也完成了火葬的准备工作。

27日是火葬的日子。我早晨4点到达瓦老达巴家后不久，亲属们就开始清理灵堂。天放亮能看清路时（不到6点），人们就抬起灵柩出发去火葬场。火葬现场由喇嘛主持，火葬仪式约一个小时就结束了，所有人都离开了火葬场，喇嘛们也回到老达巴家，现场只留下两个人。而在老达巴家里，达巴的法事从老达巴灵柩抬出时开始，要一直持续到次日凌晨。

28日凌晨3点，持续了近20个小时的达巴诵经、驱鬼等法事才告结束。当天，由尼玛老师帮助找到老达巴的继承人二车次儿达巴（老达巴的外甥，继承了老达巴的两本"哥里木"），收集了20幅老达巴不同时期的照片和他的身份证，全部做了翻拍。

29日由偏初老师和他的小儿子旦珠带领，到达瓦·荣布老达巴的骨灰安葬地拍照。早8点出发，下午1点回到家，往返5个小时。据说偏初自己走不超过2小时。晚上，在尼玛老师家拍到了家庭驱鬼的全过程。

葬礼准备

（一）尸体的暂存

据悉，老达巴是在7月17日因心肺功能衰竭逝世，享年83岁（1929—2012）。逝世后，由亲属将尸体洗净，用酥油封堵全身孔洞，将尸体团成胎儿状（据亲属说是双手合十的状态），用白麻布裹缠。尸体暂存的传统做法，是在有上下两个火塘的"祖母屋"（或称正屋，以下均称正屋）背后的小偏室"达其（近似发音）"[1]内挖一个深约一米、直径约一米的洞，洞内用鹅卵石垒壁，用过后回填。将裹成团状的尸体放入洞内，上扣一个背篓，再用木板盖住洞口，木板上面覆土。尸体会在这里一直保存到葬礼开始的那天凌晨，再"出土"，装入棺木，供祭祀和吊唁。这一次老达巴葬礼的做法很有些突破传统，家属提出尺寸要求，定购了一台冰柜，用来暂存老达巴的尸体。据说从此以后，这个冰柜就专用于本村蒙古族丧葬时保存尸体。这样既方便，又利于较长时间保存遗体，只是很可能要延长火化时间，不知他们的民族传统丧葬习俗中，对火化时间有没有什么说法。[2]我在"达其"内看到：房间宽近3米，长约4米，地面比正屋略低，上下及四壁没有任何装修装饰；棺木和冰柜并排摆放在进口门的左侧（门后）。冰柜白色，目测体积约为500毫米×600毫米×800毫米(宽×深×高)；棺木体积基本与冰柜相同，正面画了彩色的鸟兽图案；棺木上面摆放老达巴生前做法事时穿戴的五佛冠、长袍等（稍后有人说放错了，于是改放在冰柜上面）。冰柜前面的供桌上摆满了供品和长明的酥油灯。供品除了常供的水果、点心、酒等之外，还包括这期间家里每顿饭前都要先供放在灵前的一碗饭、一碗菜。供桌上最大的一盏酥油灯上面，悬吊着一个用白纸糊成的圆柱形纸筒，表面画满了符号，利用酥油灯的热空气驱动旋转，似乎是一个自动的转经筒。棺木后面的墙上挂着老达巴的佛珠串、转经筒、单肩背布袋等，门对面的墙上挂着老达巴

---

[1] 达其，云南摩梭人、四川蒙古族专用于存放尸体的小房间。
[2] 《四川蒙古族——源的追溯 根的赞美》一书中说："传统上认为烧尸越快越好，否则对生者不利，并会认为是死者有后顾之忧，不愿意走。"《四川蒙古族——源的追溯 根的赞美》，阿拉塔·扎什哲勒姆著，香港大地出版社，2004年。

标志性的白毡帽和一些生活用品，门后面挂着铜盔、软甲和长刀，房间当中悬挂着一面达巴诵经时用的鼓。

（二）家属和亲属

我是22日晚7点到的老达巴家，死者的家属们正准备吃晚饭。外地的亲属，如在成都打工的老达巴的外侄女（老达巴妹妹的女儿）祝玛拉姆及其丈夫，已经在场。晚饭后，8点左右，不在一起吃饭的亲属们就都来了，男女老幼二三十人，坐满了一屋子。他们是来参加喇嘛诵经的。

（三）喇嘛

葬礼举行之前，还没有外请的喇嘛到场。晚饭后，8点左右，一个身着便装的本村喇嘛坐在上火塘正位，开始照本诵经，间或摇铃。每每诵经到某个环节，全屋男女老幼二三十人就会同声唱和，特别是五六个学龄大小的男女儿童，童声嘹亮，与成年人的低音混响，很是动人。喇嘛诵经时，很多人在捻动佛珠或摇转经筒。小一点的孩子则依偎在妈妈怀里，默默注视着这一切。

（四）达巴

后来确认，参与此次老达巴葬礼的达巴共有6人，其中一个是葬礼当天到的利家嘴的次儿达巴。22日吃晚饭时，本村的5个达巴，除偏初老师外（当晚他请我到家里吃饭），其余4个达巴都在这里吃饭。饭后，5个达巴进入"达其"内诵经、做法事。"达其"内空间小，人多，门被人挡住，我试了两次，进不去，没有拍到。

图7-1 "达其"内景：葬礼前三天（7月22日）

图7-2 7月22日晚，老达巴的继承人、外侄二车次儿达巴在灵柩前上香

图7-3 7月22日晚在正屋上火塘吃饭的亲属和达巴，右一是刚从成都赶回的老达巴的外侄女婿，右二是饭后念经的喇嘛，右三起是呷绒、降初、苏朗三位

图7-4　7月22日晚在正屋下火塘吃饭的亲属，左上角为已故老达巴的妹妹

 葬礼第一天（7月25日）

（一）"出土"

事前征询被告知"出土"时只能有亲人在场，因此这一天我早晨6点到现场。这时，棺木已经停放在原上火塘的位置，人们正在重新摆放灵前的供品。我得知，为了稳妥，老达巴的遗体还在冰柜内保存，并没有真的"出土"移放到棺木里。现在棺木内是一个用糌粑捏成的替代物，棺木上方挂满了颜色艳丽的衣物。原来上火塘后面靠墙用于供奉神灵、祖先的一个木柜子（比较神圣，轻易不动）已经移到棺木一侧靠"达其"门的地方，上面堆放着老达巴的遗物——服饰、生活用品、法事用品等。近中午时分，一个白木条做的三角形小木架在院子中央点燃，降初和呷绒两位达巴站在院子中间诵经，我问别人这是在做什么，被告知是在"送魂"，念送魂经。

（二）当天的第一次会议

上午8点半，在院子里召开了当天的第一次会议，看样子是主家拜托主持人分派各项工作。会场的上首位是达巴的座位，我揣测可能是代表死者亦或是神灵参加会议。与会人列坐两侧，下首是个案桌，上面放盛酒或茶的罐子。后面葬礼的这三天，每晚都在这里开会，布置格局都是如此。

（三）吊唁

这一天开始有远近亲友前来吊唁。吊唁的人在灵前献上祭品（看起来像是一个加厚的煎蛋），点燃一个酥油灯，跪拜。每个人都带一小瓶油，添加到现场准备好的大油瓶中或酥油灯中；也带酒，倒入灵前的酒碗中。旁边一直有亲属在大声哭述。利家嘴村吊唁的人也到了。据偏初老师讲，利家嘴共38户蒙古族家族，全部是阿窝家族。进大门左侧有一个房间，用于接待，登记、接收物品。我代表清华大学和我姐姐送的茶和礼金就是在这里交接的。老达巴的继承人二车次儿达巴接收并表示，这些茶和礼金将用于木里大寺的喇嘛（意为用在最重要的地方）。来吊唁的人，看起来都安排了喝茶、吃饭，有的是在正屋内的下火塘吃，有的是在用晒麦架临时搭成的棚子里吃，有的是到专门安排接待的亲属家里吃。用晒麦架临时搭成的棚子从中间隔成两部分，一边用来烧茶做饭接待来吊唁的亲友，另一边专用来给喇嘛做饭。三餐时间，亲人向死者"献饭"，供奉了三道菜饭，这时都有达巴在旁诵经。

（四）"洗马"

从早晨7点多，有关人员就开始为"洗马"做准备，主要是制作、整理马的饰物。中午12点一过，达巴开始诵经，洗马的仪式就开始了。其中有一个插曲：我跟达巴们说最好都能穿上正式的做法事的服装，而现场六个达巴，只有偏初老师的服装没带，留在了家里。于是洗马仪式就等到偏初回家取来服装后才开始。两个骑马人，据称应是一个死者亲人、一个达巴。这次为首的是老达巴的继承人外侄二车次儿达巴，属亲人；另一个是达巴，也叫二车次儿，又称降初（小名，即出生时达巴给取的名字；正式名字叫二车次儿，是请喇嘛取的名。村里蒙古族大都如此）。上马时，马很不安，一副受惊的样子，因此出大门时大家有些慌乱。到了河边，那里已经事先藏好了一只白色的碗（材质不详，但第二天洗马后当场摔碎，估计是普通瓷碗）。"洗马"只是象征性地向每匹马身上泼了半碗水，马就不停地跳动起来。洗马回来之后，披挂整齐的两匹马站在正屋旁的马厩里，全体六个达巴排坐在正屋门前一侧诵经。诵经开始时葬礼主持人给达巴们送上一盘东西，口中念念有词，具体含义不明。两名披挂整齐的武士，佩刀持矛，隔院站在达巴们和马对面。达巴们只是不停地诵经，没有直接对马做动作。每当马的铃铛响起，两名武士会做出舞蹈动作并发出啸叫声来回应（我看到也不是每一次铃铛响都回应）。据《四川蒙古族》一书中记："由达巴念洗马经……必须把马念得满身流汗和发抖为止，这样表示死者喜欢这匹马……同时也说明达巴有本事；否则达巴就要一直念下去，直到战马疲劳不堪为止。"事后有老达巴亲属问我："你拍到马的双肩发抖吗？"他认为是达巴诵经的作用。我很遗憾没有拍到，只是背景声音中不时听到马的铃铛声，应该有发抖时发出来的吧。

由于洗马是在两个地点活动，我有些顾此失彼，漏掉了一些场面没有拍，这些在第二天都有弥补，合起来应该还算完整。

（五）"杀牛脚"

紧接着"洗马"仪式的是"杀牛脚"仪式。达巴们坐下念洗马经前，先用一根长的细麻绳系住一个牦牛脚，就是把牦牛前腿在膝部砍断，小腿带蹄，放在灵柩前侧，麻绳的另一端拉至诵经的达巴处。下午4点多（这时达巴们的洗马经已经念了两个小时），达巴们起身，收起麻绳，由苏朗达巴拿起牛脚，一起走出大门，披挂整齐的两匹马和两名武士跟随，在距大门十多米的路上站定。达巴们（6个）诵经，苏朗达巴向前扔出牛脚，站在一侧的两名武士立即用长矛去刺，是否刺中似乎并不在意。然后收回牛脚，念一会儿经再扔、再刺，如是重复十余次，结束，全体返回。

（六）当天的"总结会"[1]

杀牛脚之后，晚饭前，约5点多，召开了这次会议。院子中央的会场上，主位是达巴，两列应是各方（家）代表，其余更多的人围坐在尽可能远的周围（靠墙）。主持人手持木棍，大声呼喊，逐个招呼代表入座；敬酒、宣讲、跪向达巴"汇报"，最后招呼各家领"奖品"。"奖品"是玉米饭团和猪膘肉片，每人数量不等，不知是论功行赏还是按劳取酬。

（七）喇嘛引导、达巴带领的集体跪拜以及舞会

晚饭后还有跪拜及舞会这两项活动。因为第二天的程序是重复的，我就回去吃饭，饭后回来，拍了舞会的一部分，其余活动在第二天都全程拍了下来。

（八）喇嘛

我早晨6点到达时，二楼的经堂已经传出阵阵喇嘛诵经声。经堂里共有16个喇嘛，分成两组四列，每两列相对而坐。由于最左面上首位置是专留给活佛的，因此该列的第四位喇嘛就坐在桌子

---

[1] 总结会是我起的名字，包括其中程序的含义都待确认。

之外。喇嘛均照本诵经，声音很大，看得出在尽职尽责，尽管也有人偶尔打哈欠、摆弄手机。上午8点左右，喇嘛们有一次休息。他们鱼贯而出，下楼，出大门，应是另有专门的休息之处，但是喝水、喝茶、吃饭，则都有人送到经堂。上午11点，喇嘛们来到正屋（灵堂）诵经，时间将近半小时。印象中全天的其余时间，喇嘛们都在经堂里诵经（中间有离开休息），一直到当天的祭祀活动全部结束。

（九）达巴

葬礼第一天，达巴的活动整天不停，6个达巴全天都在。

（十）火葬准备

这一天是为火葬做准备工作。我看到的一项，是在二楼用雕版印制五颜六色的经幡，是用来插到火葬场对面山坡上的。

（十一）天气

自从我21日到达屋脚，就一直是阴雨天，每天都在断断续续地下小雨，一直没见过太阳。25日这天天晴了，出太阳了，蓝天白云，真正的蓝天白云，白得令人眩目，蓝得令人窒息。久违了。

图7-5 "出土"后的灵堂和诵经的达巴。葬礼第一天（7月25日晚8点）

图7-6 老达巴灵柩后面,左下角是"达其"门,右下角是灵柩。葬礼第一天(7月25日晚8点)

图7-7 葬礼准备会(7月25日上午8:30)

图7-8 亲属献祭早饭(7月25日上午8:30)

第七章 达巴的葬礼 435

图7-9 亲属献祭午饭（7月25日中午）

图7-10 亲属献祭晚饭（7月25日晚6点半）

图7-11 吊唁的人点燃酥油灯，献上祭品

图7-12 吊唁的人跪拜

图7-13 灵柩正面

图7-14 "洗马"出发前，五位达巴和两名武士在灵柩前

图7-15 "洗马"出发前，整装待发的马和牵马人

图7-16 "洗马"出发时，场面有些慌乱

图7-17 向第二匹马身上泼水时，这匹马跳了起来

图7-18 "洗马"回来,每匹马增加了一位亲属牵马人

图7-19 四位达巴一直在大门外诵经,迎候"洗马"回来

图7-20 "洗马"回来后,六位达巴、两名牵马人和两匹马。自左至右的达巴依次为二车次儿、苏朗、偏初、降初、次儿(利家嘴)、呷绒偏初

图7-21 "洗马"回来,六位达巴诵经前,葬礼主持人向达巴们献上"礼品"

图7-22 "洗马"回来,六位达巴诵经时,对面两名武士对马的铃铛声做出响应

图7-23 "洗马"回来,六位达巴诵经后,在大门外"杀牛脚"

图7-24 经堂内诵经的喇嘛，右边还有8个喇嘛（7月25日早6：30）

图7-25 灵堂内诵经的喇嘛（7月25日中午12：15）

第七章 达巴的葬礼 441

四 葬礼第二天（7月26日）

（一）火葬准备

这天上午8点多，听说火葬场已准备好，我就请偏初达巴的小儿子旦珠领我去看。火葬场在河边，位于洗马地点下游约100米处，有一棵不大不小的树，是这片河岸唯一的一棵树。现场已经做好一大一小两个木架，旁边堆放着木材。这些准备工作都是今天早晨完成的。木架的木材是新砍伐的松木，湿的木材做架子比较耐烧；烧火的木材是从家里背来的干木材。男人火葬要有九个人，每人背九根木材；女人火葬用七个人，每人背七根。（按面向河来说）背后的山坡上有三排经幡旗。每一次火葬后，都要新插一排，如果地方不够用，可以拔掉旧的。

（二）吊唁

这一天来吊唁的主要是村里的乡亲，以彝族为主，好像大都是妇女，服装很明显。9点半左右，院子中央摆上了长桌，铺上了地毯，说是乡政府领导要来；而且点燃了蚊香，我后来才明白是用来驱苍蝇的。10点左右乡领导来了，9个人，我认识的有书记蒋武翔、副书记央青、副乡长苏群英，应该是领导班子都到了。大家坐下喝茶、喝酒，气氛和谐愉快。乡领导的午饭安排在老达巴的另一个外侄（老达巴小姨的外孙）二车次儿家。他因为有货车，在村中路边新盖了房子，装修和卫生都较好。我在他家吃了一次晚饭，感觉很好。

（三）达巴准备工作

整个上午，村里的5个达巴都在老达巴家屋后面（以大门为前）的一小块空地上制作明天要用的各种道具，看起来工序清楚，分工明确，驾轻就熟。

（四）"洗马"、"杀牛脚"、会议

这天的"洗马"，我有幸请到四川省404地质调查队的热心青年小冉同学帮忙，得以补全了昨天漏掉的场面。

"洗马"出发之前，6个达巴先在灵前诵经，亲属们在旁边哭。出发时，大批亲属亲友一起哭送，送到大门外的拐角路口，便站在那里一直哭，等候"洗马"回来。大小5名武士也在路口站成一排等候。"洗马"用的碗当场摔碎，说明它的材质是瓷的。"洗马"回来，牵马人增加了一个女性亲属，每两人牵一匹马。经过路口，由两名戎装武士引导前行，为首的骑马达巴挥起长刀，砍断用细树枝搭的门，进院、下马，后面的程序就与昨天完全一样了：全体6个达巴排坐在正屋门前一侧诵经、杀牛脚、举行这一天的总结会。不过，今天总结会上分发的物品中，玉米饭团改成了大米饭团，形状不变。

（五）喇嘛引导、达巴带领的集体跪拜

这是一个挺壮观的仪式。晚上7点多，天还没有完全黑，院子里站满了男女老幼，大门口和两侧的屋檐下也站满了，估计有100人，前排是达巴们（也有其他人）。每个人双手合十，听着经堂里传来喇嘛响亮的诵经声。楼上（经堂门口）有人一声喊，院子里全体呼应大声喊，一起跪拜，如是大约每半分钟到一分钟做一次。间歇时有小孩子在嬉闹，但只要听到楼上喊，便立即随众人呼喊跪拜。这个仪式大约持续了半个多小时。

（六）舞会

集体跪拜仪式结束后，院子里的人们就靠边坐下，等待舞会开始。院子中央点燃了一小堆木材。将近8点，舞会开始，首先是达巴们的舞蹈，好像应该称为"达巴舞"。苏朗达巴领头，右手持一顶白色毛边的圆形帽子，后面跟着偏初达巴、降初达巴，还有其他三四个人。看来不是全体达巴都参加达巴舞。达巴舞的舞蹈动作很简单，大家手手相扣，以口中念诵的经文为节奏和伴奏，单纯地踏脚（和迈步差不多），挥动小臂成直角再放下，绕着火堆走圈儿，间或原地踏步。接近尾声时有两个小孩加入。

达巴舞持续了大约十多分钟才结束。我在这时回到正屋内，喇嘛们正坐在炕上，摇动、敲打各种能发出声音的法器。灵前站满了人，其中有达巴在诵经，有两名披挂整齐准备跳舞的武士，还有人端着供品。忽而达巴的法螺号声响起，灵前的人们向门外走，两名武士在灵前舞了两圈，也走出门，来到院子里。武士舞开始了。武士舞每次上场两个人，身披软甲，头戴铜盔，腰佩长刀，舞蹈动作比达巴舞复杂些，不时发出喊声和啸叫声，观众也有人呼应。五分钟左右便换成下一组的两人，也穿戴上盔甲长刀。据说每个家庭都会出一名代表参加武士舞。

在达巴舞与武士舞之间的空闲时间，事主家出动了三四个人，用背篓装着糖果、点心、小火腿肠等小食品，发放给院子内的每一个人。当天晚上我带了404地质调查队的三个人去看舞会，他们也毫不例外地收到了各种小食品。

为了第二天的火葬要早些到场，不待舞会结束，我就提前离开了，因而不知道舞会是什么时间结束的。

图7-26　7月26日上午的火葬场（一）

图7-27　7月26日上午的火葬场（二）

图7-28　来吊唁的彝族妇女（7月26日上午10：10）

图7-29 来吊唁的屋脚乡政府领导（7月26日上午10：10）

图7-30 正在为火葬后的法事做准备工作的达巴们（一）（7月26日中午12：00）

图7-31 正在为火葬后的法事做准备工作的达巴们（二）（7月26日中午12：00）

第七章 达巴的葬礼 445

图7-32 驱鬼时用的"骆驼"的半成品（7月26日中午12：00）

图7-33 第二天洗马前（7月26日下午14：08）

图7-34　第二天洗马：上马（7月26日下午15：01）

图7-35　第二天洗马：达巴们在大门口迎候（7月26日下午15：06）

第七章　达巴的葬礼

图7-36　第二天洗马：亲属们在路口迎候（一）（7月26日下午15：08）

图7-37　第二天洗马：亲属们在路口迎候（二）（7月26日下午15：08）

图7-38 第二天洗马:二车次儿达巴洗完马后将碗摔碎(7月26日下午15:20)

图7-39 第二天洗马:武士们在路口迎候,见到洗马回来,一起呼喊舞蹈(7月26日下午15:23)

第七章 达巴的葬礼 449

图7-40　第二天洗马：洗毕归来（7月26日下午15：24）

图7-41　第二天洗马：亲友们在路口跪迎洗马归来（7月26日下午15：24）

图7-42 第二天洗马：葬礼主持人在树枝搭起的门口迎接（7月26日下午15：28）

图7-43 第二天洗马：二车次儿达巴挥刀砍断树枝门，马有些受惊（7月26日下午15：28）

第七章 达巴的葬礼 451

图7-44 第二天洗马：洗马回来后达巴们在正屋门前诵经

图7-45 葬礼第二天的总结会就要开始（7月26日18：54）

图7-46 葬礼第二天的总结会,主持人向达巴汇报(7月26日18:54)

图7-47 葬礼第二天的总结会,主持人讲评(7月26日18:54)

第七章 达巴的葬礼 453

图7-48 葬礼第二天的总结会,领到最多奖品的小伙子(7月26日19:50)

图7-49 葬礼第二天,经堂内诵经的喇嘛们(7月26日20:04)

图7-50 葬礼第二天灵堂内诵经的喇嘛们（7月26日21：30）

图7-51 葬礼第二天喇嘛引导集体跪拜（一）（7月26日20：28）

第七章 达巴的葬礼

图7-52　葬礼第二天喇嘛引导集体跪拜（二）（7月26日20：34）

图7-53　葬礼第二天舞会，达巴舞（一）（7月26日20：28）

图7-54　葬礼第二天舞会，达巴舞（二）（7月26日20：28）

图7-55　葬礼第二天舞会，武士舞（一）（7月26日晚）

第七章　达巴的葬礼　　457

图7-56　葬礼第二天舞会，武士舞（二）（7月26日晚）

图7-57　葬礼第二天舞会，武士舞（三）（7月26日晚）

五 葬礼第三天（7月27日）

（一）火葬前

早晨4点，我到老达巴家。在拐角路口旁的坡下，有人在焚烧东西，我去录像，被烧东西的人制止。正屋内，老达巴的继承人二车次儿达巴头戴五佛冠，身穿法袍，坐在灵柩前侧，边敲鼓边诵经。灵前站了十来个人，端着茶和酒，和达巴一起诵经。老达巴生前使用和喜爱的所有物品堆放在灵柩旁边，这一次我拍得比较全且清楚。此时，经堂内的喇嘛们正安静地坐着。将近5点，哭声响起，葬礼主持人向灵柩跪拜，人们开始收拾灵前的供品，装入背篓；也收拾灵柩周围摆放和挂着的全部物品。这期间，一直伴着达巴的诵经声和亲属的哭声。5点刚过，老达巴的灵柩前，只剩下供桌上的酥油灯和灯上方的纸转经筒。院子里，主持人又召开了一次会议，仍是达巴坐在上首的格局，想来应是安排火葬的相关工作。

（二）火葬

5点30分，天色微明。大门外，手持灵幡、松枝前导的三个少年，披挂整齐的两名武士和两匹战马，还有一辆卡车，都已整装待发。院子里，每个人手里拿着一根白布条，静静地伫立等待。喇嘛们首先出发了。正屋内，在次儿达巴的诵经声中，灵前的酥油灯和供桌被移走，一个饭团被切成两半，每一半加上一根筷子，不知被拿去何处。达巴、主持人和亲属们每个人都向灵柩的正面喷了一口水，灵柩被抬了起来，院子里传来了哭声。

灵柩抬出正屋，放在院子中央。人们纷纷围上去，将手中的白布条投放在灵柩上面，还有几条哈达（因此我猜测白布条可能是哈达的简易替代品）。亲属们（好像都是女人）聚在灵柩右侧，或跪或蹲，一起在哭。有人拉起一白一蓝数米长的两条布；灵柩抬起来了，白蓝布从亲属们头上拉过，亲属们从灵柩下爬过，灵柩穿过白蓝布，启程了。亲属们哭着跟随。

灵柩由4个小伙子抬，走得很快。我在摄像机的显示屏上，紧盯着前面的一团白色（那是灵柩上堆覆的白布条），耳边是不绝的哭声，深一脚浅一脚中尽力保持手臂的稳定。这是一段一公里多的村路，是一个七分多钟的长镜头。

火葬场，喇嘛们还在做准备工作，估计是要将随葬的物品堆放在树下或挂在树上；亲属们则在喇嘛对面的树后边哭边跪拜。外围是亲友和村民们。后面的山坡上已经新立起60面经幡旗。

5点53分，哭声突然变大。我移过摄像机，看到灵柩正被打开，一个白色布包裹出现在镜头中，这就是老达巴已缠裹成胎儿状的遗体。几天来，对于他，我心中有神秘感、神圣感和期待。现在，终于见到了。

三个人费力地将老达巴的遗体拉上大的木架。木架里面已经堆满木材，使遗体刚刚露出头部。遗体被放在正中间，周围用木材填满，然后放上小木架，再填满木材。最后把棺木劈碎，也都放进了木架中。这时，喇嘛们已经准备好了。

喇嘛约有十几个，为首的坐在临时架成的木台上，其余大概是按长尊排序，席地坐成两排。约有半数的喇嘛在标志性的藏红色袍外又穿了华丽的外套，头戴五佛冠。两个负责执行的喇嘛，口扎白布罩，站在前面。6点刚过，喇嘛开始做法事。约10分钟，为首的喇嘛将做过法事的火种交给执行喇嘛，执行喇嘛将火种投在木架顶上，五六个人上来一起围在木架四周，从下面点燃了木架里的木材。

木架顶上升起了烟，由淡变浓，很快，一股浓浓的黑烟笔直升起，直上天空，融入空中的乌云。一两分钟的时间，木架的四面已经冒出火焰，火烧起来，顶上的烟愈发浓密。喇嘛们在念经，周围的人们开始撤离。5分钟后，整个木架已经燃起熊熊大火，火葬场人已散尽，只有喇嘛们在尽职尽责，不停地念经，并把准备好的各种东西投入火中。火葬场后面山坡上，60面新立的经幡旗在风中飘动；还有那条河，在喧闹地流淌。

（三）火葬后达巴的法事

在火葬期间，曾见到有达巴在场，我只是在一旁观看。近8点时我从火葬场回到老达巴家，原作为老达巴灵堂的正屋已经完全恢复了上火塘的布置。5个达巴（独缺偏初）正围坐在上火塘的三面诵经，早晨出殡时拉起的白蓝布此时挂在上火塘的正面和侧面。出来碰见偏初达巴刚到，解释说身体有些不舒服。我有些替他担心，因为他是今天全部法事的主角，要不停地诵经到明天凌晨，任务很重。

中午我回去吃饭休息，准备连夜拍摄达巴驱鬼，遗憾错过了第三天的总结会。没想到会在上午就开，虽然总结会的程序大体一样，但这次应该是整个葬礼的总结。

下午1点我回到老达巴家。正屋内，偏初达巴身穿深蓝色长袍，腰扎红带，斜披一条有饰物的红色宽带，左手持法铃，右手执法鼓（达巴敲鼓时是把鼓槌和系在鼓下面的两根绳同时抓在手里），端坐在上火塘正面，正在诵经。面前放着糌粑罐、酥油茶、白酒、香烟、保温杯等。保温杯里是开水泡的奶酪（几个达巴都是这样），很酸，有助于提神醒脑。偏初左面，沿墙摆满了前一天制作的各种驱鬼道具。

我刚到不久，就见到有人端了一个大箩筐，里面装着爆米花和几个面塑小人偶，让每个人用手摸一下，一个都不遗漏，在二楼打牌和休息的人也都传着摸。

这时的老达巴家，除了正屋内的达巴外，一切似乎都已恢复平静和正常。院子上面搭的篷布已经拆除，晒麦架搭的棚子也已撤掉。院子边上，坐着带孩子闲玩儿的男人和女人；大门内外，猪和鸡在觅食。整个下午，偏初一直在敲鼓诵经。其间最年轻的达巴呷绒偏初短暂陪坐、换着敲了一会儿鼓，后来下地吹了两次法螺号，晚饭时分离开，直到第二天凌晨未再露面；利家嘴的达巴好像也回去了。因此整夜的法事，是偏初主持，4个达巴一起做。

晚饭后，老达巴的继承人二车次儿达巴坐在了偏初达巴的旁边，敲鼓诵经。偏初达巴对我苦笑着用手指了指自己的喉咙。老达巴去世后，偏初次儿达巴就成为村里水平和声望最高的达巴了。

晚上9点，外面下起雨，一系列的驱鬼活动开始依次进行。

首先是到户外。偏初达巴手持法铃和法鼓（一个半圆型的大拨浪鼓），其他七八个人，包括苏朗达巴和降初达巴，分别拿着长矛、长刀、牛角号、火把，还有一个草扎的小动物。先在大门门廊里诵经，然后冒雨走到大门外栅栏外的土豆地里，那里已经事先插好了一丛树枝。先对着这丛树枝诵经，又分别朝四个方向诵经，最后扔出草扎小动物，一起上去，矛、刀、棍、脚齐上，将这丛树枝打倒，然后大家回到正屋。

此后达巴的分工大致是：偏初达巴坐在正位主持，二车次儿达巴坐在他旁边，降初达巴在火塘前的地上执行各种具体操作，苏朗达巴坐在火塘一侧，有时协助降初达巴。

接下来的一个仪式，是达巴给在场的每个人发一个面塑小人偶。屋子里总共约有近二十人，都是亲属。每个人要从自己穿的衣服上抽一根线，捆在人偶上，在自己的身上、头上触碰几下，蘸一下盛在碗里的血（鸡血？牦牛血？），放在一个木条搭成的三角形框架里。

接下来的一个活动颇具戏剧性。降初达巴身配长刀，右裤腿挽到膝盖以上，站在地上与偏初对话，不时做低头寻找状。几次对话和转圈儿后，降初转身，径直从屋门和橱柜门后面，掐着脖子拎出了一个"鬼"。这个"鬼"用草秆扎成，高约1.2米，身配木刀和弓箭，脖子上拴了一个充满气的猪膀胱；泥塑的橄榄球型脑袋，五官俱全，尖头顶上一簇黑毛发，与其说面目狰狞，不如说形象滑稽。降初掐着"鬼"脖子面对偏初，听偏初说话，也有对话，不时用手掌拍击带黑毛的尖脑袋，每拍一下，大家就开心地笑。如是五六分钟，降初将"鬼"摔在地上，用右脚猛踹猪膀胱，踹了两下不见效，又瞄准踹第三脚，"砰"的一声，猪膀胱爆裂成两片，一片正打在我的大腿上。降初抽出长刀，向地上的"鬼"砍了几下，把"鬼"折成一团，塞进一个背篓里，又塞进一盘小人偶、松枝，用一根松枝封住背篓口。

接着，降初达巴交给苏朗达巴两个木片，用每一根木片在在场的每个人头上轻敲一下，母亲怀里的小孩子也不漏过。敲第二根木片时，苏朗达巴冷不防在我头上也敲了一下，又引起一片笑声。

降初达巴又拔出腰刀，用一张红纸接着，在屋内的柱子、橱柜、屋门等处到处刮下一点，包起来，用细麻绳系住，拴在草扎的"骆驼"上（扎的时候我曾问过扎的是什么，说是骆驼，真的不像，只是比前面所扎的那只大）。

接下来，四个小伙子在地上站成一排，一个拿火把，一个拿弓箭，一个握了一把不知何物，还有一个在等待。偏初达巴诵经到某一个时候，像是有一个号令，降初达巴立即递给等候的人一盘人偶，四个人随即呐喊着冲出房门，到院子里，把人偶和手里握的东西扔向四周的房顶，射出箭。这样重复好几次。

时间已过10点半，上火塘又点燃了大火（此前一直处于半熄灭状态），并且开始烧嫩松枝，似在刻意制造烟雾。这时，降初达巴开始收拾各种道具，将所有的东西交给了四个人。他们举着火把，拿着手电，冒雨跑出大门，跑向河边。我顾不得道路泥泞，试图跟随拍摄。跑了不远，其中一个人没有火把和手电，有些落后，返身夺过我的手电，口中说是借用，转身跑开。我站在哗哗大雨中，火把光已经看不见，眼前一片漆黑，试着走了一段，一脚踏下一个台阶，溅起一片泥水，不敢再走，无奈地等在原处。过了好一会儿，远处出现晃动的火光，越走越近，他们四个人回来了。

　　接着，人们又把泥塑的什么东西放在捣米的石臼中捣，泥塑看来干得很透，直捣得粉尘飞扬，里面的人向我要纸巾塞鼻孔（还是要用嘴呼吸呀）。捣了一遍，又用筛子筛出捣得不够细的颗粒，倒回去继续捣（粉身碎骨啊）。

　　11点多，偏初戴上了五佛冠，仍在不停地敲鼓、摇铃、诵经。旁边的二车次儿吹响牛角号。屋子里的烟越来越浓。

　　过了12点，已经是28日凌晨了。地上一侧（偏初的左侧）又站了三个青年，一人拿火把，一人端了一大水舀子水，一人从偏初达巴面前的大盘子里抓了两把不知何物，等偏初达巴发出号令，几个人一声喊，朝火把上一投，立时燃起一团火星。这一套动作又重复了多次。接着，三个青年换站到右侧，偏初达巴手里举起了一把镰刀，此时是二车次儿达巴在敲鼓诵经；念了好一会儿经，偏初达巴叫一声，把镰刀投向地下，三个人又是齐声喊，向火把上一投，燃起一团火星。这个程序也完成了。这时候已经是凌晨1点了。

　　1点多，降初达巴、苏朗达巴和几个年青人都动了起来，拿着火把，端着那个大盘子，先是朝屋里各个角落投出一团一团的火星，每燃起一团火就发出喊声；然后到院子里四处投火，然后走出院子，沿大门左侧牲畜栏通向河边的小路一路呼喊投火（我猜这是在一路赶鬼）。

　　众人回到屋里，屋门被关上，屋子里开始大规模造烟，不但我自己呼吸困难，睁不开眼，对着浓烟，摄像机都无法对焦了。我举着摄像机向门口移动，想把屋门开一点缝，立刻有人发现了我的企图，喊一声"不能开门！"我醒悟过来，刚把鬼赶出去，开门岂不是又放鬼回屋，前功尽弃，还得从头再来吗？大家一起忍着吧。

　　过了1点半，我看到二车次儿达巴放缓了敲鼓的节奏，放低了诵经的声音，偏初达巴开始收拾他的五佛冠、摇铃，装包。驱鬼仪式已经进入尾声。已经睡去和昏昏欲睡的亲属们，陆续起来，女人们开始准备饭。仪式在缓慢地结束。我急于休息，没有吃饭就离开了，时间已是凌晨2点半。

图7-58 亲属们向灵柩最后献上酒水（7月27日早上4：20）

图7-59 火葬仪式是从葬礼主持人向灵柩跪拜开始的（7月27日早上4：30）

第七章 达巴的葬礼 463

六 骨灰安葬处

屋脚阿窝家族有两处骨灰安葬地。老达巴的骨灰已经在火葬第二天的半夜，或第三天的凌晨，由亲人和达巴送到较近的一处安葬。火葬后第三天（29日），偏初老师和他的小儿子旦珠领我去老达巴的骨灰安葬地。

我们早8点出发，路过火葬场。火葬场已经清理，明显可见的火堆位置上，一块大石头压着几根树枝。越过小河，河边是一座小型水力发电站，小木屋里传出机组的轰隆声。这是供全屋脚乡用电的电源（后来了解到装机容量为75kw）。屋脚乡辖2个行政村，12个村民小组，村民有蒙古族、彝族、藏族和汉族，其中蒙古族约占三分之一，2010年底共575户2429人。每户用电负荷按200w算（好多人家有电视机，而且经常开着），75kw勉强够（同时系数0.7）。难怪每天都电压不稳，电灯时明时暗。

过河就是一路上坡，越走坡度越陡，过了农田，进入树林。树林不密，树木不粗，大都是松树，随处可见村民在树干上切开树皮采集树脂。随着高度增加，树上出现挂着的绿萝，越走越多。树林里有伐倒的树，枯死折倒的树，不时可见到蘑菇。再往上，地面变成乱石，石上和活的、死的树上都长满了青苔，林木则渐密起来。爬上一段陡峭的乱石，眼前是山顶，树林已不是松树，是不认识的阔叶树。林中一小片平的空地中央，一堆石头垒成低的坟状，到了。估计路程，大约四五公里吧。

阳光充沛，透过树枝，照在骨灰安葬地。我们是从北面上来的，石堆的北面有几个小泥碗，南面摆着水果等一些供品。石堆上长满了青苔，最上面的石头是光的。石堆内应是有个空间，可装入骨灰，再用石头封在顶部。屋脚蒙古族先人的骨灰就安葬在这里。

阿窝家族可能是屋脚乡最大的蒙古族家族。屋脚村的屋脚组，30个家庭中有15个是阿窝家族；利家嘴组，38个家庭都是阿窝家族。据偏初达巴讲，屋脚阿窝家族的第一代如塔扎士、苏纳阿文夫妇，是从泸沽湖边的沿海乡迁来的。沿海乡（现称泸沽湖镇）位于四川省凉山州盐源县西北180公里的泸沽湖东岸，自元代至1956年，均属蒙古族喇千户长的领地，原称左所，1956年建沿海乡（因居民沿泸沽湖居住而得名），1960年改为泸沽湖人民公社，1961年恢复沿海乡。1984年四川省政府《川府函〔1984〕265号》文件批准正式挂牌成立沿海蒙古族乡。1992年，盐源县未报经省州有关部门批准，自行改为泸沽湖镇，但省州仍称为蒙古族乡。如塔扎士、苏纳阿文夫妇从沿海乡迁来时，这里属木里王国的领地，没有人居住，野生动物很多。传说第一代阿窝家族的人用黄金从木里王手中买下这个地方，以打猎为生。繁衍至偏初次儿达巴，已是第八代。我问偏初达巴蒙古语"屋脚"是什么意思，他说是"就是这个地方"的意思，是巴丁娜姆女神在这里说的"就是这个地方"。我想也不排除是屋脚第一代始祖如塔扎士看中这个地方时说的。屋脚组现在有七个家族，其中阿窝、给洛、扎什、次丁四个家族是当年一起从沿海乡迁来的，阿昨、阿扎家族是后来从永宁迁来的，松基家族是后来从前所迁来的。

山顶南侧和西侧，视野比较开阔，南面是连绵起伏的群山，看不到屋脚村。旦珠指给我看西北方远处的一座山，说那就是另一处骨灰安葬地。东南面紧邻的就是护卫屋脚村的十大神山之首——巴丁娜姆神山。"巴丁娜姆"是藏语，蒙古语称为"拉争阿米"。佛经中记载"东北圣地山谷木里地，迎请护法神巴登娜姆尊"。相关资料显示，木里是释迦牟尼的根本护法神巴登娜姆（即巴丁娜姆）的道场圣地。而屋脚村的蒙古族则把巴丁娜姆女神视为自己的守护神，本村的喇嘛寺仁江寺的位置，据说就是巴丁娜姆女神曾经休息、流连过的地方。寺里在供奉释迦牟尼、宗喀巴的同时，也供奉巴丁娜姆女神。巴丁娜姆山顶有一个神仙洞，据说里面很大，有两层，常年不断有泉水流出，水极清澈，有治病助孕之效。屋脚村民们每年农历除夕那天，只要能走得动，都要到神仙洞去祭拜巴丁娜姆女神。

老达巴以及屋脚村蒙古族的逝者们，灵魂已被送回祖先居住的北方，骨灰在巴丁娜姆神山的庇佑下，可以安息了。

七 家家驱鬼

村里死了人后，家家都要驱鬼。有的请达巴，有的请喇嘛，有的是达巴协助喇嘛。由于达巴驱鬼的程序太繁琐，时间长，现在请喇嘛驱鬼的渐多，但是请喇嘛的费用要比请达巴高。我这次在屋脚先后拍到两次家庭驱鬼，第一次是25日，在老达巴的亲属家；第二次是29日晚，在尼玛老师家。

25日葬礼第一天，"杀牛脚"仪式结束后，大约下午4点半，有人邀请我去喝茶。我来到老达巴家紧邻的一处房子，这里是老达巴亲属的住房。进到正屋，就看到老达巴的继承人二车次儿达巴正站在"达其"门口诵经，端着一箩筐爆米花，身后站着几个人，手里分别拿着火把、短刀、水等。我问这是在做什么，他告诉我说是在驱鬼，并解释说村里死了人后家家都要驱鬼。只见二车次儿达巴抓起一把爆米花，呐喊一声，投向"达其"门，几个人跟着喊；达巴又转向屋内几处边叫喊边投出爆米花，几个人随着叫喊并做出刀砍、洒水等动作，就这样从屋内走到院子里。我想把鬼驱出大门可能就完成任务了。不知道我所看到的是不是这次家庭驱鬼的全部。

尼玛家的驱鬼要更复杂、隆重些，时间也长。

尼玛老师家在村子的最东端，他在村中还有一处房子，正位于从永宁至亚丁的路边、去乡政府的岔路口，位置优越，开了旅店和小卖店。日常照料小卖店的是尼玛的舅舅，即尼玛妈妈的弟弟，名字叫朱呷呷，是一位退休的公务员，当过兵。尼玛妈妈原是屋脚村人，上世纪40年代末，时局动荡，有土匪到屋脚来，放了火，杀了人，还抢走了一些女人，其中就有尼玛的妈妈。1949年尼玛的妈妈被解救出来，没有回屋脚，到了盐源，与一个藏族人结婚，生了尼玛和他的妹妹。尼玛约

20岁时，朱呷呷找到了他们，把一家四口人都接回了屋脚。尼玛中专学历，是屋脚中心学校的藏语老师。他自称藏族，其实至少有一半的四川蒙古族血统。尼玛的妻子叫祝玛，是本村的蒙古族人，他们有三个孩子：大儿子降初，今年中考考入凉山州重点高中，开学就要到西昌去住校；二儿子旦珠，在永宁读初中；小女儿达娃祝玛上小学。

尼玛家是29日晚驱鬼，请的是仁江寺的老住持，由偏初达巴协助。晚上近7点，我到尼玛家，老喇嘛正坐在尼玛家经堂内诵经。看来请喇嘛驱鬼，喇嘛也基本上是动口舌不动手脚，具体行动由达巴去执行。偏初达巴主要有两次行动，所用的东西都是经过喇嘛做了法，从经堂拿出来的。第一次是一箩筐爆米花加几个面塑，偏初达巴诵经后，用面塑在正屋的柱子上和每个人的头上、身上触碰。第二次从经堂端出一大盘土（看起来像是土），偏初达巴先是在屋内各处都放上一点，如上下火塘的三脚架、柜子、架子等，然后端着大盘子在"达其"门口诵经，带领四个人一起行动。四个人按身高年龄排序：第一个是那位葬礼中处处都在的武士，这时是便装，持火把；第二个是一个约20岁的青年，持短刀（我觉得应该是降初，不知为什么他在场而没有参加）；第三个是尼玛15岁的二儿子旦珠，持水舀子和松枝；最后是尼玛的小女儿达娃，端着盛满糌粑的小盘子。先是对着"达其"门，然后对着屋内各处，然后出去，先上二楼的各个房间，再下楼在院子四周包括马厩猪栏。偏初达巴首先投出土，随之火把挥动、短刀砍、松枝淋水、投撒糌粑，五个人边走边做，一起喊"GO！GO！"（我听着是在喊GO，也觉得符合驱鬼的意思"快滚开！"），由于小达娃的加入，场面变得愉快。小达娃稚嫩的声音、稚气而认真的动作，使驱鬼的法事活动有点儿令人忍俊不禁。小达娃有一次还把糌粑投到哥哥的背上，又赶快去拍掉。一行五人就这样出了大门，在门外路口处将土、水、糌粑都扬出去，随即用短刀在地上划一道线，将路口封住。

这时，经堂里已经卸下了喇嘛诵经时吊挂的圆鼓。老喇嘛还在坐着诵经，看来是快结束了。

结语

每一家都驱鬼之后，达瓦·荣布老达巴隆重、冗长、充满藏传佛教庄严气氛与古老达巴神秘色彩而又不失热闹的葬礼活动，看起来是结束了。据说在火化后的七天、四十九天、一年、三年等特殊日子里，还有相应的祭祀活动。这些我可能都无法亲历了，只能请达巴来讲述了。

赵锡明

2012.7.21-2012.7.29 亲历于木里屋脚

2012.8.9-2012.8.13 追记于清华大学

第八章

口述史

一 阿窝·偏初达巴（四川屋脚村）

访谈时间：2011.1.22；2011.5.10、5.12；2013.4.11
地点：丽江鑫安宾馆；丽江古城源客栈；清华大学
访谈对象：阿窝·偏初
访谈者：许多多
在场人：无
整理者：许多多
录音编号：RIC055屋脚村情况；011M—014M_120510，011M—12M_120512，037M—040M_120516；130411_017_口述史访谈

表8-1 屋脚村阿窝·偏初达巴基本信息

姓名	阿窝·偏初	民族	定名：蒙古族	
性别	男		自称：na³¹hĩ⁴³	
访谈日期	2011.1.21-1.22	访谈地点	丽江鑫安宾馆	
当日序号	1	宗教	达巴教	
翻译	无	记音人	许多多	
生年（属相）	1967年生，属羊	语言	摩梭话，会一点四川话	
生地	屋脚组	居住地	四川省木里县一区屋脚蒙古族乡屋脚组阿窝·达巴	
职业	达巴	教育程度	达巴教育	
祖上来历	世居	子女信息	三个儿子。大儿子上高中，二儿子在木里大寺学喇嘛，三儿子在上初中	
备注	父亲是达瓦·荣布，也是达巴。本人服饰：戴一顶藏族毡帽，穿藏族毡靴			

四川蒙古族的来历

许多多（下称许）：蒙古族有什么传说故事吗？

阿窝·偏初（下称阿）：我们从内蒙古那边过来。忽必烈征战时，士兵散了，就在这里留下了。东巴、达巴那些神人的传说是自己编造出来的。

过年、死人时用糌粑捏饭坨"哈士"/χɑ⁴³ʂi¹³/。忽必烈打仗时被包围了，就把求救的信放在饭坨里送出去。所以现在还要做这个。

蒙古族家庭房屋有两道门，但原先是没有的。后来打仗时被包围，有办法的人家就开一个后门逃走。所以现在家家户户都安两道门。

洪水滔天以前，有一个神人阿巴睹/ɑ⁴³pɑ⁴³du³¹/对后代初直鲁依依/tʂʰu³¹dʑi³¹lu⁴³ʁɯ⁴³ʁɯ⁴³/说了哪些可以做，哪些不可以做，但后人没遵守，于是洪水滔天。初直鲁依依宰了一头黄牛，把皮缝起来。就只剩下了他一个人。只剩一种蒿枝，叫/dʑi³¹qʰɑ³¹tsɯ⁴³/。还有几只水鸭子。去天上找了采红吉吉米/tsʰɛ³¹hõ³¹tɕi³¹tɕi³¹mi⁴³/做妻子，他们是人类的祖先。天神都会帮助他们。时间长了就分出蒙古族、汉族、藏族等。

四川蒙古族的节日

许：蒙古族都有哪些节日？

阿：川滇交界地区蒙古族人的历法跟汉族的阴历一样。过年前有个小过年，叫"子扎"/dʑi³¹tʂæ⁴³/，农历十一月十二日。这天要送山菩萨，送祖先，请客。

大年三十晚上就是"库布"/kʰv³¹pv⁴³/，送年。那天要做法事，将一年的好事、坏事都送走。做的法事也叫"库布"。很多位达巴一起做法事，所以很盛大。这个仪式要给那些去世的先人送饭，还包括送天神、地神、山神、水井神。其中最重要的是天、地神。第一个要送的是天神，第二个是地神，第三个是山神，第四个是水井神，第五个就是祖先神。全村的人聚集到各个达巴的家里去。这天要准备猪肉、羊肉等肉食，家里有什么都可以，其他还要水果、糖等食品。

初一"库是"/kʰv³¹ʂi⁴³/，记录过去一年的好的事情。敬好的菩萨，如山菩萨、水菩萨等。初一是新年。初一的时候要跳舞、唱歌、请老人来，大家聚一聚。在家烧香、点灯，不做法事。

二月没有节日。

三月有清明节，要算日子来决定，布谷鸟开始叫的时候就可以算日子了。一般在家里做法事，敬祖先神。另外还有水井的节日。天上住的水井菩萨有三个。也要算日子，选择三月的一个日子。水井神到处都住，在山上、水里、井里、花里等地方。三月的时候花都开了，天上、地下、水里、山上的水井神都要住到花里来了，所以要接他们来入住，保佑大家。法事要在村里的水井旁边做。

四月没有节日。

五月初五是端午节，叫"瓦力米瓦尼"/ŋwɑ³¹ɬi³¹mi⁴³ŋwɑ⁴³ɳi⁴³/。端午节的时候要到山里烧香，敬山神、医神。医神"苏几咪器甲布"/su⁴³dʑi³¹mi⁴³tɕʰi⁴³dʐʌ³¹pv⁴³/，他会在天上散油，但是人看不见。那天要喝黄酒、白酒。无害的树叶、树根都可以吃。医神是天神的一种，掌管治病。五月初五这天，他会给人间降药，如树叶、草药。过去没有医生，他学会了医术，会给人类医药。

六月、七月、八月没有节日。

农历三月有一个水井菩萨的节日，叫"几库古哈布"/dʑɯ⁴³qʰv⁴³kv⁴³χɑ³¹pv⁴³/。花开的时候祭祀。三月里的好日子都可以用来祭祀，家家户户都要做。等到九月份的时候把他们从居住的岩石、山顶等地方送走。念送菩萨的经，送他们回各自原来的住处。三月和九月的经都叫水井经。不需要太多人，有三四个人来帮忙做法事（做面偶、挂旗之类）就可以了。三月做的时候，是早晨六点多开始做，到晚上十二点之前结束。晚上九点以后可以请老人来家里吃饭，在家的人都来。九月份的程序也差不多一样。

十月要杀猪，"补阔"/bu³¹qʰu⁴³/，给老人（祖先）、山神、井神、天神、地神都要送饭。在十月和十一月两个月当中算日子，选最好的日子。跟春节基本一样，给所有的神送饭。每家每户都要杀猪，做排骨、腊肉等。人吃之前要送给菩萨、祖先。一年的猪肉都在这天宰好。

十一月求平安节，叫"睹纳布"/du³¹nɑ⁴³pv⁴³/。一年里不好的鬼都在这天送走。"睹纳哇刷"/du³¹nɑ⁴³ŋwa³¹ʂwa⁴³/，意思是喊魂，要给鬼送饭。这一天任何东西都不能丢魂，也就是不能生病。

此外还有一些小的节日，如十月份的"木咔补"/mɯ⁴³qʰɑ³¹pv³¹/，要打口嘴。人做事情都会招来评论，有好有坏，称作"口嘴"。也是算日子来做。再如：农历一月，占卜选日子，家家户户做法事送山菩萨饭，叫"匝布"/tsɑ⁴³pv⁴³/。这个节日九月份时还要过一次。但一月份隆重些，九月份简单些。

风俗习惯

许：丧葬的时候有什么讲究吗？

阿：要先算哪天送上山的日子，步骤有："哥之"/kɯ⁴³tʂɨ⁴³/，用哥里木算日子；"夯之"/hɑ³¹tʂɨ⁴³/，算出哪天好；"苦之"/kʰv³¹tʂɨ⁴³/，算年份；"煞之"/zɑ⁴³tʂɨ⁴³/，算煞星。"恒改拟古苦之"/hĩ⁴³qe³¹ȵi³¹gv³¹kʰv³¹tʂɨ¹³/和"恒改拉莫苦之"/hĩ⁴³qe³¹lɑ⁴³mʌ⁴³kʰv³¹tʂɨ⁴³/是算哪天能火化。"只达甲呢改沽"/dʑɨ³¹tɑ¹³dʑʌ³¹nɯ⁴³qe³¹kv¹³/是找出一切都好的火化的日子。之后做那些送人上路的法事。

许：能介绍一下蒙古族的婚俗习惯吗？

阿：蒙古族以前没有走婚，是两口一家，结婚的。当时官府收租子，不按人头，按家户。人们穷，就合住在一家，后来才有了走婚的习俗。大家族住在一起，按家户就可以少交租子。爷爷辈才开始走婚，大概有一百多年的历史。结婚的话，是父母去找媳妇，要带黄牛一头、鞋子九双、拐棍九根及一驮骡子、一驮马的粮食等物品上门。要请达巴来念经，为女孩改姓随男家。那天要送各路神仙，唱歌、跳舞等也要做。要请四五位达巴才够。

许：小孩成丁的时候要做些什么？

阿：以前小孩只能穿长衫，到十三岁那年才能穿裤子，意思是长大了。现在一岁多就可以穿裤子，但到十三岁该做的仪式都还要做。具体仪式是请达巴在山菩萨面前烧香，在水菩萨、天菩萨面前点灯、磕头。成丁的人家准备猪膘肉、猪油去老人面前磕头，老人祝福小孩平安无事、长命百岁。经文如下：

ŋʌ⁴³ʁv⁴³tɑ⁴³mʌ⁴³di³¹，不是在我的面前磕头，

gʌ¹³mɯ³¹ʁv⁴³tɑ³¹di¹³，是在天菩萨面前磕头，

m¹³di³¹ʁv⁴³tɑ³¹di¹³，是在地菩萨面前磕头，

pʰʌ⁴³ʁv⁴³tɑ³¹di¹³，是在普神面前磕头，

ɬɑ⁴³ʁv⁴³tɑ³¹di¹³，是在拉神面前磕头，

ɖu⁴³ʁv⁴³tɑ³¹di¹³，是在睹神面前磕头，

si³¹ʁv⁴³tɑ³¹di¹³，是在新神面前磕头，

tʰu³¹dzɨ¹³gwʌ¹³tʰu³¹nɑ³¹tsi⁴³kʰɯ³¹，小松树长大可以长成大树，

zu³¹hv³¹gwʌ¹³hĩ³¹dɨ³¹tsi⁴³kʰɯ³¹，小孩长大可以长成大人，

zɯ³¹zu³¹tv³¹kʰv³¹dɨ⁴³kʰɯ³¹，寿命能活一千年，

zʌ³¹zu⁴³ɕi⁴³bɑ³¹dɨ³¹kʰɯ³¹，庄稼能收一百年，

ti⁴³bv⁴³dʐʌ³¹kʰɯ³¹，万事如意。

之后拿压岁钱。晚上请客、跳舞。

许：进新房有什么仪式吗？

阿：进新房的仪式叫做"伊兹"/ʐɯ⁴³dzɨ⁴³/。达巴需要做："哇击鼓"/wɑ³¹tɕi⁴³gv³¹/，"牧可补"/mɯ⁴³kʰʌ³¹pv³¹/，"朽里无毒咖达啦"/ɕu³¹li⁴³ʁv⁴³du³¹kʰɑ⁴³dɑ⁴³lɑ³¹/。"哇击鼓"，好的东西，譬如金银，都会进来；"牧可补"，打口嘴，给那些恶鬼送饭；做完"朽里无毒咖达啦"后，可以进新房了，所有欢乐都进来。做"朽里无毒咖达啦"时要拿一些树枝，比如松树枝"凸紫"/tʰu⁴³dzɨ³¹/，"凸葛优杜拉促"/tʰu⁴³kʌ³¹ʐu⁴³du⁴³ɬɑ⁴³tsʰu³¹/（神灵），放在门框上，挡住坏的东西，迎接好的东西。还有小旗子"卢哒"/lu⁴³tɑ⁴³/，"姆骨黍器"/mɯ³¹gv³¹ʂv³¹tɕʰi⁴³/（代表他的武器），以及用糌粑捏的"以士士铺德卡"/ʑi³¹sɨ⁴³si⁴³pʰv⁴³du⁴³kʰʌ⁴³/（又一个神灵）。树枝和小旗子每年初一都要换。在房梁上要放用铁做的"卡嗒"/qʰɑ⁴³twɑ⁴³/，挡住不好的东西。

服饰

许：蒙古族的服饰都有哪些呢？

阿：从头到脚常用的服装包括：帽子/tv⁴³tv³¹/，衣裳/bɑ³¹ɬɑ¹³/，丝绸衣裳/bɑ³¹ɬɑ³¹qu⁴³kʰɯ³¹di¹³/，裤子/ɬi³¹qʰwʌ¹³/，鞋子/dzu³¹qʰwʌ¹³/。头巾的样式有麻线做的"鲁处"/lu³¹tʂʰv⁴³/，布做的"垮赤"/qʰwɑ⁴³tʂʰi⁴³/，丝绸做的"布克鲁处"/bɯ³¹kʰɯ³¹lu³¹tʂʰv⁴³/，还有一种其它材料的叫做"塞克鲁处"/si⁴³kʰɯ³¹lu³¹tʂʰv⁴³/。腰带根据材质分几种：/dʐɯ³¹ki¹³/（羊毛线），/ɬi³¹m³¹dzi³¹bæ¹³/（皮带），/tʰæ³¹ŋv³¹dzi¹³bæ¹³/（系裙子的羊毛腰带）。常见的鞋子有：布鞋/hɯ⁴³tʂi⁴³zv³¹qʰwʌ³¹/，皮鞋/ʁɯ³¹zu³¹qʰwʌ⁴³/，皮靴/dzu³¹bʌ⁴³/，靴子/ɕyɛ⁴³tsɨ⁴³/，凉鞋/pʰʌ³¹ɕjʌ¹³/。

达巴的饰品有活佛/ko⁴³zu⁴³/开光的"苏杜"/sv⁴³tv⁴³/，带在脖子上。做法事时要戴五佛冠"尔那"/ʈʂ³¹ŋʌ⁴³/，上有五个神："拉启滴壁舍"/lɑ⁴³tɕʰi³¹ti⁴³pi³¹ʂʌ³¹/，"以杜莫布子汝"/ji³¹do⁴³mʌ⁴³pv⁴³dzɨ³¹ʐy⁴³/，

"以杜波义乌儿麻"/ji³¹do⁴³pʌ⁴³ji⁴³wu³¹ʵ⁴³ma⁴³/，"汝二紫气噶尔"/zv³¹ʵ⁴³dzi³¹tɕʰi³¹ka⁴³ʵ³¹/，"以杜刹那都基"/ji³¹do⁴³tʂʰwɑ⁴³na⁴³du³¹dʐɯ⁴³/。

关于达巴教

许：达巴教都有哪些神灵呢？

阿：主要的神灵有：天神/mɯ³¹ gʌ³¹ ɬɑ⁴³/，地神/di³¹ gʌ³¹ ɬɑ⁴³/，山神/zɿ³¹tsi⁴³/，火神/za³¹pɑ⁴³ɬɑ⁴³/（盖房子用）。

天神有山菩萨、水菩萨。初直鲁依依、采红吉吉米是人神。

地上"拉基低毕舍"/（la³¹tɕi⁴³）ti⁴³pi³¹ʂʌ³¹/，是达巴教最大的神。人有困难时都要请他来，请他派天神下来买通各路的鬼。如："以都插纳都基"/ʑi³¹du⁴³tʂʰwɑ⁴³na⁴³du³¹dʐɯ⁴³/，头昏、高血压等病时请；"紫气噶尔"/dzi³¹tɕʰi³¹ka⁴³ʵ³¹/，风湿痛、生疮等病时请；"以都巴以吾尔玛"/ʑi³¹du⁴³pɑ⁴³ji³¹wu³¹ʵ⁴³ma⁴³/，人晕厥、妇科病、生小孩等病状时请。他们可以联系到山菩萨、水菩萨，请他们做好事。

许：达巴的口诵经有哪些？

阿：主要的有这样一些：

1. "木克补"/mɯ⁴³kʰɯ³¹pv⁴³/。"木克"是"口嘴"的意思，"补"是"送"的意思。丧葬时用。将死人的灵魂送上天，保佑活人平安。将世人关于此人的口嘴打出去。

2. "几克故哈补"/dʐɯ³¹qʰʌ⁴³kv⁴³χɑ³¹pv³¹/。迎请"汝二紫气噶尔"/zv³¹ʵ⁴³dzi³¹tɕʰi¹³kæ⁴³ʵ³¹/（大鹏神鸟）用。三月份时迎花神，诵经送饭。请水井菩萨散福，保佑一年平安，教化人们做好事。将"菟"/tʰv⁴³/、"桠"/zʌ⁴³/、"牟"/mɯ⁴³/、"凸乱"/tʰu⁴³ʵwɑ⁴³/这些恶鬼送到"古组普尔丝足尼贺噶拉"/gv³¹zu³¹pʰv³¹ʵ⁴³si³¹dzu⁴³ni⁴³hu³¹gʌ³¹ɬɑ⁴³/（神灵）那儿去。将"煞"/za⁴³/送到"插纳都基"/tʂʰwɑ⁴³na³¹dʐɯ⁴³/那里。"煞"会让人头晕、疯癫。

3. "匝纳补"/tsa⁴³na³¹pv³¹/。烧香，杀一只红公鸡，请山菩萨散福。山菩萨有两个官，一个是"匝"/tsa⁴³/，一个是"独"/dv¹³/。"匝"和"独"不高兴，整人的时候会出大事，比如翻车、掉下悬崖。要送他饭，他高兴了，就会帮助人，譬如帮助人打仗、迷路时指路。三月一次、五月一次、九月一次，一年送三次饭。请"以都巴以吾尔玛"/ʑi³¹du⁴³pʌ⁴³ji³¹wu³¹ʵ⁴³ma⁴³/帮忙将饭送到山神那里。

4. "纳梯补"/na⁴³tʰi⁴³pv³¹/。请"以都巴以吾尔玛"/ʑi³¹du⁴³pʌ⁴³ji³¹wu³¹ʵ⁴³ma⁴³/，从印棒上印下来。还要整起一个房子，用黄布、红布、鸡毛装饰。会在妇科病、生小孩、疯癫、胖瘦不均的情况下用，很灵验。当地女孩一般在家生孩子，不去医院。

5. "几克摘煞补"/dʐɯ³¹qʰʌ⁴³tʂi⁴³za³¹pv³¹/。"摘煞"是"水晶鬼"的意思。迎请"汝二紫气噶尔"/zv³¹ʵ⁴³dzi³¹tɕʰi¹³kæ⁴³ʵ³¹/（大鹏神鸟），水井神整人的时候用。如风湿、肠胃、生疮。

6. "憨底依螭"/χæ⁴³di³¹ʐɯ⁴³tʂʰɨ⁴³/，给"以都插纳都基"/ʑi³¹du⁴³tʂʰwɑ⁴³na⁴³du³¹dʐɯ⁴³/送饭。

"憨"鬼分为大小三种："憨底依蛹"/χæ⁴³di³¹ʐɯ⁴³tʂʰɨ⁴³/、"憨黍补"/χæ⁴³ʂu³¹pv³¹/、"憨希改"/χæ⁴³ɕɯ³¹qɛ³¹/，在水井上帮其他恶鬼做坏事。

7. "舍寨睹纳补"/ʂi⁴³tʂi⁴³tu³¹na⁴³pv³¹/。在十一月里算日子念经，保佑掉魂（生病）的生灵平安。那天鬼很多，"哇谱凸"/ʁwa⁴³pʰu⁴³tʰv⁴³/、"有铺"/ʑu³¹pʰu⁴³/、"格"/gʌ¹³/、"几刷咋"/dʑɯ³¹swa⁴³tsa⁴³/、"桠"/ʐʌ⁴³/、"牟"/mɯ⁴³/。要捋很多饭坨，插好几种树杈。

8. "丝补挎"/si³¹bv³¹qʰwa¹³/。"丝"是"姓"的意思，"补"是"分"的意思。结婚时念。用一只白羊，拔下羊毛织成一张毡子，请一位厉害的达巴念经。女孩改姓，之后就不能回家了，就算离婚了也只能自己建一个家，不能回原来的家。在院子里摆桌子，黄酒九坛，五六位达巴，一人一句地唱歌送山菩萨、地菩萨、天菩萨等。

9. 死人时，五位达巴为魂指路。停尸在家，送他上路时要喊魂，叫做"哇击鼓"/wa³¹tɕi⁴³gv³¹/。"惹希依"/ʐʌ³¹ɕɯ³¹ji⁴³/，给路上的鬼送饭，夜里一点左右；"惹咪"/ʐʌ³¹mi⁴³/，指路。"丝补阿纳乌"/si⁴³pv³¹æ⁴³na³¹ʁv¹³/，送死人上路，活人留下；"木咔补"/mɯ⁴³qʰa³¹pv³¹/；第二天念"依都"/ʑɯ⁴³du⁴³/，送灵魂到祖先那里，找到相应的位置；"捋恩"/ʑwæ⁴³ŋu⁴³/，拉两匹马，送他去，指挥灵魂何时该骑何时不该骑。要保养好马匹。

达巴教的传承

许：您是怎么学达巴的？

阿：我住在达瓦家四年，放猪、放羊。达瓦是阿荣/æ⁴³zv³¹/家的，走婚。七岁去学达巴，学到二十七八岁基本可以做小的法事，到三十多岁就都能做了。就在屋脚本地做法事。

许：您能记得多少代传承呢？

阿：第一代菟五拉马萨/tʰu⁴³u³¹la⁴³ma⁴³sa⁴³/，第二代葛菟塔/gʌ³¹tʰv⁴³tʰa⁴³/，第三代纳朱底兹/na⁴³dʑu⁴³dɨ³¹dʑɨ⁴³/，第四代采红底兹/tsʰɛ³¹hũ⁴³dɨ³¹dʑɨ¹³/，第五代撒搭达石/sa³¹ta⁴³tæ⁴³ʂi⁴³/，第六代沽布次儿/ku⁴³pu⁴³tsʰɯ⁴³ɻ⁴³/，第七代达石搭夹/ta⁴³ʂi⁴³tæ⁴³dʑʌ¹³/，第八代沽处朱/ku⁴³tʂʰu⁴³dʑu⁴³/，第九代者格荣/dʑʌ³¹kʌ⁴³zu⁴³/，第十代绛初达石/dʑʌ³¹tsʰɯ⁴³tæ⁴³ʂi⁴³/，第十一代哇帝度支/wʌ⁴³ti⁴³dv³¹dɨ⁴³/，第十二代达瓦·荣布/da³¹wa⁴³zũ⁴³pv⁴³/。到我是第十三代了。他们是什么关系我也不清楚了。不一定都是亲戚。

许：现在屋脚的达巴还多吗？

阿：现在屋脚只有五位达巴，没有后人在学。过去不通车路，没有物资，穿麻布衣服。学习唱歌很有趣，所以人们愿意学达巴。现在年轻人看见外面的世界，想赚钱、玩耍。如果自己有钱，就做一点生意，培养几个小孩。永宁、前所那边能够念经的已经没有了。水平跟毕摩·都基差不多。屋脚、利家嘴这边还有几个。大前年，带过一个学生绛初/dʑʌ³¹tsʰɯ⁴³/，十四五岁，是村里一个听话的小孩，觉得太难，就逃跑了。现在十五六岁，在家里，有时出去打工。村里有个三十来岁的达巴格荣·偏初/kɯ⁴³zv⁴³pʰi³¹tsʰv⁴³/，属狗，今年三十一岁，学到一半，原先的老师去世了，来跟我学成出师。有一个达巴苏纳·偏初/su⁴³na⁴³pʰi⁴³tsʰv⁴³/，属龙，四十九岁，原先的老师去世了，跟我

（1967年生，属羊）一同跟达瓦学成。苏纳偏初上过小学四五年级，现在开车做生意，达巴的东西忘记很多了。二车·次儿/ʐ₁³¹tʂʰi⁴³tsʰɯ⁴³ɭ⁴³/，属猴，四十三岁；二车·次儿/ʐ₁³¹tʂʰi⁴³tsʰɯ⁴³ɭ⁴³/，属鼠，三十三岁。在我之后跟达瓦学习。我之外的四位，差不多九岁、十岁开始学。苏纳/su⁴³nɑ⁴³/是小学教育之后，大约十一二岁开始学，记性很好，如果不开车，二十七八岁可以做小事，到三十岁可以做大事。上一辈最晚去世的就是达瓦/dɑ³¹wɑ⁴³/了，全名是达瓦·荣布/dɑ⁴³ŋwɑ⁴³zũ³¹pv⁴³/。去年夏天去世了，享年八十三岁，属蛇。他从八九岁就开始跟他的师父（他的生父）学。他的生父家名是葛洪/gʌ³¹hv⁴³/。苏纳/su⁴³nɑ⁴³/是葛洪/gʌ³¹hv⁴³/家的。我父亲是走婚，他是阿荣/a⁴³zu³¹/家的，从二十多岁开始自己做法事，一共做了六十几年，到现在有两年没做了。他没上过学，也不会藏语，会一点点汉语，跟我的水平差不多。我从十岁左右开始跟他学，二十一二岁的时候开始独立做法事。跟村里一位达巴学的，家名阿扎/æ⁴³tʂæ³¹/，名叫哇之都基/ŋwɑ⁴³ȵi⁴³du³¹tʂi⁴³/。八九岁去学，学到接近三十岁学完。十七八岁时就能做些小事。丧葬、请祖先算大事，驱鬼算小事。

许：当地信喇嘛教的人多吗？

阿：屋脚村有七位喇嘛，三个是去过西藏的，四个是木里大寺的学生。藏传佛教的喇嘛是只做好事，一辈子做好事，不能做坏事；不养小孩，因为小孩子就不一定能保证他不做坏事；因为自己修行，随便吃点东西就好，整天在经堂里面念经，有工资。村里寺庙的喇嘛会被请到家里做法事，木里大寺的喇嘛一般就不会去做。这里还有彝族的毕摩，他们会定好各种经的价格。

表8-2 屋脚村达瓦·荣布达巴基本信息

姓名	达瓦·荣布	民族	定名：蒙古族
性别	男		自称：nɑ³¹hĩ⁴³
访谈日期	2010.7、2011.1.22	访谈地点	屋脚
当日序号	2	宗教	达巴教
翻译	杨金学	访谈、记音人	徐可可、许多多
生年（属相）	1929年生，属蛇	语言	摩梭话，会一点四川话
生地	屋脚村	居住地	屋脚村
职业	达巴	教育程度	达巴教育
祖上来历	世居	子女信息	无
备注	无		

二 格帕·拉措喇嘛（四川前所村）

访谈时间：2010.8.16；2010.8.17
地点：盐源县前所乡老喇嘛家
访谈对象：格帕·拉措，又称阿次儿喇嘛
访谈者：赵丽明、徐可可
翻译：杨金学
在场人：刘晶
整理者：许多多
录像编号：00568；00570；00571

表8-3 前所村格帕·拉措喇嘛基本信息

姓名	格帕·拉措	民族	定名：蒙古族	
性别	男		自称：na^{13}	
访谈日期	2010.7、2011.7.24	访谈地点	逗乐河上村	
当日序号	1	宗教	喇嘛教（格鲁教派）	
翻译	杨金学、阿鲁左·品初	记音人	徐可可	
生年（属相）	1926年生，属虎	语言	摩梭话、藏语	
生地	前所中村	居住地	前所中村	
职业	喇嘛	教育程度	喇嘛	
祖上来历	世居	子女信息	无	
备注	13岁入拉萨，26岁回乡。当地学历最高的喇嘛。阿鲁左·品初的叔叔			

藏文版本历书

杨金学（下称杨）：老喇嘛叫拉措/la^{43}tsʰa^{43}/，86岁，属虎。这是他亲手画的哥里木，而且是有藏语的。这里初二是管水井的。初七黄道不好，但日子是好的。大多数日子都是黄道不好，日子好。初八好。初九是好的一天，是聚会的一天。初十好。十一那天也是好。十三号好，可以供菩萨。十五也是好，是可以吃药的一天。十六那天不能送垃圾，不能乱扔东西。十八号是求龙王送水的日子，是好日子。十九那天不能够生病，生病就不好。二十那天是好，只能够一心向善，做好事才行。二十一号家里富裕，应该富有同情心。二十二号是说头上的观音在看。二十三号这天不能够做交易、做生意。二十四这天是龙王的祭日，不能够做好事。二十五那天就是说不能穿新衣服。二十六不能穿裙子，不能办成人礼。二十七是好。二十八号是念菩萨，什么都不能做。二十九号就只能念一些经书，这天一切归菩萨管，是把菩萨医好，天气就凉了；这一天要烧香拜佛。三十这天是释迦牟尼，归喇嘛管。（杨金学翻译转述：他这里说的是十二个月的，不管哪一个月，从初一到三十都是这样的，是循环的）

另一个传本

阿次儿喇嘛（下称阿）：这个本子没有图，也是十二个月。这个是猴子、老虎、龙、蛇、马、鸡、狗、猪。

杨：他的意思是这十二个月和属相配合在一起，是他的师父给他留下来的。他的师父是本地一位喇嘛，叫达华拉擦，在他不怎么懂事的时候就去世了。这个老本是师父送给他的。

阿次儿喇嘛的游学经历

赵丽明（下称赵）：您多大去拉萨？去的拉萨哪个寺？

阿：二十一岁去的，走了七个月。二十一岁到二十四岁，待了三年。当地有三座大寺：底布、丝拉、葛狄。我去的"吉德巴"（藏语）寺庙，是个经堂的名字。还在前所、中甸、加多、亚提贡巴、果戈理、多拉乐巴、优地、乌米、木里、亚哈、阿过的经堂里面住过。

二 阿鲁左·品初喇嘛（四川前所村）

访谈时间：2010.8.16

地点：盐源县前所乡阿鲁左·品初家

访谈对象：阿鲁左·品初

访谈者：赵丽明、徐可可

翻译：杨金学

在场人：刘晶

整理者：许多多

录音编号：00554；00555

表8-4 前所村阿鲁左·品初喇嘛基本信息

姓名	阿鲁左·品初	民族	定名：蒙古族 自称：nɑ¹³	
性别	男			
访谈日期	2010.7、2011.7.30	访谈地点	盐源县前所乡前所中村阿鲁左·品初家	
当日序号	1	宗教	喇嘛教（格鲁教派）	
翻译	无	记音人	许多多	
生年（属相）	1980年生，属猴	语言	摩梭话、藏语、四川话	
生地	前所村	居住地	前所村	
职业	喇嘛	教育程度	家传喇嘛。去拉萨学习过	
祖上来历	世居	子女信息	无	
备注	共学习二十四年喇嘛文化			

藏文历书的来历

阿鲁左·品初喇嘛（下称品）：历书上添的是符号，不是藏文，比摩梭的多。哥里木本来是达巴的，它的符号、名称都源自摩梭。

达巴和哈巴

赵丽明老师（下称赵）：油米的摩梭很有意思，他们自己是摩梭人，但念的是东巴经。他们家的书，至少有三五百本。用木板夹起来的，每一摞里面有五十本，加起来也有几百本了。你看画的这个小人，就是哈巴文。哈巴是哪个民族的？

品：既有摩梭人，也有普米人。基本上是相似的。但是达巴没有文字，哈巴有文字。以前最初期的时候达巴是有文字的，达巴最高的将领和喇嘛去旅游，喇嘛想把文字毁掉。达巴文是写在猪皮上的，当时喇嘛就说把猪皮烧了吃吧，就这样达巴文也就没了。

赵：这就是达巴和喇嘛的故事，也就是说达巴的文字都在肚子里了。那哈巴的文字是什么样子的？是刚才那些小人吗？

品：哈巴有文字，这些图像是做法事的时候用的。哈巴文和藏族的字体有一些相似。我没见过，听说过。摩梭在哈巴是有经文的。现在云南、四川都没有哈巴了。永宁以前有，现在没有了，可能只有木里有了。哈巴在木里普米族的，很古老了。就是说韩规就是哈巴，"西番"就是普米。换汤不换药，就是有两个名字。本来的哥里木有28个符号，我们增加了七个，加了一个星期，可能是为了更明白一些。摩梭的本来有二十八个星宿，增加的那七个其实是藏文的。但是读哥里木的时候用的是摩梭语，看着藏文说摩梭语，等于翻译过来了。其他地方也有喇嘛用哥里木，也是用这个版本。这七个新增加的是大家一起商量加的。

各家符号是否通行

赵：我给你看普米韩规历书，跟你的那个一样不一样？这些是木里依吉的，你们有吗？

品：这些藏文应该是草字。这些图跟哈巴一样，跟摩梭也一样，一代代传下去了。达巴和哈巴离得很近。

何国光：符号差不多。

赵：藏文不一样，藏文你看不懂？现在我看了几个了，木里的、爷爷版的、阿鲁左版的、我们带的这个屋脚达瓦的、依吉韩规的，五个了。这是木垮的，木垮是左所的。

品：左所的我们就不会。他们是黑教，跟喇嘛的教派不一样。这是左所的摩梭人画的，是图画。

赵：这个是尔苏的。

品：不是我们的，看不懂。这个是十二属相，虎，兔，龙，马，羊，鸡，狗，耗，牛。这些画的是神，达巴也用这个。这些道道像八卦但不是八卦。这些是神路图了，达巴没有，喇嘛有，都是一张一张的，卷起来了。

赵：神路图吗？东巴有，很长很长，一般老人家去世的时候用的。

四 何鲁佐达巴（四川前所村）

访谈时间：2010.7.16；2010.8.16

地点：盐源县前所乡

访谈对象：何鲁佐；何国光（何鲁佐的儿子）

访谈者：徐可可；赵丽明

翻译：杨金学

在场人：刘晶、杨金学

整理者：许多多

录音编号：2010-7-16前所达巴何鲁佐；00552；00553

表8-5 前所村何鲁佐达巴基本信息

姓名	何鲁佐	民族	定名：蒙古族
性别	男		自称：na^{13}
访谈日期	2010.7.16、2011.8.3	访谈地点	盐源县前所乡前所村何鲁佐家
当日序号	1	宗教	达巴教
翻译	何国光	记音人	许多多
生年（属相）	1933年生，属鸡	语言	摩梭话、四川话
生地	前所中村	居住地	前所中村
职业	达巴	教育程度	达巴教育
祖上来历	世居	子女信息	两个儿子
备注	"文革"时受过迫害		

达巴世家

何鲁佐（下称何）：我是家里第十九代的达巴。二十几岁才学的，之前都是巡逻，后来遇到"文革"了，那时候经书全被没收了。后来的三十几年也一直没怎么学。"文革"期间，百姓想做法事都是秘密进行的。哥里木也是在"文革"之后自己一点点写的。现在的经书只有哥里木了，还有一些菩萨文。村里其他达巴都不大懂了，大事情还是要请我。大儿子是何国光，上了几年学。小儿子出去打工了。屋里只有五口人，两个老人，小孩还不能放牧。这些印棒传了十九代了，黄杨木的。小孩子生病，死人，山神、水井神的法事时都要用，做面偶。这本哥里木抄了十几年了，从老本子上抄来的。汉字是儿子写上去的。我一共收过三四个徒弟，但一个都没学成。现在就一个了，其他的都打工去了。

解读历书

何：这本哥里木是我1987年农历4月19号写的。这本小的是我叔叔需要，让我帮他抄的，他也是跟我家爷爷学的。一个月是三十天，有两个日子给隐藏了，不让所有人都知道。这是看日子的书，kɯ⁴³是星宿的意思，li⁴³是看的意思，mv⁴³是天上的意思。哥里木是看天上的星星。书里一共有二十八个看星宿的符号。第一个是n̠i⁴³dʐ̩³¹，第二个是ʐwæ⁴³kɯ⁴³，意思是属马的这天，马买卖不得。第三个是po³¹kʰwʌ³¹，第四个po³¹dʑi⁴³，第五个dʑi³¹kɯ⁴³，第六个pwʌ⁴³kɯ⁴³pʰʌ³¹，第七个qʰʈ³¹tʂa⁴³qʰʈ⁴³，第八个qʰʈ³¹tʂa⁴³gu⁴³mi⁴³，qʰʈ³¹tʂa⁴³是喉咙。修房子什么的好。涂黑了的这个表示是星星。第九个ŋja³¹hũ⁴³，第十个so³¹tʰa⁴³ʁo⁴³，第十一个so³¹tʰa¹³lo¹³，第十二个so³¹tʰa¹³tʂo⁴³mi³¹，第十三个so³¹tʰa¹³kɯ⁴³pʰʌ³¹，星星白的那天，日子特别好。第十四个χu⁴³kɯ³¹，第十五个kʌ³¹kɯ⁴³，老鹰嘴。第十六个bo³¹kʰwʌ⁴³是猪了，第十七个bo³¹dʑi⁴³是猪的水，第十八个bo³¹ma⁴³是猪油。第十九个zɯ³¹ʑv⁴³qʰʈ³¹，第二十个zɯ³¹qʰʈ⁴³，第二十一个zɯ³¹ɬi⁴³是耳朵，第二十二个zɯ³¹ŋja⁴³，第二十三个zɯ³¹gv⁴³。第二十四个la⁴³hv³¹kʰwʌ³¹，第二十五个ʂʌ³¹dzɯ¹³dv⁴³，这两天最不好，赶牲口都不好。第二十六个ʂwa⁴³kʰwa³¹，第二十七个mæ³¹kʰwa⁴³。第二十八个pʰæ⁴³mi³¹，是人星（hĩ⁴³kɯ³¹）。红色的是表示好，倒过来就表示不好了。画成蓝色、黑色、白的都是不好不坏。倒过来就不好了。这里一个红一个蓝，因为它们是正的，是好的。

何：这是咚巴拉，是烧香塔的意思，是藏族八宝的一个。这个是dʑʌ³¹tsʰe⁴³。这些都是喇嘛的，最近才加到达巴历书里的。这些都是些法器了。这个是qʰa³¹twa⁴³，不清净、病痛的时候要用它。这是do⁴³，念经时候放在正中间的。做kwa⁴³ta⁴³的时候，这些神都会来帮他。这个是獐牙，也有豹子牙。n̠ia³¹hv⁴³，是火日子，不好。哥里木平时也不看，穿裙子、穿裤子、送葬等事情的时候才用，看哪天日子好。有些是用在牲口上的，羊、猪这些。法器倒转的时候也做不得。

赵丽明：年轻人中还有哥里木吗？

何：老本和新抄的本子都有，但算得不熟。年轻的达巴里面最厉害的是加尔格查。这张是喇嘛的，跟达巴的文字不同。

达巴的任务

徐可可（下称徐）：四川摩梭人是蒙古族吧？

何：蒙古族的话我们这里一般听不懂。

徐："达巴"是什么意思？有个年轻人告诉我，"达巴"是法力高强的意思，是吗？

何："达巴"的意思是蒙古族的根。大的小的法事都做，一般是每个月两三次，我自己一个人做。以前是不请喇嘛的，这几年才开始请。做法事的时候，喇嘛在一边念经，达巴也在旁边做法事。喇嘛一般是念藏文，达巴的任务是把过世的人收回到自己的祖籍。哥里木最开始是没有藏文的，后来才逐渐有。达巴听不懂藏文，但达巴在摩梭人之中是属于地位比较高的。我以前去利家嘴做过法事，屋脚也去过。死人那些事情会有人来请。现在老了不去了，让儿子去。

摩梭家庭

何： 摩梭大家庭这几年开始分家，因为儿子不多。小时候我家里有十一口人，有姨娘、姨妈什么的。

五 刘高左达巴（四川前所村）

访谈时间：2011.8.17
地点：盐源县前所村
访谈对象：刘高左达巴
访谈者：赵丽明
翻译：杨金学
在场人：无
整理者：许多多
录音编号：刘高左讲来历

刘高左的师承

赵丽明（下称赵）： 刘高左的母亲跟何鲁佐的母亲是亲姐妹，刘高左长何鲁佐一岁，今年79岁（属猴）。你们一起学的达巴？跟谁学的？

杨金学（下称杨）： 一起学的，十多岁开始，跟何鲁佐的父亲学。他一共有四个徒弟，有两个已经去世了。学了几个月，快解放了，很乱，所以就没学了。何鲁佐跟着父亲学，就比较扎实。他没出师，所以不给别人做法事。

解读历书

赵：何国光有哥里木，你有吗？他说是从您这儿抄的。

杨：何国光那个本子里的符号代表摩梭话，下面有汉字注音，刘高左的这个比较原始。何国光的爷爷将二十八星宿传给了刘高左，没有传给儿子，所以何国光又来刘高左这儿抄。可能当时老爷爷看得起外甥，觉得亲儿子调皮，所以传给外甥了。

赵：今天初八，日子怎样？

刘高左（下称刘）：（今天）没有什么坏事。

赵：这本书怎么用？一天一天讲解一下吧。

杨：正月属虎。红色是好的。有红字的日子就是好的。这个月里初八好，初七不好。倒转的符号表示不好。

刘：初一这天不好不坏。初二后面这几个叫做$po^{43}k^hwa^{31}$、$po^{43}dʑi^{43}$、$po^{43}kʌ^{31}p^ha^{31}$。初三是中等的日子，不好不坏，因为月亮有白有黑。

赵：初五的符号是什么？

杨（翻译刘的话）：代表伞。下雨要遮雨，这天很好。这个符号代表火神菩萨，蒙古族名字叫做"然巴拉"。还有一个叫"索尔米"，代表黑道，做什么都不顺。另外一个红色法器代表不好不坏。"年红"这天好像眼睛睁开，什么都恢复、上升了。初九"索塔格帕"有火神在，代表好转，初十更好。十三有"然巴拉"在，达到好的顶点。火神画法不同，意思一样。十四是"火格"，颠倒了，日子是好的，但黄道不好。十五这天，叫"葛格"，日子和黄道都不好。十七是好日子。十九、二十都是好日子。二十四、二十五这两天最不好，二十四这天老虎嘴张开，这天出门最不好，也不能做红白喜事。二十六、二十七又好了。二十八这天，人面出来，太阳出来了，人可以走动了。

赵：第二个月能讲解一下吗？

杨（翻译刘的话）：（念星宿名称）"$so^{31}t^ha^{13}kɯ^{43}p^{h}ʌ^{31}$"（十一号）这一天最好。十四号这天，有六个符号，这天有些事情好有些事情不好，办其他的事情可以，但外出不好。十六这天，两个都颠转了，不好。十七这天，好。十八，$zɯ^{31}qʐ^{43}$，$zɯ^{31}ɬi^{43}\cdots p^hæ^{43}mi^{43}$这天最好了，有"然巴拉"。

版本来历

赵：您这是什么时候写的？

刘：1998年5月出版。日子是师父教的，其他符号是从喇嘛那儿学来的。他是西藏的一个喇嘛，学历很高，现在有八十几岁了，是前所大寺里的，叫格帕·拉措，是何鲁佐的师父。

赵：昨天晚上喇嘛（何鲁佐）说是从这儿学的。到底是谁家的呢？

杨：根上是摩梭和尚的。喇嘛是跟着达巴学的，达巴是摩梭的起祖，送到祖先身边还要达巴来，喇嘛不会做。

赵：您的师父还有老本吗？

杨：没有。师父教给他，他自己写下来，有些符号记不得了，就从喇嘛那里抄过来。师父教的时候是有的，要解放的时候叛乱，师父害怕，就销毁了。后来刘高左跟利家嘴木帕家的达巴借来，当时他十八九岁。利家嘴的本子只有日子，没有其他符号。喇嘛的日子是藏文写的，达巴不懂。

黑教图案

赵：这个您见过吗？

杨：蒙古族棺材上有。做迷信时候，喇嘛会画。

旁人：上火铺上有这个鸟，喇嘛做迷信时候画。"然巴拉"是我们的火神，前所没有，泸沽湖那边（左所一带）有，是苯教的。左所草海那儿有草海大经堂，前所这边黄教没有"然巴拉"。

当地族称

赵：四川这边叫做蒙古族，云南那边叫纳西。

刘："小西番"在云南那边是普米，四川这边是藏族。这边叫蒙古族，云南那边叫摩梭。屋脚那边挂成吉思汗的像，这边不挂。

六 阿兆全（四川前所村土司后裔）

访谈时间：2011.8.2

地点：盐源县前所村阿文兰客栈

访谈对象：阿兆全

访谈者：李文山、王老师（李文山妻）

在场人：许多多

整理者：许多多

录音编号：REC011阿兆全婚俗

表8-6前所村阿兆全基本信息

姓名	阿兆全	民族	定名：蒙古族
性别	男		自称：na¹³
访谈日期	2011.8.2	访谈地点	前所村阿文兰客栈
当日序号	1	宗教	无
翻译	无	记音人	许多多
生年（属相）	1949年生，属牛	语言	摩梭话、四川话
生地	前所中村	居住地	前所中村
职业	农民	教育程度	无
祖上来历	土司	子女信息	三个女儿
备注	年轻时赶过马		

前所地区蒙古族人的婚俗

阿兆全（下称阿）：蒙古族的风俗习惯我多少都知道。汉族把风俗习惯叫做婚礼仪式，是吧？

李文山（下称李）：就是年轻人谈恋爱之类，有没有什么过场？

阿：蒙古族过去走婚，现在结婚。现在的就不说了。过去走婚，先有起初仪式。男女在外面先恋爱，但未通过父母前，不敢公开。然后男方找个介绍人，到女方家坐到火塘前借机会说说这个男方，看女方的态度。要是有好感，男方要请这个介绍人，拿三神礼物——酒、盐、茶，放到女方家的火神菩萨前，说某家男孩喜欢你家某个女孩了。一般女方家要面子，第二天才回复。然后，男方要准备女孩全身的打扮，从帕子、裙子，还要加上一根腰带，象征他们的爱情纪念品。女方家招待一顿饭，算作欢迎。女方家也要给男方准备一套衣服，也要有一根带子，一定是自己绣的花，显示自己的手艺。如果自己会，那么自己打最好。如果自己不会，那么家人会打的帮忙做，或是去别人那儿买一根来。双方往来，都是在鬼神头上跨。一定要准备三神礼物，祭献各家鬼神。人随便吃点都行，但一定要先尊重鬼神、老人。小孩吵着吃饭的时候，我们还能阻止。人死了之后，没人管怎么行。所以把规矩立起来，吃东西前先敬鬼神。如果小孩不懂事，先吃了，那么这东西就不能要了，另换一份新的，从头开始。这是恋爱第一步的习俗。

李：第一个仪式之后，两边是结婚还是走婚呢？

阿：走婚。相当于征得双方家长同意。不像现在双方不愉快了，还要闹离婚。那时候没这些事。

第二段，就是双方有了孩子了。这个仪式比较隆重。男方要给孩子准备三年的生活。女方更是要接受照顾，不能出门受风。出生半个月内，外人不作兴来看，因为小孩怕见生，背不起口嘴。刚生下来的时候，女方准备烧酒、黄酒、甜酒等，男方也会知道，也要准备食物。有钱人家杀牛的都

第八章 口述史 485

有。一般油炸粑粑、水果、水果糖这些小吃都要准备。家家户户都要请到。男人坐上火塘，女人坐下火塘或者外面。

先给老妈妈献饭。每人一个盘子，里面三个粑粑，不能多不能少。然后还有鸡蛋、土豆、炒肉，甜酒一人一碗必须要吃。之后分发小孩的礼品，一人一份带回家。男方带来的若是够了最好，不够的话，女方家填补。

这一批走了之后，下一批来就吃啤酒、黄酒了，不客气地吃。男方若是其他村子的，要在这里住一两天，要挨家挨户拜访这个村子里的亲朋好友。等他要走的时候，这些人家要商量好，分头准备礼物送他回家。

第三个仪式，若是男方家人口多，女方家缺少人口，那么就不分彼此，男方就可以留在女方家了。若是女方家人多，男方人口少，那么女方就要嫁到男方家。这个比较麻烦。女方家会卖关子，说同意你们交往了，怎么还要带走？男方要好好地求，要通过她家邻居、她的家族一起帮忙劝说。古时候，要上门七次，穿坏七双草鞋，女方才能答应。现在简化了，就是让媒人来，但还是要受些罪。要带酒来，用传统的土罐，装上五斤十斤的酒，蒙上红布。有银币的话，放上一两个。没有的话，现在一般用人民币。女方碍于面子，先不答应，媒人就向神台、火铺上磕三个头。女方邀他坐下，说些客套话，只有同意了。家里人将酒打开喝一碗。

到了日子，女方少不得说几句，还要将酒拿到火塘前，敬祖先，请他们保佑女方到了男方家幸福平安。

李：也就是说走婚也还要一些规矩的，不是看上谁家姑娘就上门的。

阿：是啊，有规矩的，否则领主会要惩罚他们。

李：泸沽湖那边有种说法——"男方爬花楼的"，是怎么回事？

阿：这是瞎整的，画蛇添足。若是女孩住在下铺，就在下铺。住在楼上，可不就要爬楼嘛。

七 木帕达巴（四川利家嘴村）

表8-7 利家嘴村木帕达巴基本信息

姓名	木帕·都基 ʈʂ³¹tʂʰʌ⁴³ɖʐ³¹tɕi⁴³	民族	定名：蒙古族
性别	男		自称：nɑ³¹zi⁴³
访谈日期	2011.8.7-8.8	访谈地点	木里县利家嘴村
当日序号	1	宗教	达巴教
翻译	苏纳	记音人	许多多
年龄（属相）	1934年生，属狗	语言	摩梭话
生地	利家嘴村	居住地	利家嘴村
职业	达巴	教育程度	达巴教育
祖上来历	世居	子女信息	四个
备注	12岁开始学达巴，师从爷爷。20多岁开始做法事，25岁正式出师，本地俗称"当和尚"		

八 次儿·都基（四川利家嘴村）

表8-8 利家嘴村次儿·都基达巴基本信息

姓名	次儿·都基	民族	定名：蒙古族
性别	男		自称：nɑ³¹zi⁴³
访谈日期	2011.9.6	访谈地点	丽江曹家客栈
当日序号	1	宗教	达巴教
翻译	无	记音人	许多多
生年（属相）	1978年生，属马	语言	摩梭话、四川话（较困难）
生地	利家嘴村	居住地	利家嘴村
职业	达巴	教育程度	达巴教育
祖上来历	世居	子女信息	无
备注	师从舅舅都基·次儿。2010年底出师。参与过病人、过年、八月十五中秋的法事。一般都在利家嘴。有丧葬的邀请时，也去前所、永宁、屋脚		

九 格荣·德西（四川利家嘴村）

表8-9 利家嘴村格荣·德西达巴基本信息

姓名	格荣·德西	民族	定名：蒙古族	
性别	男		自称：nɑ³¹mu⁴³æ⁴³dʐɑ³¹	
访谈日期	2011.1.25	访谈地点	丽江古城四方街	
当日序号	1	宗教	达巴教	
翻译	纳卡·德西	记音人	许多多	
生年（属相）	1939年生，属兔	语言	汉语、摩梭话	
生地	利家嘴南村	居住地	利家嘴南村	
职业	达巴	教育程度	六岁开始学习达巴文化	
祖上来历	世居	子女信息	不明。调查中见到他的两个儿子	
备注	听力、视力都不太好，但汉语表达较清晰			

十 纳卡·德西（四川利家嘴村）

表8-10 利家嘴村纳卡·德西达巴基本信息

姓名	纳卡·德西	民族	定名：蒙古族
性别	男		自称：nɑ³¹mv⁴³æ⁴³dʐɑ³¹
访谈日期	2011.1.18	访谈地点	丽江古城
当日序号	1	宗教	藏传佛教、达巴教
翻译	王世英	记音人	许多多
生年（属相）	1977年生，属蛇	语言	摩梭语、汉语、藏康方言、普米语、彝语
生地	利家嘴村	居住地	利家嘴村
职业	达巴、烫画	教育程度	十五代家传达巴文化。未上过学，不识字
祖上来历	世居	子女信息	一个女儿
备注	妈妈有两个姐姐、一个哥哥。有两个舅舅，一个被杀了，另一个去年结婚		

十一　阿窝达巴（云南温泉村）

访谈时间：2010.8.19；2011.7.16
地点：宁蒗县泸沽湖摩梭民俗博物馆
访谈对象：阿窝达巴
访谈者：赵丽明、徐可可；许多多
翻译：无
在场人：刘晶
整理者：许多多
录像编号：00589、00590、00591；20110716-REC001、20110716-REC003

表8-11　温泉阿窝达巴基本信息

姓名	阿窝·达巴	民族	定名：纳西族
性别	男		自称：na^{13}
访谈日期	2011.7.16	访谈地点	落水村摩梭民俗博物馆
当日序号	1	宗教	达巴教
翻译	无	记音人	许多多
年龄（属相）	1972年生，属鼠	语言	摩梭话、普通话
生地	瓦拉壁村	居住地	温泉村
职业	达巴	教育程度	小学一年级。跟爷爷学达巴文化
祖上来历	世居	子女信息	无
备注	走婚		

历书符号的数目

赵丽明（下称赵）：你不是说哥里木有二十八个符号吗？怎么变成三十二个了？

阿窝·达巴（下称阿）：以前有二十八个的，后来加进去了四个。三十二个符号不是我的，是别人写的书里的。听有些专家说过有三十二个符号，在四川那里。我是不懂得。

赵：是后人写的书里面有，原来是没有的。我们走了四川、云南，都只见到二十八个的，没有见到过三十二个的。

历书解读

阿：这是$k^h v^{31} tʂa^{43}$，是一种星星。$bo^{31}ma^{43}$，意思是猪油。$mv^{43}kɯ^{31}$，修房建屋、婚丧嫁娶等易遭火灾。$bo^{31}mæ^{43}$，猪尾。$po^{43}kʌ^{31}p^hʌ^{31}$，意思是星星。$kɯ^{43}p^hʌ^{31}$、$k^hu^{31}tʂa^{43}ko^{31}mi^{43}$、$so^{31}t^ha^{13}ʁo^{13}$、$so^{31}t^ha^{13}lo^{13}$、$k^hv^{31}tʂa^{43}k^hɯ^{43}$、$ȵjæ^{31}hv^{43}$，都是星星。$kʌ^{31}kɯ^{43}$，鹰头。$ho^{43}kɯ^{31}$，野鸡头。$ʑwæ^{43}kɯ^{31}$，代表月亮，那天不能做马的生意。$bo^{31}dʑi^{43}$，公猪的生殖器。$zɯ^{31}q^hwʌ^{43}$，是角。$zɯ^{31}ɬi^{43}$，是耳朵。$zɯ^{31}ȵja^{43}$，人的眼睛。$ʂʌ^{31}tsɯ^{43}dʑ^{43}$，手。$la^{43}hv^{31}k^hwɛ^{31}$，是虎头。$po^{31}k^hwa^{43}$，不知道是什么，代表不好的日子。$ʂwa^{43}k^hwa^{31}$，绵羊角。$ma^{43}k^hwa^{31}$，山羊角。$ȵi^{31}dʑi^{43}$，男性生殖器。

徐可可：怎么没有$p^hæ^{43}mi^{43}$？老师一共讲了二十七个，其中有三个重复，另外还漏了一个。

阿：$p^hæ^{43}mi^{43}$就是算命的神，什么都看得出来。

摩梭人的来历

许多多（下称许）：请问您的自称是？

阿：我们自称是na^{13}。木里那边划到蒙古族了，丽江那边划到纳西。纳西是$na^{31}ɕi^{43}$，$ɕi^{43}$在摩梭话中是人的意思。

许：na^{13}里面是不是分有很多支系？

阿：是的。支系很多，原先主要有三个：$ŋwʌ^{31}ʈ^{13}ɭu^{43}na^{31}dzɯ^{31}$，指路时用石头的；$tsʰe^{43}ɭi^{43}zɯ^{43}ŋwʌ^{31}dwʌ^{43}$，指路时拴草绳的；$hv^{43}ɭi^{43}sɯ^{43}p^hæ^{43}dʑo^{31}$，指路时片木片的。用石头的有点笨，天天抱着石头。另外两个聪明，用轻的材料。但火灾之后，拴草绳和片木片的被烧掉了，路线就有些绕。

后来有了两个男人，但只能剩下一个。于是将犁地时候的两头牛杀掉，两个人一个用粗针细线把自己缝里面，一个用细针粗线把自己缝里面。之后洪水滔天，粗针细线的那个淹死了，只剩下一个男人，就是$tsʰo^{43}tʂɨ^{31}lu^{43}ʑi^{31}zo^{31}$。地球上没人了，他很难过。水退之后，来了七个月亮，九个太阳。有人把九个太阳射了。他找不到妻子，去找阿巴睹，那是天和地的神。阿巴睹告诉他有一种树，叫$ʂwa^{43}ʐ^{43}$，让他埋在沙里九年，但他九天就去了。阿巴睹又告诉他一种树，让他埋七年，但他七天就去了。结果生不出孩子，生出很多动物。他后来到天上找妻子，没找到眉毛竖的，找了眉毛横的。以前摩梭人交通不便，就跟这个妻子在井里生孩子，孩子长大成丁了，请客吃饭。天神女儿他们七姊妹发现少了一个，找来了，要杀掉这个女儿。$tsʰo^{43}tʂɨ^{31}lu^{43}ʑi^{31}zo^{31}$骗他们说，我们住的地方,养牛羊,产金银,但没有带来。横眉毛的妻子的父母说要考察他的能力,让他在很冷的地方捕鱼,让他很累的时候上山打猎,让他砍树烧山,让他去喝虎奶。最后一项他觉得难。横眉毛教他九天九夜大雪之后,去把小虎杀掉,然后喝虎奶。

以前有两个日本的朋友,在云南大学读书,经常跟我谈论达巴故事。我有很多朋友,在美国、德国、阿根廷、马来西亚等地方。我很小开始学达巴,但是汉语不好,所以跟人交流时困难。我觉得科学有好也有坏。以前没电视的时候,仪式、民俗都很多,还有人唱民歌。现在每家都有电视,没人做以前的那些事情了,也不记得以前的那些规矩了。

温泉村概况

许:您是瓦拉壁村的?村里有多少人?

阿:瓦拉壁村是温泉村委会所在地。温泉村里还有摩梭人、普米人、彝族人、汉族人、白族人、壮族人、纳西人、藏族人等居住。汉就叫hæ^{43},普米是bɑ^{43},彝族是lo^{43}lo^{43}。总共有两千多人。其中普米族有四个村。瓦拉壁村全村有七十二或者七十三户,三百多人,均为摩梭人,自称nɑ^{13},沿河分了两个组。

许:村里有喇嘛吗?达巴有几位?

阿:有六七位喇嘛。达巴有两位。lv^{31}zo^{43}·tʂɿ^{31}tʂɿ^{43}和我ɑ^{43}ʁo^{43}·i^{31}ʂɿ^{43}tʰo^{43}ti^{43}。

许:您是多大开始学达巴的?

阿:七岁。跟爷爷学的。学到十七岁的时候开始跟着爷爷做法事,二十岁开始单独地做,到现在有十几年了。lv^{31}zo^{43}·tʂɿ^{31}tʂɿ^{43}比我大七岁,跟我一起跟着我爷爷学,但是很快半途而废,学开车去了,后来又跟我学了一点。现在我不在的时候他就很难做大的法事。他没有上过学,不识字,现在还住在瓦拉壁村。

许:那些喇嘛的名字能讲一下吗?

阿:kv^{43}pv^{43}i^{31}ʂɿ^{43},属蛇,三十几岁,大概学过四五年的小学,后来到村外学喇嘛。kʌ^{43}zo^{31}ki^{43}lwʌ^{43},属龙,三十几岁,也是小学四五年级的样子,到丽塔学的喇嘛。mv^{31}tʂʰõ^{43}tʂɑ^{31}pɑ^{43},二十一二岁,上过四五年小学,到永宁学的喇嘛。gwɑ^{31}ŋwɑ^{43}ɲi^{31}mɑ^{43},二十几岁,上过两三年的小学,跟kv^{43}pv^{43}i^{31}ʂɿ^{43}学的喇嘛,那是他舅舅,他是kv^{43}pv^{43}i^{31}ʂɿ^{43}姐姐的儿子。gʌ^{31}zo^{43}dzɑ^{31}tsʰe^{43},属兔,二十几岁,上过四五年的小学。ɑ^{43}ti^{43}lv^{43}zo^{43},属兔,二十几岁,在村里小学毕业,还读了初一,后来到昆明佛教学会学的喇嘛。就这六个。他们都是出师,可以做法事了。现在没有在学的了。他们中,除了kʌ^{43}zo^{31}ki^{43}lwʌ^{43}在丽塔,其他五个都在村里。

十二 阿洪生老师（云南永宁村）

访谈时间：2010.8
地点：永宁乡永宁村八七自然村
访谈对象：阿洪生达巴
访谈者：赵丽明、邓章应
翻译：无
在场人：无名氏（写作旁）
整理者：许多多
录像编号：VOICE004

阿洪生的家乡

阿洪生（下称阿）：我们属于永宁乡永宁行政村八七自然村。八七自然村指的是温泉，村里有一百二十八户，是永宁行政村最大的村。我们家再过去就是忠实自然村，村里分成两个镇。我们家这个镇有五十多户，另一个镇比较大。村里百分之九十都姓阿，是阿土司的分支，都在中农以上，贫农就没有姓阿的了。

达巴的工作

阿：达巴信仰的神有很多。最主要的是阿巴目睹/$a^{31}pa^{43}do^{31}$/，是达巴教的祖师爷。自然界里太阳、月亮、山、风都有神；家中灶神、房神，牲畜的保护神等，口传经中信仰它们。根据不同的事情，给不同的神念经。

丧事、成丁礼、进火的时候都要念经。成人礼是十三岁那年的春节那天，各家进行，男孩女孩都要做。撵鬼是好比人生病了，仿佛是被鬼纠缠，所以要撵走。以前有灵魂附体做法事的人，叫做 $zɯ^{31}ta^{13}zɯ^{31}ʁo^{13}$，男女都有，现在没了。拉伯那边听说有一个很厉害的这样的人，后来去世了。他的事迹是：有条巨龙睡在水中，人们都没办法，他去跟巨龙谈话，巨龙就去海里，一下就消失了。听说过去还有防冰雹、防虫的仪式，经书里也有，但没见过如何做法事。我们前段时间去拉伯乡，他们做的消灾、驱鬼是很大的仪式，包含的内容比较多。

占卜主要是喇嘛来做。做丧事的时候，喇嘛在经堂里做，达巴在家里做，两家互不侵犯。取名字现在是活佛在春节的时候取,过去是达巴来取,解放之后都是活佛取名了。

达巴教的过去和现状

赵丽明(下称赵):您见过的老达巴有多少?

阿:没有多少。屋脚村那边有一个八十几岁的。前所村的达巴鲁左,七十几岁。阿阿都基,我的师父,2000年去世了,活了七十几岁。都加比麻,去世了。见过阿布高左。拉伯村年轻的很多。四川木垮村有个荣农,不太认识。左所没有去过。前所跟永宁很接近。

这附近有散居的纳西族,但没有东巴。江边听说过有哈巴,但没见过。达巴分为三类:一种专门念经,称为哈/hɑ⁴³/达巴;一种专门占卜,称为帕/pʰæ³¹/达巴;一种专门撵鬼,称为布/pv⁴³/达巴。他们各做各的。他们可能没有占卜的书,但有操作办法。"文革"之后就不再做法事了,近几年才恢复,中断了有三十年。但三种达巴就不分了,三种都学。

邓章应(下称邓):以前村子里老达巴有没有被批斗?

阿:他们没再做,所以没被批斗。我小时候学的哈达巴,没有经书,都是口传。这三种达巴现在都没有经书了。前所那边老达巴有一本,上面好像是用动物表示的,我小时候见过,但记不得了。我是汉字记的摩梭经书,用汉字读出来就走音了。这一共有五十几种经,有长有短。这部经叫tʂʰwʌ³¹tʂwɑ¹³,是晚饭的意思,是丧葬时给死者送晚饭、献牲口时念的。这部zɯ⁴³tʰɯ³¹是结婚的意思,结婚时候念的经。翻成汉字的口诵经在《达巴文化》那本书上有。

邓:达巴文字的故事您知道吗?

阿:有的。两个达巴去帮别人诵经,路程很远,没有食物,经文写在猪皮上。达巴说经文已经记在脑子里,我们把猪皮吃掉吧。但我觉得这不可能,因为人的脑子里装不了那么多经书。

邓:阿巴睹有两个徒弟,分别叫做"丁巴沙拉"/tĩ⁴³pɑ⁴³ʂɑ⁴³ɬɑ⁴³/和"马布子若"/mɑ³¹pv⁴³zɯ³¹zo⁴³/。这些都是神。

赵:您带徒弟吗?

阿:有两个,都是村子里的。

邓:(指照片)那个喇嘛是?

阿:我家老二。我有六个孩子,三男三女。是我让他去学喇嘛的,现在三十四岁了。初中毕业去学喇嘛的。当时中考没考上,后来去云南佛学院读了三年,相当于本科,毕业了。他是格鲁派的,去过西藏。他做仪式的时候才在扎美寺。最近去广州了,有个信佛教的朋友请他。他的同届有四个佛学院毕业的。扎美寺还有一个北京佛学院毕业的,做总管。家里有个喇嘛,家里人佛教观念重些,比较好。

邓:我们研究所原来还有一个尼姑来读研究生,是重庆华严寺的。她后来还去北京读博士。不同地方喇嘛的多少不同。

阿:落水有十一个。

旁：我弟弟就在那儿学的。他小学毕业就去学了。爷爷让我去，我不去，就让弟弟去了。他现在去印度了，去了有十六年了。主要学的辩经，很聪明。他比我小两岁，去年回来过一次。主要是能吃苦，肯钻研，做事公道，在外面受人欢迎。在达摩寺，有个汉族人，女的，以前在北京做生意，可能是在西藏出家，后来到维西塔城那边办了一个希望小学。

邓：永宁寺的喇嘛，政府付工资吗？原先都还要自己带粮食，有时碰上下雪天，还会断粮，现在可能好些了。

阿：总管有是工资的，他们是民宗局的干部。现在还是自己带粮食的，但解决低保了。他们集中做法事的时候，百姓会布施。布施的人多，法事就长，布施的人少，法事就短。如果入不敷出，就用自己的钱粮。修建房屋什么的都是专款专用。

邓：我研究生的时候跟老师学东巴文，去丽江、香格里拉、白地、维西那边，白地那边有好几家，像小个子的那个老师和树荣，现在出来和树昆东巴，还有一个和治本。有个和占元东巴前几年去世了。你去的谁家？

阿：有个杨正文，是纳西学会的副会长。写了一本书，认为东巴文化起源是白地，不是丽江。他还认为纳西古乐起源于唐代，是道教的。宣科前几年跟别人还打了一场官司，就因为纳西古乐的起源问题。改革开放开始，他就开始研究纳西古乐了。

邓：宣科成立了一个音乐学会，他年轻时候还跟基督教传教士在一起，把英语学会了。永宁、泸沽湖那边基督教来过没有？

阿：进来过，但没有发展起来。

第九章
整理与初探

一 调查报告：村落与达巴现状

（一）村落信息

1. 四川省木里蒙古族自治县屋脚乡利家嘴大村

表9-1 利家嘴村落信息

调查日期		2011.1.20、2011.8.7 2011.8.8、2011.9.6			地点		丽江古城、利家嘴村			
记录人		许多多			协助人		纳卡·德西、次儿·都基			
全村民族构成情况	自称/音标	纳木阿甲 /nɑ^{13}mv^{43}æ^{31}tɕæ^{43}/			总数		27户，423人			
	他称/音标	摩梭								
祭司总数		10位			喇嘛总数		10位。扎巴（六七十岁）、荣若（A）、荣若（B）、以西、阿俄等			
传承人姓名	民族	身份	出生年	何时从业	何时始学	独立	师从	受教育程度		现在何处
								汉	藏	
木帕·都基	蒙古族	达巴	1934	20岁	12岁	25岁	爷爷	无	无	利家嘴村
布比·都基·次儿	蒙古族	达巴	1938	—	—	—	—	无	无	利家嘴村
格帕·阿扎	蒙古族	达巴	1940	—	—	—	—	无	无	利家嘴村
阿甲·以都·次儿	蒙古族	达巴	—	—	—	—	—	无	无	利家嘴村
甲措	蒙古族	达巴	1969	—	—	—	—	无	无	利家嘴村
霍拉·扎西·都基	蒙古族	达巴	1969	—	—	—	—	无	无	利家嘴村
杜比·次儿·都基	蒙古族	达巴	1978	—	—	—	—	无	普米话	利家嘴村
阿甲·苏纳	蒙古族	达巴	1982	—	—	—	—	无	无	利家嘴村
沙尔·以都·次儿	蒙古族	达巴	1995	—	—	—	—	无	无	利家嘴村
木帕家小孩	蒙古族	达巴	2001	—	—	—	—	无	无	利家嘴村
被排斥的纳卡家：										
格荣·德西	蒙古族	达巴	1939	—	6岁	—	爷爷	区民办教师	无	丽江古城
纳卡·德西	蒙古族	达巴	1977	—	9岁	16岁	父亲	无	无	丽江古城

注：

村中家族：瓦家7家、杨家2家、石家、王家4家。

2. 四川省木里县屋脚乡屋脚大村屋脚组

表9-2 屋脚村落信息

调查日期	2011.1.22			地点		丽江鑫安宾馆			
记录人	许多多			协助人		阿窝·偏初			
全村民族构成情况	自称/音标	蒙古族/nɑ^{31}hĩ^{43}/		总数		约200人			
	他称/音标	彝族/lu^{43}lu^{43}/							
祭司总数	6位			喇嘛总数		共7位。三位从西藏回来，四位在木里大寺学习。阿窝的二儿子名叫次赤·达瓦，1981年生，六年级毕业，15岁进木里大寺			

传承人姓名	民族	身份	出生年	何时从业	何时始学	独立	师从	受教育程度		现在何处
								汉	藏	
达瓦·荣布	蒙古族	达巴	1929	20多岁	8至9岁	20多岁	噶户家族	无	无	屋脚组
阿窝·偏初	蒙古族	达巴	1967	22岁	10岁	21岁	父亲达瓦	无	无	屋脚组
噶户·苏纳	蒙古族	达巴	1969	22岁	12岁	21岁	叔叔	两年	无	屋脚组
阿荣·阿柴·才俄	蒙古族	达巴	1967	12岁	12岁	23岁	达瓦·荣布	无	无	屋脚组
阿荣·甲措	蒙古族	达巴	1971	7岁	7岁	18岁	达瓦·荣布	无	无	屋脚组
阿窝·格荣·偏初	蒙古族	达巴	1981	11岁	11岁	23岁	达瓦·荣布	无	无	屋脚组

注：

村里各家支情况：阿荣家分出2家，阿窝家有4家，噶户家有2家，次氏家1家，格卢家1家，达石家1家，苏记家1家。

3. 四川省盐源县前所乡前所大村前所中村组

表9-3 前所村落信息

调查日期	2011.7.30-8.9		地点	前所中村
记录人	许多多		协助人	无
全村民族构成情况	自称/音标	纳/nɑ^{13}	总数	300多人。蒙古族摩梭人200多
	他称/音标	摩梭		
祭司总数	3位		喇嘛总数	6位

传承人姓名	民族	身份	出生年	何时从业	何时始学	独立	师从	受教育程度		现在何处
								汉	藏	
何鲁佐	蒙古族	达巴	1933	—	—	—	父亲	无	无	前所中村
刘高左	蒙古族	达巴	1932	—	—	—	何鲁佐	无	无	前所中村
何国光	蒙古族	达巴	1969	—	—	—	何鲁佐	无	无	前所中村

注：

前所村摩梭人身份证上为蒙古族。

4. 云南省宁蒗县永宁乡温泉大村瓦拉壁组

表9-4 温泉村落信息

调查日期		2011.7.16	地点	泸沽湖落水村摩梭民俗博物馆
记录人		许多多	协助人	阿窝达巴
全村民族构成情况	自称/音标	纳/na¹³/	总数	72、73户，300多人
	他称/音标	摩梭		
祭司总数		2位	喇嘛总数	6位

传承人姓名	民族	身份	出生年	何时从业	何时始学	独立	师从	受教育程度		现在何处
								汉	藏	
鲁左支支	蒙古族	达巴	1966	—	15岁	葬礼能做一些	祖传	无	无	温泉村
阿窝东氏	蒙古族	达巴	1972	17岁	7岁	20岁	爷爷	小学一年级	无	温泉村
沽布·以是	蒙古族	喇嘛	属蛇	三十几岁	—	—	村外	四五年级	喇嘛	温泉村
格荣·比落	蒙古族	喇嘛	属龙	三十几岁	—	—	丽塔村	四五年级	喇嘛	丽塔
木冲·扎巴	蒙古族	喇嘛	—	二十几岁	—	—	永宁	四五年级	喇嘛	丽塔
瓜瓦·尼玛	蒙古族	喇嘛	—	二十几岁	—	—	舅舅	二三年级	喇嘛	丽塔
格荣·甲才	蒙古族	喇嘛	属兔	二十几岁	—	—	永宁	四五年级	喇嘛	丽塔
阿蒂·鲁若	蒙古族	喇嘛	属兔	二十几岁	—	—	温泉、昆明	初一	喇嘛	丽塔

（二）达巴现状列表

表9-5 达巴现状

村名	人口	达巴数	姓名（生年）
利家嘴大村	27户，423人	10	木帕·都基（1934）、布比·都基·次儿（1938）、格帕·阿扎（1940）、阿甲·以都·次儿（不详）、甲措（1969）、霍拉·扎西·都基（1969）、杜比·次儿·都基（1978）、阿甲·苏纳（1982）、沙尔·以都·次儿（1995）、木帕家的小孩（2001）；格荣·德西（1939）、纳卡·德西（1977）
屋脚大村	约200人	6	达瓦·荣布（1929）、阿窝·偏初（1967）、噶户·苏纳（1969）、阿荣·阿柴·才俄（1967）、阿荣·甲措（1971）、阿窝·格荣·偏初（1981）
前所中村	共300多人。其中蒙古族200多人	3	何鲁佐（1933）、刘高左（1932）、何国光（1969）
温泉大村	72、73户，300多人	2	鲁左支支（1966）、阿窝东氏（1972）、

 **达巴历书解读与符号性质初探**[1]

（一）缘起

摩梭达巴多用口诵经，历书是达巴教文献，也是目前发现的摩梭人仅存的文献。之前的研究者及相关著作[2]中略有涉及，但释读尚不深入。欠缺主要有这样几个方面：一、用汉字记音，不能够确切记录摩梭话发音；二、解读有偏差；三、图符的版本出处不明。探讨这些图符的含义，一方面可以了解摩梭历算文化，另一方面也有助于解答摩梭人是否有文字的疑问。

---

[1] 基金项目：国家社科基金重大项目"中国西南地区濒危文字抢救、整理与研究"（批准号10&ZD123）。原文发表在《语言学研究》2013年第1期，《达巴历书解读与初探》，许多多。本节与原文内容有所出入。

[2] 相关研究者及著作情况如下：杨学政：《藏族、纳西族、普米族的藏传佛教——地域民族宗教研究》，昆明：云南人民出版社，1994年；李达珠、李耕冬：《未解之谜：最后的母系落部》，成都：四川民族出版社，1999年；宋兆麟：《摩梭人的象形文字》，载《东南文化》2003年第4期；李子涵：《纳西族四种文字比较研究》，华东师范大学中文系硕士学位论文，2008年。

（二）族群背景简介

"摩梭"现在通常指称泸沽湖畔的一支族群，以走婚习俗闻名于世。历史文献中对中国西南这支族群的记载曾经出现过多种名称："摩沙夷"[1]、"磨些蛮"[2]、"末些"[3]、"摩娑"[4]、"麽些"[5]、"摩荻"[6]、"摩梭"[7]。这些名称有相似的发音，但不能确定是一个族群还是多个。在新中国的民族划分中，云南境内的摩梭人属于纳西族分支，而四川境内的摩梭人被划为蒙古族。

复杂的族名系统令人心生疑惑：究竟谁是摩梭人？是否存在这样一支族群？或者"摩梭"就是众多族群的总称？针对摩梭人的族群划分，方国瑜、和志武、李绍明等人及《纳西族简史》等著作[8]进行了相关探究。通过梳理这些研究成果，总结如下："摩梭"和"纳西"是他们共同的祖先"麽些"的后裔。他们通过不同的迁徙路线来到今天的居住地，并各自发展出自己的风俗。长期地理上的隔绝，使他们最终分化成为两支族群。"摩梭"以及相似发音的名称是这个族群的他称名，而"纳西"以及以"纳"为开头音节的名称是他们的自称名。

（三）地理人文环境

1. 屋脚乡

屋脚乡全称四川省凉山州木里藏族自治县屋脚蒙古族乡，地处两省三县（四川省盐源县、木里县，云南省宁蒗县）交界处。乡政府驻屋脚村，海拔2850米。屋脚乡下辖两个行政村，十二个村民小组，居住着蒙古族、彝族、藏族、汉族、纳西族等5种民族，共415户，2237人，其中划归蒙古族的有747人。[9]屋脚村村民为蒙古族、彝族，蒙古族自称$na^{31}hĩ^{43}$，约300多人。村里有六位达巴，七位喇嘛。利家嘴村全村均为摩梭人，自称$na^{13}zɯ^{43}$，共计27户，约400多人，保持走婚习俗以及祖母屋等传统母系文化。村里有十位达巴，十位喇嘛。

---

[1]［晋］常璩撰、任乃强校注：《华阳国志校补图注》，上海：上海古籍出版社，1987年，第210页。
[2]［唐］樊绰撰：《蛮书》，卷四·名类第四。
[3]［元］郭松年撰，王叔武校注；［元］李京撰，王叔武校注：《大理行记校注 云南志略辑校》，昆明：云南民族出版社，1986年，第93页。
[4]［明］宋濂：《元史》，卷四·本纪第四·世祖一。
[5]［清］顾祖禹：《读史方舆纪要》，卷七十四·四川九。
[6]［清］顾祖禹：《读史方舆纪要》，卷一百一十七·云南五。
[7]［清］段鹏瑞：《盐井乡土志》。
[8] 相关著作如下：方国瑜、和志武：《纳西族的渊源、迁徙和分布》，载《民族研究》1979年第1期；李绍明：《川滇边境纳日人的族别问题》，载《社会科学研究》1983年第1期；《纳西族简史》编写组：《纳西族简史》，昆明：云南人民出版社，1984年。
[9] 数据摘自屋脚蒙古族乡网。

2. 前所乡

四川省凉山州盐源县前所乡，距县城81公里。下辖四个行政村小组，居住着蒙古族、彝族、汉族、纳西族等民族，总计10462人。[1]其中蒙古族有三千多人。乡政府驻前所中村（本文简称为前所村），村民主要是蒙古族、彝族、汉族，有三百多人，其中蒙古族二百多人。村里有三位达巴，七位喇嘛。

（四）达巴教历书简介

达巴教是古代纳西族人民信奉的一种民间宗教，主要流传在纳西东部方言区。达巴历书在摩梭话中为"哥里木"/kɯ⁴³li⁴³mu³¹/，汉译为"看日子的书"。其历法与汉族阴历相似，每月三十天，全年三百六十天。五年一闰月，加三十天。用途大约同于汉族黄历，用于判断某日宜忌，占卜的事项与丧葬、出行、劳作、筑屋等相关。达巴历书多数版本为含有二十八图符的单符本，也有一些是另含七个图符配合使用的双符本，两个符号系统各自循环使用。

本文选取解读比较三个版本的达巴历书，主要有两方面的考虑：首先，它们包含了单符本和双符本两种类型；其次，两个版本都来自保持着摩梭母系社会传统的村落，尚可找到较为精通历算的达巴配合解读。屋脚村本讲解人阿窝·偏初，达瓦·荣布之子，1967年生，自幼随父学习达巴文化。利家嘴村本讲解人：1) 德西父子。父亲格荣·德西，1939年生，六岁起跟舅舅学习达巴文化，长子纳卡·德西继承父业；2) 经书持有者木帕达巴，1933年生，名二车·都基，自幼随舅舅学习达巴文化。前所村本讲解人何鲁佐达巴，1933年生，是家族中第十九代达巴传人。

各版本情况：1) 屋脚单符本：六页，长约40厘米，宽约18厘米。该版本"三星"处略需修正。持有者：达瓦达巴。2) 利家嘴双符本：十二页，长约20厘米，宽约12厘米。持有者：木帕达巴。3) 前所含喇嘛教符号单符本：十二页，长约36厘米，宽约16厘米，一页三十格，每格上端为二十八宿，加入喇嘛教符号以断吉凶。原本毁于"文革"，此为何国光重抄本，每格下方有其所做汉字注音。持有者：何鲁佐达巴。

---

[1] 数据摘自前所乡金农网。

（五）达巴历书符号的讨论

1. 符号的形音义

（1）符形的异同

代表二十八宿的符号中，形状有异的有三个，但读音相同（见表9-6）。根据达巴教口传文化的特点推测：在历书流传过程中，符号读音起到更为核心的作用。

表9-6 形异音同的三个符号

	编号	5	18	23
屋脚	符号			
	音标	dzi^{31}kɯ^{31}	bo^{31}ma^{43}	zɿ^{31}gv^{43}
	直译	水星	—	zɿ^{31}的手掌
利家嘴	符号			
	音标	dzi^{31}kɯ^{31}	bo^{31}ma^{43}	zɿ^{31}gv^{43}
	直译	水星	猪尾	—
前所	符号			
	音标	dzi^{43}kɯ^{43}	bo^{31}ma^{43}	zɿ^{31}gv^{43}
	直译	水星	猪油	犏牛的身体

（2）符号与读音的关系

在解读过程中，达巴们对星宿名称是否有具体含义存在争议。如阿窝·偏初强调这些图符的发音都是星宿名称，与猪、羊等动物不相关，只是音恰好相同，唯有/kɯ^{43}/是"星星"的意思。而格荣·德西在解读二十八个星宿时，将它们的发音拆开解释，如/ʐwæ^{43}/代表"马"，/bo^{13}/代表"猪"。

但事实上，上述与动物名称发音相似的星宿，与日常词汇对读音的解读存在密切的关联。阿窝·偏初的解读虽然是建屋、买卖、打猎等内容，客观上却与星宿名相关。如16~18的/bo^{31}kʰwʌ^{43}/、/bo^{31}dzi^{43}/、/bo^{31}ma^{43}/，释义为"猪卖不好，宰也不好，买也不好，其他所有都好"。而/bo^{13}/与常用词"猪"同音。表9-7是另外一些例证。

表9-7 星宿名与日常词汇的关系

编号	音标	星宿直译	日常词汇音标
28	$pʰæ^{43}mi^{43}$	人星	$pʰæ^{31}tɕi^{43}$（男人）$mi^{31}zi^{13}$（女人）
5	$dʐi^{31}kɯ^{43}$	水星	$dʐi^{31}$（水）$kɯ^{43}$（星）
9	$ŋjæ^{31}hũ^{43}$	红眼星（火星）	$ŋjʌ^{31}lu^{43}$（眼睛）$hũ^{43}$（红）

有些符号的读音不仅与日常事物对应，与符号形状本身也有关联，见表9-8。

表9-8 星宿名与符形的关系

编号	符号	星宿音译	日常用语
10		$su^{31}tʰa^{53}ʁu^{53}$	su^{53}
		三盘星的头	三
11		$su^{31}tʰa^{53}lu^{13}$	$lu^{31}qʰwʌ33$
		三盘星的手	手
15		$kʌ^{31}kɯ^{43}$	$kʌ^{13}$
		鹰	鹰
20		$zi^{31}qʰv^{43}$	$qʰʅ^{53}$
		zi^{53} 的角	犄角
21		$zi^{33}ɬi^{31}$	$ɬi^{33}pi^{31}$
		zi^{31} 的耳朵	耳朵

另一方面，德西父子的解读较为简略，主要讲了每个星宿字面的含义。在他们的解释下，很多图符与日常词汇相关，如：15/$gʌ^{31}kɯ^{31}$/—鹰、16~19的/bo^{13}/—猪、24 /$læ^{43}$/—虎。也有少数日子讲了宜忌。如：/$ʂʌ^{43}dzi^{31}du^{43}$/，那天可以结婚；/$po^{43}kɯ^{43}pʰæ^{31}$/，那天可以建新房。可以预见，利家嘴本的历书也包含类似屋脚本的占卜内容。

由此推测摩梭星宿音与义的关系：占卜含义是从星宿名称上进一步引申、拓展的。

（3）符号含义的异同

三种版本、四家解说中，二十八星宿的符形、词义基本一致。存在较大差异的是第19号星宿（表9-9）。屋脚达巴和前所达巴的解读与犏牛星座相关，而利家嘴达巴的解读是猪油星。

表9-9 第19号符号的解读对照

No.19	解读者	音标	直译
	屋脚阿窝达巴	$zi^{31}zu^{43}$	zi^{43} 星座
	利家嘴木帕达巴	$bo^{31}ma^{43}$	猪油
	前所何鲁佐达巴	$zi^{31}zu^{43}qʰv^{43}$	犏牛四面的角

观察19号星宿前后两星宿的解读（表9-10），可看出一些端倪。屋脚和前所达巴将18号星宿解读为猪油星，利家嘴达巴解读为猪尾星，这也是利家嘴本较另外二者多出的星宿。而对于20号星宿，屋脚和前所达巴解读为犏牛的角，利家嘴达巴解读为犏牛的四方与角的合日。由于天上星宿的运转并非月月相同，据此推测：达巴根据天象决定猪尾星、猪油星、犏牛星座这三个符号是否用于日子的占卜。

表9-10 第18、20号符号的解读对照

No.18	解读者	音标	直译
（符号）	屋脚阿窝达巴	bo³¹ma⁴³	猪油
	利家嘴木帕达巴	bo³¹mæ⁴³	猪尾
	前所何鲁佐达巴	bo³¹ma⁴³	猪油

No.20	解读者	音标	直译
（符号）	屋脚阿窝达巴	zɨ³¹qʰʮ⁴³	zɨ⁴³ 的角
	利家嘴木帕达巴	zɨ³¹zu⁴³qʰv⁴³	zɨ⁴³ 四方与 zɨ⁴³ 的角的合日
	前所何鲁佐达巴	zɨ³¹qʰv⁴³	犏牛的角

七符系统的解读，两位达巴存在较大差异（表9-11）。其中仅有三个符号汉译同，两个符号读音同。由于木帕达巴的读音接近藏语，因此想到与前所中村喇嘛阿鲁左·品初对藏族七曜的解释（表9-12）进行对照。

表9-11 两位达巴七符解读对照

原图	（符号1）	（符号2）	（符号3）	（符号4）	（符号5）	（符号6）	（符号7）
德西	za⁴³gv³¹po⁴³	za⁴³ɲi³¹ma⁴³	za⁴³da³¹wa⁴³	za⁴³ɲjʌ¹³	za⁴³la³¹pa⁴³	za⁴³gv³¹mi⁴³	za⁴³pʰu³¹bu⁴³
	脚	眼睛	嘴	瞳孔	手	身体	后背
木帕	za⁴³da³¹tɕʌ⁴³	ɲi³¹ma⁴³	da³¹wa⁴³	mi⁴³mʮ⁴³	la³¹pa⁴³	pʰũ⁴³pu⁴³	pa⁴³sũ⁴³
	勇敢	太阳	月亮	眼睛	手	身体	地盘

表9-12 喇嘛对七符的解读

品初喇嘛	za⁴³pĩ⁴³pa⁴³	ɲi³¹ma⁴³	da³¹wa⁴³	mi⁴³ml⁴³	ɬa⁴³pa⁴³	pʰũ⁴³bu⁴³	pa⁴³sũ⁴³
	胸口，周六	头顶，周日	额头，周一	眼睛，周二	耳朵，周三	鼻子，周四	嘴巴，周五

由此可梳理出喇嘛与达巴三种读音、释义和符号形状之间的联系：品初喇嘛的解读是藏语音义；木帕达巴是藏语发音，摩梭话解释含义，符号具有象形性质；纳卡·德西达巴是看图释义，用摩梭话发音。

（4）占卜内容的异同

表9-13 三位达巴解读占卜内容对照

解读者	屋脚阿窝达巴				
编号	28&1	2	3~6	7~8	9
要义	忌丧葬	忌马	忌牛	忌杀生	忌火
编号	10~13	14	15	16~18	19~23
要义	忌绵羊	宜教牲畜	宜渔猎，忌教牲畜	忌猪	宜修房立柱
编号	24&25	26&27			
要义	宜念经，忌杀生	忌山羊			

解读者	利家嘴木帕达巴				
编号	28&1	2	3~6	7~8	9~13
要义	忌喜丧	忌马	忌牛	忌买卖	忌绵羊
编号	14~15	16~19	20~23	24&25	26&27
要义	忌鸡	忌猪	宜修房立柱	宜饮食	忌山羊

解读者	前所何鲁佐达巴				
编号	28&1	2&3	4&5		6
要义	忌喜丧	忌马、宜尝新	宜丧葬		宜进火
编号	7~9	10~12	13	14&15	16~18
要义	忌修房、裁衣	宜穿裤、进火	诸事皆宜	宜教牛马	宜丧葬
编号	19~23	24&25	26&27		
要义	忌卖牲	万事不宜	宜杀牲		

三家占卜内容中有很多相似的部分（表9-13），如屋脚达巴和利家嘴达巴对No.28&1、No.2、No.3~6、No.10~13、No.16~18、No.19~23、No.26&27的解释，前所达巴的解释与他们相同的仅有No.28&1、No.2。三家占卜内容中也有似非而是的相似部分，如屋脚达巴对No.24&25的解读是"宜念经，忌杀生"，前所达巴的解读是"万事不宜"——万事不宜故不可杀生，但念经是消灾之举，是否适宜就不得而知。奇怪的是，三家占卜内容中甚至有相互矛盾的地方，如屋脚达巴对No.15的解读是"忌教牲畜"，前所达巴则为"宜教牛马"，还有屋脚和利家嘴达巴对No.26&27的解读是"忌讳做山羊的买卖（忌山羊）"，前所达巴则为"宜杀牲"。

由此可见，历书的占卜含义有一定的核心义，但也有较游离的成分。它们可能反映了某日占卜内容的不同方面。而前所村与屋脚村、利家嘴村的解读有较大差异，可能是受到文化环境的影响。在前所村，喇嘛的地位明显高于在屋脚和利家嘴。

（5）历书符号的发展

三个版本的达巴历书，呈现了三种类型的喇嘛教文化因素。屋脚单符本中，用藏文数字标记月份。利家嘴双符本中，较屋脚本增加了七符系统。而木帕达巴和纳卡达巴对七符系统的两种解读，反映了达巴对喇嘛教七曜的接受过程：用图形表达藏语对应的摩梭词汇的含义，再依照图形发出对应的藏语读音。前所本中，直接借用了喇嘛教表示吉凶的符号，但达巴并不深入了解符号的含义，只是根据图形指向判定。这也是喇嘛教对达巴教不同历史层次影响的痕迹。

2. 达巴历书符号的性质

（1）在文字学理论中的性质

文字的定义有广义和狭义之分。各种文字形态可能有着不同的命名，但以文字发展的不同历史阶段来命名是较易理解的角度。这种历时层面的划分，周有光先生将之大致分为图画文字、古典文字和字母文字[1]，也称为象形、表意、表音。他提出了"文字三相分类法"：符形相、语段相、表达相[2]。这三相可理解为文字发展史的三维坐标系。依据周先生的定义法，达巴历书符号（图符，语词，表形兼表意）属于"形意文字"。但它又不完全同于已经定论的形意文字——沙巴文、东巴文，因为历书符号不是连环画式的图画文字。

尽管各位达巴解读不同，但从符号意义出发，即共时层面，每个符号对应的是一个多音节的词。这些词为名词或偏正式词组，表达较为具体的事物，这是象形文字体系共同的特点之一。从共时层面划分，代表说法有经裘锡圭先生厘清的陈梦家先生的"三书"说：表意、假借、形声。[3]这是对于汉字的划分，不包括广义的文字，如记号字等。在这种狭义文字的定义下，达巴历书符号类似于"三书"之外的"记号字"。但二者在记录语言的能力上差距太大，此理论不太适用于判断历书符号的性质。而从广义文字的角度来看，记号字正是伊斯特林所说的"约定符号"。

伊斯特林称："古代的数目字符号、天文星相符号和历法符号，就其约定的类型来说，接近于这类句意字。同时它们的特点更主要的是有表词字的意义（或者甚至有表意字的意义），而不是句意字的意义，也就是说，它们表达单个的词或概念，而不是整个信息。"达巴历书恰巧是这段论述中提到的星宿和历法的符号，而伊氏描述的句意字的特点更是与达巴历书有着惊人的吻合："某些古代约定符号具有图画的形式，但这一形式总是间接地、象征性地同意义相联系（例如作为氏族象征的动物图腾图像）；另外一些曾经有过同样图画象征性质的约定符号，后来失去了这一特性，由于写法上图示化的结果而近似于几何图形（例如，许多部落的几何图形徽号，古老天文星相符号、历法符号以及某些巫术符号）。"[4]他进一步补充："只有用途不广的表词字才有时在约定符号

---

[1] 周有光：《人类文字浅说》，北京：人民文学出版社，2009年。
[2] 周有光：《人类文字浅说》，北京：人民文学出版社，2009年，第85页。
[3] 裘锡圭：《文字学概要》，北京：商务印书馆，1988年，第106页。陈氏的"三书"指象形、假借、形声，裘氏认为象形应改为表意。
[4] [苏]伊期特林著，左少兴译：《文字的产生和发展》，北京：北京大学出版社，1987年，第77页。

的基础上产生。"例如"古代中国用于占卜的六十四卦"[1]。与宗教占卜的联系或许造就了这类表词的句意字，因为它们包含了"读音本身"和"占卜内容"两层含义。

达巴历书符号恰属这种类型：在一定的氏族群体中，这一套表示星宿的符号有固定的数量和相对固定的形状。每个符号有固定的读音，构成一个词语或词组，且与日常词汇相关，这是达巴历书符号的表词字的意义。而每个符号又提示一段占卜的句子，这些句子有某些核心要素，也有离散的成分，因此在约定类型上是一种语段字。

（2）符号含义的不确定性

约定符号一个显著的特点是不确定性，在前文提及的历书解读中已显现，如藏族借符解读中可疑的形音——义对应关系，二十八宿符号提示性不够明确，而导致不同达巴解读不同、认不出非自家的历书抄本、解读内容可视情况增减等。

造成达巴们对同一符号解读不同的原因可能有三：1）记忆错误；2）符号内涵丰富。王元鹿称："早期的形声字，有一字读多音节的现象，这种现象不仅存在于纳西东巴文字中，也极可能存在于早期的汉语古文字中。"[2]历书中图符同样是多音节，多音节意味着多词素，这为扩充符号含义增加了可能；3）与解读者的见闻阅历、学识观念有关。且达巴文化师徒相传，有一定的门户差异。

符号含义的不确定性为达巴历书增添了神秘色彩，但不妨碍我们认为其中的符号是原始约定文字。

（3）符号的社会性

文字的产生与社会需要密不可分。因此，社会性通常是文字和语言关系之外的考察其是否成熟的标准之一。表9-14为迄今见于文献及调查所见达巴历书的简要信息。

表9-14 达巴历书简要信息

编号	发现地	持有者（生年）	传承简况	发现人	时间	现存地
1	云南宁蒗县永宁乡温泉村	达巴阿乌（1902）	"算日子的书"或"天书"	杨学政	1978	原地
2	四川盐源县前所乡逗乐河村	达巴瓦布（1906）	"算日子的书"或"天书"	杨学政	1978	原地
3	云南宁蒗县永宁乡达坡村	某位达巴	占卜的小书	宋兆麟	1963	国博
4	四川盐源县前所乡三家村	达巴苦泽迟尔（1956）	祖传，"格木"，简称星书	宋兆麟	2000	不详
5	四川木里县屋脚乡利家嘴村	达巴木帕·多吉（1932）	看日子的书，新抄本	宋兆麟	2000	不详

---

[1]［苏］伊期特林著，左少兴译：《文字的产生和发展》，北京：北京大学出版社，1987年，第94页。
[2] 王元鹿：《汉古文字与纳西东巴文字比较研究》，上海：华东师范大学出版社，1988年，第115页。

续表

编号	发现地	持有者（生年）	传承简况	发现人	时间	现存地
6	四川木里县屋脚乡利家嘴村	某民办教师	彩绘老抄本	宋兆麟	2000	不详
7	四川木里县屋脚乡屋脚村	不详	摩梭象形文字，藏文注释	宋兆麟	2000	不详
8	四川木里县屋脚乡屋脚村	达巴达瓦·荣布（1929）	师傅传授，自称"格尔木"	赵丽明	2010	原地
9	云南宁蒗县永宁乡温泉村	达巴阿窝（1972）	祖传，自称"哥里木"	赵丽明	2010	原地
10	四川盐源县前所乡前所村	达巴何鲁佐（1933）	传抄本，封面其子书《哥里木》	赵丽明	2010	原地
11	四川盐源县前所乡前所村	达巴刘高左（1932）	传抄本	赵丽明	2010	原地
12	四川盐源县前所乡前所村	喇嘛格帕·拉措（1926）	传抄本	赵丽明	2010	原地
13	四川木里县屋脚乡屋脚村	达巴阿窝·偏初（1967）	传抄本	赵丽明	2010	清华
14	四川盐源县前所乡前所村	喇嘛阿鲁左·品初（1980）	传抄本	许多多	2011	原地
15	四川木里县屋脚乡利家嘴村	达巴木帕·都基（1934）	祖传	李文山	2011	原地

十五个版本的达巴历书分布在川滇交界摩梭人聚居地的七个村寨，符号的读音、外形几乎相同，含义解读也有极大的相似性，并且持有者均为达巴教祭司，可见达巴历书的宗教社会性。

在访谈过程中，三位达巴都说摩梭人没有文字，也都提到达巴文原先刻在猪皮上，后来被吃掉的故事。神话传说中蕴含的文化信息也提示了影响文字的社会因素："初期句意文字（图画文字和远古约定符号）的形成决定于母系氏族集团变成为比较大而稳定的部落公社。"[1]只有在相对封闭的氏族集团当中，约定符号才能较好地传达信息。摩梭人的母系氏族社会制度正是直到当代才逐渐解体的。

（六）总结

首先，达巴历书符号系统的基本符号包括代表星宿的二十八个符号和代表借自喇嘛教七曜历法的七个符号，两个符号系统各自循环使用。附加符号包括表示吉凶的记号和借自喇嘛教历书的图画符号。三个版本历书的比较可以窥见喇嘛教对达巴历书符号不同层次的渗透：早期的有藏文数字，

---

[1]［苏］伊斯特林著，左少兴译：《文字的产生和发展》，北京：北京大学出版社，1987年，第91页。

较新的有喇嘛教星期历法，更新的是喇嘛教图画符号。

其次，达巴历书符号性质用于历法的原始约定符号。根据周有光先生的"文字三相说"，可以给达巴历书符号更详细的定位：1）符号形态（符形相）——原始文字体系。图符有显义和隐义两个层次；2）符号意义（语段相）——约定符号。处于句意字到意词字的过渡阶段，含义较为游离，不同达巴在解释时有同有异，但之间存在关联。这与达巴文化主要以口传形式传承有关。也正由于这种不确定性，造成了历书符号系统的神秘性；3）使用方式（表达相）——辅助学习。它们有较为固定的形、音，以及固定的排列顺序。单独使用，而不能组合成词句。传统上，这套符号系统的识读人群限于达巴。

三 达巴与东巴星宿字符比较[1]

（一）缘起

达巴文是一种原始的、用于宗教占卜的象形文字。笔者通过读音、字符和星图等多个角度的对比，发现达巴教和东巴教两套星宿系统具有相似性。二者用于纪日的星宿几乎一致，只是在通常的排列顺序上对于首宿的选择不同，达巴历书以"人星"为始，东巴星宿以"六星"为始。东巴文是公认的象形文字，达巴文与之在星宿文字上的相似性，更进一步地佐证了达巴历书符号的文字性质。

在比较两套星宿体系时，明显可以感到东巴文对星宿名称的记录更为细致。标志之一就是达巴文二十八宿均为单字，而东巴文的星宿多为多个单字的合成。在这些"合文"中，部分构件用于表音，例如，"马星"在达巴和东巴星宿体系中第一个音节均为"马"的单字音/ʐwæ˧/，如：达巴星宿中音/ʐwæ˧kɯ˧/，东巴星宿中音/ɯɯ˧ʂtʂ˧ɭɯɯ˧/（李霖灿）、/ʐua³³tse³³/（李国文）。达巴历书中，"马星"由四个圆圈构成，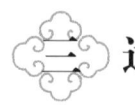（屋脚、利家嘴），或加上连线，如 ▱（前所达巴本）、⁂（前所喇嘛抄本）。东巴文中，在由圆圈组成、表示星宿的符号之外，加入了"马"的单字，用于标音，如：🐴（李霖灿）、🐴⊙（朱宝田）、🐴（李国文）。

而不同版本的东巴文写法也各有千秋。与李国文搜集的材料对比可发现，李霖灿《麽些象形文字字典》中的东巴文，除表读音的部分，还有在字符周围标注代表星星的圆圈以明确字符代表的是星宿名称，如：🐷/bo˩k'o˧/"猪嘴"、🐷/bo˩t'o/"猪腰"、🐷/bo˩ma/"猪油"。李国文字表中与之对应的星宿写作：🐷/bu²¹k'o³³/、🐷/bu²¹do²¹/、🐷/bu²¹ma⁵⁵/。朱宝田的材料介于二者之间，有些星宿中出现表星宿的圆圈符号，如 🐷/bu˩k'u˧/"猪嘴星"；有些则没

---

[1] 本节调查整理人：许多多。

有，如 🐷/bu˩/"猪腰星"、🐷/bu˩mæ/"猪油星"。

由此，笔者提出假设：达巴文字更多的是模拟星象，而东巴文系统则在此基础上逐步发展出记音的功能，同时，开始需要运用指事符号来确定文字的含义。下面就围绕二十八星宿文字的形态做一点探讨。

（二）研究方法

本文选取项目组调查搜集的具有代表性的四个版本（屋脚村本、利家嘴村本、前所达巴本、前所喇嘛抄本）的达巴历书字符，与现已刊布的东巴星宿字符进行比较，以上这些是星宿的分组、排序依据较为统一的达巴历书。其中，李霖灿记录的是丽江鲁甸一带的东巴星宿字符[1]，朱宝田搜集的是俄亚村东巴星宿字符[2]，李国文解读的是丽江大东乡哦洛举村占卜图中的东巴字符[3]。

（三）达巴、东巴字符比较

1. 达巴的"人星"与东巴的"牛郎星"

达巴历书中两颗"人星"为象形文字。/pʰæɨmiɨ/"帕米"星，前所村本字符似人脸（🙂、🙂），屋脚、利家嘴村本较为抽象，写作 ⚯，笔者推测：或为一条河两边的两颗星，模拟牛郎、织女隔河相对的形态，或为模拟牛郎星两侧有两颗小星的形态。/niɨdiɨ/"拟至"星，写作 ◇ 或 田（前所达巴本）。

东巴文中则为表音文字。"牛郎星"仅用于纪一日的版本：李霖灿《字典》88号词条 🐷，音/pyɨboɨ/，朱宝田论文为之补充释义作"豪猪"。其中，左边一字为 ⌐ "升"，音/pyɨ/（91：1142）[4]，右边动物形象为 🐷 "猪"，音/boɨ/（69：845）。此外，这个星宿名称的东巴文中有标记星宿的圆圈符号 ◯。朱宝田论文第22号星宿 🐷，音/pyɨbuɨ/，为"豪猪星"。在形似梳子的字符下方，有标记星宿的三个圆圈符号。李国文的占卜图中，"牛郎星"纪两日，分为 🐷/py³³bu²¹kv³³/和 🐷/py³³bu²¹mæ³³/，其中，/py³³bu²¹/与另外两个版本中的"豪猪"同音，第三个音节/kv³³/和/mæ³³/意思分别是"头"和"尾"，由表示这两个音的单字，🧄/kvɨ/"蒜"（84：1039）、🌾/mæɨ/"尾"（73：882），注音。

---

[1] 李霖灿：《麽些象形文字字典》，台北：文史哲出版社，1972年，第7-9页。为行文方便，《麽些象形文字字典》下文均简称为《字典》，特此说明。

[2] 朱宝田、陈久金：《纳西族的二十八宿与占星术》，载郭大烈、杨世光主编《东巴文化论集》，昆明：云南人民出版社，1985年，第311-332页。

[3] 李国文：《纳西族象形文字〈二十八宿值日星占图〉研究》，载《云南民族大学学报》2006年第5期，第108-113页。

[4] 括号内涵义为：李霖灿《麽些象形文字字典》第91页，第1142号词条。特别说明：为行文方便，《达巴、东巴字符比较》一节中所出现的单字释义参照李霖灿《麽些象形文字字典》释义的均不单独提供脚注，而以括号中的数字格式（页码：词条编号）紧跟字后，其他情况则另行注释。

2. 青蛙星

青蛙星是一组主要以青蛙身体部位命名的星宿，民族语的构成为"蛙+身体部位"。例如："青蛙嘴"星在达巴历书中读音是/pʌ˧kʰwʌ˧/，其中/pʌ˧/是"蛙"，/kʰwʌ˧/是"嘴"。东巴所在的西部方言地区，"蛙"的读音是/pɑ˧/，因此"蛙嘴""蛙肢""蛙尾"三个星宿的名称都是以音节/pɑ˧/起始。

在达巴星宿体系中，用于纪日的青蛙星有四颗。"青蛙嘴"星为模拟青蛙嘴部的象形文字，如 ⊘（前所达巴本），其它三个版本相似且较为抽象，形态近似为 ⊘（利家嘴本）。"青蛙尿"星为两个圈（⊘，利家嘴本），或是带尾巴的圆圈（⊘，前所达巴本），音/pʌ˧dʑɯ˧/。第三颗称作"水星"，与"青蛙尿"星在形态上较为接近，尾巴的方向可以是横向也可以是纵向。利家嘴本和前所达巴本在带尾巴的圆环中再加上一个圆圈，以示区别（⊘，利家嘴本；⊘，前所达巴本）。其命名方式是"水+星"，/dʑɯ˧kɯ˧/，因此也是象形的造字法。第四颗是"白青蛙"星，音/pʌ˧kɯ˧pʰɯ˧/，为一个圆圈：○（屋脚、利家嘴本）；或是圈中加圈：⊙（前所本）。

东巴星宿体系中，青蛙星纪日可以是三天或是四天，分别是"青蛙嘴""青蛙尿""青蛙尾"[1]"蛙尾尖"。除"蛙尾尖"外，其它星宿的名称中具有东巴文中"青蛙"的单字。李霖灿、朱宝田、李国文整理的三个版本中，青蛙单字依次为：⊘、⊘、⊘。这三个单字标记了"青蛙"的音节/pɑ˧/。加上表示身体部位的音节构成星宿名称。标记身体部位读音的单字有：⊘，音/k'o˧/，门（91：1148），表示"嘴"的音节；⊘，音/by˧/，粗（54：666），表示"肢"的音节；⊘，音/mæ˧/，尾（73：882），表示"尾"的音节。李霖灿《字典》收录的东巴文中，在标音的单字之外还有表示星宿的三个圈圈符号：⊘、⊘。"蛙尾尖"音/lʌn˧ŋvʌ˧/，李霖灿注曰："⊘/naɭŋvʌ˧/，此字画一矛杆戳一黑点之形。以黑点注其第一音，又以戳之动作注其第二音。"朱宝田和李国文的版本中，也有黑点标注音节[na³³]的情况，如：⊘，音/lʌn˧/，黑也（122：1595）。因此可以判断，"蛙尾尖"星的名称也是由表音的两个单字合成。

东巴星宿体系中，紧随青蛙星的是"时尾星"，音/t'aɭlɯ˧/（李霖灿本记音），为达巴星宿体系所无。根据读音，第一个音节/t'aɭ/是星名，第二个音节/kɯ˧/的意思是"星"。三个版本的东巴星宿中，均有"塔"的单字为第一个音节标音（⊘，李霖灿《字典》；⊘，朱宝田；⊘，李国文）[2]。其中，李国文搜集的材料中，第二个音节用"鹰"来标记，音/kə⁵⁵/。

3. 六星

达巴星宿中有⊘/qʰɻ˧tʂæ˩qʰpʰʌ˧/、⊘（前所达巴本作⊘）/qʰɻ˧tʂæ˩gv˧mi˧/两颗星，屋脚村的达巴将前者解释作"喉咙"，后者只是名称，没有具体意思。利家嘴村德西达巴解释为"喉咙"和"身体"，木帕达巴认为只是名称，没有含义。前所的达巴翻译作"/ɻæʂɭ/的喉咙"。但是从语音的

---

[1] 朱宝田搜集的星宿版本较其它版本的青蛙星座多这一颗星。
[2] "塔"单字释义可参见李霖灿《麽些象形文字字典》118页，词条1534。

角度分析，/qʰʅtʂæɭpʰʅtʂʰp/的第三个音节与民族语中"角"同音，/qʰʅtʂæɭgv˧mi˧/的后两个音节与"身体"同音，而二者的第一个音节与"六"同音。结合字形，与后面"织女角"的"角"字写法有相似之处；在东巴星宿体系中，这两颗星宿分别是"六星角"和"六星身"，可以理解为由六颗星所构成星座的躯体。

东巴星宿体系里，众版本中，"六星"的星宿名称为/tʂʻwa˧tʂʌ˩/。第一个音节/tʂʻɑ˩/，意为"六"。李霖灿本只用于纪一日，朱宝田和李国文本分"角"与"身"两个星宿，纪两日。朱宝田本在六星符号上方加两个"角"（ /tʂʻuɑtʂʌ˩k'ɑ˩/"六星角"），以区别于 /tʂʻuɑtʂʌ˩go˧mo˧/"六星身"。李国文本中，则是用"角"与"熊"的单字，在六星的右侧标记/kʻo³³/"角"和/kv³³/"身"的读音[1]。

4. 红眼星

"红眼星"在达巴历书中的名称为/ȵiæ˩hv˧/，达巴文为海螺的形状，如（利家嘴本）。利家嘴德西达巴将它释义为"火神"，是因为与火塘供奉的火神外形相同。但是"海螺"在民族语中念作/buɯ˩qʰp/，与星宿名的关联不详。

在东巴星宿体系中名为/miʌ˩hy˩/，东巴文为"眼睛"与"火"的合文，如（朱宝田本）。"眼睛"的读音是/miʌ˩/，表示星宿名称的第一个音节。"火"在这里借用于表示"红色"，读音为/hy˩/，表示星宿名称的第二个音节。[2]李国文本中，写作，加入了表示星宿的三个圆圈符号，读音也增加两个音节，为/miə²¹hy²¹no⁵⁵kə²¹/。

5. 绵羊星

达巴星宿中的"绵羊星"又称为"三星"，根据字形是一组由三颗星构成的星宿，包括： /so˧tʰɑ˧Lo/"三星"的头、 /so˧tʰɑ˧Lo/"三星"的手、 /so˧tʰɑ˧tʂʰʌ˧mi/"三星"的"戳米"、 /so˧tʰɑ˧kɯpʰɑ˧Lo/"三星"的一颗白星。/so˧tʰɑ˧/为星宿的整体名称，/ʁo/、/Lo/的意思分别为"头"、"手"。/tʂʰʌ˧mi/的意思不详。第四颗星名的第三音节为"星"，第四音节为"白"。前所村达巴本的写法较为象形，"三星"的头写作，"三星"的手写作。

东巴星宿体系中为两个关于"三星"的星宿，两个关于"水"的星宿。李霖灿版本中为 /tʰɯ'Lo/"三星角"、 /tʰɯ'Lo/"三星手"，加入"手"的单字以示区分。另外两个版本为"三星角"（/tʰɯ'oLkʻɑ/，朱宝田记音）、"三星身"（/tʰɯ'o˧go˧mo/，朱宝田记音）。朱宝田的版本是在三星上方加"角"的标记，以区别于"三星身"，二者分别写作： 、 。李国

---

[1] 此处两个单字的释义参照李霖灿《麽些象形文字字典》：(1) ，/k'wɑ/，角也（71页：词条857）。李国文整理的占卜图中写作，多出的部分象角下之耳。(2) ，/gʌ/，熊也，以耳为特征（65页：词条781）。

[2] 此处两个单字的释读参见李霖灿《麽些象形文字字典》：(1) 49页，词条576："，/miʌ/目也。"(2) 105页，词条1357："，/mi/火也，又常音变作/hy/，可作'红'及'低'，盖由于火色红，故以之转而为红，遂由此再借音可作'低'字讲也。"

文的占卜图则使用单字标音的方式，写作/sŋ³³tʻo²¹kʻo³³/ 〇〇〇 和/sŋ³³tʻo²¹kv³³/〇〇〇。用于标音的单字与标记六星"角"、"身"的单字相同。

根据李霖灿先生《字典》的词条和李国文先生解读的占卜图，"水头星"和"水尾星"与达巴文 ◎ /soʮtʰɤʮkɯʮpʰɯʮ/可通过读音联系对应。在李霖灿先生《字典》中，70号 ✦ /kɯʮpʼurʮdzʌʮkvʮ/ "水头"星，由三个单字构成：✦ 〒 ◎。第一个音节是意为"星"，由 ✦ 表示。第二个音节由 〒 字表示，而它的原意是"解"，这里用于记录星宿的颜色"白"。根据李先生的注解，◎ 字，音/dzʌʮ/，砝码也（94：1181），用于记录第三个音节的读音。71号 ◎/kɯʮpʼurʮdzʌʮmæʮ/ "水尾星"，省略了标注前两个音节的单字，第三个音节也是由 ◎ 字表示，第四个音节由 〰 标记，意为"尾"，○ 表示这是星宿名称。而在达巴文中，与之读音接近的星宿/soʮtʰɤʮkɯʮpʰɯʮ/（屋脚、利家嘴、前所音）、/pɯʮkɯʮpʰɯʮ/（温泉音）写作 ◎，没有表音的成分。李国文的版本则是一字一音地记录星宿名称，将/kɯ²¹pʻə²¹dʑi²¹kʻo³³/写作 〒〇ββ，其中第一个字对应音节/pʻə²¹/，第二个字对应音节/kɯ²¹/，第三、第四字依次对应后两个音节。四个音节的意思依次为："星"、"白"、"水"、"角"。/kɯ²¹pʻə²¹dʑi²¹mæ³³/写作 〒〇〰，由于两颗星宿相连，就省略了"水"字β。第四个音节由 〰 "尾"表示。而朱宝田的材料中，这两颗星名简化为"水头"、"水尾"，分别写作：◎ /dʑiʮhuʮ/、〰〰 /dʑiʮmæʮ/。其中，◎ 对应音节/dʑiʮ/，其余的部件表示"头"、"尾"。

6. 野鸡星、鹰星

达巴历书中，这两个星宿写作两个鸟类头部的象形字：◎/huʮkɯʮ/ "野鸡星"；◎/kʌʮkɯʮ/ "鹰星"。其中，野鸡突出了冠部，老鹰强调了喙部。

东巴星宿体系中，以鸟象形的星宿有时分为两个，如朱宝田版本中 ◎ ○/fvʮkɯʮ/ "野鸡星"、◎ ○/gəʮkɯʮ/ "鹰星"。有时则合并为一，另外再加入一个星宿，如李霖灿《字典》中，鹰星写作 ◎✦，音/fvʮleʮkəʮkʌʮkɯʮ/，包含了/fvʮ/ "野鸡"（58：712）和/kʌʮ/ "鹰"（59：722）两种鸟的名称。另有一个 ◎ "鬼宿"，形似炒面撒向天空，上部 ◎ 象形，下部两个单字分别标音：◎ /tʂʻvʮ/ "硝水"（20：210），◎/kʻoʮ/ "门"（91：1148）。李国文整理的占卜图，有一个星宿名写作 ◎，音/fv⁵⁵kə⁵⁵/，另有一个写作 ◎，音/tʂʻu²¹kʻo³³/。在李国文的材料中，◎/tʼa²¹kə⁵⁵/ "塔埂星"由 ◎ "鹰"标记/kə⁵⁵/ "星"的音节，此处可以推测，◎ 中的第二个单字也是借用来标音。而 ◎ 的两个单字，与李霖灿《字典》中星宿的写法相似。可以看出，这两个星宿的东巴文中都出现了标音的单字。

7. 猪星

猪的星宿用于纪日三到四天。屋脚、前所本达巴历书为 ◎ /boʮloʮ/ /ʮkʰwɤʮ/ "猪嘴"、◎ /boʮloʮ/ /dzɿʮ/ "猪尿"、◎ /boʮloʮ/ /ʮæmʮ/ "猪油"三个星宿。前所村和温泉村本中，用"猪头"的象形符号表示"猪嘴"星：

。利家嘴村的版本还有第四颗猪的星宿，德西达巴读为/bo˩mæ˧/，是"猪尾"星。木帕达巴则将 解读为/bo˩mæ˧/"猪尾"星， 为/bo˩m˩/"猪油"星。另一方面，在屋脚、前所的版本中，在三颗猪星之后有与之相似的字符，解读为"孜"星座的一颗，而利家嘴的版本在"孜"星座中较另外两个达巴版本要少一颗星宿。

东巴星宿体系中为"猪嘴"、"猪腰"、"猪油"三个星宿。以李霖灿《字典》的版本为例，东巴文及音标依次为： /bo˩k'o˧/、 /ot˩o˧/、 /m˩o˧/。其中，"猪嘴"星中的 字在前文已经解释过，音/k'o˧/，描画"门"的样子。"猪腰"星中的 字，见于李霖灿《字典》 /to˧/，木板也（90：1128）；"猪油"星的 字，见于李霖灿《字典》 /m˩/，酥油也（102：1310）。如上一节所述，三个版本的东巴文字符相似，为"猪"的单字加上身体部位的单字，分别记录星宿名称的两个音节。李国文搜集的版本中无标记这是星宿名称的圆圈符号，朱宝田的材料中仅"猪嘴"星有标记星宿的四个圆圈。

8. 犏牛星

达巴历书中有五个"孜"星的星宿。利家嘴本例外，由于多一颗"猪星"的星宿，在"孜"星组中就少一个。"孜"星为何，屋脚和利家嘴的达巴们没有给出解答，只说是星宿的名字。前所村达巴根据读音认为是"犏牛"。"孜"为音译，民族语读音作/zi˧/，各个版本的东巴星宿材料中读作/zy˧/或/dzy˧/（周汝诚）。李霖灿在释义中保留 字，朱宝田、周汝诚的释义为"织女"，李国文在解读中采用音译，写作"蕊"，猜测是某种动物。可以看出，各个版本的星宿读音接近，但是释义不明。依据星宿中涉及的身体部位包括了"角"，笔者暂且采信前所村达巴给出的释读，认为这是"犏牛"星。

这一系列的星宿名称为"孜"身体的各个部位。第一颗为 （屋脚本）/ （前所本），利家嘴村本将之归入猪星群中，屋脚达巴解读它为/zi˧ʐu˧/，意为"孜"的整体，前所达巴解读它为/zi˧ʐu˧pʰu˧li˧/，意为"犏牛四面的角"。其中，/ʐu˧/意为"四"。其余四颗各个达巴版本相似，依次为： /zi˧pʰu˧li˧/"犏牛角"； /zi˧li˧/"耳牛耳"； /zi˧næ˧li˧/"犏牛眼"； /zi˧gv˧/"犏牛躯"、 /zi˧gv˧/"犏牛掌"（屋脚本）、 /zi˧gv˧li˧/"犏牛身体"。可以看出，这四个字都是象形的造字法，分别模拟角、耳、眼、手掌的形态，仅利家嘴村本中 字、前所村本中 字的象形意不是十分明显。

东巴星宿体系中，这个星群占到很大一部分。李霖灿《字典》收录有： /zy˧nv˧/"嘴"、 /zy˧/、 /zy˧mi˧/"眼"、 /zy˧ts'i˧/、 /zy˧/"肩"、 /zy˧dv˧/"胃"、 /zy˧tɯ˧/"腰"、 /zy˧ba˧/"阴"、 /zy˧mæ˧/"尾"、 /zy˧bʌ˧/"脚掌"。《字典》未收录，而朱宝田、周汝诚、李国文材料中均出现的有： /zy²¹k'o³³/"蕊角星"（李国文版本）。 /zy²¹tɕə³³/为朱宝田和李国文整理的版本所共有，为"织女"的脖子。不过朱宝田材料中的文字 ，与李霖灿收录的" 肩"相似。朱宝田、周汝诚材料中有 ✱ /zy˩ɡu˧/ "织女身"。李国文的材料中还出现 ✱ /zy²¹kv³³ly³³/ "织女头"。各个版本根据纪日星宿数目的平衡，选取其中的九到十一颗。

这些星宿名称均为表示整体星名的 ✱ 字，加上表示身体部位名称的单字构成。多数为象形字，如：✱ /nv˥/，口（50：593）；✱ /hɛ˧/，耳（49：588）；✱ /mi˩/，目（49：576）；✱ /tsʻi˩/，肩（72：872）；✱ /ho˥/，胃（53：643）；✱ /tʻɯ˥/，腰（53：650）；✱ /mæ˧/，尾（73：882）；✱ /bʌ˧/，脚掌（55：675）。"阴部"则都用"花"的讳称，写作 ✱ /bɑ˩/，花（81：993）。

也有用同音单字标音的情况。如朱宝田版本中，"织女嘴"写作 ✱ ✱，用 [nv˩] "黄豆"来标音（83：1031）。再如"织女身"是用"蛋" ○ [kv˧]标记"身"的音节/ɡu˧/（62：751）。这种情况在李国文解读的占卜图中更为多见，如 ✱ ✱ "蕊胃星"，用鬼名的单字标注"胃"的音节：✱，[dv˩]，鬼名，以尖顶特识（138：1809）。这可能是因为"胃"的单字读音为[ho˥]，与实际音节不同。又，✱ ✱ "蕊头星"，用"矛"的单字 ✱，音[ly˧]（114：1473）标记"头"的音节/kv³³ly³³/。再如 ✱ ○/zy²¹ma²¹/"蕊尾星"，用"酥油"的单字标○/mɑ˩/注"尾"的音节/ma²¹/（102：1310）。

9. 虎嘴、肉食

这两个星宿仅见于达巴历书。前者为"虎"的象形文字，如 ✱（利家嘴本），屋脚村本较为抽象，写作 ✱，似为老虎的嘴部，音/lɑ˧hũ˧qʰwʌ˧/。根据语言调查记录的词汇，/lɑ˧hɑ˩/为"老虎"，/qʰwʌ˧/为"口"。后者形似带网格的三角形，如 ✱（利家嘴本），音/ʂʌ˩dzi˩dv˩/。根据语音判断，第一个音节为"肉"，第二音节为"吃"。

10. 头星、尾星

这两个星宿达巴文作 ✱/ʂwæ˧kʰwɑ˩/、✱/mæ˧kʰwɑ˩/（利家嘴村本），前所村本写作 ✱、✱，两种写法都分别突出了两个星宿的头部和尾部。

东巴星宿体系中仅李霖灿《字典》收录了两个字形和读音都相近的星宿：✱/ʂwɑ˩kʻwɑ˩/，✱/hy˩kʻwɑ˧/，但是未调查出对天空中与之对应的星体。这两个星宿由同音的单字组合而成，再加上表示星宿的圆圈符号标记其为星宿名称。✱/ʂwɑ˩/，高也，原象墙上高架板之形（95：1190）；✱/mi˧/，火也，又常音变作[hy˩]，可作"红"及"低"（105：1357），若是与"高"相对应，此处应释为"低"；✱，/kʻwɑ˧/，角也（71：857）。

（四）达巴文到东巴文的发展

1. 达巴文中的二十八宿

达巴的二十八宿文字均为单字，而星宿名称则为二到四个音节。以较为古老的利家嘴、屋脚版本为基础，二十八宿达巴文的字形可分为三类：

（1）星象符号，8个：

⚇ /zwæ˧kɯ˧/ "马星"；○（屋脚、利家嘴本）、⊙（前所本），音 /pʌ˧ɯ˧pʰʌ˧/，"白青蛙"星；⁝ /qʰʌ˧tʂæ˩gv˧pʰʐ˧/ "科扎"身体；⁝ /so˧tʰa˧Lo˧/ "三星"的头； ⁝ /so˧tʰa˧Lo˧/ "三星"的手；⁝ /so˧tʰa˧tʂʰwʌ˧/ "三星"的 "戳米"；◎ /so˧tʰa˧Lʌ˧kɯ˧pʰɯ˧/ "三星"的一颗白星；⁝ （屋脚本）/zi˩zɯ˧/、⁝ （前所本）/zi˩zɯ˧pʰɯ˧/。

（2）与名称读音相关的象形符号，16个：

🐸 /pʌ˧kʰwʌ˧/ "青蛙嘴"（屋脚、利家嘴本）；〜 /pʌ˧dzɯ˧/ "青蛙尿"；♀（利家嘴本）、〜（前所达巴本），音 /dzɯ˧kɯ˧/，"水星"；✕ /qʰʌ˧pʐæ˩pʰʐ˧/ "科扎"角；👁 /hu˧kɯ˧/ "野鸡星"；〜 /kʌ˧kɯ˧/ "鹰星"；𝈺 /bo˧kʰwʌ˧/ "猪嘴"；∽ /bo˧dzi˧/ "猪尿"；♀ /bo˧ma˧/ "猪油"；⚶ /zi˩pʰʐ˧/ "犏牛角"；⚝ /zi˩li˧/ "犏牛耳"；〜 /zi˩ɲæ˩/ "犏牛眼"；♠ /zi˩gv˧/ "犏牛躯"、∼ /zi˩gv˧/ "犏牛掌"（屋脚本）、⚘ /zi˩gv˧/ "犏牛身体"；🐯 /lɑ˧hũ˧pʰwʌ˧/ "虎嘴星"；⚶ /ʂwæ˧kʰwʌ˧/ "头星"；⚘ /mæ˧kʰwʌ˧/ "尾星"。

（3）似是而非、介于二者之间的单字，4个：

⚇ /pʰæ˧mi˧/ "人星"；⚘ /ɲi˧ɦi˧/ "人星"；⚘ /vʌ˧lhv˧/；⚘ /vʌ˩zi˩dzi˩/。

相比之下，前所村的版本更为象形，如："青蛙嘴"写作 🐸，象青蛙头部之形。而在屋脚、利家嘴本中归入形态不明的 /pʰæ˧mi˧/ "帕米"人星，写作 👤，象人头之形。

可以看出，第一类抽象符号类似于星图，反映了达巴对于星象的观察和总结。第二类象形符号在第一类的基础上，用象形的文字表达星宿名称，进一步起到提示读音的作用。第三类则是达巴们不能给出解释，而从外观上又难以猜测其所象之形。

"格里木"，意为"看星星的书"，又用如此抽象的文字书写，可称得上是名副其实的"天书"。在解读过程中，据笔者观察，达巴们能够参照其念诵星宿名称，更多的是依靠对这按固定顺序排列的二十八宿的记忆。

2. 东巴文中和星宿

东巴文的星宿名称则多为合体字，即由数个单字构成的合文。这些单字多起到记录星宿名称音节的作用。这些合体字根据其构成可分为三类：星象符号、星象符号+标音单字、标音单字。其中，第二类根据星象符号与标音单字的功能，又可以分为两个次类：星象符号为主，单字标注星宿名称的一部分；单字记录星宿名称音节，星象符号为指事标记。下面举例介绍其分类依据：

（1）星象符号

星象符号指的是摹画星宿形态的文字，类似达巴文的第一类。例如：李霖灿《字典》中的 ❂ "六星"、❂ "三星角"；朱宝田材料中的的 ❂ "六星身"、❂ "三星身"。

（2）星象符号+标音单字

①星象符号提示发音

这一类型中，标音单字的基本功能是表音，有些象形文字与星宿名称中音节的意思相同。例如李霖灿《字典》中的 ❂ "三星手"，是在 ❂ "三星角"的基础上加入"手"的象形文字，用于标记星宿名称中"手"的读音。再如李国文占卜图中 ❂ "六星角"，是在"六星"的形象符号旁边用单字标识星名。此外，三个版本中的 ❂ 星，也多是在星象符号 ❂ 的基础上增加身体各部位的标音单字。

少数标音单字只是借同音字标音，如李国文占卜图中的 ❂ "六星身"是用"熊"标记"身体"的音节，朱宝田材料中的 ❂ "织女嘴"是用"黄豆"标记"嘴"的音节。

朱宝田整理的俄亚村星宿中，标音单字较为接近指事符号的性质。例如"六星角"是在"六星身" ❂ 的基础上标记"角" ❂ 。换言之，六个圆圈构成的星宿表示六星的"身体"，而上方标记表示"角"的含义。相似的情况出现在 ❂ "三星身"与 ❂ "三星角"，后者是在前者之上加注"角"的标记。

②星象符号为指事标记

在这个类型中，星宿名称由与之意义相关的单字或意义无关的同音单字记录，星象符号仅作为提示这是星宿名称的文字，是一种指事标记，而无标音功能。

如李霖灿《字典》中的"豪猪星"/pɯ˧bo˩/，写作 ❂ ，左侧单字音/pɯ˧/"升"，右侧动物单字音/bo˩/"猪"，用圈标记二者合文构成"豪猪星"的名称。"青蛙星"： ❂ /pɑ˧k ʼo˩/"蛙嘴星"、❂ /pɑ˧by˧/"蛙肢星"， ❂ /pɑ˧/、❂ /k ʼo˩/、❂ /by˧/分别标记名称音节，三个圆圈标识这个字表示星宿。又如"鬼宿" ❂ /tʂʼv˧ k ʼo˩/，上部 ❂ 象形，下部两个单字/tʂʼv˧/、❂ /k ʼo˩/标音。再看三颗猪星：❂ /bo˩k ʼo˩/"猪嘴"、❂ /bo˩/"猪"、❂ /bo˩m bo˩/"猪油"，也都是两个单字标音，再以圆圈标记这个合文星宿。类似的情况还有朱宝田材料中的 ❂ "牛郎星"、❂ "马星"、❂ "猪嘴星"，李国文材料中的 ❂ "苗衡糯格星"、❂ "丝妥枯星"、❂ "丝妥姑星"、❂ "富更星"。

（3）标音单字

这一类为单纯由标音单字构成星宿名称。单字可以与音节意思相符，也可以仅是同音而不同义。

以"时尾星"/tʼɑ˧ʂʼkɯ˩/为例，李国文解读的占卜图中写作 ❂ ，两个单字都是用于标音的同音词，意思分别为"塔"、"鹰"。李霖灿《字典》收录的版本，写作 ❂ ，右侧单字是音义相符的标音单字："星"。

有些星宿的东巴文与音节并非一一对应，但是起到标记音节的作用。例如李国文本"水头星"/kɯ²¹p'ɔ²¹k'o³³/写作 ，四个单字依次记录四个音节；而"水尾星"/kɯ²¹p'ɔ²¹dʑi²¹mæ³³/写作 ，省略了记录第三个音节的单字 。朱宝田材料中的 /gəɨkɯɬ/"鹰星"较为特殊，只有一个"鹰"的象形文字，标记星名中的第一个音节。但它的性质也类似于达巴文的第二类，起的是提示星宿名称的作用。

基于上述分类标准，三个版本的东巴二十八宿可以归类如下：

	星象符号	星象符号 + 标音单字		标音单字
		星象符号为主，单字标注星宿名称的一部分	单字记录星宿名称音节，星象符号为指事标记	
中甸 李霖灿				
俄亚 朱宝田				
丽江大东乡哦洛举 李国文				

3．从达巴文到东巴文

根据文字和语言的对应关系，达巴文可以分为三类：（1）星象符号；（2）与名称读音相关的象形符号；（3）似是而非、介于二者之间的单字。东巴文可以分为三大类、四个小类：（1）星象符号；（2）星象符号+标音单字；（3）标音单字。其中，第二大类又分为：①星象符号提示发音；②星象符号为指事标记。

对比两个分类系统，可以看出，第一类是相同的，都是象形符号。达巴文的第二类相当于东巴星宿文字的第三类。然而由于达巴文均为单字，虽然有个别与星宿名称中音节对应的象形文字，其本质上更多的是一种小范围内（达巴教祭司）的约定符号，起到提示读音的作用，而不同于东巴星宿文中单字逐个记录音节的功能。这可以从一些文字并非象形、而是十分抽象甚至无法看出原形的符号标记看出。

较之达巴文，构成东巴文星宿名称的文字中，在星象符号之外，多出了具有标记音节功能的单字。标音单字中，象形文字占大多数，其余极少数属于指事符号。象形的单字又分为两种情况，音节本身的单字、与音节同音的单字。

依据东巴星宿文字四个分类中星宿象形文与标音单字的功能，笔者推测其发展过程为：（1）→①→（3）→②。即最初是提示读音功能最弱的星宿象形文，之后开始有星宿象形文与标记部分音节的单字结合的合文，再其后运用单字逐个记录音节，随着词汇的增加，需要在单字标音的基础上加入指事标记，区分词义。

值得注意的是，李国文解读的占卜图中，星宿名称的东巴文均为两到三个单字的合文，而没有单纯的形象符号。朱宝田、李霖灿、李国文记录整理的东巴星宿分别来自四川木里县的俄亚、云南迪庆州的中甸、丽江大东乡，在地理上由北向南分布，也是从纳西族闭塞的山区到与外界接触较多的地区。丽江地区东巴文记录音节的功能较其它地区更为发达，在一定程度上暗示了东巴文发展的趋势：象形文字由最初的记录多音节词汇逐渐发展出记录单个音节的标音功能，其记录语言的能力在逐渐增强。

（五）余论及总结

这里总结发展模式，依据的是多个版本二十八宿文字共时比较的结果，从中重构其历时发展过程。向古可以追溯到达巴教、东巴教最初口耳相传的文化形态，在这种环境下，祭司们依凭的是记忆而非书面文本。长此以往，由于语音发生变迁，后辈的祭司也许能记诵下来星宿名称的古音，却不能与日常词汇联系理解，因而不理解星宿名称的含义。为了更好地记录星宿名称，祭司们开始运用指事符号、同音同义的单字来标识。需要指出的是，祭司们并非能够意识到音节的概念，对于他们来说，一个文字，不论是单字或是多个单字构成的合文，表达的是一个整体的概念，即星宿名称。在这个过程当中，一些同音不同义的单字也许更为常用或与音节的联系更为直接，也假借过来记音。可以说，是记录语言的需求促进了文字的丰富。同时，由于文字的增加，指事符号又进一步运用，以区分词义。而反观这一过程，尚处于小范围内宗教约定符号阶段的达巴文则展现了已经发展出标音功能的音节文字的东巴文的萌芽状态。

文字被认为是人类最伟大的发明之一，它使得人类信息的传递突破了时间与空间的限制。世界的文字有多个源流，如汉字、玛雅文、楔形文。而在近东地区，考古发现多种形态的史前陶烧刻符。学者论证指出，这些公元前八千年由锥形、线、动物头颅等组成的刻符，乃是楔形文字的前身，而它们的主要功能是用于计数。[1]这提示了我们，文字的演化过程何其漫长，最初的形态稚拙得或许让我们不认为它是文字。

纳西族人，或曰古麽些人，在历史发展过程中，逐渐形成了独具风格的象形文字——东巴文。这也是被誉为世界上至今唯一存活和使用的象形文字。而它最初被创制时是怎样的形态，却依然是

---

[1] Denise Schmandt-Besserat: *How Writing Came About.* University of Texas Press, Austin, 1996: 7.

个谜。目前发现的达巴历书"格里木"是达巴教仅有的书面文献，而笔者通过解读以及查阅资料，可以感受到其与东巴星宿文字之间千丝万缕的联系。观察天象纪时与计数都是人类生活当中的基本需求，这解释了星宿符号、数字刻符在文字演化初期被创造的原因。本文通过对为数不多的二十八星宿达巴文与一千多个东巴象形文中的二十八宿进行比较，归纳其构造类型，推拟其发展历程，阐述了达巴文作为东巴文萌芽状态的理论假设。

四 最后的母系社会
——"走婚制"摩梭人大家庭居住院落[1]

2016年6月底到7月初，在清华大学赵丽明教授带领下，徐焰等组织这次川滇公益游学，走进泸沽湖深处的大山里。主题之一是"走访最后的母系社会"。

在中国西南四川与云南交界处的泸沽湖畔，生活着古老而神秘的摩梭人。作为中国最后一个母系氏族，摩梭人至今仍然保持着古老独特的生活形态，而"走婚"制度，更为摩梭人蒙上了一层神秘面纱，吸引着越来越多的人前去一探究竟。这一次我有幸走进四川省木里县屋脚乡屋脚村，感受摩梭大家庭的生活。我是个建筑师，因而对这最后的母系社会的居住院落，格外关注。

图9-1 四川省木里县屋脚乡屋脚村鸟瞰图

---

[1] 本节整理者：崔曦。

由于历史原因，四川省的摩梭人归属蒙古族。

屋脚村海拔2500米，属高原亚温带湿润气候，冷热两季交替，干湿季分明。尽管先前已有所耳闻，但真正来到屋脚村，还是被整个聚落所呈现的原始与古朴所打动。摩梭人的祖先信奉达巴教，尽管后来受到藏传佛教的影响，但摩梭人的后代仍然崇拜自然山神。整个聚落依山而建，位于山脚，主要房屋的朝向也都面向神山。虽然与流传至今的中国传统风水学的选址有很大不同，但聚落的选址却体现了摩梭人祖先朴素的智慧。聚落位于山脚既能够获得良好的日照，也能够避免冷风的侵袭。房屋组群表面上看是散落布置，并无秩序可言，但细看发现，所有房屋都遵循同样的形制，主入口也都统一朝向东边。据说摩梭人的祖先是游牧部落，帐篷的入口要朝向东方。虽然后来族人定居下来，也不再居住帐篷，但仍然保留了这一传统。

与世界上大多数地方经由母系社会发展到父系社会的社会普遍发展形态不同的是，摩梭人一直保留着母系社会的生活形态。摩梭人生活以家庭为单位，全部家庭成员都居住在一起。典型的摩梭人民居由房屋与它们所围合的院落构成，形似四合院。只是与中国传统四合院不同的是，尽管摩梭人家庭中人数较多，但所有民居都由一个单一院落组织，没有多重进深的院落。原因在于摩梭人家庭内部虽有长幼尊卑，但人与人之间却保持着最原始的平等关系，尤其是女性，在家庭生活中具有很高的地位；此外，无论家庭规模大小或者贫富差距如何，任何一个摩梭民居都遵循统一的布局方式：由四座房屋构成，即祖母房、经堂、花房和门楼。

图9-2 依山而建的摩梭人民居

图9-3 单一院落的摩梭人民居外观

图9-4 单一院落的摩梭人民居内景

在摩梭人的家庭中，最年长的女性称为老祖母，类似于家族长，拥有最高的地位和权力，受人敬重，并掌管家庭的财务。祖母房是摩梭人老祖母居住的地方，是家庭中最高等级的建筑，拥有自己的形制和修建制度。在祖母房修建之初，需要有特殊的达巴举行仪式进行选址勘测。等到祖母房修建好之后，除了可以更换屋顶的木瓦片外，其他部位均不能有任何的改动。正因为如此，一个家庭的祖母房可能有上百年的历史，虽然有些已经显得破旧不堪。时至今日，摩梭人依然保留着这一传统。

图9-5 摩梭人老祖母

图9-6 摩梭人祖母房

祖母房高一层，坐北朝南，因地形不同而朝向稍有变化。平面呈凹字形，凹处为祖母房的玄关，玄关左右（外圈）为辅助空间，主要用作储藏、生育或停尸等。中间（内圈）是祖母房的核心空间，又叫正室，除用于老祖母和小孩的休息外，还承担进行日常家庭活动、餐饮、会客以及重要仪式等功能。虽然内部没有进一步的空间分隔，但经过代代传承，人与神、男与女、主与客都拥有各自固定的空间领域。

火塘是民居的核心，从最初的用于取暖和加工食物到后来只具有象征意义的壁炉，火塘是一家人聚集起来议事和吃饭的地方。摩梭人民居中，祖母房中的火塘分为上、下火塘，上火塘是正室的核心，上方供奉着火神"然巴拉"，而且至今还保留着照松明的地方。下火塘在上火塘的另一侧，当家里来了客人或者逢年过节需要一次性烹煮比较多的食物时，下火塘就能派上用场。下火塘上方还有用于阴雨季节室内晾晒粮食物品的架子。

图9-7 祖母房正室：上火塘

图9-8 祖母房正室:下火塘及晾晒架

图9-9 祖母房正室:松明台

图9-10 祖母房正室：火塘上挂的腊肉

图9-11 祖母房正室：柜上的猪膘肉

第九章 整理与初探

图9-12 祖母房正室：传统屋顶的采光天窗内景

图9-13 祖母房正室：传统屋顶的采光天窗外观

值得关注的是摩梭人关于方位的认识。在摩梭文化中，右代表女性，左代表男性，母系氏族女尊男卑的观念反映在方位上就是右尊左卑。祖母房正室以火塘为界，右边是正室中女性成员的空间，左边则是男性成员的空间。火塘前有两根柱子，叫做男女柱（是摩梭人成年礼的礼节性空间），也以神像为界，右侧的叫做女柱，左侧的为男柱。

正室的外间为玄关（前廊），相当于进入正室的"过厅"。此处常放置水缸，用作储存饮用水和消防用水，在实际生活中也会在此放置腌酸菜的大缸。正室外间有一处幽暗的"密室"，仅开一个小门与正室相连，也可以从玄关（前廊）进入。当家中女性分娩或者有人过世时，"密室"便作为产房或者停尸房。因为摩梭人的出生和死亡都经过这道门，因此这道门又称为"生死门"。

图9-14 祖母房玄关（前廊）与生死门

如果说祖母房承载了摩梭人的日常家庭生活，那么经堂就应该是摩梭人宗教生活的体现。经堂分上下两层，楼下住单身的男子或客人，二层是喇嘛的居室和相应的客房。摩梭人受到达巴教和喇嘛教共同的影响。由于达巴教信奉山神，因此经堂的形制都是坐西朝东，这样当摩梭人面向经堂的时候就面朝神山的方向；同时，经堂又为喇嘛提供住所。因此，两种宗教在此既相互配合，又各自为阵。

历史上外来宗教传入影响本土宗教的情况并不少见。佛教就是在公元前后由古印度传入中国并在后来的发展过程中与中国传统文化融合，与道家和儒家一起共同影响了后世的中国。即便如此，像摩梭人这样本族原始宗教与外来宗教并存而不是一者同化另一者的现象依然不多。究其原因，应该是作为原始多神教的达巴教本身具有高度的包容性，以及宗教在族群中没有成为统治工具。

图9-15 摩梭民居经堂

图9-16 经堂内部

图9-17 经堂外廊

花房作为摩梭人民居中最具浪漫色彩的房屋，与摩梭人独特的走婚制紧密相关。花房分为上下两层，上层用木板分割成数间独立的小房间，供已到走婚年龄的女孩子使用，下层则作为临时加工和堆放杂物的场所。摩梭人男女虽是白天在自己的大家庭劳作、生活，晚上男子到自己走婚的女子家住宿，但他们却有固定的配偶。女子成年后居住在自家花房中，若结交了心上人，男方需提着猪膘肉等礼品去拜访大家庭的家长，经家族同意并经过简单的仪式后，男子夜晚便可到女子的花房中居住，但清晨必须离开。如果有生育，小孩则在母亲家中抚养长大。因此，男性成员在成年礼后离开祖母房，按理在母亲家中便没有了正式的居住空间，而相反女性成员在成年礼后离开祖母房则拥有一间花房，直到怀孕前的两三个月再搬回正房。

第九章　整理与初探　531

图9-18 摩梭人花房

走婚制度作为摩梭人母系氏族社会独特的婚姻制度，对各个摩梭人聚落的影响不止表现在花房的形制上。母系氏族形式下，以母系作为纽带的家庭关系，使得家庭中所有人都有血缘关系。兄弟姐妹也不会把自己的阿夏（走婚形式下的配偶）带到家里共同生活，因此没有妯娌、婆媳之间的矛盾，也不会出现不赡养老人的现象。此外，男子在外挣到钱后，将财务统统交给自己家的老祖母，由这位最年长的女性支配，这些财务也与自己的阿夏完全无关。可以说，以女性作为居住主体、大家庭共同居住的模式客观上增强了整个族群的稳定性。

在调研和访谈的过程中，明显能感受到摩梭人大家庭的幸福度还是很高的，除了没有孤寡老人现象外，家族中的孩子似乎是大家的孩子，如果其中一个女儿一时没有找到合适的走婚对象，家庭中也较少出现催婚的现象。也有极少数走婚伴侣由于恶习、性格、甚至性生活不和谐等原因不愿再在一起的，经家族同意也可以分开，另外寻找走婚对象。但在绝大多数情况下，走婚对象是相对固定的。

摩梭人民居属于木构房屋，除祖母房的正室因有大空间需要有少部分穿斗式建构外，大部分为井干式构。这与当地木材资源丰富以及不发达的建造技术有关。细节和装饰大多非常精巧，面向院内的窗户雕花空格窗、楼梯、外廊、栏杆、檐部等构件都展现了比较好的原始工艺。

图9-19 摩梭人木构房屋

图9-20 民居细部与装饰

然而随着与外界交往的日趋频繁，除具有严格要求的祖母房外，大多数摩梭人民居都开始采用新的材料，花房、经堂以及门楼的形制也都兼具了传统与现代的特点。聚落进化背后的根本动力是生产和生活方式的变化，从这一点而言，传统民居的形式不再适应当代人的生活，改变是历史的必然。而如何在这种改变之中找到历史与当下的平衡点，才应该是建筑师真正需要思考的问题，也是当下建筑师的职责所在。

（2016年7月31日）

第十章
清华学子，走进川滇

2010年暑假清华大学赴川滇地区少数民族文化考察支队纪实

中国的大西南是少数民族多样性最高、民族文化保存最完好的地区。许多不为人知的原始文字一直以相当活跃的姿态存在并流传着，这里是人类学、社会学、民族学和语言学的宝库。

2010年暑假，川滇原始文字考察支队带着国家博物馆宋兆麟先生提供的20多本经书走进了大西南。20天的田野工作，我们马不停蹄，翻山越岭，在与恶劣的自然条件抗争之中，我们炼就了坚强的意志，收获了深切的感动。目前，我们的工作全面展开，斩获累累硕果，此项目也被列为2010年国家社科基金重大招标项目。

穿越横断山脉，寻访金沙江畔。我们践行着"读万卷书，行万里路"的古训，一路上，以严谨的田野学术工作精神，深入多民族文化腹地，在攀登中成长，在执着里守望。

支队logo展示：

支队的logo，主体部分是"川滇田野"四个汉字。川、滇是我们这次考察所去的两个地方，而田野则是我们本次考察的口号。社会调查应该要走向田野，走向基层。最后，整个图案是一个印章型的，象征我们支队的所有成员都心心相印。

队衫展示：

队衫的正面　　　　　　　　　　　　　　队衫的背面

 探秘民族文化瑰宝

2010年8月4日到22日，清华大学暑期调查支队的老师和同学们来到位于川滇交界地区的丽江、迪庆、凉山等市州进行了为期20天的调研。本次调研的主题是少数民族的古文字。

人文学院2010年暑期赴川滇藏考察支队，是一支短小而精干、非常具有战斗力的队伍。有来自不同学校和院系、年级的队员7人，邀请了人文学院赵丽明教授担任我们的指导老师。

川滇交界的偏远山区地带蕴藏着独具特色的少数民族民俗文化资源，尤其是其中历史悠久的原始文字与文献，具有极其珍贵的学术价值。对这些不为人知的文字展开调查研究，是国内一项填补空白的工作，具有重要的历史学、人类学、民族学、文字学价值。

经过20天艰苦卓绝的调查，涉及川滇交界地区的丽江、迪庆、凉山三个地级市的香格里拉、维西、丽江、宁蒗、木里、盐源等6个县，三坝、永宁、拉伯、屋脚、泸沽湖、落水、前所等7个乡镇，10余个村落，涵盖纳西族、普米族、藏族、摩梭人、蒙古族、傈僳族、白族、彝族、壮族、苗族、汉族等10多个民族或支系，在实践地总计行程约为1681千米。我们的实践基本上达到了预期的目的，取得了异常丰硕的成果，与当地人民结下了深厚的友谊。

回校以后，我们赶赴承德参加了中国民族古文字会议，在会议上发言，得到了与会专家的广泛好评。我们的工作也得到了校内媒体如《紫荆报》《文苑》等的高度关注，它们为本支队进行了专题报道。本课题已被列入2010年国家级重大社科招标项目。

历经艰险，收获颇丰

2010年8月4日，清华大学暑期川滇调研支队成员在云南省香格里拉县集合，深入川滇交界的横断山脉，对这里丰富的少数民族文字资源展开了详尽的调查和摸底。经过20天的努力，基本上完成了预期的任务，得到了极其丰富翔实的第一手资料。先后访谈当地群众、学者约60人次，其中包括40多个小时的录音，数十个小时的录像与近3000张珍贵照片。22日，调查支队结束了最后的行程，从西昌乘坐火车返回了北京，并陆续对这些材料进行了整理和研究。

"翻译经书是我们这次实践的主要任务，"支队长徐可可介绍道，"听当地少数民族祭司诵读经书，并用国际音标当场记音是一项首要的基本功。"一路上，这支实践小分队遇到的最大困难就是语言不通。许多祭司不会说汉语，或带有浓重的地方口音；如果碰上了上了年纪的祭司，交流就更加困难了。但是在带队老师赵丽明教授的指导与鼓励下，承担翻译工作的徐可可不仅很快掌握了国际音标，而且坚持对每一本文献都就地面对面翻译，绝不留下遗憾。

支队队员刘晶主要负责拍摄和访谈民族文化传承人。作为支队里唯一的男孩，他承担了支队大部分的体力活。18天的行程，对队员们的体力是一个巨大的考验。"我们支队的拍摄任务非常重，"刘晶笑道，"一端起DV就是两个小时。"这个今年刚上大二的男孩在20天恶劣环境的考验下，始终坚持工作，极度劳累的他甚至在一次拍摄过程中昏睡了过去。

图10-1　徐可可在翻译摩梭人经书

图10-2 刘晶在拍摄中

图10-3 调查支队访问的部分祭司们。从左向右分别是摩梭喇嘛格帕、摩梭达巴达瓦与阿布高若

文化之旅：这是一个民族文化的宝库

对于调查支队的每一个队员来说，在川滇交界的崇山峻岭中穿行的近一个月时光是一段终身难忘的记忆。

"调查扩展了我的视野,我在这儿一个月所见到的东西可能是其他人终其一生也不可能见到的。"来自新闻学院的刘晶兴奋地说道。谈起这次一路上所见到的文化传承现象,和那些神奇瑰丽的经书、雄奇险峻的景致、经历传奇的人物,他有时万分感动,有时忧心忡忡,"少数民族的文化宝藏探索不尽,但许多都处于濒危状态。通晓民族文化的老人越来越少,如果不及时加以保护,迟早都会消失殆尽"。

除了支队里的学生,赵丽明教授同样对这一次的考察之行满怀感慨。作为一个资深文字学学者,赵老师在20多年里始终坚持田野调查。尽管每一次的行程对于年逾花甲的她来说都是一次艰难的考验,但是她还是坚持下到基层。有一次她走了几天的山路来到一个极其偏远的小村考察,村子里的老东巴(祭司)一下子拿出数百卷的东巴经,把她给惊呆了。她说:"这是一个民族文化的宝库,这里有挖不完的材料,只有下到这里才能做出真正属于自己的研究成果来!"

探险之旅:我们终于活着回来了

"我们终于活着回来了!"这是调查支队的队员们回到学校之后在校门口大喊的一句话。

调查支队由于行程长,而且多在大山中,又恰逢当地的雨季,所以一路上有很多艰难险阻,还面临着滑坡、泥石流等诸多危险。调研支队的队长徐可可告诉我们:"支队成立最初有8位队员,但是在实践前夕由于实践地多次发生滑坡、泥石流等地质灾害。有6位同学在家长的劝阻之下无奈放弃了实践行程。"虽然支队的人数锐减而且前路茫茫,危险重重,但仅剩的两名队员和老师却无比坚定地走完了预定的行程,并且顺利完成了调研任务。

支队考察的地点大多是一些隐藏在偏僻、人迹罕至的横断山脉大山里的小村落。不仅交通闭塞,而且雨季山路泥泞,悬崖陡峭,有的地方甚至完全没有通车,只能依靠步行。但是调查支队全体成员吃苦耐劳、同舟共济,顺利度过了难关。

年逾花甲的赵丽明老师对此更是感受深刻,"我的腿脚不好,一路上多亏他们照顾才最终顺利完成了行程"。而赵老师在如此高龄之下依然坚持田野调查的精神也同样鼓舞了支队的队员们,徐可可坦言:"相比赵老师,我们惭愧万分,她的精神和毅力简直令人难以置信。"

正是在这样近似于"探险"的实践中,支队成员之间建立了深厚的友谊,队员们都笑称彼此已经是"生死与共"的哥们了。那段共同经历的艰苦时光,成为了全体队员所共有的一份精神财富。

回到学校,感叹之余,队员们又开始怀念那段美好的时光,并表示如果有机会,一定还会再去的。

前期准备工作及支队管理

人文学院2010年暑期赴川滇考察支队于2010年4月底正式组建，并向学院团委提交了立项申请书。支队组建的时间较早，并进行了3个多月的精心准备，主要工作有：

组建了支队基本的组织架构。由赵丽明教授亲自招募并选拔了一批身体素质与心理素质过硬的队员，选举支队长并进行前期工作分工；做好吃苦的心理准备，预估实践风险值并劝退一批身体不合格队员。

参与学院、学校组织的各项实践专题培训。支队成员参加了4次支队长例会，参与了相关的专题培训——财务、摄像、论文以及支队长培训等。此外，特别注重对队员的安全培训。

积极开展在实践当地的外联工作。由熟悉当地情况的同学进行联系，确定实践的时间以及行程，预定宾馆，确定实践的食宿、交通安排等。

定期召开支队例会，根据实际情况的变化进行协调。支队频繁开展集体活动，及时交流学术心得与生活经验，互相鼓励，共同进步。

学术素养与身体素质训练双管齐下。支队参观了中央民族大学的民族文化博物馆，并吸收中央民族大学纳西族同学为队员；拜访了国家博物馆宋兆麟先生，学习田野调查经验。队员们相约长跑、游泳，对体能较弱者重点培训。还进行了文献综述工作，建立公共邮箱，互相交流成果。

在安全上，除制作详尽的项目策划书和行程表之外，还附有细致入微的安全预案，制定了安全手册，确保人手一份联系人列表。还准备了充足的药品，并进行了户外技巧的培训。

（一）实践行程简介

8月4日，在中甸县城集合；8月5日，出发去三坝乡，考察"东巴发祥地"白地村，以及汝卡东巴学校；8月6日，在白地，与当地居民一起在"东巴圣地"白水台过火把节；8月7日，去爬东巴教的圣地阿明灵洞，走了7小时山路；8月8日，回到中甸；8月9日，去维西县城，晚上与傈僳族文字创造者哇忍波的孙子余友德老人座谈；8月10日，在县城到文化局调研了解情况，由于塌方无法下乡考察；8月11日，从维西县城到丽江，与东巴研究院的赵世红院长和李静德副院长交流，访谈数名东巴，以及普米族学者胡文明和摩梭学者曹建平等；8月12号，赶到永宁乡；8月13日，来到拉伯乡托甸村，调查普米族郭向锋韩规；8月14日，早上继续访谈郭向锋，下午走了近3个小时山路，来到拉斯科小村，找到老达巴阿布高若，见识了一场真正的达巴法事；8月15日，与阿布高若老达巴交流；8月16日，从拉斯科回到永宁，马上赶往四川盐源县的前所乡，与何鲁佐老达巴交流；8月17号，亲见摩梭人的"献饭"仪式，与老喇嘛调查历书《哥里木》；8月18日，来到木里县屋脚乡，访谈达瓦老达巴及其徒弟偏初；8月19日，从前所到左所，调查苯波教寺庙喇塔贡巴经堂，晚上来到落水摩梭民俗文化博物馆访谈达巴；8月20日，早上继续与达巴交流，下午到宁蒗县，与普米传统文化研究会的胡镜明、马红升及普米族的韩规偏初进行调查；8月21日，早上继续翻译普米族历书，10：30坐车12小时到西昌，考察活动基本结束。22日，同学们乘坐火车，40小时后回到北京。

（二）支队构成及分工

姓名	院系	分工
赵丽明	清华大学中文系	指导老师。在学术上指导全队的考察，并且确定支队的行程、访谈对象和访谈的主要目标等
徐可可	清华大学中文系 2008 级	支队长。主要负责具体的提问、记录和少数民族经文的翻译。兼任安全联系人和财务负责人
刘晶	清华大学新闻学院 2009 级	负责拍照摄像，专访重要的传承人或者民族文化人
何天骅	清华大学生物医学院 2009 级	事务性工作，包括外联，前期工作中的照相、摄像
崔丽佳	清华大学生物医学院 2009 级	后勤、征订队服、制定物品清单及召集会议等
温健	清华大学自动化系 2009 级	制定行程及安全方面的培训教育
范盟	清华大学热能系 2009 级	前期的文献综述
木燊辰（纳西族）	中央民族大学 2008 级	向导，主要负责介绍当地情况，联系实践单位

（三）支队管理

1．分工协调

队员根据自己的专业和兴趣选定研究方向，在尽量满足每位同学兴趣爱好的同时保证团队和谐运作。有同学致力于从文字学、语言学方面进行探究，也有同学从传播学和医疗卫生角度进行调查。

2．财务管理

主要由支队长负责统筹管理，包括支队共同的支出如何平均分摊，发票、收据的统一管理等。

3. 安全管理

由于我们要去的地方山多，又恰好在雨季，山高坡陡，因而发生滑坡和泥石流的可能性很大。我们随时关注实践地的天气，坚持每天向学校的安全联系人报告我们的行程。确立了"不通路不进入"与"安全第一，学术第二"的原则，尽量避开危险路段，并临时取消了一个危险性过高的考察点。我们随身携带求救工具与指南针，并在实践过程中反复温习野外生存技巧。

4. 支队交流

队员每晚坚持互相交流考察的收获，在停车与吃饭的空隙里写实践日志。赵丽明教授坚持"今日事今日毕"的原则，严格要求我们只要有条件（有时候没有电），就完成对当日工作的整理。指导老师以身作则，队员们见贤思齐，高低年级之间互换经验教训，大家同舟共济，同甘共苦，本来陌生的队员之间培养起了手足般的感情。

（四）组织工作心得

坚持到底，锲而不舍。支队的考察持续时间长，行程异常艰险，遇到了诸多困难，但是大家同心协力，互相鼓励，凭着一股炽热的青春热血，最终完成了所有考察点的工作。

安全第一，随机应变。适逢雨季，在海拔2000多米的横断山区中穿行，为确保安全，我们根据实地天气情况适时调整行程，始终将安全摆在第一位。此外，每天所遇到的人事变数巨大，和谐地处理与当地人的关系，在紧急情况下随时调整工作重点，以求最大的成果。

互勉互助，感情深厚。在恶劣的自然条件下，团队成员之间建立起了深厚的感情。大家无论在生活上还是在工作上都是互相帮助，成就了一段彼此都难以忘怀的回忆。

全面记录，及时整理。文字调查的过程很繁琐，涉及到的信息量很庞大，为了更好地对其进行研究，我们在调查过程中坚持全面记录，有笔记、录音、照片、录像等多达90G的记录资料。坚持每天对采集材料进行深入思考，提出问题，解决问题，不留下任何遗憾。

三 田野调查整理

（一）口述访谈

1. 文化自觉与文化责任——白地吴树湾和树荣访谈[1]

时间：2010年8月5日下午

地点：云南迪庆藏族自治州三坝纳西族乡白地村吴树湾组和树昆家

访谈对象：和树荣老师

图10-4 访谈和树荣校长

和树荣个人经历：1953年出生于云南迪庆藏族自治州三坝纳西族乡吴树湾村，纳西族。母亲家里是世代的东巴（纳西族中专门负责祭祀的祭司），从小跟着外曾祖父长大的和树荣，在上小学之前就从80多岁的外曾祖父那儿学会了很多纳西语吟唱的歌谣，听说了很多关于纳西族历史和风俗习惯的传说。1960年，和树荣上小学，他没有上五年级和六年级，但是1967年的时候还是从小学毕业了。之后，限于历史的环境，小学毕业的和树荣贩卖了两年的马。1969年，和树荣重新回到了学校，在当时的中甸县四中上了两年的初中（当时的初中与高中都只有两年），毕业之后又在当时中甸县唯一的高中中甸县一中读了两年的高中。1973年，高中毕业后的和树荣来到了三坝纳西族乡中心完小教语文，这一干就是35年，一直到2008年12月退休。和树荣先后担任了三坝纳西族乡中心完

---

[1] 本篇口述访谈稿整理者：刘晶。

小的少先队辅导员、教导主任、副校长、校长,其中校长和副校长分别干了8年。三坝纳西族乡中心完小是一所规模很大的小学,在全乡设有36个教学点,有2000多名学生和100多名老师。在担任副校长和校长期间,和树荣承担着十分繁重的工作任务,然而在工作之余,和树荣把所有的业余时间都献给了白水台汝卡东巴学校,献给了纳西东巴文化的传承和保护事业。2008年一到退休年龄,和树荣就不顾教育局和乡政府的极力挽留,毅然离开了三坝纳西族乡中心完小的领导岗位,全身心投入了他为之付出无数心血的东巴学校的发展建设中。

谈到白地的东巴文化,和树荣非常自豪地说:

"白地是东巴文化的发源地,也是东巴文化的圣地,这是老一辈的社会人类学家如洛克、李霖灿、陶云逵等所公认的。白地的东巴文化与人们的生产生活融为一体,是真正活着的文化。以前,丽江、汝店、德钦、维西、俄亚的东巴师傅都要到白地来学东巴,到阿明灵洞朝拜,叫做'加威灵'。创造东巴象形文字的圣人劳迪班独,就是在白地的白水台传教,至今,白水台依然是东巴文化的圣地。除此之外,白地还是东巴教的第一圣祖丁巴什罗以及第二圣祖阿明什罗的出生地。但是到2007年,白地有名的老东巴大师只剩下三位(和占元、和至本、和莹家),传统的东巴文化甚至面临着失传的危险,白地的现实与其历史地位极不相称。白地的东巴文化在衰落,在退化,这向人们敲响了警钟。作为民族文化的爱好者,我跟老东巴大师与村民和德明,商量着办一所东巴学校。

"1997年开始做动员的时候,我们可以说是一无所有,但是我们还是坚持干下来了。1998年3月16日,我们的东巴学校正式开办了,当时仅有7个学员,学员们的年龄大都在30到50岁。最初,授课的主要内容是请老东巴师傅给学员们讲关于纳西族历史和习俗的传说故事。当时,村子里的年轻人并不是很了解自己民族的文化遗产。本地的纳西族人自称汝卡,汝卡是族名,汝卡是纳西族很古老的一个分支。汝卡这边的东巴文和丽江等地的东巴文还有些不同。一般来说,懂得汝卡东巴文的人都能够懂其他地方的东巴文,但是反过来,懂其他地方东巴文的人却不一定能够懂汝卡的东巴文。这些东巴文字是祖先留给我们宝贵的精神财富,我们有必要把它传承下去,这是我们开办东巴学校最初的动机。

"1998年6月26日,东巴学校正式开始教授东巴经文,当时来学习的人很多,其中也有不少年轻人,年龄最小的不过十二三岁,比如后来成为东巴学校老师的和树昆,就是第一批来学习东巴文的人,当时他就只有12岁,不过小学刚毕业。年龄大的有60多岁,总共有22个学员。每天晚上,学员们都会花上两个小时的时间在东巴学校里面学习东巴文。这是迪庆州的第一所专门的东巴学校,是我们保护东巴文的第一步,也是我们风风雨雨的东巴文化传承之路的开始。当时的校舍和笔、墨、纸,都是由我无偿提供的。家里人都非常支持我的工作,尤其是我的爸爸,当时他已经60多岁了,但是他告诉我这是做好事,一定要坚持下去,一直到他2008年去世,始终十分支持我的工作。于是,我拿出家里3000多块钱的存款,买了两所木楞房,并安上了照明设施,作为东巴学校的校舍。从此我们就开始了漫长的东巴文化的传习之路。

"学校开始的时候,经费十分紧张,我们曾经找过政府希望得到他们的支持,找了几次,他们嘴上都是说应该支持,但是始终没有实质的行动。1998年,老东巴师傅是免费给学员们上课。1999

年，虽然东巴师傅们丝毫没有提过报酬的事情，但是我实在不忍心看他们辛苦了一年却没有任何的回报，所以自己掏腰包给了讲课的东巴师傅们每人200元。2000年开始，乡里面就给了我们一定的资金支持，东巴学校才慢慢好了起来。

"我一直坚持的观点就是我们东巴学校永远没有毕业生，因为东巴经书太多，讲的内容也太多，天文、地理、民俗、民情、婚姻、道德、医药……所以我说，学习东巴文的人是永远不可能毕业的。东巴学校最好的学生——25岁的和树昆，到今年为止已经学习了12年的东巴文，但是学会的东巴经也不过是160多本，会做20多种东巴法事而已。东巴经文何止千万，一个人怎么可能完全学会呢？

"我们创办东巴学校的目的就是培养东巴文化的传承人，继承、保护东巴技艺。所以，除了继续教授东巴文之外，东巴学校也开始保护各种其他类型的东巴技艺，包括东巴舞、东巴木牌画、纸牌画、油卷画、面偶、东巴手工纺织技艺、东巴造纸技艺等，对东巴文化进行全方位的抢救。在发掘和保护东巴文化的过程中我逐渐意识到，东巴文化是纳西文化的主干和精华，它博大精深，包含了歌舞文化、民居文化、民俗文化、衣食文化、礼仪文化、农耕文化，等等。2002年，为了保护和抢救纳西的歌舞文化，我们成立了阿卡巴拉艺术团，到现在为止已有团员92人，都是本地村民，分为老年队、中老年队和中青年队三队，迄今已经抢救了20多种原生态的纳西歌舞。他们都是用业余时间投入到歌舞团的排练和演出中去的，至今为止已经演出多场，获得了省市各级电视台的赞誉。"

2009年6月，83岁的老东巴和占元去世了。汝卡东巴学校组织了大型的东巴祭祀活动，活动持续了四天四夜，和树昆等由和占元培养出来的年轻东巴，在这次祭祀活动中担任了主角。和占元老先生的去世，标志着白地老一辈的东巴大师已经全部离世了。但是由于汝卡东巴学校的建立，青年人的努力学习，他们代表的东巴文化和东巴技艺并没有离开白地的纳西群众。更多的年轻人传承了古老的东巴文化，并准备永远地将东巴文化传承下去。已经25岁的和树昆，从12岁起就在汝卡东巴学校学习，12年来他孜孜不倦地学习东巴文，并拜当地最有名的东巴师傅和占元为师，潜心研习东巴文。只有小学学历的他现在已经掌握了168部东巴经，会做20多种东巴法事，远远超过了大部分老东巴师傅。现在，和树昆脱产在家，专门研究东巴文，并在汝卡东巴学校担任老师。

和校长告诉我们，东巴学校目前正在着手恢复传统的纳西手工纺织技艺，学校组织的阿卡巴拉艺术团目前已经在省内外进行了多次展演，赢得了社会各界的好评，还曾经参与了国庆60周年的系列活动。村里的年轻人对于东巴学校组织的各项活动以及东巴文字的学习都抱有极大的热情，这也是东巴学校发展到今天的一个重要的因素。

和校长非常自豪地告诉我："吴树湾村是整个白地文化含金量最高的村子。"当我们问及白地培养的东巴师傅是否有了推向市场追求经济效益的打算的时候，和校长义正辞严地告诉我们："白水台汝卡东巴学校的学生是决不允许用学到的东巴技艺和东巴文字知识来从事商业活动的。"即使在学校经费最困难的时候，和校长也丝毫没有用东巴知识和东巴技艺来换取商业利益的想法。和校长坚持认为，商业化对文化的冲击是不可避免的，文化一定要和生产生活融为一体。东巴文化以前被误解成封建迷信，但现在我们承认，东巴文化是纯正的民族文化，它不仅是纳西文化的主干，而且是其中的精髓部分，它决不能成为赚钱的工具。

2006年，丽江市市委书记、市长以及市委、市政府的相关领导，玉龙县县委书记、文化局局长、人大主任等来到白地的吴树湾村考察，对吴树湾村的汝卡东巴学校给予了很高的评价，并当场拿出5万元赞助汝卡东巴学校的建设。和校长拿到5万块钱以后，马上把钱交给了学校的出纳，这笔钱全部被用来为汝卡东巴学校提供教学设施，以及给学校的教员发放补贴。和校长说，丽江市的领导们曾经力邀他们到丽江的东巴谷演出，但是他们拒绝了。祖宗的东西不能卖，要不然就成了谋杀文化的罪人。

2009年6月21日到27日，和校长专门组织了一次针对三坝全乡的纳西东巴文化普查，普查得到了当地群众尤其是老东巴的支持。当问及有什么动力支持他干这些事情时，和校长告诉我们："不管自己怎么苦，怎么累，只要能够取得成果，就感觉一切都是公平的。"经过详尽的普查，和校长发现三坝乡现存的所有东巴人数是24人。现在和校长忙着给他的纳西文化传习馆设立分传习点，目前的计划是在三坝乡全境设立12个分点，另外在洛吉乡设置一个。具体的点已经选择好了，正在准备挂牌，挂牌之后东巴老师将定期到这些传习点去给学员们讲课。除此之外，和校长还有着更雄伟的计划，他计划把自己的汝卡东巴学校继续扩大，争取在迪庆全州的维西、开发区、德钦等地都设置自己的传习点。关于传习点的具体设置，校长说必须到当地进行考察之后才能决定。

讲到东巴学校创业的故事，和校长满脸辛酸。东巴学校创立之初一直靠着和校长微薄的工资才得以正常运转，没有任何其他的经济来源。而且，和校长家里本身没有其他的经济来源，又有三个小孩在念书，家庭也是入不敷出。从2003年到2005年，和老师一直通过申请贷款的方式在支持着东巴学校，但是由于长期的贷款无力归还，和校长的贷款证也被冻结了。家里没有一分钱的余钱，将近年关，东巴老师的补贴还没有着落，和校长心里十分难受。在这种艰苦的环境下，和校长没有选择放弃，他找到了自己一个在迪庆州民政局工作的高中同学，跟他说明了自己的情况，请求老同学的支援。于是，这位在迪庆州民政局工作的官员让和校长写了一个报告交上去，拨给了他们3000元的资金。和校长一拿到3000元钱立马给老东巴发放了一年的补贴，看着老东巴师傅高兴的样子，和校长心里也很开心。这样一连几年，和校长都是通过自己的关系从迪庆州民政局弄到一些补助，勉强维持了东巴学校的正常运作。2006年，丽江市委书记到访时同样提出了要资助东巴学校的想法，但是被和校长拒绝了。12年的时间，东巴学校培养出了5个年轻的东巴。但是却绝对禁止他们参与商业活动，反对东巴文化的商业化开发。为了更好地培养学员们的东巴技能，东巴学校还免费组织大家到丽江学习祭署等祭祀仪式。东巴学校自成立以来，一直没有固定的资金来源，面临着经费紧张的问题，和校长也为此思考了很多对策，其中的一个就是采取基金会的模式吸引捐助，还有就是将白地的汝卡东巴文化作为两个部分进行开发，一部分保持现状，另一部分进行商业性的开发，利用商业性开发获得的资金来支持白水台汝卡东巴学校的建设。

白水台汝卡东巴学校的东巴文化传承是从东巴文开始的，但是，单纯的东巴文又太单一。自2002年开始，东巴学校扩大了东巴文化保护与传承的范围，其中就包括东巴的各种祭祀仪式：生病时候的祭祀仪式，送葬或者重大节日的祭祀仪式，二月八祭白水神祈求五谷丰登的仪式，火把节时在白水台的祭祀仪式，11月纳西族传统春节时庆丰收的祭祀，等等。通过东巴学校的保护和传承，村子里原本已经开始弱化的东巴文化氛围逐渐活跃起来，东巴的传承棒被接好了。除此之外，东巴学校还开始保护和传承纳西族的歌舞文化，期望将它们利用好并继续传承下去，不能丢失。对于传统文化，和校长告诉我们要进行批判性的吸收，将民族文化的精华发扬光大，传承民族文化的灵魂。对于此事，老东巴十分支持，群众也付出了最大的努力。当然。和校长也直言，在这一方面政府做的显然不够。

关于东巴学校未来的发展，和校长更是提出了由村里到乡里再到州里的三步战略。当然，这个过程中也遇到了不少的问题，其中最主要的问题就是来自人为的压力。当时，和树荣老师正担任着乡中心小学的校长一职，同时他还要忙东巴学校这边的事情，因而当时就有人向县教育局局长告状说他不务正业，没有把自己的本职工作做好。但是，教育局局长和民委主任都很信任和校长，让他坚持做实事，保持心态平衡，不要怕别人的妒忌。和校长自己说这原是2006、2007年的事，但这件事情之后他并没有灰心，自觉更加要把事情做好，要拥有宽广的胸怀，坚持自己的人生观，东巴学校是保护人类遗产的正当工作，绝不是不务正业。

2009年4月6日，和校长正式向上级部门提出申请，建立东巴文化传习馆；4月28日，州文化局下文批准并下发了资格证申请；7月25日，进行技术监察，考察是否具有独立核算的能力；8月24日，申请通过，获得了资格证；9月份，到公安局刻印了公章；11月，东巴文化传习馆正式成立。这年的12月初七，也就是阳历2010年的2月初，州文化局局长亲自为东巴文化传习馆挂牌。在维西、上江、金江、开发区等地，共有40多个三四十岁的东巴来到这儿学习。早在2007年，和校长还有一个在小学开办暑假东巴文兴趣班的计划，准备教孩子们一些东巴文谚语和俗语，但由于种种原因，这个计划夭折了。

谈到自己的继承人，和校长说他正在培养大儿子作为自己的继承人。他说，他是在读的大学生，心态比较好，可以互相学习，能者为师。在教育子女的时候，和校长总是坚持一个理念：做人第一，做事第二。坚持培养他们开阔的胸襟和远大的视野，要知无不言，不能坐井观天。通过这样一种方式将老东巴的棒接过来，传承宗教祭祀的仪式。在这一点上，他十分感谢老东巴的贡献。他说，老东巴的思想十分开放，把原来代代相传的东巴技艺公开传授，算是对传统的传承模式的一次改革。东巴学校自成立12年来，一共为白地村的过世老人们举行了46场丧葬仪式，而且都是免费的，这样的东巴学校在群众中赢得了很大的民心。

谈到东巴文化的发扬，和校长告诉我们，像美国的麦克斯、日本的冈琦、韩国的丁盈等一批国际上的人类学学者都十分友好，为东巴文化推向世界做出了不少的贡献。

三坝是一个以纳西族为主的地方，纳西族占到了总人口的62%，此外还有彝族、藏族、回族、傈僳族等。经过和校长的文化普查，我们了解到了关于三坝东巴的具体情况：三坝乡现存东巴人数约为28人，但其中传承得较为全面的老人只有2个；而且，东巴师傅在各个自然村也分布得很不均匀，其中最多的一个村就有10个东巴，而大部分却要几个村共用一个东巴。东巴学校的两个优秀学员和树昆和杨玉春，都是吴树湾本地人。其中，和树昆十二岁就开始在东巴学校学习东巴技能，那个时候他刚刚小学毕业,所以至今还说不了很流利的汉语。家里人都很支持他学习东巴文化,十九岁的时候,和树昆开始整理东巴经书,他自己十分热爱东巴文化,努力钻研,目前已经掌握了168部东巴经书以及20多种东巴祭祀仪式,在当地已经小有名气。家里人为了支持他的东巴文化传承事业,平常都不让他下地干活,因而目前他处于一种半脱产的状态。

关于丽江的商业开发模式,和校长说,绝不能对丽江的模式进行全盘的否定,因为没有丽江的商业化开发,就永远不会有东巴文化今天的兴盛和地位,是丽江的开发将东巴文化推向了世界。但是,他同时又说,丽江模式仍然存在一些问题,它走了一些弯路,政府没有对商业性的开发进行正确的引导。他认为,文化人应该对传承本民族的文化有一种与生俱来的文化责任,古老的文化传统不能丢。

今年早些时候,在东巴文化传习馆成立挂牌时,丽江东巴文化研究院捐赠给传习馆一套《纳西东巴古籍译注全集》,给需要的人提供信息。相比于白地的冷清,丽江的商业化开发模式无疑是很热闹的,但是本地的文化人要有文化责任与文化自觉。汝卡是纳西族一个古老的支系,五千多年前由西藏、印度等地迁到这儿。

和校长说,他自己总结了东巴文化的三要素:会唱、会说、会跳。一个东巴文化的传承者,必须要做到这三点,才算是完整地传承了东巴技艺。教育与文化的传承是相辅相成的,在白地开办东巴学校12年以来,和校长有着更深的感触,也积累了更多的经验。现在,白水台汝卡东巴学校是一个班子、四块牌子(白水台汝卡东巴学校、东巴文化传习馆、三坝纳西族民族乡东巴文化学校、汝卡东巴学校阿卡巴拉艺术团)。

"作为一个文化人,要负点文化责任。"这是访谈结束前和校长给我们讲的最后一句话,也是整个访谈过程中他一直坚持宣扬的理念。

2. 丽江东巴文化研究院东巴访谈

8月11日,我们川滇少数民族原始文字考察支队从维西县城一路奔波来到丽江市,对丽江东巴文化研究院的培养对象进行了访谈。

在抵达丽江之前,赵老师曾反复向我们介绍过丽江东巴文化研究院。我们得知,在2002年所有老东巴过世之前,研究院培养了8个东巴,其中5个已经市场化,在丽江各大景区工作,其余3个仍留在研究院内。老师更是多次向我们说起其中的和丽军东巴,"上一次我见到和丽军时,他才从市场中退出来。市场使他失去了东巴的神圣感,原来他在高台上做法事时,模仿大鹏鸟[1]张开双翼,羽下全是神灵。但现在那儿全部都是游客,所以他选择了回归"。这样的描述让我们都感动非常,迫切地想见到这位东巴。

在经过八个小时的车程后,我们于下午抵达丽江便直奔研究院。丽江东巴文化研究院坐落在风景秀丽的黑龙潭公园内,因为正在翻修重建,所以所有人员都暂时在曹家客栈办公。在这儿,我们

---

[1] 东巴教最神圣的鸟。

见到了院长赵世红先生和副院长李德静先生,谈起了这一路的行程与收获,并表明想访谈尚在研究院的三位东巴。但当天下午,只有和丽军和另一位东巴和秀东在。谈起这两个人,我们听到了一个令人震惊的说法:"和丽军仍在旅游业中当导游,同时也在研究院工作;只是所面对的人不同,说法有改变。"

同时,我们也得知,即将访谈的和秀东是一个对传统怀有强烈执念的人,他排斥一切外来的影响,反对市场化,也不愿接受记者访谈。我们清楚这次访谈的难度,却不愿放弃探寻在市场和传统夹缝中的那些文化传承人的心理。以下是我们访谈和秀东与和丽军两位东巴的访谈记录:

访谈对象:和秀东
时间:2010年8月11日下午3:00
地点:丽江市黑龙潭公园东巴文化研究院内和秀东家

图10-5 访谈丽江东巴文化研究院和秀东东巴

和秀东住在黑龙潭公园内,环境简陋但算是安逸。访谈从了解和秀东本人的基本信息开始,但从一开始我们就低估了这个东巴对我们的抗拒程度。和秀东出生于1971年,家中祖传东巴,甚至在"文化大革命"的艰难时刻,他家的东巴传承也没有断过。从小和秀东便跟着爷爷学习东巴文,据称,在他有记忆的时候,就已经能念几本东巴经了。

"我不是到研究院后才开始学的。"他反复强调。

和秀东的老家丽江市玉龙县塔城乡依楼行政村楚民自然村有两百多户人家,近千口人。在那里,精通经文的东巴有二十来个,如果算上在丽江东巴谷里招呼游客的那些,便有六十多个。一直到现在,和秀东还坚持给村里有需要的人家做法事,"只要是有人请,我就去,从不计较报酬"。据说,他前几天就在金安乡给人做法事,昨天才回来。

"金安医院里住进了一个疯子,怎么都医不好……他的家属请我去做法事。只要让我做过法事的人，都好起来了。"谈起这些，和秀东很自豪。

很多年前，和秀东就来到了东巴文化研究院。他虽然会做法事，也会背诵经文，但是他家中的经书都在"文化大革命"时被没收了。他直言不讳地说，来到东巴文化研究院，就是为了抄写经书。

他是当地有名的东巴，许多人请他去旅游景区工作，最高价开出了月薪五千。可是，和秀东对此似乎不屑一顾，"有个饭吃，有个地方住就够了，我不需要那些。所以我才住在这里，专心抄写经文"。谈到东巴文化研究院那些已经商业化的东巴，他更是鄙夷："他们只知道钱，不知道文化。"

"在这里，钱也不够用。但我也没跟院长他们说过，反正我自己挣，自己吃，自己用。我就是这样一个人。"和秀东情绪激动起来，"说白了，我就是来这里取经，我不是东巴研究院的人。"

他自认为是最正宗的接班人，是一代接一代的祖传继承人。一听到"工作""商业化"这种字眼，和秀东的反应就变得很激烈，并表示不愿意再被打扰。

我们知趣地退了出来，在门外站了好一会儿。等到他情绪渐渐冷静下来之后，才又谈了一会儿，不外乎表达对商业化的鄙视，与强势现代文化侵蚀东巴文化领地的担忧。

在这位固执地坚守净土的文化传承者身上，我们见到了一个处境微妙的文化形态对主流文化最本能的抵抗。

（徐可可整理）

访谈对象：和丽军
访谈时间：2010年8月11日下午7：00
访谈地点：丽江市区某餐馆

图10-6 与丽江东巴文化研究院工作人员合影

初次见到和丽军是在我们跟几位普米族学者以及东巴文化研究院李德静副院长谈话时，当时，一个个子不高，皮肤黝黑，显得有些精明的小伙子突然闯进了我的视线，他愉快地和赵老师打招呼。经过赵老师的介绍后，我才知道这就是她原来向我们提起过的和丽军东巴。他今天感冒了，精神显得有些萎靡，但仍时不时地在谈话时讲出自己的观点，一口流利的汉语，着实让人有些惊讶。由于早就听闻赵老师的介绍，知道他是一个富有故事的人。来到东巴文化研究院听了赵院长他们的介绍之后，反而让我们有些摸不着头脑，更加对这个陌生的人物产生了极大的好奇。

由于一直在同几位普米族的老师交谈，所以没有时间与和丽军单独谈谈，一直到吃饭的时候，我们才利用等菜的间隙对这个闻名已久的年轻东巴进行了一次访谈。

和丽军早先在丽江东巴文化研究院的生活很艰苦，常常需要靠捡易拉罐维持生计。但幸运的是他在一次偶然的机会中认识了中央戏剧学院的宋震老师和北京体育大学的包新宇老师，他们在了解到和丽军的境遇之后非常同情，于是开始定期给他一些资助。和丽军说："我们算是幸运的，像我们这样的东巴要不就到景区去了，要不就生活不下去。他们两个资助我十年了，要是没有他们，我走不到今天。"

和丽军今年三十七岁，老家在中甸县三坝乡东坝行政村次恩支自然村。1999年，和丽军来到丽江东巴宫演出。2004年，进入丽江东巴文化研究院。和丽军是从小跟着爷爷和外公学习的东巴技艺，本来就有一些东巴技能了，后来研究院的李院长知道了便邀请他来东巴文化研究院更加系统地学习东巴。和丽军十三岁就开始做各种仪式，现在有时候还是要到村子里去做东巴仪式。去年东坝村的日树湾自然村最有名望的老东巴——九十七岁的习阿牛去世的时候，他曾回到老家帮忙做法事。遇上丧葬、祭风、祭署等仪式时，村里会有人来请。

谈到丽江的东巴文化开发，和丽军说："丽江的东巴很赚钱，给游客服务就可以赚很多钱。但是我们家是祖上十七代东巴，我如果干了这些事情就没有办法跟祖先交代。丽江的东巴是为游客服务的，游客说是就是，不是的也是，所以我不愿意干这个。真正的东巴要在我这一代传承下去！"

谈到自己的下一代，和丽军坦言，并不想让自己的儿子也学习东巴！他说："我不准备将东巴技能传承下去了，我儿子传好了能干什么呢？现在都不知道我自己学了这么好的东巴技艺能干些什么？我自己是准备坚持下去。我有宋震和包新宇两人的资助，他们可以说是我的人生的支柱。三天给我打一个电话，没有他们两个，我也会放弃。"

"东巴文化的名声很大，内涵也很博大，我也很喜欢。因为我写东巴文、画东巴画、念东巴经的时候，特别兴奋，特别有一种境界。学好东巴之后能干什么，你知道吗？我一天最多的时候花五块钱，连自己都生活不下去了，你还要教给自己的孩子吗？东巴文化学到像我这样水平的人以后会越来越少，但是像我这样水平的人生活得还那么艰难，那么下一代就更加是这样了！我学了将近30年的东巴文化，把我的全部都献给它了，但是什么都没得到。学者什么的来访谈，他自己写书，后来就不会管你了。我这一代和东巴结下不解之缘是因为自己祖上十七代都是东巴（到我是十七代），我这一代如果不学好，那么对祖宗没有交代了。但是我的下一代，我让我儿子发誓不学这个了，他学这个以后会比我生活得更加艰难。先要解决的是温饱问题，自己没有其他的办法，要不就到景区去打工，但是你要坚守这一片净土，就必须安贫乐道。我们早上吃一碗稀饭，一个月同我儿子两个只买三次肉，一次只有两斤。人家都以为我东巴不得了，其实我们清贫得可怜，我们喝的那个水，矿泉水人家都是一桶桶买的，但是我们都是自己到水井里去背的。所以我特别不喜欢搞这个，搞完了之后什么都没有。我从来没有跟别人说。"

"最起码，东巴现在是一个'三无人员'——无保险、无生活保障、无社会地位。最多你们也就是今天访谈的时候遇着我一下，明天后天你根本不会记得我了。这么样的一个文化怎么传承？"和丽军说起来分外心酸。

"我以后的那些东巴能够学到我的十分之一就已经水平够高了，因为他们已经缺乏了学习的土壤。我是从农村里面长大的孩子，二十六七岁才来到丽江，现代的人已经没有了学习的土壤。农村里东巴既种田，又画画，又做仪式，他们没有脱离生产，东巴不能用来维生。"和丽军对于自己所处的困境有着十分的不满。

由于种种的原因，我们对和丽军的访谈就到此为止了。尽管他有些地方的说法显得有些偏激，但毫无疑问，作为一个年轻的东巴文化传承者，他个人的艰苦生活让我们看到的不仅仅是一个个体在社会底层的挣扎，更是东巴文化传承之路的挣扎。前路漫漫，民族文化的传承还有很多工作值得去做。

（刘晶整理）

3. 拉伯乡郭向锋韩规[1] 访谈

访谈对象：郭向锋
时间：2010年8月14日早晨
地点：丽江市宁蒗县拉伯乡托甸村黑尔甸小组郭向锋家中
问：当时您为什么会想到要主动去四川求学？您是出于怎样的考虑而学习韩规的呢？

图10-7 托甸普米族韩规郭向锋与他的经书

---

[1] 韩规，即普米族祭司。

答：在去依吉之前，我在跑生意。当时在生意上很坎坷……很多东西，我丢了本钱。越往后面，坎坷越多，我越不想做（生意）了。当时心里……看到有钱人，就有心理反应，他凭什么这么有钱，而自己过得这么平淡。（很沮丧是吗？）对，心里非常沮丧，有些时候会有很不服气的感觉。那时我还年轻，有时会想，把那笔钱抢到手中，去花天酒地一番……后来我想，如果读一些经文，能不能把心里的杂念收起来……也就收起来了很多。

问：那后来在四川是怎么一个情景呢？

答：后来我去四川读了，我是普米族人，一去就开始学古老的康巴藏文，很有些不适应。一开始，也是坎坎坷坷的，想跑回家的念头也有。

问：那您觉得学习的收获是什么呢？那些杂念是否有被排除呢？

答：我写过这样的一首诗，是一首七句（言）的：一心修道离乡学，达到学地心滴血；坚守道归半收成，吃尽寒酸未遂学。

问：到现在，您学习韩规多少年了？

答：十二年了。当地学了三年，四五个月回一次家。

问：当时您结婚了吗？

答：那时还没有。当时家里人很多，我有四个哥哥。所以还能放心得下家中的老人。

问：从这里到四川依吉需要两天的路程，路途非常艰苦，还有哪些因素促成了您去求学呢？

答：小时候，我非常调皮，但是很懂事。（我走的时候）村里多数白发苍苍的老人，都来送我。他们嘱咐我，这里没有韩规了，已经断了，你去了就一定要把该学的学回来。那些老人说，以后当他们归西了，我给他们念一下经文，他们心里也都舒坦些。在那儿学习坚持不下去的时候，我想如果回来的时候还读不懂经文，自己的脸就没有了。

问：您的师傅是独吉·偏初的堂兄还是堂弟？

答：堂弟。

问：学成归来的时候，师傅对您交待了些什么吗？

答：到三年的时候，我开始跟着师傅到各个村庄里面去做法事，现场给乡亲们做（法事）。因为这种东西，坐在房子里面是学不会的。经文什么的会背了（还不够），但是还必须去现场，有面偶之类的，还有动作啊，祭祀的手势之类的，必须要在现场才学得会。

问：就是说您跟着师傅学习了三年经文之后，还继续跟着他学习现场的工作。跟着他走，您觉得累吗？

答：不累。我们韩规，在普米族中间，乡亲们都很尊敬我们，走到哪家，乡亲都会拿那种在藏区用的最好的编织凳子给我们坐，把最高的位子给我们坐。

问：您学成归来之后，村里的人对您有什么评价呢？

答：我跟着老师又学了七八年的现场，许多老师都觉得，这个（学生）念得经文也标准了，现场也可以了。有时跟他们打打招呼，慢慢地，这四五个村子就由我来做了。

问：要学这个东西，得花很多功夫，这真的很难得。

答：比古时候还好多了。现在人不管住在哪里，都要消费，要吃饭、穿衣。现在做这个东西（指法事），村民们给的报酬是很高的。有些信教的教徒，你念一天的经文，报酬可以高达好几百。你到丽江去，你念一个小时的经文，报酬有时可以达到四五百。我们是很讲究人与人之间的交往的。我念一个小时的经文，你给我五百块钱，或者两三百；那些钱，放在龛里，被看作是吉祥的。我念经，我该得到的，我就拿走。这些钱，我借给你，不能拿去打麻将，不要去赌博……我们是很讲究交往的。

（徐可可整理）

（二）白水台汝卡东巴学校部分学员资料表

姓名	出生年月	祖辈是否有东巴	之前是否有基础	学习成效	学习东巴年份	备注
和树昆	1984年5月	祖传东巴	有	已经出师，现在是远近闻名的东巴大师，能自己写经书	1998年	最早一批的东巴学校学员，师从和占元，四大高徒之一。家中存有上百本东巴文献
杨玉春	1979年10月	爷爷易恒是东巴，由于"文化大革命"，没有留下经书。学历只读到初二，在家中侍了两三年	没有	目前是东巴学校的副校长	1998年	最早一批的东巴学校学员，师从和占元，四大高徒之一。"东巴文化博大精深，永远没有钻研透的一天。"
杨秀光	1983年	爷爷是东巴	没有	已经出师	1998年	"尽力学习东巴文字，传承东巴文化，好扩大东巴文化的影响。"
和贵武	1984年8月	爷爷姆里卡，曾祖父正热若。曾经家中有经书		已经出师	1998年	最早一批的东巴学校学员，师从和占元，四大高徒之一
和红军	不详	爷爷是东巴	会一点	看得懂经文	2007年	看得懂。"东巴文经常要复习。"
和根弦	1990年	爷爷辈	没有	看得懂经文	2005年	对此有兴趣就不是很难

续表

姓名	出生年月	祖辈是否有东巴	之前是否有基础	学习成效	学习东巴年份	备注
和根盛	1989年	没有	没有	看得懂经文	2010年	和校长之子，医专学校的学生
和根立	不详	—	—	—	2004年	—
和立冬	不详	—	—	—	2000年	—

（三）和树昆东巴所持五本祖传东巴经基本信息

经出中文译名	音标	主要内容	备注
丧葬经	—	分为三个部分：给东巴加威灵的"普日赞经"，讲述刀剑来历的"特谷经"，讲述法杖来历与用法的"木陀赞经"	整个东巴经最重要的内容就是丧葬。在和树昆家中有全村人的族谱，祭祀时使用
进饭经	—	给死者进饭	—
祭献经	—	给祖先献祭牲口	—
安魂经	—	比较逝者父母与逝者本人的归处，以安息逝者的灵魂	多用比喻的手法将逝者比喻成鸟、蜜蜂的意象
送魂经	—	分为两部分内容，一是将家中财产分给逝者一半，二是将逝者送回故乡	将麦架子拆下两根放在逝者的棺材里火葬[1]。有亲人的逝者比无亲人的逝者葬礼仪式复杂。送魂路线大概从家里的院子送到村外的坝子、山坡、河流，经过东坝、洛吉、俄亚……[2]最后抵达印度的波拉姆谷地（古地名）

[1] 纳西汝卡人的棺木与汉族人不同：将死者洗净后用白布缠裹成婴儿状，放在轿子形的四方棺木里，棺木边长80厘米，高100厘米至120厘米。

[2]《送魂经》上后半部分的字符能够读音，但因为经上记载的是古地名，和树昆先生也不知道具体在什么地方。关于汝卡人从印度迁徙入云南的说法，和树昆先生是从村中老人科和（88岁）处听说的。传说汝卡人从印度迁徙入云南，抵达泸沽湖格姆女神山脚，在永宁抢地盘战败后，一群住在东坝，一群住在洛吉。山上有人告诉汝卡人，看到山下想住在哪里，就定居在哪里。汝卡人选定了吴树湾，就定居在此。吴树湾本名是"路哥"，名字的来历是由于村口有一个裂开的大石头，"路哥"意思是裂开的石头，固之地名的意思是石头裂开的新村。现在这个石头已不复存在，原地址改成了小卖部。

据和树昆东巴说，全村族谱原本是由其师和占元记载。吴树湾原来只有44户，到和先生抄写时已经有96户。族谱上只记载三代人名。到死者含银时就开始念经书，全村人到逝者家中，先念读一遍全村的祖先名。

四 考察笔记[1]

8月4日

今天凌晨被堵在半山上。这场堵车绝对可以称得上空前绝后，从昨天下午五点多一直到第二天凌晨四五点，好像是由于前方道路塌方，一整座山的车都无法通行。山中空气虽然清新凉爽，但堵车到底是件心烦的事儿，况且还一直为明天是否赶得上从丽江去香格里拉的飞机而忐忑不安。于是一直睡不着，下车在半山腰看星星。盛夏山中的夜色令人心静如水，北斗七星仿佛伸手可触，银河从头顶匆匆跑过，洁白如练，蜿蜒着从背后的山崖一直垂落到谷底。

这是我这辈子被堵得最惨的一次，凌晨时分连滚带爬，还换乘了一辆过路车，才赶上了去香格里拉的飞机。直到最后一秒连蹦带跳地冲上飞机时，才发现自己已经十几个小时粒米未进、滴水未沾了。

从机场打的去与导师和师弟刘晶约定见面的香格里拉国际青年旅舍，司机还宰了我30块钱，实在不太厚道。不过很凑巧地遇到了刚来此地的刘晶，如果是以正常状态，一定会按师姐的礼仪来接待他，可是这个时候我已经是饥肠辘辘、灰头土脸，疲倦得连笑都没有力气了。

图10-8 青年旅舍院子里娇艳的绣球花

---

[1] 本节整理者：徐可可。

早上很快地洗了个澡，十点多在街上找了一家店吃了点面条。然后回到旅舍洗衣服——这是我见过的最原始的洗衣机，只能搅动，漂洗和晾干都得自己来。虽然条件简陋，但晒衣服的屋顶风光很好，一大片天重重地压在隔壁墙头，一朵云插在街角的电线杆上，让晒衣服这种活儿也变得诗情画意起来。而且，虽说是青年旅舍，设施却很齐全，景致也颇令人心旷神怡。院子里养着大朵儿的绣球花，一朵能有我半张脸大。不知道是不是因为地处高原的缘故，这儿的花朵色泽异常明艳，娇艳欲滴，惹人目难转睛。我和刘晶拍了不少特写。

下午约好一起去松赞林寺参观。据说，松赞林寺是云南省规模最大的藏传佛教寺院，建筑风格类似于西藏著名的布达拉宫，所以又有"小布达拉宫"之称。因为一直很期待去西藏，所以对这个景点倒是兴趣非常浓厚。

不巧的是，中午本说补一会儿觉，却一下就睡到了五点多，所有计划都泡汤了。很无奈，只好找了一群同住的驴友打三国杀，外加吹牛闲扯。正玩在兴头上，忽然听到外面熟悉的声音大声叫我——原来是等待许久的赵老师来了！我和刘晶欢呼雀跃，跑出去迎接赵老师和助研邓章应老师。

眼前的赵老师和我一个月前在学校里见到的判若两人，不仅瘦了好多，而且面色憔悴枯槁，唇色苍白，虽然还是慈祥地朝我们微笑，但显得特别疲惫；一眼瞧上去，就知道一定很久没有好好休息了。赵老师刚坐了十几小时的车从西昌赶回来。哎！即使年纪轻轻，坐了二十多小时的车后，我也行将崩溃，何况赵老师已年过花甲，这时候该有多疲惫啊！我看着心中一面替老师难受，一面对接下来的辛苦旅程暗暗有了估算。听往届跟赵老师做过项目的同学说，老师要求非常严格，行程紧凑，任务繁重——其实在这一点上，经过赵老师"古代汉语"课折磨的我早有体会，说一点都不发怵大概只是吹牛，好在我一贯抱有乐天精神——既然都到了这一步，就勇敢面对吧！

晚上我和赵老师睡一间房，赵老师给我讲了这次行程的主要目的，条分缕析地将线索、联系人和计划中的任务讲给我听。来之前，对这次考察的认识还是一团浆糊似的，这会儿就形成了条理。我隐约感到这是一个内容非常庞杂的项目，本还想多问一些，但看到赵老师那么累，就算了。

很期待明天！

8月5日

一早醒过来时，赵老师早就起床了。她身体非常不舒服，但还是坚持给我看之前收集到的经书图片。我很担心老师的身体健康，但后来她说跟我讲讲话，身体就缓过来了，真是很庆幸。

早上坐车去白地，车在蜿蜒曲折的细窄山路上盘桓，一到了急转弯的地方，路就消失了，车就跟直奔悬崖似的往前冲。我一直看着窗外，心里默默祈祷一路平安。虽说山路之类的走得也不少了，但这么细窄的，我还是第一次见。但赵老师一直称赞这条路好走，还一直给我指着窗外各种树木讲故事，这让我觉得自己十分不淡定。

窗户外面的半山上，密密麻麻的全是未经砍伐的深山老林。许多树上挂满了柔柔的绿色絮状物，据说是某种寄生真菌；远远看去，这树就好像长满了胡须，老态龙钟的，特别可爱。有时到了视野开阔的地方，往下面一看，就能看见一个村落的全貌。那些用原木摞起来的小房子，古朴自然，就像回到了原始时代。在山麓的斜坡上，放眼一望，一层黄一层绿，那是彝族人的牧场，种植着燕麦和苦荞。每一家的门外都有堆成小山的木柴。穿戴着彝族长裙和大顶帽儿的彝族姑娘站在路边，一边怯怯地看着班车，一边还不停下手里的活计。据赵老师说，屋外的柴火是因为此地的居民每家每户都有火塘，需要很多木柴。

窗外的一切都那么新鲜——虽说山水一类，自认为看得也足够多了，但这般神奇的景色还真是第一次见，就好比走进了阿凡达的世界，一切都和我所经历的大大不同。车开过的山坡上，常走着放养牲畜的牧民，他们安静地招呼着羊群或者牛群靠路边走，鞭子轻轻落在那些受惊的小动物们身上，将它们赶往高处。

这感觉清新，而仿佛穿越过好几个世纪。衣装修长的彝族姑娘依偎在恋人身边，静静地向我们微笑着；偶尔停车休息的路边上，一间古朴的木屋子旁，挂着一串串辛香的花椒；大块儿的云朵在不远的山腰子上爬行，时不时被挂在树梢上挪不开脚步；再远一点儿的山色更加苍茫，而那些高陡的峭壁突出叠翠，恰似一缕青黄的炊烟袅袅。

大约十一点钟，我们抵达了三坝乡白地村。路边热情的店主看到我们大包小包的，就邀请我们到店里一坐。不一会儿，吴树湾自然村的东巴和树昆老师找了辆车来接我们。因为是个客运货运两用车，前排座位不够，我与和树昆老师坐在车后，一路颠簸而去。头顶的碧天青山、白云流水一并摇晃着，跟坐在滚筒洗衣机里一样，一切的色调被搅合在一块儿。下了车，赵老师还关切地问我感觉如何，我答很刺激。老师被噎得说不出话来，因为大多数人在这种地方都会反胃晕车的！哈哈，我好牛！

和树昆老师是个个子很高大的东巴，一米九以上，身材高大威猛，有着一身高原赋予的黝黑皮肤。但是说起话来，才发现他是个温柔热情的大男孩，或许还有点害羞。一问才知道，这个老师只26岁，不过学东巴已经有十二年。当年师从和占元大东巴，是其四大高徒之一，现在已经是附近名声赫赫的大东巴，在汝卡东巴学校里做着义务教师，为培养更多的文化继承人而努力。据他说，去年和占元老师去世的时候，他们四大高徒做了四天四夜的法事，完全没合眼，听得我非常感动。更感动的是，正谈着话，和树昆老师的父亲扛着一摞崭新的被铺走过来。原来他们家其他的被铺都用过，认为不能用来接待我们，竟到供销社里又买了新的回家。我们连声说不必，他却认为这是待客的礼节。在到达白地之前，赵老师就给我介绍过他们家的一些情况，因为学习东巴要耗去大量的时间和精力，和树昆到现在为止都很少参与家中的农务工作，家里养的牛羊牲畜和许多亩田地都由他父母打理。但他的父母非常支持他的事业，在家中辛苦操持以供给他的各种工作。

和老师一家非常好客，给我们做了一桌子的好菜，还不停地给我们加饭。蔬菜水果都是直接从田里采来，种植时也从不施以化肥，而是用牲畜排泄物滋润土地；桌上那些猪肉、鸡肉之类都是从栅栏里直接变成餐桌美味的。和老伯的手艺让人惊叹，至少他的炸土豆是我长这么大吃过最好吃的！席间，赵老师一直催和树昆早点找个媳妇儿，比他父母还着急。而和老师不停岔开话题，给我们讲汝卡人的火把节，还抱了一把花儿放在神龛上。我们听闻赶上了火把节，非常兴奋，热情的和老师当即安排明晚搞一场篝火晚会，把吴树湾村的村民都组织起来唱歌跳舞，好好庆祝一番。能逢此盛会，我们一行哪有不摩拳擦掌、跃跃欲试的道理？

吃完饭，我们参观了和老师的工作室，其中一面墙壁上摞了一堆标牌，是他们汝卡东巴学校分校区的牌匾。和老师非常自豪地向我们介绍起汝卡东巴学校的创业史，自九八年这所学校创建以来，他们已经坚持了十二年的日日夜夜。每天晚上，只要是对东巴文有兴趣的村民都可以免费学习，四季寒暑，风雨无阻。这所学校的创始人是和树荣，他原本是当地小学的校长，在很早的时候他就感受到民族文化断代的危险，于是自己出资、出房，并四处求拜老东巴担任教师，建立了这所学校。初步了解了这个故事的我们，都深深赞叹这个民族教师敏锐的文化自觉性和无私精神。要知道，对一个民族来说，能意识到要保护自己的文字是件多么困难的事情——东巴文原本就是祭司们使用的文字，掌握人数和使用范围十分有限；何况祭司又是代代相传，一个东巴过世后，便将他生前使用的经书随身火葬，这使得文化传承非常脆弱。"文化大革命"时期，全国掀起破除封建迷信的活动，这也波及到了少数民族地区，成批的东巴经书被没收、焚烧，许多东巴迫于政治也不敢将东巴文字和法事一类教授给儿子。这造成的问题十分严重：文化传承人濒临断代，经书残缺不全，文化继承步履维艰。改革开放后，在当代经济社会的背景下，许多年轻人出外打工，经济条件的改变和观念的更新使东巴传承受到更大的冲击。到1998年，村里的老东巴都年事已高，而新一代的培养又十分欠缺。和树荣校长不仅意识到这种危机，并且成功说服了老东巴们打破传统的传承习惯，转而采取讲学的方式，培养出更多的东巴。我相信，有如此眼光已属难能可贵，能自己出资出力，不计较回报地投资文化事业更是令人叹服。

在我们计划之中，来自新闻学院的小师弟刘晶正是要去访谈这个学校的创始人和树荣校长，并且为他写一份特稿。在工作室里，和树昆老师拿出一些祖传的东巴经给我们拍摄，最后决定讲一本手抄本的《祭祖经》。据和老师讲，这本经书在春节期间使用，各家请东巴到家中念经，召唤家神的魂灵进行祭祀，然后送走。

于是一整个下午，我便在赵老师的指导下翻译这本《祭祖经》，并且弄清了他拿出的那五本祖传经书的名字与用途。

在最后那本被我们起名为《送魂经》的"库彻开"经里，提到了关于汝卡人来历的部分。和老师坚持说，汝卡人是从印度迁徙过来的，并且说经书里送魂的至远处名为"白拉姆谷堤"，是印度的一个地名。但是具体在什么地方，迁徙的路线如何，都不可追溯了。据他说，这个说法很早就在汝卡东巴之间流传。这引起了我们的普遍兴趣，赵、邓老师与他就此热烈讨论了一番。这时候，记音已记得头昏脑胀的我则偷空休息了一下，跑到屋子里看师弟刘晶访谈和树荣校长。和校长从容貌上看比较类似于汉族人，个子不算太高，精干而极具亲和力，讲起话来有条不紊。我

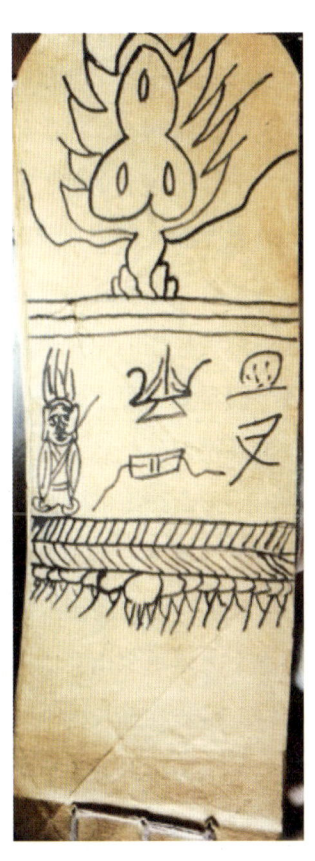

图10-9 东巴经书图文

图10-10 采访现场场景

也帮着刘晶问了几个问题，看到赵老师他们也没讨论出结果，便继续翻译《祭祖经》。

时间一点点地流逝着，阳光渐渐地弱了下来。第一道翻译进入尾声的时候，又来了一个东巴，他也是和占元老师的高徒，名叫杨玉春，现在是汝卡东巴学校的副校长。逆着阳光，我不大看得清他的容貌。但斜阳中，他有一副健壮黝黑的身躯，满脸笑容，眼角带着一点温暖的细纹。看到我在用国际音标记音，他颇有兴趣地为我检查了一遍。杨校长告诉我，丽江东巴文化研究院曾给他们培训过一段时间，所以掌握了国际音标。他指出了记音中一些调值的错误。

到了吃晚餐时间，和大伯家又做了一大桌菜，和树荣校长也热情地邀请我们到他家中晚餐。因为刘晶要深入访谈，所以决定不和我们住在一块儿，而是住在校长家。从早上一直忙到现在，我们虽然疲惫，却非常有成就感。站在和老师家门口，看着操场上的纳西孩子们打篮球，赵老师在一旁连声称赞村庄的体育建设。我望向更远处隐约的山峰，空气中有丝丝青山碧水的甜味儿。球场上的孩子们看到了陌生人，便对我投以好奇而羞怯的目光，我也友善地对他们笑笑，整个村庄弥漫着一股世外桃源的气息。村民之间都互相熟稔，相逢一笑，谈些家常话语，夹着些许戏谑，温软的乡音在田间地头缓缓铺散开来，就像徐徐炊烟，将人间馨香的烟火气笼罩在一片宁静之中。

吃了晚餐，我们和校长约好去参观汝卡东巴学校的教学实景。白地的晚间照明还十分匮乏，一路上我们只能打着手电前行，遇着上下坡的地方更加吃力。白昼时分清晰的院落，此刻都隐没在夜色之中，虫鸣深山，道阻且长。偶尔仰视满天的星光，真有种云端漫步的错觉。山风裹卷着夏末的音符，足步在绵长的小道上踢踢踏踏，伴随着挂满天空的发光小星球，整个身心也一起轻盈灵动起来。手电筒跳跃着小小光圈，大家的心情都涨满了，有憋不住的已经扯开嗓子唱着嘹亮的山歌。远远的回声敲击在耳鼓膜上，与雀跃的心情发生强烈的化学反应，产生一种遥远的似乎已经很陌生的原始兴奋。

图10-11 汝卡东巴学校晚上教学实景

图10-12 汝卡东巴学校副校长杨玉春等在火塘边谈话

汝卡东巴学校其实只有两间房,背靠着山崖,安静地伫立着。如果不是身临其境,谁都无法想象,这座只有两间屋子的木楞房学校竟可以支撑十二年之久。每天晚上,那些想学习东巴文的年轻村民都可以来听课,没有酬劳也不必交学费,他们用知识的光辉抖落了一身的疲惫。我们抬起脚,跨过高高的门槛,此时几乎有点朝圣的心情了。

两间房子里稍大的一间,就是这座学校唯一的教室。一盏昏暗的电灯下,和树昆老师在黑板上写上一行行东巴文,然后逐字逐句地带领学生朗读、识别。我们访问了这些学员的基本信息,他们中的大部分在进入汝卡东巴学校学习之前都没有东巴文基础;但现在他们大多都能识读经书。当我们谈起这些，和老师禁不住流露出欣喜自豪的神色。环顾四周，再望着他们在灯下努力学习的背影，我们一时都安静非常，灯光仿佛都渗透出一丝丝执着与坚持的香气。

赵老师一行在拍摄教学实景的同时，我来到另一间屋子。屋内杨校长和一名叫和志武的老师坐在火塘上，用家乡话絮絮地谈论着什么。我朝他们微微一笑，问门上挂着的一对羽翅是什么。原来那是一只雕的双翼，有保佑吉祥如意、幸福平安的作用。这座屋子与隔壁不同，在正中央处放置了一个火塘，据说是老师们备课和复习经书的地方。

坐在火塘上正和老师们聊天时，忽然间眼前一黑，停电了。这种情况在城市里极少遇见，但在这儿似乎已经司空见惯。老师们很娴熟地摸到一簇松针，扔进火塘里生火。据他们说，这儿的电压很不稳定，经常上课上到一半就断了电。虽然最后由于前一天下过雨，湿气太重生不起火，电却很快来了，屋里恢复了光明。老师们立刻拿起了东巴经，围成一圈念诵起来。他们告诉我，东巴文虽然比较好学，但十分容易遗忘，需要常常复习才能巩固记忆。他们每个月轮流给学生们讲课，没有轮到的就聚集在一起背书，互相交流。学生学习，他们也从未放松过，两间屋内书声琅琅，在空旷的山间回荡着求知的渴望。

是夜，在赵老师的督促下，我们整理完了一天的资料。看着一页页写满的笔记，与大量珍贵的照片，真为这些收获感到由衷的欣慰。但我想，今天更是收获了一分感慨——想想平时在学校里，不仅衣食无忧，每天不必担心停电，寒暑都有空调伺候，还有那么多大师级的教授为我们授业解惑，更不必说清华为我们提供的顶级服务；然而即使这样，我们还常常松懈，不肯踏踏实实地学习工作，沉迷网络游戏的有之，旷课迟到的有之，溺于男欢女爱的有之。我自己也常常虚度时间，学习时总是心不在焉，到了要考试或者交作业的时候才应付了事。之前总觉得这是理所当然的，常常找些借口为自己开脱。直到今天，在他们面前，才感到自己的借口有多么无力。不分时间，不分地点，不论任何民族，也不论任何人，对知识的追求都是无止境的。作为清华的学生，我们曾经为这个梦想努力奋斗过，也幸运地从莘莘学子中获得了命运的青睐，得以如愿所偿。国家为了培养我们，花费了大量的物力与人力，给我们创造了优越的生活条件，但这是为了让我们安心学习，汲取更多的知识，以求报效国家、造福民生，而不是让我们沉溺在象牙塔的光辉里不思进取。想想这些在极其艰苦的环境下支撑了十二年的教师与学生们，我忽然感到一种强大的压力——对知识的追求是永远不能止步的。

希望这份执着的精神能一直激励着我，伴随我直到人生毕业的那一刻。天太暗了，坐在床上写着今天的日志，却引来无数追光的飞蛾，就此搁笔吧。

8月6日

今天似乎醒得特别早。或许是昨晚睡得沉，一早下楼时都蹦蹦跳跳的，感觉自己比任何时候都有活力。赵老师就没么轻便了，毕竟已经年过花甲，虽然体力、耐力尤其是意志力还非常强韧，但膝关节却不那么灵活，每次上下楼梯或爬坡时，只要是需要膝盖承力的时候，赵老师都有点发"晕"。

简单地洗漱过后，开始按照赵老师的叮嘱记录每天的行程和感想。老师总说，今日事今日毕，稍稍一放，茶就凉了。确实，大一一年都上赵老师的"古代汉语"课，对她的雷厉风行和要求严格是深有体会的。大一刚进校时的第一份作业，竟被打回重做四五次，一点小小的错误都逃不过赵老师的法眼，连错别字都被一一指出。在高中，大家哪个不是父母老师的掌中明珠，即使指出错误，也都是留足面子的。同学们多少面子上有点过不去，那时还多有怨言。但也得益于赵老师的严格要求，我们在古代汉语文献认读方面打下了坚实的基础，才能在习读《春秋左传注》和《庄子》时不必费太大力气，也在后来的论文写作中培养了严谨认真的作风。

山中的早晨清风习习，天色高爽，微白的晨曦缭绕着远山。远望着那些清幽的景致，连自己的身体也跟着清爽跳脱起来。今天是纳西汝卡人的火把节，按照风俗，附近所有的汝卡人都要到东巴圣地白水台上拜祭山神，并举行野炊。我们则跟着和树昆老师一家与和校长一家去参与这场盛大的狂欢。这不，正厅外的院子里，和树昆正牵了马来，将野炊用具和食材驮在马背上。这匹马看上去很年轻，性子非常烈，把脖子上的铃铛晃得咣当作响，脆生生的马铃声在寂静的清晨里远远飘散，如同一首清新的牧歌。再仔细看看，这匹小白马被打扮得花枝招展，耳朵上挂着七彩的布条，颈上的铜铃闪闪发光，大大的褐色眼珠含着水光，长长的睫毛，楚楚动人。和老伯笑着告诉我们，这匹马才三岁，正处于"青春叛逆期"，家里除了人高马大的和树昆能制服它，其他人根本奈何它不得。

早餐一如昨日丰盛，和大妈亲手烤的饵块，香气诱人，我们饱食一顿。正谈笑着，刘晶蹦蹦跳跳地跟着校长一家来了，他们也已经准备完毕，只待出发。

白水台距离吴树湾村大约一公里地，我们途经和校长家时进去打了个招呼。我们取笑刘晶一定起得很晚，和校长赶紧替他说话，夸赞他是个工作狂，昨晚工作到转点，早上七点就又爬起来写稿件。这让我对这个脾性憨厚的小师弟刮目相看。

实在地说，在香格里拉见面之前，我和这位来自新闻学院的小师弟交情不深。几次例会上，这支八人队伍都十分活跃，常常一讨论就是三四个小时，可这位小师弟刘晶却总是安静地坐在一边，话特别少，问起他的意见，总是有些木讷地说随意。时间一久，大家都忘记他的存在了。直到一次电脑系统崩溃，他很热心地帮我修理，我才发现他是个心肠极好的人。最后，临到要出发的几天，其他人因家长不同意冒如此大风险去雨季的云南实践而纷纷退出队伍，倒只有我和他决定坚持这个项目，这多少令赵老师和我都有些出乎意料。

我们一行人走在田埂上，谈笑风生。一路景致清秀诱人，拍照上瘾的刘晶更是兴奋得拍个不停。周围的房屋都是由原木横纵交叠而成，据说在地质结构不稳定的云南，能起到防震的作用。

这时候，我们也见到了昨天经书里提到的麦架子。按照纳西汝卡人的传统，家中的老人过世之

图10-13 纳西汝卡人的木构房屋

图10-14 纳西汝卡人的麦架子

后，要请东巴念诵《送魂经》将他的灵魂送到来处，并在葬礼上将从家中麦架子上卸下来的两支原木与遗体一起烧掉，以表示将家产分给他一半。

走出人们聚居的村落，我们便行走在细长的田埂上，两旁是玉米地。高高的向日葵花疏落落地分散在田地里，如同燎原的金色火球，生动了漫山碧绿。曲曲折折地走了许久，我们站在了白水台的脚下。虽然是初来乍到，但这次盛会的隆重气氛已经深深地感染了我们。放眼一望，在山坡上聚坐休息聊天的，牵着小马往上爬的，或是带着一群小孩儿蹦蹦跳跳地经过的，全都是附近的村民。他们穿着节日的盛装，背着甘甜的酒浆，带着满面幸福的微笑，有时也会好奇地打量着我们几个外来的行者。小女孩儿们多半长得娇羞可爱，衣饰又美艳夺目，怯怜怜的神态着实令人心生怜惜。我们提出

图10-15 白水台景致

给她们拍照,她们虽面带羞色,却也答应了——能拍到如此秀色,真令我们大喜过望。

白水台近来已是远近闻名。作为一个半成熟的旅游景点,它吸引了不少游客,景区内的道路设施也已颇有规模。校长说,由于云南今年塌方、泥石流等之类的自然灾害十分频繁,当地的旅游业也受到了影响,现在的游客量每天不足百人次。

我们爬着山,呼吸着山中水灵灵的气息,不一会儿就偏离了供游人上下的栈道,直接在暗黄的山地上行走。冰凉的泉水从脚下汩汩流过,奇怪的是,虽然有流水常年滋润,脚下的地却丝毫不滑。原来,这是中国最大的泉水台地之一,我们所踏之处,都是几千年来积累的碳酸钙白色沉积物,质地坚硬粗糙。台地一层层地从高处叠下,由于折射角度的问题,每一团池子里的泉水都呈现出不同的颜色,远远望去如同七彩的田地——当地人传说它是"仙人遗田",看来绝非浪得虚名。

不久,我们来到一块凸起的石头处。这块岩石约两米高,由于流水常年的摩挲,这块石头已然色泽青白,温润如玉。由于它形似身怀六甲的妇女,虔心的村民们便在此处设了神坛,烧香、洒麦面以礼神,并依次上前以头触石,祈祷多子多福。校长告诉我们,家里有儿女在外远行的也会在此祈福。于是我们一行也按照当地的礼节向灵石许下了愿望,祈求这次行程能平安顺利。

离开了烟火缭绕的灵石,时间已临近中午。路上行人更多了,从树林的缝隙里,能看到袅袅炊烟间有大批人马在享受着野炊。我们继续向上,爬至最高点。这里视线就更加开阔了——跳过脚下层层叠叠的仙田,能看见吴树湾村就在山麓下,小巧如鸟,宁静地栖息在大地的一角。

山顶的风景更是美得令人窒息,脚下就是涓涓山泉,深处能比一人深,浅地又不过薄薄的一层纸般。我们欢呼一声,毫不怀疑自己已到了神灵所居之地。

图10-16 汝卡当地人在白水灵石前祝福

图10-17 白水台"木高诗刻"石碑

站在景致如画的山顶,我们请和老师与杨校长讲述纳西汝卡人的古老传说,以及丁巴什罗在这一带的事迹。幽幽山风伴着他们舒缓的讲述飘入耳朵,仿佛置身于一个原始神奇的远古梦境。向前望,一片青碧幽蓝的彩池,低低的白云从半山上拂过我的头顶;向后望,青翠的山间浮动着阵阵炊烟,几匹白马在烟斜柳横里悠闲地啃草。隐约间,能听到树丛里稀稀疏疏的人声,充满了凡尘的幸福味道。和校长提出带我们去看木高石刻,铭文是刻于明嘉靖三十三年(1554)的七言律诗,算起来距今已有四个半世纪的历史;勉强能看出是规规整整的楷体。没等我们挨个辨认上面的字迹,校长就笑吟吟地背诵起来:

五百年前一行僧,曾居佛地守弘能。

云波雪浪三千垄,玉埂银丘数万塍。

曲曲同流尘不染,层层琼涌水常凝。

长江永作心田玉,羡此当人了上乘。(按:"玉",有异文"主";"当人",有异文"高人""当入")

和校长告诉我们,几乎所有当地人对这首诗都能倒背如流。它见证了白水台悠久的文化历史,一直到汽车直达乡间的今天,白水台的神圣纯净与东巴文化的源远流长正如从那山顶的泉眼里点滴涌出的细流,在纳西族人的心里从未间断过。

我们一边品味着这首诗,一边穿过重重密林,被一家连着一家的欢声笑语环绕着,十几口人的大家庭其乐融融,真令人艳羡。杨校长、和校长一家与和老师一家都盛情邀请我们加入他们的野炊队伍,最后我们决定男生们跟着杨、和两位校长走,赵老师和我与和老师一家共享午餐。

要说野炊,以前也不是丝毫没有经验。但今天的野炊确实很带劲——用石头摞成一个临时的灶

图10-18 赵丽明老师在白水台山顶

子,用随手捡来的柴火生起火来,就地烧水,就地煮汤。不一会儿,我们周围就浮动着诱人的鸡汤香味。忙碌了半天的我们,此时已经食指大动了,一说开动,就狼吞虎咽起来。伴着耳边脆生生的马铃声,伴着满山慵懒安逸的氛围,我们这一餐吃得极为愉快;一向食量很小的赵老师都消灭了不少食物,最后差点都站不起来了。

下山之前,和老师给我们带来了万年青,据说这种植物能给人带来幸运与吉祥。赵老师显然过于兴奋,在山顶的池边学起了李小龙的姿势,一个高跃——照片拍得很精彩,不过膝盖抗议了。

我们边走边休息,路途上还遇到了带着扩音器来半山上跳舞的纳西族妇女。她们自发地围成圆圈,挑选了大家喜爱的音乐,翩翩起舞。我们沉醉于她们秀丽曼妙的舞姿,只恨自己手脚笨拙,怕乱了人家的阵型,不敢上前同欢。

午后时分,我们回到家中休息。忙了一整天的和树昆老师显然累得够呛,一头倒在沙发上呼呼大睡。赵老师和我各自找了地方整理两天以来收集的资料。看着一卷卷的相片,一段段的视频,像从野地里收集起的蘑菇,一朵朵都是用辛勤的汗水换来,所以分外珍贵而令人欣喜。

和老师与杨校长休息过后,我又跟着他们翻译了一段《祭祖经》。正讲解着,三个纳西女孩儿凑过来旁听,原来她们也是和老师的徒弟。东巴一向传男不传女,但现在女孩儿也可以学习东巴文了,真是传统文化的一大进步。这些小女孩不过十一二岁的样子,长得眉目清丽,尤其是一双双纯净如黑宝石般的眸子;而那双颊上的绯红,更是高原赋予她们的特质。

到和老伯喊我们吃饭的时候,天色已经转暗。残阳平铺在院前的篮球场上,村中的年轻男孩们又聚集起来打篮球。或许每年、每月、每天,他们都是这样度过的吧?在宁静的夕照下,在"狗吠深巷中,鸡鸣桑树颠"的田间成长,浸淫于绿水青山和邻人温情中,而不沾染城市的鄙俗风气。我

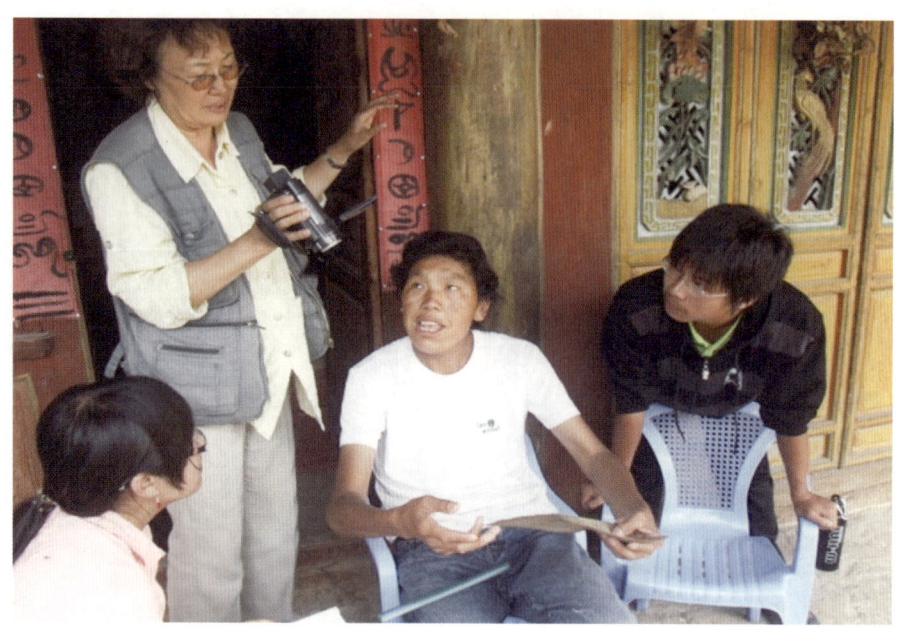

图10-19 赵老师在拍摄视频资料

羡慕他们一脸单纯无邪的笑容，更敬佩他们善良淳朴的心地。和这可爱的山水云霞一样，他们也是这山中可爱的风景。

这一餐吃得晚，待到我们放下碗筷的时候，外面已有人声窸窣作响。出门一看，操场上已有一群小孩子举着火把嬉笑蹦跳。清脆的童音打破了夜的沉寂，轻盈的火光在伸手不见五指的黑暗里活泼舞蹈。头顶上亘古不变的星空也因此返老还童，加入了这场盛大的狂欢。没有汽车的喧嚣，也没有流行歌曲的吵闹，站在操场上的我们那么容易就能听到四面八方的人声渐渐聚集，和校长侧耳一听，便笑道："今晚篝火晚会真来了不少人。"

火把节其实是彝族人的节日，因为彝族人在这一带分布广泛，所以火把节的习俗也在这个地区散播开来，成了这一带几乎所有民族的共同节日。汝卡人称这个节为"爪蔑赛热"，意为"过半年的年"，庆祝这个节日是为了祈求丰收。汝卡人自己最大的节日是每年农历二月初八。这一天，来白水台上祭祀的人络绎不绝，整座山都被香火缭绕着。而对东巴来说，这一天也是个神圣的日子，丁巴什罗神会在这一日回到圣地，所以他们都要到白地的东巴圣地——阿明灵洞上去祭天，并且举行"加威灵"的仪式。

等我们抵达举行篝火晚会的空地时，只见黑压压的一群人挤在汝卡东巴学校门口，少说也有一百多号人。女孩子们站成一堆，互相检查身上的服饰是否穿戴整齐。我们甚至看见一个女孩儿当场拿出针线，将偏大的头饰改得十分合身。虽然由于语言问题，我们很难交流，但在暗白的光线下，她飞舞的纤巧手指看得我们头晕目眩，可见技巧之高超，远非手笨脚拙的我可比。男孩儿们自然聚集到另一堆，东巴们换上了做法事时才穿的服装。灯光昏暗，我们在一大圈人里找了半天，才分辨得出和老师与杨校长。他们皆是头戴五佛冠，身着色彩鲜亮的服饰，看上去精神颇好，显然白天的休息已让他们恢复了体力。杨校长向我们解释了五佛冠的名称和代表神灵，并晃了晃脑袋让我们看挂在两侧的"耳朵"，据说这是象征倾听神灵的声音。让我们惊奇的是，他们身着的精美服饰，居然都是出自自家的手工一针一线制作——与现代电脑印花相比，这些服饰上的纹路各具特色，并且与他们每个人的气质十分吻合。

五 实践感言

新闻学院刘晶

实践绝不仅限于做，想远比做更重要。资料的及时整理、归类是比收集资料更重要的事。实践是体力与脑力的双重劳动，劳力而不劳心，则是劳而无获。

实践日志是必要的，因为它能帮助你回忆起自己做过的事、事后的感想、瞬间的细节和感动！

实践是花费时间的劳动，在实践地的时间是很宝贵的，尽可能合理地利用时间，在最短的时间内获得最大的实践成果，才是一次成功的实践。

带队老师的作用在于传授经验，传授调查方法、精神乃至与人交流的技巧都比在专业上的指导更重要。授之以鱼，不若授之以渔！

实践很苦，但是你会见到各种不同的事、不同的人，看到陌生的风景，身体上的劳累比之心灵上的富足来说，是完全不足道哉的！

与人交流是一种学问，学会入乡随俗，尤其是在饮食和细节方面能够体现一个人的修养。

人文学院徐可可

古人说，读万卷书，行万里路，于是崇尚游学。游，自然就要远离家乡，在各种远方飘零游荡。游学，不是旅行，而是一场在颠沛之中的生命历练。站在此刻回望暑假的历险，在深感不易时，又万分庆幸——知识可以通过前人的归纳总结而展现在书本上，但更多的是来自于人与人的交流，生长于广袤无垠的土地上。

游，可上山可下海，平原丘陵，重山叠水，皆是可游之处；游，绝不仅是走马观花，拍拍照片了事。真正的游，与探险同名，与磨难同名。一路所见之景，偶遇之人，寻访的对象，甚至于路边的一簇野花，街旁一位晒花椒的老太太，皆是所游的目的。能否带着一份充实的心情、饱满的收获回家，便要看你是否付出了灵魂。

观崇山峻岭，使人心胸开阔；观茫茫大海，使人激情澎湃。不必说，一脚深一脚浅地在泥潭路上跋涉几小时，最终达到寻访地的兴奋；不必说，翻山越岭，从正在塌方的山崖边径直翻入目的地的毕生难忘；更不必说，从悬崖上迂回翻入阿明灵洞时，一脚踩空垂直下落的生死心跳。

游学，不是享受，不是在推杯换盏之中玩物丧志，但它的确是一场精神的狂欢。每天，在一盏明灭的灯前，听赵老师的谆谆教诲，她那严谨求实的态度令人由衷敬佩。有时，老师也会讲起在全国各地历险的过往，听得我们连连惊叹。每当我们万分疲倦，有些松懈时，想到老师在绝非精力充沛的年龄竟比我们多走了一个月，就莫名地得到了鼓励。

游，更是一种互助的过程。李白当年写下著名的《黄鹤楼送孟浩然之广陵》，便是游学之中友情的结晶，是伟大的灵魂之间的激情碰撞。18天的考察虽短，但大概因为行程过于艰险，便更能考验一个人的韧性与品性。这18天，竟如18年一样长，积累了许多险象环生的故事，也积淀了队友之间沉厚的友谊。在最危险的环境下，队友刘晶腾出一只手抓住沿着悬崖迅速下滑的我；在最艰苦的地区，也是队友背着半人高的行李，一手拉着体力不济的我翻过山岭。我们在工作上相互勉励，分工配合十分默契；在生活上也同甘共苦，彼此鼓励。我们一同撑过舟车劳顿的旅程，一同翻越迢迢山路，一同不眠不休地连夜赶工，也一同在全国古文字专家面前展示成果，分享我们收集来的珍贵资料。我们，闯过了生死难关，成为患难与共的朋友。

一路寻访，一路奔波，我们采撷的，不仅是枝头累累的果实，更多的是感动，是对生命力的敬佩，是那些自觉承担起民族文化传承与保护工作的民间学者们带给我们的压力与动力。古之游学，今之实践，原本一脉相承，都是文人志士们放浪形骸、自我挑战、自我磨砺的过程。

旅程结束了，但壮士们，我们还要一路劈波斩浪，奋勇前行！

2011年1月滇北摩梭话田野调查笔记[1]

13日，到达丽江，风清气爽，老师和同学下乡去鲁甸了，还有的去宁蒗了，我一个人闲在旅馆。压抑不住兴奋的心情，去逛古城。从大水车旁牌坊下的小路跑到狮子山门口，从山后绕到古城中的菜市场、幼儿园、木府，直到筋疲力尽才不得不问路走出古城。

老师和同学晚上九点多才回来。之后，老师召集我们，讲了这几天的情况以及之后的计划，十二点各自回房。

14日，上午胡文明老师来做客，谈了很多他对纳西族文化的见解。下午和晚上给宝山老东巴和茂春的女儿和秋菊大姐记音，完成了词汇表的四分之三。

下午是第一次记音，精神高度集中，感觉特别疲劳，不过晚上就好多了。通过这次记音，大致知道了词汇记音的节奏，完成这份983个词的词表需要六七个小时。

15日，跟赵老师去宝山乡吾木村，因为听说那里有用东巴文写的地契。下午四点多，终于到达吾木村。听说这村子上下海拔相差有二百米。大步跨下一级级一尺高的布满泥土、时而也有马粪的

---

[1] 本节整理者：许多多。

台阶，下到一半，就到了村委会，"洋书记"在小院门口。"洋书记"姓李，只因为肤色粉红、头发鹅黄，像个外国人，大家都称他为"洋书记"。

晚上，我们和洋书记在干净整洁的村委会里边看电视，边烤火等待和继泉老人。正聊着，一位弓腰拄杖、披着皮背心的老人出现了。他另一只手持一支长烟枪，虽然弓着背，眼睛却炯炯有神。他带来了一份地契文书，还有八卦图和一叶东巴文书信，因为年代久远，他也不大记得写的是什么了。他详细讲解了八卦图的内涵和用法。

和学湛先生是我们在汽车中途休息时遇见的一位研究东巴画的东巴，他恰巧是吾木村村民。晚上他同和继泉老师共同探讨了这几份文书的内容，大意是果乐村将一片土地卖给知时瓦村的事情。在他的帮助下，我记出了四列地契文书的四行释读。其余的字，他也认不出了。

忙到十二点收工。漫天的星星，一闪一闪，我从未见过这么近的星空。床已铺好，矮床上是印有米老鼠的被子和床单，枕头却是大花的。我嘀咕了一句："就枕头不是米老鼠。"老师过来瞧了瞧："哦，米老鼠在我这儿呢。"于是我们交换枕头。后来的路上老师一提这事就乐，说："多多觊觎米老鼠。"

16日，拜访和继先的家，看到他的教学笔记以及和志武先生一部讲述纳西一带文字语言的旧书。将近十点，开路下山，中途在一个车站换了面包车，我迷迷糊糊睡着了。走到半路，老师叫我，原来是车行至玉龙雪山侧面。天空飘下细细的盐粒子似的雪，雪山和天空之间雾气腾腾。黑压压的大山，顶着依稀白雪，近处宽阔平坦的黄草地疾驰而过。

到了丽江，即刻赶往新客运站，买了下午三点四十去宁蒗的车票。晚上将近八点，到了宁蒗。晚饭是全队的大团圆，另外还来了顺宝老师（普米）、达石老师（摩梭），以及当地研究院的一位彝族专家。顺宝特别可爱，总是乐呵呵的。达石与法国学者米可合作的"摩梭词典"（未刊稿），那种严式记音精细得令人叹服。

17日，因为突降大雪，封路，去不了永宁了。我同赖老师回丽江，一路饱览白雪迷蒙的大山。下午三点到鑫安旅馆，同东巴文化研究院的李德静老师约了第二天见面。晚上，请和秋菊大姐来，把剩下四分之一的词汇记完。

18日，九点多同李老师出发去黑龙潭内的东巴文化研究院。上午赖老师同李老师、王老师（王世英）探讨纳西标准语（大研镇话）的音系。下午去古城内，请一位摩梭发音人到王老师家，大家一同进行记音练习。令人惊奇的是，这位发音人竟然是位达巴。他叫纳卡·德西，1977年生，是屋脚乡利家嘴村人，家里世代为达巴。赖老师通过询问一些有代表性的词汇，确定了声调和基本的声韵母，之后记音速度就快多了。

19日，上午十一点多，仍在王老师家，德西的太太来做发音人。她是油米人，名叫拉错，是东巴起的名字。油米介于纳西东西方言之间，没有明确的分属。

下午，我去找德西，做了一部分词汇记音，看他有些觉得无聊了，就请他讲个故事。他讲了摩梭人创世纪的故事，主角叫做鲁依依。他念一句摩梭语的经，讲一句汉语意思。这是经文，平时并不这么说话。讲了三分之一，就到晚饭时间了。鲁依依的故事我在书中读过，是汉语叙述，没想到摩梭话的版本竟然是经文。

20日，我独自去古城德西家给他做词汇记音。十点不到，到了五一街他家门口，没开门，敲门不应，可是对面的店铺人家说他太太已经给人请走去做发音人了，他帮我叫起德西。在他下楼打扫店面的空当，我站在门口画了此行唯一一张写生。

上午十一点多开始记音，午饭后继续。德西的小孩子卓玛因为没睡好（她习惯了古城里的夜生活，两点多睡，下午两点多起），不时哭闹，德西只好一直背着她，回答我的提问。到了四点多钟，他让我帮忙问问拉错什么时候回来，我发了短信，后来赖老师电话来说让我们过去一起吃饭。德西终于解放了似地打烊，我趁机继续画早晨的画，这个街景透视很美。他收拾得差不多了，看见我的画，竟然说："帮我画一张吧，我照着烫，正好也学学。"

没一会儿，赵老师电话说阿窝偏初到丽江了，让带去一起吃晚饭。我带着德西一路走一路告诉他要先去接一位达巴。他问是谁。我说叫阿窝偏初，屋脚村的。他竟然说："哦，我们是亲戚。"我原本还为要接待一位陌生人而紧张，这一下就放松了。当晚回到旅馆，我给阿窝带来捐赠给清华的物品拍照、记录。之后，阿窝就跟德西去古城逛了。德西答应第二天早上八点把他送回来。

21日，上午请阿窝讲了一遍摩梭历书《哥里木》。我请他看达瓦·荣布的《哥里木》影印本，他说那是他父亲的，而他又是从他父亲那里学来的达巴文化。我就老版本中的一些疑点问他，主要是"三星"的书写，他说老本子写错了，他的本子上是修正了的。

下午做词汇，竟然出现了新的辅音——小舌擦音和齿龈颤音。过了一会儿，赖老师回来了，又让阿窝念这几个词，确定一下。赖老师五点就要离开了，心里很不舍，可是没有办法。李老师送她。

晚上做了三小时的词汇。

22日，上午把词汇做完，松了一口气。阿窝原本今天就想回屋脚，可是我说还有很多没做完，他于是很热心地多待了一天。

下午，整理《哥里木》的翻译，却发现录像里有些句子用摩梭话说得太快，听不清楚。听了个大概，又找他来再核对。对了三分之一，四点钟，吾木村的和学湛先生来电话说他到丽江了，但晚上要去万神园工作，让我马上去他家，有东巴画捐给清华。阿窝开心地说，那我们现在一同出去吧。我说好啊。他又接着说："我小姨母请我去吃饭。"我才明白他那么开心早收工的原因。于是我们约了晚上七点旅馆见，继续核对《哥里木》。

和学湛先生取出三幅东巴画，两幅丁巴什罗，一幅大鹏神鸟——这是丽江旅游的标志。我很好奇画上都是什么神，于是请他一一讲解。

晚上等阿窝，七点还没回来，电话一问竟然迷路了。忙乱了半个小时，终于在201门口看见笑呵呵的他了。原来他不知道住的宾馆叫什么，的士司机带他走到这条街就分不清方向了。于是教了他从鑫安宾馆回到屋脚村会经过的地名里的汉字。因为是最后一晚，我们工作到十一点，将《哥里木》的符号用摩梭话、汉语各解释了一遍。

23日，早上送阿窝赶上了第一班八点二十去宁蒗的车。时间太早，德西肯定没开门。这也是几天来难得的空闲，就进了一家东巴纸坊，店主是个东巴，颇有兴致地跟我聊了很久。之后约德西下午一点来做词汇。

下午我去古城接他，他谈兴很高，讲了好些游客去他们家玩的故事，还有他们家《哥里木》上七个藏族符号的含义和算法。之后的词汇记录也很顺利，晚饭前完成了。

24日，上午李老师带来一位落水女发音人，名叫阿克·达玛，活泼极了。相谈之下，才得知她来彩排丽江台《我要上春晚》的节目。宾馆停电，下午六点才来电。烧不了水，又怕录音笔没电，李老师就带我们去了她家。小小的院落干净整洁，种了很多花，印象最深的就是挂在门廊前如同帘幕的鞭炮花。达玛识字，不用我解释词义就说出来摩梭话了。落水跟利家嘴、屋脚的说法有很多不同，音调也比较高，她说人家评价落水人说话像劈柴——干脆。上午到下午，一共五个小时左右就将词汇表记完了。我尝到了被发音人赶着跑的滋味——只有埋头快写啊！

25日，一日无事，闲荡在古城里。下午拜访德西的父亲，他穿着金黄色的袄盘坐在四方街晒太阳，像位老神仙。我只问了些基本情况。老人家耳背眼花，街上又太吵。之后麻烦德西录了些句子。晚上王老师的儿子小涛给我录了一些大研镇的纳西词汇。

十一点多了，穿过热闹得地面都颤抖的酒吧街，望望另一边渐渐熄灯的街巷，今天就要告别古城，因为明天要跟"洋书记"（我现在称呼他李书记）去万神园，下午三点的飞机回家。

26日，李书记开车带我上万神园。和学湛先生全套东巴行头，带我们看地上水泥画的神路图，参观东巴灵洞，最后来到他在山顶的住所——背倚雪山的纳西小木楼。阁楼上，他给我印了他的姓名章，然后展示二十多米长的《神路图》，分为地狱、人间、天堂三部分。我们走到院中，想把长长的画卷铺开拍照，却不时有大风吹来。幸好纸是牛皮的衬底，否则真要被刮坏了。

十二点多回到丽江城，将阿窝和和学湛先生捐赠的物品邮寄回学校，用了午餐。机场大巴已经开走了，下一班要到三点钟，李书记又驱车送我去机场。

滇北之行，有崎岖的横断山路，有深山坳里小村的闪闪星空，有丽宁十八弯的曲折，有金沙江畔的白雪皑皑。驻扎在小城里的八天，既有安闲的生活节奏，也有匆匆的工作步伐。在老师们的教导与扶助下，我迈出了语言田野调查的第一步。且走且看且思，它带我感受壮阔峭立的大自然，带我接触淳朴温厚的村民，教给我语言工作的乐趣与挑战。

附录：学术成果

东巴文等原始文字文献传承的五种模式[1]

东巴文字，作为世界上仅有的几种还在使用的活态象形文字之一，近年来受到了学者追捧。除了东巴文字之外，在川滇交界地区的大山之中，还存在着多种少数民族古文字，以及与之相伴生的一系列民俗、宗教文化现象。随着东巴文化等民族文化作为旅游产业的开发，以及老一辈东巴大师的相继逝去，东巴文字究竟是否还"活着"，又以怎么样的状态在生存呢？

为了解决以上的问题，今年暑假清华大学川滇少数民族原始文字SRT支队一行人来到了川滇交界地区的丽江、迪庆、凉山州等地的15个乡做了实地考察。考察的结果是让人振奋的。东巴文字以及其他一些民族古文字依然在很多地方继续生存着，而且与人们的生产生活紧密联系着。

现代化过程中所带来的文化冲击与经济上的压力，使得民族文化的传承普遍面临着这样一种矛盾：一方面，在现代文化的冲击下，传统的文化面临着深切的危机；另一方面，由于经济等方面的考虑，越来越多的年轻人并不愿意继承这种传统的文化。因此，以东巴文字为代表的一系列民族古文字正面临着这样一种尴尬的局面——传统的文字在很大程度上已经部分乃至完全失去了它的实用价值，它将不再被作为一种实用工具而只能是作为一种文化象征来传承，这无形中加大了传承的难度。然而，在调查过程中，深深困扰我们的还有另外一个矛盾：任何一个民族都有发展自己的权利，任何人都不能阻止一个本身发展较为落后的民族改变自己落后的现状迈入现代化的生活；而现代化总是要伴随着旧有文化的衰落甚至是消亡，它远非仅仅是一个物质化的过程，伴随着物质化的滚滚洪流，现代化的精神文明如潮水般一拥而上，将旧有的文化传统一卷而去，而丝毫不会考虑它是否具有存在的价值。文化工作者应该考虑的不是封闭，更不是将传统的文化放进历史博物馆里，而是如何在现代化的生活中为传统文化找寻到一方生存的空间。

我们在考察的过程中见到了许多独特的民族传统文化传承方式，他们大都各具特色，亦各有其智慧。本文粗略归纳了五种民族文字、文化传承的模式，分别是"白地纳西族汝卡东巴文化传承模式""拉伯摩梭达巴文化传承模式""丽江纳西族东巴文化传承模式""丽江东巴文化传承的市场开发模式"以及"宁蒗普米族韩规文化传承模式"。本文旨在通过探讨少数民族古文字以及其文化在现代社会中的几种传承模式，分析他们各自的优势和不足，并试图通过对他们之间的比较，整合出一条更加合适的途径，探索少数民族传统文化传承的一些新思路。

---

[1] 本文整理者：清华大学川滇少数民族原始文字 SRT 课题组刘晶。

（一）白地模式：民间办学

1. 白地所在的三坝纳西族民族乡概况

白地所在的三坝纳西族民族乡，位于香格里拉县东南部哈巴雪山东麓，因有东坝、白地、哈巴三块较大的不平整坝子而得名，史称"东南三坝"。乡驻地白地水甲村，海拔2380米，距县城105公里。

三坝乡辖江边、安南、哈巴、瓦刷、白地、东坝6个行政村，75个自然村，3466户，17287人。其中纳西族10194人，占62.52%，汉族2315人，彝族2970人，藏族739人，回族789人，傈僳族398人，其他民族80人。

据土地详查，全乡土地总面积977平方公里（1466093亩），其中耕地面积21168亩（2002年统计），园地128亩，木地1194019亩，牧草地49600亩，水域9647亩，居民点占地4400亩，交通占地1700亩，未用荒山185431亩。

三坝乡主产稻谷、苞谷、小麦、洋芋。2007年粮豆播中面积37144亩，总产量7475.5吨，亩产301公斤，人均产粮548公斤，大小牲畜存栏86566头，当年出栏肥猪7639头，牛出栏1078头，羊出栏2811只，肉类总产量1743吨。2007年农村经济总收入1955.71万元，人均1171.9元，农村人均居民纯收入1717.15元。

三坝纳西族乡政府驻地白地，是纳西族宗教东巴教的发祥地，是全体纳西族东巴的朝拜圣地。白地村以纳西族为主，其中的吴树湾自然村人口数200多，全部都是纳西族。他们自称"汝卡"，在语言文字和服饰风俗方面均和丽江的纳西族有着相应的区别，当地的纳西族人将白水台看成是纳西族东巴文化的圣地，将白地看作是东巴文化的发祥地。几千年来，白地的纳西族一直坚持传承着属于自己的独特的汝卡东巴文化，一代又一代的纳西族东巴以传统的方式世代相传。然而在新时期，这种古老的传承方式越来越不适应现代社会的要求，白地的汝卡东巴文化尤其是东巴文字的传承面临着危机。为了发扬这份古老而灿烂的文化，几名当地的文化工作者，从1998年开始，即从事于挽救危机中的本民族文化。十二年来，他们凭借着从未间断的对本民族文化的一腔热忱，不断探索，与时俱进，不仅成功地保护和传承了本民族的文化，而且为挽救更多危机中的民族文化，特别是那些独特的少数民族非物质文化遗产创建了一种全新的模式。

2. 传承方式简介

白地的纳西族汝卡东巴文化在性质上基本可以认定为纳西族东巴文化的分支及其延伸。但是，这个地区的纳西东巴文化无论是在语言、文字还是民俗方面都有着自己的特点和独到之处，可以说是一种极具地域特色和研究价值的民族文化形态。

白地在历史上被奉为东巴教的圣地，其境内的阿明灵洞、白水台等都是所有东巴心目中共同的圣地。这里产生过创造东巴象形文字的圣人劳迪班独，进而有东巴教的第一圣祖丁巴什罗在这里设坛传教；再后来，又有第二圣祖阿明什罗出生于此，并在这里编写东巴经书，传经授徒，纳西族聚居地的宗教人士纷纷前来拜他为师，于是流传有"没有到过白地，不算真东巴"的俗语，并成为固有的传统代代沿袭至今。前来这里朝拜、学习的东巴学徒，有的来自本州境内的德钦、维西、中甸三县，有的来自丽江、鲁甸、永宁等地，有的来自俄亚、木里、盐源、永胜等地，还有来自西藏、青海等地的。白地自明代以来就已成为纳西族宗教的圣地和东巴文化的传播中心。国内汉族学者陶云逵、李霖灿、喻遂生，纳西族学者和志武、郭大烈、白庚胜、戈阿干、杨富泉、和少英、和钟华，美国学者洛克等人不仅亲临白地考察，而且纷纷写下名篇巨著，介绍、宣传白地东巴文化。

白地纳西汝卡东巴的文化传承模式和其他纳西地区的一样，原本采取的都是一种古老的、传统的传承模式，即父传子，师传徒，代代相传。这种传统的传承模式在生产力不发达、交通闭塞的传统社会十分盛行，甚至在改革开放的初期，由于自然条件的限制，改革开放的成果并不能很快地传到这些偏远的山区，传统的传承模式依旧具有很强的生命力。但随着改革开放的逐步深入，现代化的生产方式和生活方式逐渐传到了这些地方，伴随而来的是人们整个精神观念的现代化，尤其是年轻人，在接受了一些现代思想后，便不愿意学习这些在"文革"中被认定为"封建迷信"的东西。因此，传统的传承模式逐渐失去了生存的土壤，民族文化的传承面临着深刻的危机。尤为严重的是，白地一带的著名东巴大师一个个因年迈相继去世，所存经书、法器和珍贵文物也在不断流失，而很多农村中的青年对东巴文化兴趣不大，甚至不知道本民族还有这份极其宝贵的文化遗产。到1997年，白地有威望的老东巴大师只剩下和占元、和至本、和莹家三个，年轻一代的传承基本上陷入停滞状态。白地东巴传承的现状与其历史地位极不相称，白地东巴已断代，东巴文化面临着退化、消亡的危险。

为了有效保护和发展纳西族优秀文化，培养民族优秀人才，使古老的东巴文化有效传承并大放异彩。白地吴树湾村纳西族文化爱好者和树荣老师四处奔波、宣传动员，于1998年3月16日开办了吴树湾汝卡东巴文化夜校，请吴树湾汝卡东巴大师和占元免费给学员们上课。当时学员共有22人，通过学习，学员们对东巴文化产生了浓厚的兴趣，夜校远远满足不了学员们对东巴文化的需求。2000年春，由吴树湾村长和志德等村委会成员提供地址，和树荣老师捐赠两所木楞房（一所为快班教室，一所为慢班教室），还有电线、灯头、灯泡等照明设施，把夜校扩办成东巴文化全日制学校，取名为"白水台汝卡东巴学校"。学校学员有17人，和树荣老师任校长，杨玉春任副校长，和树昆任班长，有课程表、作息时间表、学校规章制度等。为了解决教师不足的问题，由学习进度较快的和树昆、和贵武、杨玉春、和根利、杨秀光五名学员白天轮流跟老东巴大师学习，晚上又轮流传授给白天没有时间学习的其他学员。东巴学校无论白天黑夜，都颂经声琅琅，做到了师傅教徒弟、徒弟教徒弟，能者为师，互教互学，勤学苦练。通过十二年的坚持和努力，东巴学校的优秀学员和树昆已掌握160多本传统的纳西东巴经书，杨秀光已掌握60多本传统的纳西东巴经书，和贵武、杨玉春已掌握50本传统的东巴经书，和根利已掌握45本传统的东巴经书，他们现均已出师，能单独做东巴法事。

白水台汝卡东巴学校不但重视东巴经书与东巴文字的传承，而且更加重视东巴祭祀活动的恢复和传承。十二年来，在老东巴大师的精心辅导、全体东巴学员的共同努力和吴树湾全体村民们的支持下，东巴学校共抢救和恢复了20多种东巴祭祀活动，东巴学校的学员共为村子里过世的老人们主持了40多场正规的丧葬仪式。

为全面抢救汝卡纳西歌舞文化，东巴学校于2002年春组建了"白水台汝卡东巴学校阿卡巴拉艺术团"。艺术团分老年队、中青年队、青年队，共有92人。8年多时间，艺术团共抢救了快要失传的汝卡纳西民歌及舞蹈20余种，被人们亲切地称为"白水台下一枝花"。近年来，艺术团规模不断扩大，并应邀参加了州内外的多次演出，赢得了社会各界的广泛赞誉。

除了东巴文字和民间歌舞，白水台汝卡东巴学校还关注纳西族民间手工艺的保护和传承。2003年3月，东巴学校恢复和抢救了传统东巴造纸工艺，现白水台汝卡东巴学校东巴纸自给有余。迄今为止，白水台汝卡东巴学校已抢救纳西族撒麻、泡麻、撕麻皮、领麻、纺麻线、织麻布、织背带、织毛线披肩等十余种民族手工艺。[1]

白水台汝卡东巴学校通过十二年孜孜不倦的努力，默默无闻的抢救和传承，使濒临消亡的纳西族汝卡支系东巴文化得到了有效的保护和传承。"白地模式"的出现，在现在普遍的"文化产业靠政府"的观念中，刮起了一股清风：依靠民间力量同样可以保护和传承自己民族的文化。这既是社会观念的一次变革，更是民族"文化自我意识"的觉醒。"白地模式"清晰地显示出了一个民族对于保护与传承本民族文化的强烈欲望和需求。它的出现看似是个别知识分子大力推动的偶然案例，实则是一个民族在接受现代化的文化理论和思想之后，产生的必然结果。东巴学校的建立，不仅仅是对民族传统文化的一次深情回归，更是在精神层面上向现代社会的一次靠拢。相信随着各民族自治地区社会经济的发展，现代化的生活与传统文化的和谐共存将很快成为现实。

3．传承特色

白地东巴文化的传承可以说走的是一条完全不同于以往的新路。十二年来，白地东巴文化的传承所取得的丰硕成果向我们证明了他们的探索是有意义的。白地的这种民间办学传承本民族文化的模式，我们把它叫做"白地模式"或者"民间学校模式"。这是一种完全由民间智慧创造出来的，并且在实践中被证明是完全有效的模式，仔细分析其形成的过程和取得的成果，可以发现"白地模式"具有以下几个方面的特点：

首先，"白地模式"的成功得益于当地文化工作者的长远的目光、深切的文化自觉心和文化责任感。这其中的关键人物无疑就是白水台汝卡东巴学校的校长和树荣老师，正是由于他的危机意识和无私奉献，白水台汝卡东巴学校才得以创建和发扬光大，以至于有今天的成功。和树荣老师谈到最多的是文化责任，在白地的汝卡东巴文化传承面临危机的时候，本民族当地知识分子的挺身而出无疑是"白地模式"得以成功的一个先决条件。还有自然传承人老东巴经师的责任感，如和占元大东巴生前便积极传授东巴文化。在整个考察的过程中，我们经常见到许多本民族的、具有同样一种

---

[1] 这一部分参考了白水台汝卡东巴学校和树荣校长所写的《白水台汝卡东巴学校简介》一文。

"文化自觉"的人们,他们在没有丝毫外来帮助的前提下,完全依靠自己的力量为本民族的文化传承默默奉献。

其次,"白地模式"是完全纯民间、纯自主的行为,既没有政府的领导,也没有受到商业开发的影响。其目的和动机都十分单纯,这也是使得"白地模式"能够得到当地群众支持的一个很重要的因素。白水台汝卡东巴学校十二年的坚持,证明了一点:在少数民族群众心目中,生活的现代化并不一定带来民族文化的弱势甚至消亡。振兴和发扬民族文化不一定全是政府的工作,或者完全出于文化产业开发的目的,人民群众需要这样一种民族文化。在当地人心中,无论生活如何变化,人民群众的需求才是文化得以长期生存的土壤。

最后,"白地模式"最主要也是最鲜明的一个特点——它是以白水台汝卡东巴学校为核心来开展文化的抢救和传承的。白水台汝卡东巴学校是一个纯民间的组织,是一个文化传承的载体,通过学校的培训,白地的东巴数量和质量都有了全新的变化,特别是年轻一代的数量明显增多。除此之外,白水台汝卡东巴学校更是一个民俗文化抢救的联络机构和执行机构,它将有志于民族文化事业的人联合起来,结成一个有组织、有章程的正规团体。通过团体的力量,集中大家的智慧,便于向外界寻求支持,而民族文化的传承者也可以通过这个平台相互交流,共同提高,形成一种良性的循环。现在,白地汝卡东巴学校是一套班子、四块牌子(迪庆州东巴文化传习馆、三坝纳西族乡东巴文化学校、白水台汝卡东巴学校及阿卡巴拉艺术团)。就在我们回北京后,和树荣校长打来电话,高兴地说,前些天因为下雨受阻未能挂牌的覆盖周边十几个乡村的13个"分校",已经全部覆盖到位,已有近百个学员参加,白地的东巴老师将定期去上课。这样的一种模式,既使有志于民族文化传承工作的人们有了一个实现自己抱负的平台,又结合了大家的力量,深入群众,全方位地对民族文化进行了保护。学校成为真正的人民文化团体。

我们在云南、四川等地调查之后还发现,这种"白地模式"不仅在香格里拉取得了成功,而且在丽江等地也开花结果了。现在云南省丽江市的保山、鲁甸、塔城等地,也纷纷办起了民间的东巴文化传承学校,为民族文化培养新的传承人。可以说,纳西族文化工作者用智慧创造了"白地模式",用热情的奉献成就了"白地模式",现在越来越多的"白水台汝卡东巴学校"在川滇大地上兴起,为民族文化的传承注入了新的生机和活力。

4. 优势以及不足

"白地模式"作为民族文化传承的一种全新的模式,在草创之初就能够取得巨大的成功,无疑地,它有着以往的传承方式所不具有的优势:

首先,纵观"白地模式"形成与发展的全过程可以发现,它始终有着深厚的群众基础,这是由它本身的民间性所决定的。白水台汝卡东巴学校从建校之初就完全是一个民间性的组织,它的发展依靠的就是当地群众的支持,这也成为它能够获得成功的最大优势。人民群众的支持首先给了东巴学校良好的发展空间,虽然说很难在物质上给予帮助,但是人力上的支援使得东巴学校能够很好地培养年轻的传承对象和获得丰富的传统民族文化资源,这些资源往往是不可复制的,是东巴学校成功的基石。东巴学校完全的地区性，使得他们能够更好更有效地利用本地区的非物质文化遗产资源，在地区性的民族文化抢救和传承工作中发挥出甚至是某些政府机构也难以媲美的强大作用。

其次，"白地模式"传承的汝卡东巴文化是真正属于全体人民的文化，它与人们的生产生活紧密地联系在一起，是真正活着的文化。白水台汝卡东巴学校的学员们，以及阿卡巴拉艺术团的演员们，都是当地最普通的农民，他们基本上不脱离生产，只是利用闲暇的时间参与到学习和排练中来，也几乎没有从中取得任何收入。正是由于这样的特性，文化传承的基础是在于群众自身的需要，而不是商业的利益或者是行政的命令。在现代化的社会里，依靠这样的一种需求传承下来的文化往往更加纯粹和具有广阔的生命力，而且，这种形式的文化传承受到政治上的影响和商业化的冲击也都较小。

最后，"白地模式"涉及的民族传统文化范围十分广泛，不仅包括本民族的文字、祭祀仪式，而且还包括本民族的民俗文化、民族手工艺、民族歌舞，等等。它能够在最大的程度上保存本民族的传统文化，甚至在集合之后能够将本民族的文化进行发扬和创新。白地的白水台汝卡东巴学校阿卡巴拉艺术团就是一个成功的例子，他们将几乎面临失传的纳西族汝卡支系的歌舞文化重新恢复；而且，艺术团几年之内在省内外进行了多次演出，赢得了许多赞誉，将原本寂寂无名的山沟里的艺术推向了全国的大舞台。

"白地模式"作为一种全新的民族文化传承的模式，尽管在实践过程中取得了很大的成功，但是仍然不可避免地存在一些问题：

首先，作为"白地模式"的核心，白水台汝卡东巴学校12年来一直没有固定的资金支持。经费的缺乏制约了学校规模的扩大，一些很有潜力的民族文化保护计划也由于经费的原因而搁浅。这固然是由于其民间性的性质所导致的必然结果，但也同时反映了"白地模式"所存在的固有弱点。

其次，"白地模式"从开始产生到发展壮大，依靠的都是个别文化人强烈的文化责任感和社会危机意识。这种单靠个别人的一腔热忱而发展起来的团体，其基础必然是脆弱的。十二年来，"白地模式"虽然在不断进步，取得更加重大的成果，但是它所依靠的基础及其骨干力量始终没有发生根本性的改变。这种基础的脆弱性是基于其内在体制的弊端，从这种模式诞生之初就已经存在的，要想彻底改变这一现状，就必须为东巴学校的发展找到一种长效的机制。白地东巴学校的领导者们显然已经认识到了这个问题，他们已经开始为东巴学校寻找长期的资金支持，比如开始联系当地政府和一些慈善机构。

最后，"白地模式"最大也是最致命的一个弱点就是，它重视传承而研究不足。传承和研究应该是相互促进的关系，与传承相联系的研究能很好地促进传承的发展，扩大民族文化的影响。"白地模式"在这一方面的弱势是能够通过一些措施来缓解的，已经有一些学者注意到了白地的汝卡东巴文化，并已经开展了一些研究。开始陆续有学者与当地东巴合作，进行初步调查整理工作。在丽江东巴市场化的今天，白地逐渐成为较理想的研究基地。相信随着研究的深入，白地汝卡东巴文化有传承而研究不足的现状会得到一些根本性的改变。

（二）拉伯模式：走出去学

1. 拉伯乡概况

拉伯乡位于云南省丽江市宁蒗县最北端，距离宁蒗县城约147公里。全乡以山地为主，平均海拔约2290米，总面积453.66平方公里（680490亩），其中有耕地11816亩，林地277479亩，未经采伐的原始森林1万多亩，森林覆盖率54.4%。广袤的土地上还蕴藏着丰富的金、银、铜、铁等矿产资源。

拉伯乡全乡人口约为11100人，共2400户，下辖托甸、拉伯、格瓦、加泽、田坝等5个行政村，63个自然村。全乡的人口构成以普米族和摩梭人为主，还包括汉族、壮族等6个民族，民族成分复杂。其中摩梭人最多，约占总人口的40%；普米族其次，约占总人口的30%；汉族约占20%；剩下的傈僳族、壮族、苗族、藏族、纳西族约占10%。截止到2009年，全乡的人均年纯收入约为1834元，人均粮食约400公斤。全乡60多个自然村散落在崇山峻岭之中，交通极为不便，人民收入不高，属于极端贫困的地区。

封闭的自然环境，使得这里完整地保存了原生态的普米族以及摩梭文化。我们调查的拉伯行政村和油米自然村就是摩梭达巴文化自然传承的典型代表。

2. 传承方式简介

拉伯乡主要传承的是摩梭的达巴文化，以及普米族的韩规文化。达巴和韩规分别是摩梭人和普米族主持祭祀的祭司，是掌握民族文化和民族历史的人，也是民族文化传承中的关键因素。

下面我们先来看看拉伯乡摩梭达巴传承的情况。拉伯乡的摩梭人主要分布在拉伯与加泽两个行政村。地理位置极其偏僻，交通不便，自然环境十分封闭，地区的社会经济极端落后。正是在这样的一种环境下，这一地区的摩梭人完整地保存了他们传统的生活习惯与文化信仰。同泸沽湖两岸的摩梭人相比，他们较少受到现代文化的冲击，生活方式与一些习俗也很少改变。世代居住在崇山峻岭之中的摩梭人，始终依循着祖先的传统在生活——住在传统的木楞房中，家庭生产是传统的种植业与畜牧业。同样的，这一地区的达巴传承也较少受到现代文化的影响，保存着传统的父传子、师传徒的古礼。在这样一种传统的模式中，摩梭的达巴一代一代地在这个山沟沟里面传承，为居住在这儿的摩梭人主持各种祭祀活动。

拉伯乡摩梭达巴文化的传承是完全意义上的传统模式，其特征主要表现在：现存的达巴全部是通过祖传或者是师傅教授的，没有从学校或者是经由其他途径学习的。拉伯乡现存的达巴人数为17人，最年长者为一名叫做阿布高若的老达巴，今年73岁，其他16名达巴年龄基本上都在40岁以下，其中有4名是他的徒弟，包括他的一个儿子。其他的12名达巴有些是家传，有的师傅已经不在了，有些什么不懂的问题也会来请教阿布高若老达巴。在这样一种模式下，达巴的传承很大程度上靠的是一种师徒关系或者是父子关系在维系。然而，按照我们所调查的情况来看，虽然拉伯乡达巴的传承并未像普米族韩规的传承那样断绝，但也是在极其艰难的环境下保存了其代际之间的传承，而且从数据上来分析，年轻的达巴数量也不少。但事实上，达巴作为摩梭人社会生活中不可缺少的一部分，是摩梭文化中最重要的一环，就本身作为一种职业来说是不可能维持生计的。摩梭人的达巴往往不脱离生产，平时和普通的摩梭人一样耕作，只是在有法事要进行的时候才成为达巴。这在原始的农耕社会中是很容易实现的，但是在现代社会中，年轻人为了寻求生计，追求更好的生活往往要外出务工。我们所调查的拉伯乡就有很多年轻达巴在外务工的，他们虽然传承了达巴的技能与知识，但是平日在外根本很少能够有机会从事正规的达巴法事，也更没有时间钻研达巴的知识，这给达巴的传承带来了很大的危机。

加泽行政村的油米村，坐落在通天河畔的高山上，全村居民都自称是摩梭人，东巴文化在这里仍处于自然状态。我们去的时候，刚好碰到葬礼，五六个达巴一天念了50多部经书。而且，令人感叹的是，全村所有男人都会认读东巴文。每年春节，家家念读《祭祖经》。在商业化浪潮席卷世界的今天，我们仍可以在群山之中找到这样一片属于东巴文字的净土，可以说是殊为不易的。

油米村身处高山峻岭之中，地形极为闭塞，可以说是基本无路可走。我们从加泽村出发，在陡峭的山路上艰难地步行了8个小时，才到达油米村。由于地理位置极度偏僻，社会经济条件落后，村子里较少受到外界环境的影响。整个村子里面几乎完全保持了古代的风俗，东巴文化在这个地区的保存十分完整，可以说与数百年前毫无二致。传统的东巴文化，在这个偏僻落后的小村庄里的蓬勃状态，在揭示东巴文化盛行时繁荣景况的同时，也让我们体会到了东巴文化特有的活力与持久的生命力，东巴文化的保护与传承之路还很长。

接下来，我们主要讨论一下普米族的韩规在拉伯乡的传承情况。普米族主要分布在拉伯乡的托甸以及格瓦两个行政村，总人数大约三千多人。拉伯乡的老韩规在上世纪80年代就已经全部去世，因而当地普米族的韩规没能传承下去。普米族人在近20年的时间里处于没有本民族祭师的状态，于是当地的普米族人纷纷使用藏传佛教的喇嘛代替了韩规，在一些重大事件（如丧葬）中主持祭祀。渐渐地，喇嘛取代了韩规在普米族重大事件中的祭祀地位，成为了当地普米族人生产生活中不可缺少的组成部分。根据调查，当地的喇嘛全部来自于永宁乡的扎美寺，平常就住在乡里面，有事的时候才回到寺庙，这可能从另一方面展示了拉伯乡的普米族人有事请喇嘛的习惯可能也受到了永宁等地的影响。

拉伯乡现有韩规6个（2010年统计），年龄大部分在30岁以下。拉伯乡普米族韩规传承的特点是嫁接式的。郭向锋就是拉伯乡韩规传承的关键人物。郭向锋40多岁，他曾经于1998年只身前往四川木里县依吉乡找老师傅学习韩规。正是由于他的带动，2003年，当一群普米族的文化工作者在云南省宁蒗县的新营盘乡开办韩规学校的时候，拉伯乡共有7人前去学习韩规技艺，并且有6人学习成功。韩规学校的老师同样是来自四川木里县的普米族（在当地被划归到藏族，实际上与云南的普米族属于同一个族群）。正是采取这样一种嫁接式的方法，通过"走出去"与"引进来"两种方式的结合，拉伯乡的普米族群众将中断多年的普米族韩规传承重新接了起来，古老的韩规又得以在当地重要的祭祀活动如丧葬仪式上出现。

表一：拉伯乡韩规人数统计表（以调研时统计为标准）

韩规姓名	年龄	住址	目前去向
郭向锋	40多	拉伯乡托甸村黑尔甸组	在家务农
永忠独吉	30多	拉伯乡托甸村黑尔甸组	在家经商
郭玉龙	28	拉伯乡托甸村	在家务农
和正成	36	拉伯乡托甸村	在深圳打工
杨当德吉（音）	26	拉伯乡托甸村	在家务农
独吉答司日（音）	27岁	拉伯乡托甸村	在丽江东巴谷打工

尽管拉伯乡的韩规通过嫁接的方式恢复了自己的传承，但是韩规传承的中断对整个民族文化和人民生活习惯造成的影响是显而易见的。至今，拉伯乡的普米族人有什么法事活动，喇嘛依然是必请的，而且所请的喇嘛人数也往往是韩规人数的好几倍。这充分说明了拉伯乡韩规文化的复兴还是有着漫长的路要走。当地人民已经形成的这样一种习俗要想在短时间内完全扭转过来，难度一定是很大的，但这毕竟传达了一种积极的信号，也为恢复少数民族自己的文化提供了一种新的可资参考的模式。拉伯乡韩规传承以中断到复兴，与当地普米族人自发地走出去学习韩规技艺和文化工作、有计划地从外地引进韩规老师传授韩规技能密切相关，二者的合力造就了拉伯乡普米族韩规传承的现状。这一情况充分证明了即便是某些已经中断的文化，依然可能通过引进的方式在当地恢复其传承的。

3. 传承特色

"拉伯模式"或者把它叫做"自然传承模式"，是在历经几百上千年时间的考验下，在偏远山区保存的一种最原始也是最正宗的少数民族文化传承的模式，它所展现的正是几乎所有少数民族文化在很长一段时间内生存和发展的状态，它是适应传统的农耕社会而存在的一种传承模式，因而必然带有鲜明的农耕文化的特色。

首先，这是一种纯自然的传承模式，是完全的民间自主行为。它依靠的是父子、师徒之间的人情关系来进行传递。相应地，在农耕社会，为了保持其传承的独特性和持久性，这种传承必然带有一定的保守性，甚至是排外性。比如，有些世传的达巴世家就有传男不传女的习惯，就是这种保守性的最好体现。

其次，自然模式的传承，其动力是民间需求和个人意愿的相互作用。正是由于人们的需求和世代相传的惯性动力，自然模式的达巴传承才能够在传统的农耕社会拥有强大的生命力，甚至在现代社会依旧能够在一些偏远的山区继续发挥余热。当然，这种余热在现代文明的冲击下自然也不会有任何像样的抵抗，这也是为什么自然传承的模式只是在某些偏远的山区才被发现的原因。

最后，也是最直观的一个特点，自然传承的目的无疑是十分纯正的，只有那些真正爱好民族文化并且拥有这方面天赋的人才会做到真正的传承。相对于商业利益的驱动，这种传承的规模无疑要小得多，但相对的传承者的质量却要好得多。在现代社会的冲击下，随着老一辈达巴的相继去世，如果年轻人无意于学习这种民族文化的话，其消亡的速度无疑也是极快的。

4．优势与不足

尽管，自然传承的模式被当作一种即将被淘汰的传承模式来看待，但它依旧有着一些值得在以后的民族文化传承工作中借鉴的地方。

从目的上来说，自然传承的目的是很纯正的，既没有商业利益的推动也没有行政命令的逼迫，传承者和被传承者都是出于完全自愿和自主的目的来进行这一学习的过程。在这个过程中，老达巴的知识和技艺会最大限度地被新的传承者学习利用，同时加入自己的理解，这样一步一步推动民族文化的不断发展和进步。

从过程上来说，自然传承与人们的生产生活联系在一起，传承者与被传承者都是来自本民族中最普通的劳动者，甚至在整个传承的过程中他们也不会脱离劳动，他们始终与最普通的人们生活在一起，乃至于本身就是他们中的一员，因此也最能理解人们的需求，从而更好地去满足这种需求。

从结果上来说，自然传承最终继承的是真正活态的文化。这种活态的文化，一方面说明它的实用性，另一方面也显示了它的纯粹性。没有商业包装，也没有学术研究的痕迹，是真正来源于基层民众且用于基层民众的文化。

当然，不管自然传承以怎样的形态存在着，甚至于在未来很长的一段时间内也可能继续存在着，但是作为民族文化传承的一种模式来说，它的确已经不适应现代社会的变化了，因而处于被淘汰的边缘。或许它的余荫还笼罩在民族文化传承的各个方面，但是它的现状正是无数正在消亡的民族文化落寞的缩影，它身上存在的问题源于自身体制上不可挽回的弊端。

首先，自然传承的保守性和排外性在传统社会中是保持文化传承独特性和完整性的必要手段，但在现代社会，这种保守性和排外性无疑变为其最致命的弱点。它使得文化的传承越来越脆弱，很多古老珍贵的文化随着老一辈传承者的逝去而彻底失传，这极大地破坏了民族文化传承的完整性，非常不利于对民族文化进行有力的保护和科学的研究。

其次，自然传承的传承力量十分脆弱，传承也很容易中断。在现代社会中，这种模式培养的年轻传承者极易受到现实社会的影响而很难坚守，尤其是当这种传承得不到任何经济上的回报的时候，要求年轻人放弃对新生活的追求而在清贫中坚守无疑是不可能实现的。在这种情况下，传统的依靠父子、师徒关系而进行的传承就显得更加脆弱了。

最后，自然传承受外界环境的影响很大。在传统社会，生活环境相对稳定，这样的影响无疑很小。但在现代社会中，随着社会的进步，人们物质生活的充裕、思维观念的改变甚至是交通运输条件的改善等，这一切都会给自然传承的模式带来很大程度的影响，有时候甚至是灭顶之灾。当外界环境的改变无可避免，自然传承模式的消亡也就成了大势所趋。

"拉伯模式"所表现出来的摩梭达巴传承的自然特征，对于研究摩梭文化的历史以及东巴文化的影响等，无疑是非常有意义的。然而，随着这些偏远地区社会经济的发展，尤其是交通运输条件的改善，传统的自然传承的模式必将面临前所未有的挑战。因此，对这种自然传承的模式我们决不能采取放任不顾的态度，而应当采取合适的措施对这些以自然方式进行的文化传承加以引导，并对一些濒危的文化现象和文化资源加以整理和保护，只有这样，传统文化才不至于发生消亡的悲剧。

（三）宁蒗模式：请进来教

1. 宁蒗县普米族韩规文化概况

云南省丽江市宁蒗彝族自治县是一个普米族分布较为集中的地区，也是普米族韩规文化传承保护工作做得很好的一个地区。据2000年中国第五次人口普查，宁蒗彝族自治县有普米族9696人，约占普米族总人口数的29%，主要分布在拉伯乡、新营盘乡等地。

韩规文化是普米族文化的主流。宁蒗普米族地区，韩规教早已成为一种强大势力。据20世纪50年代初的统计，当时全县健在的知名韩规有60余人，约占全县普米族人口的1.5%。据称，当时居住在该县境内的普米族，村村有韩规，寨寨有经堂。通常来说，村寨上方有集体活动场地"塔瓦"（煨桑塔），村寨下方有玛尼堆，家家房前有"松塔"，每天早晨香烟浓浓升空，到处能听到念经声。尤其是每年正月间（春节），每户屋顶上都有各色各样的"甲才此木"（经幡）迎风飘扬，焕然一新。这是全民信仰韩规教的象征，也是普米族村寨的显著标志。人人尊敬韩规，保护经堂、经书和法器，即使是发生冤家复仇械斗，也不会破坏神物和法器等。在这样一个全民信教的社会里，韩规教的盛行事实上改变了社会生活的各个方面，即韩规教在普米族人民的实际生活和精神生活中无处不在。

解放后，普米族地区政治、经济、社会和教育等领域发生了变革，传统的韩规教信仰对现代普米族社会的影响有所减弱。而在"文革"十年期间，部分经书、宗教文物遭到破坏，韩规经师的活动也无法正常进行，多数经堂因无人管理而废弃，这一阶段的韩规文化的信仰与传承基本陷入停滞状态。

随着1978年党的十一届三中全会提出宗教开放政策，1982年《宪法》修订案中强调宗教信仰自由，普米族的韩规文化也开始了缓慢的复兴。[1]

2. 传承情况简介

宁蒗地区普米族文化遭受"文革"重创之后，一直发展缓慢，没有取得很大进展。进入新世纪，一群有志于民族文化复兴的普米族人走到了台前，进行了一些了卓有成效的工作，宁蒗的普米族文化传承与保护工作呈现出了新局面。

近年来，在宁蒗普米族地区，各乡村的民众迫切希望恢复韩规文化活动。普米族的文化工作者胡文明先生与族内有影响力的老干部胡镜明、马红升等出面倡导和实施了培养新韩规的计划，2000

---

[1] 这一段参考了胡文明先生写的《普米族传统文化保护与发展调研报告》。

年初，在宁蒗县籍的普米族干部与村民的支持下创办了普米族韩规文化传习班。他们从滇、川交界的木里县依吉乡请来一位知名的韩规——措皮·迪吉·偏初，与之商定用六年的时间驻扎在新营盘乡牛窝子村悉心传授韩规文化。迄今业已招收三期传习班学员，共计22人参加培训，其中年纪最小的15岁，最大的35岁，均为普米族，且祖上多为韩规。措皮·迪吉·偏初给每期学员制订了三年的学习计划：第一年为教藏文的识字阶段，学会拼读字母并朗诵经文；第二年学做一般的道场仪式、捏面偶、习诵经书；第三年为跳神、坐经、受戒、出师（通过七七四十九天面壁，不见天日，方能出师），主持大的道场，方可毕业。迄今为止，这一计划业已初步完成。

为了更好地保护和传承普米族的文化，2006年，宁蒗的普米族文化工作者组织成立了普米族文化保护协会，这是一个纯民间的组织。协会每年会组织学术讨论，并且定期出版学会刊物。

2010年9月份，以学会的名义，在宁蒗县政府、教育局的大力支持下，宁蒗县民族小学开设了专门的普米文学习班，将普米族的语言文字带到了学校。这个班主要面向小学三年级的普米族学生，学制为三年。学生在学校与其他学生一起学习各科知识，但是额外加开普米文及相关课程。学习班暂定每年招生名额50人，由学生自愿报名，参加这个班级的学生三年学费全免。这个计划也得到了香港健行杏社的大力支持。

今年8月份，我们在宁蒗县城访谈这次活动的主要发起人胡镜明和马红升两位老先生以及迪吉·偏初老师的时候，他们正在编写教学使用的普米文教材，并且对小学老师进行普米文的相关培训。据他们介绍，学生的选拔已经结束，老师的培训也正在进行中，9月8日就将正式开学，到那时普米族的小孩将能够在学校学习到自己本民族的语言和文字。由于普米族总人口少，在地域分布上又呈现出大分散、小聚居的特点，所以他们的语言受到汉语、纳西语、彝语等强势民族语言的冲击很严重，许多普米族人已经不会讲本民族的语言，他们希望通过这样的方式在下一代中传承本民族的语言文化。

与之相似的是，丽江的东巴文化研究院也编写了纳西东巴文的教材，并在云南民族大学开设了纳西东巴文的相关课程。类似这种在政府支持下，利用正规的学校传授传承本民族语言、文化的传承方式，我们把它叫做"宁蒗模式"或者"学校模式"。

3. 传承特色

利用学校来进行少数民族文字的推广、宣传与普及，是我国一项基本的少数民族政策。在很多少数民族地区都有类似的学校，国家也编写了很多藏语、维语等少数民族语言的教材。但是对于那些人口少、语言文字普及率极低甚至濒临灭绝的民族，却很难享受到上述待遇。从这个层面来看，"宁蒗模式"无疑是一个创举，综合分析，它主要有以下几个方面的特色：

传承的对象是年轻学生，传承效果好。"学校模式"选取学校作为传承的地点，利用已经成熟的教育体系和设施，使得学生在学习常规知识之余，能够接触到本民族语言文字方面的课程。学校里的学生，年纪轻，学习能力强，而且没有生活压力困扰，能够很好地了解和学会本民族的文字。

文化传承的普及面比较广，范围很大。利用公立学校这样一个公共场所来进行民族语言的培训与宣传，使得民族文字的传承有了一个广泛的群众基础；而且，可以通过对学生的教育使他们对广大家长乃至更大范围内的少数民族群众进行宣传，拓展民族文字传承的普及面，从而收到极佳的宣传效果。

文化传承的内容较为基础，以语言文字为主，兼顾其他文化形式。同时，利用学校进行民族文化的传承，也给"宁蒗模式"带来了不一样的特色。由于教学形式和教学课时的限制，传承的内容不可能很高深，往往更加偏重基础和普及性的知识，而且在内容上以文字为主，对于其他文化形式则只能做一些知识性的介绍。

与"白地模式"以民间学校为核心不同，"宁蒗模式"所开展的各项工作都是以普米族文化保护协会为核心的。通过学会的组织，聚集了一批热心民族文化保护和传承工作的各界人士，大家同心协力，完成了很多单靠个人力量无法完成的工作，为宁蒗县普米文化保护与传承工作做出了极大的贡献。这也是"宁蒗模式"一个主要的特色。

4. 传承优势以及不足

"宁蒗模式"走的不是纯民间或者纯官方的路，普米族文化保护协会作为"宁蒗模式"的一个核心，是一个民间组织，但在更多的时候，它采取了与政府合作的做法，承担一些政府的调研任务，向政府提供合理建议，以及为政府提供一些学术上的帮助，比如编写教材和培训老师等。通过这样的方式，达到政府力量与民间力量的协作。因此，"宁蒗模式"具备了以下两个方面的优势：

其一，"宁蒗模式"得到了政府的支持，有助于吸引更多人的关注，因而传承民族文化的宣传效果好。尤其是利用学校来传承民族文字的做法，既很好地传承、普及了濒临灭绝的普米族文字和语言，更重要的是在广大普米族学生和学生家长之中进行了民族文化自我意识的教育。

其二，从娃娃抓起，有助于在年轻人中树立民族文化的意识与观念，有利于民族文化的长远发展。民族文化的传承，除了培养传承人之外，还必须关注对下一代的教育。"宁蒗模式"在这方面无疑走在了前面，通过对年轻人甚至是儿童的教育，除了让他们了解一些本民族文化的常识之外，更给他们树立了一种民族文化意识，使他们学会自觉关注、保护本民族的文字、文化。

接下来，还有必要总结一下"宁蒗模式"的一些不足之处：

首先，"宁蒗模式"的覆盖面不够，类似于宁蒗县民族小学那样的学校式民族文化传承形式更是刚刚起步，远没有普及到各个中小学，这也在一定程度上削弱了它的宣传效果，使其影响力较为薄弱。而且，目前这一计划虽然得到了政府的支持，但是主要的资金都来源于社会捐助，以后要想将"学校模式"推广开来，甚至普及到各个中小学，那么资金问题必然会成为一个难题。在这一点上还需要政府提供必要的经费支持。

其次，普米族文化保护协会在名字上虽然是以普米族的名义，但是主要的民族文化保护与传承工作都集中在宁蒗县的范围之内，远没有普及到所有的普米族地区。在民族文化传承与保护工作上，各个地方往往各自为政，缺乏统一的管理，这也是民族文化传承与保护工作中的一个很大的缺陷。

最后，"宁蒗模式"利用的公立学校这个平台，由于教学条件和学时的限制，学生能够学习到的东西比较单一，且基本上以语言文字为主，而对于祭祀的法事、舞蹈等其他方面的内容则只能做一些基础性的了解，没有办法进行实际学习。就目前的情况来看，"宁蒗模式"的学校教育只限于特定的年纪和人群，普及面很小，尚无一整套自上而下的完整的民族文化培训机制，缺乏对更加高层次人才的培养。

除了那些无私奉献的少数民族文化工作者外，"宁蒗模式"带给我们最大的启示是它的理念：民间力量与政府力量的协作。要想继续将"宁蒗模式"发展下去，政府的支持无疑是不可缺少的，民间也应该动员更多的人参与到普米韩规文化的普查、搜集、整理、保护和传承中来。民族自我文化意识的觉醒，往往最先出现在那些受过良好教育又关心民族发展的人身上，尤其是教师和公务员。而对于广大的少数民族群众而言，他们掌握着民族文化，也需要民族的文字和文化，但是却不懂得如何去传承它，怎样通过合理有效的宣传来发动广大群众的力量，这也是少数民族文字、文化保护与传承工作中的重点和关键。

（四）丽江模式：政府支持，专家指导

1. 丽江市简介

丽江市位于云南省西北部云贵高原与青藏高原的连接部位，地处东经100°25'，北纬26°86'，北连迪庆藏族自治州，南接大理白族自治州，西邻怒江傈僳族自治州，东与四川凉山彝族自治州和攀枝花市接壤，总面积达20600平方公里。丽江下辖古城区、玉龙纳西族自治县、永胜县、华坪县、宁蒗彝族自治县，共有69个乡（镇），446个村民委员会，总人口122万多。丽江自古就是一个多民族聚居的地方，共有12个世居民族，其中纳西族23.37万人，彝族20.14万人，傈僳族10.62万人。纳西族占古城区及玉龙县（即原丽江县）总人口的57.7%。

截至2008年，丽江市全年总产值为1011.49亿元，其中第三产业为450.631亿元，占到了生产总值的44.6%；人均生产总值约8301元，较上一年增长约18.9%。全年财政收入约为95.235亿元，财政支出约为367.047亿元。当年农民年均纯收入约为2374元，全年粮食总产量约为427869吨，人均约350公斤。[1]

丽江市是中国少数民族纳西族的主要聚居地，拥有中国唯一一个纳西族自治县——玉龙纳西族自治县，是云南省独具特色的旅游胜地，其中，独特的纳西族东巴文化更是吸引了无数来自世界各地的人们。因此，丽江市的东巴文化受到了世界各国的关注，学术界对其研究也很多。但是，丽江市东巴文化的传承和保护工作究竟是怎样进行的，其效果又如何，关注的人就相对较少了。实际上，为了保护和传承丽江的东巴文化，丽江市政府做了很多的工作，其中丽江东巴文化研究院的设

---

[1] 统计数据来自《2009年云南省统计年鉴》。

立就是一个十分重大的举措，这在少数民族的文化传承工作中可以说是独树一帜的，取得了十分显著的效果，创立了民族文化保护和传承工作中的一个"丽江模式"。

2. 传承方式简介

丽江市的东巴文化保护和传承工作主要是通过丽江市的东巴文化研究院来进行的。东巴文化研究院依托政府的力量而建立，充分吸收社会各界的力量和支援，在丽江市的东巴文化传承和保护工作中起到了至关重要的作用。

丽江市东巴文化研究院最初以研究室的形式成立于1981年，1991年改为研究所，2004年改为研究院，同时挂云南省社会科学院丽江分院的牌子。东巴文化研究院主要职责是对纳西族东巴文化进行抢救整理和科学研究，现有人员16人。东巴文化研究院坐落在风景秀丽的黑龙潭公园内，占地面积2492平方米，建筑面积1387平方米，房屋49间，收藏东巴经2000册，文物200多件，图书10000多册。

东巴文化研究院在20多年时间里，一直致力于纳西东巴古籍文献的整理工作，经10多个研究人员和10个东巴的努力，共整理翻译东巴经1000多册。经过分类，除去重本，汇编成"四对照"（原文、记音、对译、意译）的《纳西东巴古籍译注全集》100卷，作为国家"九五"规划重点出版工程于1999年至2000年正式出版，并荣获第五届国家图书奖。20多年来，全院研究人员在国内外刊物上共发表232篇论文，出版了十余种各类书籍、CD光盘等。东巴文化研究院还与国内外各个大学和科研机构合作，承担了一系列的社科课题和科研项目，其中部分已经完成，在学术上取得了不俗的成绩。

东巴文化研究院广泛开展国内外学术文化交流活动。先后参与组织召开三次全国性和二次国际性东巴文化学术研讨会。有10名研究人员先后20多次应邀到美国、意大利、瑞士、奥地利、日本、韩国、泰国、新加坡、柬埔寨、菲律宾等国进行学术文化交流。从1994年至2006年，先后接收10多名外国学生来东巴文化研究院学习纳西族东巴文化，完成研究论文。近年来，研究院已开始着手对收藏在美国、加拿大、瑞典以及我国台湾的东巴经进行整理编目和翻译工作。

东巴文化研究院在东巴艺术方面，进行了广泛深入的发掘和应用，开发出一系列东巴工艺品和美术品，并在北京、广州、昆明举办了三次东巴文化展览。与此同时，研究院还开展了东巴文化讲座、东巴字画书写、东巴仪式展演、东巴文字翻译以及东巴文化咨询、设计、鉴定等多项社会服务。

从2000年开始，东巴文化研究院在塔城署明、五台下束河、鸣音等地开展了东巴文化保护工作。研究院从这些东巴文化保存较好的地方挑选了8名东巴传人，进行重点培养。在培养中，坚持东巴自然传承和研究人员辅导相结合、研究院学习和民间学习相结合的原则，积极支持东巴传人到民间开展东巴文化民俗活动。在最后一代老东巴和研究人员的辅导下，东巴传人的培养工作取得了一定成绩。近几年，研究院认真实施中国青年创业国际计划"东巴文化保护与青年发展培养项目"，重点培养东巴传人，大力扶持民间的保护传承活动。东巴研究院在对玉龙县塔城乡署明开展东巴文化保护工作的基础上，还在宝山乡吾木村和鲁甸乡新主开展了东巴文化保护工作，多次到三个传承点调查，派人辅导传授，举行各种有意义的东巴仪式。此外，还积极争取国内外各界力量，在资金、服装等方面给予力所能及的支持和帮助。在东巴传人的培养方面，继续坚持东巴自然传承和研究人员辅导相结合、研究院学习和民间学习相结合的原则，积极支持东巴传人到民间开展东巴文化民俗活动，取得了学习和传承双赢的效果。[1]

近30年来，丽江东巴文化研究院始终坚持着东巴文化的传承和挖掘研究工作。他们坚持科学的发展方针，不受市场化的冲击，为丽江东巴文化的传承做出了巨大的贡献。今天，尽管丽江东巴文化的商业开发愈演愈烈，依然有着一群严谨的研究者在进行着纯粹学术的东巴文化传承和研究工作，可谓保留了东巴文化的一片净土。

3. 传承特色

"丽江模式"，也可以叫做"研究院模式"，这是在政府的支持下，由一群热心东巴文化的学术工作者牵头并得到国内外众多机构和人员支持的一种民族传统文化传承模式。其主要特点表现在以下几个方面：

其一，丽江东巴文化研究院在行政编制上属于一个政府机构，在资金和人力物力上都容易获得政府的支持，是一个专门的综合性研究机构。研究院起步早，进行的工作也很多，随着政府重视程度的增加（主要表现就是东巴研究院由研究室到研究所再到研究院的过程），研究院在本地区的民族文化传承方面实际上已经处于一个领导地位。研究院有集中的力量，并且掌握了专业的知识技能，在民族文化的传承和保护中往往表现得更加专业和有力。

其二，丽江东巴文化研究院，始终坚持研究和传承并重的原则，这是很多民族文化传承模式所忽略的。他们以传承带动研究，以研究促进传承，互相促进，共同发展，走出了一条研究与传承协同进步的新路——在保证传承顺利进行的情况下，充分利用现有的东巴资源，组织力量对现有的东巴经进行翻译和整理，取得了不俗的成果。

其三，丽江东巴文化研究院既充当了整个丽江地区民族文化保护和传承的核心，同时也是一个重要的平台。通过这样的一个平台，既向外界尤其是学术界推广了东巴文化，又能在最大程度上吸引外界的资金和其他人力物力的支持。正是基于这一平台的沟通转化作用，丽江东巴文化的传承和保护工作才能取得现在的成就。

其四，丽江东巴文化的商业开发可以说走在了最前面，但是东巴文化研究院的创立却恰好调和了东巴文化开发与研究之间的不平衡。这种在科研机构保障下的市场模式，可以说是"丽江模式"的最大特点。简而言之，以商业开发来提供科研所需要的各项人力物力资源，与此同时，以科研来保障和约束市场化的开发，防止过度商业化对东巴文化传承造成不利影响，两者互相促进，形成良性互动，既落实了学术研究的需要，保障了文化传承的延续性、纯粹性，又获得了充分的市场经济

---

[1] 这一部分参考了丽江东巴文化研究院院长赵世红先生的《对纳西族东巴文化保护现状的思考》一文。

利益，从而大大提升了丽江旅游业整体的文化品味和深度，可以说是创造了极好的社会效益和经济效益。

4. 优势与不足

"丽江模式"是文化工作者们在具体的文化工作实践中创立和发展起来的，经受了实践的考验，并被证明是切实有效的一种文化传承模式。"丽江模式"在实际的工作中主要表现出以下两个方面的优势：

其一，"丽江模式"由于拥有政府的支持，又是一个相对正规和管理严格的机构，因而得到了国内外多家机构的支持。实际上，它不仅仅自身从事着民族传统文化的传承工作，更重要的是它还有效地利用自己手中有限的资源，支持和鼓励着其他民族传统文化的传承工作。有时候，这种支持和鼓励甚至不限于丽江市的范围。今年上半年，丽江市东巴文化研究院就曾到过迪庆州的白地考察，并且赠送他们一套《纳西东巴古籍译注全集》，感谢他们为纳西东巴文化传承所作出的贡献。在这样一个体系中，丽江的纳西东巴文化研究院就成了整个云南省纳西文化传承的领导力量，它将整个纳西东巴文化传承的力量整合起来，形成合力，进一步促进纳西东巴文化传承迈向正规化和体系化。

其二，丽江东巴文化研究院，作为整个云南纳西族东巴文化保护、传承和研究的唯一专门性和正规性单位，它担负着极其重要的职责。近30年来，东巴文化研究院不仅自身在东巴文化的研究方面取得了不俗的成果，更重要的是它将东巴文化的研究推向了世界，大大地扩展了东巴文化的影响力。东巴文化研究院与国内外多个机构合作，进行了十余次的东巴文化国际交流活动，将研究院自己培养的东巴带到了美国、日本和韩国等国家以及中国台湾等地，让古老的东巴文化登上了世界的舞台。

当然，"丽江模式"在具体的实践过程中也并不是完美无缺的，它同样具有一些弱点和不足：

首先，丽江东巴文化研究院虽作为政府下属的一个研究机构，但实际上政府除了负责所有研究工作者的工资之外并没有固定的资金投入。通常，研究院需要开展什么工作，都必须向上级申请，只有经过上级单位批准，才能得到支持。而项目的申报是极其困难的，往往一年也申报不了一两项。就这方面而言，政府的投入还远远不够。甚至，研究院组织的国际学术交流项目都是自己联系国外的相关机构解决的，政府并没有投入。这一点充分说明了，要想丽江东巴文化研究院在以后的民族传统文化传承工作中发挥更大的作用，政府必须加强这方面的投入。当然，随着政府对文化事业的重视程度不断加深，相信这个问题一定能够在不远的将来得到合理有效的解决。

其次，丽江东巴文化研究院处于旅游业发达的丽江市区，不可避免地要受到商业化的冲击，而且这种冲击的力量会随着商业开发的越来越严重而加剧。丽江东巴文化研究院自2000年开始培养的8个年轻东巴，现在已经有5人以各种理由不在研究院工作了，他们中的大多数到旅游景点成为了专职的导游或东巴文化表演艺人。表面上看，这是年轻的东巴们抵挡不了商业利益的诱惑，但究其根本原因，还是由于政府没能妥善地解决好这些民族文化传承人的生活保障问题。这些民族传统文化的传承者们在研究院学到了高深的东巴文化知识，却往往连自己的生活也无法保障，这就是民族传统文化传承过程中最显著的一个矛盾，也是亟待解决的一个问题。

最后，丽江东巴文化研究院作为一个纯粹学术性的研究机构，它所关注的更多是民族传统文化的传承、保护和研究，而忽略了这些民族传统文化本身所应该具有的生命力和活力，即它的实用性。虽然，丽江东巴文化研究院培养出来的东巴会在附近的村子从事一些法事活动，但是研究院本身对于东巴文化的实用性方面是忽视的，这也是"丽江模式"在体制方面的一个最主要的缺陷——它传承的东巴文化，在很大程度上已经脱离了人民群众的生活，变成了一种博物馆式的文化。甚至他们主要的研究对象也变成了死的经书，而不是活生生的与群众生产生活融为一体的东巴文化现象。

"丽江模式"是在市场经济与国家对文化产业日益重视的大背景之下发展起来的，它适应了社会发展的需求，在现实中也体现出了不同一般的生命力。现阶段，丽江东巴文化研究院已经进入了一个良性发展轨道，在政府不断增加投入的前提下，研究院的发展壮大是完全可以预料的。值得注意的是，文化传承与市场开发之间的矛盾正在凸显，尽管研究院的存在在某种程度上调和了商业开发对东巴文化传承所造成的的影响，但毕竟力薄势微。以研究院自己培养的东巴传承人来说，在研究院工作一个月的工资在丽江市连养活自己都很困难，更别提家人了。要想保证东巴文化的传承不被商业开发的浪潮完全腐蚀，政府必须制定具有长效性的机制，彻底解决东巴文化传承者的生活问题。只有这样，真正活态的东巴文化才不会随着市场的冲击而消失在历史中。

（五）市场模式：产业开发

1. 丽江市东巴文化开发概况

自从国家大力提倡建设文化强国以来，"文化产业"与"文化经济"成为了地方政府的新宠。文化保护和传承工作中的市场化、产业化倾向越来越明显。在一定程度上，文化产业确实呈现出了蓬勃发展的良好势头，但是这种发展在很大程度上是以文化资源的损害为代价，是牺牲文化潜力的发展。之所以把丽江的市场开发单独列为一种模式，是因为在各地众多形形色色的文化产业开发中，丽江的东巴文化旅游开发相对较为合理地处理了文化保护、传承与开发的关系，并取得了较好的社会效益和经济效益。

根据我们在丽江市的实地调查并结合对相关人员的访谈，我们基本上了解到了丽江市东巴文化商业开发的一些基本情况。丽江市的东巴文化自上个世纪60年代以来在国际学术界声名鹊起，东巴文字更是被誉为"世界上唯一活着的象形文字"。随着丽江作为国际旅游城市的声誉日益高涨，东巴文化成为了丽江吸引游客的又一重要筹码，对其开发也就提上了日程。

目前，主要由丽江市的几个大型旅游公司对丽江东巴文化进行了开发。其开发形式主要有以下三种：（1）综合式。利用现有的景点，或者人造的景观，专门介绍、宣扬东巴文化。这是一种全面的开发，囊括了东巴文化的各个方面，往往拥有系统的组织，游客在其中可以欣赏到包括东巴文在内的各种东巴艺术品，观看东巴表演，购买各种衍生的文化商品等。著名的丽江东巴谷，就是一个这样的典型。（2）伴生式。是指在开发其他自然或者人文景点的同时，附带地进行东巴文化的开发，比如为游客提供东巴文的书法，用东巴文写自己的名字，东巴文化表演，出售一些东巴文的衍生文化产品如东巴纸等。类似这种对东巴文化的开发是最为普遍的，也是最主要的一种方式，几乎在丽江的各个景点都能见到，它让东巴文化成为了丽江的名片。（3）分散式。是指少数没有进入旅游公司的东巴师傅，以个人的名义宣传东巴文化，向游人兜售东巴文化产品或提供东巴文化服务。这一类开发缺乏有效的管理，情况很复杂，很多从业人员并不具备东巴师傅的资格，甚至根本不懂东巴文化，他们为了获取经济利益，很容易向游人做一些不实的宣传，以骗取游客的钱财，这对东巴文化造成了负面的影响。

2. 市场模式下的东巴文化传承

随着丽江东巴文化开发的深入，市场对于具有一定东巴技能的东巴文化传承人的需求越来越旺盛，这在客观上促进了东巴文化的传承。

目前，在丽江各个正规旅游公司工作的具有从业资格的东巴文化传承人已有上百人，其他零散的更是无法统计。这些人的来源主要有三个渠道：（1）将农村中已有的东巴师傅请到旅游景点来工作，这一部分人往往东巴技艺较为娴熟，对东巴文化也很了解，但是所占的比例很小。（2）由旅游公司对年轻的从业人员进行短期的小规模培训，使之了解掌握东巴技艺。这一部分所占的比例是最大的，从业人员也都能够懂一些东巴文化的常识，但是由于对经济利益的追求不可能给他们进行长期系统的培训，这些人往往对东巴文化一知半解。（3）由专业的培训机构培养的东巴文化传承人，比如丽江东巴文化研究院培养的东巴传承人，目前就有5个在旅游公司工作。这些人虽然在整个东巴文化产业的从业人员中只占到很小的一部分比例，但是他们都经过了系统的培训，综合素质是最高的。

丽江市为了促进东巴文化产业的开发，规范东巴文化的市场秩序，也制定实施了一些相应的措施。比如，对东巴文化产业的从业人员进行资格认证，给有资格的人颁发了从业资格证明，在一定程度上缓解了东巴文化产业从业人员良莠不齐、鱼龙混杂的状况。其次，丽江市政府还定期组织丽江东巴文化研究院的专家对这些从业人员进行培训，帮助他们提高东巴文化知识水平，提升东巴技能。这些措施都在一定程度上促进了东巴文化传承人职业技能的进步，提升了东巴文化的旅游质量，从而为丽江旅游业赢得了良好的口碑。

3. 传承特色

作为文化产业商业化开发的最早代表，也是做得比较好的一个案例，丽江东巴文化的成功开发，为其他类似的文化资源，尤其是少数民族文化资源的商业化开发提供了一个可资借鉴的模式。丽江东巴文化的市场开发模式，作为文化资源商业化开发的一个成功模式，具有以下几个方面的特点：

其一，"市场模式"的商业开发气息很浓厚，由于它的传承动力是经济利益，所以往往为了满足游客的猎奇心理而对东巴文化进行一些指向性很强的宣传，以达到吸引游客注意的目的，而这些宣传往往并不符合东巴文化的本义，甚至有些完全与东巴文化的内在精神相背离。丽江东巴文化研究院培养的东巴文化传承人，在旅游公司工作过的和丽军就告诉我们："以前我念东巴经的时候，大鹏鸟翅膀上飘荡的是灵魂，而现在只有游人。客人讲是什么就是什么。"

其二，"市场模式"在经济利益的驱使下对东巴文化进行了多层次、有组织地开发，客观上有利于促进东巴文化的传承发展，极大地拓展了东巴文化的影响力和东巴文化的传承规模。经济利益是商人投入东巴文化传承的动力和目的，这也是"市场模式"的最大特点。

其三，"市场模式"与丽江东巴文化"研究院模式"相互配合，起到了互相促进的作用，有效提升了市场传承的文化厚度。这是丽江的"市场模式"与其他地方最大的不同，也是它之所以获得较高的认同度和较好经济效益的一个重要原因。这使得建立在学术研究基础上的"市场模式"拥有了更加充分的理论支持。

4．传承的优势与不足

丽江的"市场模式"作为文化资源商业化开发模式的佼佼者，同时也是民族传统文化的传承做得较好的几种模式之一，它的成功得益于以下的几个优势：

其一，"市场模式"带来了庞大的经济收益，使得它能够有效解决传承人的工作生活问题，从而吸引更多的人参与到东巴文化的传承和保护中来。在旅游公司工作的东巴文化传承人，一般都能够得到一份固定的工资，收入较好的部分人，完全能够解决自己以及家人的生活问题。东巴文化传承人没有了后顾之忧，也使得更多优秀的人才前来学习东巴文和东巴文化，这大大促进了东巴文化的传承。

其二，"市场模式"通过对东巴文化的产业化开发，一方面增加了丽江旅游业的特色和亮点，提高了其文化品位；另一方面，吸引学术界对东巴文化进行深入研究，促进东巴文化研究工作的发展，增强了东巴文化的影响力，从而达到了社会效益与经济效益相对合理的统一。

然而，我们也必须正视东巴文化的市场化开发过程，的确给东巴文化的传承造成了一些负面影响。

首先，"市场模式"是完全趋向于商业性的开发模式，开发商为了追求经济效益，往往只对传承人进行短暂的培训，没有让他们进行系统全面的东巴文化学习，从而造成传承人一知半解，水平普遍不高。这样培养出来的传承人本身也只是将东巴文化作为一种谋生的手段，而很难自觉地对其进行深入的研究，长此以往，东巴文化的骨干和精髓部分必然流失，而东巴文化的传承也将失去源头活水。

其次，通过对丽江"市场模式"的调查，可以看出，丽江的商业开发模式虽然已经十分成熟，完全能够适应市场经济的需要。但是对东巴文化的开发仍然十分杂乱，缺乏统一的管理，部分从业人员缺乏基本的东巴文化常识，为了迎合游客的需要，对东巴文化进行了一些不适当的宣传，导致对东巴文化造成了负面影响。当然，这种现象随着政府管理的加强已经有了些许改进。

再次,"市场模式"培养的大批传承人,大都在城市或者旅游景区从事工作,而不会回到群众中从事真正的祭祀等法事,东巴文化也就变成了一种纯粹的表演性质的艺术,其实用性被剥离。在某种程度上市场模式传承的并非真正的,或者说至少不是完整的东巴文化,而是一种在市场改造下被异化的"东巴文化"。

最后,"市场模式"还把很多由"自然模式"或"民间学校模式"培养的传承人吸引到城市工作,这些东巴传承人被吸引到城市之后,往往就在城市定居,与当初生活的环境隔离,而真正需要东巴的当地人却很难再请到东巴师傅。这样拉大了东巴文化传承人与广大群众之间的距离,使得真正活跃于民间的东巴传承陷入窘境,从而不利于东巴文化的长期发展。

丽江的市场开发模式,取得了很大程度的成功,并且对东巴文化的传承作出了巨大的贡献。要想保持"市场模式"的持续健康发展,政府除了坚持开发与传承并重、继续将学术研究性的传承与市场性的传承结合起来发展之外,还必须对东巴文化市场进行规范化的监管,坚决杜绝对东巴文化不适当的开发和宣传。此外,作为市场模式主体的开发商也必须正视自己的社会责任,反对一切只以经济利益作为出发点的行为,维持东巴文化资源的可持续性发展。

结语

上文中所提到的地方,我们虽然都一一走到,但由于时间仓促,难免有些走马观花,总结归纳亦多有不尽如人意之处。在数十处调查的地点中,我们虽说力图用以上的五种模式进行归纳,但依然有不少独特的传承方式是无法尽数归类的,限于篇幅原因,在此就不一一指出。

上述五种传承模式,每一种都有可资借鉴之处,但又都不是完美无缺的。民族传统文化的传承绝不可能仅依靠民间的力量或者是政府的力量来进行。正如以上五种模式那样,只有取长补短,在政府的支持与鼓励下,充分发挥民间的热情与智慧,真正地将活态的文化传承在各族人民的生产生活中。事实上,只有充分挖掘传统文化的现代价值,找寻他们在现代社会的生存空间,坚持传承与研究相结合,以传承带动研究,以研究发扬传承,才能真正地做到民族传统文化的长存永续。

我们在川滇地区进行调查的时候,得到了许多人的无私帮助,尤其是白地的和树荣校长、和树昆东巴、杨玉春东巴,丽江东巴文化研究院的赵世红院长和李德静副院长,拉伯乡的郭向锋韩规、阿布高若老达巴,宁蒗县的胡镜明、马红升两位老先生以及韩规老师迪吉·偏初等,在此一并致谢。

主要参考文献

[1][东晋]常璩著.任乃强校注.华阳国志校补图注[M].上海:上海古籍出版社,1987.

[2]陈士林 等.彝语简志[M].北京:民族出版社,1985.

[3]崔磊.从比较语法角度看纳西语语法特点——句尾词[J].文学界(理论版).2011(10).

[4][唐]樊绰.蛮书[M].北京:中华书局,1985.

[5]戴庆厦等.藏缅语十五种[M].北京:北京燕山出版社,1991.

[6]方国瑜、和志武.纳西族的渊源、迁徙和分布[J].民族研究,1979(1)

[7]傅懋勣.纳西族图画文字《白蝙蝠取经记》研究[M].北京:商务印书馆,2012.

[8]盖兴之,姜竹仪.纳西语在藏缅语言中的地位[J].民族语文,1990(1).

[9][清]顾祖禹.读史方舆纪要[M].上海:上海书店出版社,1998.

[10]和即仁,姜竹仪.纳西语简志[M].北京:民族出版社,1985.

[11]和即仁."摩些"与"纳木依"语源考[J].民族语文,1991(5).

[12]和万传、和红军.纳西语"来"和"去"的语义价值及语法特征[J].云南师范大学学报(哲学社会科学版),2008(1).

[13]姜竹仪.纳西语东部和西部方言语法异同概述[J].民族语文,1993(4).

[14]姜竹仪.纳西语概况[J].民族语文,1980(3).

[15]Liberty A. Lidz. A Descriptive Grammar of Yongning Na (Mosuo) Dissertation of The University of Texas at Austin, 2010.

[16]李达珠、李耕冬.未解之谜:最后的母系部落[M].成都:四川民族出版社,1999.

[17]李霖灿、张琨、和才.麽些经典译注九种[M].台北:国立编译馆中华丛书编审委员会,1978.

[18][元]郭松年撰,王叔武校注;[元]李京撰.王叔武校注.大理行记校注·云南志略辑校[M].昆明:云南民族出版社,1986.

[19]李绍明.川滇边境纳日人的族别问题[J].社会科学研究,1983(1).

[20]李子涵.纳西族四种文字比较研究[D].华东师范大学硕士论文,2008.

［21］木仕华. 论纳西语动词的语法化［J］. 民族语文，2003（5）.

［22］木仕华. 谁是MOSO（摩沙）？——论古摩沙的分化与"纳系族群"的认同及识别问题［J］. 思想战线，2010（3）.

［23］Alexis Michaud. Phonemic and tonal analysis of Yongning Na［J］. Cahiers de linguistique - Asie Orientale，2008. 37（2）.

［24］［法］米可（Alexis Michaud）. 木里水田话声调系统研究［J］. 民族语文，2009（6）.

［25］［法］米可（Alexis Michaud），和学光. 丽江市古城区文化乡纳西语（纳语）音位系统研究［J］. 茶马古道研究集刊，2010（1）.

［26］［法］米可（Alexis Michaud），拉他咪·达石. 云南省丽江市永宁区域摩梭话中濒临消失的声调与音位［J］. 丽江民族研究，2009（4）.

［27］《纳西族简史》编写组. 纳西族简史. 昆明：云南人民出版社，1984.

［28］裘锡圭. 文字学概要［M］. 北京：商务印书馆，1988.

［29］宋兆麟. 摩梭人的象形文字［J］. 东南文化，2003（4）.

［30］宋兆麟. 会说话的巫图：远古民间信仰调查［M］. 北京：学苑出版社，2004.

［31］孙宏开. 羌语简志［M］. 北京：民族出版社，1981.

［32］孙宏开. 纳西语在藏缅语族语言中的历史地位［J］. 语言研究，2001（1）.

［33］王元鹿. 汉古文字与纳西东巴文字比较研究［M］. 上海：华东师范大学出版社，1988.

［34］杨学政. 藏族、纳西族、普米族的藏传佛教——地域民族宗教研究［M］. 昆明：云南人民出版社，1994.

［35］［苏］伊斯特林. 左少兴译. 文字的产生和发展［M］. 北京：北京大学出版社，1987.

［36］云南省民间文学集成办公室. 云南摩梭人民间文学集成［M］. 北京：中国民间文艺出版社，1990.

［37］张雅音. 比较语法研究：以英语、汉语、邹语、纳西语和苗语的时体表现为例［J］. 发表于"第二届中国云南濒危语言遗产保护学术研讨会". 2006.

［38］张毅. 纳西语否定副词语义分析［J］. 南昌航空工业学院学报，2007（1）.

［39］朱永强、崔磊等. 纳西语语法初探［J］. 发表于"第二届中国云南濒危语言遗产保护学术研讨会"，2006.

［40］周有光. 比较文字学初探［M］. 北京：语文出版社，1998.

［41］周有光. 人类文字浅说［M］. 北京：人民文学出版社，2009（7）.

［42］赵丽明. "坡芽歌书"的符号是文字吗？［J］. 文史知识，2009.

［43］赵丽明. 纳西东巴文的自然生态与发展［J］. 世界宗教文化2015（4）.

［44］赵丽明等. 东巴文不仅活着，而且正在进化［J］. 中国国家地理，2015（3）.

［45］赵丽明. 中国西南濒危文字抢救报告［J］. 语言学研究，2013（1）.

［46］赵丽明. "坡芽歌书"的文字学解读［J］. 民族古籍研究，2012（0）.

网络资源

［47］http：//bbs.5281.net/blog-4750-42822.html

［48］屋脚蒙古族乡. 概况介绍. ［EB/OL］. ［2011-6-7］. http：//www.schhty.cn/lsz/template/11/detail.asph?wid＝3183&cid＝23023&id＝189360.

［49］前所乡金农网. 第五次人口普查数据·前所乡人口数据. ［EB/OL］. ［不详］ http：//ww.agri.com.cn/populatjon/140928200000.htm?%C7%B0%CB%9F%CF%E7.

后记

　　从2012年的初稿，风风雨雨，历经9年，《川滇达巴文献整理与解读》终于可以下厂付印了。其中要感谢的人很多。首先是坚守在大山里的达巴，没有他们的坚守，就没有这份珍贵的达巴文献。阿窝·偏初是配合我们工作最多的达巴老师，他带我们去看他的父亲老达巴达瓦，这是位可敬可爱的老人。

　　还有指引我们走进泸沽湖深处的白庚胜、曹建平、老村长次汝·尔车、阿洪生、尔青，前所的杨金学、屋脚的尼玛老师、拉姆，利家嘴的苏朗，还有多次帮我们的前所小喇嘛阿鲁左·品初。

　　还要提到替我前去参加达瓦葬礼的锡明。当时我脱不开身，他自告奋勇，跑到屋脚，在村里山上跑来跑去，抓拍葬礼的每个细节，给我们留下了珍贵的摩梭老达巴最后的葬礼实况。那时他也是年近古稀。不幸的是，在书稿出版之前，他在喜爱的旅途中走了。谨以本书作为对他的纪念与缅怀！

　　当然，最要感谢的是清华大学可爱的同学，最早的徐可可、刘晶。2011年以后，由许多多负责这个子课题。这是最复杂、工作量最大的一个子课题。她"贪婪"地从这个村跑到那个村。一个女孩子，去到那么偏远的地方，只好请李文山老师夫妇和海鹰等陪她，但也遇到许多惊险麻烦事。特别一次是在前所竟被狗咬了，只能连夜请老乡骑摩托跑上一百多公里山路，到盐源县城找狂犬疫苗。许多多后来到新加坡读博，其博士论文课题仍为摩梭方言。

　　我们这部书，仅仅是个开始，希望有志于民族文化挖掘的朋友，继续调查研究。

　　还要感谢广西师范大学出版社的编辑们的辛勤劳动！

赵丽明
2021年5月于清华园蓝旗营